Accedi ai **servizi riservati**

COLLEGATI AL SITO **EDISES.IT**

ACCEDI AL **MATERIALE DIDATTICO**

SEGUI LE **ISTRUZIONI**

Utilizza il codice personale contenuto nel riquadro per registrarti al sito **edises.it** e accedere ai **servizi** e **contenuti riservati**.

Scopri il tuo **codice personale** grattando delicatamente la superficie

Il volume NON può essere venduto, né restituito, se il codice personale risulta visibile.
L'**accesso ai servizi riservati** ha la durata di **un anno** dall'attivazione del codice e viene garantito esclusivamente sulle edizioni in corso.

Per attivare i **servizi riservati**, collegati al sito **edises.it** e segui queste semplici istruzioni

Se sei registrato al sito

- clicca su *Accedi al materiale didattico*
- inserisci email e password
- inserisci le ultime 4 cifre del codice ISBN, riportato in basso a destra sul retro di copertina
- inserisci il tuo **codice personale** per essere reindirizzato automaticamente all'area riservata

Se non sei già registrato al sito

- clicca su *Accedi al materiale didattico*
- registrati al sito o autenticati tramite facebook
- attendi l'email di conferma per perfezionare la registrazione
- torna sul sito **edises.it** e segui la procedura già descritta per *utenti registrati*

EdiSES
Professioni & Concorsi

il **nuovo** concorso
a cattedra

La Preselezione del concorso **ordinario** per le Scuole **Secondarie**

Test di verifica e quesiti commentati
per la preparazione alla prova preselettiva

- Capacità logiche e comprensione del testo
- Normativa scolastica
- Lingua inglese

EdiSES
Professioni & Concorsi

La Preselezione del concorso ordinario per le Scuole Secondarie

9 8 7 6 5 4 3 2 1 0
2024 2023 2022 2021 2020

Le cifre sulla destra indicano il numero e l'anno dell'ultima ristampa effettuata

Autori:
Carla Iodice (Parte Prima)
Giuseppe Mariani (Parte Seconda)
Rosaria Rovito (Parte Terza)

Progetto grafico: ProMedia Studio di A. Leano - Napoli

Grafica di copertina e fotocomposizione: curvilinee

Stampato presso Vulcanica s.r.l. – Nola (NA)

Per conto della EdiSES – Piazza Dante, 89 – Napoli

www.edises.it
info@edises.it

ISBN 978 88 3622 066 3

I curatori, l'editore e tutti coloro in qualche modo coinvolti nella preparazione o pubblicazione di quest'opera hanno posto il massimo impegno per garantire che le informazioni ivi contenute siano corrette, compatibilmente con le conoscenze disponibili al momento della stampa; essi, tuttavia, non possono essere ritenuti responsabili dei risultati dell'utilizzo di tali informazioni e restano a disposizione per integrare la citazione delle fonti, qualora incompleta o imprecisa.

Realizzare un libro è un'operazione complessa e nonostante la cura e l'attenzione poste dagli autori e da tutti gli addetti coinvolti nella lavorazione dei testi, l'esperienza ci insegna che è praticamente impossibile pubblicare un volume privo di imprecisioni. Saremo grati ai lettori che vorranno inviarci le loro segnalazioni e/o suggerimenti migliorativi all'indirizzo *redazione@edises.it*

Sommario

Parte Prima
Logica e comprensione del testo

Parte Seconda
Normativa scolastica

Parte Terza
Lingua inglese

Finalità e struttura dell'opera

Finalizzato alla preparazione alla **prova di preselezione** del concorso ordinario per l'accesso ai ruoli del personale docente della **Scuola Secondaria** di primo e secondo grado su posto comune e di sostegno, il volume raccoglie, risolve e commenta quesiti sulle materie oggetto della prova.

Il testo è strutturato in parti.

La Parte Prima raccoglie test di **Logica e comprensione del testo**. I commenti ai quesiti forniscono tecniche di risoluzione e suggeriscono trucchi e consigli per superare la parte della prova volta all'accertamento delle capacità logiche e di comprensione del testo.

La Parte Seconda è dedicata alla **Normativa scolastica**, ed è aggiornata ai più recenti provvedimenti rilevanti per il settore, fra cui il Decreto Legislativo 7 agosto 2019, n. 96 (che modifica il D.Lgs. 66/2017 sull'inclusione scolastica) e il Decreto Legge 9 gennaio 2020, n. 1 (che scorpora il MIUR e istituisce il Ministero dell'Istruzione).

La Parte Terza offre numerosi quesiti di verifica della conoscenza della **Lingua inglese**, sia per quanto concerne gli aspetti grammaticali che per quanto attiene la comprensione verbale.

Gran parte dei quesiti sono tratti dalla **banca dati ufficiale** del Concorso a cattedra del 2012. A questi sono stati aggiunti **numerosi altri quesiti** per permettere ai candidati di conseguire una **preparazione completa** su tutti i possibili argomenti oggetto d'esame. I commenti alle soluzioni, chiari ed esaustivi, forniscono una descrizione delle tecniche, dei ragionamenti, dei metodi più efficaci per risolvere correttamente i test ed abituare la mente al ragionamento.
Il manuale è arricchito da numerosi **contenuti extra e materiali didattici**. Il codice personale, contenuto nella prima pagina del volume, dà accesso a una serie di servizi riservati tra cui:

- il **software di simulazione online** (con più di 20.000 quesiti costantemente aggiornati) che permette infinite esercitazioni e simulazioni della prova preselettiva;
- **spiegazioni in aula virtuale** di alcune tipologie di quesiti di logica, facilmente individuabili nel testo tramite la specifica icona ▶.

Questo lavoro, ricco, complesso, denso di rinvii normativi e spunti operativi per l'attività dei futuri insegnanti, tratta materie in continua evoluzione.

Ulteriori **materiali didattici** e **approfondimenti** sono disponibili nell'area riservata a cui si accede mediante la registrazione al sito ***edises.it*** secondo la procedura indicata nel frontespizio del volume.

Eventuali errata-corrige saranno pubblicati sul sito *edises.it*, nell'apposita sezione "*Aggiornamenti*" della pagina dedicata al volume.

Altri aggiornamenti sulle procedure concorsuali saranno disponibili sui nostri profili social

facebook.com/Concorso a cattedra e abilitazione all'insegnamento
blog.edises.it

Indice

Parte Prima
Logica e comprensione del testo

Parte Seconda
Normativa scolastica

Parte Terza
Lingua inglese

Parte Prima

Logica e comprensione del testo

SOMMARIO

Sezione I
Comprensione verbale

Questionario 1
Sinonimi e contrari

Sinonimi

1) Individua tra i seguenti un sinonimo di "piolo"
A. devoto
B. paletto
C. cinguettio
D. caritatevole
E. piccolo

2) Individua tra i seguenti un sinonimo di "nemesi"
A. castigo
B. elogio
C. rimpianto
D. nenia
E. malinconia

3) Individua tra i seguenti un sinonimo di "venale"
A. corrotto
B. venato
C. costoso
D. avido
E. perdonabile

4) Individua tra i seguenti un sinonimo di "refolo"
A. tornado
B. bufera
C. tramestio
D. folata
E. riciclato

5) Individua tra i seguenti un sinonimo di "latente"
A. evidente
B. insidioso

C. affiancato
D. nascosto
E. ingannevole

6) Individua tra i seguenti un sinonimo di "gittata"
A. vertigine
B. piroetta
C. portata
D. giramento
E. caduta

7) Individua tra i seguenti un sinonimo di "ordito"
A. configurato
B. accurato
C. sistematico
D. architettato
E. ascoltato

8) Individua tra i seguenti un sinonimo di "gongolare"
A. gemere
B. dondolare
C. esultare
D. galleggiare
E. tergiversare

9) Individua tra i seguenti un sinonimo di "affettato"
A. disinvolto
B. appropriato
C. naturale
D. affermato
E. ostentato

10) Individua tra i seguenti un sinonimo di "lesinare"
A. infamare
B. profanare
C. risparmiare
D. danneggiare
E. tagliare

11) Individua tra i seguenti un sinonimo di "roncola"
A. ascia
B. vanga
C. falcetto
D. zappa
E. forcone

12) Individua tra i seguenti un sinonimo di "chiosa"
A. sosta

B. portale
C. nota
D. scrittura
E. cortile

13) Individua tra i seguenti un sinonimo di "infierire"
A. dimostrare
B. informare
C. dedurre
D. accanirsi
E. infilare

14) Individua tra i seguenti un sinonimo di "mutilo"
A. silenzioso
B. mozzo
C. previdenziale
D. instabile
E. ansioso

15) Individua tra i seguenti un sinonimo di "nodale"
A. essenziale
B. difficoltoso
C. intenso
D. navale
E. pernicioso

16) Individua tra i seguenti un sinonimo di "gerente"
A. amministratore
B. avallatore
C. sostegno
D. gestante
E. guardiano

17) Individua tra i seguenti un sinonimo di "disquisire"
A. falsare
B. infastidire
C. discutere
D. contestare
E. classificare

18) Individua tra i seguenti un sinonimo di "ignavo"
A. inconsapevole
B. anonimo
C. oscuro
D. indolente
E. ignorante

19) Individua tra i seguenti un sinonimo di "catalizzare"
A. informare
B. espellere
C. eliminare
D. rinviare
E. attrarre

20) Individua tra i seguenti un sinonimo di "zigrinato"
A. repentino
B. infuriato
C. rigato
D. affilato
E. addentato

Contrari

21) Individua tra i seguenti un contrario di "scialbo"
A. negletto
B. piatto
C. disgustoso
D. vivace
E. trasparente

22) Individua tra i seguenti un contrario di "opportuno"
A. adeguato
B. adatto
C. sconveniente
D. globale
E. congruo

23) Individua tra i seguenti un contrario di "eludere"
A. schivare
B. scansare
C. affrontare
D. eliminare
E. evitare

24) Individua tra i seguenti un contrario di "comprendere"
A. incorporare
B. compiere
C. contenere
D. computare
E. escludere

25) Individua tra i seguenti un contrario di "alterco"
A. litigio

B. diverbio
C. accordo
D. bega
E. disputa

26) Individua tra i seguenti un contrario di "imperito"
A. sprovveduto
B. inesperto
C. malintenzionato
D. competente
E. impreparato

27) Individua tra i seguenti un contrario di "frapporre"
A. togliere
B. interporre
C. frammettere
D. inserire
E. fomentare

28) Individua tra i seguenti un contrario di "occludere"
A. interrompere
B. bloccare
C. disostruire
D. intasare
E. impedire

29) Individua tra i seguenti un contrario di "facinoroso"
A. rissoso
B. mite
C. facoltativo
D. facilone
E. ribelle

30) Individua tra i seguenti un contrario di "vilipendere"
A. insultare
B. lodare
C. offendere
D. disprezzare
E. infamare

Risposte commentate
Sinonimi e contrari

Sinonimi

1) B. *Piolo* (pezzo di legno cilindrico e appuntito conficcato in una qualsiasi struttura) è sinonimo di *paletto.*

2) A. *Nemesi* (nella mitologia greca la dea della punizione e della vendetta) è sinonimo di *castigo.* In altra banca dati (quando le opzioni proposte sono: apocalisse, vendetta, perdono, annichilimento, distruzione), la risposta esatta è *vendetta.*

3) D. *Venale* (di chi opera esclusivamente per avidità di denaro) è sinonimo di *avido.*

4) D. *Refolo* (improvviso soffio di vento) è sinonimo di *folata.*

5) D. *Latente* (non manifesto) è sinonimo di *nascosto.*

6) C. *Gittata* (in balistica, la distanza cui giunge un proiettile) è sinonimo di *portata.*

7) D. *Ordire* (di cui *ordito* costituisce il participio passato) è un sinonimo di *architettare.*

8) C. *Gongolare* (provare un senso di intima contentezza) è un sinonimo di *esultare.*

9) E. *Affettato* (artificioso, ricercato in modo volutamente esagerato) è un sinonimo di *ostentato.*

10) C. *Lesinare* significa *risparmiare* il più possibile.

11) C. *Roncola* (strumento agricolo ricurvo, con breve manico da impugnare, utilizzato soprattutto per potare) è un sinonimo di *falcetto.*

12) C. *Chiosa* (annotazione che chiarisce e commenta una parola o un testo) è un sinonimo di *nota.*

13) D. *Infierire* significa *accanirsi* con particolare violenza e ferocia contro qualcuno o qualcosa.

14) B. *Mutilo* (che presenta mutilazioni, che manca di qualche parte) è un sinonimo di *mozzo* (nel senso di reciso, troncato).

15) A. *Nodale* (nel senso di centrale, basilare, decisivo) è un sinonimo di *essenziale.*

16) A. *Gerente* è colui che amministra beni o affari di altri e, dunque, è sinonimo di *amministratore.*

17) C. *Disquisire* (dissertare a lungo e con minuziosa sottigliezza) è sinonimo di *discutere.*

18) D. *Ignavo* indica colui che è pigro nell'operare per mancanza di volontà attiva e di forza spirituale e, dunque, è sinonimo di *indolente.*

19) E. Catalisi, in chimica, è il fenomeno per cui alcune reazioni vengono accelerate dalla presenza di sostanze (catalizzatori) che prendono parte ad una reazione combinandosi con altri elementi. *Catalizzare* è, perciò, sinonimo di *attrarre.*

20) C. Zigrinare significa trattare tessuti e altri materiali in modo da renderne la superficie ruvida o imprimervi un fitto tratteggio. *Zigrinato,* dunque, è sinonimo di *rigato.*

Contrari

21) D. *Scialbo* è un aggettivo che indica qualcosa di pallido, scolorito, sbiadito, in senso figurato vuol dire anche inespressivo. Il suo contrario quindi è *vivace,* che significa ricco di vita, rigoglioso, vivido.

22) C. *Opportuno* si dice di qualcosa che è adatto alle condizioni del momento o di qualcuno che agisce con il senso della convenienza. Quindi *sconveniente,* che significa indecoroso, inopportuno, è il suo contrario.

23) C. *Eludere* significa evitare, sottrarsi a un impegno o a un dovere, non affrontare qualcuno o qualcosa. Il suo contrario quindi è *affrontare.*

24) E. *Comprendere* vuol dire racchiudere, includere, contenere in sé; il suo contrario è *escludere.*

25) C. *Alterco* è un litigio, un animato scontro verbale; il contrario, fra le opzioni proposte, è *accordo* (inteso come concordia, armonia dei sentimenti).

26) D. *Imperito* si dice di una persona che manca di pratica, di abilità, si usa quindi per indicare un inetto, un inesperto. Contrariamente, una persona che ha capacità, si dice *competente.*

27) A. *Frapporre* è un verbo usato quasi sempre in espressioni figurate e significa mettere in mezzo, il suo contrario è il verbo *togliere.*

28) C. *Occludere* vuol dire chiudere, intasare un condotto, un passaggio. Al contrario, liberare un condotto si dice *disostruire.*

29) B. Chi è incline alla ribellione e alla violenza è detto *facinoroso,* al contrario, chi è disposto alla pazienza e all'indulgenza è detto *mite.*

30) B. *Vilipendere* vuol dire esprimere il proprio disprezzo, in modo aperto e fortemente offensivo; il suo contrario è *lodare,* che vuol dire esprimere con parole la propria approvazione.

Questionario 2
Anagrammi

1) **Quale, tra le seguenti parole, è un anagramma di una città italiana capoluogo di provincia?**
   A. Cervelli
   B. Nasi
   C. Ritorno
   D. Rovina
   E. Svanire

2) **Quale, tra le seguenti parole, è un anagramma di una città italiana capoluogo di provincia?**
   A. Baciare
   B. Creano
   C. Sciare
   D. Severa
   E. Perdonano

3) **Quale, tra le seguenti parole, è un anagramma di una città italiana capoluogo di provincia?**
   A. Nomadi
   B. Aspro
   C. Amore
   D. Arazzo
   E. Rubino

4) **Quale, tra le seguenti parole, è un anagramma di una città italiana capoluogo di provincia?**
   A. Castoro
   B. Terno
   C. Rampe
   D. Stiamo
   E. Servito

5) **Quale, tra le seguenti parole, è un anagramma di una città italiana capoluogo di provincia?**
   A. Spaziali
   B. Tornio
   C. Riempi
   D. Corona
   E. Scolapasta

6) **Quale, tra le seguenti parole, è un anagramma di una città italiana capoluogo di provincia?**
A. Remota
B. Alpini
C. Negava
D. Asino
E. Limando

7) **Quale, tra le seguenti parole, è un anagramma di una città italiana capoluogo di provincia?**
A. Tornate
B. Asini
C. Nomade
D. Materia
E. Spie

8) **Quale, tra le seguenti parole, è un anagramma di una città italiana capoluogo di provincia?**
A. Benvenuto
B. Lisca
C. Rugiada
D. Vitreo
E. Alpino

9) **Quale, tra le seguenti parole, è un anagramma di una città italiana capoluogo di provincia?**
A. Asino
B. Tornate
C. Speziata
D. Porta
E. Crostone

10) **Quale, tra le seguenti parole, è un anagramma di una città italiana capoluogo di provincia?**
A. Perdonano
B. Rampa
C. Cagliare
D. Tirai
E. Semina

11) **Quale, tra le seguenti parole, è un anagramma di una città italiana capoluogo di provincia?**
A. Cantina
B. Mora
C. Mirino
D. Abile
E. Porto

12) Quale, tra le seguenti parole, è un anagramma di una città italiana capoluogo di provincia?
A. Capienza
B. Spiato
C. Rivolo
D. Sapone
E. Palmiro

13) Quale, tra le seguenti parole, è un anagramma di una città italiana capoluogo di provincia?
A. Perdonano
B. Tornate
C. Ritorno
D. Ornava
E. Cervello

14) Quale, tra le seguenti parole, è un anagramma di una città italiana capoluogo di provincia?
A. Merce
B. Negava
C. Speziata
D. Manzo
E. Attorno

15) Quale, tra le seguenti parole, è un anagramma di una città italiana capoluogo di provincia?
A. Ornavo
B. Natale
C. Zona
D. Negavo
E. Remate

16) Quale, tra le seguenti parole, è un anagramma di una città italiana capoluogo di provincia?
A. Armate
B. Semina
C. Nomadi
D. Severe
E. Spiato

17) Quale, tra le seguenti parole, è un anagramma di una città italiana capoluogo di provincia?
A. Catrame
B. Maratone
C. Limano
D. Benvenuto
E. Severe

18) Quale, tra le seguenti parole, è un anagramma di una città italiana capoluogo di provincia?
A. Armata
B. Lido
C. Tornate
D. Spie
E. Nomadi

19) Quale, tra le seguenti parole, è un anagramma di una città italiana capoluogo di provincia?
A. Triste
B. Tornata
C. Astuti
D. Perdere
E. Tirano

20) Quale, tra le seguenti parole, è un anagramma di una città italiana capoluogo di provincia?
A. Materia
B. Rubano
C. Pistola
D. Sapore
E. Treno

21) Quale, tra le seguenti parole, è un anagramma di una città italiana capoluogo di provincia?
A. Amore
B. Natali
C. Arazzo
D. Aspro
E. Sapori

22) Quale, tra le seguenti parole, è un anagramma di una città italiana capoluogo di provincia?
A. Spaziale
B. Merce
C. Sosta
D. Rampe
E. Attorno

23) Quale, tra le seguenti parole, è un anagramma di una città italiana capoluogo di provincia?
A. Maratone
B. Sonnifero
C. Marcata
D. Treno
E. Catrame

24) Quale, tra le seguenti parole, è un anagramma di una città italiana capoluogo di provincia?
A. Vagoni
B. Crostone
C. Balzano
D. Faggio
E. Ramato

25) Quale, tra le seguenti parole, è un anagramma di una città italiana capoluogo di provincia?
A. Canterò
B. Conca
C. Arguta
D. Forme
E. Trono

26) Cosa si ottiene se si anagramma la parola BORGESSUMLU?
A. Uno Stato
B. Un animale
C. Un frutto
D. Un fiore
E. Un dolce

27) Individuare, tra i seguenti, l'anagramma del nome di un animale:
A letto
B. mensole
C. torta
D. cassetto
E. divano

28) Quale dei seguenti non è un anagramma di un nome proprio di persona?
A. Nido
B. Asfalto
C. Elica
D. Zone
E. Oliva

29) Quale dei seguenti non è un anagramma del nome di un albero?
A. Tonaca
B. Beate
C. Mondarlo
D. Binato
E. Processi

30) Quale dei seguenti non è un anagramma di un nome proprio di persona?
A. Lagone
B. Polito
C. Alveari
D. Calmare
E. Tarma

Risposte commentate
Anagrammi

1) A. *Cervelli* è l'anagramma di *Vercelli.*

2) D. *Severa* è l'anagramma di *Varese.*

3) E. *Rubino* è anagramma di *Urbino.*

4) E. *Servito* è l'anagramma di *Treviso.*

5) B. *Tornio* è l'anagramma di *Torino.*

6) A. *Remota* è l'anagramma di *Teramo.*

7) C. *Nomade* è l'anagramma di *Modena.*

8) E. *Alpino* è l'anagramma di *Napoli.*

9) D. *Porta* è l'anagramma di *Prato.*

10) B. *Rampa* è l'anagramma di *Parma.*

11) B. *Mora* è l'anagramma di *Roma.*

12) A. *Capienza* è l'anagramma di *Piacenza.*

13) D. *Ornava* è l'anagramma di *Novara.*

14) D. *Manzo* è l'anagramma di *Monza.*

15) D. *Negavo* è l'anagramma di *Genova.*

16) A. *Armate* è l'anagramma di *Matera.*

17) C. *Limano* è l'anagramma di *Milano.*

18) B. *Lido* è l'anagramma di *Lodi.*

19) B. *Tornata* è l'anagramma di *Taranto.*

20) D. *Sapore* è l'anagramma di *Pesaro.*

21) B. *Natali* è l'anagramma di *Latina.*

22) A. *Spaziale* è l'anagramma di *La Spezia.*

23) B. *Sonnifero* è l'anagramma di *Frosinone.*

24) D. *Faggio* è l'anagramma di *Foggia.*

25) D. *Forme* è l'anagramma di *Fermo.*

26) A. Anagrammando la parola *Borgessumlu* si ottiene la parola Lussemburgo, che designa uno *Stato.*

27) C. Anagrammando la parola *torta* si ottiene il termine *trota,* che è appunto un *animale.*

28) B. Nelle opzioni di risposta, *Nido* è l'anagramma di *Dino, Elica* è l'anagramma di *Alice, Zone* è l'anagramma di *Enzo, Oliva* è l'anagramma di *Viola.* Ad *Asfalto* non corrisponde alcun nome proprio di persona.

29) D. Nelle opzioni di riposta, *tonaca* è l'anagramma di *acanto, beate* è l'anagramma di *abete, mondarlo* è l'anagramma di *mandorlo, processi* è l'anagramma di *cipresso.* A *binato* non corrisponde il nome di alcun albero.

30) B. Nelle opzioni di risposta, *Lagone* è l'anagramma di *Angelo, Alveari* è l'anagramma di *Valeria, Calmare* è l'anagramma di *Carmela, Tarma* è l'anagramma di *Marta.* A *Polito* non corrisponde alcun nome proprio di persona.

Questionario 3
Definizioni e significato dei termini

1) Se Agostino è alticcio posso affermare che:
A. Agostino è brillo
B. Agostino è suadente
C. Agostino è untuoso
D. Agostino è sobrio
E. Agostino è basso

2) Se Andrea è una persona perspicace posso affermare che:
A. Andrea è un gran lavoratore
B. Andrea è assorto
C. Andrea è ponderato
D. Andrea è acuto
E. Andrea è paziente

3) Se Luciano è pieno di coraggio dimostrato in imprese difficili e rischiose posso affermare che:
A. Luciano è pavido
B. Luciano è asettico
C. Luciano è ardimentoso
D. Luciano è altero
E. Luciano è pusillanime

4) Se Alberto è solito lodare gli altri con complimenti non meritati per trarne vantaggio posso affermare che:
A. Alberto è lodevole
B. Alberto è un adulatore
C. Alberto è simpatico
D. Alberto è una marionetta
E. Alberto è pudico

5) Se Bruno è un giovane di grande bellezza posso affermare che:
A. Bruno è simpatico
B. Bruno è un tipo carismatico
C. Bruno è un tipo alla mano
D. Bruno è gioviale
E. Bruno è un adone

6) Se Francesco è prostrato da grande fatica o estremo dolore posso affermare che:
A. Francesco è affranto

B. Francesco è lezioso
C. Francesco è affusolato
D. Francesco è appagato
E. Francesco è estremista

7) Se Fernando è ricco e benestante posso affermare che:
A. Fernando è parsimonioso
B. Fernando è agiato
C. Fernando è agognato
D. Fernando è viziato
E. Fernando è indigente

8) Se Carlo tradisce la moglie posso affermare che:
A. Carlo è affidabile
B. Carlo è affabile
C. Carlo è inconsistente
D. Carlo è adultero
E. Carlo è assiduo

9) Se Daniele è molto cortese e si esprime e tratta con gentilezza e familiarità posso affermare che:
A. Daniele è affabile
B. Daniele è dotto
C. Daniele è affannato
D. Daniele è affettato
E. Daniele è domestico

10) Se Ivan è una persona non sincera, equivoca posso affermare che:
A. Ivan è stolto
B. Ivan è una persona ambigua
C. Ivan è un saputello
D. Ivan è una persona disincantata
E. Ivan è spaesato

11) Un ragionamento capzioso è:
A. rigoroso, ineccepibile
B. fallace, ingannevole
C. sincero, veritiero
D. diretto, spassionato
E. intuitivo, ovvio

12) Un documento apocrifo è:
A. manoscritto, autografo
B. privo di punteggiatura
C. autentico, vero
D. scritto sotto dettatura
E. falso, non autentico

13) **Tra gli aggettivi proposti il più adatto a descrivere qualcuno che è soddisfatto o contento di qualcosa è:**
A. pago
B. assuefatto
C. prezzolato
D. indolente
E. avvezzo

14) **Tra i termini proposti il più adatto a descrivere qualcuno che ostacola attività con sistemi preordinati, seguendo tuttavia le norme dei regolamenti è:**
A. ostruzionista
B. maleducato
C. ostentatore
D. fautore
E. facinoroso

15) **Tra i termini proposti il più adatto a descrivere qualcuno che è nella disposizione d'animo per cui ritiene volto a buon fine tutto quello che avviene intorno a lui è:**
A. scettico
B. premuroso
C. benvoluto
D. ottimista
E. disincantato

16) **Tra gli aggettivi proposti il più adatto a descrivere qualcosa che si presenta chiaro da intendere è:**
A. avito
B. ovvio
C. avvilente
D. avvizzito
E. razionale

17) **Tra gli aggettivi proposti il più adatto a descrivere qualcosa di evidente come ciò che si tocca è:**
A. pedante
B. palpabile
C. papale
D. papabile
E. palpitante

18) **Tra i termini proposti il più adatto a descrivere un terreno nel quale le acque piovane si fermano e ristagnano è:**
A. lacuale
B. stepposo
C. lacustre
D. paludoso
E. campestre

19) Tra gli aggettivi proposti il più adatto a descrivere qualcosa che corrisponde ai dogmi di una religione o di una qualsiasi dottrina è:

A. ortodosso
B. monogamo
C. incestuoso
D. poligamo
E. palindromo

20) Tra gli aggettivi proposti il più adatto a descrivere qualcosa di smussato, non aguzzo è:

A. acuto
B. ottuso
C. arguto
D. acuminato
E. affilato

21) Quale tra i termini elencati ha un significato associabile con entrambe le parole proposte?
Casa – Calcio

A. Pallone
B. Porta
C. Finestra
D. Vetro
E. Gioco

22) Quale tra i termini elencati ha un significato associabile con entrambe le parole proposte?
Serratura – Rimedio

A. Chiavistello
B. Buco
C. Cura
D. Ripiego
E. Toppa

23) Quale tra i termini elencati ha un significato associabile con entrambe le parole proposte?
Febbre – Confine

A. Linea
B. Fieno
C. Oro
D. Limite
E. Regno

24) Quale tra i termini elencati ha un significato associabile con entrambe le parole proposte?
Carico – Sapone

A. Spesa
B. Peso

C. Bolla
D. Detergente
E. Onere

25) **Quale tra i termini elencati ha un significato associabile con entrambe le parole proposte?**
Gola – Tuffo
A. Voce
B. Slancio
C. Salto
D. Nodo
E. Cuore

26) **"La polizia ebbe l'ordine di caricare i manifestanti". Qual è il significato della parola "caricare" nella frase proposta?**
A. Attaccare
B. Sostenere
C. Moderare
D. Scoraggiare
E. Trasferire

27) **"L'avvenimento era di una portata tale da richiedere l'attenzione di tutti gli esponenti politici".**
Qual è il significato della parola "portata" nella frase proposta?
A. Inconsistenza
B. Rilevanza
C. Fretta
D. Gittata
E. Distanza

28) **"Si assumeva molti più compiti di quanti potesse svolgerne per sollevare i familiari dalla miseria".**
Qual è il significato della parola "sollevare" nella frase proposta?
A. Alzare
B. Rincuorare
C. Spostare
D. Suscitare
E. Liberare

29) **"A partire dal III secolo l'Impero romano entrò in una crisi inesorabile che culminò nella deposizione dell'ultimo imperatore romano d'Occidente, Romolo Augustolo".**
Qual è il significato della parola "deposizione" nella frase proposta?
A. Uccisione
B. Rimozione da una carica con atto illegittimo
C. Allontanamento temporaneo dalla patria
D. Sistemazione
E. Dichiarazione

30) "Non si lasciò abbattere dalla stanchezza".
Qual è il significato della parola "abbattere" nella frase proposta?
A. Uccidere
B. Demolire
C. Atterrare
D. Avvilire
E. Smantellare

31) Qual è il significato di *unanimità*?
A. Attivismo sfrenato
B. Concordanza totale
C. Situazione controversa
D. Concorrenza accanita
E. Concordanza maggioritaria

32) Qual è il significato di *sindacare*?
A. Criticare
B. Fare proselitismo
C. Difendere
D. Perorare
E. Eleggere

33) Qual è il significato di *rivendicazione*?
A. Sopraffazione
B. Rappresaglia
C. Compensazione mediante scambio
D. Riaffermazione di un diritto negato
E. Intimidazione

34) Qual è il significato di *minatorio*?
A. Esplosivo
B. Di minaccia
C. Dirompente
D. Espettorante
E. Di offesa

35) Qual è il significato di *accollarsi*?
A. Aderire
B. Assumere su di sé
C. Incollarsi
D. Caricare
E. Appiccicare

36) Qual è il significato di *assoggettare*?
A. Identificare il soggetto grammaticale
B. Legare
C. Sottomettere

D. Assegnare le parti teatrali
E. Riunire

37) Qual è il significato di *sofisma*?
A. Ragionamento vano
B. Ragionamento illogico
C. Ragionamento capzioso
D. Ragionamento insidioso
E. Ragionamento fittizio

38) Qual è il significato di *meandro*?
A. Ansa formata da un fiume
B. Pianta ornamentale
C. Legno esotico
D. Tipo di anfibio
E. Animale della savana

39) Qual è il significato di *masserizie*?
A. Vasto podere con fabbricati
B. Enorme ammasso di rifiuti
C. Struttura per contenere stoviglie
D. Insieme di mobili e suppellettili di una casa
E. Covone di fieno

40) Qual è il significato di *spianare*?
A. Fare la spia
B. Rendere piano
C. Rompere il silenzio
D. Agitarsi rumorosamente
E. Districarsi

Risposte commentate
Definizioni e significato dei termini

1) A. È *alticcia* una persona che ha bevuto troppo ma non è ancora completamente ubriaca, bensì soltanto brilla. Pertanto, la risposta corretta è "Agostino è brillo".

2) D. Si definisce *perspicace* una persona che dimostra sottigliezza di giudizio, finezza d'intuito e, quindi, è *acuta*, fine, intuitiva, penetrante, sagace, sottile, sveglia.

3) C. Il testo del quesito fornisce, riferita a Luciano, la definizione della parola *ardimentoso.*

4) B. L'alternativa corretta è che "Alberto è un adulatore": *adulare,* infatti, significa "lodare eccessivamente per compiacenza, interesse, ipocrisia".

5) E. Adone è il nome di una divinità greca. Nella formulazione più nota del suo mito, Adone, nato dall'amore incestuoso di Mirra con suo padre, non è restituito da Persefone ad Afrodite che glielo aveva affidato da fanciullo; la contesa tra le due dee invaghite dalla bellezza di Adone è composta da Zeus. Pertanto, un *adone* è un giovane di grande bellezza, nel volto e nelle forme del corpo. La risposta corretta è "Bruno è un adone".

6) A. L'aggettivo *lezioso* qualifica chi parla o si muove, si comporta in modo affettato e svenevole, con una grazia esagerata e innaturale; *affusolato* significa assottigliato, dalla forma di un fuso; *appagato* indica una persona paga e soddisfatta; *estremista* indica qualcuno che assolutizza un concetto, una dottrina. La condizione di chi è prostrato da grande fatica o dolore estremo è indicata dall'aggettivo *affranto.*

7) B. È *agiata* una persona che vive comodamente, che gode di un certo benessere economico. Pertanto, la risposta corretta è "Fernando è agiato".

8) D. Si definisce *adultero* un individuo che compie adulterio, ossia che instaura una relazione illecita con persona diversa dal coniuge. Pertanto, poiché tradisce la moglie, "Carlo è adultero".

9) A. È *affabile* una persona che si intrattiene con altre persone con estrema semplicità e cordialità, che ha modi gentili e cortesi. Pertanto, la risposta corretta è "Daniele è affabile".

10) B. L'aggettivo *ambiguo* si riferisce a ciò che ha significato incerto, che può essere variamente interpretato, che lascia, cioè, perplessi sulle intenzioni. In questa accezione, quindi, è sinonimo di *non sincero* e *falso.*

11) B. Un ragionamento si dice *capzioso* quando è sottilmente insidioso, raggira e inganna.

12) E. L'aggettivo *apocrifo* è riferito a un libro, scritto o documento non autentico, non genuino.

13) A. L'aggettivo adatto è *pago,* che vuol dire "appagato", "soddisfatto"; *assuefatto* vuol dire "abituato"; *prezzolato* vuol dire "pagato", "retribuito"; *indolente* significa "apatico" e "svogliato nell'agire"; infine, "avvezzo" è sinonimo di "assuefatto", "abituato".

14) A. Il sostantivo *ostruzionista* è utilizzato per designare una persona che compie un'azione con cui tende volutamente e sistematicamente a ostacolare una data attività.

15) D. Il termine che indica "qualcuno che è nella disposizione d'animo per cui ritiene volto a buon fine tutto quello che avviene intorno a lui" è *ottimista.*

16) B. Tra gli aggettivi proposti quello che qualifica ciò che si presenta chiaro da intendere è *ovvio. Avito* è ciò che ci viene tramandato dagli avi; *avvilente* indica ciò che avvilisce, umilia, scoraggia; *avvizzito* è ciò che ha perso freschezza; *razionale* vuol dire che è dotato di ragione.

17) B. Tra le alternative di risposta, *papale* e *papubile* sono entrambi aggettivi riferiti al Papa (il primo significa "del Papa" ed il secondo significa che può essere eletto Papa). *Pedante* è chi pone una cura eccessivamente minuziosa, meticolosa, pignola in qualsiasi cosa faccia. L'aggettivo *palpitante* qualifica ciò che palpita. La risposta corretta è *palpabile* (dal verbo *palpare*) che è riferito a qualcosa che si può toccare.

18) D. *Lacustre* e *lacuale* sono entrambi aggettivi riferiti a tutto ciò che riguarda il lago. *Stepposo* è un terreno caratterizzato da vegetazione scarsa e poco florida, tipico della steppa. *Campestre* significa "dei campi, della campagna". *Paludoso* è riferito a terreno nel quale le acque permeano con difficoltà stagnando.

19) A. L'aggettivo *ortodosso* è usato, in senso generico, per indicare ciò che corrisponde all'accettazione integrale delle dottrine religiose affermate come vere da una determinata Chiesa.

20) B. L'aggettivo *aguzzo* indica ciò che termina in punta, che è sottile, acuto, in senso figurato vuol dire penetrante; quindi *acuto, arguto, acuminato* e *affilato* ne sono sinonimi e vanno scartati in quanto il quesito ci richiede di descrivere ciò che non è aguzzo. L'alternativa da scegliere è *ottuso* che indica in senso proprio una lama o un altro oggetto, non aguzzo o tagliente, quindi smussato, spuntato.

21) B. *Porta* è un termine polisemico e può indicare sia la porta d'ingresso di *casa* sia la porta del campo da *calcio.*

22) E. *Toppa* è il termine associabile alle parole date perché può riferirsi sia alla *serratura* ("infilare la chiave nella toppa"), sia al pezzo di stoffa che si cuce sopra al punto lacero di un capo di abbigliamento come *rimedio* ("mettere una toppa al vestito").

23) A. Il termine *linea* è fortemente polisemico. Fra i suoi svariati usi troviamo: *linea di confine* (per indicare un limite) e *linea di febbre* (per indicare, familiarmente, il decimo di grado della temperatura corporea).

24) C. *Bolla* è un caso di omonimia. In questo caso si riferisce alla *bolla di sapone* e alla *bolla di carico* (documento che comprova la spedizione o la consegna di una merce).

25) E. *Cuore* è un termine usato in tantissime locuzioni e espressioni figurate, fra cui: "sentire un *tuffo al cuore*" (provare una forte emozione) e "avere il *cuore in gola*" (essere in stato d'ansia o agitazione).

26) A. *Caricare* è un verbo polisemico, fra i suoi vari significati troviamo: assalire con impeto, *attaccare.*

27) B. La *portata* indica la capacità di carico di un veicolo, in senso figurato invece, come nel caso di questa frase, indica l'importanza, il valore di un avvenimento.

28) E. In senso figurato, il verbo *sollevare* (che vuol dire alzare, spostare verso l'alto) assume il significato di alleggerire, *liberare* da qualcosa che opprime, che grava.

29) B. *Deposizione* è l'atto del deporre, il depositare, ma può anche indicare la *rimozione* di un sovrano, di un capo di stato, dalla sua carica, *attraverso un atto illegittimo.*

30) D. Il verbo *abbattere* significa atterrare, far cadere qualcosa colpendolo. In senso figurato vuol dire privare di forza, dignità, *avvilire.*

31) B. La parola "unanimità" si riferisce a quella condizione di "concordanza totale" di opinioni tra più persone. Ad esempio, una "decisione presa all'unanimità" da una assemblea di persone indica che tutti i componenti dell'assemblea erano favorevoli a quella decisione. Per tale motivo, unanimità non vuol dire "concordanza maggioritaria"; quindi tale risposta va scartata. Tornando all'esempio precedente, con "concordanza maggioritaria" si indica che la maggioranza dei componenti di un'assemblea concorda con la decisione presa, ma non tutti i componenti concordano in modo unanime. In tal caso si parla di "decisione presa a maggioranza".
Le altre tre risposte sono errate e presentano espressioni che solo vagamente, in qualcuna delle loro accezioni, possono richiamare l'idea di concordia o discordia tra partecipanti. Ad esempio, per "situazione controversa" si può intendere una circostanza in cui i pareri degli individui interessati sono discordi; per "concorrenza accanita" si può intendere una competizione tra individui con lo stesso scopo o imprese che mirano allo stesso mercato; per "attivismo sfrenato" si può intendere un modello di vita dinamico, legato all'operosità.

32) A. La parola "sindacare" nel significato figurato, che è quello maggiormente in uso, si riferisce all'atto di controllare, giudicare, "criticare" una persona e il suo operato. Gli altri verbi non esprimono significati del verbo sindacare, pertanto le risposte B, C, D ed E sono errate. I verbi presenti in queste risposte possono, però, trarre in inganno, in quanto sono riferiti ad azioni che possono essere svolte dalle associazioni sindacali dei lavoratori. "Fare proselitismo" può richiamare l'attività delle associazioni di raccogliere iscritti tra i lavoratori; "difendere" ricorda l'impegno dei sindacati in difesa dei diritti dei lavoratori; "perorare" ricorda l'azione mediante la quale le associazioni sindacali sostengono le giuste cause in favore dei lavoratori; infine "eleggere" ricorda le azioni di elezione dei rappresentanti sindacali all'interno di istituzioni o aziende.

33) D. La parola "rivendicazione" si riferisce al tentativo da parte di una persona o di un gruppo di persone di esigere il riconoscimento di un diritto economico o di un ideale o di meriti ingiustamente negati o tolti (è tipica l'espressione "rivendicazione dei propri diritti"). Le altre risposte sono errate. Il termine "sopraffazione" (risposta A) e indica una azione violenta e prepotente che esula dal normale desiderio di affermare i propri diritti; il termine "rappresaglia" (risposta B) è tipicamente una azione generata da un torto subito, ma per il suo livello di crudeltà e violenza indiscriminata non corrisponde al significato di rivendicazione; l'espressione "compensazione mediante scambio" (risposta C) è una azione che può seguire ad una rivendicazione per riequilibrare i diritti non rispettati, ma non identifica la rivendicazione; infine il termine "intimidazione" (risposta E) indica una vera e propria minaccia, che quasi sempre esula dai parametri della legalità.

34) B. La parola "minatorio" si riferisce a frase, lettera o affermazione che contiene minacce. Per questa ragione la risposta E è da escludere poiché il significato di "minatorio" non comprende anche quello di contenere o arrecare offese. I termini "esplosivo" (risposta A) e "dirompente" (risposta C) possono trarre in inganno poiché richiamano alla mente il termine "mina" (il dispositivo esplodente). Ma il termine "minatorio" non si riferisce al termine "mina", bensì a "minaccia". Pertanto le risposte A e C vanno scartate. Il termine "espettorante" (risposta D) è completamente fuori contesto, in quanto è un aggettivo che si riferisce ad un farmaco che facilita l'espettorazione (l'espulsione) del muco. Anche la risposta D va, quindi, scartata.

35) B. L'espressione "accollarsi" si riferisce all'atto di addossarsi un obbligo o un incarico. Le altre risposte sono errate. La risposta D è incompatibile perché il vocabolo "caricare" indica essenzialmente il mettere, materialmente, un peso da trasportare sopra un veicolo, un animale o una persona. Il termine "aderire" (risposta A) vuol dire associarsi o seguire una idea o un patto codificato con regole. In senso più generale, il termine "aderire" può significare anche "incollare" o "incollarsi" (risposta C), ma questo termine, sebbene molto simile ad "accollarsi", ha un significato completamente diverso; tale termine indica l'azione di attaccarsi o di essere vicino a qualcosa o a qualcuno. Il termine "appiccicare" (risposta E) può essere considerato un sinonimo di "aderire" o di "incollarsi".

36) C. La parola "assoggettare" significa rendere soggetto, "sottomettere".
Le risposte A e D giocano sulla presenza della parola "soggetto" nel verbo "assoggettare", ma questo verbo non ha nulla a che fare con lo studio della grammatica o con operazioni che vengono svolte prima della recitazione.
I verbi molto comuni "legare" e "riunire" (risposte B ed E) non sono collegati con il significato del vocabolo richiesto nella domanda.

37) C. La parola "sofisma" si riferisce nell'uso corrente a qualsiasi ragionamento capziosamente cavilloso e falso, anche se in apparenza coerente. Per questa ragione la risposta A è sbagliata perché il sofisma può anche non essere un ragionamento vano, così come sono errate le risposte B ed E perché il sofisma non è assolutamente fittizio o illogico. Infine, la risposta D deve essere scartata poiché il sofisma può anche non essere insidioso.

38) A. Con il termine *meandro* si designa ognuna delle serpentine, o curve a forma di S, soggette a spostamenti, che alcuni fiumi formano scorrendo nel loro corso inferiore in piane alluvionali a leggera pendenza.

39) D. Con il termine *masserizie* si designano, nell'uso comune, le suppellettili di una casa modesta, i mobili, gli arredamenti ecc.

40) B. *Spianare* significa *rendere piano* togliendo le ineguaglianze e le asperità o pareggiare eliminando ogni differenza di livello.

Questionario 4
Nozioni di linguistica

1) **Quale tra le seguenti è una parte variabile del discorso?**
   A. Congiunzione
   B. Pronome
   C. Avverbio
   D. Preposizione
   E. Interiezione

2) **Quale dei seguenti sostantivi ha la stessa forma per il singolare e il plurale?**
   A. Eco
   B. Gregge
   C. Ipotesi
   D. Sciame
   E. Edema

3) **La parola *popolo* è un nome:**
   A. sovrabbondante
   B. derivato
   C. collettivo
   D. astratto
   E. difettivo

4) **"Che noi facessimo" è un:**
   A. congiuntivo imperfetto
   B. congiuntivo presente
   C. condizionale passato
   D. congiuntivo trapassato
   E. trapassato remoto

5) **L'aggettivo *migliore* è il comparativo di:**
   A. bello
   B. gentile
   C. grande
   D. alto
   E. buono

6) **Quale delle seguenti frasi è enunciata in modo errato?**
   A. Spero che tu venga con me
   B. Spero che tu verrai con me
   C. Speravo che tu venissi con me
   D. Spero che tu venissi con me
   E. Speravo che tu saresti venuto con me

7) **Nella frase "Stasera ho mangiato molto", la parola *molto* è:**
A. un avverbio
B. un aggettivo indefinito
C. un pronome indefinito
D. un sostantivo
E. un aggettivo numerale

8) **Quale tra i seguenti non è un verbo transitivo?**
A. Mangiare
B. Spiegare
C. Andare
D. Sentire
E. Perdere

9) **Quale dei seguenti è un nome astratto?**
A. Libro
B. Penna
C. Felicità
D. Scuola
E. Casa

10) **Nella frase "Il più buono di tutti è Giulio", l'aggettivo *il più buono* è di grado:**
A. positivo
B. superlativo relativo
C. comparativo di maggioranza
D. superlativo assoluto
E. comparativo di minoranza

11) **In quale delle seguenti coppie di sostantivi il plurale è errato?**
A. Uovo/uova
B. Portacenere/portaceneri
C. Muro/muri
D. Lenzuolo/lenzuola
E. Braccio/braccia

12) **Quale delle seguenti frasi contiene una apposizione?**
A. L'Odissea, il famoso poema omerico, narra i viaggi e le imprese di Ulisse
B. L'Odissea è un famoso poema di Omero che narra le avventure di Ulisse
C. Ho appena finito di leggere l'Odissea, che narra i viaggi e le avventure di Ulisse
D. Il più famoso poema di Omero è l'Odissea, che narra le imprese di Ulisse
E. Ho letto una delle più famose opere di Omero: l'Odissea

13) **Quale tra i seguenti complementi risponde alla domanda "da chi, da che cosa"?**
A. Complemento di mezzo
B. Complemento di termine
C. Complemento di causa

D. Complemento di agente o di causa efficiente
E. Complemento di specificazione

14) Nella frase "Ho dormito solo qualche ora", la parola *qualche* è:
A. un aggettivo dimostrativo
B. un pronome indefinito
C. un pronome dimostrativo
D. un pronome relativo
E. un aggettivo indefinito

15) Il modo imperativo indica:
A. un comando
B. un dubbio
C. una certezza
D. una possibilità
E. una condizione

16) S'individui la frase che contiene un errore ortografico.
A. Aldo è un uomo onesto
B. Ieri sera ho incontrato un amica
C. Qualche anno fa ho subito un intervento chirurgico molto delicato
D. Francesca e io abbiamo un amico in comune
E. L'IVA è un'imposta indiretta

17) Quale tra i seguenti verbi appartiene alla seconda coniugazione?
A. Dormire
B. Guardare
C. Sentire
D. Cadere
E. Donare

18) Nella frase "Chi ha telefonato stamattina?" la parola *chi* è:
A. un pronome relativo
B. un pronome esclamativo
C. un pronome possessivo
D. un pronome interrogativo
E. un pronome dimostrativo

19) I verbi difettivi sono quelli che:
A. seguono una coniugazione irregolare
B. si coniugano solo alla terza persona singolare
C. mancano di alcune voci
D. fungono da ausiliari
E. non hanno la forma passiva

20) Nella frase "Ho comprato dei vestiti oggi pomeriggio", la parola *dei* è:
A. un articolo indeterminativo
B. un articolo partitivo

C. un aggettivo indefinito
D. un articolo determinativo
E. un aggettivo numerale

21) S'individui, fra le parole proposte, quella che svolge la funzione di pronome nel seguente periodo: "Ti ricordo che domani mattina devi alzarti molto presto".
A. Molto
B. Che
C. Domani
D. Presto
E. Ti

22) Quale tra le seguenti non è una parte variabile del discorso?
A. L'interiezione
B. Il verbo
C. Il pronome
D. Il nome
E. L'aggettivo

23) L'aggettivo massimo è:
A. l'equivalente di grande
B. l'equivalente di maggiore
C. il comparativo di maggioranza di grande
D. il superlativo assoluto di grande
E. il superlativo relativo di grande

24) L'espressione "nel complesso" è:
A. un avverbio semplice
B. un'interiezione
C. un avverbio derivato
D. una locuzione avverbiale
E. un avverbio composto

25) Nella frase "Ti aiuterò volentieri", la parola *volentieri* è:
A. una locuzione avverbiale
B. una congiunzione
C. un avverbio di modo
D. un avverbio di luogo
E. un avverbio di tempo

26) Il passato prossimo indica:
A. un'azione già compiuta rispetto ad un'altra che è riferita in un'altra proposizione
B. un'azione avvenuta in un passato recente e i cui effetti in qualche modo durano ancora
C. un'azione che si è prolungata o ripetuta nel passato

D. un'azione compiuta nel passato e ormai finita
E. un'azione che avviene nel momento in cui si parla

27) Nella frase "Questo libro è mio, quello è tuo", la parola *quello* è:
A. un aggettivo dimostrativo
B. un pronome dimostrativo
C. un pronome indefinito
D. un aggettivo indefinito
E. un pronome possessivo

28) "Tu saresti venuto" è un:
A. congiuntivo trapassato
B. condizionale presente
C. congiuntivo imperfetto
D. congiuntivo passato
E. condizionale passato

29) Quale tra le seguenti coppie è composta da verbi difettivi?
A. Togliere/mettere
B. Fulgere/urgere
C. Condurre/ridurre
D. Crescere/nuocere
E. Esigere/conoscere

30) Il complemento di specificazione risponde alla domanda:
A. di chi, di che cosa?
B. da chi, da che cosa?
C. a chi, a che cosa?
D. con chi, con che cosa?
E. riguardo a chi, riguardo a che cosa?

31) Nel periodo "Fammi sapere chi verrà a prenderti", la proposizione subordinata è una:
A. dichiarativa
B. oggettiva
C. interrogativa indiretta
D. relativa
E. soggettiva

32) Nella frase "Luca si veste" il verbo è un:
A. verbo difettivo
B. verbo congiuntivo
C. verbo partitivo
D. verbo riflessivo
E. nessuna delle precedenti

33) Nella frase "Durante la cerimonia Marco si è sentito male", la parola *durante* è:
A. una preposizione semplice
B. una preposizione impropria
C. una locuzione prepositiva
D. una preposizione articolata
E. un aggettivo

34) *Ma, però, tuttavia* sono:
A. congiunzioni disgiuntive
B. congiunzioni esplicative
C. congiunzioni modali
D. congiunzioni avversative
E. congiunzioni temporali

35) Nella frase "Sembra proprio un ometto", la parola *ometto* è:
A. un sostantivo alterato diminutivo
B. un sostantivo alterato vezzeggiativo
C. un sostantivo alterato accrescitivo
D. un sostantivo derivato
E. un sostantivo primitivo

36) Sapendo che per ogni errore d'ortografia viene tolto 1 punto e che si parte dal 10, quale dei seguenti studenti conseguirà la votazione piena? Alberto: «Era un'animale da palcoscenico.» Michele: «La scenografia era surreale.» Marco: «Lo scenziato incarnava lo stereotipo del genio distratto.»
A. Alberto
B. Marco
C. Tutti gli studenti conseguiranno la votazione piena
D. Nessuno degli studenti conseguirà la votazione piena
E. Michele

37) Sapendo che per ogni errore d'ortografia viene tolto 1 punto e che si parte dal 10, quale dei seguenti studenti conseguirà la votazione piena? Alberto: «Aveva fatto sciempio del mio povero cuore.» Michele: «Stava per attuare il suo sciellerato piano.» Marco: «Il bassorilievo rappresenta scene di caccia.»
A. Marco
B. Michele
C. Alberto
D. Nessuno degli studenti conseguirà la votazione piena
E. Tutti gli studenti conseguiranno la votazione piena

38) Sapendo che per ogni errore d'ortografia viene tolto 1 punto e che si parte dal 10, quale dei seguenti studenti conseguirà la votazione piena? Alberto: «La scienza non è ancora riuscita a conprendere completamente tale fenomeno.» Michele: «La sciena che si presentò ai suoi occhi fu agghiacciante.» Marco: «Era un mostro senza coscienza.»
A. Michele

B. Alberto
C. Marco
D. Tutti gli studenti conseguiranno la votazione piena
E. Nessuno degli studenti conseguirà la votazione piena

39) Sapendo che per ogni errore d'ortografia viene tolto 1 punto e che si parte dal 10, quale dei seguenti studenti conseguirà la votazione piena? Alberto: «Mangerò due cosce di pollo.» Michele: «Era perfettamente coscente di ciò che l'attendeva.» Marco: «Pose i piedi sullo sciendiletto.»
A. Michele
B. Marco
C. Alberto
D. Tutti gli studenti conseguiranno la votazione piena
E. Nessuno degli studenti conseguirà la votazione piena

40) Sapendo che per ogni errore d'ortografia viene tolto 1 punto e che si parte dal 10, quale dei seguenti studenti conseguirà la votazione piena? Alberto: «Coscenziosità ed efficienza lo rendono un impiegato modello.» Michele: «Era conscia di essere un alunna piuttosto indisciplinata.» Marco: «Il cosciotto di agnello era ottimo.»
A. Marco
B. Michele
C. Alberto
D. Nessuno degli studenti conseguirà la votazione piena
E. Tutti gli studenti conseguiranno la votazione piena

Risposte commentate
Nozioni di linguistica

1) B. L'unica parte variabile del discorso tra quelle indicate è il *pronome.* Le parti *variabili* del discorso, quelle cioè soggette a variazioni di desinenza, sono l'articolo, il nome, l'aggettivo, il pronome e il verbo. Quelle *invariabili* sono, invece, l'avverbio, la preposizione, la congiunzione e l'interiezione.

2) C. Il sostantivo *ipotesi* ha la stessa forma per il singolare e per il plurale. Appartiene a una particolare categoria di nomi che nel passaggio dal singolare al plurale non cambiano desinenza. Sono i nomi cosiddetti *indeclinabili.* Altri esempi: *vaglia, gorilla, gas, re, specie.*

3) C. *Popolo* è un nome collettivo. I nomi si distinguono in nomi concreti e nomi astratti. A loro volta i nomi concreti possono essere di tre tipi: nomi *propri,* che designano particolari individui di una specie o di una categoria, nomi *comuni,* che indicano in modo generico uno o più individui di una specie o categoria, e, infine, nomi *collettivi,* che indicano un gruppo di persone, animali o cose della stessa specie o categoria (Es. *mandria, scolaresca, flotta* e, appunto, *popolo*).

4) A. *Che noi facessimo* è un *congiuntivo imperfetto.* Il congiuntivo presente sarebbe stato: *che noi facciamo*; il condizionale passato: *noi avremmo fatto*; il congiuntivo trapassato: *che noi avessimo fatto*; il trapassato remoto: *noi avemmo fatto.*

5) E. *Migliore* è il comparativo di maggioranza dell'aggettivo *buono* (superlativo assoluto: *ottimo*), ed è uno di quegli aggettivi che, oltre alle forme consuete del comparativo e del superlativo, hanno delle forme peculiari. Gli altri sono: cattivo (*peggiore, pessimo*), grande (*maggiore, massimo*), piccolo (*minore, minimo*), alto (*superiore, supremo* o *sommo*) e basso (*inferiore, infimo*).

6) D. La frase enunciata in modo errata è la quarta (*Spero tu venissi con me*). Quando, infatti, il verbo della proposizione reggente è al presente, il verbo della subordinata sarà il *congiuntivo presente* nel caso di contemporaneità dell'azione, *congiuntivo passato* per esprimere posteriorità, e infine *congiuntivo presente* o *indicativo futuro* se l'azione della subordinata è futura rispetto a quella della principale.

7) A. *Molto* è un *avverbio di quantità,* come poco, alquanto, assai, abbastanza, parecchio. Gli avverbi, insieme alle preposizioni, alle congiunzioni e alle interiezioni, sono parti invariabili del discorso e possono essere classificati in base alla forma e al significato.

8) C. Il verbo intransitivo è *andare.* I verbi *intransitivi* sono quei verbi che indicano azioni ben definite che non transitano su un oggetto, ma restano nel soggetto che le compie (come anche partire, scherzare...). Possono avere solo la forma attiva, in quanto l'azione che essi indicano si esaurisce, appunto, nel soggetto agente.

9) C. *Felicità* è uno di quei nomi che indicano sentimenti, attività, idee, tutto ciò, insomma, che non ha una consistenza materiale. Sono i cosiddetti nomi *astratti*, che si contrappongono ai nomi *concreti*, che, al contrario, possiamo vedere e toccare.

10) B. *Il più buono* è un *superlativo relativo di maggioranza*. Esso esprime il massimo grado della qualità posseduta in relazione a tutti gli altri. Si può dire anche "il migliore di tutti", essendo buono uno di quegli aggettivi che hanno, oltre alle forme consuete del comparativo e del superlativo, delle forme peculiari.

11) B. La coppia di sostantivi con il plurale errato è *portacenere/portaceneri*. Si tratta, infatti, di un nome composto, il cui comportamento, per quanto riguarda il passaggio dal singolare al plurale, cambia secondo il tipo di parole da cui è costituito. In particolare, i nomi formati da un verbo e un sostantivo (come nell'esempio) si comportano in maniera diversa a seconda che il sostantivo sia singolare o plurale.

12) A. La frase che contiene un'*apposizione* è la prima: *L'Odissea, il famoso poema omerico, narra i viaggi e le imprese di Ulisse*. Nell'analisi logica, l'apposizione si ha quando un sostantivo viene accompagnato, per meglio precisarne il significato, da un altro sostantivo. Se invece il nome è accompagnato da un aggettivo, quest'ultimo viene detto *attributo*.

13) D. Il *complemento* è quella parte della proposizione che, come suggerisce la parola stessa, svolge una funzione complementare, indicando la persona, animale o cosa su cui si compie l'azione espressa dal verbo, oppure il mezzo, la causa, il fine, il luogo per cui si compie o dove si compie tale azione. Tra quelli elencati l'unico a rispondere alla domanda "da chi, da che cosa" è quello *di agente* o *di causa efficiente*, ma per individuare il complemento, più che la preposizione che lo regge, bisogna considerare il significato del verbo, perché esistono altri complementi che rispondono alla medesima domanda (in questo caso, anche *moto da luogo, separazione* o *allontanamento*...).

14) E. Nella frase *Ho dormito solo qualche ora*, la parola *qualche* è un *aggettivo indefinito*. Sono aggettivi indefiniti quelli che esprimono una determinazione vaga, generica, non bene definita, come dice la parola stessa. Sono: *ogni, qualche, ciascuno, ognuno, certi, molto, poco, tanto*.

15) A. Il modo *imperativo* indica un comando e ha il solo tempo presente (il cosiddetto imperativo futuro), in realtà, è l'indicativo futuro usato per esprimere un ordine.

16) B. La frase che contiene un errore di ortografia è *Ieri sera ho incontrato un amica*. La formulazione corretta è *Ieri sera ho incontrato <u>un'amica</u>*, con l'apostrofo all'articolo indeterminativo, perché *un* sta per *una*, che, per ragioni di cacofonia, si elide.

17) D. Appartiene alla seconda coniugazione il verbo *cadere.* Le coniugazioni dei verbi regolari sono tre: prima (desinenza all'infinito in -are), seconda (-ere) e terza (-ire).

18) D. I pronomi si distinguono in personali, possessivi, relativi, dimostrativi, interrogativi ed esclamativi. Nella frase *Chi ha telefonato stamattina?* la parola *chi* è un *pronome interrogativo.* Si tratta di quei pronomi che, come la corrispondente categoria di aggettivi, introducono delle proposizioni interrogative.

19) C. I *verbi difettivi* sono quelli che "difettano", cioè mancano, di alcune voci. Alcuni dei verbi difettivi più conosciuti e usati soprattutto nella terza persona singolare (ma non solo), sono: *aggradare, solere, fulgere, ostare, vertere, urgere.*

20) B. Nella frase *Ho comprato dei vestiti oggi pomeriggio* la parola *dei* è un *articolo partitivo.* Gli articoli, parti variabili del discorso, si distinguono in determinativi, indeterminativi e partitivi.

21) E. Nella frase *Ti ricordo che domani mattina devi alzarti molto presto; ti* (a te) svolge la funzione di pronome personale in funzione di complemento (*di termine*).

22) A. L'*interiezione* (o esclamazione) non è una parte variabile del discorso. Essa infatti, come l'avverbio, la congiunzione e la preposizione, non cambia mai desinenza. Le interiezioni si distinguono in *proprie* (funzione esclamativa), *improprie* (costituite da avverbi, nomi, aggettivi, verbi) e *locuzioni interiettive* (costituite da gruppi di parole).

23) D. L'aggettivo *massimo* è il *superlativo assoluto* di *grande* (comparativo: *maggiore*). È uno di quegli aggettivi che, oltre alle forme consuete del comparativo e del superlativo, hanno delle forme peculiari. Gli altri sono: buono (migliore, ottimo), cattivo (peggiore, pessimo), piccolo (minore, minimo), alto (superiore, supremo o sommo) e basso (inferiore, infimo).

24) D. L'espressione *nel complesso* è una *locuzione avverbiale.* Si tratta di un gruppo di due o più parole con la medesima funzione degli avverbi (Es. *nel complesso, in pratica, con attenzione, fra poco, all'incirca, di più, di meno, senza dubbio, di sicuro, di certo*).

25) C. Nella frase *Ti aiuterò volentieri, volentieri* è un *avverbio di modo,* e serve a specificare il significato del termine cui si riferisce. Altri avverbi di modo sono: *visibilmente, estremamente, comunemente...*

26) B. Il *passato prossimo* indica un'azione avvenuta in un passato recente e i cui effetti in qualche modo durano ancora (*Stamattina sono uscito di buon'ora; abbiamo ascoltato i tuoi consigli*).

27) B. Nella frase "*Questo libro è mio, quello è tuo*", la parola *quello* è un *pronome dimostrativo.* Come i corrispondenti aggettivi, i pronomi dimostrativi indicano persone o cose vicine a chi parla (*questo*) o a chi ascolta (*quello*). Es.: questo libro l'ho comprato, *quello* l'ho ricevuto in prestito.

28) E. "*Tu saresti venuto*" è un *condizionale passato.* Il condizionale indica il compimento di un'azione in presenza di determinate condizioni o circostanze a cui si fa riferimento in un'altra proposizione.

29) B. *Fulgere/urgere* è una coppia di verbi chiamati difettivi. I *verbi difettivi* sono quelli che "difettano", cioè mancano, di alcune voci. Altri verbi difettivi conosciuti sono: aggradare, solere, ostare, vertere.

30) A. Il *complemento di specificazione* risponde alla domanda *di chi?, di che cosa?.* Per individuare un complemento, però, più che la preposizione che lo regge, bisogna sempre considerare l'azione indicata dal verbo, perché esistono altri complementi che rispondono alla medesima domanda.

31) C. Nel periodo "*Fammi sapere chi verrà a prenderti*", la proposizione subordinata è una *interrogativa indiretta.* Tale proposizione vuole, nella forma esplicita, il verbo all'indicativo, congiuntivo o condizionale; nella forma implicita, il verbo all'infinito.

32) D. "*Si veste*" è un *verbo riflessivo.* I verbi possono avere la forma attiva, la forma passiva e la forma riflessiva. Quest'ultima si ha quando l'azione che indicano non transita su un oggetto, né viene subìta dal soggetto, come nei due casi precedenti, ma, compiuta dal soggetto, si riflette sullo stesso.

33) B. Nella frase "*Durante la festa Marco si è sentito male*", la parola *durante* è una *preposizione impropria.* Le preposizioni, parti invariabili del discorso, si distinguono in proprie (semplici e articolate), improprie (sono aggettivi, avverbi o verbi che svolgono la funzione di preposizione) e locuzioni propositive.

34) D. *Ma, però, tuttavia,* sono *congiunzioni avversative.* Le congiunzioni (semplici, composte o locuzioni congiuntive), si differenziano in base alla funzione, che può essere coordinante (come quelle appena richiamate) o subordinante.

35) B. Nella frase "*Sembra proprio un ometto*" la parola *ometto* è un sostantivo alterato *vezzeggiativo.* I nomi alterati si ottengono aggiungendo al nome un desinenza da cui risultano nomi vezzeggiativi (*ometto*), diminutivi (*omino*), dispregiativi (*omaccio*), accrescitivi (*omone*).

36) E. Solo *Michele* non ha commesso errori, per cui conseguirà la votazione piena. Alberto ha commesso l'errore di scrivere "un'animale" anziché "un animale". Marco ha commesso l'errore di scrivere "scenziato" anziché "scienziato".

37) A. *Marco* è l'unico che non ha commesso alcun errore di ortografia, pertanto conseguirà la votazione piena; Alberto, invece, ha sbagliato a scrivere il termine "scempio" e Michele ha scritto erroneamente il termine "scellerato".

38) C. Solo *Marco* non ha commesso errori, per cui conseguirà la votazione piena. Alberto ha commesso l'errore di scrivere "conprendere" anziché "comprendere". Michele ha commesso l'errore di scrivere "sciena" anziché "scena".

39) C. Solo *Alberto* non ha commesso errori e conseguirà la votazione piena. Michele ha scritto *coscente* anziché cosciente. Marco invece ha scritto *sciendiletto* anziché scendiletto.

40) A. Solo *Marco* non ha commesso errori, per cui conseguirà la votazione piena. Alberto ha commesso l'errore di scrivere *coscenziosità* anziché coscienziosità. Marco ha commesso l'errore di scrivere *un alunna* anziché un'alunna.

Sezione II
Ragionamento verbale

Questionario 1
Proporzioni verbali

1) **Indicare il termine che completa la seguente proporzione verbale:**
"fato : lato = talco : x"
A. x = falco
B. x = falce
C. x = falda
D. x = folto
E. x = fonda

2) **Indicare il termine che completa la seguente proporzione verbale:**
"Sagrada Familia : x = Notre Dame : Parigi"
A. x = Cracovia
B. x = Lisbona
C. x = Madrid
D. x = Barcellona
E. x = Praga

3) **Indicare il termine che completa la seguente proporzione verbale:**
"La Primavera : Sandro Botticelli = I Girasoli : x"
A. x = Paul Klee
B. x = Claude Monet
C. x = Vincent van Gogh
D. x = Pablo Picasso
E. x = Paul Cézanne

4) **Indicare il termine che completa la seguente proporzione verbale:**
"superiore : supremo = inferiore : x"
A. x = postumo
B. x = intimo
C. x = ultimo
D. x = infimo
E. x = estremo

5) **Indicare il termine che completa la seguente proporzione verbale:**
"prologo : x = alfa : omega"

A. x = delta
B. x = beta
C. x = epilogo
D. x = esordio
E. x = preludio

6) **Indicare i termini che completano la seguente proporzione verbale: "Le avventure di Pinocchio : Collodi = x : y"**
A. x = Lo cunto de li cunti; y = Calvino
B. x = La sirenetta; y = Andersen
C. x = Hansel e Gretel; Carroll
D. x = Il gatto con gli stivali; y = Rodari
E. x = Alice nel paese delle meraviglie; y = Dickens

7) **Indicare i termini che completano la seguente proporzione verbale: "Ankara : Turchia = x : y"**
A. x = Tripoli; y = Marocco
B. x = Amman; y = Israele
C. x = Dakar; y = Senegal
D. x = Lima; y = Venezuela
E. x = Bangkok; Bangladesh

8) **Indicare i termini che completano la seguente proporzione verbale: "attacco di Pearl Harbor : 7 dicembre 1941 = x : y"**
A. x = liberazione dell'Italia; y = 25 aprile 1943
B. x = entrata in guerra dell'Italia; y = 10 giugno 1939
C. x = nascita della Repubblica italiana; y = 2 giugno 1948
D. x = morte di Mussolini; y = 28 aprile 1944
E. x = bomba su Hiroshima; y = 6 agosto 1945

9) **Indicare i termini che completano la seguente proporzione verbale: "x : y = proibire : autorizzare"**
A. x = incolpare; y = scagionare
B. x = respingere; y = disapprovare
C. x = resistere; y = reagire
D. x = frenare; y = tollerare
E. x = attutire; y = alzare

10) **Indicare i termini che completano la seguente proporzione verbale: "x : mangiare = bevanda : y"**
A. x = deglutire; y = versare
B. x = triturare; y = ingurgitare
C. x = cibo; y = bere
D. x = masticare; y = sorso
E. x = boccone; y = potabile

11) Indicare i termini che completano la seguente proporzione verbale:
"Stan Lee : Spider-Man = x : Diabolik"
A. x = Giovanni L. Bonelli
B. x = Gardner Fox
C. x = sorelle Giussani
D. x = Hugo Pratt
E. x = Andrea Pazienza

12) Indicare i termini che completano la seguente proporzione verbale:
"giochi : x = y : enoteca"
A. x = cineteca; y = quadri
B. x = ludoteca; y = vini
C. x = emeroteca; y = film
D. x = videoteca; y = giornali
E. x = pinacoteca; y = libri

13) Quali, tra i termini proposti, completano correttamente la seguente proporzione verbale?
Golf : sport = x : y
A. x = poesia; y = arte
B. x = pullover; y = tweed
C. x = impermeabile; y = cardigan
D. x = scarpe; y = scarpe da tennis
E. x = mobili; y = cassettiera

14) Quale, tra i termini proposti, completa correttamente la seguente proporzione verbale?
Bilancia : peso = tachimetro : x
A. x = distanza
B. x = velocità
C. x = angolo
D. x = battito cardiaco
E. x = chilometri

15) Quale, tra i termini proposti, completa correttamente la seguente proporzione verbale?
Encomio : x = finito : concluso
A. x = insignito
B. x = clinica
C. x = economo
D. x = lode
E. x = vigore

16) Quale, tra i termini proposti, completa correttamente la seguente proporzione verbale?
Grafomane : x = y : lirica
A. x = melomane; y = scultore

B. x = scrittura; y = teatro
C. x = scrittura; y = melomane
D. x = lettura; y = teatro
E. x = pittura; y = musicista

17) Individuare la soluzione che completa correttamente l'eguaglianza di rapporti: x : pittura = Fleming : y
A. x = Einstein; y = medicina
B. x = Arte; y = scultura
C. x = Picasso; y = medicina
D. x = Ramanujan; y = matematica
E. x = Magritte; y = fisica

18) Quali, tra i termini proposti, completano correttamente la seguente proporzione verbale?
x : acqua = xenofobo : y
A. x = Idrofobo; y = straniero
B. x = Impermeabile; y = passaporto
C. x = Oceano; y = nuotatore
D. x = Idrofilo; y = estero
E. x = Idrosolubile; y = permesso

19) Quali, tra i termini proposti, completano correttamente la seguente proporzione verbale?
Brado : selvaggio = x : y
A. x = smarrito; y = perso
B. x = eccessivo; y = misurato
C. x = giovanile; y = senile
D. x = logico; y = artificioso
E. x = dimostrato; y = invalidato

20) Quali, tra i termini proposti, completano correttamente la seguente proporzione verbale?
Intonacare : x = y : esegeta
A. x = casa; y = libraio
B. x = intonare; y = infervorarsi
C. x = truccarsi; y = ottuagenario
D. x = cemento; y = letteratura
E. x = muratore; y = interpretare

21) Quale, tra i termini proposti, completa correttamente la seguente proporzione verbale?
Limpido : opaco = x : emotivo
A. x = labile
B. x = insipido
C. x = fragile
D. x = controllato

E. x = instabile

22) Quale, tra i termini proposti, completa correttamente la seguente proporzione verbale?
Rustico : raffinato = x : limpido
A. x = infausto
B. x = provvidenziale
C. x = chiaro
D. x = torbido
E. x = vivace

23) Quali tra i termini proposti completano correttamente la seguente proporzione verbale?
Alluminio : x = cinese : y
A. x = metalli; y = lingue
B. x = legno; y = orologio
C. x = minerale; y = libro
D. x = piatto; y = riso
E. x = pentola; y = riso

24) Quali, tra i termini proposti, completano correttamente la seguente proporzione verbale?
Tribunale : x = y : capomastro
A. x = accusati; y = progettisti
B. x = giudice; y = cantiere
C. x = avvocato; y = comandante
D. x = imputato; y = semaforo
E. x = guardiano; y = contabile

25) Quali, tra i termini proposti, completano correttamente la seguente proporzione verbale?
Pesante : indigesto = x : y
A. x = lugubre; y = allegro
B. x = sesquipedale; y = trascurabile
C. x = raffinato; y = semplice
D. x = saporito; y= calorico
E. x = inerme; y = disarmato

26) Quali, tra i termini proposti, completano correttamente la seguente proporzione verbale?
Uva : vino = x : y
A. x = grappa; y = alcool
B. x = tabacco; y = sigaretta
C. x = sedia; y = tavolo
D. x = pane; y = farina
E. x = libro; y = pagine

27) Quali, tra i termini proposti, completano correttamente la seguente proporzione verbale?
Marzo : mese = x : y
A. x = mese; y = anno
B. x = giorno; y = lunedì
C. x = gatto; y = animale
D. x = colore; y = tela
E. x = ora; y = dodici

28) Quale, tra i termini proposti, completa correttamente la seguente proporzione verbale?
Parola : discorso = nota : x
A. x = pausa
B. x = melodia
C. x = strumento musicale
D. x = voce
E. x = stonata

29) Quali, tra i termini proposti, completano correttamente la seguente proporzione verbale?
Frazionare : x = emancipare : y
A. x = ripetere; y = frenare
B. x = accentrare; y = svincolare
C. x = concentrare; y = liberare
D. x = suddividere; y = affrancare
E. x = dislocare; y = asservire

30) Quali, tra i termini proposti, completano correttamente la seguente proporzione verbale?
Fulcro : x = obiettivo : y
A. x = braccio; y = fotografo
B. x = cinepresa; y = leva
C. x = leva; y = macchina fotografica
D. x = bilancia; y = scopo
E. x = asta; y = scopo

Risposte commentate
Proporzioni verbali

1) A. La prima coppia di parole è legata da una relazione ortografica, infatti, *fato* e *lato* differiscono fra loro solo per la prima lettera. La seconda coppia quindi andrà completata con una parola, fra quelle proposte, che differisca da *talco* solo per la prima lettera, ovvero *falco*.

2) D. *Notre Dame* è la principale cattedrale, e uno dei simboli, di *Parigi*; la *Sagrada Familia* è una famosa basilica, e uno dei simboli, di *Barcellona*.

3) C. La proporzione deve essere completata creando una relazione di appartenenza anche nella seconda coppia di termini. *La Primavera* fu dipinta da *Botticelli*, *I Girasoli* invece è una delle opere più celebri di *Vincent van Gogh*.

4) D. Qua abbiamo una relazione di tipo grammaticale: *superiore* e *supremo* sono il superlativo relativo e il superlativo assoluto di *alto*. Quindi, nella seconda coppia di termini, in cui è presente solo il superlativo relativo di *basso*, si dovrà inserire il superlativo assoluto, ovvero *infimo*.

5) C. *Alfa* è la prima lettera dell'alfabeto greco e *omega* invece è l'ultima, sono termini che indicano l'inizio e la fine di qualcosa. Nell'altra coppia di parole solo il primo termine è noto: *prologo*, ovvero l'introduzione, il discorso introduttivo a un'opera, l'inizio. Il termine da inserire per completare la proporzione, quindi, dovrà indicare la conclusione di un'opera, ovvero *epilogo*.

6) B. *Collodi* scrisse *Le avventure di Pinocchio*, quindi è necessario trovare un'analoga relazione di appartenenza (opera-autore) fra le coppie di parole proposte. L'unica risposta corretta è la *B*, infatti l'autore de *La sirenetta* è Hans Christian *Andersen*, mentre tutte le altre opzioni sono errate.

7) C. *Ankara* è la capitale della *Turchia*, una volta individuata la relazione geografica fra i primi due termini, il candidato dovrà trovare, fra le opzioni di risposta, la stessa relazione geografica (capitale-Paese). La risposta corretta dunque è la *C* perché *Dakar* è la capitale del *Senegal*, mentre tutte le altre opzioni sono inesatte.

8) E. L'*attacco di Pearl Harbour* avvenne il *7 dicembre 1941*, quindi è necessario trovare, fra le opzioni di risposta proposte, la relazione avvenimento storico-data corretta. L'unica risposta plausibile è la *E*, infatti la *bomba* atomica fu sganciata *su Hiroshima* il *6 agosto 1945*.

9) A. *Proibire* è il contrario di *autorizzare*, quindi si deve individuare la coppia di verbi fra loro antitetici nelle opzioni proposte, ovvero la coppia *incolpare/scagionare*.

10) C. In questo caso nessuna della due coppie è completa. È necessario leggere attentamente le varie proposte e procedere per esclusione. L'unica opzione di riposta che completa correttamente la proporzione, instaurando delle relazioni di significato, è la *C*: il *cibo* è da *mangiare*, la *bevanda* è da *bere*.

11) C. Fra la prima coppia di parole c'è una relazione di appartenenza, autore-fumetto, infatti *Stan Lee* è l'autore del noto fumetto *Spider-Man*. Quindi, nella seconda coppia di parole, è necessario trovare il termine che instauri la stessa relazione, ovvero *sorelle Giussani*, creatrici del fumetto *Diabolik*.

12) B. In questa proporzione ci sono due incognite e, inoltre, nessuna delle due coppie di termini è completa. In questo caso, quindi, bisognerà leggere attentamente le opzioni proposte e procedere per esclusione. L'unica risposta plausibile è x = ludoteca e y = vini, perché completa la proporzione instaurando la stessa tipologia di relazione: i *giochi* si trovano nella *ludoteca* e i *vini* nell'*enoteca*.

13) A. Nella proporzione verbale data, la relazione tra il primo termine (golf) e il secondo (sport) è di specie/genere; nel senso che il *golf* è una particolare tipologia di *sport*. Analoga relazione esiste tra *poesia* e *arte*, nel senso che la poesia è una delle arti.

14) B. I primi due termini della proporzione verbale sono legati tra essi da una relazione del tipo strumento di misurazione / grandezza; allo stesso modo il *tachimetro* è lo strumento per misurare la *velocità*.

15) D. Nella proporzione verbale data, i termini al secondo membro sono legati da una relazione di sinonimia; infatti finito è sinonimo di concluso. Per rispettare la proporzione, anche i termini al primo membro devono essere legati dalla stessa relazione; la risposta corretta è *lode* in quanto, tra le alternative proposte, è l'unico sinonimo di *encomio*.

16) C. Così come il *grafomane* ha la mania della *scrittura*, allo stesso modo il *melomane* ha la mania della musica *lirica*.

17) C. Le parole che completano correttamente la proporzione sono *Picasso* e *medicina*. Infatti, *Picasso* era un celebre *pittore*, mentre *Fleming* era un *medico*, biologo e farmacologo britannico, famoso per aver scoperto la penicillina.

18) A. La proporzione verbale presenta i due termini medi, pertanto va completata con gli estremi in modo che si riesca a costruire una relazione tra primo e secondo termine che poi possa essere replicata identicamente tra terzo e quarto termine. L'unica coppia che completa la proporzione è x = idrofobo e y = straniero: l'*idrofobo* mostra repellenza per l'acqua e lo *xenofobo* ha paura dello straniero.

19) A. Nella proporzione verbale data, la relazione tra il primo e il secondo termine è di sinonimia; infatti, il termine *brado* è sinonimo di *selvaggio*.
Analoga relazione deve esistere tra il terzo e il quarto termine della proporzione. La risposta corretta è x = smarrito e y = perso, in quanto *smarrito* è sinonimo di *perso*.

Si noti che le altre alternative di risposta sono costituite da due termini contrari tra loro.

20) E. Nella proporzione verbale data, il primo termine rappresenta un'azione, mentre il quarto termine rappresenta un soggetto. Pertanto, nella proporzione, ciascuna azione sta al soggetto che la compie. Infatti, *intonacare* è un'azione compiuta dal *muratore*. Analogamente, *interpretare* è un'azione compiuta dall'*esegeta* (colui che interpreta testi letterari, giuridici o sacri).

21) D. I primi due termini della proporzione sono l'uno l'opposto dell'altro; pertanto, anche gli altri due termini dovranno essere l'uno l'opposto dell'altro. L'unico termine, tra quelli elencati, che ha un significato contrario a emotivo è controllato. *Emotivo,* infatti, si riferisce a chi si emoziona o si turba facilmente; una persona *controllata,* invece, è l'esatto opposto, cioè è capace di dominare i propri impulsi.

22) D. Il quesito chiede di completare una proporzione verbale nella quale i primi due termini sono l'uno il contrario dell'altro. È necessario, per rispondere esattamente, individuare il contrario di *limpido* che tra le alternative proposte è sicuramente *torbido.*

23) A. La relazione che lega i termini della proporzione è particolare/categoria generale. L'*alluminio* è un *metallo* così come il *cinese* è una *lingua.*

24) B. Nella proporzione, a ogni luogo di lavoro corrisponde la relativa professione. Il *tribunale* è il luogo in cui esercita la professione il *giudice,* mentre il *cantiere* è il luogo in cui lavora il *capomastro.*

25) E. I primi due termini della proporzione sono sinonimi, quindi anche i secondi dovranno esserlo: l'unica coppia di sinonimi, tra gli aggettivi elencati, è *inerme/disarmato.* Infatti, significano entrambi *senza armi* e *senza difesa.*

26) B. Così come il vino si ottiene dalla trasformazione dell'uva, allo stesso modo la sigaretta si ricava dalla lavorazione del tabacco, che viene essiccato e finemente tritato. Anche le coppie proposte nelle alternative x = *grappa* – y = *alcool*; x = *pane* – y = *farina*; x = libro – y = *pagine* individuano un rapporto di composizione, ma sono riportate nell'ordine errato.

27) C. Per completare la proporzione verbale contenuta nel testo del quesito è necessario individuare tra le alternative di risposta la coppia di termini legati dalla stessa relazione intercorrente tra i due termini noti: *marzo* è uno dei *mesi* dell'anno, così come il *gatto* è un *animale.*

28) B. Nella proporzione verbale data, la relazione tra il primo termine (*parola*) e il secondo (*discorso*) è di parte/tutto, nel senso che la parola è una parte del discorso. Analoga relazione esiste tra *nota* e *melodia,* nel senso che la nota è una parte della melodia.

29) D. *Suddividere* è un sinonimo di *frazionare*, così come *emancipare* è un sinonimo di *affrancare* (liberare da uno stato di dipendenza, di soggezione).

30) C. I termini che completano correttamente la proporzione sono *leva* e *macchina fotografica*. Infatti, il *fulcro* è il punto di appoggio della leva, mentre l'*obiettivo* è un sistema ottico convergente che fornisce di un oggetto l'immagine reale, rimpicciolita o ingrandita, osservabile direttamente o su una pellicola della macchina fotografica.

Questionario 2
Inserzione logica di termini in testi

1) **Individuare, tra le alternative proposte, quella che completa correttamente la frase.** "Luca decise che non si sarebbe mosso da lì nonostante il telefono ______".
A. squillava
B. squillerebbe
C. squillerà
D. continuasse a squillare
E. continuava a squillare

2) **Individuare, tra le alternative proposte, le parole che danno un senso logico al brano.** "Nei libri fantasy c'è sempre un ________ in lotta con un ________; vi sono quasi sempre alcuni personaggi umani ma, accanto a essi, si muovono elfi, nani, giganti, troll, orchi e così via. Tra i personaggi vi possono essere animali parlanti (come i draghi, gli unicorni, ecc.) e oggetti magici (anelli, bastoni), spesso dotati di una "volontà" propria".
A. eroe; antagonista
B. vile; protagonista
C. nemico; concorrente
D. cooperatore; mattatore
E. servo; padrone

3) **Individuare, tra le alternative proposte, la parola che dà un senso logico al brano.** "Noi abbiamo come unica pietra di paragone della verità e della ragione, sempre e solamente le opinioni e le usanze del paese in cui viviamo. Chiamiamo ________ tutto ciò che non rientra nei nostri costumi abituali". (M. de Montaigne, Saggi)
A. saggezza
B. eleganza
C. barbarie
D. opinione
E. astuzia

4) **Individuare, tra le alternative proposte, le parole che danno un senso logico al brano.** "Come ti chiami, _________?" Domandò il gentiluomo sulla sedia più alta. La vista di un così gran numero di gentiluomini spaventava Oliver al punto di farlo tremare; e il messo gli rifilò, con il bastone, un altro colpetto alla schiena che lo fece _________. Questi due motivi fecero sì che il bambino rispondesse con una voce assai bassa ed _________ (C. Dickens, Le avventure di Oliver Twist)
A. bambino; arridere; ampia
B. figliolo; ripugnare; attraente

C. giovane; pensare; animosa
D. signore; sorridere; ardita
E. figliolo; piangere; esitante

5) **Individuare, tra le alternative proposte, le parole che danno un senso logico al brano.** "Il tipo di educazione di una ragazza del Medioevo era strettamente legato _________; ben diverse erano le conoscenze necessarie a una serva della gleba, rispetto a quelle utili alla figlia di un artigiano o di un commerciante. Una ragazza borghese o nobile doveva soprattutto imparare _________ in modo da intrattenere piacevolmente gli ospiti".
A. al tipo di vita condotto/a tacere
B. alla sua istruzione/l'arte del ricamo
C. alla classe sociale/le buone maniere
D. alla sua bellezza/a parlare correttamente
E. alla famiglia/a servire le pietanze

6) **Individuare, tra le alternative proposte, quella che completa correttamente la frase.** "Ti direi che sei bellissima se non _________ i complimenti".
A. sapessi che detesti
B. sapessi che detestassi
C. saprei che detesti
D. avrei saputo che detestassi
E. so che detesteresti

7) **Individuare, tra le alternative proposte, le parole che danno un senso logico al brano.** "La sua immagine, un topo in ________ corte e dalle grandi ________, la ________ il giovane Walt Disney, su un treno da New York ad Hollywood e se non fosse stato per la moglie Lilian (sia ringraziata sempre) si sarebbe chiamato tristemente Mortimer".
A. vesti; scarpe; lesse
B. braghe; orecchie; disegnò
C. gambe; orecchie; scrisse
D. code; forme; pensò
E. maniche; doti; dipinse

8) **Nella frase è stato eliminato un termine che ricorre due volte. Quale?** "La maggior parte delle pianure italiane ha ________ alluvionale, ma non mancano quelle di ________ vulcanica".
A. equilibrio
B. dimensione
C. espressione
D. origine
E. area

9) **Individuare, tra le alternative proposte, quella che completa correttamente la frase.** "Pur di non andare a scuola _________ un mucchio di scuse".
A. escogiteresti
B. escogitassi

C. escogitasti
D. escogiterassi
E. potessi escogitare

10) **Individuare, tra le alternative proposte, quella che completa correttamente la frase.** "Per _________ si intende qualsiasi opinione precostituita, generalizzata e semplicistica, non basata sull'esperienza diretta, che prescindendo dalla valutazione dei singoli casi attribuisce indistintamente determinate caratteristiche a un'intera categoria di persone".
A. condizionamento
B. somatizzazione
C. stereotipo
D. credenza
E. transfert

11) **Individuare, tra le alternative proposte, quella che completa correttamente la frase. "Di certo ________ molte più possibilità, se ________ le parole giuste".**
A. avevi avuto; trovavi
B. avrai; avessi trovato
C. avrai; avresti trovato
D. hai; avevi trovato
E. avresti avuto; avessi trovato

12) **Individuare, tra le alternative proposte, le parole che danno un senso logico al brano. "Il luogo in cui Maurizio De Giovanni ha voluto farsi fotografare non è _______. Uno scrittore che vive a _______, e nella sua città ha ambientato il _______ di romanzi gialli del commissario Ricciardi, ha _______ che il suo posto è lì, in mezzo a una strada del centro storico, in uno dei _______ dei Quartieri _______".**
A. casuale/Napoli/ciclo/deciso/vicoli/spagnoli
B. voluto/Roma/settore/deciso/viali/ostiensi
C. normale/Napoli/trittico/rinnegato/vicoli/vomeresi
D. abituale/Milano/corso/pensato/bassifondi/spagnoli
E. importante/Palermo/palinsesto/abiurato/portici/antichi

13) Consideriamo inoltre una gran cosa l'indipendenza dai bisogni, non perché ci si debba accontentare del ________, ma per ________ anche di questo poco se ci capita di non avere molto, convinti come siamo che l'abbondanza si gode con più dolcezza se meno da essa dipendiamo. In fondo ciò che veramente serve non è difficile da trovare; l'inutile è invece difficile. I sapori semplici danno lo stesso piacere dei più raffinati, l'acqua e un pezzo di ____ fanno il piacere più pieno a chi ne manca (Epicuro). **Quale dei gruppi di termini proposti in sequenza integra, nell'ordine, le parole omesse?**
A. poco/soffrire/pane
B. poco/godere/muro
C. troppo/godere/pane
D. poco/godere/pane
E. minimo/godere/stoffa

14) Noi rifiutiamo ogni legislazione, autorità e influenza privilegiata, ufficiale e legale anche se uscita dal ________ universale, convinti che essa non potrà non andare a vantaggio di una minoranza dominante e sfruttatrice, contro gli interessi dell'immensa ________ asservita. Ecco in che senso siamo veramente ________ (Bakunin, *Dio e lo stato*). **Quale dei gruppi di termini proposti in sequenza integra, nell'ordine, le parole omesse?**
A. suffragio/maggioranza/anarchici
B. presagio/maggioranza/anarchici
C. suffragio/inferiorità/ordinati
D. naufragio/maggioranza/disciplinati
E. giudizio/maggioranza/fedeli

15) Poiché secondo Adam Smith, non è una società felice quella in cui la maggioranza soffre, e poiché lo stadio di massima ricchezza di una società conduce a questa sofferenza della ________, ed è l'economia politica (e in genere, la società dell'interesse privato) che conduce a questo stadio di massima ________, il risultato finale dell'economia politica è dunque l'________ della società (K. Marx). **Quale dei gruppi di termini proposti in sequenza integra, nell'ordine, le parole omesse?**
A. maggioranza/ricchezza/allegria
B. maggioranza/ricchezza/infelicità
C. minoranza/ricchezza/infelicità
D. maggioranza/povertà/infelicità
E. minoranza/sofferenza/infelicità

16) La ____ di ciascuno trascorre tutta fra il volere e l'ottenere. Il desiderio per sua natura è dolore, la soddisfazione genera ben presto saturazione: la meta era solo apparente. Il possesso toglie ogni interesse: il desiderio, il bisogno ricompare sotto nuova forma; dove non succede, subentrano lo squallore, il vuoto, la ________, che da combattere sono altrettanto ________ come il bisogno (Schopenhauer). **Quale dei gruppi di termini proposti in sequenza integra, nell'ordine, le parole omesse?**
A. giovinezza/felicità/difficoltosi
B. vita/noia/tormentosi
C. morte/noia/tormentosi
D. vita/felicità/tormentosi
E. vita/noia/agevoli

17) Il tale diceva che noi venendo in questa vita, siamo come chi si ________ in un letto duro e ________, che sentendovisi star male, non vi può stare quieto, e però si rivolge cento volte da ogni parte, e procura in vari modi di ________, ammollire ecc. il letto, cercando pur sempre e sperando di avervi e riposare e prender sonno, finché senz'aver dormito né riposato vien l'ora di alzarsi (Leopardi). **Quale dei gruppi di termini proposti in sequenza integra, nell'ordine, le parole omesse?**
A. evita/incomodo/appianare
B. corica/soffice/appianare

C. corica/incomodo/indurire
D. sveglia/comodo/dire
E. corica/incomodo/appianare

18) Questa è un'epoca commemorativa. La quantità di denaro che si impiega per commemorare cose accadute è enorme. Lo stesso _______, se fosse stato impiegato a suo tempo per le stesse cose, avrebbe forse mutato il corso della _______ La stessa creazione dell'_______, se il buon dio avesse potuto disporre del denaro investito nei film biblici, sarebbe riuscita, penso, più chiara e ordinata (Ennio Flaiano). **Quale dei gruppi di termini proposti in sequenza integra, nell'ordine, le parole omesse?**
A. tempo/biologia/universo
B. denaro/filosofia/universo
C. denaro/moneta/anno
D. denaro/storia/universo
E. sforzo/vita/acqua

19) Della lotteria, nessuno ha mai segnalato l'aspetto di "oppio della miseria". Non è forse vero che essa crea speranze magiche? Il giro di ______ che fa sognare ai giocatori montagne d'______ e di godimenti, non dura che lo spazio di un ______: la lotteria fa in modo che questo lampo duri per cinque giorni. Ebbene, qual è il fatto sociale che riesca a donare, con quaranta soldi appena, cinque giorni di gioia, consegnandovi idealmente tutte le fortune del mondo? (H. de Balzac). **Quale dei gruppi di termini proposti in sequenza integra, nell'ordine, le parole omesse?**
A. boa/oro/lampo
B. roulette/odio/lampo
C. roulette/oro/secolo
D. roulette/oro/lampo
E. giostra/argento/secolo

20) Le superpotenze si comportano un po' come due ________, armati fino ai ________, che si aggirano cautamente dentro una stanza: ognuno crede che l'altro ci veda benissimo, e che da un momento all'altro lo ________. Ognuna delle due parti dovrebbe sapere che l'incertezza, il compromesso, l'incoerenza sono spesso la vera essenza della politica; eppure ognuna di esse tende a credere che l'altra sia dotata di fermezza di propositi, preveggenza, coerenza politica, che pure sono nettamente smentite dall'esperienza (Henry Kissinger). **Quale dei gruppi di termini proposti in sequenza integra, nell'ordine, le parole omesse?**
A. ciechi/piedi/ammazzerà
B. ciechi/denti/amerà
C. sordi/denti/ammazzerà
D. muti/capelli/abbraccerà
E. ciechi/denti/ammazzerà

21) ________ è il numero della Trinità, tre furono gli Angeli che visitarono Abramo, i giorni che Giona passò nel ventre del gran pesce, quelli che Gesù e Lazzaro trascorsero nel sepolcro; le volte che Cristo chiese al Padre che il calice ________ si allontanasse da lui, quelle che si appartò a pregare con gli Apostoli. Tre volte lo rinnegò Pietro e tre volte si manifestò ai suoi dopo la ________ (U. Eco, *Il nome della rosa*). **Quale dei gruppi di termini proposti in sequenza integra, nell'ordine, le parole omesse?**

A. tre/amaro/risurrezione
B. trenta/amaro/risurrezione
C. tre/dolce/risurrezione
D. tre/amaro/rinascita
E. tredici/amaro/rinascita

22) Un uomo intelligente costretto a vivere insieme a degli sciocchi assomiglia a colui che ha un ________ che va bene in una ________ le cui ________ hanno tutti orologi che vanno male. Lui solo sa l'ora giusta: ma a che gli serve? Tutta la gente si regola secondo gli orologi cittadini sbagliati, persino coloro i quali sanno che soltanto il suo orologio indica l'ora vera (Arthur Schopenhauer). **Quale dei gruppi di termini proposti in sequenza integra, nell'ordine, le parole omesse?**

A. cervello/città/torri
B. orologio/torre/navi
C. orologio/città/torri
D. orologio/città/montagne
E. cervello/testa/rotelle

23) **Completare correttamente la seguente frase scegliendo l'aggettivo adeguato tra quelli proposti:** «L'impiantito è grezzo e ____ di schegge. Domina un tanfo di cavoli acidi, di bruciaticcio di stoppini, di cimici e di ammoniaca; ed è un tanfo che in un primo momento produce su di voi un'impressione, come se entraste in un serraglio» (da A. Cechov, *Reparto numero 6*).

A. erto
B. irsuto
C. eretto
D. stretto
E. irto

24) **Completare correttamente la seguente frase scegliendo il sostantivo adeguato tra quelli proposti:** «Qui le pareti sono tinte d'un sudicio azzurro, e il soffitto è annerito come in una di quelle ________ fumicose: ciò che fa intendere che qui dentro, l'inverno, le stufe fanno fumo, e l'atmosfera si fa asfissiante» (A. Cechov, *Reparto numero 6*).

A. isbe
B. isobare
C. risme
D. alture
E. zone

25) **Quale delle seguenti sillabe, inserita al posto dei puntini «isti...tore – turpi...dine – agricol...ra» consente la formazione di termini di senso compiuto?**

A. de
B. ma
C. tu
D. na
E. ti

26) Quale delle seguenti sillabe, inserita al posto dei puntini «ascol...tore – corret... – immedia...mente – coniuga...» consente la formazione di termini di senso compiuto?
A. ri
B. ta
C. le
D. to
E. te

27) Tra le alternative proposte, scegliere quella che completa correttamente la frase: «Il signor Gino, bibliotecario del paese, ci aveva assicurato ...».
A. che la biblioteca fosse aperta alle 14
B. che la biblioteca sarebbe stata aperta alle 14
C. che la biblioteca avrebbe stata aperta alle 14
D. che la biblioteca fosse stata aperta alle 14
E. che la biblioteca aprisse alle 14

28) Scegliere tra le alternative proposte quella che completa correttamente la seguente frase: «Ho prenotato le vacanze per la prossima settimana e quindi ...».
A. sperassi che fosse caldo
B. spero tanto che farebbe caldo
C. spero tanto che abbia fatto caldo
D. spero tanto che facesse caldo
E. spero tanto che faccia caldo

29) Scegliere tra le alternative proposte quella che completa correttamente la seguente frase: «Ti direi di venire a cena a casa mia ...».
A. se solo avevo qualcosa in frigorifero
B. se solo non avrei qualcosa in frigorifero
C. se solo avessi qualcosa in frigorifero
D. se solo avrei avuto qualcosa in frigorifero
E. se solo avrei qualcosa in frigorifero

30) Tra le alternative proposte, scegliere quella che completa correttamente la frase: «Non appena ________ la nonna che urlava a squarciagola, Diego corse immediatamente in suo aiuto».
A. avrebbe sentito
B. sentisse
C. avrà sentito
D. ebbe sentito
E. ha sentito

Risposte commentate
Inserzione logica di termini in testi

1) D. Il congiuntivo è obbligatorio nelle frasi introdotte da alcune espressioni o parole, fra cui, per esempio, "nonostante", espressione che introduce una frase che esprime un contrasto rispetto a ciò che si dice in un'altra frase. Quindi la frase corretta è: "Luca decise che non si sarebbe mosso da lì nonostante il telefono continuasse a squillare".

2) A. In questo caso è importante leggere con attenzione il testo in questione e individuare fra le proposte i termini che completino la frase con senso compiuto, rispettando il contesto. Anche in questo caso il candidato dovrà fare affidamento sul proprio bagaglio culturale. Infatti, basta pensare ai libri fantasy più famosi per individuare la risposta corretta: quasi sempre, si ha una lotta fra un *eroe* e il suo *antagonista* (Harry Potter e Voldemort, Frodo Baggins e Sauron ecc.).

3) C. Leggendo il brano e le opzioni di risposta, si ha come unica soluzione logicamente corretta *barbarie*; infatti, il termine indica lo stadio di civiltà primitiva di un popolo, estranea o contraria al nostro modo di concepire e organizzare l'esistenza.

4) E. Oliver Twist è un bambino, ma anche se il candidato non dovesse conoscere l'opera di Dickens, basta leggere con attenzione il brano per capirlo. Quindi, possono essere subito escluse le opzioni che contengono l'appellativo "signore" e "giovane". Dato che Oliver è spaventato al punto di tremare, è molto probabile che il colpetto con il bastone lo fece *piangere*, piuttosto che sorridere o pensare. L'ultima parola da inserire, oltre a dover essere adeguata al contesto, dovrebbe iniziare con la lettera "e", dato che prima dello spazio vuoto è presente una "d" eufonica. Seguendo questi passaggi, la scelta della risposta esatta ricadrà sull'opzione: *figliolo; piangere; esitante.*

5) C. Per fornire la risposta corretta è necessario leggere attentamente il brano e individuare la combinazione esatta di termini da inserire. Sia nel primo spazio da completare sia nel secondo, è plausibile più di una risposta, però è solo una l'opzione che fornisce sia la prima parola che la seconda esatte. Infatti, l'educazione di una ragazza del Medioevo era strettamente legata alla famiglia/*alla classe sociale* e una ragazza borghese o nobile doveva imparare *le buone maniere*/a parlare correttamente per intrattenere gli ospiti.

6) A. Nei periodi ipotetici del 2° e del 3° tipo, ovvero quelli in cui si esprimere un fatto o una situazione possibile ma poco probabile, oppure impossibile, si utilizza il congiuntivo. In questo caso abbiamo un periodo ipotetico dell'irrealtà e infatti si dovrà inserire un tempo al congiuntivo: *sapessi*. Quindi restano valide solo due opzioni, *A* e *B*. La risposta *B* è grammaticamente scorretta, quindi la risposta esatta è la *A*: "Ti direi che sei bellissima se non *sapessi che detesti* i complimenti".

7) B. L'immagine può essere *disegnata*, dipinta oppure pensata; il topo può essere in maniche, in vesti o in *braghe* corte e dalle grandi *orecchie*; quindi l'unica combinazione che unisce tre delle risposte plausibili è: *braghe, orecchie, disegnò*. Inoltre, il candidato può dare la risposta corretta anche seguendo un altro ragionamento, ovvero riuscendo a intuire che il brano si riferisce a Topolino, il celebre personaggio dei fumetti creato da Walt Disney con i pantaloncini rossi e le grandi orecchie nere.

8) D. Le pianure vengono classificate a seconda del modo in cui si sono formate, quindi in base alla loro *origine*. Fra le varie tipologie abbiamo le pianure di *origine* alluvionale e quelle di *origine* vulcanica.

9) A. Nella lingua italiana, il condizionale è uno dei modi del verbo e si può utilizzare per esprimere una supposizione, un'espressione ironica. Quindi, la risposta esatta sarà *escogiteresti*.

10) C. In questo caso si tratta di individuare il termine leggendone la definizione. Lo *stereotipo* è un'opinione rigidamente precostituita e generalizzata su persone o gruppi sociali.

11) E. Per una corretta risoluzione dell'esercizio è necessario leggere con attenzione la frase incompleta e le opzioni di riposta. In questo caso bisogna avere una buona conoscenza dei verbi, della *consecutio temporum* (la concordanza dei tempi) e dei periodi ipotetici. Leggendo tutte le opzioni di risposta e procedendo per esclusione, si osserva che l'unica risposta ammissibile, che segue le regole della grammatica italiana, è *avresti avuto*; *avessi trovato*: "Di certo avresti avuto molte più possibilità, se avessi trovato le parole giuste".

12) A. Qui ha un ruolo importante la cultura generale dei singoli candidati. Infatti, se il candidato conosce lo scrittore De Giovanni sicuramente sarà avvantaggiato nella risoluzione del quesito perché saprà che vive a *Napoli* e che è l'autore del *ciclo* di romanzi gialli del commissario Ricciardi. Comunque, è possibile dedurre quale sia la risposta esatta anche analizzando la frase da un punto di vista linguistico (per esempio non esistono né il *palinsesto* né il *settore* di romanzi).

13) D. La prima parola mancante è *poco*, infatti ha senso dire che ci si deve "accontentare del poco"; la seconda parola mancante è *godere*, infatti non avrebbe senso dire "soffrire anche di questo poco". La frase giusta è "godere anche di questo poco". Infine, l'ultimo termine mancante è *pane*, in quanto tra i sapori semplici ci sono "l'acqua e un pezzo di pane" (non avrebbe certo senso dire "l'acqua e un pezzo di muro").

14) A. La prima parola mancante è facilmente ricavabile; infatti, è scritto che "rifiutiamo ogni legislazione, autorità e influenza privilegiata, ufficiale e legale", ma è scritto che "anche se uscita dal ________ universale", l'espressione "anche se" indica qualcosa che è in contraddizione con la frase precedente. Il termine *suffragio* associato a "universale" indica il principio secondo cui tutti i cittadini di età superiore a una certa soglia, in genere maggiorenni, senza restrizioni di alcun tipo, possono

esercitare il diritto di voto e partecipare alle elezioni. Pertanto, il senso del brano è che anche se "uscita dal suffragio universale" "rifiutiamo ogni legislazione".
La seconda parola mancante in "contro gli interessi dell'immensa ________ asservita" non può che essere *maggioranza*, perché messa in relazione con l'aggettivo "immensa".
Capito il senso del brano, l'ultima parola mancante è necessariamente l'aggettivo *anarchici*.

15) B. Le parole adeguate al contesto fraseologico sono *maggioranza, ricchezza* e *infelicità*, infatti avremo: "... poiché lo stadio di massima ricchezza di una società conduce a questa sofferenza della maggioranza, ed è l'economia politica ... che conduce a questo stadio di massima ricchezza, il risultato finale dell'economia politica è dunque l'infelicità della società".

16) B. La risposta al quesito deve essere individuata a senso, leggendo attentamente il brano in modo da poter selezionare la terna di termini che, collocata al posto delle parole omesse, completa il significato del brano. Il ragionamento logico da seguire può essere:
- la morte non trascorre come invece fa la vita;
- lo squallore e il vuoto hanno a che fare con la noia e non con la felicità;
- lo squallore, il vuoto e la noia non sono certo agevoli, ma tormentosi da combattere.

L'unico gruppo di termini che completa correttamente il periodo è *vita/noia/tormentosi*.

17) E. Il quesito chiedere di individuare il gruppo di termini che inseriti al posto dei puntini sospensivi danno senso compiuto al brano. La prima frase monca difetta di due termini. Essa acquista significato con la parola *corica* ("siamo come chi si corica in un letto") e con la parola *incomodo* ("siamo come chi si corica in un letto duro e incomodo"); il primo aggettivo riferito al letto è "duro", quindi l'altro non può essere *soffice*. Prendendo in considerazione la seconda frase monca, si nota che essa assume significato con la parola *appianare* ("procura in vari modi di appianare, ammollire ecc."). Pertanto, l'alternativa valida è: *corica/incomodo/appianare*.

18) D. Le parole mancanti sono *denaro, storia* e *universo*, in quanto danno senso al contesto fraseologico in cui sono inserite: "Lo stesso denaro, se fosse stato impiegato a suo tempo per le stesse cose, avrebbe forse mutato il corso della storia. La stessa creazione dell'universo, se il buon dio avesse potuto disporre del denaro investito nei film biblici, sarebbe riuscita, penso, più chiara e ordinata".

19) D. Tra le alternative di riposta, poiché il brano ha per oggetto la lotteria:
- il primo termine mancante nella frase "Il giro di ________ che fa sognare ai giocatori" è necessariamente *roulette*, perché non può essere *boa*, di cui all'alternativa *boa/oro/lampo*;
- il termine mancante nella frase "Il giro di roulette che fa sognare ai giocatori montagne d'________" è necessariamente *oro*, non *odio*;

– il termine nella frase “non dura che lo spazio di un ________” è necessariamente *lampo*, perché non può essere *secolo*.

Pertanto, il gruppo di termini che deve essere inserito nel brano è *roulette/oro/lampo*.

20) E. La risposta al quesito deve essere individuata a senso, leggendo attentamente il brano in modo da poter selezionare la terna di termini che, collocata al posto delle parole omesse, completa il significato del brano. Il ragionamento logico da seguire può essere:

– due *sordi* o due *muti* saprebbero con certezza se l’altro ci vede benissimo, due *ciechi* invece no;
– “armati fino ai *denti*” è un modo di dire;
– essendo armati è probabile che ognuno creda che l’altro lo *ammazzerà*.

L’unico gruppo di termini che completa correttamente il periodo monco è *ciechi/denti/ammazzerà*.

21) A. Il brano si riferisce a noti eventi narrati nel vangelo. La prima parola mancante, anche se non si conoscono tali eventi, è facilmente ricavabile dalle parole successive; infatti, il termine “Trinità” deriva da tre, inoltre è scritto “tre furono gli Angeli…”. La parola tre è anche il soggetto delle frasi successive; pertanto, la prima parola mancante è *tre*. La seconda parola mancante è *amaro*, perché è scritto “Cristo chiese al padre che il calice ________ si allontanasse da lui”: avendo la necessità che il calice si allontani da lui, la parola mancante è sicuramente un aggettivo negativo. L’ultima parola da inserire è *risurrezione*: si dice la *risurrezione* di Cristo, non la *rinascita*.

22) C. Per rispondere correttamente al quesito è sufficiente intuire il senso di ciò che l’autore vuole esprimere. Poiché la seconda frase del testo è “lui solo sa l’ora giusta”, è ovvio che l’uomo deve essere in possesso di un orologio e non di un cervello. Inoltre, dovendo scegliere la seconda parola da inserire, è facile eliminare *torri*, perché è più ovvio che quest’uomo si trovi in una città in cui solo il suo orologio riporta l’ora giusta e non all’interno di una torre. A questo punto la scelta della terza parola è tra *torri* e *montagne*, ma è ovvio che le torri di una città possono avere degli orologi, mentre non avrebbe senso dire che le montagne di una città “hanno tutti orologi che vanno male”. La risposta esatta, quindi, è: *orologio/città/torri*.

23) E. L’aggettivo *irto* indica ciò che è coperto o cosparso di sporgenze aguzze o che sembrano tali. Può essere riferito a un impianto coperto, appunto, di schegge.

24) A. Il sostantivo che completa la frase proposta nel testo è *isbe*. Le isbe sono abitazioni rurali tipiche della Russia, costruite interamente in legno, con tetto di legno e paglia; sono costituite da un solo vasto locale, riscaldato da una grande stufa. Anche se non si conosce il termine isbe è facile intuire che le *alture* (luoghi alti, elevati), le *isobare* (linee ideali che congiungono i punti della superficie terrestre aventi la stessa pressione atmosferica), le *risme* (unità di conto della carta, equivalenti a 500 fogli) e le *zone* non possono avere il soffitto.

25) C. La sillaba che, inserita al posto dei puntini, consente la formazione di termini di senso compiuto è *tu*. Infatti, avremo le seguenti parole: *istitutore*, *turpitudine*, *agricoltura*.

26) B. La sillaba *ta* sostituita ai puntini nel testo, dà vita a parole di senso compiuto: *ascoltatore*, *corretta*, *immediatamente*, *coniugata*; nessun'altra tra quelle proposte può essere utilizzata allo stesso modo.

27) B. La frase è composta da una proposizione principale, "il signor Gino, bibliotecario del paese, ci aveva assicurato", e da una subordinata oggettiva, "che la biblioteca … alle 14". Si noti che nella principale vi è un verbo di modo indicativo e tempo trapassato prossimo ("aveva assicurato"), mentre nella subordinata vi deve essere un condizionale passato: *sarebbe stata aperta*. La frase completa è "il signor Gino, bibliotecario del paese, ci aveva assicurato che la biblioteca sarebbe stata aperta alle 14".

28) E. Per completare il periodo presente nel testo del quesito bisogna osservare che la proposizione principale è correlata al periodo precedente mediante "e quindi", per questo è una coordinata conclusiva (rappresenta la conclusione logica di quanto viene espresso prima) e deve avere il verbo all'indicativo: non può essere *sperassi*. Inoltre, il verbo *sperare* regge il congiuntivo (non può essere *farebbe*) ed essendo al presente richiede a sua volta il presente. L'unica alternativa possibile è, quindi, "Spero tanto che faccia caldo".

29) C. Il periodo ipotetico è un periodo attraverso il quale si esprime un'ipotesi da cui può derivare una conseguenza. È formato dall'unione di una proposizione reggente, apodosi, con una subordinata condizionale, protasi. La reggente esprime la conseguenza che deriva o deriverebbe dal realizzarsi della condizione indicata nella subordinata. Quando, come nel caso qui proposto, l'ipotesi è possibile ma non sicura (periodo ipotetico della possibilità), nella protasi il verbo è al congiuntivo imperfetto ("se solo *avessi* qualcosa in frigorifero"), nell'apodosi il verbo è al condizionale presente o all'imperativo ("Ti *direi* di venire a cena a casa mia").

30) D. Rispetto al contesto della frase, occorre inserire il verbo adatto, coniugato alla terza persona singolare del trapassato remoto del modo indicativo. Pertanto, la frase corretta è "Non appena *ebbe sentito* la nonna che urlava a squarciagola, Diego corse immediatamente in suo aiuto".

Questionario 3
Modi di dire

1) **Qual è il significato dell'espressione "restare con un pugno di mosche in mano"?**
   A. Non aver ottenuto ciò che si desiderava
   B. Essere derubato
   C. Soffocare le proprie aspirazioni
   D. Accettare di buon grado la propria incapacità
   E. Desiderare ciò che non si può avere

2) **Qual è il significato dell'espressione "prendere lucciole per lanterne"?**
   A. Andare a dormire
   B. Far finta di ascoltare
   C. Illudere il prossimo
   D. Travisare qualcosa
   E. Subentrare in una situazione in maniera improvvisa

3) **Qual è il significato dell'espressione "rovinare la piazza"?**
   A. Svelare un segreto
   B. Cacciare di casa
   C. Compromettere la reputazione
   D. Distruggere i progetti per il futuro
   E. Infangare il nome di qualcuno

4) **Completare l'espressione "è magro come...":**
   A. un'acciuga
   B. una lince
   C. un serpente
   D. un pollo
   E. un bambino

5) **Completare l'espressione "ha la pazienza di...":**
   A. una talpa
   B. un certosino
   C. un mulo
   D. una volpe
   E. un gatto

6) **Completare l'espressione "è furbo come ...":**
   A. un coccodrillo
   B. un mulo
   C. una talpa

D. un pesce
E. una volpe

7) **Qual è il significato dell'espressione "essere come il prezzemolo"?**
A. Essere sempre presente
B. Non avere mai fine
C. Essere sempre sorridente
D. Amare la gente
E. Essere pungente

8) **Quale espressione è utilizzata per riferirsi a persone che si rendono irreperibili?**
A. Fare il nesci
B. Essere al verde
C. Fare una scampagnata
D. Darsi alla macchia
E. Essere a briglia sciolta

9) **Completare l'espressione "essere uno specchietto per...":**
A. i cervi
B. le allodole
C. i cigni
D. le mosche
E. le bambole

10) **Quale espressione è utilizzata per indicare qualcosa di completamente diverso?**
A. Darsi alla macchia
B. Avere l'asso nella manica
C. Rimanere al palo
D. Essere un altro paio di maniche
E. Abboccare all'amo

11) **Qual è l'esatto significato dell'espressione "andare a Canossa"?**
A. Riconoscere i propri errori e chiedere scusa
B. Cercare la cosa sbagliata o un risultato impossibile
C. Fare cose sciocche
D. Rimanere senza soldi
E. Girare senza meta

12) **Dicendo che una persona "sa dove il Diavolo nasconde la coda" si vuole significare che è:**
A. non sa come fare a uscire da una data situazione
B. ficcanaso
C. molto astuta
D. incapace di scegliere tra due o più alternative

E. non può prevedere l'esito di qualcosa

13) Dicendo che una persona "fa sedile di botte" si vuole significare che:
A. si adatta alle circostanze sopportandone il disagio
B. deve scegliere tra due possibilità ugualmente sgradevoli o pericolose
C. trova tutte le scuse possibili per non lavorare
D. non sa scegliere tra due o più alternative
E. si arrabbia per qualsiasi cosa

14) Dicendo che una persona "non ha cavato un ragno dal buco" si vuole significare che:
A. si disperava della riuscita di una cosa importante
B. non ha concluso alcunché nonostante sforzi e tentativi
C. ha discusso di cose inutili
D. non ha pulito la casa
E. è tornata delusa e umiliata per non aver ottenuto ciò che voleva

15) Dicendo che una persona "si trova fra Scilla e Cariddi" si vuole significare che:
A. si procura un danno agendo con zelo o foga eccessiva
B. trova tutte le scuse possibili per non lavorare
C. è senza soldi
D. deve scegliere tra due possibilità ugualmente sgradevoli o pericolose
E. sa adattarsi alle circostanze sopportandone il disagio

16) Completare l'espressione "andare indietro come...":
A. un mulo
B. un orologio
C. una lince
D. un gambero
E. un coccodrillo

17) Completare l'espressione "è cieco come...":
A. un gatto
B. un pipistrello
C. un mulo
D. una talpa
E. un elefante

18) Completare l'espressione "è testardo come...":
A. un certosino
B. un mulo
C. una volpe
D. una talpa
E. sasso

19) Completare l'espressione "qui casca ...":
A. l'orso

B. il bicchiere
C. l'asino
D. la cicala
E. il gatto

20) Completare l'espressione "essere veloce come ...":
A. il fumo
B. il carbone
C. un soffio
D. un calciatore
E. un fulmine

21) Completare l'espressione "dorme come ...":
A. un ghiro
B. un coccodrillo
C. un orso
D. un gatto
E. un pollo

22) Completare l'espressione "essere sgradito come...":
A. il prezzemolo
B. il sedano
C. il fumo negli occhi
D. il carbone
E. il peperoncino

23) Completare l'espressione "piangere lacrime di...":
A. leone
B. allocco
C. coccodrillo
D. gatto
E. agnello

24) Completare l'espressione "ha un coraggio da...":
A. tigre
B. volpe
C. leone
D. gallo
E. cavaliere

25) Completare l'espressione "cerchiamo di salvare ... e cavoli":
A. capra
B. aquila
C. farfalla
D. cicala
E. merenda

26) Dicendo che una persona “aspetta la lepre al balzello” si vuole significare che:
A. interviene in una conversazione
B. pretende di fare un’impresa impossibile
C. aspetta una notizia
D. aspetta il momento opportuno per vendicarsi
E. trattiene qualcuno con chiacchiere inutili e noiose

27) Quale espressione indica il lasciarsi sfuggire una buona occasione?
A. Rimanere al palo
B. Essere al verde
C. Non essere farina del proprio sacco
D. Arrampicarsi sugli specchi
E. Aspettare la manna del cielo

28) Dicendo che una persona “si aguzza il palo sulle ginocchia” si vuole significare che:
A. si annoia
B. si lascia sfuggire una buona occasione
C. sta di guardia mentre qualcun altro compie un’azione
D. rischia di procurarsi un danno per imprudenza, pigrizia o sbadataggine
E. passa da un argomento all’altro senza ragione logica

29) Dicendo che una persona “agisce dietro le quinte” si vuole significare che:
A. ruba
B. tende a diventare presuntuosa e arrogante
C. si distrae facilmente
D. è sfuggente
E. manovra una situazione senza mostrarsi

30) Dicendo che una persona “ciurla nel manico” si vuole significare che:
A. tradisce
B. si sottrae a un impegno con abili raggiri
C. mantiene una posizione eretta
D. si procura un danno con un’azione stupida
E. prende una decisione avventata

Risposte commentate
Modi di dire

1) A. L'espressione *restare con un pugno di mosche in mano* significa rimanere senza niente, non aver guadagnato nulla. Infatti, un pugno di mosche è totalmente inutile e non ha alcun valore.

2) D. Questa espressione fa riferimento al fatto che sia le lucciole sia le lanterne illuminano, ma hanno caratteristiche molto diverse tra loro. È quindi quasi impossibile confonderle.

3) C. L'espressione *rovinare la piazza* allude alla piazza del mercato, dove il commerciante che vende prodotti migliori o con prezzi più bassi danneggia la reputazione o il giro d'affari degli altri venditori.

4) A. Espressione utilizzata per indicare una persona molto magra, sottile con allusione alle acciughe conservate in barile.

5) B. *Avere la pazienza di un certosino* significa essere molto pazienti e minuziosi. L'espressione nasce dalla dedizione che hanno i frati dell'Ordine Certosino per quei lavori che richiedono molto impegno, premura e soprattutto pazienza.

6) E. *Essere una volpe* è una metafora usata per indicare una persona furba e astuta. Probabilmente uno dei motivi per cui la volpe è diventata oggetto di questa metafora è la sua presenza nelle favole di Esopo, dove questo animale è oggetto di molti inganni perpetrati nei confronti di altri.

7) A. Il prezzemolo viene largamente impiegato nelle più disparate preparazioni culinarie. Da qui, l'espressione *essere come il prezzemolo* ovvero essere dappertutto, essere presente in luoghi e situazioni diverse, oppure mettersi sempre in mezzo, intromettersi in tutto.

8) D. La macchia è una boscaglia in cui è difficile penetrare. *Darsi alla macchia*, in senso lato, vuol dire rendersi irreperibili, nascondersi, non farsi trovare e, in particolare, sfuggire alla giustizia, alla polizia o comunque ai rappresentanti delle forze dell'ordine rendendosi irreperibili.

9) B. Lo specchietto per le allodole è un congegno usato come richiamo nella caccia alle allodole. È costituito da una o più palette girevoli sulle quali sono applicati vari pezzi di specchio. In senso figurato, l'espressione indica un'azione o un comportamento che ha il fine di attirare e ingannare le persone ingenue.

10) D. L'espressione *è un altro paio di maniche* deriva da un'usanza dell'abbigliamento medievale e rinascimentale, soprattutto femminile. Nel Medioevo, infatti, le maniche dei vestiti erano mobili: si potevano staccare e cambiare a seconda delle diverse occasioni. In casa si indossavano maniche più modeste; quando si usciva, le maniche si cambiavano e così anche il vestito sembrava diverso. Da qui il modo di dire che significa "una cosa completamente diversa".

11) A. La frase *andare a Canossa* viene usata, in senso figurato, per dire "fare penitenza, umiliarsi". Questa espressione si riferisce a un episodio accaduto al castello della marchesa Matilde di Canossa, dove, all'epoca della lotta per le investiture (nel 1077), l'imperatore Enrico IV si recò per ottenere, umiliandosi in veste di penitente, il perdono di papa Gregorio VII, ospite della contessa Matilde.

12) C. L'espressione *sa dove il Diavolo nasconde la coda* si riferisce a persona molto furba, che capisce immediatamente dove sta l'inganno.

13) A. L'espressione *fa sedile di botte* si riferisce a persona che sa adattarsi alle circostanze sopportandone i disagi.

14) B. L'espressione *non ha cavato un ragno dal buco* si riferisce a persona che con sforzi risultati vani non ha concluso alcunché.

15) D. L'espressione *si trova fra Scilla e Cariddi* si riferisce a persona che si trova nel mezzo di due possibilità sgradevoli o pericolose dalle quali non può scampare o, come si dice in alternativa, tra l'incudine e il martello.

16) D. L'espressione *andare indietro come un gambero* ha il significato di andare all'indietro, quindi peggiorare, regredire in generale o, più raramente, anche ritirarsi da un'impresa. I gamberi sono perfettamente in grado di nuotare in avanti, utilizzando le loro particolari appendici collocate sul torace. I gamberi, però, procedono a ritroso come reazione istintiva, quando si trovano di fronte a un pericolo improvviso.

17) D. L'espressione completa è: *è cieco come una talpa.* La talpa è un animale che ci vede poco, oltre al fatto che i suoi occhi sono completamente nascosti dai peli.

18) B. L'espressione completa è: *è testardo come un mulo.* Il mulo è un animale estremamente testardo, ostinato, cocciuto e inconvincibile.

19) C. L'espressione *qui casca l'asino* si usa per sottolineare una particolare difficoltà, o anche un tranello, un inganno e simili.

20) E. L'espressione *essere veloce come un fulmine* si riferisce a qualcosa/qualcuno che è molto veloce, rapidissimo, appunto come un fulmine.

21) A. L'espressione *dorme come un ghiro* si riferisce a persona che dorme profondamente, come il ghiro che d'inverno va in letargo.

22) C. L'espressione *essere sgradito come il fumo negli occhi* si riferisce a persona detestabile, sgradita.

23) C. L'espressione *piangere lacrime di coccodrillo* ha il significato di persona che prima commette di proposito una cattiva azione, poi finge di provare rimorso.

24) C. L'espressione *ha un coraggio da leone* si riferisce a persona che ha grande coraggio, paragonabile a quello attribuito ai leoni. Spesso è ironica.

25) A. L'espressione *cerchiamo di salvare capra e cavoli* ha il significato di uscire senza danno da una situazione pericolosa o spiacevole, riuscendo a salvare interessi opposti o conciliando esigenze diverse. L'espressione si basa sul seguente rompicapo popolare: un uomo si trova sulla riva di un fiume e deve traghettare sull'altra sponda una capra, un sacco di cavoli e un lupo. La barca di cui dispone, però, può trasportare solo uno dei tre, a parte l'uomo stesso, che deve quindi badare a non lasciare la capra sola con i cavoli e nemmeno il lupo solo con la capra. Esiste una soluzione e l'uomo la trova e riesce a salvare sia la capra sia i cavoli.

26) D. L'espressione *aspetta la lepre al balzello* si riferisce a persona che aspetta che si presenti l'occasione giusta per ottenere un certo risultato, in particolare per vendicarsi di qualcuno o per assistere alla sua sconfitta, conoscendo il suo punto debole. Nel linguaggio dei cacciatori, il detto significa aspettare la lepre e la selvaggina in generale nei luoghi in cui è solita passare cogliendola mentre fa il balzello, cioè un piccolo salto.

27) A. L'espressine *Rimanere al palo* ha il significato di lasciarsi sfuggire una buona occasione. Nel mondo dell'ippica si dice di un cavallo che si rifiuta di partire all'inizio di una gara.

28) D. L'espressione *si aguzza il palo sulle ginocchia* si riferisce a persona che si procura un danno per imprudenza, pigrizia o sbadataggine. Quando per costruire recinzioni o altro si usavano i pali di legno, questi andavano appuntiti a un'estremità per essere conficcati nel terreno. L'operazione veniva eseguita a mano, a colpi d'ascia o di coltello, e l'imprudente che lavorasse tenendosi il palo sulle ginocchia correva il pericolo di farsi del male.

29) E. L'espressione *agisce dietro le quinte* si riferisce a persona che agisce nascostamente, in genere per interesse personale, lasciando credere che quanto avviene sia opera d'altri. In teatro, le quinte sono i telai che chiudono la scena sui due lati, nascondendo le azioni di chi non sta recitando davanti al pubblico. L'origine dell'espressione potrebbe risalire al teatro dei burattini, che il burattinaio fa muovere sulla scena senza farsi vedere.

30) B. L'espressione *ciurla nel manico* si riferisce a persona che tentenna, non decidendosi, in genere per evitare di tenere fede a una promessa, a un impegno o simili, facendo perdere tempo agli altri o prendendoli in giro. Letteralmente, l'espressione indica il gioco del manico di legno che dovrebbe inserirsi perfettamente nell'anello di metallo di un attrezzo, e che invece ciurla, ossia gira o si muove, rendendo più difficile l'impiego dell'utensile.

Questionario 4
Classificazioni concettuali

1) **Individuare, tra le alternative proposte, il termine da scartare:**
   A. antico
   B. antisemita
   C. antifurto
   D. antipatico
   E. antitetico

2) **Individuare, tra le alternative proposte, il termine da scartare:**
   A. passato
   B. futuro
   C. trapassato
   D. indicativo
   E. presente

3) **Individuare, tra le alternative proposte, il termine da scartare:**
   A. Cuneo
   B. Savona
   C. Novara
   D. Vercelli
   E. Asti

4) **Individuare, tra le alternative proposte, il termine da scartare:**
   A. Ragazzi di vita
   B. Uccellacci e uccellini
   C. Accattone
   D. Mamma Roma
   E. La dolce vita

5) **Individuare, tra le alternative proposte, il termine da scartare:**
   A. Garda
   B. Arno
   C. Ticino
   D. Piave
   E. Tevere

6) **Individuare, tra le alternative proposte, il termine da scartare:**
   A. ribes
   B. lamponi
   C. banane
   D. more
   E. mirtilli

7) Individuare, tra le alternative proposte, il termine da scartare:
A. gli
B. la
C. i
D. una
E. le

8) Individuare, tra le alternative proposte, il termine da scartare:
A. biasimare
B. lodare
C. celebrare
D. osannare
E. elogiare

9) Individuare, tra le alternative proposte, il termine da scartare:
A. quadriglia
B. samba
C. tango
D. sassofono
E. valzer

10) Individuare, tra le alternative proposte, il termine da scartare:
A. 1 euro
B. 20 centesimi
C. 5 euro
D. 2 euro
E. 50 centesimi

11) Indicare la parola da scartare.
A. Architetto
B. Geometra
C. Medico
D. Avvocato
E. Ingegnere

12) Indicare l'alternativa da scartare.
A. Colibrì
B. Cavallo
C. Pipistrello
D. Cervo volante
E. Canarino

13) Indicare l'alternativa da scartare.
A. Calzare
B. Ballerina
C. Stivale
D. Infradito
E. Sandalo

14) Indicare l'alternativa da scartare.
A. Lampante
B. Palese
C. Perspicuo
D. Evidente
E. Sibillino

15) Individuare l'alternativa da scartare.
A. Marte
B. Luna
C. Urano
D. Terra
E. Giove

16) Individuare l'alternativa da scartare.
A. Lupini
B. Fave
C. Piselli
D. Lenticchie
E. Borlotti

17) Indicare l'alternativa da scartare.
A. Gli
B. Con
C. Per
D. Tra
E. Su

18) Indicare la parola da scartare.
A. Frullatore
B. Aspirapolvere
C. Elettrodomestico
D. Ventilatore
E. Frigorifero

19) Indicare l'alternativa da scartare.
A. Galleria
B. Pantheon
C. Pinacoteca
D. Museo
E. Esposizione

20) Indicare l'alternativa da scartare.
A. Sineddoche
B. Sinestesia
C. Metonimia
D. Rima
E. Allegoria

21) Quale di questi elementi è estraneo alla serie «spruzzare, disegnare, tagliare, elementare, adorare, mangiare»?
A. Elementare
B. Spruzzare
C. Adorare
D. Disegnare
E. Mangiare

22) Quale dei termini che seguono è estraneo alla serie «portai, caddi, giungerai, chiesi, venni, domandai»?
A. Portai
B. Venni
C. Giungerai
D. Caddi
E. Chiesi

23) Quale di questi elementi è estraneo alla serie «pentirsi, vergognarsi, pettinare, sbrigarsi, arrabbiarsi, accorgersi»?
A. Pettinare
B. Arrabbiarsi
C. Pentirsi
D. Accorgersi
E. Vergognarsi

24) Quale, tra le seguenti coppie di termini, si presenta logicamente diversa dalle altre «semplice/complicato – cruciale/irrilevante – splendente/luminoso – gentilezza/scortesia – falsità/sincerità»?
A. Cruciale/irrilevante
B. Semplice/complicato
C. Gentilezza/scortesia
D. Splendente/luminoso
E. Falsità/sincerità

25) Quale dei binomi proposti deve essere eliminato affinché la serie seguente sia corretta? [base – basse] [ero – erro] [barca – barche] [faro – farro] [rosa – rossa]
A. [faro – farro]
B. [ero – erro]
C. [base – basse]
D. [barca – barche]
E. [rosa – rossa]

26) Quale di questi elementi è estraneo alla serie «prepotenza, calvizie, arroganza, simpatia, pazienza, saggezza»?
A. Simpatia
B. Calvizie
C. Arroganza

D. Pazienza
E. Saggezza

27) Quale dei termini che seguono può essere a ragione considerato parte della serie «branco, folla, pineta, arcipelago»?
A. Scolaresca
B. Segretaria
C. Alunno
D. Soprammobile
E. Cuscino

28) Quale dei termini che seguono può essere a ragione considerato parte della serie «autostrada, pianoforte, caporeparto, terracotta»?
A. Pallone
B. Franchezza
C. Pallacanestro
D. Intonaco
E. Maglia

29) Quale dei termini che seguono può essere a ragione considerato parte della serie «piattino, micetto, amicone, vecchierella»?
A. Ripiano
B. Atmosfera
C. Volontà
D. Nasone
E. Piatto

30) Quale tra le seguenti coppie di termini va opportunamente eliminata dalla serie proposta perché essa si possa considerare una serie logica? il cervello – le cervella / il ciglio – le ciglia / lo sparviero – gli sparvieri / il filo – le fila / il gesto – le gesta
A. Lo sparviero – gli sparvieri
B. Il filo – le fila
C. Il ciglio – le ciglia
D. Il cervello – le cervella
E. Il gesto – le gesta

31) Individuare l'abbinamento errato:
A. porta/ingresso
B. corda/petrolio
C. scale/palazzo
D. ringhiera/balcone
E. tetto/casa

32) Individuare l'abbinamento errato:
A. anatomia/corpo
B. biologia/organismi viventi

C. antropologia/documenti
D. botanica/piante
E. geologia/terra

33) Individuare l'abbinamento errato:
A. dedurre/dotto
B. andare/andato
C. chiedere/chiesto
D. porgere/porto
E. assumere/assunto

34) Individuare l'abbinamento errato:
A. W. Shakespeare/Inghilterra
B. F. Pessoa/Spagna
C. J. Joyce/Irlanda
D. M. Proust/Francia
E. T. Mann/Germania

35) Individuare l'abbinamento errato:
A. cardiologia/cuore
B. angiologia/vasi sanguigni
C. pneumologia/polmoni
D. ematologia/sangue
E. nefrologia/nervi

36) Individuare l'abbinamento errato:
A. lasagne/Italia
B. ramen/Giappone
C. quiche lorraine/Inghilterra
D. tacos/Messico
E. pierogi/Polonia

37) Individuare l'abbinamento errato:
A. in toto/fra noi
B. ex aequo/alla pari
C. a latere/accanto
D. alias/altrimenti
E. pro capite/a testa

38) Individuare l'abbinamento errato:
A. Guerra delle due Rose/400
B. Trattato di Campoformio/700
C. Guerra del Golfo/900
D. Battaglia di Lepanto/300
E. Guerra fredda/900

39) Individuare l'abbinamento errato:
A. lago Fusaro/Toscana

B. lago d'Orta/Piemonte
C. lago d'Averno/Campania
D. lago d'Iseo/Lombardia
E. lago di Bracciano/Lazio

40) Individuare l'abbinamento errato:
A. Jurassic Park/S. Spielberg
B. Amarcord/V. De Sica
C. Io e Annie/W. Allen
D. Uccellacci e uccellini/P. Pasolini
E. Taxi driver/M. Scorsese

41) Quale delle seguenti coppie di termini presenta elementi di disomogeneità rispetto alle altre?
A. Lacunoso – manchevole
B. Greve – leggero
C. Dissipato – morigerato
D. Inattendibile – veritiero
E. Pieno – vuoto

42) Quale delle seguenti coppie di termini presenta elementi di disomogeneità rispetto alle altre?
A. Abulico – energico
B. Immune – colpito
C. Avulso – radicato
D. Longanime – indulgente
E. Stucchevole – invitante

43) Quale delle seguenti coppie di termini presenta elementi di disomogeneità rispetto alle altre?
A. Lugubre – funereo
B. Ostinato – arrendevole
C. Loquace – conciso
D. Ardimentoso – codardo
E. Testardo – volubile

44) Quale delle seguenti coppie di termini presenta elementi di disomogeneità rispetto alle altre?
A. Spiritoso – grave
B. Impavido – timoroso
C. Scherno – derisione
D. Pingue – scarso
E. Pallido – colorito

45) Indicare quale delle seguenti coppie di termini presenta caratteristiche di disomogeneità rispetto alle altre.
A. Figlio – figlia

B. Gatto – gatta
C. Dottore – dottoressa
D. Messere – madonna
E. Redattore – redattrice

46) Quale dei seguenti gruppi di termini è disomogeneo rispetto agli altri?
A. Boria – arroganza – alterigia – spocchia
B. Disdoro – disonore – vergogna – onore
C. Baldanza – sicurezza – prontezza – timidezza
D. Sollecitudine – solerzia – celerità – indolenza
E. Pazienza – indulgenza – sopportazione – impazienza

47) Quale dei seguenti gruppi di termini è disomogeneo rispetto agli altri?
A. Colto – istruito – dotto – ignorante
B. Dimesso – umile – sottomesso – fastoso
C. Boria – arroganza – alterigia – umiltà
D. Proficuo – vantaggioso – produttivo – sconveniente
E. Baldanza – sicurezza – prontezza – ardimento

48) Quale dei seguenti gruppi di termini è disomogeneo rispetto agli altri?
A. Differente – diverso – dissimile – concordante
B. Alacre – pronto – solerte – sollecito
C. Aleatorio – incerto – rischioso – indubbio
D. Lussuoso – sfarzoso – fastoso – spartano
E. Dispendioso – costoso – esoso – economico

49) Quale dei seguenti gruppi di termini è disomogeneo rispetto agli altri?
A. Alacre – pronto – solerte – neghittoso
B. Dilagare – espandersi – spargersi – stagnare
C. Algido – freddissimo – diaccio – glaciale
D. Lussureggiante – florido – prospero – avvizzito
E. Aulico – raffinato – elevato – volgare

50) Indicare quale dei seguenti gruppi di termini va eliminato perché disomogeneo rispetto agli altri.
A. Elefante – gli elefanti – le elefantesse
B. Finanziatore – i finanziatori – le finanziatrici
C. Braccio – i bracci – le braccia
D. Maestro – i maestri – le maestre
E. Direttore – i direttori – le direttrici

51) Indicare quale delle seguenti coppie di termini presenta caratteristiche di disomogeneità rispetto alle altre.
A. Gatto – gatta
B. Montone – pecora
C. Lupo – lupa
D. Cameriere – cameriera

E. Commesso – commessa

52) Indicare quale dei seguenti gruppi di termini va eliminato perché disomogeneo rispetto agli altri.

A. Ragazzo – i ragazzi – le ragazze
B. Produttore – i produttori – le produttrici
C. Fondamento – i fondamenti – le fondamenta
D. Promotore – i promotori – le promotrici
E. Sacerdote – i sacerdoti – le sacerdotessa

53) Indicare quale delle seguenti coppie di termini presenta caratteristiche di disomogeneità rispetto alle altre.

A. Arredatore – arredatrice
B. Direttore – direttrice
C. Disoccupato – disoccupata
D. Bue – vacca
E. Infermiere – infermiera

54) Individuare l'abbinamento errato:

A. Palazzo Vecchio/Firenze
B. Castello Sforzesco/Milano
C. Valle dei Templi/Nuoro
D. Casa Milà/Barcellona
E. Arco di Costantino/Roma

55) Individuare l'abbinamento errato:

A. romanzo storico/N. Sparks
B. thriller/J. Grisham
C. fantasy/J.R.R. Tolkien
D. romanzo poliziesco/J. Ellroy
E. romanzo d'avventura/H. Melville

56) Individuare l'abbinamento errato:

A. macchina a vapore/J. Watt
B. telegrafo elettrico/S. Morse
C. penicillina/A.G. Bell
D. pila/A. Volta
E. telegrafo senza fili/G. Marconi

57) Indicare quale dei seguenti gruppi di termini va eliminato perché disomogeneo rispetto agli altri.

A. Maestro – i maestri – le maestre
B. Peccatore – i peccatori – le peccatrici
C. Illustratore – gli illustratori – le illustratrici
D. Fuso – i fusi – le fusa
E. Lettore – i lettori – le lettrici

58) Indicare quale dei seguenti gruppi di termini va eliminato perché disomogeneo rispetto agli altri.

A. Poliziotto – i poliziotti – le poliziotte
B. Nonno – i nonni – le nonne
C. Ciglio – i cigli – le ciglia
D. Pattinatore – i pattinatori – le pattinatrici
E. Oratore – gli oratori – le oratrici

59) Indicare quale delle seguenti coppie di termini presenta caratteristiche di disomogeneità rispetto alle altre.

A. Operaio – operaia
B. Cavaliere – dama
C. Grafico – grafica
D. Impiegato – impiegata
E. Fanciullo – fanciulla

60) Indicare quale dei seguenti gruppi di termini va eliminato perché disomogeneo rispetto agli altri.

A. Viaggiatore – i viaggiatori – le viaggiatrici
B. Poeta – i poeti – le poetesse
C. Soldato – i soldati – le soldatesse
D. Pittore – i pittori – le pittrici
E. Cuoio – i cuoi – le cuoia

Risposte commentate
Classificazioni concettuali

1) A. In questo esercizio si deve far riferimento all'etimologia della parola. In tutti i casi tranne uno, infatti, si tratta di parole composte dalla particella *anti-* (contro) legata a diverse radici. Il termine che fa eccezione, e che deve essere eliminato, è *antico.*

2) D. Il termine intruso è *indicativo* perché tutti gli altri termini indicano tempi verbali, mentre l'*indicativo* è un modo verbale.

3) B. Cuneo, Novara, Vercelli e Asti sono province della regione Piemonte, il termine da scartare quindi è *Savona,* che invece è una provincia ligure.

4) E. Qui abbiamo una serie di titoli di film. Tutti sono stati diretti da Pier Paolo Pasolini, tranne *La dolce vita,* celebre film di Federico Fellini.

5) A. L'Arno, il Ticino, il Piave e il Tevere appartengono tutti a una stessa categoria, ovvero sono nomi di fiumi italiani; il termine intruso è *Garda* perché è il nome di uno dei più importanti laghi italiani.

6) C. Questa serie di termini appartiene alla stessa categoria: sono tutti nomi di frutti di bosco. Quindi, il termine intruso è *banana.*

7) D. In questo caso il termine che differisce dagli altri è *una.* Infatti, tutti gli altri termini della serie sono articoli determinativi, mentre *una* è un articolo indeterminativo, femminile, singolare.

8) A. Lodare, celebrare, osannare ed elogiare sono sinonimi fra loro. L'elemento che non rispetta la relazione che unisce i termini della serie è *biasimare,* che invece vuol dire criticare, formulare un giudizio negativo.

9) D. La quadriglia, la samba, il tango e il valzer sono danze e balli tradizionali. Invece il *sassofono,* termine intruso, è uno strumento musicale a fiato.

10) C. 2 euro, 1 euro, 50 centesimi, 20 centesimi sono tutte monete in euro, mentre *5 euro* è uno dei sette tagli di banconota in euro.

11) B. Il *medico,* l'*architetto,* l'*avvocato* e l'*ingegnere* sono laureati, mentre il *geometra* non è un laureato; pertanto, la parola da scartare è geometra.

12) B. Tra le alternative proposte dal quesito, sebbene siano tutti animali appartenenti a specie diverse, ma accomunabili perché in grado di volare, soltanto il *cavallo* è da scartare in quanto non ha questa caratteristica.

13) A. Tutte le altre alternative indicano un preciso modello di calzature, mentre con *calzare* si indica quanto serve a vestire il piede. Quindi, rispetto agli altri termini, *calzare* è un nome generico per indicare le scarpe.

14) E. Tutte le alternative di risposta sono costituite da aggettivi tra loro sinonimi, che fanno riferimento a una cosa che appare chiara, indubitabile. Solo l'aggettivo *sibillino* ha significato opposto rispetto a quelli proposti.

15) B. La *Luna* è un satellite, mentre le altre alternative di risposta sono rappresentate da pianeti.

16) E. Nelle alternative sono elencati tutti legumi, tuttavia l'opzione *borlotti* è da scartare, perché indica un tipo particolare di fagiolo, mentre gli altri (lupini, piselli, fave, lenticchie) sono legumi generici.

17) A. Tutte le alternative di risposta sono costituite da preposizioni. Solo l'alternativa *gli* rappresenta un articolo determinativo.

18) C. *Elettrodomestico* è il nome della categoria che comprende le altre alternative di risposta: *frullatore*; *aspirapolvere*; *ventilatore*; *frigorifero*. Nella lingua italiana, tale termine è detto iperonimo.

19) B. *Galleria*, *pinacoteca*, *esposizione* e *museo* sono tutti nomi di luoghi che raccolgono e custodiscono opere d'arte, mentre il *pantheon* è un luogo di culto pagano dove si celebravano tutti gli dei.

20) D. La *Rima*, a differenza degli altri termini, non è una figura retorica.

21) A. La serie di termine proposta nel testo del quesito è formata da tutti verbi della prima coniugazione tranne *elementare* che è un aggettivo.

22) C. *Giungerai* è l'unico verbo al futuro della serie; tutti gli altri verbi sono al passato remoto.

23) A. Il verbo estraneo alla serie riportata nella traccia è *pettinare*, perché, a differenza di quelli elencati nelle altre alternative, non è riflessivo.

24) D. Tutte le coppie di termini presenti nel testo del quesito sono composte da un termine e il suo contrario, mentre *splendente* e *luminoso* sono tra loro sinonimi.

25) D. La serie è costituita da binomi. Si noti che nei binomi sono presenti due parole, di cui la seconda si ottiene raddoppiando una consonante contenuta nella prima parola, eccetto che nel binomio [*barca* – *barche*] in cui la seconda parola è il plurale della prima.

26) B. La serie proposta nel testo è composta da termini che indicano caratteristiche morali, tranne *calvizie* che indica una caratteristica fisica.

27) A. La serie data è formata da nomi collettivi, ossia da nomi che indicano un gruppo generico di persone, animali o cose. Tra le alternative di risposta, *scolaresca* è l'unico termine che può essere a ragione considerato parte della serie data perché è l'unico nome collettivo.

28) C. La serie è formata da tutti nomi composti, per completarla è necessario individuare tra le alternative di risposta un nome composto: *pallacanestro.*

29) D. I termini della serie *piattino, micetto, amicone, vecchierella* sono alterazioni, rispettivamente, dei termini: *piatto; micio; amico; vecchia.* Tra le alternative di risposta, l'unico alterato è il termine *nasone,* peggiorativo della parola *naso.*

30) A. Nella grammatica italiana, alcuni nomi maschili oltre al plurale regolare in *–i,* di genere maschile, ne hanno un altro in *–a,* di genere femminile, che ha un significato diverso rispetto al plurale maschile. È il caso delle coppie di termini della serie proposta, eccetto che per la coppia *lo sparviero – gli sparvieri,* in cui il plurale della parola *sparviero* è solo maschile e termina in *–i.*

31) B. In questa serie di coppie la contiguità logica è data dal rapporto parte-tutto (in linguistica detto meronimia), infatti le scale fanno parte del palazzo, la ringhiera del balcone ecc. L'abbinamento errato è *corda/petrolio.*

32) C. In questo caso si tratta di un elenco di alcune scienze e delle loro materie di studio; l'*antropologia* non è la scienza che studia i *documenti,* ma è la scienza che studia l'uomo, le sue caratteristiche e il suo comportamento.

33) A. Queste coppie di termini sono legate da una relazione grammaticale (infinito del verbo-participio passato del verbo), questa relazione non è rispettata solo nell'opzione di risposta *A,* infatti il participio passato di *dedurre* non è *dotto,* ma dedotto.

34) B. In questo esercizio vengono elencati alcuni grandi autori del passato associati ai loro Paesi di origine, creando così una relazione di appartenenza tra i termini. Fernando *Pessoa* è stato un famoso poeta e scrittore originario del Portogallo, non della *Spagna.*

35) E. La contiguità logica fra queste coppie di termini è data dal rapporto disciplina medica-oggetto di studio (cardiologia: ramo della medicina che si occupa dello studio del cuore; pneumologia: settore della medicina che si occupa dei problemi inerenti ai polmoni). La *nefrologia* è la branca della medicina che si occupa dello studio del rene, non dei *nervi,* che invece sono oggetto di studio della neurologia.

36) C. Qui sono abbinati alcuni piatti tipici ai loro Paesi; la *quiche lorraine* è una tipica torta salata della regione Lorena, quindi non è un piatto tipico dell'*Inghilterra,* ma della Francia.

37) A. Qui sono elencate alcune espressioni latine ancora utilizzate in italiano e il loro significato. L'abbinamento errato è l'opzione *A*, *in toto* vuol dire per intero, non *fra noi* (che invece corrisponde alla locuzione latina *inter nos*).

38) D. La relazione logica che unisce i termini di queste coppie è di tipo storico, ogni avvenimento è associato al secolo in cui è avvenuto. La *Battaglia di Lepanto* però non avvenne nel *300*, ma nel 500.

39) A. Queste coppie di parole sono legate da una relazione geografica, infatti sono elencati alcuni laghi italiani e le regioni in cui si trovano. L'abbinamento da eliminare è *lago Fusaro/Toscana* perché il lago Fusaro si trova nel comune di Bacoli, in Campania.

40) B. In questo caso la relazione di contiguità logica è data da un rapporto di appartenenza autore-opera. La risposta esatta è la *B* perché *Amarcord* è il famoso film diretto da Federico Fellini, non da Vittorio De Sica.

41) A. Le alternative proposte dal quesito presentano coppie di contrari, tranne la coppia *lacunoso – manchevole* che è formata da due sinonimi.

42) D. Tra le alternative di risposta, le coppie immune – colpito, avulso – radicato, abulico – energico e stucchevole – invitante sono composte da un termine e il suo contrario; soltanto la coppia *longanime – indulgente* è formata da due termini tra essi sinonimi.

43) A. Tutte le coppie di termini riportate nelle alternative di risposta sono costituite da vocaboli che hanno tra loro significato opposto, a eccezione dell'alternativa *lugubre – funereo* in cui sono riportati due sinonimi.

44) C. Le coppie proposte tra le alternative di risposta sono formate da un temine e il suo contrario tranne la coppia *scherno – derisione* che è composta da due sinonimi.

45) D. I nomi di persona e quelli di animali hanno due generi: maschile e femminile. Alcuni nomi assumono forme completamente diverse nel passare dal maschile al femminile. Nel nostro caso, ad esempio il femminile di *messere* è *madonna*. Tra le alternative proposte, è l'unica in cui nel cambio di genere si modifica completamente la parola.

46) A. I gruppi di termini presenti tra le alternative di risposta sono tutti composti da tre sinonimi e un contrario. Soltanto il gruppo *boria – arroganza – alterigia – spocchia* è composto da quattro sinonimi.

47) E. I gruppi di termini proposti sono formati tutti da tre sinonimi e un contrario; soltanto il gruppo *baldanza – sicurezza – prontezza – ardimento* è composto da quattro sinonimi.

48) B. I gruppi di termini presenti tra le alternative sono tutti composti da tre sinonimi e un contrario, tranne *alacre – pronto – solerte – sollecito* che è composto soltanto da sinonimi.

49) C. I gruppi di termini presenti tra le alternative sono tutti composti da tre sinonimi e un contrario, tranne *algido – freddissimo – diaccio – glaciale* che è composto soltanto da sinonimi.

50) C. Il gruppo da eliminare è *braccio-i bracci-le braccia,* in quanto è l'unico in cui i due plurali (bracci/braccia) hanno significato diverso tra loro. Infatti, i bracci sono parti allungate e sporgenti, mobili o fisse, di qualcosa (ad esempio i bracci della croce), mentre le braccia sono i due arti superiori del corpo umano.

51) B. Tutte le coppie di termini proposte sono composte dal maschile e dal femminile di parole con la stessa radice tranne la coppia *Montone-Pecora,* in cui il maschile e il femminile differiscono per la radice della parola.

52) C. Le opzioni di risposta proposte rappresentano gruppi di termini composti da un sostantivo e i suoi plurali maschile e femminile. Tuttavia, il gruppo composto da *fondamento – i fondamenti – le fondamenta* ha la particolarità che il plurale al maschile (*fondamenti,* impiegato nel senso figurato e metaforico di principi alla base di un pensiero, di una struttura astratta) ha un significato diverso rispetto a quello femminile (*fondamenta,* relativo al significato di base su cui poggia una costruzione), per questo è disomogeneo rispetto agli altri.

53) D. *Bue – vacca* è l'unica risposta in cui il maschio e la femmina dello stesso genere non presentano la medesima radice del nome.

54) C. In questo quesito sono elencate costruzioni associate alle città in cui sono situate, creando così una relazione geografica tra i termini. L'abbinamento da eliminare è *Valle dei Templi/Nuoro,* perché la Valle dei Templi è un'area archeologica situata ad Agrigento, dunque non a Nuoro.

55) A. In questo quesito sono elencati genere di romanzo/autore del genere, creando così una relazione di appartenenza tra i termini. L'abbinamento da eliminare è *romanzo storico/N. Sparks,* perché i romanzi di Nicholas Charles Sparks non sono romanzi storici ma hanno come principali argomenti l'amore, il destino e la religione.

56) C. In questo quesito sono elencati invenzione/autore dell'invenzione, creando così una relazione di appartenenza tra i termini. L'abbinamento da eliminare è *penicillina/A.G. Bell,* perché la penicillina è stata scoperta da Fleming e non da Bell.

57) D. Tra le alternative di risposta sono proposti dei gruppi di termini composti ciascuno da un sostantivo abbinato ai suoi plurali maschili e femminili. Il gruppo composto da *fuso-i fusi-le fusa* si differenzia, però, dagli altri perché i plurali del sostantivo fuso assumono al maschile e al femminile significati diversi. Fuso significa "arnese di legno usato nella filatura", ma al plurale maschile può assumere il significato di "cosce di pollo senza le sopracosce", mentre al plurale femminile si riferisce solo all'attività del gatto che in determinate circostanze produce un caratteristico rumore, si dice che faccia le fusa.

58) C. Le opzioni di risposta proposte rappresentano gruppi di termini composti da un sostantivo e i suoi plurali maschile e femminile. Tuttavia, il gruppo composto *ciglio-i cigli-le ciglia* ha la particolarità che il plurale di ciglio al maschile (i cigli della strada) ha un significato diverso rispetto a quello femminile (le ciglia dell'occhio), per questo è disomogeneo rispetto agli altri.

59) B. La coppia *cavaliere – dama* è composta da nomi indipendenti al maschile e al femminile, che presentano, quindi, forme del tutto diverse per il maschile e il femminile. Tutte le altre coppie, invece, sono formate da nomi di genere mobile (passano dal maschile al femminile conservando la stessa radice e mutando la desinenza finale).

60) E. Nella grammatica italiana, alcuni nomi maschili oltre al plurale regolare in *–i*, di genere maschile, ne hanno un altro in *–a*, di genere femminile. È il caso della parola *cuoio* che al plurale femminile *cuoia* si usa in talune espressioni idiomatiche, in cui si è cristallizzato un antico uso di cuoio come *pelle animale* e anche *pelle umana*; si dice tirare le cuoia, col significato di morire. Negli altri casi si usa il plurale maschile *cuoi.*

Sezione III
Ragionamento critico-verbale

Questionario 1
Deduzioni logiche

1) **Completare correttamente il seguente sillogismo: "Tutte le api impollinano i fiori. Alcuni insetti non impollinano i fiori. Dunque .... non sono api".**
A. alcuni insetti
B. alcune api
C. tutti i fiori
D. tutti gli insetti
E. alcuni fiori

2) **Completare correttamente il seguente sillogismo: "Tutti gli acrobati sono atletici. Tutti gli acrobati sono uomini. Dunque .... sono atletici".**
A. tutti gli uomini
B. alcuni uomini
C. alcuni acrobati
D. tutti gli acrobati
E. gli uomini che non sono acrobati

3) **Completare correttamente il seguente sillogismo: "Nessun attore è balbuziente. Alcuni uomini sono balbuzienti. Dunque .... non sono attori".**
A. tutti i balbuzienti
B. alcuni attori
C. tutti gli uomini
D. tutti gli attori
E. alcuni uomini

4) **Completare correttamente il seguente sillogismo: "Nessun disonesto è giusto. Qualche avvocato è giusto. Dunque .... non è disonesto".**
A. qualche disonesto
B. ogni giusto
C. qualche avvocato
D. ogni avvocato
E. ogni disonesto

5) **Completare correttamente il seguente sillogismo: "Tutti gli imprenditori sono ricchi. Nessun ricco è una persona forte. Dunque .... è un imprenditore".**
A. nessuna persona forte
B. qualche ricco
C. ogni ricco
D. soltanto un ricco
E. qualche persona forte

6) **Completare correttamente il seguente sillogismo: "I cani sono fedeli. I cani sono animali. Dunque .... sono fedeli".**
A. tutti gli animali
B. alcuni infedeli
C. alcuni cani
D. alcuni animali
E. i cani

7) **Completare correttamente il seguente sillogismo: "Tutti i disastri naturali sono prevedibili. Alcuni eventi non sono prevedibili. Dunque .... non sono disastri naturali".**
A. alcuni eventi
B. gli eventi prevedibili
C. alcuni disastri naturali
D. tutti gli eventi
E. il sillogismo non può essere completato

8) **Completare correttamente il seguente sillogismo: "Nessun treno vola. Qualche mezzo di trasporto vola. Dunque ....".**
A. alcuni treni volano
B. qualche mezzo di trasporto non è treno
C. nessun mezzo di trasporto non è un treno
D. tutti i mezzi di trasporto volano
E. soltanto gli aerei volano

9) **Completare correttamente il seguente sillogismo: "Alcuni autisti sono patentati. Tutti i patentati sono prudenti. Dunque ....".**
A. tutti gli autisti sono prudenti
B. tutti gli autisti non sono prudenti
C. alcuni prudenti sono autisti
D. tutti i patentati sono autisti
E. tutti i patentati sono prudenti

10) **Completare correttamente il seguente sillogismo: "Tutti gli insegnanti sono pazienti. Qualche insegnante è miope. Dunque ....".**
A. ogni miope è paziente
B. qualche insegnante è paziente
C. tutti i pazienti sono miopi
D. ogni insegnante è miope

E. qualche miope è paziente

11) La frase "Quando vedo mio figlio mi sento bene" implica una delle affermazioni elencate, indicare quale:
A. se non mi sento bene allora non ho visto mio figlio
B. se mi sento bene significa che ho visto mio figlio
C. se mi sento bene significa che non ho visto mio figlio
D. non mi sento bene pur avendo visto mio figlio
E. in alcune circostanze non mi sento bene anche se ho visto mio figlio

12) La frase "Non tutte le ciambelle riescono col buco" implica una delle affermazioni elencate, indicare quale:
A. è possibile che esistano ciambelle senza buco
B. tutte le ciambelle hanno il buco
C. nessuna ciambella ha il buco
D. esiste almeno una ciambella che non ha il buco
E. nessuna delle alternative è corretta

13) La frase "Chi dorme non piglia pesci" implica una delle affermazioni elencate, indicare quale:
A. chi non si dà da fare non ottiene nulla
B. le persone che pigliano pesci dormono
C. chi non piglia pesci dorme
D. chi non piglia pesci non dorme
E. chi piglia pesci non dorme

14) La frase "Non c'è libro senza pagine" implica una delle affermazioni elencate, indicare quale:
A. almeno un libro ha una pagina
B. ogni libro ha almeno una pagina
C. nessun libro ha pagine
D. qualche libro non ha pagine
E. ogni libro ha due pagine

15) Quale delle seguenti rappresenta la conclusione corretta della frase "Luigi adora la cioccolata; la cioccolata è fatta con il cacao; chi adora la cioccolata non mangia mai la marmellata"?
A. Luigi non mangia mai la marmellata
B. Chi adora la cioccolata ama tutti i dolci
C. Luigi adora il cacao
D. Non è escluso che Luigi mangi spesso la marmellata
E. Luigi mangia la marmellata solo quando non ha la cioccolata

16) Quale delle seguenti rappresenta la conclusione corretta della frase "Tutti i dentisti sono bugiardi; gli antipatici vengono sempre isolati; alcuni dentisti sono antipatici"?
A. Tutti i dentisti sono bugiardi e vengono sempre isolati

B. Tutti i bugiardi sono antipatici
C. Alcuni antipatici sono bugiardi e vengono isolati
D. I bugiardi vengono sempre isolati
E. I dentisti sono sempre antipatici

17) **"I bambini piangono. Alcuni nonni hanno poca autorità. Chi piange è capriccioso. Alcune madri sono stressate. Chi è capriccioso è incontentabile. Viviana non è stressata". Quale, tra quelle elencate di seguito, rappresenta la conclusione corretta delle informazioni precedenti?**
A. Viviana non è madre
B. I bambini sono incontentabili
C. I nonni assecondano i capricci dei bambini
D. Tutte le madri sono stressate
E. I capricci dei bambini sono fonte di stress per le madri

18) **"Tutti i giornalisti sono laureati; Michele è un giornalista; tutti i laureati lavorano". Quale, tra quelle elencate di seguito, NON rappresenta la conclusione corretta delle informazioni precedenti?**
A. Non soltanto i laureati lavorano
B. Michele è laureato
C. Tutti i giornalisti lavorano
D. Michele non lavora
E. Anche chi non è laureato può lavorare

19) **"Tutti gli amici di Nicola amano il motociclismo e tutti gli amanti del motociclismo sono incoscienti". Sulla base di queste informazioni, quale delle seguenti deduzioni è corretta?**
A. Giuseppe non è incosciente, quindi non è uno degli amici di Nicola
B. Giuseppe non è un amante del motociclismo, quindi non è incosciente
C. Giuseppe è incosciente, quindi è un amico di Nicola
D. Giuseppe non è amico di Nicola, quindi non è incosciente
E. Giuseppe è un amante del motociclismo incosciente, quindi è un amico di Nicola

20) **"Alcuni animali hanno il marsupio; il canguro fa dei grandi salti; gli animali che vivono in Australia hanno il marsupio". Quale delle affermazioni elencate consentirebbe di dedurre che "Il canguro ha il marsupio"?**
A. È possibile che il canguro sia un animale che vive in Australia
B. Alcuni animali saltano
C. Alcuni animali che hanno il marsupio fanno dei grandi salti
D. Il canguro è un animale
E. Il canguro è un animale che vive in Australia

21) **"Giovanni gioca e studia. Chi studia trova lavoro e legge. Luisa studia e suona. Chi suona è sensibile e ha molti amici. Chi legge è sensibile". Se le precedenti affermazioni sono vere, NON si può affermare con certezza che:**
A. Giovanni legge

B. Luisa trova lavoro
C. Giovanni è sensibile
D. Chi non è sensibile non studia
E. Giovanni ha molti amici

22) "Chi non ha un cane non va in montagna. Antonio non va in montagna. Chi va in montagna respira aria pura". Quale tra queste affermazioni NON è corretta?
A. È impossibile che chi va in montagna non abbia un cane
B. È possibile che Antonio non abbia un cane
C. È possibile che Antonio respiri aria pura
D. È impossibile che chi non respiri aria pura vada in montagna
E. È impossibile che Antonio respiri aria pura

23) Tutti gli studiosi sono portati per la logica. Davide ama giocare a dama. Chi ama giocare a dama ha un debole per le donne. Quale delle seguenti affermazioni è sicuramente vera?
A. Non si può negare che Davide abbia un debole per le donne
B. Tutti gli studiosi amano giocare a dama
C. Chi è portato per la logica non può non amare la dama
D. Davide è un profondo pensatore e ha un debole per le donne
E. Davide ha tutti i requisiti per essere un buon giocatore di dama

24) "Tutti i cuochi sono grassi". "Tutti i cuochi sono buongustai". "Alcuni camerieri sono grassi". Dalle precedenti affermazioni si deduce che:
A. Tra le persone grasse vi sono sia cuochi sia camerieri
B. Tutti i buongustai sono cuochi
C. Tutti i buongustai sono grassi
D. Tutti i cuochi sono stati camerieri
E. I camerieri sono buongustai

25) "Sandro è una persona atletica; le persone alte sono tutte atletiche; le persone alte sono magre". Se le precedenti affermazioni sono vere, quale delle seguenti è sicuramente vera?
A. Sandro è una persona alta
B. Tutte le persone atletiche sono alte
C. Chi è alto è magro e atletico
D. Sandro è una persona magra
E. Le persone magre sono atletiche

26) "Antimo è napoletano; tutte le persone con i capelli castani sono italiane; tutti i napoletani sono italiani." Se le precedenti informazioni sono vere, quale delle seguenti è necessariamente vera?
A. Tutti i napoletani si chiamano Antimo
B. Antimo è italiano
C. Antimo ha i capelli neri
D. Tutti i napoletani hanno i capelli castani
E. Tutte le persone con i capelli castani sono napoletane

27) "Andrea è una persona simpatica". "Tutti i giovani sono simpatici"; "Gino è un giovane". In base alle precedenti informazioni, quale delle seguenti affermazioni è necessariamente vera?

A. Le persone simpatiche sono giovani
B. Chi non è giovane è antipatico
C. Andrea è giovane
D. Gino è una persona simpatica
E. Andrea e Gino sono giovani

28) A differenza delle altre palestre della città, nel 2007 la palestra In-forma ha aumentato le iscrizioni rispetto all'anno precedente. Il motivo di tale aumento è riconducibile all'allestimento in sede di una piscina olimpionica. Quale delle seguenti conclusioni NON può essere dedotta dalla precedente affermazione?

A. L'allestimento della piscina olimpionica è risultato determinante nell'aumento del numero di iscritti della palestra In-forma
B. Nel 2007 le palestre della città, a esclusione della In-forma, non hanno registrato un aumento delle iscrizioni rispetto all'anno precedente
C. Nel 2007 gli iscritti della palestra In-forma sono aumentati rispetto a quelli dell'anno precedente
D. Le altre palestre della città diverse dalla In-forma non sono dotate di piscina
E. Nel 2006 la palestra In-forma aveva una piscina olimpionica in meno rispetto al 2007

29) "Annamaria ama le patatine fritte; chi è magro non ama le patatine fritte; chi è attivo è magro". Se le precedenti affermazioni sono vere, allora è certamente FALSO che:

A. Chi è attivo non ama le patatine fritte
B. Annamaria è attiva
C. Annamaria non è magra
D. Non tutte le persone magre sono attive
E. Le persone che amano le patatine fritte non sono magre

30) "Tutti gli insegnanti sono competenti; Roberto è tenace; tutte le persone tenaci sono competenti". In base alle precedenti affermazioni, quale delle seguenti è necessariamente vera?

A. Roberto è competente
B. Non esistono insegnanti tenaci
C. Tutte le persone tenaci sono insegnanti
D. Roberto è un insegnante
E. Tutti gli insegnanti sono tenaci

31) "Tutti i professori sono colti; Maurizio è colto; tutti i professori sono affascinanti". In base alle precedenti affermazioni, quale delle seguenti è necessariamente vera?

A. Nessun professore è colto e privo di fascino
B. Tutte le persone affascinanti sono colte
C. Maurizio è affascinante

D. Tutte le persone colte sono affascinanti
E. Maurizio è un professore

32) "Tutti i professori hanno molta fantasia. Per essere uno scrittore bisogna essere un professore. Marco ha molta fantasia". Se le precedenti affermazioni sono vere, è possibile dedurre che:
A. Marco è uno scrittore
B. Anche chi non ha molta fantasia può diventare un docente
C. Marco è un professore
D. Tutti gli scrittori hanno molta fantasia
E. Gli scrittori hanno poca fantasia

33) "I bambini sono buoni. Alcuni genitori sono alti. Chi è buono dorme. Non tutti i nonni bevono il caffè. Chi dorme sogna. Chi beve il caffè non dorme". Individua la conclusione corretta.
A. I genitori bevono più caffè dei nonni
B. Alcuni bambini bevono caffè
C. I bambini sognano
D. Le persone alte sono genitori
E. I genitori sognano

34) "I gatti sono ladri. Alcuni ladri vanno in giro di notte. I nottambuli vanno in giro di notte". Individuare la conclusione corretta.
A. Tutti i nottambuli sono ladri
B. È possibile che alcuni gatti siano nottambuli
C. I gatti derubano i nottambuli
D. I ladri miagolano
E. Tutti i gatti sono nottambuli

35) "Tutti gli avvocati sono buoni oratori. Alessandro è un buon oratore". In base alle precedenti informazioni, quale delle seguenti affermazioni è necessariamente vera?
A. Gli oratori sono più eloquenti degli avvocati
B. Alessandro non è un avvocato
C. I buoni oratori sono tutti avvocati
D. Alessandro è un avvocato
E. Nessuna delle altre risposte è corretta

36) "Tutti i poeti sono dei sognatori. Carlo è un poeta". In base alle precedenti informazioni, quale delle seguenti affermazioni è certamente vera?
A. Carlo è un sognatore
B. Alcuni poeti sono dei sognatori
C. Tutti i sognatori sono poeti
D. Tutti coloro che sognano spesso compongono poesie
E. Nessuna delle alternative è corretta

37) "Tutti gli albini sono bianchi; Serena odia le ciliegie; Tutte le persone che odiano le ciliegie sono bianche". Quale tra le seguenti affermazioni è necessariamente vera, in considerazione delle premesse?

A. Tutti i bianchi sono albini
B. Serena è albina
C. Serena avrebbe desiderato essere albina
D. Tutti i bianchi vorrebbero essere neri
E. Serena è bianca

38) "Tutti gli avvocati sono prolissi. Giorgio ama la montagna. Tutte le persone che amano la montagna sono prolisse". Se le precedenti affermazioni sono vere, quale delle seguenti è necessariamente vera?

A. Giorgio è prolisso
B. Giorgio è un avvocato
C. Tutti gli avvocati amano la montagna
D. Tutte le persone prolisse sono avvocati
E. Giorgio non è un avvocato

39) "Tutti i postini sono dinamici; Arturo è audace. Tutte le persone audaci sono dinamiche". In base alle precedenti affermazioni, quale delle seguenti è necessariamente vera?

A. Tutti i postini sono audaci
B. Arturo è dinamico
C. Arturo è un postino
D. Tutti i postini si chiamano Arturo
E. Arturo non è un postino

40) "Tutti gli italiani amano pizza e mandolino. Stefano è italiano. Stefano è un *homo sapiens sapiens*". Indicare tra le seguenti la deduzione corretta.

A. Stefano ama pizza e mandolino
B. Gli appartenenti alla specie *homo sapiens sapiens* si chiamano Stefano
C. Tutti gli appartenenti alla specie *homo sapiens sapiens* amano pizza e mandolino
D. Nessuno degli appartenenti alla specie *homo sapiens sapiens* ama pizza e mandolino
E. Tutti gli italiani di nome Stefano appartengono alla specie *homo sapiens sapiens*

41) "Solo se il gatto miagola, il padrone gli dà da mangiare". In base alla precedente affermazione, è necessariamente vero che:

A. se il gatto miagola, sicuramente il padrone non gli dà da mangiare
B. se il gatto non miagola, il padrone non gli dà da mangiare
C. se il padrone non dà da mangiare al gatto, vuol dire che il gatto non ha miagolato
D. il padrone vizia il gatto
E. il padrone non si prende cura del gatto

42) "Solo se mi sveglio presto faccio colazione. Se mangio tanto la sera non faccio colazione. Solo se faccio colazione, mi sento piena di energie. Se mi sento piena di energie non mangio tanto la sera". Date le precedenti informazioni, quale tra le seguenti affermazioni è corretta?

A. Se mi sento piena di energie non posso non essermi svegliata presto
B. Se mangio tanto la sera allora mi sono svegliata presto
C. Non faccio mai colazione
D. Se mangio tanto la sera allora non mi sono svegliata presto
E. Oggi non ho fatto colazione, quindi mi sento piena di energie

43) "È necessario che il taxi sia in orario affinché Marco arrivi in tempo in aeroporto". Se l'affermazione precedente è vera, quale delle seguenti deve essere vera?

A. Se il taxi è in orario, allora Marco arriva in tempo all'aeroporto
B. Se Marco non arriva in tempo all'aeroporto, allora il taxi non è in orario
C. Se il taxi non è in orario, allora Marco non arriva in tempo all'aeroporto
D. Se Marco arriva in tempo all'aeroporto, allora il taxi non è in orario
E. Se il taxi non è in orario, allora Marco arriva in tempo all'aeroporto

44) "Se Luca andrà la prossima domenica sera in discoteca con gli amici, Giulia andrà con le sorelle a teatro a vedere la prima dello Schiaccianoci". Se l'affermazione precedente è vera, quale delle seguenti è certamente vera?

A. Giulia non assisterà alla prima dello Schiaccianoci, quindi Luca non andrà in discoteca con gli amici
B. Luca andrà in discoteca con gli amici, quindi Giulia assisterà alla prima dello Schiaccianoci
C. Giulia assisterà alla prima dello Schiaccianoci, quindi Luca andrà in discoteca con gli amici
D. Luca non andrà in discoteca con gli amici, quindi Giulia non assisterà alla prima dello Schiaccianoci
E. Giulia non assisterà alla prima dello Schiaccianoci, quindi Luca andrà in discoteca con gli amici

45) "Giulio consiglia a Marta: Se vai a Tunisi, a meno che faccia fresco la sera, non indossare nulla se non il caftano". In quale dei seguenti casi Marta non ascolta Giulio?

A. Marta va a Tunisi e quando fa fresco la sera indossa il coprispalle e il caftano
B. Marta va a Tunisi e, poiché fa sempre caldo, indossa solo il caftano
C. Marta non va a Tunisi e indossa il caftano e il coprispalle
D. Marta va a Tunisi e, poiché fa sempre caldo, non indossa altro se non il costume da bagno
E. Marta va a Tunisi e, poiché non fa fresco la sera, indossa solo il caftano

46) "Per ottenere l'apertura della pratica è sufficiente l'autorizzazione della compagnia assicurativa". Se l'affermazione precedente è vera, quale delle seguenti è certamente vera?

A. L'apertura della pratica non può essere ottenuta senza l'autorizzazione della compagnia assicurativa

B. Con l'autorizzazione della compagnia assicurativa si ottiene l'apertura della pratica
C. Per ottenere l'apertura della pratica serve l'autorizzazione di almeno due uffici
D. La compagnia assicurativa deve essere informata su ogni richiesta di aperture pratiche
E. Se si è ottenuta l'apertura della pratica, sicuramente si è avuta l'autorizzazione della compagnia assicurativa

47) "È sufficiente che Alessia mantenga basso il suo indice pressorio perché il cardiologo non le prescriva un ipotensivo". Se l'affermazione precedente è vera, quale delle seguenti è certamente vera?

A. Se il cardiologo prescrive ad Alessia un ipotensivo significa che lei non mantiene basso il suo indice pressorio
B. Se il cardiologo non prescrive ad Alessia un ipotensivo significa che lei mantiene basso il suo indice pressorio
C. Se Alessia non mantiene basso il suo indice pressorio allora il cardiologo le prescrive un ipotensivo
D. Alessia mantiene basso il suo indice pressorio solamente se il cardiologo le prescrive un ipotensivo
E. Se il cardiologo non prescrive ad Alessia un ipotensivo, significa che lei non mantiene basso il suo indice pressorio

48) "Se e solo se mi alleno con costanza, vinco il campionato". In base alla precedente informazione, quale delle seguenti affermazioni è certamente falsa?

A. Se ho vinto il campionato, è perché mi sono allenato con costanza
B. Se non vinco il campionato, significa che non mi sono allenata con costanza
C. È necessario che mi alleni con costanza affinché vinca il campionato
D. Vinco il campionato solo se mi alleno con costanza
E. Se non vinco il campionato significa che mi sono allenato con costanza

49) "Se e solo se mangio la pizza, mi sento gonfio". In base alla precedente informazione, quale delle seguenti affermazioni è certamente vera?

A. Se mi sento gonfio è perché ho mangiato la pizza
B. Quando mi sento gonfio non è detto che io abbia mangiato la pizza
C. Mi sento gonfio solo se mangio fuori casa
D. A volte, anche se mangio la pizza, non mi sento gonfio
E. Se mi sento gonfio non ho mangiato la pizza

50) "Roberto avrà come regalo di compleanno lo smartphone nuovo se e solo se verrà promosso". Se la precedente affermazione è vera, allora è certamente vero che:

A. Se Roberto non verrà promosso, avrà come regalo di compleanno lo smartphone nuovo
B. Se Roberto verrà promosso, non avrà come regalo di compleanno lo smartphone nuovo

C. Anche se non viene promosso, Roberto riceverà in regalo lo smartphone nuovo
D. Se Roberto non avrà come regalo di compleanno lo smartphone nuovo, vorrà dire che non è stato promosso
E. Condizione necessaria, ma non sufficiente, perché Roberto abbia come regalo di compleanno lo smartphone nuovo è che venga promosso

51) "Non è possibile negare la falsità della tesi secondo la quale l'uomo non è un animale sociale". Qual è il significato corretto dell'affermazione precedente?
A. Non è possibile sapere con certezza se l'uomo sia un animale sociale o meno
B. L'uomo è un animale sociale
C. È corretto affermare che non si può sapere se l'uomo è un animale sociale
D. È falso affermare che l'uomo sia un animale sociale
E. L'uomo non è un animale sociale

52) Negare la frase "Tutti gli uomini ricchi sono intelligenti" significa affermare che:
A. almeno un uomo ricco non è intelligente
B. tutti gli uomini poveri sono intelligenti
C. nessun uomo povero è intelligente
D. nessun uomo ricco è intelligente
E. almeno un uomo povero non è intelligente

53) Negare la frase "Nessun minore di 18 anni può entrare in discoteca dalle 23:00 alle 4:00" significa affermare che:
A. la discoteca è chiusa dalle 23:00 alle 4:00
B. soltanto i maggiorenni possono entrare in discoteca dalle 23:00 alle 4:00
C. tutti i minori di 18 anni possono entrare in discoteca dalle 23:00 alle 4:00
D. chiunque paghi il biglietto può entrare in discoteca
E. almeno un minore di 18 anni può entrare in discoteca dalle 23:00 alle 4:00

54) Negare la frase "Almeno uno dei cittadini napoletani possiede un corno rosso portafortuna" significa affermare che:
A. a Napoli tutti i cittadini possiedono un corno rosso portafortuna
B. Napoli è l'unica città senza un cittadino con un corno rosso portafortuna
C. a Napoli nessun cittadino possiede un corno rosso portafortuna
D. a Napoli quasi tutti, ma non tutti, i cittadini possiedono un corno rosso portafortuna
E. a Napoli non si vendono corni rossi portafortuna

55) "I tecnici del sopralluogo non avevano avuto la possibilità di escludere che i locali sottostanti potessero essere stati incendiati per riscuotere i soldi dell'assicurazione". Sulla base della precedente affermazione, quale delle alternative proposte di seguito è certamente vera?
A. I locali sottostanti sono stati incendiati per riscuotere i soldi dell'assicurazione
B. È possibile che i locali sottostanti potessero essere stati incendiati per riscuotere i soldi dell'assicurazione

C. I locali sottostanti sono stati incendiati per costruirne di nuovi e con nuovo mobilio
D. Non è possibile che i locali sottostanti potessero essere stati incendiati per riscuotere i soldi dell'assicurazione
E. I tecnici del sopralluogo avevano la certezza che i locali sottostanti fossero stati incendiati per riscuotere i soldi dell'assicurazione

56) "Non è impossibile che il diario ritrovato dalla polizia possa contenere informazioni importanti". Sulla base dell'affermazione precedente, quale delle alternative proposte di seguito è certamente vera?
A. Il diario ritrovato dalla polizia potrebbe contenere informazioni importanti
B. Il diario ritrovato dalla polizia non conteneva informazioni importanti
C. Il diario ritrovato dalla polizia non poteva contenere informazioni importanti
D. Il diario ritrovato dalla polizia conteneva informazioni importanti
E. Non è possibile che le informazioni nel diario fossero vere

57) "In base ai documenti in suo possesso, il notaio ha affermato che non è falsa l'ipotesi secondo cui il nipote non ha ereditato la villa al mare". Sulla base dell'affermazione precedente, quale delle alternative proposte di seguito è vera?
A. I documenti in possesso del notaio lo hanno indotto in errore
B. Nulla autorizza a sostenere che il nipote non abbia ereditato la villa al mare
C. Il nipote ha ereditato la villa al mare in base ai documenti in possesso del notaio
D. Il nipote non ha ereditato la villa al mare in base ai documenti in possesso del notaio
E. Sicuramente il nipote non ha ereditato la villa al mare

58) "È corretto negare che è vero che *La Gerusalemme liberata* non è stata scritta da Torquato Tasso". Sulla base dell'affermazione precedente, quale delle alternative proposte di seguito NON è errata?
A. Non si può affermare che *La Gerusalemme liberata* sia stata scritta da Torquato Tasso
B. *La Gerusalemme liberata* non è un'opera letteraria
C. *La Gerusalemme liberata* non è stata scritta da Torquato Tasso
D. Non si sa chi abbia scritto *La Gerusalemme liberata*
E. *La Gerusalemme liberata* è stata scritta da Torquato Tasso

59) "Nessun giocattolo può sostituire l'amore di un genitore". Se l'affermazione precedente è falsa, allora si può essere certi che:
A. l'amore di un genitore è insostituibile
B. non esistono giocattoli che possano sostituire l'amore di un genitore
C. esistono diversi giocattoli che possono sostituire l'amore di un genitore
D. esiste solo un giocattolo che può sostituire l'amore di un genitore
E. esiste almeno un giocattolo che può sostituire l'amore di un genitore

60) Quale delle seguenti alternative è la negazione della frase: "Raffaele afferma: Se l'Inter batte la Juventus arriva prima in classifica"?

A. L'Inter può non battere la Juventus e non arrivare prima in classifica
B. Se l'Inter non batte la Juventus non arriva prima in classifica
C. L'Inter non vince mai ogni volta che gioca contro la Juventus
D. L'Inter può non arrivare prima in classifica anche se batte la Juventus
E. L'Inter può arrivare prima in classifica anche se non batte la Juventus

Risposte commentate
Deduzioni logiche

1) A. Per risolvere il sillogismo conviene partire da un esame delle premesse mediante diagrammi. "Tutte le api impollinano fiori" è un enunciato universale affermativo: questo significa che l'insieme delle api è incluso in quello degli impollinatori di fiori e che ogni elemento del primo insieme appartiene anche al secondo. "Alcuni insetti non impollinano fiori" è un enunciato particolare negativo: ciò significa che l'insieme degli insetti ha degli elementi che non appartengono a quello degli impollinatori di fiori. Arrivati a questo punto si osserva che il termine "impollinatori di fiori" appare in ambedue le premesse, per cui è il termine medio. Dal momento che il termine medio non può comparire anche nella conclusione e che in quest'ultima già è presente anche il termine "api", per esclusione si capisce che il termine che completa correttamente il sillogismo deve essere il restante dei tre, ossia "insetti". Stabilito ciò, la difficoltà è comprendere se si debba inserire "alcuni insetti" o "tutti gli insetti". A questo riguardo le informazioni offerte dalle due premesse non consentono di sapere con certezza se l'insieme degli insetti sia totalmente disgiunto da quello delle api, conoscenza che permetterebbe di concludere che tutti gli insetti non sono api. Le stesse informazioni, però, portano a concludere in modo certo almeno che ALCUNI elementi dell'insieme degli insetti, cioè quelli che non appartengono all'insieme degli impollinatori di fiori, NON appartengono nemmeno all'insieme delle api, visto che quest'ultimo insieme è incluso in quello degli impollinatori di fiori. Ciò significa che "alcuni insetti non sono api".

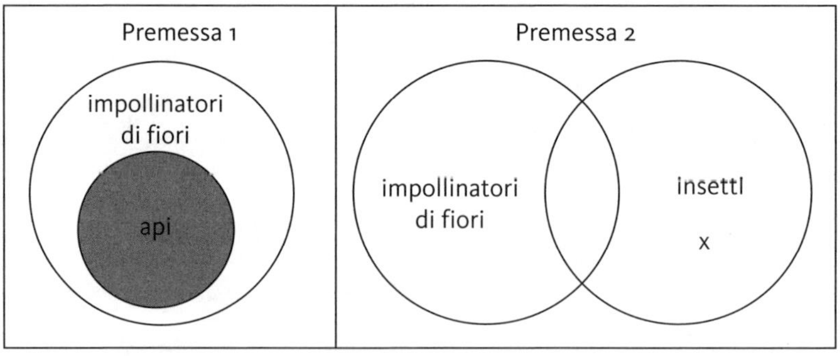

2) B. Nel sillogismo in esame "acrobati" è il termine medio, poiché appare in entrambe le premesse. Posto che il termine medio non può comparire nella conclusione e che in quest'ultima già appare anche il termine "atletici", la prima cosa che si riesce a capire è che il termine restante, cioè "uomini", è quello che completa correttamente il sillogismo. Si tratta, quindi, di stabilire se si debba inserire "alcuni uomini" o "tutti gli uomini". A questo proposito è opportuno rappresentare le due premesse mediante diagrammi e, poi, ragionare sulla rappresentazione grafica ottenuta. "Tutti gli acrobati sono atletici" è un enunciato universale affermativo, per cui l'insieme degli acrobati è incluso in quello degli atletici. Anche "tutti gli acrobati sono uomini" è un enunciato universale affermativo, per cui l'insieme degli acrobati è incluso in quello degli uomini. Ora, le informazioni fornite nelle premesse non consentono di stabilire con certezza se l'insieme degli uomini, che include quello degli acrobati, sia a sua volta incluso in quello degli atletici, dato per il quale si potrebbe concludere che tutti gli uomini sono atletici. Invece, le informazioni fornite consentono di concludere con certezza almeno che ALCUNI elementi dell'insieme degli uomini, cioè quelli che appartengono anche all'insieme degli acrobati, sono pure elementi dell'insieme degli atletici. Questo significa che in base alle premesse è necessario che "alcuni uomini sono atletici".

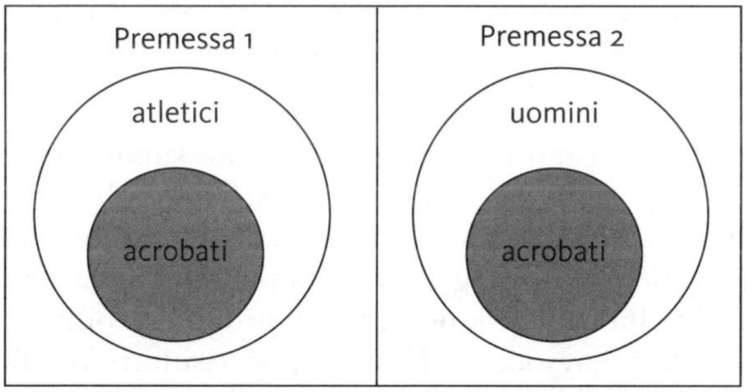

3) E. Se si analizza il sillogismo riportato nella traccia, come prima cosa si rileva che "balbuziente" appare in entrambe le premesse, per cui è il termine medio. Poiché il termine medio non può apparire nella conclusione e in quest'ultima già compare il termine "attori", si può subito capire che per completare correttamente il sillogismo il termine da inserire deve essere "uomini". Adesso si tratta di stabilire la quantità: "alcuni uomini" o "tutti gli uomini"? A tale scopo conviene rappresentare le due premesse attraverso diagrammi e poi ragionare sulla rappresentazione grafica ottenuta. "Nessun attore è balbuziente" è un enunciato universale negativo e ciò significa che l'insieme degli attori e quello dei balbuzienti sono disgiunti, cioè tutti gli elementi dell'uno non appartengono all'altro. "Alcuni uomini sono balbuzienti" è un enunciato particolare affermativo per il quale l'insieme degli uomini e quello dei balbuzienti si intersecano tra loro e alcuni elementi dell'uno appartengono anche all'altro. Ora non resta che comprendere che cosa le informazioni fornite dalle premesse permettano di concludere con certezza circa il rapporto tra l'insieme degli attori e quello degli uomini. Non ci sono dati sufficienti per stabilire in modo sicuro che l'insieme degli uomini e quello degli attori siano disgiunti, cosa che consentirebbe di concludere che tutti gli uomini non sono attori. Tuttavia, poiché tutti gli elementi dell'insieme dei balbuzienti non appartengono a quello degli attori, si deve per forza concludere almeno che ALCUNI elementi dell'insieme degli uomini, cioè quelli appartenenti pure all'insieme dei balbuzienti, sicuramente NON appartengono all'insieme degli attori: ciò significa che "alcuni uomini non sono attori".

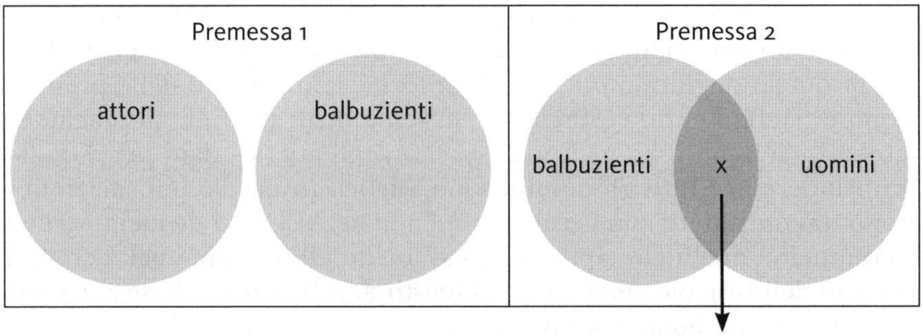

Questi sono alcuni elementi dell'insieme degli uomini che, appartenendo anche all'insieme dei balbuzienti, sicuramente non appartengono anche all'insieme degli attori, poiché quest'ultimo insieme e quello dei balbuzienti non hanno elementi in comune.

4) C. Analizzando il sillogismo della traccia, si nota subito che "giusto" appare in entrambe le premesse, per cui è il termine medio. Posto che il termine medio non appare nella conclusione e che in quest'ultima già appare il termine "disonesto", per prima cosa si comprende che il sillogismo è completato correttamente se si inserisce il termine "avvocato" nella conclusione. Adesso bisogna stabilire se si debba inserire "qualche avvocato" o "ogni avvocato". L'esame può risultare più facile se le due premesse sono rappresentate mediante diagrammi. "Nessun disonesto è giusto" è un enunciato universale negativo: ciò significa che l'insieme dei disonesti e quello dei giusti sono disgiunti, cioè ogni elemento dell'uno non appartiene all'altro. "Qualche avvocato è giusto" è un enunciato particolare affermativo: questo significa che l'insieme degli avvocati e quello dei giusti si intersecano tra loro e qualche elemento dell'uno appartiene anche all'altro. Ora non resta che capire cosa le informazioni date dalle premesse permettano di concludere con certezza riguardo al rapporto tra l'insieme dei disonesti e quello degli avvocati. I dati non sono sufficienti per concludere in modo sicuro che ogni elemento dell'insieme degli avvocati non appartenga a quello dei disonesti, ossia che ogni avvocato non sia disonesto. Invece, poiché tutti gli elementi dell'insieme dei giusti non appartengono a quello dei disonesti, si deve necessariamente concludere almeno che QUALCHE elemento dell'insieme degli avvocati, cioè quelli appartenenti pure all'insieme dei giusti, di certo NON appartiene all'insieme dei disonesti. Questo significa che "qualche avvocato non è disonesto".

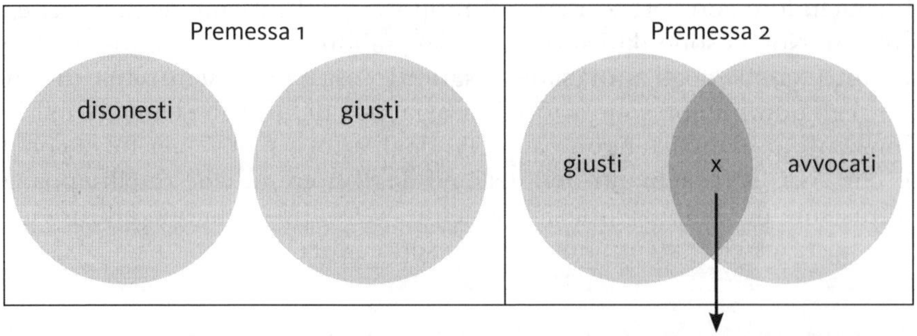

Questi sono alcuni elementi dell'insieme degli avvocati che, appartenendo anche all'insieme dei giusti, certamente non appartengono pure all'insieme dei disonesti, poiché quest'ultimo e quello dei giusti non hanno elementi in comune.

5) A. La prima cosa che si comprende facilmente è che "persona forte" è il termine da inserire al posto dei puntini per completare correttamente il sillogismo. Infatti, "ricco" appare in ambedue le premesse e, dunque, è il termine medio, per cui non può comparire pure nella conclusione. In quest'ultima, del resto, già appare "imprenditore", sicché, per esclusione, si deve inserire il termine rimanente dei tre, cioè "persona forte". Ora, per stabilire se inserire "nessuna persona forte" o "qualche persona forte" esaminiamo le due premesse, rappresentandole mediante diagrammi. "Tutti gli imprenditori sono ricchi" è un enunciato universale affermativo, per cui l'insieme degli imprenditori è incluso in quello dei ricchi e ogni elemento dell'insieme degli imprenditori appartiene anche a quello dei ricchi. "Nessun ricco è una persona forte" è un enunciato universale negativo, per cui l'insieme dei ricchi e quello delle persone forti sono disgiunti, cioè non hanno elementi in comune. Poiché l'insieme delle persone forti è disgiunto dall'insieme dei ricchi, nel quale a sua volta è incluso l'insieme degli imprenditori, si deve concludere che l'insieme delle persone forti è disgiunto anche da quello degli imprenditori, cioè nessun elemento dell'insieme delle persone forti appartiene a quello degli imprenditori. Questo significa che "nessuna persona forte è un imprenditore".

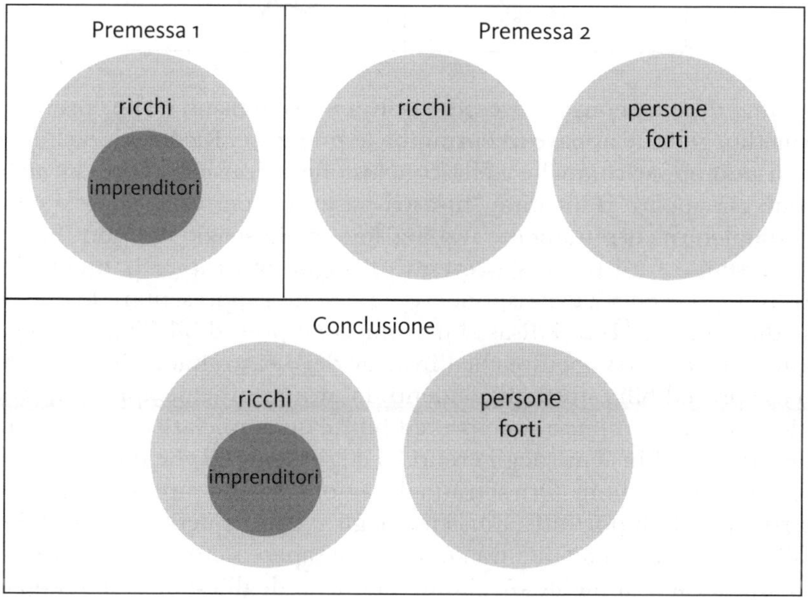

6) D. Il sillogismo in questione ha come termine medio "cani". Infatti, esso compare in ambedue le premesse. Dato che nella conclusione non può apparire il termine medio e che nella stessa conclusione già appare pure il termine "fedeli", è evidente che è il termine restante fra i tre, ossia "animali", a completare correttamente il sillogismo. A questo punto la domanda è: "alcuni animali" o "tutti gli animali"? Per rispondere più agevolmente conviene che le due premesse siano rappresentate attraverso diagrammi. "I cani sono fedeli" equivale a "tutti i cani sono fedeli", cioè si tratta di un enunciato universale affermativo, perciò, l'insieme dei cani è incluso in quello dei fedeli. Pure "i cani sono animali" equivale a "tutti i cani sono animali" ed è un enunciato universale affermativo il che vuol dire che l'insieme dei cani è incluso in quello degli animali. Se adesso si ragiona sulle informazioni in possesso, si osserva che esse non consentono di concludere con certezza che tutti gli animali sono fedeli, perché in base a tali informazioni non si può stabilire in modo sicuro se l'insieme degli animali, che include quello dei cani, sia a sua volta incluso in quello dei fedeli. Al contrario, le stesse informazioni permettono di concludere necessariamente almeno che ALCUNI elementi dell'insieme degli animali, cioè quelli appartenenti anche all'insieme dei cani, sono pure elementi dell'insieme dei fedeli. Ciò significa che in base alle premesse è necessario che "alcuni animali sono fedeli".

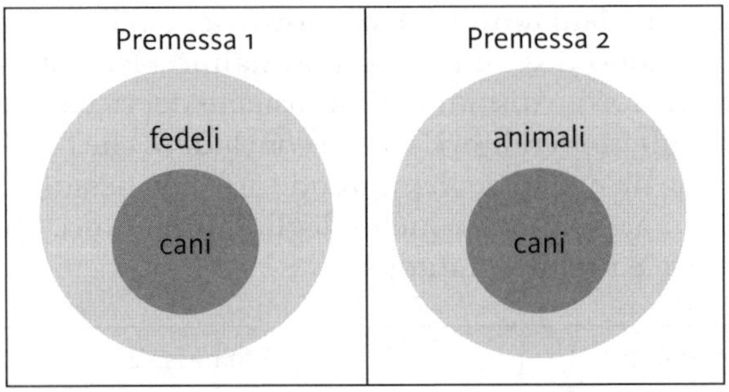

7) A. Il primo dato da considerare per risolvere il sillogismo è che "prevedibili" è il termine medio, giacché appare in entrambe le premesse. Ricordando che il termine medio non può apparire anche nella conclusione e considerando che nella stessa conclusione già appare il termine "disastri naturali", per esclusione si comprende che, per completare correttamente il sillogismo, nello spazio dei puntini va inserito il termine restante fra i tre, ossia "eventi". Bisogna ora capire la quantità: "alcuni eventi" o "tutti gli eventi"? Per rispondere si possono rappresentare le due premesse mediante diagrammi. "Tutti i disastri naturali sono prevedibili" è un enunciato universale affermativo e ciò vuol dire che l'insieme dei disastri naturali è incluso in quello delle cose prevedibili e tutti gli elementi del primo insieme appartengono anche al secondo. "Alcuni eventi non sono prevedibili" è un enunciato particolare negativo: questo significa che l'insieme degli eventi ha degli elementi che non appartengono a quello delle cose prevedibili. Ora si tratta di ragionare sulla rappresentazione grafica ottenuta rispetto al rapporto tra l'insieme degli eventi e quello dei disastri naturali. In base alle informazioni fornite non è possibile sapere sicuramente se l'insieme dei disastri naturali sia totalmente disgiunto da quello degli eventi e non abbia nessun elemento in comune con esso, conoscenza che consentirebbe di concludere che tutti gli eventi non sono disastri naturali. Invece, stando a quanto è stato rappresentato con i diagrammi, è almeno certo che ALCUNI elementi dell'insieme degli eventi, non appartenendo anche all'insieme delle cose prevedibili, NON appartengono nemmeno all'insieme dei disastri naturali, posto che quest'ultimo insieme è incluso in quello delle cose prevedibili. Questo significa che ciò che si può concludere con certezza in base alle premesse è che "alcuni eventi non sono disastri naturali".

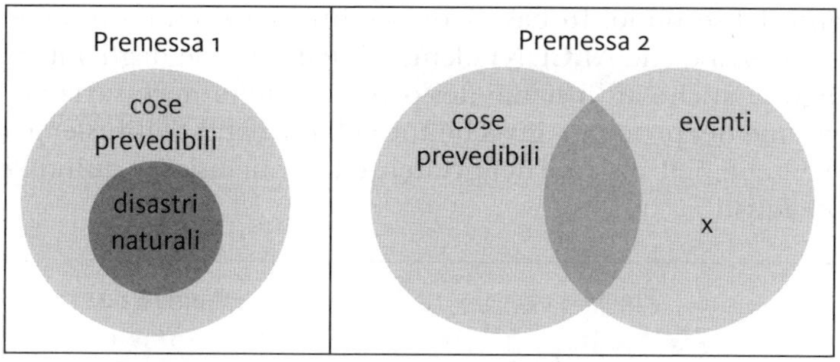

8) B. Per risolvere il sillogismo conviene rappresentare le due premesse mediante diagrammi. "Nessun treno vola" è un enunciato universale negativo per il quale l'insieme dei treni e quello delle cose volanti non hanno elementi in comune e sono disgiunti. "Qualche mezzo di trasporto vola" è un enunciato particolare affermativo, per cui l'insieme dei mezzi di trasporto e quello delle cose volanti si intersecano tra loro e l'intersezione è non vuota, ossia i due insiemi hanno qualche elemento in comune. Ultimata questa analisi, la prima cosa che si comprende è che "cose volanti" appare in entrambe le premesse e, quindi, è il termine medio. Perciò, esso non può apparire pure nella conclusione, nella quale, dunque, dovranno apparire gli altri due termini presenti nelle premesse, cioè "treno" e "mezzo di trasporto". La seconda cosa che si osserva è che ALCUNI elementi dell'insieme dei mezzi di trasporto, appartenendo anche all'insieme delle cose volanti, necessariamente NON appartengono pure all'insieme dei treni, giacché a quest'ultimo insieme non appartiene nessun elemento dell'insieme delle cose volanti. Questo porta necessariamente a concludere che "qualche mezzo di trasporto non è treno".

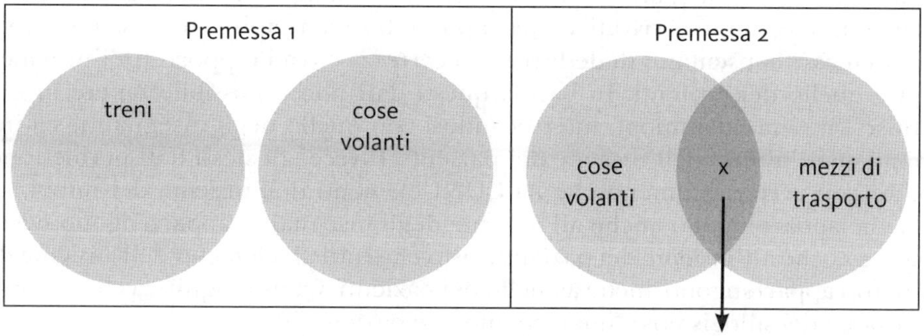

Questi sono alcuni elementi dell'insieme dei mezzi di trasporto che, appartenendo anche all'insieme delle cose volanti, necessariamente non appartengono pure all'insieme dei treni, poiché quest'ultimo insieme e quello delle cose volanti non hanno elementi in comune.

9) C. Per risolvere il quesito è opportuno rappresentare le due premesse mediante diagrammi. "Alcuni autisti sono patentati" è un enunciato particolare affermativo, per cui l'insieme degli autisti e quello dei patentati si intersecano tra loro e l'intersezione è non vuota, ossia i due insiemi hanno alcuni elementi in comune. "Tutti i patentati sono prudenti" è un enunciato universale affermativo, per cui l'insieme dei patentati è incluso in quello dei prudenti e tutti gli elementi del primo insieme sono anche elementi del secondo. In base a queste informazioni l'unica cosa che si può stabilire con certezza è che ALCUNI elementi dell'insieme degli autisti, ossia quelli che appartengono anche all'insieme dei patentati, sono necessariamente pure elementi dell'insieme dei prudenti, giacché tutti gli elementi dell'insieme dei patentati sono anche elementi dell'insieme dei prudenti. La conclusione, quindi, è che "alcuni prudenti sono autisti".

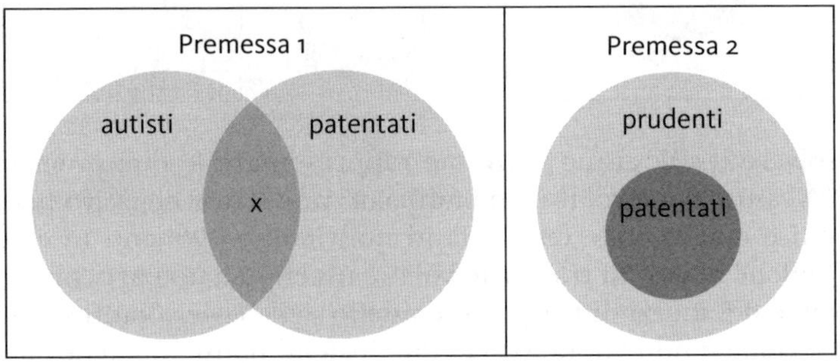

10) E. Esaminando il sillogismo in questione, la prima cosa che si osserva è che "insegnante" appare in entrambe le premesse, per cui è il termine medio. In quanto tale esso non può comparire pure nella conclusione, sicché in quest'ultima devono essere presenti gli altri due termini delle premesse, cioè "paziente" e "miope". Ciò stabilito, per proseguire nella risoluzione del sillogismo conviene analizzare le due premesse mediante diagrammi. "Tutti gli insegnanti sono pazienti" è un enunciato universale affermativo, pertanto l'insieme degli insegnanti è incluso in quello dei pazienti. "Qualche insegnante è miope" è un enunciato particolare affermativo, per cui l'insieme degli insegnanti e quello dei miopi si intersecano tra loro e hanno alcuni elementi in comune. Arrivati a questo punto bisogna capire che cosa i dati forniti dalle premesse consentano di dedurre con certezza circa i rapporti tra l'insieme dei miopi e quello dei pazienti. In base a questi dati non è possibile sapere in modo sicuro se l'insieme dei miopi, intersecandosi con quello degli insegnanti, sia incluso come quest'ultimo nell'insieme dei pazienti. Invece, gli stessi dati permettono di stabilire con certezza almeno che ALCUNI elementi dell'insieme dei miopi, ossia quelli che appartengono anche all'insieme degli insegnanti, appartengono necessariamente anche all'insieme dei pazienti, visto che tutti gli elementi dell'insieme degli insegnanti appartengono anche a quello dei pazienti. Questo significa che la corretta conclusione del sillogismo è "qualche miope è paziente".

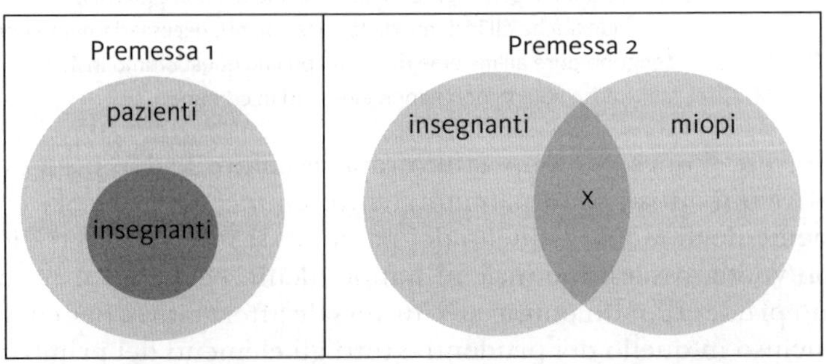

11) A. Da un punto di vista logico la frase "Quando vedo mio figlio mi sento bene" è un'implicazione. Simbolizzando con 'P' l'antecedente "vedo mio figlio" e con 'Q' il conseguente "mi sento bene", la frase in esame è del tipo "Se P, allora Q". Questo tipo di asserzione implica "Se NON Q, allora NON P", cioè "se non mi sento bene (= NON Q) allora non ho visto mio figlio (= NON P)".

12) D. La frase riportata nella traccia è la negazione dell'enunciato universale affermativo "tutte le ciambelle riescono col buco". Negare un enunciato universale affermativo implica affermare il corrispettivo enunciato particolare negativo. Quest'ultimo tipo di enunciato si ottiene, da un lato, sostituendo nella frase della traccia al quantificatore universale negato "non tutte" il quantificatore particolare "esiste almeno una" e, dall'altro, portando all'interno la negazione: "ESISTE ALMENO UNA ciambella che NON riesce col buco".

13) E. Da un punto di vista logico la frase della traccia, "Chi dorme non piglia pesci", è un'implicazione con un quantificatore universale, il cui significato è "tutti coloro che dormono non prendono pesci". Simbolizzando "dormire" con 'D', "prendere pesci" con 'P', il quantificatore universale con '$\forall$', "non" con '$\neg$', l'implicazione con '$\supset$' e usando la variabile individuale 'x', la frase in questione è "$(\forall x)$ $(Dx \supset \neg Px)$", che si può leggere come "per ogni x, se x dorme, allora x NON piglia pesci". Un'implicazione di questo tipo implica anche quest'altra: "$(\forall x)$ $(Px \supset \neg Dx)$". La regola per ricavare dalla prima implicazione la seconda è questa:
- quello che nella prima è il conseguente, ossia '$\neg Px$', figura nella seconda come antecedente negato, cioè '$\neg \neg Px$', in cui la doppia negazione si elimina, dando 'Px';
- quello che nella prima è l'antecedente, ossia 'Dx', figura nella seconda come conseguente negato, cioè '$\neg Dx$'.

La seconda implicazione così ottenuta, "$(\forall x)$ $(Px \supset \neg Dx)$", significa "per ogni x, se x piglia pesci, allora x NON dorme". Ciò corrisponde all'opzione di risposta "chi piglia pesci non dorme".

14) B. La frase "Non c'è libro senza pagine" è la negazione di un enunciato particolare negativo e il suo significato corrisponde a "NON (ESISTE ALMENO UN libro che NON abbia almeno una pagina)". Negare un enunciato particolare negativo implica affermare il corrispettivo enunciato universale affermativo. Quest'ultimo tipo di enunciato si ottiene, da un lato, sostituendo nella frase della traccia il quantificatore particolare negato "NON ESISTE ALMENO UN" con il quantificatore universale "OGNI" e, dall'altro, portando all'interno la negazione: "OGNI libro NON (NON ha almeno una pagina)" che, eliminando la doppia negazione, equivale a "ogni libro ha almeno una pagina".

15) A. Il quesito può essere risolto impiegando i diagrammi per rappresentare le tre affermazioni riportate nella traccia. "Luigi adora la cioccolata" significa che Luigi è un elemento dell'insieme di coloro che adorano la cioccolata. "La cioccolata è fatta con il cacao" vuol dire che la cioccolata è un elemento dell'insieme delle cose fatte con il cacao. "Chi adora la cioccolata non mangia mai la marmellata" è un enunciato universale affermativo e significa che l'insieme di coloro che adorano la cioccolata è incluso in quello di coloro che non mangiano mai la marmellata. Poiché Luigi è un elemento dell'insieme di coloro che adorano la cioccolata, insieme che a sua volta è incluso in quello di coloro che non mangiano mai la marmellata, si deve concludere che Luigi è anche un elemento dell'insieme di coloro che non mangiano mai la marmellata. Questo significa che "Luigi non mangia mai la marmellata".

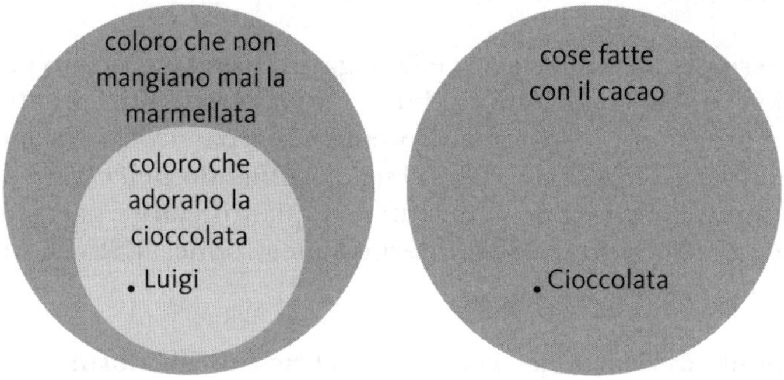

16) C. Per risolvere il quesito, conviene rappresentare mediante diagrammi le tre asserzioni presenti nella traccia e, poi, ragionare sulla rappresentazione grafica ottenuta. "Tutti i dentisti sono bugiardi" è un enunciato universale affermativo, il che significa che l'insieme dei dentisti è incluso in quello dei bugiardi. Anche "gli antipatici vengono sempre isolati", equivalendo a "tutti gli antipatici sono sempre isolati", è un enunciato universale affermativo, per il quale l'insieme degli antipatici è incluso in quello degli isolati. "Alcuni dentisti sono antipatici" è un enunciato particolare affermativo, per cui l'insieme dei dentisti e quello degli antipatici si intersecano tra loro e hanno alcuni elementi in comune. In base al grafico così ricavato si conclude che ALCUNI elementi dell'insieme degli antipatici, cioè quelli che appartengono anche all'insieme dei dentisti, appartengono pure all'insieme dei bugiardi, dato che in quest'ultimo insieme è incluso quello dei dentisti, e gli stessi elementi dell'insieme degli antipatici appartengono anche all'insieme degli isolati, visto che in quest'ultimo insieme è incluso quello degli antipatici. Questo significa che "alcuni antipatici sono bugiardi e vengono isolati".

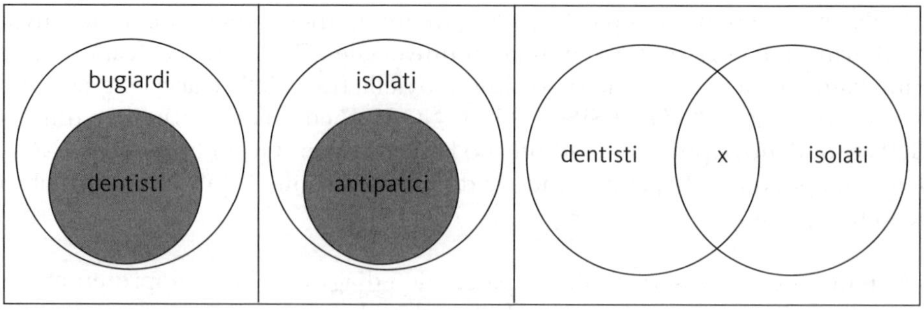

17) B. Il quesito può essere risolto rappresentando progressivamente le asserzioni della traccia mediante diagrammi. "I bambini piangono" equivale a "tutti i bambini piangono" ed è, quindi, un enunciato universale affermativo, pertanto l'insieme dei bambini è incluso in quello di coloro che piangono. "Chi piange è capriccioso" è un altro enunciato universale affermativo, per cui l'insieme di coloro che piangono è incluso in quello dei capricciosi. "Chi è capriccioso è incontentabile" è ancora un enunciato universale affermativo, per cui l'insieme dei capricciosi è incluso in quello degli incontentabili. È chiaro, quindi, che si tratta di una serie di insiemi, l'uno incluso nell'altro. Questo permette di concludere che l'insieme dei bambini è incluso in quello degli incontentabili e che ogni elemento del primo insieme appartiene anche al secondo. Ciò significa che "i bambini sono incontentabili".

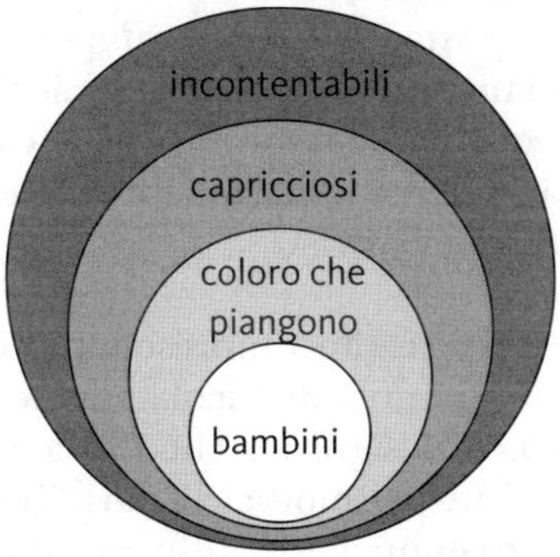

18) D. Per risolvere il quesito conviene rappresentare le asserzioni della traccia mediante diagrammi ed esaminare quali opzioni di risposta siano vere in base alla rappresentazione ottenuta. "Tutti i giornalisti sono laureati" è un enunciato universale affermativo, per cui l'insieme dei giornalisti è incluso in quello dei laureati. "Michele è un giornalista" significa che Michele è un elemento dell'insieme dei giornalisti. "Tutti i laureati lavorano" è un altro enunciato universale affermativo, per cui l'insieme dei laureati è incluso in quello dei lavoratori. Rappresentando insieme i tre diagrammi appena individuati, si ottiene il diagramma di seguito.

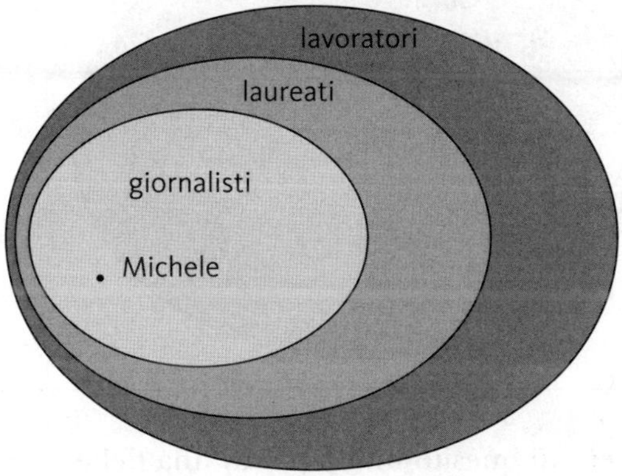

Adesso bisogna esaminare quali opzioni di risposta siano vere in base alle informazioni ricavate:

- "Michele è laureato" è vero, perché l'insieme dei giornalisti è incluso in quello dei laureati e Michele, essendo un elemento dell'insieme dei giornalisti, è necessariamente anche un elemento dell'insieme dei laureati;

- "Tutti i giornalisti lavorano" significa che l'insieme dei giornalisti è incluso in quello dei lavoratori e questo è vero, perché, essendo incluso nell'insieme dei laureati, a sua volta incluso in quello dei lavoratori, l'insieme dei giornalisti è effettivamente incluso in quello dei lavoratori;
- "Non soltanto i laureati lavorano" e "anche chi non è laureato può lavorare" sono enunciati entrambi veri, perché l'insieme dei laureati è un sottoinsieme dell'insieme dei lavoratori, per cui ci sono anche elementi dell'insieme dei lavoratori che non sono elementi dell'insieme dei laureati.

La restante opzione di risposta, "Michele non lavora", non rappresenta una conclusione corretta del ragionamento della traccia: poiché l'insieme dei giornalisti in ultima analisi è incluso in quello dei lavoratori, Michele, appartenendo all'insieme dei giornalisti, deve necessariamente appartenere anche all'insieme dei lavoratori, ossia deve essere vero che "Michele lavora".

19) A. Il quesito può essere risolto rappresentando le asserzioni della traccia mediante diagrammi. "Tutti gli amici di Nicola amano il motociclismo" è un enunciato universale affermativo e ciò significa che l'insieme degli amici di Nicola è incluso nell'insieme degli amanti del motociclismo. "Tutti gli amanti del motociclismo sono incoscienti" è un altro enunciato universale affermativo, per cui l'insieme degli amanti del motociclismo è incluso in quello degli incoscienti. Ciò posto, poiché "Giuseppe non è incosciente" significa che Giuseppe non è un elemento dell'insieme degli incoscienti, è chiaro che, non essendo incosciente, Giuseppe non è nemmeno un elemento degli insiemi inclusi in quello degli incoscienti, tra i quali l'insieme degli amici di Nicola. Pertanto, ciò che si deduce è che "Giuseppe non è incosciente, quindi non è uno degli amici di Nicola".

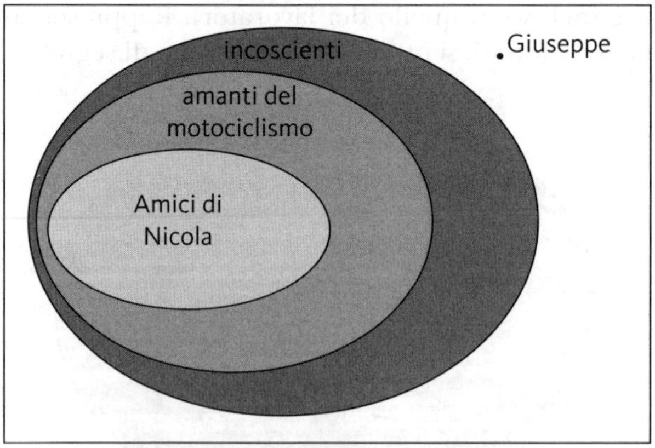

20) E. In questo genere di quesito una o più di una delle asserzioni riportate nella traccia vanno considerate come premesse di un ragionamento di cui è già nota la conclusione, che nella fattispecie è "il canguro ha il marsupio". Per trovare la soluzione, bisogna stabilire quale tra le alternative di risposta sia quella che possa fungere da premessa aggiuntiva, ossia l'alternativa che, se fosse logicamente connessa a una o a più di una delle asserzioni della traccia, consentirebbe di dedurre la conclusione già nota. A questo scopo conviene esaminare una per una le cinque opzioni di risposta, collegando ciascuna, da un lato, alle asserzioni della traccia e, dall'altro, alla conclusione, in modo da valutare quale delle cinque si connetta logicamente alle prime per dedurre la seconda. Così facendo, si comprende che la conclusione può essere dedotta se alla frase "gli animali che vivono in Australia hanno il marsupio" si connette logicamente l'alternativa "Il canguro è un animale che vive in Australia". Quest'ultimo, infatti, è un enunciato universale affermativo, equivalente a "tutti i canguri sono animali viventi in Australia". Questo significa che l'insieme dei canguri è incluso in quello degli animali viventi in Australia. L'asserzione della traccia "gli animali che vivono in Australia hanno il marsupio" è un altro enunciato universale affermativo, per cui l'insieme degli animali viventi in Australia è incluso nell'insieme dei marsupiali. La conclusione "il canguro ha il marsupio" è ancora un enunciato universale affermativo, equivalente a "tutti i canguri sono marsupiali", il che significa che l'insieme dei canguri è incluso in quello dei marsupiali. Ciò posto, è evidente che l'insieme dei canguri è incluso nell'insieme degli animali viventi in Australia e quest'ultimo insieme è a sua volta incluso in quello dei marsupiali, per cui si può concludere che l'insieme dei canguri è incluso in quello dei marsupiali. Questo, in altre parole, significa che "il canguro ha il marsupio".

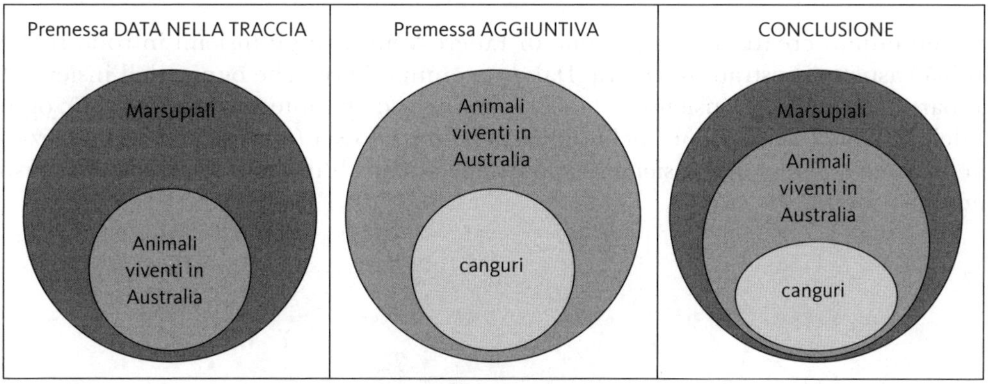

21) E. Si indica con

x = generico individuo (elemento)
g = **G**iovanni (elemento)
l = **L**uisa (elemento)
G = insieme di coloro che **G**iocano
S = insieme di coloro che **S**tudiano
T = insieme di coloro che **T**rovano lavoro
L = insieme di coloro che **L**eggono
U = insieme di coloro che s**U**onano
E = insieme di coloro che sono s**E**nsibili
A = insieme di coloro che hanno molti **A**mici

Infine i simboli $\in$ (appartiene) e $\notin$ (non appartiene) indicano l'appartenenza e la non appartenenza di un elemento ad un insieme. Con il simbolo $\Rightarrow$ si indica l'implicazione logica, ossia il fatto che un asserto implichi un altro asserto.

Le frasi presentate nel quesito si traducono simbolicamente nel modo seguente:

n.	Linguaggio naturale	Linguaggio simbolico
1	*Giovanni gioca e studia*	$g \in G \quad g \in S$
2	*Chi studia trova lavoro e legge*	$x \in S \Rightarrow x \in T, x \in L$
3	*Luisa studia e suona*	$l \in S \quad l \in U$
4	*Chi suona è sensibile e ha molti amici*	$x \in U \Rightarrow x \in E, x \in A$
5	*Chi legge è sensibile*	$x \in L \Rightarrow x \in E$

Si noti che negando entrambi i membri delle implicazioni 2 e 5, ossia sostituendo in essi il simbolo $\in$ con $\notin$ e viceversa, e invertendo i versi delle implicazioni, si ottengono due nuovi asserti altrettanto veri.

n.	Linguaggio naturale	Linguaggio simbolico
6	*Chi non trova lavoro o non legge, non studia*	$x \notin T, x \notin L \Rightarrow x \notin S$
7	*Chi non è sensibile, non legge*	$x \notin E \Rightarrow x \notin L$

Si può quindi creare un diagramma di Eulero-Venn con gli insiemi introdotti che abbia l'aspetto mostrato in figura. Dal diagramma si nota che ogni x dell'insieme S appartiene anche agli insiemi L e T (ossia S è incluso nell'intersezione di L e T); ogni x dell'insieme U appartiene anche agli insiemi A e E (ossia U è incluso nell'intersezione di A e E); ogni x dell'insieme L appartiene anche all'insieme E (ossia L è incluso nell'insieme E).

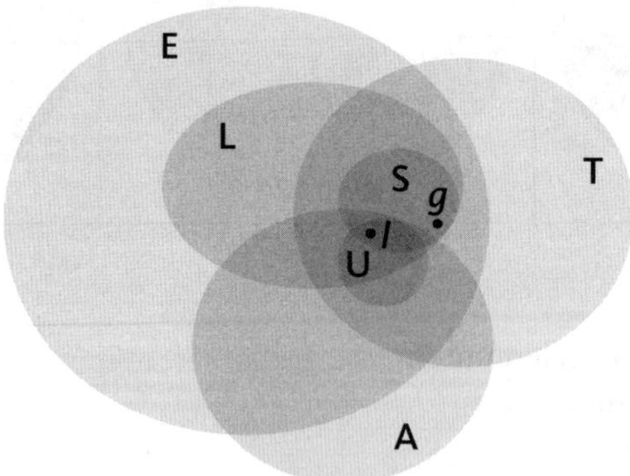

La risposta A è vera. Infatti sono vere le frasi 1 e 2. In particolare è vero che "Giovanni studia", ossia $g \in S$, e che "chi studia, legge", ossia $x \in S \Rightarrow x \in L$. Sostituendo g (ossia Giovanni) al posto del generico individuo x nella frase 2 si ha $g \in S \Rightarrow g \in L$. Si è quindi ottenuta la frase della risposta A, "Giovanni legge", ossia $g \in L$. In riferimento al diagramma di Eulero-Venn si nota che l'elemento g è incluso nell'insieme S e pertanto è incluso anche nell'insieme L che comprende l'insieme S.
La risposta B è vera. Infatti sono vere le affermazioni 3 e 2. In particolare è vero che "Luisa studia", ossia $l \in S$ e che "chi studia, trova lavoro", ossia $x \in S \Rightarrow x \in T$. Sostituendo l (ossia Luisa) al posto del generico individuo x nella frase 2 si ha $l \in S \Rightarrow l \in T$. Si è quindi ottenuta la frase della risposta B, "Luisa trova lavoro", ossia $l \in T$. In riferi-

mento al diagramma di Eulero-Venn si nota che l'elemento l è incluso nell'insieme S e pertanto è incluso anche nell'insieme T che comprende l'insieme S.
La risposta C è vera. Infatti sono vere le frasi 1, 2 e 5. In particolare è vero che "Giovanni studia", ossia $g \in S$. Si sa inoltre che "chi studia, legge", ossia $x \in S \Rightarrow x \in L$ e che "chi legge è sensibile", ossia $x \in L \Rightarrow x \in E$. Dalle due espressioni $x \in S \Rightarrow x \in L$ e $x \in L \Rightarrow x \in E$ si ricava $x \in S \Rightarrow x \in L \Rightarrow x \in E$, ossia $x \in S \Rightarrow x \in E$. In pratica si è dedotto che "chi studia è sensibile". Sostituendo g (ossia Giovanni) al posto del generico individuo x nell'ultima frase appena dedotta si ha $g \in S \Rightarrow g \in E$. Si è quindi ottenuta la frase della risposta C, "Giovanni è sensibile", ossia $g \in E$. In riferimento al diagramma di Eulero-Venn si nota che l'elemento g è incluso nell'insieme S e pertanto è incluso anche nell'insieme L e quindi nell'insieme E che comprende gli insiemi L e S.
La risposta D è vera. Infatti sono vere le affermazioni 6 e 7. In particolare è vero che "Se uno **non** è sensibile allora **non** legge", ossia $x \notin E \Rightarrow x \notin L$, e "Se uno **non** legge allora **non** studia", ossia $x \notin L \Rightarrow x \notin S$. Dalle due espressioni $x \notin E \Rightarrow x \notin L$ e $x \notin L \Rightarrow x \notin S$ si ricava $x \notin E \Rightarrow x \notin L \Rightarrow x \notin S$, ossia $x \notin E \Rightarrow x \notin S$. In pratica si è dedotto che "Chi non è sensibile, non studia", ossia la risposta D.
La risposta E non è deducibile in quanto è vero che "chi suona ha molti amici", ma non si ha a disposizione alcun asserto che stabilisca che Giovanni suona. Nel diagramma di Eulero-Venn l'elemento g è nell'insieme S, ma questo non vuol dire che sia necessariamente nell'insieme U e quindi nell'insieme A che comprende l'insieme U. Pertanto la risposta corretta è la E.

22) E. Si indica con
x = generico individuo (elemento)
a = **A**ntonio (elemento)
C = insieme di coloro che hanno un **C**ane
M = insieme di coloro che vanno in **M**ontagna
R = insieme di coloro che **R**espirano aria pura
Infine i simboli $\in$ (appartiene) e $\notin$ (non appartiene) indicano l'appartenenza e la non appartenenza di un elemento ad un insieme. Con il simbolo $\Rightarrow$ si indica l'implicazione logica, ossia il fatto che un asserto implichi un altro asserto.
Le frasi presentate nel quesito si traducono simbolicamente nel modo seguente:

n.	Linguaggio naturale	Linguaggio simbolico
1	*Chi non ha un cane non va in montagna*	$x \notin C \Rightarrow x \notin M$
2	*Antonio non va in montagna*	$a \notin M$
3	*Chi va in montagna respira aria pura*	$x \in M \Rightarrow x \in R$

Si noti che negando entrambi i membri delle implicazioni 1 e 3, ossia sostituendo in essi il simbolo $\in$ con $\notin$ e viceversa, ed invertendo i versi delle implicazioni si ottengono due nuovi asserti altrettanto veri.

n.	Linguaggio naturale	Linguaggio simbolico
4	*Chi va in montagna ha un cane*	$x \in M \Rightarrow x \in C$
5	*Chi non respira aria pura non va in montagna*	$x \notin R \Rightarrow x \notin M$

Si può quindi creare un diagramma di Eulero-Venn con gli insiemi introdotti che abbia l'aspetto mostrato in figura. Dal diagramma si nota che ogni x dell'insieme M appartiene anche agli insiemi R e C (ossia M è incluso nell'intersezione di R e C).

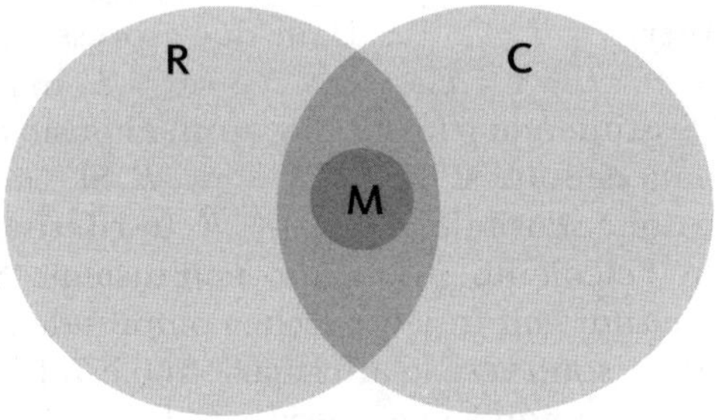

Si noti che di Antonio si sa solo che non va in montagna, ma il fatto che un individuo x non vada in montagna ($x \notin M$) non implica nessun'altra cosa secondo gli asserti dall'1 al 5. Pertanto non si può essere categorici sul fatto che Antonio non abbia un cane oppure che Antonio respiri aria pura. In riferimento al diagramma di Eulero-Venn si può dire che Antonio non può essere collocato in M ma può stare tranquillamente in R, in C o nella loro intersezione (purché non stia in M). Pertanto le frasi delle risposte B e C sono vere, in quanto tali frasi asseriscono semplicemente la possibilità che Antonio non abbia un cane oppure che Antonio respiri aria pura.
La frase della risposta A è la seguente "È impossibile che chi va in montagna non abbia un cane". Tale frase equivale alla seguente "chi va in montagna ha un cane" che simbolicamente si traduce con $x \in M \Rightarrow x \in C$. Questo è l'asserto n. 4. In riferimento al diagramma di Eulero-Venn si può dire che qualsiasi elemento collocato in M sta necessariamente anche in C, in quanto M è contenuto in C. Pertanto la frase della risposta A può essere dedotta dalle informazioni ricevute.
La frase della risposta D è la seguente "È impossibile che chi non respiri aria pura vada in montagna". Tale frase equivale alla seguente "Chi non respira aria pura non va in montagna", che simbolicamente si traduce con $x \notin R \Rightarrow x \notin M$. Questo è l'asserto n. 5. In riferimento al diagramma di Eulero-Venn si può dire che qualsiasi elemento non collocato in R non sta necessariamente neanche in M, in quanto M è contenuto in R. Pertanto la frase della risposta D può essere dedotta dalle informazioni ricevute.
Si noti che la frase della risposta E è molto categorica: "È impossibile che Antonio respiri aria pura". Tale frase equivale a dire "Antonio non respira aria pura", ossia $a \notin R$. Tale fatto non può essere dedotto da nessuno degli asserti dall'1 al 5. In riferimento al diagramma di Eulero-Venn si può dire che Antonio non può essere collocato in M per via della frase numero 2, ma può stare tranquillamente in quella parte dell'insieme R che non coincide con M.
Pertanto la frase della risposta E non può essere dedotta e la risposta corretta è la E.

23) A. Si indica con
x = generico individuo (elemento)
d = **D**avide (elemento)
S = insieme degli **S**tudiosi
L = insieme di quelli portati per la **L**ogica

D = insieme di coloro che amano giocare a **D**ama
W = insieme di quelli che hanno un debole per le donne
Infine i simboli $\in$ (appartiene) e $\notin$ (non appartiene) indicano l'appartenenza e la non appartenenza di un elemento ad un insieme. Con il simbolo $\Rightarrow$ si indica l'implicazione logica, ossia il fatto che un asserto implichi un altro asserto.
Le frasi presentate nel quesito si traducono simbolicamente nel modo seguente:

n.	Linguaggio naturale	Linguaggio simbolico
1	*Tutti gli studiosi sono portati per la logica*	$x \in S \Rightarrow x \in L$
2	*Davide ama giocare a dama*	$d \in D$
3	*Chi ama giocare a dama ha un debole per le donne*	$x \in D \Rightarrow x \in W$

Si può quindi creare un diagramma di Eulero-Venn con gli insiemi introdotti che abbia l'aspetto mostrato in figura. Dal diagramma si nota che ogni x dell'insieme S appartiene anche all'insieme L (ossia S è incluso in L), mentre ogni x dell'insieme D appartiene anche all'insieme W (ossia D è incluso in W); inoltre d appartiene all'insieme D.

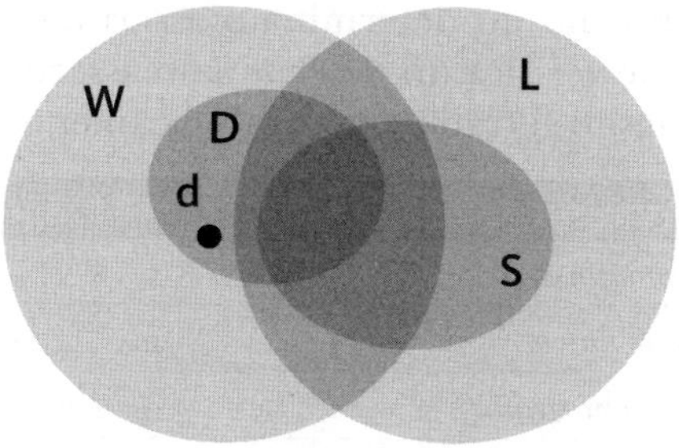

La frase della risposta B è "Tutti gli studiosi amano giocare a dama", ossia $x \in S \Rightarrow x \in D$. Non c'è modo di dedurre questo asserto dalle frasi 1, 2 e 3. In riferimento al diagramma di Eulero-Venn si nota che in generale una parte dell'insieme S si sovrappone a D, ma non è vero in generale che tutto l'insieme S si sovrappone a D.
La frase della risposta C è "Chi è portato per la logica non può non amare la dama" che può essere semplificata in "Chi è portato per la logica ama la dama", ossia $x \in L \Rightarrow x \in D$. Non c'è modo di dedurre questo asserto dalle frasi 1, 2 e 3. In riferimento al diagramma di Eulero-Venn si nota che in generale una parte dell'insieme D può essere inclusa nell'insieme L, ma non è vero in generale che tutto l'insieme D è incluso in L.
La frase della risposta D è "Davide è un profondo pensatore e ha un debole per le donne". Nelle frasi introdotte nel quesito non è stato detto nulla a riguardo dell'insieme dei "profondi pensatori". Pertanto questa frase sicuramente non può essere dedotta dalle frasi 1, 2 e 3.
La frase della risposta E è "Davide ha tutti i requisiti per essere un buon giocatore di dama". Nelle frasi introdotte nel quesito non è stato detto nulla a riguardo dell'insieme di "quelli che hanno tutti i requisiti per essere buoni giocatori di dama". Nelle frasi introdotte si parla solo di "quelli che amano giocare a dama". Pertanto questa frase sicuramente non può essere dedotta dalle frasi 1, 2 e 3.
La frase della risposta A è "Non si può negare che Davide abbia un debole per le donne", che si può anche esprimere in modo più semplice "Davide ha un debole per le

donne", ossia $d \in W$. Si noti che dalla frase 2 si ha che $d \in D$, mentre dalla frase 3 si sa che se $x \in D \Rightarrow x \in W$. Sostituendo d (ossia Davide) al posto del generico individuo x nella frase 3 si ha $d \in D \Rightarrow d \in W$. Si è quindi ottenuta la frase della risposta A, ossia $d \in W$. In riferimento al diagramma di Eulero-Venn si nota che l'elemento d è incluso nell'insieme D e pertanto è incluso anche nell'insieme W che comprende l'insieme D. Pertanto la risposta A è quella corretta.

24) A. Si indica con
x = generico individuo (elemento)
C = insieme dei **C**uochi
G = insieme delle persone **G**rasse
B = insieme dei **B**uongustai
W = insieme dei camerieri
I simboli $\in$ (appartiene) e $\notin$ (non appartiene) indicano l'appartenenza e la non appartenenza di un elemento ad un insieme. Con il simbolo $\Rightarrow$ si indica l'implicazione logica, ossia il fatto che un asserto implichi un altro asserto. Si usano inoltre i simboli $\forall$ (per ogni, tutti) e $\exists$ (esiste, esistono) per indicare rispettivamente che tutti gli elementi di un insieme verificano un determinato asserto, oppure che esiste qualche elemento di un insieme che verifica un determinato asserto.
Le frasi presentate nel quesito si traducono simbolicamente nel modo seguente:

n.	Linguaggio naturale	Linguaggio simbolico
1	*Tutti i cuochi sono grassi*	$\forall x \in C \Rightarrow x \in G$
2	*Tutti i cuochi sono buongustai*	$\forall x \in C \Rightarrow x \in B$
3	*Alcuni camerieri sono grassi*	$\exists x \in W \Rightarrow x \in G$

Come si può notare nelle prime due frasi si è utilizzato il simbolo $\forall$ in quanto esse affermano che "tutti" gli elementi di un insieme verificano una condizione. La terza frase ha un valore diverso. Difatti essa dice che "alcuni" camerieri verificano una condizione. Pertanto in questa frase si è usato il simbolo $\exists$. Si può quindi creare un diagramma di Eulero-Venn con gli insiemi introdotti che abbia l'aspetto mostrato in figura. Dal diagramma si nota che ogni x dell'insieme C appartiene anche agli insiemi G e B (ossia C è incluso nell'intersezione di G e B); inoltre l'insieme W si sovrappone in parte all'insieme G (alcuni x di W appartengono anche a G).

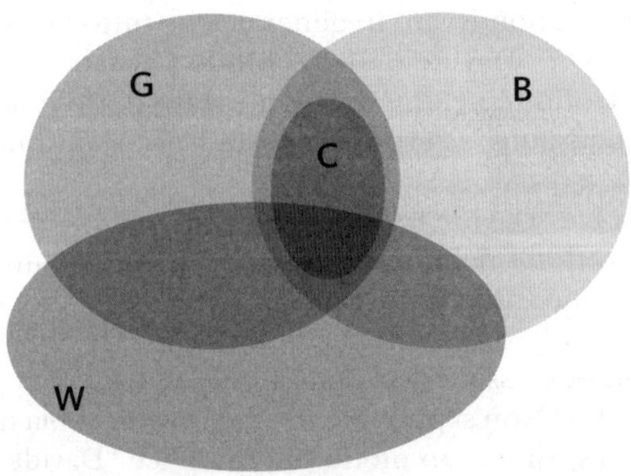

La frase della risposta B è "Tutti i buongustai sono cuochi", ossia $\forall x \in B \Rightarrow x \in C$. Non c'è modo di dedurre questo asserto dalle frasi 1, 2 e 3; in particolare non può essere dedotto dalla frase 2 che indica che i cuochi sono buongustai. Ci potrebbero essere buongustai che non sono cuochi. In riferimento al diagramma di Eulero-Venn si nota che una parte dell'insieme B non appartiene all'insieme C. La risposta B si può scartare.
La frase della risposta C è "Tutti i buongustai sono grassi", ossia $\forall x \in B \Rightarrow x \in G$. Non c'è modo di dedurre questo asserto dalle frasi 1, 2 e 3; in particolare non può essere dedotta dalla frase 1 che indica che i cuochi sono grassi. Ci potrebbero essere buongustai che non sono grassi. In riferimento al diagramma di Eulero-Venn si nota che una parte dell'insieme B non appartiene all'insieme G. La risposta C si può scartare.
La frase della risposta D è "Tutti i cuochi sono stati camerieri", $\forall x \in C \Rightarrow x \in W$. Non c'è modo di dedurre questo asserto combinando le informazioni delle frasi 1 e 3. In riferimento al diagramma di Eulero-Venn si nota che una parte dell'insieme C non appartiene all'insieme W. La risposta D si può scartare.
La frase della risposta E è "I camerieri sono buongustai", ossia "tutti i camerieri sono buongustai". Tale frase andrebbe scritta in modo simbolico come $\forall x \in W \Rightarrow x \in G$. Tale asserto è diverso da quello proposto nella frase 3. In riferimento al diagramma di Eulero-Venn si nota che una parte dell'insieme W non appartiene all'insieme G. La risposta E si può scartare.
La frase della risposta A è "Tra le persone grasse vi sono sia cuochi sia camerieri". Si potrebbe esprimere la frase in modo equivalente come "esistono persone grasse che sono cuochi oppure sono camerieri"; in termini simbolici $\exists x \in G \Rightarrow x \in C \lor x \in W$ (dove il simbolo $\lor$ indica "o"). Questa frase non è in contraddizione con le frasi 1 e 3. La frase 1 ci garantisce che i cuochi sono tutti grassi; pertanto tra i grassi vi sono dei cuochi. Inoltre la frase 3 ci garantisce che vi sono dei camerieri che sono grassi. Pertanto la frase della risposta A può essere dedotta da quelle proposte nella traccia. In riferimento al diagramma di Eulero-Venn si nota che l'insieme G contiene l'insieme C e in parte si sovrappone all'insieme W. La risposta esatta è la A.

25) C. Si indica con
x = generico individuo (elemento)
s = **S**andro (elemento)
A = insieme delle persone **A**tletiche
H = insieme delle persone alte
M = insieme delle persone **M**agre
I simboli $\in$ (appartiene) e $\notin$ (non appartiene) indicano l'appartenenza e la non appartenenza di un elemento ad un insieme. Con il simbolo $\Rightarrow$ si indica l'implicazione logica, ossia il fatto che un asserto implichi un altro asserto. Le frasi presentate nel quesito si traducono simbolicamente nel modo seguente:

n.	Linguaggio naturale	Linguaggio simbolico
1	*Sandro è una persona atletica*	$s \in A$
2	*le persone alte sono tutte atletiche*	$x \in H \Rightarrow x \in A$
3	*le persone alte sono magre*	$x \in H \Rightarrow x \in M$

Si può quindi creare un diagramma di Eulero-Venn con gli insiemi introdotti che abbia l'aspetto mostrato in figura. Dal diagramma si nota che ogni x dell'insieme H appartiene anche agli insiemi A e M (ossia H è incluso nell'intersezione di A e M); inoltre s appartiene all'insieme A.

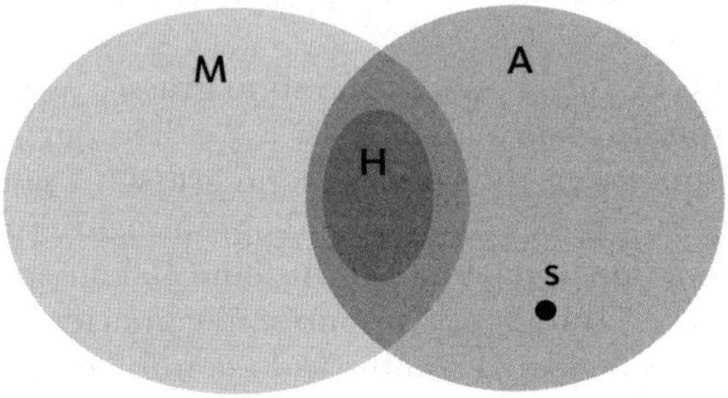

La frase della risposta A è "Sandro è una persona alta", ossia $s \in H$. Non c'è modo di dedurre questo asserto dalle frasi 1, 2 e 3; in particolare non può essere dedotto dalla frase 2 che indica che le persone alte sono atletiche e non il viceversa. Ci potrebbero essere persone atletiche che non sono alte. In riferimento al diagramma di Eulero-Venn si nota che s, stando nell'insieme A, potrebbe stare in quella parte dell'insieme A che si sovrappone a H, così come potrebbe non stare in H (in figura s è disegnato fuori da H). Pertanto la risposta A si può scartare.

La frase della risposta B è "Tutte le persone atletiche sono alte", ossia $x \in A \Rightarrow x \in H$. Non c'è modo di dedurre questo asserto dalle frasi 1, 2 e 3; in particolare non può essere dedotto dalla frase 2 che indica che le persone alte sono atletiche, non il viceversa. In riferimento al diagramma di Eulero-Venn si nota che una parte dell'insieme A non si sovrappone all'insieme H. La risposta B si può scartare.

La frase della risposta D è "Sandro è una persona magra", ossia $s \in M$. Non c'è modo di dedurre questo asserto dalle frasi 1, 2 e 3, in quanto Sandro è atletico (frase 1), ma essere atletici non vuol dire necessariamente essere magri o alti; in particolare ci potrebbero essere persone atletiche che non sono magre e Sandro potrebbe essere uno di questi. In riferimento al diagramma di Eulero-Venn si nota che s, stando nell'insieme A, potrebbe stare in quella parte dell'insieme A che si sovrappone a M, così come potrebbe non stare in quella porzione di A che si sovrappone a M (in figura s è disegnato fuori da M). Pertanto la risposta D si può scartare.

La frase della risposta E è "Le persone magre sono atletiche". In termini simbolici si scrive $x \in M \Rightarrow x \in A$. Questa frase non può essere dedotta dalle frasi 1, 2 e 3. Per quanto stabilito da queste frasi, potrebbero esserci persone magre che non sono atletiche. In riferimento al diagramma di Eulero-Venn si nota che l'insieme M si sovrappone solo parzialmente all'insieme A. Vi è una parte dell'insieme M che non coincide con l'insieme A.

Pertanto la risposta E si può scartare.

La frase della risposta C è "Chi è alto è magro e atletico", ossia "se un individuo è alto, allora egli è magro e atletico". In termini simbolici si scrive $x \in H \Rightarrow x \in M \wedge x \in A$ (dove il simbolo $\wedge$ indica "e"). Questa frase viene dedotta unendo le frasi 2 e 3 in un'unica frase. Pertanto la frase della risposta C può essere dedotta da quelle proposte nella traccia. In riferimento al diagramma di Eulero-Venn si nota che l'insieme H

è contenuto sia nell'insieme *A* che nell'insieme *M*, pertanto i suoi elementi sono tutti anche elementi di *M* e di *A*. La risposta esatta è la C.

26) B. Si indica con
x = generico individuo (elemento)
a = **A**ntimo (elemento)
N = insieme dei **N**apoletani
C = insieme delle persone con i capelli **C**astani
I = insieme degli **I**taliani
I simboli $\in$ (appartiene) e $\notin$ (non appartiene) indicano l'appartenenza e la non appartenenza di un elemento ad un insieme. Con il simbolo $\Rightarrow$ si indica l'implicazione logica, ossia il fatto che un asserto implichi un altro asserto.
Le frasi presentate nel quesito si traducono simbolicamente nel modo seguente:

n.	Linguaggio naturale	Linguaggio simbolico
1	*Antimo è napoletano*	$A \in N$
2	*Tutte le persone con i capelli castani sono italiane*	$x \in C \Rightarrow x \in I$
3	*Tutti i napoletani sono italiani*	$x \in N \Rightarrow x \in I$

Si può quindi creare un diagramma di Eulero-Venn con gli insiemi introdotti che abbia l'aspetto mostrato in figura. Dal diagramma si nota che ogni x dell'insieme C appartiene anche all'insieme I (ossia C è incluso in I), inoltre ogni x dell'insieme N appartiene anche all'insieme I (ossia N è incluso in I); infine l'elemento a è incluso in N.

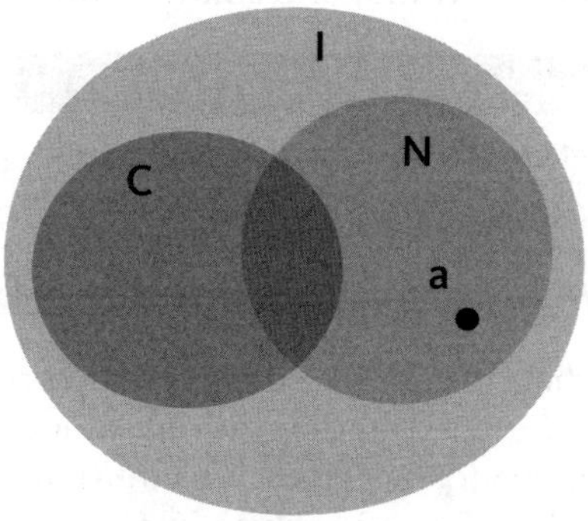

La frase della risposta A è "Tutti i napoletani si chiamano Antimo". Tale frase è sicuramente falsa o non deducibile dagli asserti 1, 2 e 3, poiché non è stato proprio definito l'insieme delle persone che si chiamano Antimo. La risposta A va scartata.
La frase della risposta C è "Antimo ha i capelli neri". Questa frase non è deducibile dalle frasi 1, 2 e 3 in quanto non è stata fornita nessuna informazione relativa all'insieme delle persone con i capelli neri. La risposta C va scartata.
La frase della risposta D è "Tutti i napoletani hanno i capelli castani", ossia $x \in N \Rightarrow x \in C$. Tale frase non è deducibile dalle frasi 1, 2 e 3 in quanto si sa che un napoletano è italiano (frase 3) ma non si sa se un napoletano ha i capelli castani. Inoltre dal diagramma di Eulero-Venn si nota che l'insieme dei napoletani N si

sovrappone solo in parte all'insieme delle persone con i capelli castani C. Vi sono persone con i capelli castani che non sono napoletane. La risposta D va scartata.
La frase della risposta E è "Tutte le persone con i capelli castani sono napoletane", ossia $x \in C \Rightarrow x \in N$. Tale frase non è deducibile dalle frasi 1, 2 e 3 in quanto si sa che una persona con i capelli castani è italiana (frase 2) ma non si sa se una persona con i capelli castani è napoletana. Inoltre dal diagramma di Eulero-Venn si nota che l'insieme dei napoletani N si sovrappone solo in parte all'insieme delle persone con i capelli castani C. Vi sono persone con i capelli castani che non sono napoletane. La risposta E va scartata.
La risposta esatta è la B, "Antimo è italiano" ossia $a \in I$. Perché se Antimo è napoletano (frase 1: $a \in N$) e ogni napoletano è italiano (frase 3: $x \in N \Rightarrow x \in I$) allora è vero anche che Antimo è italiano: $a \in N \Rightarrow a \in I$ (al generico x della frase 3 si sostituisce la a). Nel diagramma di Eulero-Venn si nota che a appartiene all'insieme N che è incluso nell'insieme I, pertanto a appartiene anche a I.

27) D. Si indica con
x = generico individuo (elemento)
a = **A**ndrea (elemento)
g = **G**ino (elemento)
G = insieme dei **G**iovani
S = insieme dei **S**impatici
I simboli $\in$ (appartiene) e $\notin$ (non appartiene) indicano l'appartenenza e la non appartenenza di un elemento ad un insieme. Con il simbolo $\Rightarrow$ si indica l'implicazione logica, ossia il fatto che un asserto implichi un altro asserto.
Le frasi presentate nel quesito si traducono simbolicamente nel modo seguente:

n.	Linguaggio naturale	Linguaggio simbolico
1	*Andrea è una persona simpatica*	$a \in S$
2	*Tutti i giovani sono simpatici*	$x \in G \Rightarrow x \in S$
3	*Gino è un giovane*	$g \in G$

Si può quindi creare un diagramma di Eulero-Venn con gli insiemi introdotti che abbia l'aspetto mostrato in figura. Dal diagramma si nota che ogni x dell'insieme G appartiene anche all'insieme S (ossia G è incluso in S); inoltre l'elemento a appartiene all'insieme S, mentre l'elemento g è incluso in G.

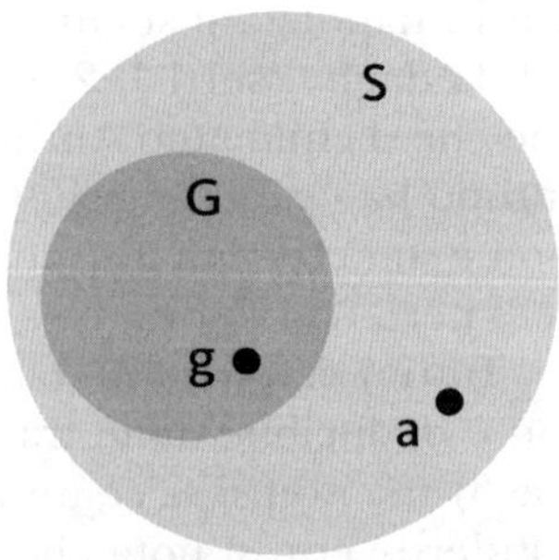

La frase della risposta A è "Le persone simpatiche sono giovani", ossia $x \in S \Rightarrow x \in G$. Tale frase non è sicuramente deducibile dagli asserti 1, 2 e 3, in particolare dal 2. Difatti potrebbero esserci persone simpatiche che non sono giovani. Nel diagramma si nota che una parte dell'insieme S non si sovrappone all'insieme G. La risposta A va scartata.
La frase della risposta B è "Chi non è giovane è antipatico". Questa frase va scartata in quanto l'insieme delle persone antipatiche (differente dalle persone non simpatiche) non è definito. La risposta B va scartata.
La frase della risposta C è "Andrea è giovane", ossia $a \in G$. Tale frase non è deducibile dalle frasi 1 e 2 poiché il fatto che Andrea sia simpatico non implica che sia giovane. Nel diagramma di Eulero-Venn si nota che collocando l'elemento a nell'insieme S, esso può capitare anche fuori dall'insieme G (in effetti è rappresentato fuori dall'insieme G). La risposta C va scartata.
La frase della risposta E è "Andrea e Gino sono giovani", ossia $a,g \in G$. Tale frase deve essere scartata per lo stesso motivo della frase della risposta C.
La risposta esatta è la D, "Gino è una persona simpatica" ossia $g \in S$. Perché se Gino è un giovane (frase 3: $g \in G$) e ogni giovane è simpatico (frase 2: $x \in G \Rightarrow x \in S$), allora è vero anche che Gino è simpatico: $g \in G \Rightarrow g \in S$ (al generico x della frase 2 si sostituisce la g). Nel diagramma di Eulero-Venn si nota che g appartiene all'insieme G che è incluso nell'insieme S, pertanto g appartiene anche a S.

28) D. La risposta A è deducibile dalla traccia in quanto viene affermato che "Il motivo dell'aumento delle iscrizioni è riconducibile all'allestimento in sede di una piscina olimpionica".
La risposta B è deducibile dalla traccia in quanto all'inizio dell'asserto della traccia viene affermato che "A differenza delle altre palestre della città" la palestra In-forma ha aumentato le sue iscrizioni.
La risposta C è deducibile dalla traccia in quanto si afferma che "nel 2007 la palestra In-forma ha aumentato le iscrizioni rispetto all'anno precedente".
La risposta E è sicuramente deducibile dalla traccia in quanto una piscina olimpionica è stata costruita tra il 2006 e il 2007.
La risposta D è quella corretta in quanto la frase in essa riportata non viene dedotta dalla traccia. Non si può dire nulla in relazione alle piscine in dotazione alle altre palestre della città.

29) B. Si indica con
x = generico individuo (elemento)
a = **A**nnamaria (elemento)
M = insieme dei **M**agri
A = insieme degli **A**ttivi
P = insieme degli amanti delle **P**atatine fritte
I simboli $\in$ (appartiene) e $\notin$ (non appartiene) indicano l'appartenenza e la non appartenenza di un elemento ad un insieme. Con il simbolo $\Rightarrow$ si indica l'implicazione logica, ossia il fatto che un asserto implichi un altro asserto.
Le frasi presentate nel quesito si traducono simbolicamente nel modo seguente:

n.	Linguaggio naturale	Linguaggio simbolico
1	*Annamaria ama le patatine fritte*	$a \in P$
2	*Chi è magro non ama le patatine fritte*	$x \in M \Rightarrow x \notin P$
3	*Chi è attivo è magro*	$x \in A \Rightarrow x \in M$

Si noti che negando entrambi i membri delle implicazioni 2 e 3 (ossia sostituendo $\in$ con $\notin$ e viceversa) ed invertendo i versi delle implicazioni si ottengono due nuovi asserti altrettanto veri.

n.	Linguaggio naturale	Linguaggio simbolico
4	*Chi ama le patatine fritte non è magro*	$x \in P \Rightarrow x \notin M$
5	*Chi non è magro, non è attivo*	$x \notin M \Rightarrow x \notin A$

Si può quindi creare un diagramma di Eulero-Venn con gli insiemi introdotti che abbia l'aspetto mostrato in figura. Dal diagramma si nota che ogni x dell'insieme A appartiene anche all'insieme M (ossia A è incluso in M); inoltre ogni x dell'insieme M non appartiene sicuramente all'insieme P, in quanto i due insiemi sono disgiunti. Infine l'elemento a appartiene all'insieme P.

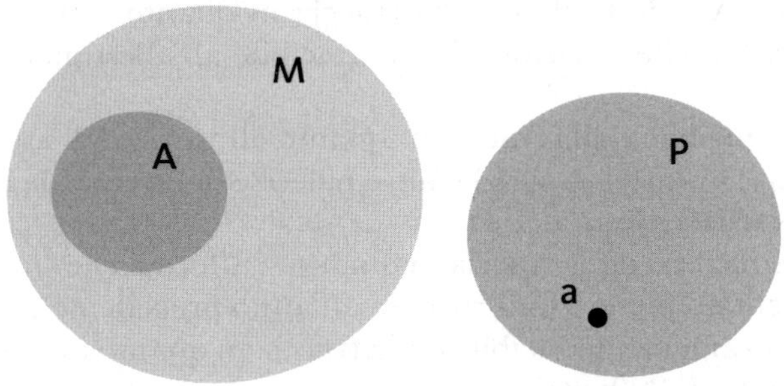

La frase della risposta A è "Chi è attivo non ama le patatine fritte", ossia $x \in A \Rightarrow x \notin P$. Tale frase è sicuramente deducibile dagli asserti 2 e 3. Infatti da tali asserti si deduce che $x \in A \Rightarrow x \in M \Rightarrow x \in P$, ossia $x \in A \Rightarrow x \notin P$. Nel diagramma si nota che l'insieme A, in quanto incluso nell'insieme M, è disgiunto dall'insieme P. Pertanto la risposta A, in quanto deducibile, va scartata.
La frase della risposta C è "Annamaria non è magra", ossia $a \notin M$. Tale frase è deducibile dalle frasi 1 e 4 poiché se Annamaria ama le patatine fritte (frase 1: $a \in P$) e ogni amante delle patatine fritte non è magro (frase 4: $x \in P \Rightarrow x \notin M$), allora è vero anche che Annamaria non è magra, cioè $a \notin M$ (al generico x della frase 4 si sostituisce la a). Nel diagramma di Eulero-Venn si nota che a appartiene all'insieme P che non è incluso nell'insieme M. Pertanto la risposta C, in quanto deducibile, va scartata.
La frase della risposta D è "Non tutte le persone magre sono attive", ossia "esistono persone magre che non sono attive". Questo asserto non nega l'asserto 3 in quanto è vero che chi è attivo è magro, ma chi è magro non deve necessariamente essere attivo.

Il diagramma di Eulero-Venn mostra che una parte dell'insieme M non corrisponde all'insieme A. Pertanto la risposta D, in quanto deducibile, va scartata.
La frase della risposta E è "Le persone che amano le patatine fritte non sono magre", ossia $x \in P \Rightarrow x \notin M$. Tale frase è proprio la 4, dedotta dalla frase 2. Pertanto la frase E va scartata.
La risposta esatta è la B, in quanto si può dedurre dalle frasi 1, 4 e 5 che tale frase è falsa. Difatti se Annamaria ama le patatine fritte (frase 1: $a \in P$) e ogni amante delle patatine fritte non è magro (frase 4: $x \in P \Rightarrow x \notin M$), allora è vero anche che Annamaria non è magra: $a \notin M$ (al generico x della frase 4 si sostituisce la a). Inoltre dalla frase 5 si deduce che se Annamaria non è magra, allora non è attiva (al generico x della frase 5 si sostituisce la a). Nel diagramma di Eulero-Venn si nota che a appartiene all'insieme P che non è incluso nell'insieme M e quindi nell'insieme A.

30) A. Si indica con
x = generico individuo (elemento)
r = **R**oberto (elemento)
I = insieme degli **I**nsegnanti
C = insieme dei **C**ompetenti
T = insieme dei **T**enaci
I simboli $\in$ (appartiene) e $\notin$ (non appartiene) indicano l'appartenenza e la non appartenenza di un elemento ad un insieme. Con il simbolo $\Rightarrow$ si indica l'implicazione logica, ossia il fatto che un asserto implichi un altro asserto.
Le frasi presentate nel quesito si traducono simbolicamente nel modo seguente:

n.	Linguaggio naturale	Linguaggio simbolico
1	*Tutti gli insegnanti sono competenti*	$x \in I \Rightarrow x \in C$
2	*Roberto è tenace*	$r \in T$
3	*Tutte le persone tenaci sono competenti*	$x \in T \Rightarrow x \in C$

Si può quindi creare un diagramma di Eulero-Venn con gli insiemi introdotti che abbia l'aspetto mostrato in figura. Dal diagramma si nota che ogni x dell'insieme I appartiene anche all'insieme C (ossia I è incluso in C), inoltre ogni x dell'insieme T appartiene anche all'insieme C (ossia T è incluso in C); infine l'elemento r è incluso in T.

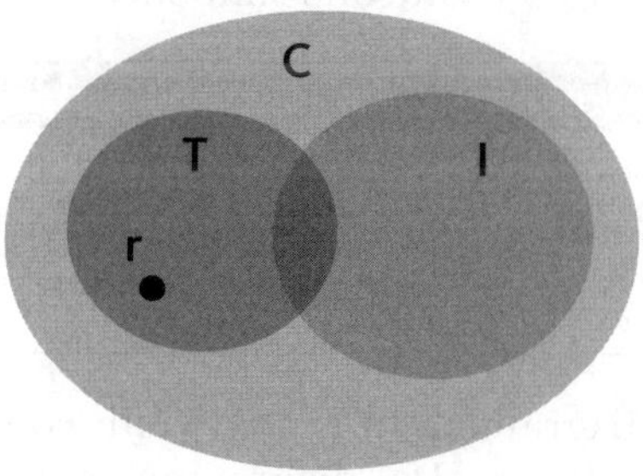

La frase della risposta B è "Non esistono insegnanti tenaci", ossia "ogni insegnante non è tenace". In simboli si scrive $x \in I \Rightarrow x \notin T$. Questa frase non è deducibile dalle

frasi 1, 2 e 3 in quanto vi possono essere insegnanti che sono tenaci. Nel diagramma di Eulero-Venn si nota che l'insieme delle persone tenaci T si sovrappone in parte all'insieme degli insegnanti I. La risposta B va scartata.
La frase della risposta C è "Tutte le persone tenaci sono insegnanti", ossia $x \in T \Rightarrow x \in I$. Tale frase non è deducibile dalle frasi 1, 2 e 3 in quanto si sa che una persona tenace è competente (frase 1), ma non si sa se una persona tenace è insegnante. Inoltre dal diagramma di Eulero-Venn si nota che l'insieme delle persone tenaci T si sovrappone solo in parte all'insieme degli insegnanti I. Vi sono persone tenaci che non sono insegnanti. La risposta C va scartata.
La frase della risposta D è "Roberto è un insegnante", ossia $r \in I$. Tale frase non è sicuramente deducibile dagli asserti 1, 2 e 3, poiché il fatto che Roberto sia tenace non implica che sia un insegnante. Nel diagramma si nota che l'elemento r non è incluso nell'insieme I. La risposta D va scartata.
La frase della risposta E è "Tutti gli insegnanti sono tenaci", ossia $x \in I \Rightarrow x \in T$. Tale frase non è deducibile dalle frasi 1, 2 e 3 in quanto si sa che un insegnante è competente (frase 1), ma non si sa se un insegnante è una persona tenace. Inoltre dal diagramma di Eulero-Venn si nota che l'insieme delle persone tenaci T si sovrappone solo in parte all'insieme degli insegnanti I. Vi sono insegnanti che non sono tenaci. La risposta E va scartata.
La risposta esatta è la A, "Roberto è competente" ossia $r \in C$. Perché se Roberto è tenace (frase 2: $r \in T$) e ogni persona tenace è competente (frase 3: $x \in T \Rightarrow x \in C$), allora è vero anche che Roberto è competente: $r \in T \Rightarrow r \in C$ (al generico x della frase 3 si sostituisce la r). Nel diagramma di Eulero-Venn si nota che r appartiene all'insieme T che è incluso nell'insieme C, pertanto r appartiene anche a C.

31) A. Si indica con
x = generico individuo (elemento)
m = **M**aurizio (elemento)
P = insieme dei **P**rofessori
C = insieme delle persone **C**olte
A = insieme delle persone **A**ffascinanti
I simboli $\in$ (appartiene) e $\notin$ (non appartiene) indicano l'appartenenza e la non appartenenza di un elemento ad un insieme. Con il simbolo $\Rightarrow$ si indica l'implicazione logica, ossia il fatto che un asserto implichi un altro asserto.
Le frasi presentate nel quesito si traducono simbolicamente nel modo seguente:

n.	Linguaggio naturale	Linguaggio simbolico
1	*Tutti i professori sono colti*	$x \in P \Rightarrow x \in C$
2	*Maurizio è colto*	$m \in C$
3	*Tutti i professori sono affascinanti*	$x \in P \Rightarrow x \in A$

Si può quindi creare un diagramma di Eulero-Venn con gli insiemi introdotti che abbia l'aspetto mostrato in figura. Dal diagramma si nota che ogni x dell'insieme P appartiene anche agli insiemi C e A (ossia P è incluso nell'intersezione di C e A); infine l'elemento m è incluso in C.

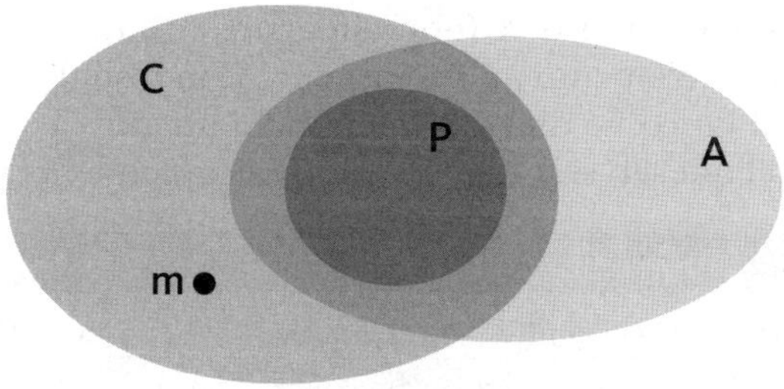

La frase della risposta B è "Tutte le persone affascinanti sono colte", ossia $x \in A \Rightarrow x \in C$. Tale frase non è sicuramente deducibile dagli asserti 1, 2 e 3, poiché si sa che i professori sono affascinanti (frase 3) e sono colti (frase 1), ma non è detto che tutte le persone affascinanti siano colte. Nel diagramma si nota che gli insiemi *C* ed *A* sono solo parzialmente sovrapposti, ma esiste un'area dell'insieme *A* che non si sovrappone a *C* (le persone affascinanti che non sono colte). La risposta B va scartata.
La frase della risposta C è "Maurizio è affascinante", ossia $m \in A$. Tale frase non è deducibile dalle frasi 1, 2 e 3 in quanto si sa che Maurizio è colto, ma questo non implica che sia affascinante. Nel diagramma di Eulero-Venn si nota che l'elemento *m* è nell'insieme delle persone colte *C*, ma non deve essere necessariamente nell'insieme delle persone affascinanti *A*. La risposta C va scartata.
La frase della risposta D è "Tutte le persone colte sono affascinanti", ossia $x \in C \Rightarrow x \in A$. Tale frase non è sicuramente deducibile dagli asserti 1, 2 e 3, poiché si sa che i professori sono affascinanti (frase 3) e sono colti (frase 1), ma non è detto che tutte le persone colte siano affascinanti. Nel diagramma si nota che gli insiemi *C* ed *A* sono solo parzialmente sovrapposti, ma esiste un'area dell'insieme *C* che non si sovrappone ad *A* (i colti che non sono affascinanti). La risposta D va scartata.
La frase della risposta E è "Maurizio è un professore", ossia $m \in P$. Tale frase non è deducibile dalle frasi 1, 2 e 3 in quanto si sa che Maurizio è colto, ma questo non implica che sia un professore. Nel diagramma di Eulero-Venn si nota che l'elemento *m* è nell'insieme delle persone colte *C*, ma non deve essere necessariamente nell'insieme dei professori *P*. La risposta E va scartata.
La frase della risposta A è "Nessun professore è colto e privo di fascino" oppure "Nessun professore è colto e non affascinante". In pratica si sta affermando che "non può esistere un professore che sia colto, ma non affascinante". Questa frase è corretta perché tutti i professori sono colti e affascinanti. Questo si deduce dalle frasi 1 e 3. Nel diagramma di Eulero-Venn si nota che l'insieme dei professori *P* è incluso nell'insieme delle persone colte *C* e in quello delle persone affascinanti *A*. Pertanto non esistono elementi dell'insieme *P* che in particolare non appartengano all'insieme *A*. La risposta A è corretta.

32) D. Si indica con
x = generico individuo (elemento)
m = **M**arco (elemento)
P = insieme dei **P**rofessori
F = insieme delle persone che hanno molta **F**antasia
S = insieme degli **S**crittori

Infine i simboli $\in$ (appartiene) e $\notin$ (non appartiene) indicano l'appartenenza e la non appartenenza di un elemento ad un insieme. Con il simbolo $\Rightarrow$ si indica l'implicazione logica, ossia il fatto che un asserto implichi un altro asserto.
Le frasi presentate nel quesito si traducono simbolicamente nel modo seguente:

n.	Linguaggio naturale	Linguaggio simbolico
1	*"Tutti i professori hanno molta fantasia"*	$x \in P \Rightarrow x \in F$
2	*"Per essere uno scrittore bisogna essere un professore" ossia "Essere un professore è una condizione necessaria per essere uno scrittore" ossia "Ogni scrittore è anche professore"*	$x \in S \Rightarrow x \in P$
3	*Marco ha molta fantasia*	$m \in F$

Si può quindi creare un diagramma di Eulero-Venn con gli insiemi introdotti che abbia l'aspetto mostrato in figura.
Dal diagramma si nota che ogni x dell'insieme P appartiene anche all'insieme F (ossia P è incluso in F), inoltre ogni x dell'insieme S appartiene anche all'insieme P (ossia S è incluso in P); infine l'elemento m è incluso in F.

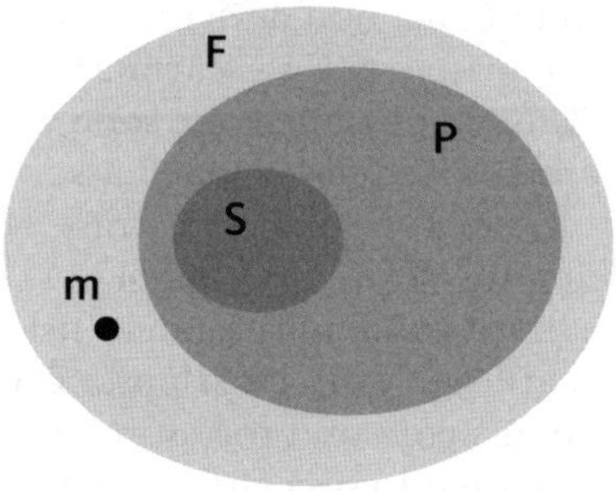

La frase della risposta A è "Marco è uno scrittore", ossia $m \in S$. Si sa che Marco ha molta fantasia, ma ciò non implica che sia uno scrittore. Nel diagramma di Eulero-Venn si nota che l'elemento m è incluso nell'insieme F, ma non è incluso in S. La risposta A va scartata.
La frase della risposta B è "Anche chi non ha molta fantasia può diventare un docente (professore)", ossia $x \notin F \Rightarrow x \in P$. Tale frase non è deducibile dalla frase 1. Difatti, per ottenere dalla frase 1 una nuova frase altrettanto vera, si dovrebbero negare entrambi i membri dell'implicazione, invertendone il verso, ossia $x \notin F \Rightarrow x \notin P$. Pertanto può essere vero che "chi non ha molta fantasia non può diventare un docente (professore)", ma non quanto viene affermato nella frase B. La risposta B va scartata.
La frase della risposta C è "Marco è un professore", ossia $m \in P$. Si sa che Marco ha molta fantasia, ma ciò non implica che sia un professore. Nel diagramma di Eulero-Venn si nota che l'elemento m è incluso nell'insieme F, ma non è incluso in P. La risposta C va scartata.
La frase della risposta E è "Gli scrittori hanno poca fantasia", ossia $x \in S \Rightarrow x \notin F$. Tale frase contraddice quanto detto dalle frasi 1 e 2. Difatti mettendo insieme queste due frasi, ossia $x \in S \Rightarrow x \in P$ e $x \in P \Rightarrow x \in F$, si ottiene $x \in S \Rightarrow x \in P \Rightarrow x \in F$ cioè x

$\in S \Rightarrow x \in F$. Quest'ultimo asserto contraddice la frase E. Inoltre, nel diagramma di Eulero-Venn si nota che l'insieme S è incluso nell'insieme F. La risposta E va scartata. La risposta esatta è la D, ossia "Tutti gli scrittori hanno molta fantasia", ossia $x \in S \Rightarrow x \in F$. Questa frase viene invece dedotta dalle frasi 1 e 2. Difatti, mettendo insieme queste due frasi, ossia $x \in S \Rightarrow x \in P$ e $x \in P \Rightarrow x \in F$, si ottiene $x \in S \Rightarrow x \in P \Rightarrow x \in F$ cioè $x \in S \Rightarrow x \in F$ (la frase della risposta D). Inoltre, nel diagramma di Eulero-Venn si nota che l'insieme S è incluso nell'insieme F.

33) C. Si indica con
x = generico individuo (elemento)
B = insieme dei **B**ambini
U = insieme delle persone b**U**one
G = Insieme dei **G**enitori
A = Insieme delle persone **A**lte
D = Insieme di quelli che **D**ormono
N = Insieme dei **N**onni
C = Insieme delle persone che bevono **C**affè
S = Insieme delle persone che **S**ognano
Infine i simboli $\in$ (appartiene) e $\notin$ (non appartiene) indicano l'appartenenza e la non appartenenza di un elemento ad un insieme. Con il simbolo $\Rightarrow$ si indica l'implicazione logica, ossia il fatto che un asserto implichi un altro asserto.
Si usano inoltre i simboli $\forall$ (per ogni, tutti) e $\exists$ (esiste, esistono) per indicare rispettivamente che tutti gli elementi di un insieme verificano un determinato asserto, oppure che esiste qualche elemento di un insieme che verifica un determinato asserto.
Le frasi presentate nel quesito si traducono simbolicamente nel modo seguente:

n.	Linguaggio naturale	Linguaggio simbolico
1	*"I bambini sono buoni"*	$\forall x \in B \Rightarrow x \in U$
2	*"Alcuni genitori sono alti"*	$\exists x \in G \Rightarrow x \in A$
3	*"Chi è buono dorme"*	$\forall x \in U \Rightarrow x \in D$
4	*"Non tutti i nonni bevono il caffè" ossia "Alcuni nonni non bevono il caffè"*	$\exists x \in N \Rightarrow x \notin C$
5	*"Chi dorme sogna"*	$\forall x \in D \Rightarrow x \in S$
6	*"Chi beve il caffè non dorme"*	$\forall x \in C \Rightarrow x \notin D$

Nella prima, terza, quinta e sesta frase si è utilizzato il simbolo $\forall$ in quanto tali frasi affermano che "tutti" gli elementi di un insieme verificano una condizione. La seconda e la quarta frase hanno un valore diverso. Difatti esse affermano che "alcuni" elementi verificano una condizione. Pertanto in queste frasi si è usato il simbolo $\exists$.
Si può quindi creare un diagramma di Eulero-Venn con alcuni degli insiemi introdotti che abbia l'aspetto mostrato in figura.
Dal diagramma si nota che ogni x dell'insieme B appartiene anche all'insieme U (ossia B è incluso in U), ogni x dell'insieme U appartiene anche all'insieme D (ossia U è incluso in D) e infine che ogni x dell'insieme D appartiene anche all'insieme S (ossia D è incluso in S).

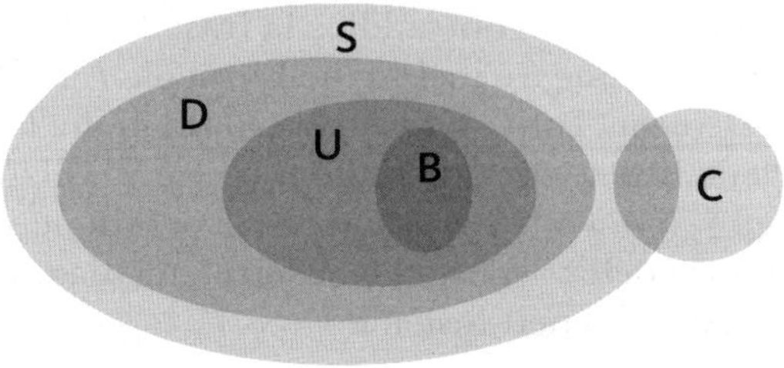

La frase della risposta A è "I genitori bevono più caffè dei nonni". Non si può affermare nulla riguardo a tale frase, in quanto nelle proposizioni della traccia non si rapporta mai la quantità di caffè bevuto tra gli individui dei vari insiemi. Quindi la risposta A va scartata.
La frase della risposta B è "Alcuni bambini bevono caffè". Dalla frase 6 si nota che chi beve caffè non dorme. Negando ambo i membri di questa implicazione ed invertendo il verso si ottiene un asserto altrettanto vero, ossia "chi dorme non beve caffè". In simboli si scrive $\forall x \in D \Rightarrow x \notin C$. Inoltre dalla frase 1 si sa che i bambini sono buoni, ossia $\forall x \in B \Rightarrow x \in U$, mentre dalla frase 3 si sa che i buoni dormono tutti, ossia $\forall x \in U \Rightarrow x \in D$. Mettendo insieme $\forall x \in B \Rightarrow x \in U$, $\forall x \in U \Rightarrow x \in D$ e $\forall x \in D \Rightarrow x \notin C$ si ottiene $\forall x \in B \Rightarrow x \in U \Rightarrow x \in D \Rightarrow x \notin C$, ossia $\forall x \in B \Rightarrow x \notin C$. Pertanto tutti i bambini non bevono caffè. Nel diagramma di Eulero-Venn si nota che l'insieme C e l'insieme B sono disgiunti, non hanno elementi in comune. Quindi la risposta B va scartata.
La frase della risposta D è "Le persone alte sono genitori". Dalla frase 2 si sa che alcuni genitori sono alti, ma potrebbero esserci genitori che non sono alti. Pertanto la risposta D va scartata.
La frase della risposta E è "I genitori sognano". L'insieme dei genitori è messo in relazione con le persone alte. Questi due insiemi non sono messi in relazione con l'insieme delle persone che sognano S. Pertanto non si può dire nulla a riguardo di una relazione che leghi l'insieme dei genitori con quello delle persone che dormono. La risposta E deve essere scartata.
La risposta esatta è la C che afferma che "I bambini sognano", ossia $\forall x \in B \Rightarrow x \in S$. Tale frase si deduce dalla frase 1, ossia $\forall x \in B \Rightarrow x \in U$, dalla frase 3, ossia $\forall x \in U \Rightarrow x \in D$, e dalla frase 5, ossia $\forall x \in D \Rightarrow x \in S$. Mettendo insieme queste tre frasi si ottiene $\forall x \in B \Rightarrow x \in U \Rightarrow x \in D \Rightarrow x \in S$, ossia $\forall x \in B \Rightarrow x \in S$. Nel diagramma di Eulero-Venn si nota che l'insieme B è incluso nell'insieme U che è incluso nell'insieme D che è, a sua volta, incluso nell'insieme S. Pertanto l'insieme B è incluso nell'insieme S.

34) B. Si indica con
x = generico individuo (elemento)
G = insieme dei **G**atti
L = insieme dei **L**adri
N = insieme delle persone che vanno in giro di **N**otte
B = insieme dei nottam**B**uli
Infine i simboli $\in$ (appartiene) e $\notin$ (non appartiene) indicano l'appartenenza e la non appartenenza di un elemento ad un insieme. Con il simbolo $\Rightarrow$ si indica l'implicazione logica, ossia il fatto che un asserto implichi un altro asserto.

Si usano inoltre i simboli ∀ (per ogni, tutti) e ∃ (esiste, esistono) per indicare rispettivamente che tutti gli elementi di un insieme verificano un determinato asserto, oppure che esiste qualche elemento di un insieme che verifica un determinato asserto. Le frasi presentate nel quesito si traducono simbolicamente nel modo seguente:

n.	Linguaggio naturale	Linguaggio simbolico
1	*"I gatti sono ladri"*	$\forall x \in G \Rightarrow x \in L$
2	*"Alcuni ladri vanno in giro di notte"*	$\exists x \in L \Rightarrow x \in N$
3	*"I nottambuli vanno in giro di notte"*	$\forall x \in B \Rightarrow x \in N$

Si può quindi creare un diagramma di Eulero-Venn con gli insiemi introdotti che abbia l'aspetto mostrato in figura. Dal diagramma si nota che ogni x dell'insieme G appartiene anche all'insieme L (ossia G è incluso in L), inoltre ogni x dell'insieme B appartiene anche all'insieme N (ossia B è incluso in N); infine una parte dell'insieme L si sovrappone all'insieme N.

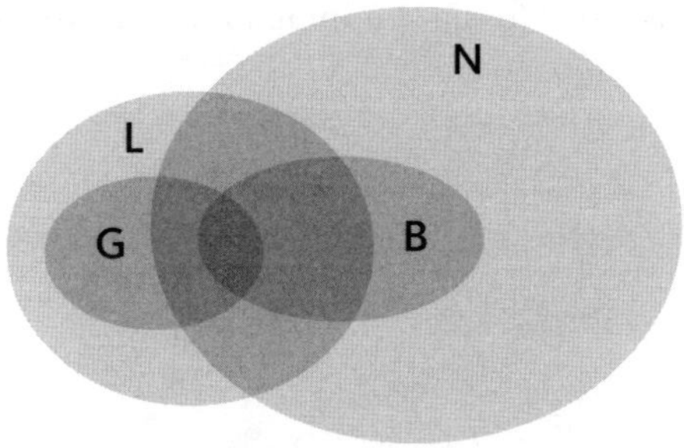

La frase della risposta A è "Tutti i nottambuli sono ladri", ossia $\forall x \in B \Rightarrow x \in L$. Questo non è vero in quanto tutti i nottambuli vanno in giro di notte, ma solo una parte di quelli che va in giro di notte è ladra. Pertanto i nottambuli potrebbero non essere tutti ladri. Nel diagramma di Eulero-Venn si nota che l'insieme B si sovrappone solo parzialmente all'insieme L. La risposta A va scartata.
La frase della risposta C è "I gatti derubano i nottambuli". Non si può affermare con certezza che tale frase sia vera in quanto il verbo "derubare" non è codificato nelle frasi della traccia. La risposta C va scartata.
In modo analogo si deve scartare la risposta D, in quanto il verbo "miagolare" non è codificato nelle frasi della traccia.
La frase della risposta E è "Tutti i gatti sono nottambuli", ossia $\forall x \in G \Rightarrow x \in B$. Questa frase non si può evincere dalle frasi 1, 2 e 3. Nel diagramma di Eulero-Venn si nota che l'insieme G si sovrappone solo parzialmente all'insieme B. La risposta E va scartata.
La risposta esatta è la B, ossia "È possibile che alcuni gatti siano nottambuli", ossia $\exists x \in G \Rightarrow x \in B$. Questo asserto non è escluso dalle frasi 1, 2 e 3. Può essere che alcuni gatti siano nottambuli, ma può anche essere che alcuni gatti non lo siano. Ad esempio, nel diagramma di Eulero-Venn si nota che l'insieme G e l'insieme B si sovrappongono parzialmente.

35) E. Si indica con
x = generico individuo (elemento)
a = **A**lessandro (elemento)
A = insieme degli **A**vvocati
B = insieme dei **B**uoni oratori
Infine i simboli $\in$ (appartiene) e $\notin$ (non appartiene) indicano l'appartenenza e la non appartenenza di un elemento ad un insieme. Con il simbolo $\Rightarrow$ si indica l'implicazione logica, ossia il fatto che un asserto implichi un altro asserto.
Le frasi presentate nel quesito si traducono simbolicamente nel modo seguente:

n.	Linguaggio naturale	Linguaggio simbolico
1	*"Tutti gli avvocati sono buoni oratori"*	$x \in A \Rightarrow x \in B$
2	*"Alessandro è un buon oratore"*	$a \in B$

Si può quindi creare un diagramma di Eulero-Venn con gli insiemi introdotti che abbia l'aspetto mostrato in figura. Dal diagramma si nota che ogni x dell'insieme A appartiene anche all'insieme B (ossia A è incluso in B), inoltre l'elemento a è incluso in B.

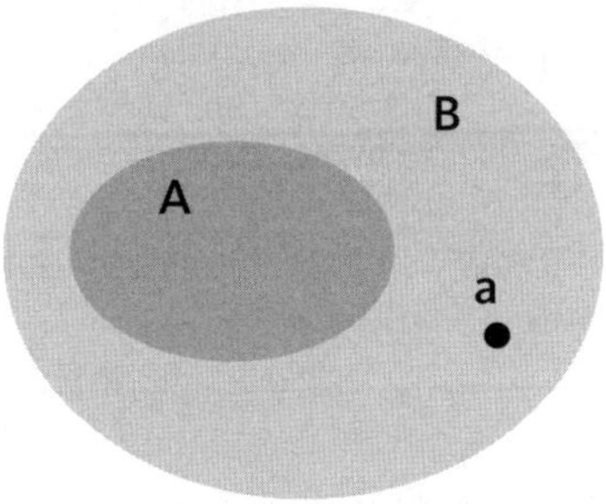

La frase della risposta A introduce elementi e condizioni che non sono codificate nelle frasi della traccia ("Gli oratori sono più eloquenti degli avvocati"). Pertanto non si può stabilire se sia vera. Tale risposta va scartata.
Alessandro è un buon oratore, ma questo non implica che sia un avvocato oppure che non lo sia. Nel diagramma di Eulero-Venn si nota che l'elemento a appartiene all'insieme B, ma questo non assicura che esso appartiene all'insieme A.
Pertanto le risposte B e D vanno scartate.
La risposta C è "I buoni oratori sono tutti avvocati", ossia $x \in B \Rightarrow x \in A$. La frase 1 afferma che l'essere avvocato implica l'essere un buon oratore, ma non afferma il viceversa. Nel diagramma di Eulero-Venn si nota che una parte dell'insieme B non si sovrappone all'insieme A. Pertanto la risposta C va scartata.
La risposta esatta è la E perché nessuna delle altre risposte è corretta.

36) A. Si indica con
x = generico individuo (elemento)
c = **C**arlo (elemento)
P = insieme dei **P**oeti
S = insieme dei **S**ognatori

Infine i simboli $\in$ (appartiene) e $\notin$ (non appartiene) indicano l'appartenenza e la non appartenenza di un elemento ad un insieme. Con il simbolo $\Rightarrow$ si indica l'implicazione logica, ossia il fatto che un asserto implichi un altro asserto.
Le frasi presentate nel quesito si traducono simbolicamente nel modo seguente:

n.	Linguaggio naturale	Linguaggio simbolico
1	*"Tutti i poeti sono dei sognatori"*	$x \in P \Rightarrow x \in S$
2	*"Carlo è un poeta"*	$c \in P$

Si può quindi creare un diagramma di Eulero-Venn con gli insiemi introdotti che abbia l'aspetto mostrato in figura. Dal diagramma si nota che ogni x dell'insieme P appartiene anche all'insieme S (ossia P è incluso in S), inoltre l'elemento c è incluso in P.

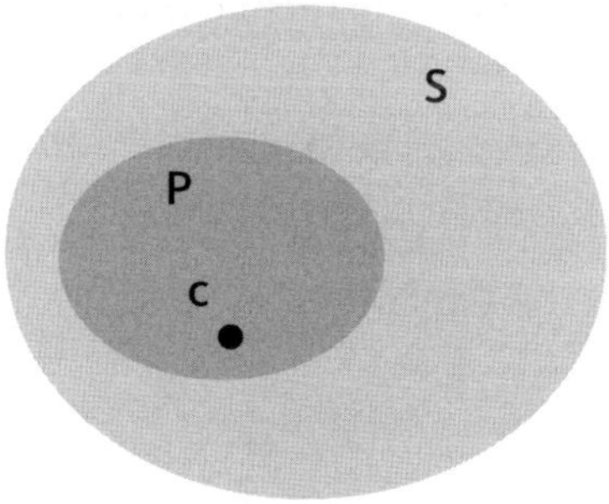

La frase della risposta B afferma solo che alcuni poeti sono sognatori, mentre la frase 1 dice che tutti i poeti sono sognatori. Tale risposta va scartata.
La risposta C è "Tutti i sognatori sono poeti", ossia $x \in S \Rightarrow x \in P$. La frase 1 afferma che l'essere poeta implica l'essere sognatore, ma non afferma il viceversa. Nel diagramma di Eulero-Venn si nota che una parte dell'insieme S non si sovrappone all'insieme P. Pertanto la risposta C va scartata.
La frase della risposta D codifica una categoria di persone che non viene menzionata nelle frasi della traccia (quelli che compongono poesie). Pertanto non c'è modo di stabilire se tale asserto sia vero o falso. La risposta D va scartata.
La risposta esatta è la A, "Carlo è un sognatore" ossia $c \in S$. Perché se Carlo è un poeta (frase 2: $c \in P$) e ogni poeta è un sognatore (frase 1: $x \in P \Rightarrow x \in S$), allora è vero anche che Carlo è un sognatore: $c \in P \Rightarrow c \in S$ (al generico x della frase 1 si sostituisce la c). Nel diagramma di Eulero-Venn si nota che c appartiene all'insieme P che è incluso nell'insieme S, pertanto c appartiene anche a S.
La risposta E va scartata in quanto la A è esatta.

37) E. Tracciamo il diagramma di Venn per vedere che tipo di aiuto ci può dare. Si consiglia di annotare a lato del foglio i vari gruppi o nomi che vengono citati per poi, solo successivamente, iniziare a disegnare il diagramma.
Il primo passo da seguire è quello di tracciare una circonferenza sufficientemente grande da contenere eventualmente altri cerchi all'interno, oppure in sovrapposizione. Poi segniamo a lato del nostro foglio per gli appunti i gruppi, le persone e le azio-

ni/sentimenti/comportamenti/atteggiamenti citati. Qui c'è il gruppo degli albini, il gruppo di bianchi, Serena che odia le ciliegie.
Ci viene chiesto quale affermazione segua logicamente le premesse. Se abbiamo tracciato il grafico, abbiamo segnato un grosso cerchio per il gruppo di bianchi:

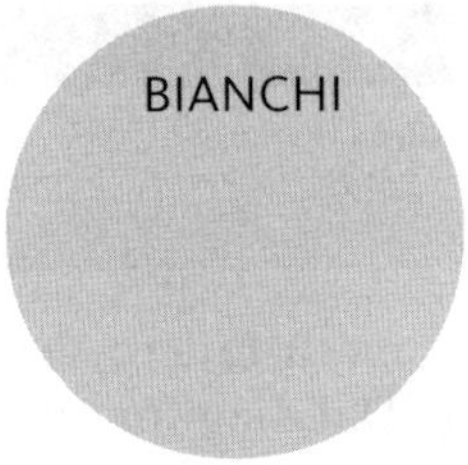

La relazione di inclusione tra albini e bianchi è questa: tutti gli albini sono bianchi

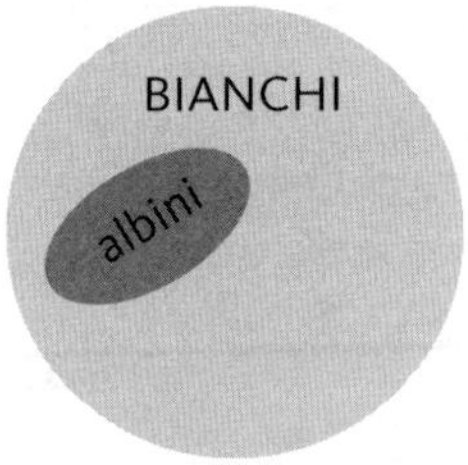

Come si nota, il gruppo dei bianchi contiene al suo interno tutto il gruppo degli albini. La seconda premessa "Serena odia le ciliegie" non sappiamo dove inserirla perché ancora non si hanno informazioni sufficienti per relazionarla al resto. Invece l'ultima affermazione consente di completare il diagramma di Venn, "tutte le persone che odiano le ciliegie sono bianche".

Adesso il diagramma contiene anche le persone che odiano le ciliegie che si collocano all'interno del cerchio "Bianchi", senza intersecarsi con l'ovale "Albini", perché nessuna informazione in tal senso ci autorizza ad intersecare albini con le persone che odiano le ciliegie.
Avevamo in sospeso un dato: adesso sappiamo dove collocare l'asserzione "Serena odia le ciliegie", infatti la inseriamo all'interno dell'ovale "persone che odiano le ciliegie" come in figura sotto:

Siamo quindi pronti per verificare qual è l'affermazione logicamente desumibile dalle premesse rappresentate sotto forma diagrammatica.
La conclusione A, "Tutti i bianchi sono albini", è del tutto inammissibile, infatti il rapporto di inclusione è inverso (tutti gli albini sono bianchi e non viceversa!), quindi non possiamo accettarla. Anche la conclusione B, "Serena è albina", non è logicamente ammissibile, non c'è nessun dato che ci consente di giungere a questa conclusione. La conclusione C, "Serena avrebbe desiderato essere albina", ha un carattere puramente riempitivo, è talmente assurda da non trarre in inganno nessuno. Anche la conclusione D, "Tutti i bianchi vorrebbero essere neri", ha delle implicazioni logiche non ammissibili. Infine la conclusione E, "Serena è bianca", appare in tutta la sua evidente limpidezza, infatti Serena fa parte dell'ovale "Persone che odiano le ciliegie" incluso totalmente nell'ovale dei "Bianchi", per cui per logica conseguenza anche Serena è bianca in quanto parte del gruppo delle persone che odiano le ciliegie.

38) A. Per la risoluzione del quesito è possibile ragionare in termini insiemistici. (1) "Tutti gli avvocati sono prolissi" significa che l'insieme degli avvocati è incluso in quello dei prolissi. (2) "Giorgio ama la montagna" significa che Giorgio è un elemento dell'insieme delle persone che amano la montagna. (3) "Tutte le persone che amano la montagna sono prolisse" significa che l'insieme delle persone che amano la montagna è incluso in quello dei prolissi. Da (2) e (3) si deduce che Giorgio, essendo un elemento dell'insieme delle persone che amano la montagna, è anche un elemento dell'insieme dei prolissi, per cui è necessariamente vero che "Giorgio è prolisso".

39) B. Da quanto affermato nel testo del quesito si deduce che, in termini insiemistici, l'insieme "persone dinamiche" include al suo interno l'insieme "persone audaci" e, poiché Arturo fa parte dell'insieme "persone audaci", necessariamente egli deve appartenere anche all'insieme "persone dinamiche". Dunque, è necessariamente vero che "Arturo è dinamico".

40) A. Per la risoluzione del quesito è possibile ricorrere ai diagrammi insiemistici: (1) "tutti gli italiani amano pizza e mandolino" significa che l'insieme degli italiani è incluso nell'insieme di persone che amano pizza e mandolino; (2) "Stefano è italiano" significa che Stefano è un elemento dell'insieme degli italiani; (3) "Stefano è un *homo sapiens sapiens*" significa che Stefano appartiene all'insieme degli *homo sapiens sapiens*. In base a tali dati, in particolare a (1) e (2), è possibile dedurre che "Stefano ama pizza e mandolino", essendo un elemento dell'insieme degli italiani, insieme che a sua volta è incluso in quello di coloro che amano pizza e mandolino.

41) B. Se si indica "il gatto miagola" con 'Q' e 'il padrone gli dà da mangiare' con 'P', l'affermazione della traccia presenta la seguente struttura: "Solo se Q, (allora) P". Poiché Q è condizione necessaria di P, è necessariamente vero che "Se NON Q, (allora) NON P", ossia "se il gatto NON miagola (= NON Q), il padrone NON gli dà da mangiare".

42) A. Simbolizziamo "mi sveglio presto" con 'P_1', "faccio colazione" con 'P_2', "mangio tanto la sera" con 'P_3', "mi sento piena di energie" con 'P_4'. Usando questa simbologia con riferimento alle informazioni della traccia, abbiamo:

- "solo se P_1, P_2" equivalente a "se P_2, (allora) P_1", in cui P_1 è condizione necessaria di P_2;
- "se P_3, (allora) NON P_2", in cui P_3 è condizione sufficiente di NON P_2;
- "solo se P_2, P_4", equivalente a "se P_4, (allora) P_2", in cui P_2 è condizione necessaria di P_4;
- "se P_4, (allora) NON P_3", in cui P_4 è condizione sufficiente di NON P_3.

Da "se P_4, (allora) P_2" e "se P_2, (allora) P_1" si deduce necessariamente che "se P_4, (allora) P_1", ossia "se mi sento piena di energie (= P_4), (allora) mi sono svegliata presto (= P_1)". Ciò corrisponde all'opzione di risposta "se mi sento piena di energie non posso non essermi svegliata presto".

43) C. Simbolizziamo "il taxi è in orario" con 'Q' e "Marco arriva in tempo in aeroporto" con 'P'. Poiché nell'affermazione della traccia Q è condizione necessaria di P, questo significa che "Se NON Q, allora NON P", cioè "se il taxi NON è in orario (= NON Q), allora Marco NON arriva in tempo all'aeroporto (= NON P)".

44) A. Dati i due enunciati "Luca andrà la prossima domenica sera in discoteca con gli amici", indicato con 'P', e "Giulia andrà con le sorelle a teatro a vedere la prima dello Schiaccianoci", indicato con 'Q', nell'affermazione della traccia P è condizione sufficiente di Q, che a sua volta è condizione necessaria di P. Pertanto, da "Se P, (allora) Q" si può certamente concludere che "NON Q, quindi NON P", ossia "Giulia NON assisterà alla prima dello Schiaccianoci (= NON Q), quindi Luca NON andrà in discoteca con gli amici (= NON P)".

45) D. Il senso del consiglio di Giulio a Marta è: "se Marta va a Tunisi e non fa fresco la sera, allora Marta indossa il caftano". Se ora simbolizziamo "Marta va a Tunisi" con 'P', "fa fresco la sera" con 'Q' e "Marta indossa il caftano" con 'R', osserviamo che il consiglio di Giulio a Marta ha la seguente struttura logica: "Se (P e NON Q), allora R". Questo tipo di enunciato significa che si esclude il caso che l'antecedente 'P e NON Q' sia vero e il conseguente 'R' sia falso. Pertanto, Marta non ascolta Giulio proprio se si verifica il caso escluso, cioè se è vero 'P e NON Q', ossia "Marta va a Tunisi e NON fa fresco la sera", ed è falso 'R' o è vero 'NON R', ossia "Marta NON indossa il caftano". Questo caso escluso corrisponde all'opzione di risposta "Marta va a Tunisi (= P) e, poiché fa sempre caldo (= NON Q, "non fa fresco la sera"), non indossa altro se non il costume da bagno (= NON R, "Marta NON indossa il caftano")".

46) B. Nell'affermazione della traccia "l'autorizzazione della compagnia assicurativa" è condizione sufficiente per "ottenere l'apertura della pratica", ossia se c'è l'autorizzazione della compagnia assicurativa, allora si ottiene l'apertura della pratica.

Questo corrisponde all'opzione di risposta "con l'autorizzazione della compagnia assicurativa si ottiene l'apertura della pratica".

47) A. Simbolizziamo "Alessia mantiene basso il suo indice pressorio" con 'P' e "il cardiologo NON prescrive ad Alessia un ipotensivo" con 'NON Q'. Nell'affermazione della traccia 'P' è condizione sufficiente di 'NON Q', ossia "Se P, allora NON Q". Se ciò è vero, allora è certamente vero anche "Se Q, allora NON P", cioè "se il cardiologo prescrive ad Alessia un ipotensivo (= Q) significa che lei NON mantiene basso il suo indice pressorio (= NON P)".

48) E. Dati i due enunciati "mi alleno con costanza", simbolizzato con 'P', e "vinco il campionato", simbolizzato con 'Q', nell'affermazione della traccia un enunciato è condizione necessaria e sufficiente dell'altro, cioè "P se e solo se Q". Da ciò si possono dedurre come certamente veri i seguenti enunciati:

- "Se NON Q, allora NON P", cioè l'opzione di risposta "se NON vinco il campionato (= NON Q), significa che NON mi sono allenata con costanza (= NON P)";
- "è necessario P per Q" e "Q solo se P", rispettivamente corrispondenti all'opzione "è necessario che mi alleni con costanza (= P) affinché vinca il campionato (= Q)" e all'opzione "vinco il campionato (= Q) solo se mi alleno con costanza (= P)", entrambe logicamente equivalenti a "Se Q, allora P";
- "Se Q, allora P", corrispondente all'opzione di risposta "se ho vinto il campionato (= Q), è perché mi sono allenato con costanza (= P)".

L'opzione restante, cioè "Se non vinco il campionato significa che mi sono allenato con costanza", ha la struttura "se NON Q, allora P", che non è deducibile dall'affermazione della traccia "P se e solo se Q".

49) A. Indicando "mangio la pizza" con 'P' e "mi sento gonfio" con 'Q', l'affermazione della traccia è "P se e solo se Q", in cui un enunciato è condizione necessaria e sufficiente dell'altro. Questo comporta che sia certamente vero "Se Q, (allora) P", ossia "se mi sento gonfio (= Q) è perché ho mangiato la pizza (= P)".

50) D. Simbolizzando "Roberto avrà come regalo di compleanno lo smartphone nuovo" con 'P' e "(Roberto) verrà promosso" con 'Q', nell'affermazione della traccia "P se e solo se Q" un enunciato è condizione necessaria e sufficiente dell'altro. Se questo è vero, allora è certamente vero "Se NON P, NON Q": "se Roberto NON avrà come regalo di compleanno lo smartphone nuovo (= NON P), vorrà dire che NON è stato promosso (= NON Q)".

51) B. Come primo dato va osservato che l'espressione "non è possibile" è logicamente equivalente a "è necessario non", per cui "non è possibile negare" equivale a "è necessario non negare", che a sua volta, eliminando la doppia negazione "non negare", equivale a "è necessario affermare". Come secondo dato va riconosciuto che "la falsità della tesi secondo la quale l'uomo NON è un animale sociale" significa che "è vera la tesi secondo la quale l'uomo è un animale sociale". Unendo insieme i due dati, si deve concludere che l'affermazione della traccia equivale a "è necessario affermare che è vera la tesi secondo la quale l'uomo è un animale sociale", il cui significato è, in ultima analisi, che "l'uomo è un animale sociale".

52) A. "Tutti gli uomini ricchi sono intelligenti" è un enunciato universale affermativo, negando il quale si afferma il corrispettivo enunciato particolare negativo. Quest'ultimo enunciato si ottiene, da un lato, sostituendo il quantificatore universale "tutti" con il quantificatore particolare "almeno uno" e, dall'altro, introducendo nell'enunciato la negazione "non": "ALMENO UN uomo ricco NON è intelligente".

53) E. "Nessun minore di 18 anni può entrare in discoteca dalle 23:00 alle 4:00" è un enunciato universale negativo, la cui negazione implica l'affermazione del corrispettivo enunciato particolare affermativo. Quest'ultimo si ricava dalla frase della traccia sostituendo al quantificatore universale "nessuno" il quantificatore particolare "almeno uno": "ALMENO UN minore di 18 anni può entrare in discoteca dalle 23:00 alle 4:00".

54) C. "Almeno uno dei cittadini napoletani possiede un corno rosso portafortuna" è un enunciato particolare affermativo. Negare questo tipo di enunciato significa affermare il corrispettivo enunciato universale negativo, che si ottiene sostituendo al quantificatore particolare "almeno uno" il quantificatore universale "nessuno": "NESSUNO dei cittadini napoletani possiede un corno rosso portafortuna". Quest'ultimo enunciato, detto in altri termini, corrisponde all'alternativa "a Napoli nessun cittadino possiede un corno rosso portafortuna".

55) B. Dalla frase della traccia si comprende che i tecnici del sopralluogo non avevano escluso la possibilità che i locali sottostanti fossero stati incendiati per riscuotere i soldi dell'assicurazione. Se non si esclude la possibilità che un certo evento sia avvenuto per un dato motivo, allora questa possibilità resta, ossia è possibile che quell'evento sia avvenuto per quel dato motivo. Pertanto, l'affermazione della traccia implica che "è possibile che i locali sottostanti potessero essere stati incendiati per riscuotere i soldi dell'assicurazione".

56) A. "È impossibile" significa "non è possibile", per cui "non (è impossibile)" equivale a "non (non è possibile)", che a sua volta, eliminando la doppia negazione, equivale semplicemente a "è possibile". Ciò posto, la frase della traccia "non è impossibile che il diario ritrovato dalla polizia possa contenere informazioni importanti" equivale a "è possibile che il diario ritrovato dalla polizia possa contenere informazioni importanti", ossia, in altri termini, "il diario ritrovato dalla polizia potrebbe contenere informazioni importanti".

57) D. Poiché "non è falsa l'ipotesi" equivale a "è vero che", la frase della traccia significa che "in base ai documenti in suo possesso, il notaio ha affermato che è vero che il nipote non ha ereditato la villa al mare", cosa corrispondente all'alternativa "Il nipote non ha ereditato la villa al mare in base ai documenti in possesso del notaio".

58) E. Indicando con 'NON P' l'enunciato "*La Gerusalemme liberata* NON è stata scritta da Torquato Tasso", l'affermazione della traccia diventa "È corretto negare che è vero che NON P". Poiché "negare che è vero" equivale a "affermare che è falso", l'affermazione della traccia corrisponde a "è corretto affermare che è falso che NON P". Poiché "è falso che NON P" equivale a "è vero che P", l'affermazione della traccia corrisponde a "è corretto affermare che è vero che P". In base a ciò non è errata l'alternativa per la quale "*La Gerusalemme liberata* è stata scritta da Torquato Tasso".

59) E. "Nessun giocattolo può sostituire l'amore di un genitore" è un enunciato universale negativo. Se è falso questo genere di enunciato, allora è certamente vero il corrispettivo enunciato particolare affermativo, che si ottiene sostituendo al quantificatore universale "nessuno" il quantificatore particolare "esiste almeno un": "ESISTE ALMENO UN giocattolo che può sostituire l'amore di un genitore".

60) D. Per risolvere il quesito, bisogna esaminare l'affermazione di Raffaele: "Se l'Inter batte la Juventus arriva prima in classifica". Si tratta di un'implicazione in cui "l'Inter batte la Juventus" è l'antecedente e "(l'Inter) arriva prima in classifica" è il conseguente. Quando si afferma un'implicazione, si esclude il caso che l'antecedente sia vero e il conseguente sia falso. Pertanto, la negazione di un'implicazione corrisponde al caso escluso: è VERO l'antecedente "l'Inter batte la Juventus" ed è FALSO il conseguente "(l'Inter) arriva prima in classifica", ossia è VERO l'enunciato "(l'Inter) NON arriva prima in classifica". Questo caso corrisponde all'alternativa di risposta "L'Inter può non arrivare prima in classifica anche se batte la Juventus".

Questionario 2
Relazioni d'ordine

1) **Se Costanza è sorella di Marianna e Ludovico è figlio di Marianna e Gianfranco, quale tra le seguenti affermazioni è sicuramente vera?**
A. Costanza è zia di Ludovico
B. Gianfranco è figlio unico
C. Ludovico è figlio unico
D. Gianfranco e Costanza sono fratelli
E. Costanza e Ludovico sono cugini

2) **Loredana, Federica e Alberta hanno sposato Vittorio, Alfredo e Leopoldo, due dei quali sono tra loro fratelli. Federica ha sposato il fratello di Alfredo; Alberta ha sposato Alfredo; Loredana non è cognata di Federica e Leopoldo non ha fratelli. Da tali premesse è possibile dedurre che il marito di Loredana è:**
A. Alfredo
B. Vittorio
C. Leopoldo
D. il fratello di Alfredo
E. il fratello di Vittorio

3) **Stefania è la sorella di Lucia e Rosaria e tutte e tre sono figlie di Donatella. Lucia è la madre di Giulia; Nina è la sorella di Donatella e la madre di Lara. Da tali premesse è possibile dedurre che:**
A. Lara è la cugina di Giulia
B. Lara è la cugina di Lucia
C. Nina è la nonna di Giulia
D. Donatella è la prozia di Lara
E. Donatella e Lara sono cugine

4) **Lisa ha una sorella di nome Francesca e un fratello di nome Giuliano, che ha sposato la sorella del marito di Lisa. Di conseguenza Francesca e la moglie di Giuliano:**
A. sono cugine acquisite
B. sono sorelle
C. sono semplici conoscenti
D. sono cognate
E. sono amiche

5) **Cristina è la nipote di Michele; Valentina è la mamma di Fortunato e di Cristina; Dino è il nonno materno di Fortunato. Da tali premesse è possibile dedurre che Michele è:**
A. il fratello di Valentina

B. il cugino di Valentina
C. il cugino di Fortunato
D. il papà di Valentina
E. il papà di Fortunato

6) **Se Gaia non ha sorelle, chi è la sorella del figlio del nonno materno della figlia di Gaia?**
A. Una zia di Gaia
B. Una cugina di Gaia
C. Gaia stessa
D. La mamma di Gaia
E. La nonna di Gaia

7) **La signora F, moglie di un ambasciatore delle Nazioni Unite, ha invitato diverse mogli di delegati per un pranzo. Ella desidera che le sue ospiti siano in grado di conversare almeno con una persona, seduta direttamente alla propria destra o sinistra. Ha dunque preparato la seguente lista:**
– la signora F parla solo inglese
– la signora G parla inglese e francese
– la signora H parla inglese e russo
– la signora J parla solo russo
– la signora K parla solo inglese
– la signora L parla solo francese
– la signora M parla francese e tedesco
– la signora N parla inglese e tedesco
– la signora O parla inglese e francese
– la signora P parla tedesco e russo
– la signora Q parla francese e tedesco
– la signora R parla solo inglese
– Quale delle seguenti disposizioni soddisfa i desideri della signora F?
I. FOLMPJHKGQNR
II. FRNLPKHJGMQO
III. FRGJHOLMQPKN
A. Solo la I
B. Solo la III
C. Solo la II
D. La I e la II
E. La I e la III

8) **Cinque amici occupano a teatro cinque poltrone contigue nella stessa fila: Anselmo è a fianco di Bruno ma non di Cesare, il quale è a lato di Dario ma non di Enrico, e questi è a lato di Bruno ma non di Dario. In quale ordine sono seduti?**
A. Cesare, Dario, Anselmo, Bruno, Enrico
B. Cesare, Dario, Bruno, Enrico, Anselmo
C. Dario, Cesare, Enrico, Bruno, Anselmo
D. Enrico, Dario, Anselmo, Bruno, Cesare
E. Anselmo, Bruno, Cesare, Enrico, Dario

9) **Oggi Marcella è andata a trovare la nonna (1) appena finito di mangiare (2). Tornerà a ritrovarla (3) dopo aver ritirato la borsa (4) che aveva lasciato in macchina cinque giorni fa (5). Individuare quale delle seguenti sequenze rappresenta il corretto svolgimento cronologico degli eventi.**
A. 12354
B. 21435
C. 54321
D. 52143
E. 21543

10) **Massimo, all'aeroporto di Roma, osserva i seguenti dati:**
1. **L'aereo che va a Francoforte parte 90 minuti dopo quello che va a Dublino che parte alle 10.00.**
2. **L'aereo in arrivo da Milano per Parigi atterra a Roma alle 10.00 e riparte alle 10.30.**
3. **25 minuti prima del volo per Francoforte parte l'aereo per Londra e, 10 minuti dopo quest'ultimo, quello per Barcellona.**

In base alle informazioni osservate, se l'aereo che va a Francoforte impiega un'ora e mezza per arrivare a destinazione, a che ora atterrerà a Francoforte?
A. Alle 13.00
B. Alle 13.30
C. Alle 13.40
D. Alle 14.00
E. Alle 13.15

11) **Maria, Anna e Lucia sono tre sorelle e almeno due sono bionde. Sapendo che se Maria è bionda anche Anna lo è, che se Lucia è bionda lo è anche Maria, e che tra Anna e Lucia almeno una non è bionda, si può dedurre che:**
A. Maria, Lucia e Anna sono bionde
B. Maria non è bionda e Anna è bionda
C. Maria e Lucia sono bionde
D. Lucia è bionda e Anna non è bionda
E. Lucia non è bionda e Anna è bionda

12) **Due fratelli, Andrea e Marco, sono tali che Andrea dice solo bugie il lunedì, mercoledì e venerdì e negli altri giorni dice sempre la verità, mentre Marco dice solo bugie il martedì, giovedì e sabato e negli altri giorni dice sempre la verità. Se ascoltate la seguente conversazione: Andrea: "oggi è domenica"; Marco: "ieri era domenica"; Andrea: "siamo in estate", quale tra le seguenti affermazioni è vera?**
A. È un lunedì ma non d'estate
B. È un lunedì d'estate
C. È una domenica d'estate
D. È una domenica ma non in estate
E. Non è domenica, né lunedì

13) **Delle tre società Alpha, Beta e Gamma almeno due sono lussemburghesi. Sapendo che se Alpha è lussemburghese anche Beta lo è, che se Gamma è lussembur-**

ghese lo è anche Alpha, e che tra Beta e Gamma almeno una è non lussemburghese, si può dedurre che:

A. Gamma non è lussemburghese e Beta è lussemburghese
B. Alpha non è lussemburghese e Beta è lussemburghese
C. Alpha, Gamma e Beta sono lussemburghesi
D. Alpha e Gamma sono lussemburghesi
E. Gamma è lussemburghese e Beta non è lussemburghese

14) **Quattro cavalli, Adamo, Bisset, Carolina e Demiurgo, partecipano ad una gara equestre. I proprietari dei cavalli sono Fini, Gini, Lini e Mini, non necessariamente in questo ordine. È inoltre noto che: il cavallo del signor Gini ha vinto il primo premio e non si chiama Carolina; Demiurgo è arrivato terzo; il cavallo del signor Lini si chiama Bisset ed è arrivato prima di Carolina; il cavallo del signor Fini non è arrivato terzo. Quale cavallo è arrivato ultimo?**

A. Il cavallo del signor Fini
B. Il cavallo del signor Lini
C. Adamo
D. Bisset
E. Il cavallo del signor Mini

15) **J è più anziano di K ma più giovane di L; K e L sono entrambi più giovani di M; N è più anziano di J. Se le precedenti informazioni sono corrette, X è più anziano di J se è anche vero che:**
1. X è più anziano di N.
2. N è più giovane di L e X è più giovane di M.
3. X e M hanno la stessa età.
Quali sono le condizioni sicuramente corrette?

A. 1, 2 e 3
B. 1 e 3
C. Solo 3
D. Solo 1
E. Solo 2

16) **Alberto ha tre figlie, Katia, Elisabetta e Marina, due delle quali sono bionde e una mora. Se Katia è bionda, allora lo è anche Elisabetta; se Elisabetta è bionda allora lo è anche Marina. In base a queste informazioni, quale delle seguenti è sicuramente vera?**

A. Katia è mora e Marina è bionda
B. Marina e Elisabetta sono more
C. Elisabetta è mora e Katia è bionda
D. Katia è bionda e Marina è mora
E. Katia e Elisabetta sono bionde

17) **Su un pianetino vivono tre persone: Antonio, Marco, Giovanni. Esiste una persona sul pianeta, più ricca di tutte le altre. Marco è più ricco di Antonio. Antonio è più povero di Giovanni. Quale delle seguenti conclusioni è sicuramente FALSA?**

A. Giovanni è il più ricco

B. Marco e Giovanni hanno la stessa quantità di soldi
C. Antonio è il più povero
D. Giovanni è più povero di Marco
E. Marco è il più ricco

18) Giovanni ha tre figli, Michele, Giampiero e Andrea, due dei quali sono alti e uno è basso. Se Michele è alto, allora lo è anche Giampiero; se Giampiero è alto allora lo è anche Andrea. In base a queste informazioni, quale delle seguenti è sicuramente vera?
A. Andrea e Giampiero sono bassi
B. Giampiero è basso e Michele è alto
C. Michele è basso e Andrea è alto
D. Michele è alto e Andrea è basso
E. Michele e Giampiero sono alti

19) "Giovanni è più vecchio di Carlo; Lorenzo è più vecchio di Mario; Mario è più giovane di Alessandro; Carlo e Alessandro sono gemelli". Sulla base delle precedenti affermazioni, quale delle seguenti è certamente vera?
A. Lorenzo è più vecchio di Alessandro
B. Giovanni è più vecchio di Mario
C. Carlo è più giovane di Lorenzo
D. Carlo è più giovane di Mario
E. Lorenzo è più vecchio di Giovanni

20) "La casa di Gabriella è a metà strada tra la casa di Paola e la casa di Pamela. La casa di Pamela è a metà strada tra la casa di Giuseppe e la casa di Gabriella". Dalle informazioni fornite si può dedurre che:
A. La distanza tra la casa di Paola e la casa di Pamela è uguale alla distanza tra la casa di Paola e la casa di Gabriella
B. Paola abita più vicino alla casa di Gabriella che non alla casa di Pamela
C. Pamela abita più vicino alla casa di Gabriella che non alla casa di Giuseppe
D. Pamela abita più lontano dalla casa di Gabriella che non dalla casa di Giuseppe
E. La distanza tra la casa di Gabriella e la casa di Giuseppe è uguale alla distanza tra la casa di Giuseppe e la casa di Pamela

21) Su un pianetino vivono tre persone: Antonio, Marco, Giovanni. Marco è più ricco di Antonio. Antonio è più povero di Giovanni. Quale delle seguenti conclusioni è sicuramente VERA?
A. Giovanni è il più ricco
B. Marco e Giovanni hanno quantità diverse di soldi
C. Antonio non è il più ricco
D. Giovanni è più povero di Marco
E. Marco è il più ricco

22) "Monica è più vecchia di Carlo; Lorenzo è più vecchio di Mario; Mario è più giovane di Sara; Carlo e Sara sono gemelli". Sulla base delle precedenti affermazioni, quale delle seguenti è certamente vera?

A. Carlo è più giovane di Lorenzo
B. Lorenzo è più vecchio di Monica
C. Lorenzo è più vecchio di Sara
D. Monica è più vecchia di Mario
E. Mario è più vecchio di Monica

23) In una gara, Sara ha battuto Giovanni; Giovanni non si è classificato primo; Luisa non è stata l'ultima; Daniele è stato battuto da Giacomo e da Luisa in quest'ordine; Giacomo è rimasto indietro rispetto a Giovanni. Chi ha vinto?
A. Daniele
B. Giacomo
C. Giovanni
D. Luisa
E. Sara

24) Se oggi è lunedì, qual è il giorno successivo al giorno che precede il giorno prima di domani?
A. Sabato
B. Domenica
C. Lunedì
D. Martedì
E. Mercoledì

25) In una maratona Sergio è stato più veloce di Giorgio, Daniele ha battuto Giovanni ma ha perduto rispetto a Giorgio, Giovanni ha sopravanzato Ugo. Chi è arrivato per ultimo?
A. Sergio
B. Giorgio
C. Daniele
D. Giovanni
E. Ugo

26) Il Signor Rossi parte dall'aeroporto della città Delta alle 8 (ora locale) e arriva all'aeroporto della città Gamma alle 11 (ora locale). Riparte da Gamma dopo 3 ore e atterra all'aeroporto di Delta alle 21 (ora locale). Quanto rimane in volo il Signor Rossi, supponendo che la durata del viaggio di andata sia la stessa di quella del viaggio di ritorno?
A. 10 ore
B. 12 ore
C. 6 ore
D. 4 ore
E. 3 ore

27) "Renato è più veloce di Alberto ma più lento di Giovanni, il quale a sua volta è più veloce di Franco ma più lento di Leo". Se le precedenti affermazioni sono vere, allora è necessariamente vero che:
A. Alberto è più veloce di Franco

B. Franco è più veloce di Alberto
C. Renato è più veloce di Franco
D. Renato è più veloce di Giovanni
E. Leo è più veloce di Renato

28) **Alla finale di una gara di automobilismo la classifica dal 1° al 7° posto è la seguente: Aldo, Fausto, Ilaria, Beatrice, Claudio, Enrico, Gaia. Cinque di questi sette piloti indossano il casco integrale e si sa che a indossarlo sono tre tra i primi quattro classificati e tre tra gli ultimi quattro classificati. Si può essere certi che a indossare il casco integrale è:**
A. Fausto
B. Gaia
C. Claudio
D. Beatrice
E. Enrico

29) **Andrea arriva in aeroporto a Roma e osserva i seguenti dati:**
1. L'aereo in arrivo da Milano per Praga atterra a Roma alle 12.00 e riparte alle 12.30.
2. L'aereo che va a Stoccolma parte 90 minuti dopo quello che va a Berlino che parte alle 12.00.
3. 40 minuti prima del volo per Stoccolma parte l'aereo per Madrid e, 10 minuti dopo quest'ultimo, quello per Lisbona.
In base alle informazioni precedenti, l'aereo che va a Lisbona parte:
A. 30 minuti dopo quello per Berlino
B. alla stessa ora di quello per Praga
C. un'ora dopo quello per Berlino
D. un'ora prima di quello per Stoccolma
E. 30 minuti prima di quello per Berlino

30) **In un autolavaggio lavorano Tizio, Caio e Sempronio come cassiere, magazziniere e operaio (non necessariamente in quest'ordine). Inoltre si sa che:**
1. L'operaio è il più magro ed è scapolo.
2. Tizio è il suocero di Sempronio ed è più grasso del magazziniere.
In base alle precedenti informazioni, quale delle seguenti affermazioni è necessariamente vera?
A. Tizio fa il magazziniere
B. Caio ha sposato la figlia di Sempronio
C. Sempronio è il più magro
D. Caio fa l'operaio
E. Caio è il più grasso

31) **Quattro cantanti, Mauro, Walter, Luigi e Fabrizio, hanno scritto ognuno una canzone dedicata alla propria Regione: Lombardia, Toscana, Veneto e Puglia (non necessariamente in quest'ordine). Ognuno dei quattro cantanti, inoltre, suona un solo strumento musicale: chitarra, piano, violino, tromba (non necessariamente in quest'ordine). Si sa che:**

1. Walter suona la tromba.
2. Fabrizio, originario della Lombardia, non suona il piano.
3. Mauro non suona la chitarra.
In base alle informazioni precedenti è certamente vero che Luigi:
A. suona il piano solo se Fabrizio suona il violino
B. è pugliese
C. è veneto
D. suona la chitarra, se Mauro suona il piano e Fabrizio suona il violino
E. suona il violino, se Mauro suona la tromba

32) **Blu, rosso, verde, marrone, nero e giallo sono i sei colori usati per indicare ognuno dei sei appartamenti in un palazzo di due piani (primo e secondo), in cui ogni piano prevede tre appartamenti. Si sa che giallo è posto proprio sotto blu e rosso è accanto a verde. In base alle precedenti informazioni, se rosso è accanto a blu:**
A. marrone è al secondo piano
B. nero è al primo piano
C. marrone è al primo piano e nero al secondo
D. rosso è al primo piano
E. blu è al primo piano

33) **Marianna ha tre sorelle, Francesca, Simona e Antonietta, e due fratelli, Domenico e Vincenzo. Si sa che:**
1. Domenico è il maggiore di tutti.
2. Vincenzo è più grande di Simona e Francesca (non necessariamente in quest'ordine) ma più piccolo di Marianna e Antonietta (non necessariamente in quest'ordine).
In base alle informazioni precedenti è certamente vero che:
A. Marianna è più piccola di Domenico ma più grande di Vincenzo
B. Vincenzo è più grande di Marianna
C. Simona è più piccola di Domenico ma più grande di Vincenzo
E. Domenico è più piccolo di Vincenzo
D. Marianna è più grande di Domenico

34) **La pagina dell'articolo di cronaca è posta 7 pagine prima rispetto alla rubrica dedicata alla cucina che è 3 pagine prima della pagina delle "lettere ai lettori" che è 6 pagine dopo quella dello sport che è a pagina 30. A che pagina è l'articolo di cronaca?**
A. 26
B. 29
C. 28
D. 27
E. 25

35) **Cinque treni: A, B, C, D ed E partono dalla stessa stazione diretti in cinque città differenti. Si sa che:**
1. C è più veloce di B ma arriva dopo di questo che è, invece, il primo ad arrivare.
2. A è l'ultimo ad arrivare anche se è più veloce di D e meno veloce di B.

3. **E, il secondo treno ad arrivare a destinazione è più veloce di D, ma meno veloce di A.**

In base alle precedenti informazioni il treno più veloce è:

A. C
B. B
C. D
D. A
E. E

36) **Andrea arriva in aeroporto a Roma e osserva i seguenti dati:**
1. **L'aereo in arrivo da Milano per Praga atterra a Roma alle 12.00 e riparte alle 12.30.**
2. **L'aereo che va a Stoccolma parte 90 minuti dopo quello che va a Berlino che parte alle 12.00.**
3. **40 minuti prima del volo per Stoccolma parte l'aereo per Madrid e, 10 minuti dopo quest'ultimo, quello per Lisbona.**

In base alle informazioni precedenti, l'aereo che va a Berlino parte:

A. 50 minuti prima di quello per Madrid
B. un'ora prima di quello per Stoccolma
C. 30 minuti dopo quello da Milano
D. alla stessa ora di quello per Praga
E. 30 minuti dopo quello per Stoccolma

37) **Quattro fratelli si chiamano Amilcare, Bernardo, Carlo e Dario. Amilcare è più anziano di Bernardo ed è più anziano di Dario. Bernardo è più anziano di Carlo. Allora vi sono informazioni sufficienti per dire che:**

A. Amilcare è il primogenito
B. Amilcare è il primogenito e Dario è l'ultimogenito
C. Bernardo è il secondogenito
D. Bernardo è più giovane di Dario
E. Dario è il primogenito

38) **Su uno strano pianeta, il calendario stabilisce che Natale viene prima di Pasqua e di Carnevale e che quest'ultimo viene dopo Ferragosto e prima di Santo Stefano. Quale dei seguenti potrebbe essere l'ordine corretto delle festività secondo il calendario in vigore sullo strano pianeta?**

A. Ferragosto – Carnevale – Natale – Pasqua – Santo Stefano
B. Natale – Santo Stefano – Pasqua – Ferragosto – Carnevale
C. Ferragosto – Carnevale – Santo Stefano – Pasqua – Natale
D. Natale – Pasqua – Ferragosto – Carnevale – Santo Stefano
E. Natale – Ferragosto – Pasqua – Carnevale – Santo Stefano

39) **Un guardiano lavora 4 giorni consecutivi e riposa il quinto. Se oggi il guardiano ha la giornata di riposo ed è lunedì, tra quanti giorni lavorativi riposerà nuovamente di lunedì?**

A. 25
B. 28

C. 30
D. 35
E. 22

40) Alla stazione ferroviaria di Roma, il prossimo treno per Milano parte 1 ora e 20 minuti prima di quello per Genova. Quest'ultimo parte 70 minuti dopo quello per Palermo, per prendere il quale i viaggiatori del treno proveniente da Torino e diretto ad Ancona hanno solo 5 minuti di tempo. Sapendo che tutti i treni in transito da Roma si fermano in stazione almeno 10 minuti e non più di 20, in quale ordine partono i treni per Milano, Genova, Palermo e Ancona?
A. Ancona, Milano, Palermo, Genova
B. Palermo, Milano, Ancona, Genova
C. Ancona, Palermo, Milano, Genova
D. Milano, Ancona, Palermo, Genova
E. Milano, Palermo, Ancona, Genova

41) In un gruppo di cinque persone, Attilio, Gaspare, Melchiorre, Danilo, Orazio, quella senza lavoro è la più alta mentre quella che fa l'industriale la più bassa. Gaspare è più basso di Attilio; né il più alto né il più basso sono sposati. Attilio, Melchiorre e Orazio vivono in affitto. Solo Gaspare e Melchiorre sono sposati. L'industriale possiede un palazzo in cui da vent'anni ha affittato un appartamento alla famiglia dell'operaio che è più basso del commerciante. Il commerciante, essendo solo, vive in affitto come il disoccupato. In ordine di altezza dal più basso al più alto si possono avere:
A. Melchiorre, Gaspare, Orazio, Danilo, Attilio
B. Gaspare, Danilo, Melchiorre, Orazio, Attilio
C. Danilo, Orazio, Gaspare, Attilio, Melchiorre
D. Danilo, Melchiorre, Gaspare, Attilio, Orazio
E. Melchiorre, Danilo, Attilio, Gaspare, Orazio

42) La prossima settimana Anna deve incontrare: Loredana, Roberta, Marisa, Paola, Gianni e Simona e ha a disposizione solo le sere di venerdì, sabato e domenica. Anna decide quindi di incontrare due amici ogni sera. Per organizzare gli appuntamenti si deve, però, ricordare che:
1. Roberta e Simona non vogliono incontrarsi tra di loro.
2. Paola non può uscire il venerdì sera.
3. Gianni può solo la domenica sera.
4. Marisa e Loredana escono solo insieme.
In base alle precedenti affermazioni, per poter incontrate tutti e sei gli amici, quale delle seguenti persone Anna NON incontrerà sicuramente il sabato?
A. Simona
B. Paola
C. Roberta
D. Marisa
E. Roberta e Simona

43) Cinque treni, A, B, C, D ed E, partono dalla stessa stazione diretti in cinque città differenti. Si sa che:

1. C è più veloce di B ma arriva dopo di questo che è, invece, il primo ad arrivare.
2. A è l'ultimo ad arrivare anche se è più veloce di D e meno veloce di B.
3. E, il secondo treno ad arrivare a destinazione, è più veloce di D, ma meno veloce di A.

In base alle precedenti informazioni il quarto treno più veloce è:

A. B
B. C
C. D
D. E
E. A

44) In un torneo quadrangolare di basket hanno partecipato quattro squadre: Fortitudo, Vis, Juventus e Virtus. Ciascuna squadra ha incontrato tutte le altre una sola volta. Ogni vittoria vale un punto, ogni sconfitta zero punti e non sono ammessi pareggi. Si sa che: la Fortitudo ha sempre perso; la Vis ha vinto con la Juventus e la Virtus ha perso solo con la Juventus. Quante squadre hanno ottenuto a fine torneo lo stesso punteggio?

A. Due
B. Tre
C. Nessuna, perché ciascuna squadra ha totalizzato un punteggio diverso dalle altre
D. Vis e Virtus
E. Una

45) Un aereo parte da Parigi per New York nello stesso istante in cui un altro aereo parte da New York per Parigi. I due velivoli percorrono la stessa rotta in direzioni opposte e il primo mantiene una velocità media doppia rispetto al secondo. Quando i due aerei si incontreranno, quale dei due sarà più distante da Parigi?

A. L'aereo partito da New York
B. Per i due aerei la distanza da Parigi sarà la stessa
C. L'aereo partito da Parigi
D. I dati sono insufficienti per rispondere
E. I due aerei non si incontrano

46) Problema: "Neri, Rossi e Bianchi giocano come terzini nella stessa squadra di calcio. Si sa che se Bianchi gioca, gioca anche Neri; Neri e Rossi giocano spesso, ma non lo fanno mai tutti e due insieme; Bianchi o Rossi giocano spesso, insieme o singolarmente; d'altra parte se Rossi gioca, allora viene inserito in squadra anche Bianchi". Ammesse per vere tali premesse, quali terzini giocano insieme?

A. Nessuno
B. Bianchi, Rossi e Neri
C. Rossi e Neri
D. Bianchi e Rossi
E. Bianchi e Neri

47) Problema: "Tre amici, Giovanni, Marco e Filippo vanno spesso al cinema. Si sa che se Filippo va al cinema, ci va anche Giovanni; Giovanni e Marco non ci vanno mai tutti e due insieme; può anche succedere che Filippo o Marco vadano al cinema singolarmente; d'altra parte se Marco va al cinema, allora ci va anche Filippo". Ammesse per vere tali promesse, chi è andato al cinema in coppia?

A. Nessuno
B. Giovanni e Marco
C. Filippo e Marco
D. Giovanni e Filippo
E. Sono andati al cinema in coppia tutte le coppie che si possono formare combinando gli amici a due a due

48) Andrea arriva in aeroporto a Roma e osserva i seguenti dati:

1. L'aereo in arrivo da Milano per Praga atterra a Roma alle 12.00 e riparte alle 12.30.
2. L'aereo che va a Stoccolma parte 90 minuti dopo quello che va a Berlino che parte alle 12.00.
3. 40 minuti prima del volo per Stoccolma parte l'aereo per Madrid e, 10 minuti dopo quest'ultimo, quello per Lisbona.

In base alle informazioni precedenti, l'aereo che va a Praga parte:

A. un'ora prima di quello per Lisbona
B. 20 minuti prima di quello per Madrid
C. 2 ore prima di quello per Stoccolma
D. 30 minuti prima di quello per Madrid
E. 30 minuti prima di quello per Stoccolma

49) Date le seguenti relazioni: A è B, B è C, C può essere A, A non è D, C non è D, E non è C. Quale delle seguenti conclusioni relative a E è corretta?

A. Ogni D è E
B. E può essere A
C. E può essere B
D. A non può essere E
E. A non può essere B

50) Sul tavolo, il vaso di fiori sta tra la bottiglia e l'oliera. La bottiglia si trova tra l'oliera e il pane. Conseguentemente:

A. il vaso di fiori è più vicino alla bottiglia che al pane
B. il vaso di fiori si trova fra la bottiglia e il pane
C. l'oliera è più vicina al pane che al vaso di fiori
D. il pane e l'oliera sono sicuramente equidistanti dalla bottiglia
E. l'oliera è più vicina al pane che alla bottiglia

51) "Tommaso è il fratello di Luca; Luca è il figlio di Luigi; Luigi è il papà di Sara; Alberto è il figlio di Luca". È dunque possibile concludere che:

A. Sara è sorella di Tommaso
B. Luigi è zio di Alberto
C. Alberto e Tommaso sono fratelli

D. Alberto è lo zio di Sara
E. Tommaso e Luca sono cugini

52) "Tommaso è il fratello di Luca e Giovanni e tutti e tre sono figli di Davide. Luca è il padre di Marco. Carlo è il fratello di Davide e il padre di Ernesto". È dunque possibile concludere che:
A. Davide è il prozio di Ernesto
B. Carlo è il nonno di Marco
C. Ernesto è lo zio di Marco
D. Ernesto è il cugino di Tommaso
E. Tommaso è il papà di Marco

53) Alla finale di una gara di sci di fondo la classifica dal 1° al 7° posto è la seguente: Aldo, Fausto, Ilaria, Gaia, Beatrice, Claudio, Enrico. Cinque di questi sette ragazzi usano la tecnica "di pattinaggio" e si sa che ad usare la tecnica "di pattinaggio" sono tre tra i primi quattro classificati e tre tra gli ultimi quattro classificati. Si può essere certi che a usare la tecnica "di pattinaggio" è:
A. Fausto
B. Claudio
C. Ilaria
D. Gaia
E. Enrico

54) "Angela è più grassa di Maria ma più magra di Chiara, la quale a sua volta è più grassa di Sara ma più magra di Lina". Se le precedenti affermazioni sono vere, quale delle seguenti è certamente vera?
A. Sara è più grassa di Angela
B. Maria è più grassa di Sara
C. Lina è più grassa di Angela
D. Sara è più grassa di Maria
E. Lina è più magra di Chiara

55) Elio è nato prima di Franco, il quale è nato prima di Giorgio. Anche Italo è nato prima di Giorgio. Pertanto:
A. Elio e Franco hanno sicuramente età diverse
B. Franco ha il doppio dell'età di Giorgio
C. È certo che Elio sia il più anziano
D. Elio e Franco possono avere la stessa età
E. È certo che Italo sia il più anziano

56) In un grattacielo di 100 piani un ascensore fermo al 32° piano inizia la risalita e nello stesso istante un secondo ascensore comincia a scendere. Si sa che mentre il primo sale di tre piani, il secondo scende di quattro piani. Sapendo che si incontreranno al 50° piano, da quale piano è partito il secondo ascensore?
A. Dal 70° piano
B. Dal 68° piano
C. Dal 74° piano

D. Dal 72° piano
E. Dal 69° piano

57) Sulla scrivania del dirigente il telefono sta tra il porta penne e l'agenda. Il porta penne si trova tra l'agenda e il fax. Conseguentemente:
A. l'agenda si trova tra il fax ed il porta penne
B. il telefono è più vicino al porta penne che al fax
C. l'agenda si trova tra il fax ed il telefono
D. il fax è più vicino all'agenda che al telefono
E. l'agenda è più vicina al fax che al telefono

58) Nel parco giochi, lo scivolo sta tra l'altalena e la fontana. L'altalena si trova tra la fontana ed il dondolo. Conseguentemente:
A. il dondolo è più vicino alla fontana che allo scivolo
B. lo scivolo è più vicino all'altalena che al dondolo
C. la fontana si trova tra il dondolo e lo scivolo
D. la fontana si trova tra il dondolo e l'altalena
E. lo scivolo si trova tra l'altalena e il dondolo

59) A è più grasso di B. C e D sono entrambi più magri di E. B è più grasso di C ma più magro di D. Se le precedenti informazioni sono corrette, F è più grasso di B se è anche vero che:
A. F è più grasso di A
B. F è più grasso di C
C. E è più grasso di A
D. E è più grasso di F
E. C è più magro di F

60) Andrea arriva in aeroporto a Roma e osserva i seguenti dati:
1. L'aereo in arrivo da Milano per Praga atterra a Roma alle 12.00 e riparte alle 12.30.
2. L'aereo che va a Stoccolma parte 90 minuti dopo quello che va a Berlino che parte alle 12.00.
3. 40 minuti prima del volo per Stoccolma parte l'aereo per Madrid e, 10 minuti dopo quest'ultimo, quello per Lisbona.
In base alle informazioni precedenti, se l'aereo che va a Stoccolma impiega un'ora e mezza per arrivare a destinazione, a che ora atterrerà a Stoccolma?
A. Alle 15.00
B. Alle 15.30
C. Alle 14.00
D. Alle 14.30
E. Alle 13.30

Risposte commentate
Relazioni d'ordine

1) A. Essendo Costanza sorella di Marianna, cioè della mamma di Ludovico, è sicuramente vero che Costanza è zia di Ludovico.

2) C. La traccia dice che due dei tre uomini, Vittorio, Alfredo e Leopoldo, sono tra loro fratelli e che Leopoldo non ha fratelli. Si deduce che i fratelli sono Vittorio e Alfredo. Inoltre, la traccia informa che Alberta ha sposato Alfredo e che Federica ha sposato il fratello di Alfredo, che, come si è appena stabilito, è Vittorio. Dunque, non resta che concludere che Loredana ha sposato il restante dei tre uomini, cioè Leopoldo.

3) B. Se Donatella e Nina sono sorelle, allora le figlie di Donatella, ossia Stefania, Lucia e Rosaria, sono cugine della figlia di Nina, cioè Lara. Pertanto, dalle premesse della traccia è possibile dedurre che Lara è la cugina di Lucia.

4) D. Se Francesca è la sorella di Lisa e Giuliano il fratello di Lisa, allora Francesca è anche la sorella di Giuliano. È chiaro, quindi, che la moglie di Giuliano è la moglie del fratello di Francesca, cioè è la cognata di Francesca. Pertanto, la risposta corretta è che Francesca e la moglie di Giuliano sono cognate.

5) A. Per risolvere il quesito più facilmente, si può fare uso di un grafico che rappresenti i dati forniti nella traccia. Se Dino è il nonno materno di Fortunato, questo significa che Dino è il papà della mamma di Fortunato. Poiché la mamma di Fortunato e di Cristina è Valentina, Dino è il papà di Valentina. Dunque, si deve escludere che Michele sia il papà di Valentina. Inoltre, dal momento che Fortunato e Cristina sono fratelli, Michele non può essere né il cugino né il papà di Fortunato, perché in tali casi Michele sarebbe rispettivamente il cugino e il papà anche di Cristina, mentre la traccia informa che Cristina è la nipote e non la cugina o la figlia di Michele. Analogamente si deve escludere che Michele sia il padre di Dino, perché in tal caso Michele sarebbe il bisnonno di Cristina e quest'ultima sarebbe la pronipote di Michele e non, come si afferma nella traccia, la nipote. Perciò, la risposta corretta è data dall'opzione restante, cioè "fratello di Valentina": Cristina, essendo figlia di Valentina, è nipote di Michele poiché quest'ultimo è il fratello di Valentina.

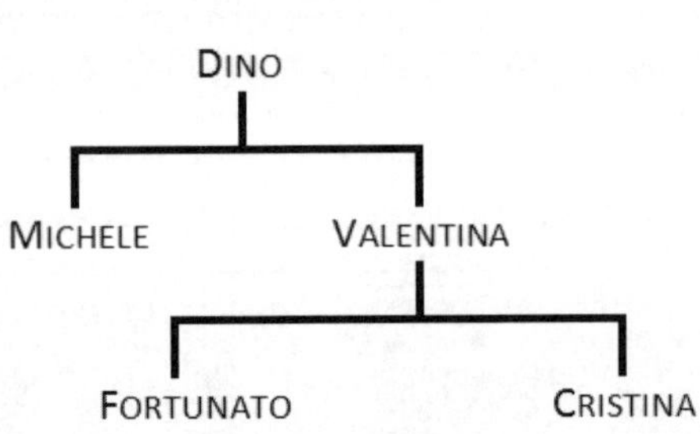

6) C. Il nonno materno della figlia di Gaia è il papà di Gaia. Dunque, il figlio del nonno materno della figlia di Gaia è il figlio del papà di Gaia e, perciò, il fratello di Gaia. Poiché Gaia non ha sorelle, l'unica sorella di suo fratello è necessariamente Gaia stessa. Per risolvere il quesito più facilmente, si può ragionare rappresentando nel seguente schema le relazioni di parentela indicate dalla traccia:

NONNO MATERNO DELLA FIGLIA DI GAIA = PAPÀ DI GAIA

GAIA — **FIGLIO DEL NONNO MATERNO DELLA FIGLIA DI GAIA = FIGLIO DEL PAPÀ DI GAIA**

=

FIGLIA DI GAIA — **FRATELLO DI GAIA**

7) E. Di seguito, sono indicate le tre disposizioni, in cui si sono aggiunti ai nomi delle signore, a destra e a sinistra della rispettiva lettera, le iniziali delle lingue che ciascuna parla e che può essere usata per parlare con le persone sedute alla propria destra e sinistra:

I.	${}_iF_i$	${}_iO_f$	${}_fL_f$	${}_fM_t$	${}_tP_r$	${}_rJ_r$	${}_rH_i$	${}_iK_i$	${}_iG_f$	${}_fQ_t$	${}_tN_i$	${}_iR_i$
II.	${}_iF_i$	${}_iR_i$	${}_iN_t$	${}_fL_f$	${}_tP_r$	${}_iK_i$	${}_iH_r$	${}_rJ_r$	${}_iG_f$	${}_fM_t$	${}_tQ_f$	${}_fO_i$
III.	${}_iF_i$	${}_iR_i$	${}_iG_f$	${}_rJ_r$	${}_rH_i$	${}_iO_f$	${}_fL_f$	${}_fM_t$	${}_tQ_f$	${}_tP_r$	${}_iK_i$	${}_iN_t$

Le disposizioni che soddisfano la signora F sono la I e la III. Nella I ciascuna ospite può conversare con *entrambe* le signore sedute alla propria destra e sinistra. Nella III ciascuna ospite può conversare *almeno* con una persona seduta direttamente alla propria destra o sinistra.
Nella disposizione II, invece, le signore L e P non possono conversare con alcuna delle due signore sedute direttamente accanto a loro.

8) A. Ricostruiamo la sequenza delle poltrone occupate dalle informazioni forniteci. Se Anselmo è al fianco di Bruno possiamo ipotizzare le due seguenti configurazioni:

Anselmo – Bruno oppure **Bruno – Anselmo**

Inoltre Cesare è al lato di Dario, quindi

Cesare – Dario oppure **Dario – Cesare**

Inoltre Enrico è al lato di Bruno, che era già di fianco ad Anselmo, quindi:

Anselmo – Bruno – Enrico oppure **Enrico – Bruno – Anselmo**

Sappiamo che Cesare (che è di fianco a Dario) non sta al fianco di Enrico e neanche di Anselmo, quindi:

Cesare – Dario – Anselmo – Bruno – Enrico

opp. **Enrico – Bruno – Anselmo – Dario – Cesare**

Notiamo che dalle informazioni dateci entrambe le configurazioni presentateci sono valide, in particolare però solo la prima è presentata tra le opzioni.

9) D. Per risolvere questo esercizio è sufficiente servirsi di un foglio per prendere appunti su cui si traccia una linea temporale come si vede nel disegno:

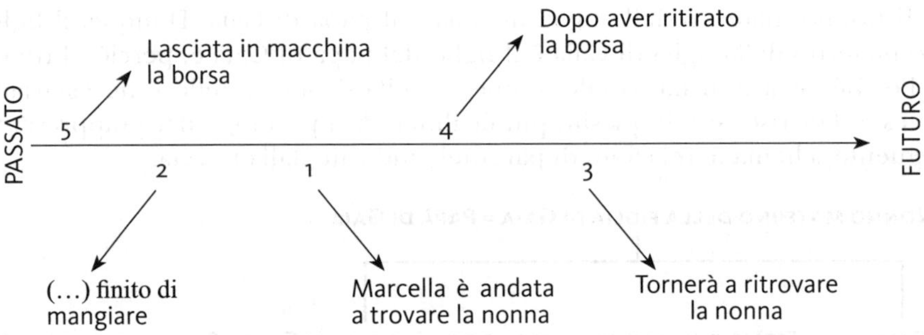

Si deve tracciare una linea abbastanza lunga da contenere i cinque eventi dell'esercizio. Su un punto qualsiasi della linea orizzontale (*continuum*) si inserisce il primo evento citato, in questo caso Marcella che va a trovare sua nonna, segnato con il numero 1.

Poi decideremo dove inserire il secondo evento "appena finito di mangiare" 2. Se l'evento si colloca sulla linea temporale dopo che Marcella è andata a trovare la nonna segneremo il codice 2 a destra del codice 1, se invece è un evento che avviene precedentemente lo segneremo a sinistra del codice 1. Poiché Marcella finisce di mangiare prima di andare dalla nonna, allora inseriremo il codice 2 a sinistra del codice 1, perché è un avvenimento cronologicamente più lontano. Manteniamo uno spazio sufficiente tra i due eventi perché è possibile trovare degli esercizi che inseriscono eventi anche tra i due eventi prima descritti, comunque non in questo caso. Proseguiamo.

La frase "tornerà a ritrovarla" ci indica che questo evento si colloca temporalmente dopo il codice 1, quindi alla destra di 1. Però un evento cronologicamente anteriore al 3 è l'evento segnato con il numero 4, cioè "aver ritirato la borsa" che avviene prima di tornare dalla nonna, per cui alla sinistra di 3 ma alla destra di 1. Ma non basta, c'è ancora un altro evento da collocare nella sequenza che è "la borsa (...) che aveva lasciato cinque giorni fa" indicata con il codice 5. Qui ci vuole un minimo di scaltrezza; abbiamo imparato che l'ideatore di queste prove intende mettere in difficoltà l'esaminando, per cui ricerca le complicazioni che stravolgono tutto proprio alla fine quando generalmente si pensa di avere "strada libera". Invece questo evento citato per ultimo è quello cronologicamente più distante, quindi si collocherà necessariamente prima dell'evento codificato con il numero 2.

Senza l'aiuto del piccolo grafico molto più difficilmente saremmo riusciti ad individuare l'esatta sequenza cronologica descritta, quindi ora siamo certi che la risposta giusta è quella alla lettera D.

10) A. In base ai dati, ordiniamo, per orario, le partenze e gli arrivi all'aeroporto di Roma così come si evincono dal testo.

Partenze	Arrivi
ore 10:00 Dublino ore 10:30 Parigi ore 11:05 Londra ore 11:15 Barcellona ore 11:30 Francoforte	ore 10: Milano

Dallo schema si evince che l'aereo per Francoforte parte da Roma alle 11.30, pertanto, se impiega un'ora e mezza per arrivare a destinazione, atterra a Francoforte alle 13.00; la risposta esatta è la A.

11) E. Con l'ausilio di un semplice schema grafico è possibile risolvere questo tipo di problemi semplicemente e senza errori.
Partiamo dalla premessa che pone un primo vincolo importante: *almeno due delle tre sorelle sono bionde,* che possiamo schematizzare come segue:

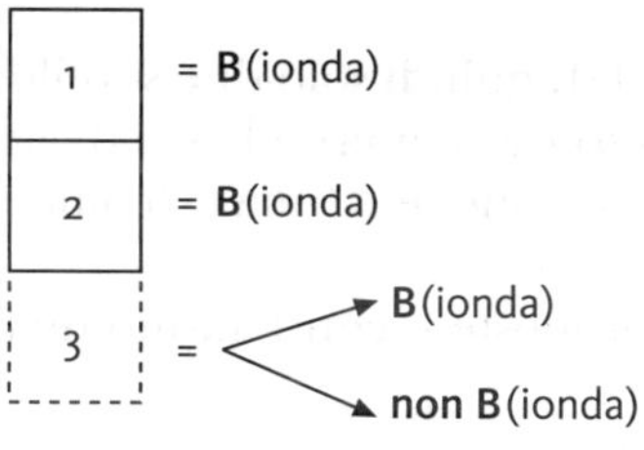

Ancora, ovviamente, non sappiamo il nome delle bionde né quante sono bionde (potrebbero essere anche tutte e tre bionde, ma non potrebbero essere una bionda e due non bionde, né nessuna bionda).
È utile a questo punto mettere su una riga le iniziali dei nomi delle tre sorelle:

M(aria) **A**(nna) **L**(ucia)

preparandoci a collegare tra loro i nomi con le affermazioni riportate successivamente dal problema.
Una prima indicazione è "se Maria è bionda anche Anna lo è" e questa affermazione la rappresenteremo come vincolo condizionante unidirezionale (indicato da una freccia) in questo modo:

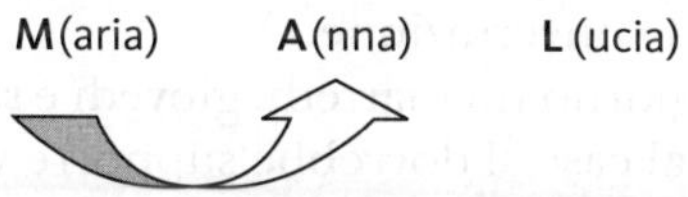

La seconda indicazione data è "se Lucia è bionda lo è anche Maria" che rappresenteremo in questo modo:

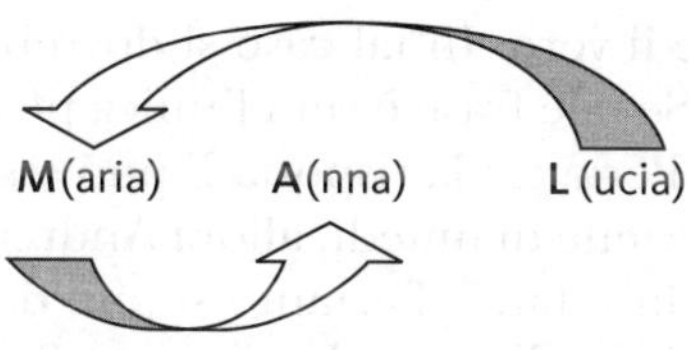

Infine la terza indicazione "tra Anna e Lucia almeno una non è bionda" la rappresenteremo così:

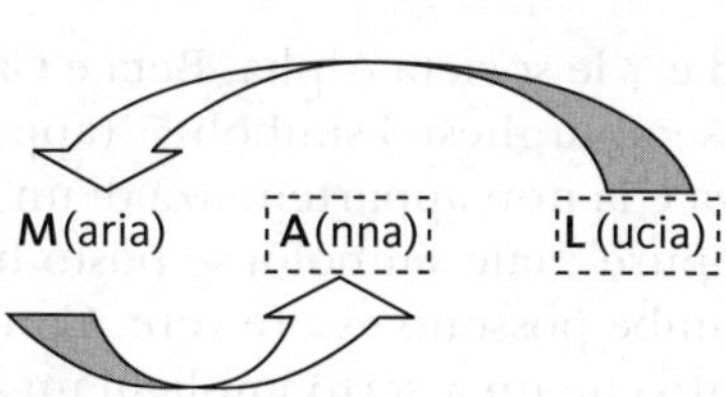

Quest'ultima affermazione ha risolto la premessa in questo modo:

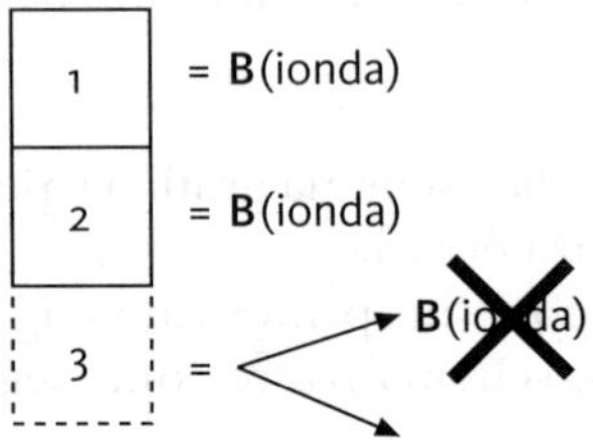

cioè una sorella è non B(ionda), quindi solo due sorelle sono B(ionde).
Dato che l'incertezza è soltanto tra A(nna) e L(ucia), sicuramente M(aria) è bionda, quindi se M(aria) è bionda lo è anche A(nna), (come da premessa) per cui la non bionda è necessariamente L(ucia).
Ritornando alle alternative proposte e con l'ausilio dell'ultima figura rappresentata possiamo dedurre che:

A.	Maria, Lucia e Anna sono bionde	FALSA
B.	Maria non è bionda e Anna è bionda	FALSA
C.	Maria e Lucia sono bionde	FALSA
D.	Lucia è bionda e Anna non è bionda	FALSA
E.	Lucia non è bionda e Anna è bionda	VERA

12) A. Si suppone che sia domenica. In questa giornata sia Andrea che Marco dicono la verità. In tal caso dovrebbero essere vere sia la frase detta da Andrea "Oggi è domenica", sia quella detta da Marco "Ieri era domenica".
Le due frasi sono in contraddizione, pertanto si è giunti ad un assurdo supponendo che fosse domenica. Si possono quindi eliminare le risposte C e D che indicano la domenica come giorno della conversazione.
Si supponga di essere in un giorno tra martedì, giovedì e sabato, nei quali Marco mente e Andrea dice il vero. In tal caso si dovrebbe supporre vera la frase di Andrea "oggi è domenica". Si è giunti nuovamente ad una contraddizione in quanto se la conversazione avviene martedì, giovedì o sabato, allora non può essere domenica.
Si supponga infine di essere in un giorno tra lunedì, mercoledì e venerdì, nei quali Andrea mente e Marco dice il vero. In tal caso si dovrebbe supporre vera la frase di Marco "ieri era domenica". Se tale frase è vera l'unica possibilità è che la conversazione stia avvenendo il lunedì. Pertanto la risposta E può essere scartata.
Infine se la conversazione avviene di lunedì, allora Andrea mente; quindi è falso quello che Andrea dice: "siamo in estate". Pertanto si può dedurre che la conversazione avviene di lunedì e non avviene d'estate. La risposta B può essere scartata e risulta corretta la risposta A.

13) A. Si indicano con α, β e γ le società Alpha, Beta e Gamma; inoltre si indica con L l'insieme delle società lussemburghesi. I simboli $\in$ (appartiene) e $\notin$ (non appartiene) indicano l'appartenenza e la non appartenenza di un elemento ad un insieme. Il simbolo $\vee$ significa "o", "oppure"; tale simbolo, se posto tra due affermazioni, indica che o l'una o l'altra o entrambe possono essere vere. Con il simbolo $\Rightarrow$ si indica l'implicazione logica, ossia il fatto che un asserto implichi un altro asserto.

Gli asserti presenti nella traccia si possono esprimere simbolicamente nel modo seguente:

n.	Linguaggio naturale	Linguaggio simbolico
1	"Tra Alpha, Beta e Gamma almeno due sono lussemburghesi" ossia "Alpha e Beta sono lussemburghesi, oppure Beta e Gamma sono lussemburghesi, oppure Gamma e Alpha sono lussemburghesi"	$\alpha,\beta \in L \vee \beta,\gamma \in L \vee \gamma,\alpha \in L$
2	"se Alpha è lussemburghese anche Beta lo è" ossia "se Alpha è lussemburghese allora Beta è lussemburghese"	$\alpha \in L \Rightarrow \beta \in L$
3	"se Gamma è lussemburghese lo è anche Alpha" ossia "se Gamma è lussemburghese allora Alpha è lussemburghese"	$\gamma \in L \Rightarrow \alpha \in L$
4	"tra Beta e Gamma almeno una è non lussemburghese" ossia "o Beta oppure Gamma o entrambe non sono lussemburghesi"	$\beta \notin L \vee \gamma \notin L$

Partendo dalla frase 1 si procede secondo le tre ipotesi che essa prospetta.
Si elimina subito l'ipotesi che Beta e Gamma siano lussemburghesi perché questo contraddice la frase 4 che afferma che "o Beta oppure Gamma o entrambe non sono lussemburghesi".
Se Alpha e Gamma sono lussemburghesi, allora dalla frase 2 si deduce che se Alpha è lussemburghese, allora anche Beta lo è. Pertanto le tre società devono essere tutte lussemburghesi, ma questo contraddice sia la frase 1 che la frase 4.
Resta in piedi solo l'ipotesi che Alpha e Beta siano lussemburghesi. Questo asserto non contraddice nessuna delle quattro frasi.
Pertanto abbiamo che Alpha e Beta sono lussemburghesi, mentre Gamma non è lussemburghese.
Questo asserto è garantito solo dalla risposta A che afferma che Gamma non è lussemburghese mentre Beta lo è. La risposta A è corretta.
La risposta B va scartata perché Alpha è lussemburghese; le risposte C, D ed E vanno scartate perché Gamma non è lussemburghese.

14) A. Si indicano i cavalli con le seguenti lettere: A = Adamo, B = Bisset, C = Carolina e D = Demiurgo. Si indicano i proprietari con le seguenti lettere: F = Fini, G = Gini, L = Lini e M = Mini.
Si vuole completare la seguente tabella che riporta la posizione di ciascun cavallo e il proprietario del cavallo.

Posizione	1	2	3	4
Cavallo				
Proprietario				

Mediante gli asserti "il cavallo del signor Gini ha vinto il primo premio e non si chiama Carolina" e "Demiurgo è arrivato terzo" si può riempire la tabella nel modo seguente:

Posizione	1	2	3	4
Cavallo	*A, B*		*D*	
Proprietario	*G*			

Mediante l'asserto "il cavallo del signor Lini si chiama Bisset ed è arrivato prima di Carolina" si deve necessariamente collocare il cavallo *B* in seconda posizione, per piazzarlo prima del cavallo *C* da collocare in quarta.

Posizione	1	2	3	4
Cavallo	*A*	*B*	*D*	*C*
Proprietario	*G*	*L*		

Mediante l'asserto "il cavallo del signor Fini non è arrivato terzo" si deve necessariamente collocare il proprietario *F* in ultima posizione, perché non può essere terzo. Quindi si completa la tabella nel modo seguente.

Posizione	1	2	3	4
Cavallo	A	*B*	D	*C*
Proprietario	*G*	*L*	*M*	*F*

Quindi il cavallo del signor Fini è arrivato ultimo e la risposta A è corretta.
La risposta B va scartata in quanto il cavallo di Lini è arrivato secondo; la risposta C va scartata in quanto Adamo è arrivato primo; la risposta D va scartata in quanto Bisset è arrivato secondo; la risposta E va scartata in quanto il cavallo di Mini è arrivato terzo.

15) B. Si traducono gli asserti della traccia utilizzando il simbolo > (maggiore) per indicare "più anziano" ed il simbolo < (minore) per indicare "più giovane". Infine si usa il simbolo = (uguale) per indicare che due soggetti hanno la stessa età. Gli asserti presenti nella traccia si traducono simbolicamente nel modo seguente:

n.	Linguaggio naturale	Linguaggio simbolico
a	*"J è più anziano di K"*	$J > K$
b	*"J è (...) più giovane di L"*	$J < L$
c	*"K e L sono entrambi più giovani di M"*	$K,L < M$
d	*"N è più anziano di J"*	$N > J$

Si stabilisce ora il seguente asserto:

n.	Linguaggio naturale	Linguaggio simbolico
e	*"X è più anziano di J"*	$X > J$

Si chiede quale dei seguenti tre asserti deve essere vero perché sia vero l'asserto "e".

n.	Linguaggio naturale	Linguaggio simbolico
1	*"X è più anziano di N"*	$X > N$
2	*"N è più giovane di L e X è più giovane di M"*	$N < L \quad X < M$
3	*"X e M hanno la stessa età"*	$X = M$

Occorre pertanto capire se unendo di volta in volta gli asserti 1, 2 e 3 con gli asserti da "*a*" fino a "*d*" è possibile ricavare l'asserto "*e*".
Se si suppone vero l'asserto 1, allora unendo tale informazione con l'asserto "*d*" si ottiene $X > N > J$, pertanto si è dedotto che $X > J$. Questo è proprio l'asserto "*e*". Quindi l'asserto 1 è una condizione corretta perché si verifichi la "*e*".
Se si suppone vero l'asserto 3, allora unendo tale informazione con l'asserto "*c*" si ottiene $X = M > L$, ossia $X > L$. Inoltre, unendo quest'ultima informazione con l'asserto "*b*" si ottiene $X > L > J$, ossia $X > J$. Questo è proprio l'asserto "*e*". Quindi l'asserto 3 è una condizione corretta perché si verifichi la "*e*".
Si noti infine che se si suppone vero l'asserto 2 non si può dimostrare l'asserto "*e*". Difatti sia la condizione $N < L$ che la condizione $X < M$ non si possono combinare con quelle da "*a*" fino a "*d*" per ottenere la "*e*". Quindi solo le condizioni 1 e 3 sono utili per ottenere l'asserto "*e*". Pertanto la risposta corretta è la B.

16) A. Si indicano con *k, e, m* rispettivamente Katia, Elisabetta e Marina. Inoltre si indica con *B* l'insieme delle bionde e con *M* l'insieme delle more. I simboli ∈ (appartiene) e ∉ (non appartiene) indicano l'appartenenza e la non appartenenza di un elemento ad un insieme. Con il simbolo ⇒ si indica l'implicazione logica, ossia il fatto che un asserto implichi un altro asserto. Il simbolo ∨ significa "o"; tale simbolo, se posto tra due affermazioni, indica che o l'una o l'altra o entrambe possono essere vere. Gli asserti presenti nella traccia si possono esprimere simbolicamente nel modo seguente:

n.	Linguaggio naturale	Linguaggio simbolico
1	"Tra Katia, Elisabetta e Marina, due sono bionde e una mora" ossia "Katia e Elisabetta sono bionde, oppure Katia e Marina sono bionde, oppure Elisabetta e Marina sono bionde"	$k,e \in B \vee k,m \in B \vee e,m \in B$
2	"Se Katia è bionda, allora lo è anche Elisabetta" ossia "Se Katia è bionda, allora Elisabetta è bionda"	$k \in B \Rightarrow e \in B$
3	"se Elisabetta è bionda allora lo è anche Marina" ossia "se Elisabetta è bionda allora anche Marina è bionda"	$e \in B \Rightarrow m \in B$

Partendo dalla frase 1 si procede secondo le tre ipotesi che essa prospetta.
Se Katia e Elisabetta sono bionde, allora dalla frase 3 si deduce che se Elisabetta è bionda, allora anche Marina lo è. Pertanto le tre ragazze devono essere tutte bionde, ma questo contraddice la frase 1.
Se Katia e Marina sono bionde, allora dalla frase 2 si deduce che se Katia è bionda, allora anche Elisabetta lo è. Pertanto le tre ragazze devono essere tutte bionde, ma questo contraddice la frase 1.
Se, invece, Elisabetta e Marina sono bionde, allora non c'è alcun modo di dedurre che Katia sia bionda. L'unica ipotesi che resta in piedi è che Elisabetta e Marina siano le due ragazze bionde delle tre (frase 1). Pertanto Katia deve essere mora.
Quindi Elisabetta e Marina sono bionde, mentre Katia è mora.
Questo asserto è garantito solo dalla risposta A che afferma che Katia è mora mentre Marina è bionda. La risposta A è corretta.

La risposta B va scartata perché Marina e Elisabetta sono bionde; le risposte C, D ed E vanno scartate perché Katia è mora.

17) B. Si indicano con *A*, *M* e *G* rispettivamente Antonio, Marco e Giovanni. Si indica con il simbolo > (maggiore) la caratteristica di essere "più ricco", mentre si indica con < (minore) la caratteristica di essere "più povero". Il simbolo = (uguale) indica invece che due individui hanno lo stesso livello di ricchezza. Gli asserti presenti nella traccia si possono esprimere simbolicamente nel modo seguente:

n.	Linguaggio naturale	Linguaggio simbolico
1	*"Marco è più ricco di Antonio"*	$M > A$
2	*"Antonio è più povero di Giovanni"*	$A < G$ ossia $G > A$

Dagli asserti 1 e 2 si può dedurre simbolicamente che $M,G > A$ ossia che Marco e Giovanni sono più ricchi di Antonio.
La frase $M,G > A$ può implicare simbolicamente tre cose:
1) $M > G > A$
2) $G > M > A$
3) $M = G > A$
Si noti che la terza opzione deve necessariamente essere scartata in quanto si afferma nella traccia che "Esiste una persona sul pianeta, più ricca di tutte le altre". Pertanto Marco e Giovanni non possono possedere uguale ricchezza. Quindi risulta sicuramente falsa la frase della risposta B. La risposta B è quella corretta.
La frase della risposta A non è necessariamente falsa, in quanto può essere verificata nel caso 2. La frase della risposta C è sicuramente vera ed avallata sia dall'ipotesi 1 che dalla 2. La frase della risposta D può essere vera nel caso dell'ipotesi 1. La frase della risposta E può essere vera nel caso dell'ipotesi 1.

18) C. Si indicano con *m*, *g* ed *a* rispettivamente Michele, Giampiero e Andrea. Inoltre si indica con *A* l'insieme delle persone alte e con *B* l'insieme delle persone basse. I simboli ∈ (appartiene) e ∉ (non appartiene) indicano l'appartenenza e la non appartenenza di un elemento ad un insieme. Con il simbolo ⇒ si indica l'implicazione logica, ossia il fatto che un asserto implichi un altro asserto. Il simbolo ∨ significa "o"; tale simbolo, se posto tra due affermazioni, indica che o l'una o l'altra o entrambe possono essere vere. Gli asserti presenti nella traccia si possono esprimere simbolicamente nel modo seguente:

n.	Linguaggio naturale	Linguaggio simbolico
1	"Tra Michele, Giampiero e Andrea, due sono alti e uno è basso" ossia "Michele e Giampiero sono alti, oppure Giampiero e Andrea sono alti, oppure Andrea e Michele sono alti"	$m,g \in A \lor g,a \in A \lor a,m \in A$
2	"Se Michele è alto, allora lo è anche Giampiero" ossia "Se Michele è alto, allora anche Giampiero è alto"	$m \in A \Rightarrow g \in A$
3	"se Giampiero è alto allora lo è anche Andrea" ossia "se Giampiero è alto allora anche Andrea è alto"	$g \in A \Rightarrow a \in A$

Partendo dalla frase 1 si procede secondo le tre ipotesi che essa prospetta.
Se Michele e Giampiero sono alti, allora dalla frase 3 si deduce che se Giampiero è alto, allora anche Andrea lo è. Pertanto i tre figli devono essere tutti alti, ma questo contraddice la frase 1.
Se Michele e Andrea sono alti, allora dalla frase 2 si deduce che se Michele è alto, allora anche Giampiero lo è. Pertanto i tre figli devono essere tutti alti, ma questo contraddice la frase 1.
Se, invece, Giampiero e Andrea sono alti, allora non c'è alcun modo di dedurre che Michele sia alto. L'unica ipotesi che resta in piedi è che Giampiero e Andrea siano i due figli alti dei tre (frase 1). Pertanto Michele deve essere basso.
Quindi Giampiero e Andrea sono alti, mentre Michele è basso.
Questo asserto è garantito solo dalla risposta C che afferma che Michele è basso mentre Andrea è alto. La risposta C è corretta.
La risposta A va scartata perché Andrea e Giampiero sono alti; le risposte B, D ed E vanno scartate perché Michele è basso.

19) B. Si indicano Giovanni, Carlo, Lorenzo, Mario e Alessandro rispettivamente con G, C, L, M ed A. Si traducono gli asserti della traccia utilizzando il simbolo > (maggiore) per indicare "più vecchio" ed il simbolo < (minore) per indicare "più giovane". Infine si usa il simbolo = (uguale) per indicare che due soggetti hanno la stessa età (sono gemelli).

n.	Linguaggio naturale	Linguaggio simbolico
1	*"Giovanni è più vecchio di Carlo"*	$G > C$
2	*"Lorenzo è più vecchio di Mario"*	$L > M$
3	*"Mario è più giovane di Alessandro"*	$M < A$ ossia $A > M$
4	*"Carlo e Alessandro sono gemelli"*	$C = A$

Gli asserti 1, 4 e 3 si possono sintetizzare nella seguente catena di relazioni:

$$G > C = A > M$$

In pratica da $G > C$, da $C = A$ e da $A > M$ si ottiene $G > C = A > M$.
Da questa relazione si nota che sicuramente è vero che $G > M$ ossia che Giovanni è più vecchio di Mario. Pertanto la risposta B è quella corretta.
Si noti che L (ossia Lorenzo) non è collocato con certezza nella catena di relazioni $G > C = A > M$. L'unica cosa che si è in grado di dire riguardo a L è che $L > M$ (frase 2). Pertanto non si può affermare con certezza che $L > A$ (risposta A), che $C < L$ (risposta C) e che $L > G$ (risposta E). Tali affermazioni possono essere tanto vere quanto false.
La risposta D è sicuramente falsa in quanto dalla catena di relazioni $G > C = A > M$ si evince che $C > M$ e non che $C < M$ (come sostiene la risposta D).

20) B. Mediante le informazioni riportate nella traccia si può creare il seguente schema che colloca le case dei quattro conoscenti.

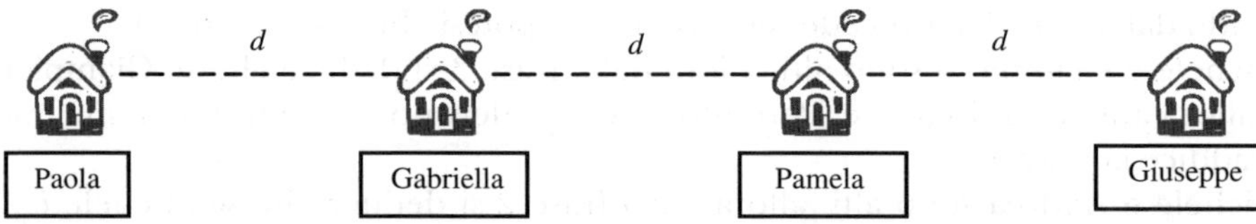

Dallo schema si nota che Paola è più vicina a Gabriella che a Pamela. Dalla prima è distante uno spazio pari a *d*, mentre dalla seconda è distante il doppio (ossia 2*d*). Pertanto la risposta B è corretta.
La risposta A è errata poiché la distanza tra le case di Paola e Pamela è pari a 2*d*, mentre la distanza tra le case di Paola e Gabriella è pari a *d*.
La risposta C è errata perché Pamela dista da Gabriella una distanza pari a *d* che è la stessa che la separa dalla casa di Giuseppe.
La risposta D è errata perché, come appena mostrato confutando la risposta C, Pamela è equidistante da Gabriella e Giuseppe.
La risposta E è errata perché la distanza tra la casa di Gabriella e di Giuseppe è pari a 2*d*; tale distanza differisce da quella che separa la casa di Giuseppe da quella di Pamela, che è pari a *d*.

21) C. Si indicano con *A*, *M* e *G* rispettivamente Antonio, Marco e Giovanni. Si indica con il simbolo > (maggiore) la caratteristica di essere "più ricco", mentre si indica con < (minore) la caratteristica di essere "più povero". Il simbolo = (uguale) indica invece che due individui hanno lo stesso livello di ricchezza. Gli asserti presenti nella traccia si possono esprimere simbolicamente nel modo seguente:

n.	Linguaggio naturale	Linguaggio simbolico
a	*"Marco è più ricco di Antonio"*	$M > A$
b	*"Antonio è più povero di Giovanni"*	$A < G$ ossia $G > A$

Dagli asserti *a* e *b* si può dedurre simbolicamente che $M,G > A$ ossia che Marco e Giovanni sono più ricchi di Antonio.
La frase $M,G > A$ può implicare simbolicamente tre cose:
1) $M > G > A$
2) $G > M > A$
3) $M = G > A$
Si noti che la terza opzione prevede che Marco e Giovanni possano avere la stessa quantità di soldi. Tale opzione può essere vera, pertanto la risposta B non può essere necessariamente vera.
La frase della risposta A non è necessariamente vera, lo è solo nel caso delle ipotesi 2 e 3. La frase della risposta E non è necessariamente vera, lo è solo nel caso delle ipotesi 1 e 3. La frase della risposta D è vera solo nel caso dell'ipotesi 1. L'unica frase sicuramente vera è quella della risposta C, ossia in tutti e tre i casi Antonio è sempre il più povero. La risposta corretta è la C.

22) D. Si indicano Monica, Carlo, Lorenzo, Mario e Sara rispettivamente con *Mo*, *C*, *L*, *Ma* e *S*. Si traducono gli asserti della traccia utilizzando il simbolo > (maggiore) per indicare "più vecchio" ed il simbolo < (minore) per indicare "più giovane". Infine si usa il simbolo = (uguale) per indicare che due soggetti hanno la stessa età (sono gemelli). Gli asserti presenti nella traccia si possono esprimere simbolicamente nel modo seguente:

n.	Linguaggio naturale	Linguaggio simbolico
1	*"Monica è più vecchia di Carlo"*	$Mo > C$
2	*"Lorenzo è più vecchio di Mario"*	$L > Ma$
3	*"Mario è più giovane di Sara"*	$Ma < S$ ossia $S > Ma$
4	*"Carlo e Sara sono gemelli"*	$C = S$

Gli asserti 1, 4 e 3 si possono sintetizzare nella seguente catena di relazioni:

$$Mo > C = S > Ma$$

In pratica da $Mo > C$, da $C = S$ e da $S > Ma$ si ottiene $Mo > C = S > Ma$.
Da questa relazione si nota che sicuramente è vero che $Mo > Ma$ ossia che Monica è più vecchia di Mario. Pertanto la risposta D è quella corretta.
Si noti che L (ossia Lorenzo) non è collocato con certezza nella catena di relazioni $Mo > C = S > Ma$. L'unica cosa che si è in grado di dire riguardo a L è che $L > Ma$ (frase 2). Pertanto non si può affermare con certezza che $C < L$ (risposta A), che $L > Mo$ (risposta B) e che $L > S$ (risposta C). Tali affermazioni possono essere tanto vere quanto false.
La risposta E è sicuramente falsa in quanto dalla catena di relazioni $Mo > C = S > Ma$ si evince che $Mo > Ma$ e non che $Ma > Mo$ (come sostiene la risposta E).

23) E. Si indicano Sara, Giovanni, Luisa, Daniele e Giacomo rispettivamente con S, Gio, L, D e Gia. Si traducono gli asserti della traccia utilizzando il simbolo > (maggiore) per indicare "si è classificato dopo" oppure "è stato battuto", "è rimasto indietro" ed il simbolo < (minore) per indicare "si è classificato prima", "ha battuto" oppure "ha vinto su".

n.	Linguaggio naturale	Linguaggio simbolico
1	*"Sara ha battuto Giovanni"*	$S < Gio$
2	*"Giovanni non si è classificato primo"*	
3	*"Luisa non è stata l'ultima"*	
4	*"Daniele è stato battuto da Giacomo e da Luisa in quest'ordine"*	$D > L > Gia$ oppure $Gia < L < D$
5	*"Giacomo è rimasto indietro rispetto a Giovanni"*	$Gia > Gio$ oppure $Gio < Gia$

Gli asserti 1, 4 e 5 si possono sintetizzare nella seguente catena di relazioni:

$$S < Gio < Gia < L < D$$

In pratica da $S < Gio$, da $Gio < Gia$ e da $Gia < L < D$ si ottiene $S < Gio < Gia < L < D$.
Da quest'ultima relazione si evince che Sara si è classificata prima, Giovanni secondo, Giacomo terzo, Luisa quarta, mentre Daniele è arrivato ultimo. La risposta corretta è la E.

24) C. Nella traccia si chiede "Qual è il giorno successivo al giorno che precede il giorno prima di domani?".
Il "giorno prima di domani" è "oggi"; pertanto la frase della traccia diventa:
"Qual è il giorno successivo al giorno che precede oggi?"
Il "giorno che precede oggi" è "ieri"; pertanto la frase della traccia diventa:
"Qual è il giorno successivo a ieri?"
Il "giorno successivo a ieri" è "oggi"; pertanto la frase della traccia diventa:
"Quale giorno è oggi?"
Siccome nella traccia si asserisce che "oggi è lunedì", allora la risposta corretta è "lunedì" (risposta C).

25) E. Si indicano Sergio, Giorgio, Daniele, Giovanni e Ugo rispettivamente con *S*, *Gr*, *D*, *Gv* e *U*. Si traducono gli asserti della traccia utilizzando il simbolo > (maggiore) per indicare "ha perduto" oppure "è stato battuto", "è stato meno veloce" ed il simbolo < (minore) per indicare "è stato più veloce", "ha battuto" oppure "ha sopravanzato". Le frasi presentate nel quesito si traducono simbolicamente nel modo seguente:

n.	Linguaggio naturale	Linguaggio simbolico
1	*"Sergio è stato più veloce di Giorgio"*	$S < Gr$
2	*"Daniele ha battuto Giovanni ma ha perduto rispetto a Giorgio"*	$Gr < D < Gv$ *oppure* $Gv > D > Gr$
3	*"Giovanni ha sopravanzato Ugo"*	$Gv < U$

Gli asserti 1, 2 e 3 si possono sintetizzare nella seguente catena di relazioni:

$$S < Gr < D < Gv < U$$

In pratica da $S < Gr$, da $Gr < D < Gv$ e da $Gv < U$ si ottiene $S < Gr < D < Gv < U$.
Da quest'ultima relazione si evince che Sergio si è classificato primo, Giorgio secondo, Daniele terzo, Giovanni quarto, mentre Ugo è arrivato ultimo. La risposta corretta è la E.

26) A. Attenzione! Per risolvere questo quesito alcuni dati forniti dalla traccia non servono. Se l'aereo parte dalla città Delta alle 8 (ora locale di Delta) e ritorna in questa stessa città alle 21 (ora locale di Delta), dopo una sosta di 3 ore nella città Gamma, allora il volo di andata e ritorno dura: 21 – 8 = 13 ore – 3 ore di sosta = 10 ore di volo. Il signor Rossi, quindi, rimane in volo 10 ore.

27) E. Volendo schematizzare il testo, abbiamo: G > R > A; L > G > F; G > F. Date queste informazioni, l'unica affermazione sicuramente vera è che "Leo è più veloce di Renato", infatti Leo è più veloce di Giovanni e quest'ultimo più veloce di Renato; schematicamente: L > G > R.

28) D. Beatrice, 4ª classificata, appartiene sia ai primi 4 che agli ultimi 4. Se Beatrice non avesse il casco integrale, nel primo gruppo, date le premesse, lo avrebbero certamente Aldo, Fausto e Ilaria e, per lo stesso motivo, nel secondo gruppo lo avrebbero Claudio, Enrico e Gaia. Questo però non è possibile, altrimenti sarebbero in 6 ad avere il casco integrale. Essendo giunti a un assurdo, si conclude che Beatrice deve avere il casco integrale.

29) C. Per rispondere al quesito, calcoliamo gli orari di partenza dei diversi aerei partendo dalle informazioni certe e schematizzare i dati come fatto nella seguente tabella:

Aereo per Praga (dato certo)	12.30
Aereo per Stoccolma (90 min dopo Berlino)	13.30
Aereo per Berlino (dato certo)	12.00
Aereo per Madrid (40 min prima Stoccolma)	12.50
Aereo per Lisbona (10 min dopo Madrid)	13.00

Una volta costruito lo schema possiamo rispondere senza dubbio che l'unica alternativa di risposta valida è "un'ora dopo quello per Berlino".

30) D. Le informazioni contenute nel testo del quesito ci permettono di dedurre che sia Tizio che Sempronio sono sposati (tizio è il suocero di Sempronio), l'unico scapolo è Caio che quindi è il più magro ma, soprattutto, è l'operaio.

31) D. Se Mauro suona il piano e Fabrizio suona il violino, poiché sappiamo che Walter suona la tromba, necessariamente a Luigi resta la chitarra.

32) B. In base alle informazioni fornite dal testo del quesito possiamo stabilire immediatamente che blu è al secondo piano e giallo al primo: poiché uno e sotto l'altro ed i piani sono solo due. Sappiamo, inoltre, che rosso è accanto a blu e verde accanto a rosso, possiamo dire che al secondo piano ci sono: blu, rosso e verde. Di conseguenza gli altri sono al primo piano. Tra le opzioni di risposta, quindi, solo "nero è al primo piano" può essere quella corretta.

33) A. Per rispondere al quesito è necessario ordinare le informazioni fornite dal testo, ottenendo così il seguente schema:

Domenico > Marianna e Antonietta > Vincenzo > Simona e Francesca

In base allo schema possiamo subito ritenere falsa l'affermazione "Domenico è più piccolo di Vincenzo", poiché sappiamo che Domenico è il maggiore di tutti. Inoltre, Simona e Francesca sono le più piccole di tutti, quindi "Simona è più piccola di Domenico ma più grande di Vincenzo" è falsa. Marianna e Antonietta sono più piccole di Domenico, per cui "Marianna è più grande di Domenico" è falsa. Essendo Marianna e Antonietta più piccole di Domenico ma non di Vincenzo, anche "Vincenzo è più grande di Marianna" è falsa. "Marianna è più piccola di Domenico ma più grande di Vincenzo" è l'unica affermazione vera.

34) A. Per risolvere il quesito poniamo che la rubrica dedicata alla cucina sia a pagina 0; assumiamo, quindi, tale rubrica come riferimento per identificare la posizione delle altre rubriche; pertanto, essendo:

pagina rubrica cucina = 0

si ha:

pagina articolo di cronaca = pagina rubrica cucina – 7 pagine = –7
pagina lettere ai lettori = pagina rubrica cucina + 3 pagine = +3
pagina sport = pagina lettere ai lettori – 6 pagine = +3 – 6 = –3

Sapendo che lo sport è a pagina 30 e che si trova 3 pagine prima della rubrica di cucina, la rubrica di cucina è, quindi, a pagina 33.
Pertanto, assumendo come nuovo riferimento la pagina 33, si ha:

pagina articolo di cronaca = 33 – 7 = 26

35) A. La risoluzione del quesito proposto richiede particolare attenzione nella lettura. Difatti, leggendo attentamente l'ultimo periodo si evince che per poter rispondere non tutte le informazioni date sono necessarie. Bisogna individuare qual è il treno più veloce, quindi ci interessa stabilire in che rapporto di velocità sono i treni tra essi e non dobbiamo soffermarci su chi arriva per primo. Possiamo, in questo modo, costruire il seguente schema:

C > B > A > E > D

In base allo schema costruito, il treno più veloce è quello C.

36) A. Per rispondere al quesito, calcoliamo gli orari di partenza dei diversi aerei partendo dalle informazioni certe e schematizzare i dati come fatto nella seguente tabella:

Aereo per Praga (dato certo)	12.30
Aereo per Stoccolma (90 min dopo Berlino)	13.30
Aereo per Berlino (dato certo)	12.00
Aereo per Madrid (40 min prima Stoccolma)	12.50
Aereo per Lisbona (10 min dopo Madrid)	13.00

Una volta costruito lo schema possiamo rispondere senza dubbio che l'unica alternativa di risposta valida è "50 minuti prima di quello per Madrid".

37) A. Si indichino Amilcare, Bernardo, Carlo e Dario con le loro iniziali *A*, *B*, *C* e *D*. Si indichi la relazione "più anziano di" con il simbolo maggiore di ">".
Dalle affermazioni riportate nel testo del quesito, si ha:

– Amilcare è più anziano di Bernardo, ossia $A > B$;
– Amilcare è più anziano di Dario, ossia $A > D$;
– Bernardo è più anziano di Carlo, ossia $B > C$.

Pertanto, se è certo che $A > B > C$ e che $A > D$, non è certo in che relazione sono l'età di Dario con le età degli altri fratelli.
Amilcare è sicuramente il primogenito, ma nono è detto che Dario sia l'ultimogenito, potendo avere un'età maggiore di Bernardo e Carlo. Non è detto che Bernardo sia il secondogenito, potendo essere Dario il secondogenito; per lo stesso motivo, non è detto che Bernardo sia più giovane di Dario.
La risposta corretta è, quindi, "Amilcare è il primogenito".

38) D. In base ai dati contenuti nella traccia, Natale viene prima di Pasqua e di Carnevale, per cui nell'ordine:
Natale – Pasqua – Carnevale
Anche Ferragosto viene prima di Carnevale, per cui nell'ordine:
Ferragosto – Carnevale
Dopo Carnevale, invece, arriverà Santo Stefano, per cui:
Carnevale – Santo Stefano
Pertanto, disponendo le diverse festività in ordine cronologico secondo le informazioni forniteci, avremo:
Natale – Pasqua – Ferragosto – Carnevale – Santo Stefano

39) B. Ragionando su di una settimana lavorativa standard osserviamo che un lavoratore riposa sempre ogni sei giorni lavorativi consecutivi, cioè la domenica; quindi, in un mese, convenzionalmente, riposa 4 giorni e sempre con sei giorni di lavoro tra una domenica e l'altra. Nel caso proposto dal quesito, invece, il guardiano riposa ogni quattro giorni lavorativi consecutivi: è come se la sua settimana fosse di 5 giorni, ma nonostante queste premesse i giorni si ripetono comunque ogni sette. Quindi si calcola il minimo comune multiplo tra 7 (che rappresenta il numero di giorni di una settimana) e 5 (che rappresenta il ciclo lavorativo del guardiano costituito da 4 giorni lavorativi più 1 giorno di riposo). Il m.c.m. tra 5 e 7 è 35 (bisogna moltiplicare tra loro 5 e 7), ma questi 35 giorni comprendono sia le giornate lavorative che le giornate di riposo. Poiché le giornate lavorative sono "4 su 5" (ovvero ogni 5 giorni 4 sono di lavoro e 1 è di riposo), per calcolare tra quanti giorni lavorativi il guardiano tornerà a riposare di lunedì è necessario calcolare i 4/5 di 35, ovvero:

$$\frac{4}{5} \times 35 = 4 \times 7 = 28$$

40) E. Il treno per Milano parte 80 minuti prima di quello per Genova; quello per Palermo parte 70 minuti prima di quello per Genova e quindi 10 minuti dopo quello per Milano. Il treno per Ancona arriva 5 minuti prima di quello per Palermo e riparte almeno 5 minuti dopo di quello per Palermo. La sequenza delle partenze è pertanto: Milano, Palermo, Ancona, Genova.

41) D. Tra le informazioni che vengono fornite, le uniche due che aiutano a risolvere il quesito sono le seguenti:

- Gaspare e Melchiorre sono sposati;
- né il più alto né il più basso sono sposati.

Da queste due informazioni si deduce che Gaspare e Melchiorre non possono stare all'inizio o alla fine della sequenza ordinata. Pertanto, si scartano tutte le opzioni di risposta, tranne quella che non prevede nessuno dei due all'inizio o alla fine.

42) D. Gianni può solo la domenica, e con se porterà o Roberta o Simona (che tra di loro non sono compatibili). Paola può uscire solo il sabato o la domenica ma, esclusa la domenica che è riservata a Gianni, non le resta che uscire il sabato con una delle due amiche che non vogliono incontrarsi (Roberta o Simona). A questo punto a Loredana e Marisa, che invece vogliono uscire insieme, non resta che il venerdì. Sono quindi esclusi dal sabato Gianni, Loredana e Marisa. L'unica alternativa presente in risposta è Marisa.

43) D. Non dobbiamo soffermare l'attenzione sull'orario di arrivo dei treni, ma sulla loro velocità.
In base alle informazioni, disponiamo i treni in ordine decrescente di velocità:

$$C > B; B > A > D$$

Pertanto C > B > A > D.
E è meno veloce di A, ma più veloce di D, per cui:

$$C > B > A > D > E$$

Quindi, il quarto treno più veloce è E.

44) B. In un torneo quadrangolare ogni squadra può totalizzare al massimo 3 punti. La Fortitudo ha sempre perso quindi ha totalizzato 0 punti; le altre tre squadre hanno totalizzato tutte 2 punti:
- la Vis vincendo contro Fortitudo e Juventus;
- la Juventus vincendo contro Fortitudo e Virtus;
- la Virtus vincendo contro Fortitudo e Vis.

45) B. Ovviamente, quando si incontreranno, i due aerei saranno nello stesso punto, ossia a una stessa distanza da Parigi.

46) E. Sappiamo che Neri e Rossi non giocano mai tutti e due insieme, quindi l'alternativa secondo cui Rossi e Neri giocano sempre insieme è errata, per lo stesso motivo anche l'alternativa secondo cui Bianchi, Neri e Rossi giocano sempre insieme è errata. Bianchi e Rossi giocano spesso, ma a volte insieme e a volte da soli, pertanto l'alternativa secondo cui giocano sempre insieme è errata.
Invece, abbiamo la certezza che se Bianchi gioca, gioca anche Neri, quindi è corretta l'alternativa secondo cui i terzini che giocano insieme sono Bianchi e Neri.

47) D. In base all'ultima affermazione, se Marco va al cinema ci va anche Filippo. In base alla prima affermazione, se Filippo va al cinema ci va anche Giovanni. Tuttavia, sappiamo che Marco e Giovanni non vanno mai tutti e due insieme al cinema, quindi Marco non andrà al cinema. Di conseguenza, quelli che sono andati al cinema in coppia sono Giovanni e Filippo.

48) B. Per rispondere al quesito, calcoliamo gli orari di partenza dei diversi aerei partendo dalle informazioni certe e schematizzare i dati come fatto nella seguente tabella:

Aereo per Praga (dato certo)	12.30
Aereo per Stoccolma (90 min dopo Berlino)	13.30
Aereo per Berlino (dato certo)	12.00
Aereo per Madrid (40 min prima Stoccolma)	12.50
Aereo per Lisbona (10 min dopo Madrid)	13.00

Una volta costruito lo schema possiamo rispondere senza dubbio che l'unica alternativa di risposta valida è "20 minuti prima di quello per Madrid".

49) D. Schematizziamo traducendo "è" con il simbolo di uguale "=" e "non è" con il simbolo di diverso "≠".
In base alle diverse affermazioni, si ha:
A = B
B = C
Per la proprietà transitiva, possiamo scrivere A = C.
Inoltre:
A ≠ D
C ≠ D
E ≠ C
Essendo A = C, necessariamente A ≠ E, ossia "A non può essere E".

50) A. Nel quesito, sono date informazioni parziali sulla reciproca posizione di oggetti, e, sulla base di tali informazioni, si richiede di identificare la loro giusta collocazione.
In base alla prima affermazione, la disposizione degli oggetti è la seguente:

In base alla seconda affermazione, la disposizione degli oggetti è la seguente:

Combinando opportunamente le due affermazioni, la collocazione degli oggetti è la seguente:

La risposta corretta è: il vaso di fiori è più vicino alla bottiglia che al pane.
Tale risposta è quella corretta anche disponendo, in base alla prima affermazione, gli oggetti nel modo seguente:

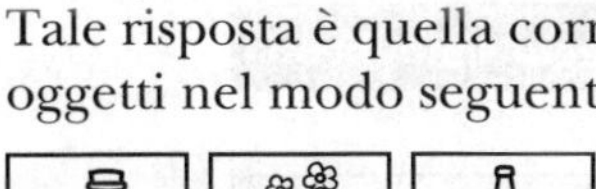

In base alla seconda affermazione, la disposizione sarebbe, quindi, la seguente:

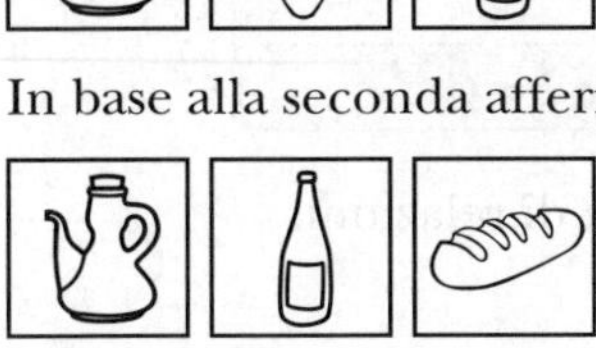

La disposizione finale degli oggetti sarebbe la seguente:

51) A. Da quanto esposto nel teso del quesito possiamo dedurre che Tommaso, Luca e Sara sono fratelli, tutti figli di Luigi, e che Alberto, essendo figlio di Luca, è nipote di Tommaso e Sara, che ne sono gli zii, e di Luigi, che ne è il nonno. L'unica alternativa di risposta che si può considerare vera è, quindi, che Sara è sorella di Tommaso.

52) D. Schematizziamo i rapporti di parentela:

Prima generazione	Davide			Carlo
Seconda generazione	Tommaso	Luca	Giovanni	Ernesto
Terza generazione		Marco		

In base allo schema:
- Davide non è il prozio di Ernesto, ma è lo zio di Ernesto;
- Carlo non è il nonno di Marco, ma è il prozio di Marco;
- Ernesto non è lo zio di Marco, ma è il cugino di Marco, in quanto il rapporto di parentela con i figli di cugini primi è quello di cugino di seconda;
- Tommaso non è il papà di Marco;
- Ernesto è il cugino di Tommaso.

53) D. Gaia, 4ª classificata, appartiene sia ai primi 4 che agli ultimi 4. Se Gaia non usasse la tecnica di "pattinaggio", nel primo gruppo, date le premesse, la userebbero certamente Aldo, Fausto e Ilaria e, per lo stesso motivo, nel secondo gruppo la userebbero Claudio, Enrico e Beatrice. Questo però non è possibile altrimenti sarebbero in 6 ad aver usato tale tecnica. Essendo giunti a un assurdo, si conclude che Gaia deve usare la tecnica di "pattinaggio".

54) C. Si indichino Angela, Maria, Chiara, Sara e Lina, rispettivamente, con *A, M, C, S* e *L*. Si traducano gli asserti della traccia utilizzando il simbolo > (maggiore) per indicare "più grassa" e il simbolo < (minore) per indicare "più magra".

n.	Linguaggio naturale	Linguaggio simbolico
1	*Angela è più grassa di Maria*	$A > M$
2	*Angela è più magra di Chiara*	$A < C$ *ossia* $C > A$
3	*Chiara è più grassa di Sara*	$C > S$
4	*Chiara è più magra di Lina*	$C < L$ *ossia* $L > C$

Gli asserti 4 e 2 si possono sintetizzare nella seguente catena di relazioni:

$$L > C > A$$

Pertanto, Lina è più grassa di Angela.

55) A. Si indichino Elio, Franco, Giorgio e Italo con le loro iniziali *E, F, G* e *I*. Si indichi la relazione "nato prima di" con il simbolo maggiore di ">".
Dalle affermazioni riportate nel testo del quesito, si ha:

- Elio è nato prima di Franco, ossia $E > F$;
- Franco è nato prima di Giorgio, ossia $F > G$;
- Italo è nato prima di Giorgio, ossia $I > G$.

Pertanto, se è certo che $E > F > G$, non è certo che Franco abbia il doppio dell'età di Giorgio, anche se è certo che ne sia nato prima.
Inoltre, se è certo che $E > F > G$ e che Italo sia nato prima di Giorgio, non è detto che Elio sia il più anziano, in quanto potrebbe essere Italo il più anziano.
Inoltre, Elio e Franco non possono avere la stessa età in quanto è affermato nel testo del quesito che "Elio è nato prima di Franco", per tale motivo è corretta la risposta "Elio e Franco hanno sicuramente età diverse".

56) C. Il dato su cui soffermarsi nel cercare la soluzione al quesito è che il primo ascensore fa 3 piani mentre l'altro ne ha fatti 4. Poiché il primo ascensore passando dal 32° al 50° piano sale 18 piani, si può dire che nello stesso arco di tempo il secondo ascensore percorre i 4/3 dei 18 piani:

$$\frac{4}{3} \times 18 = 24$$

Il secondo ascensore, quindi, percorre in discesa 24 piani fino ad arrivare al 50°, ciò ci fa dedurre che si trovava al 74° piano.

57) B. Nel quesito, sono date informazioni parziali sulla reciproca posizione di oggetti, e, sulla base di tali informazioni, si richiede di identificare la loro giusta collocazione.
Si indichino il telefono, il porta penne, l'agenda e il fax con le loro lettere iniziali maiuscole, quindi, rispettivamente con T, P, A, F.
In base alla prima affermazione, la disposizione degli oggetti è la seguente:

P T A

In base alla seconda affermazione, la disposizione degli oggetti è la seguente:

F P A

Combinando opportunamente le due affermazioni, la collocazione degli oggetti sulla scrivania del dirigente è la seguente:

F P T A

La risposta corretta è, dunque, "il telefono è più vicino al porta penne che al fax".
Tale risposta è quella corretta anche disponendo, in base alla prima affermazione, gli oggetti nel modo seguente:

A T P

In base alla seconda affermazione, la disposizione sarebbe, quindi, la seguente:

A P F

La disposizione finale degli oggetti sarebbe la seguente:

A T P F

Pertanto, "il telefono è più vicino al porta penne che al fax".

58) B. Nel quesito, sono date informazioni parziali sulla reciproca posizione di oggetti, e, sulla base di tali informazioni, si richiede di identificare la loro giusta collocazione.
Si indichino lo scivolo, l'altalena, la fontana e il dondolo con le loro lettere iniziali maiuscole, quindi, rispettivamente con S, A, F, D.
In base alla prima affermazione, la disposizione degli oggetti è la seguente:

A S F

In base alla seconda affermazione, la disposizione degli oggetti è la seguente:

D A F

Combinando opportunamente le due affermazioni, la collocazione degli oggetti nel parco giochi è la seguente:

D A S F

La risposta corretta è, dunque, "lo scivolo è più vicino all'altalena che al dondolo".
Tale risposta è quella corretta anche disponendo, in base alla prima affermazione, gli oggetti nel modo seguente:

F S A

In base alla seconda affermazione, la disposizione sarebbe, quindi, la seguente:

F A D

La disposizione finale degli oggetti sarebbe la seguente:

F S A D

Pertanto, "lo scivolo è più vicino all'altalena che al dondolo".

59) A. Vagliando le varie opzioni di risposta osserviamo che E > A e E > F non servono a stabilire che F > B. La condizione F > C non ci aiuta a stabilire che F > B poiché C è già meno grasso di B. L'unica condizione che ci permette di stabilire che F > B è F più grasso di A.

60) A. Il quesito richiede di ordinare le partenze e gli arrivi all'aeroporto di Roma. Attenzione! Molti dati contenuti nel testo del quesito sono inutili.

Partenze	Arrivi
ore 12.00 Berlino ore 12.30 Praga ore 12.50 Madrid ore 13.00 Lisbona ore 13.30 Stoccolma	ore 12.00 Milano

Se l'aereo che va a Stoccolma impiega un'ora e mezza (1.30), atterrerà a Stoccolma alle 13.30 + 1.30 = 15.00.

Questionario 3
Relazioni insiemistiche

1) Individuare il diagramma che soddisfa la relazione insiemistica esistente fra i tre termini seguenti: Calciatori, Palloni, Terzini

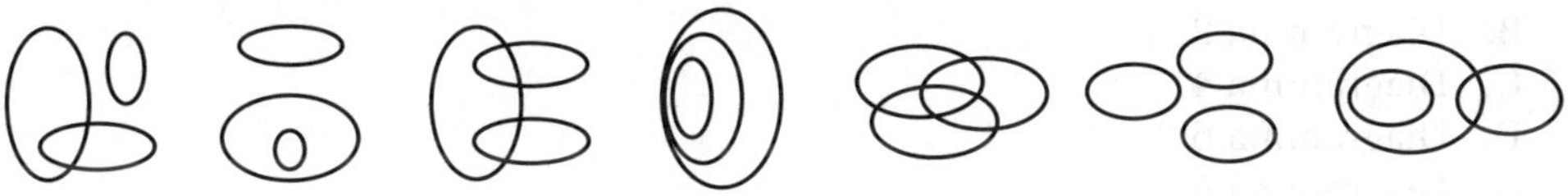

DIAGRAMMA 1 DIAGRAMMA 2 DIAGRAMMA 3 DIAGRAMMA 4 DIAGRAMMA 5 DIAGRAMMA 6 DIAGRAMMA 7

A. Diagramma 5
B. Diagramma 2
C. Diagramma 4
D. Diagramma 3
E. Diagramma 7

2) Individuare quale tra i seguenti diagrammi soddisfa la relazione insiemistica esistente fra i tre termini seguenti: Computer, Stampanti, CD-ROM

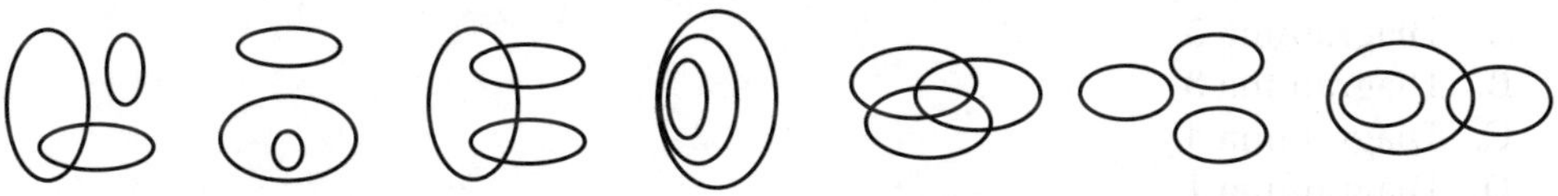

DIAGRAMMA 1 DIAGRAMMA 2 DIAGRAMMA 3 DIAGRAMMA 4 DIAGRAMMA 5 DIAGRAMMA 6 DIAGRAMMA 7

A. Diagramma 6
B. Diagramma 4
C. Diagramma 5
D. Diagramma 2
E. Diagramma 1

3) Individuare quale tra i seguenti diagrammi soddisfa la relazione insiemistica esistente tra i tre termini seguenti: Cani, Cavalli, Quadrupedi dal pelo marrone

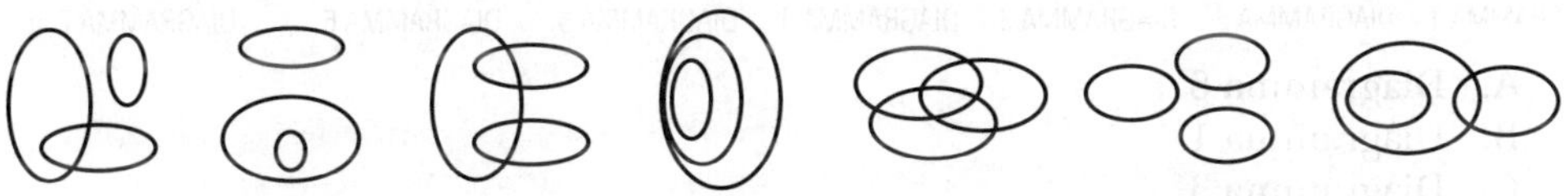

DIAGRAMMA 1 DIAGRAMMA 2 DIAGRAMMA 3 DIAGRAMMA 4 DIAGRAMMA 5 DIAGRAMMA 6 DIAGRAMMA 7

A. Diagramma 2
B. Diagramma 5
C. Diagramma 1
D. Diagramma 3
E. Diagramma 6

4) Individuare quale tra i seguenti diagrammi soddisfa la relazione insiemistica esistente fra i tre termini seguenti: Agrumi, Bevande, Spremute

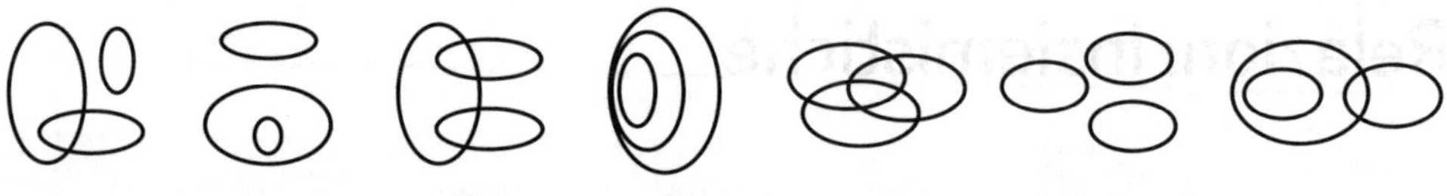

DIAGRAMMA 1 DIAGRAMMA 2 DIAGRAMMA 3 DIAGRAMMA 4 DIAGRAMMA 5 DIAGRAMMA 6 DIAGRAMMA 7

A. Diagramma 1
B. Diagramma 2
C. Diagramma 4
D. Diagramma 6
E. Diagramma 5

5) Individuare quale tra i seguenti diagrammi soddisfa la relazione insiemistica esistente fra i tre termini seguenti: Lavoratori dipendenti, Persone di nome Luigi, Residenti a Teramo

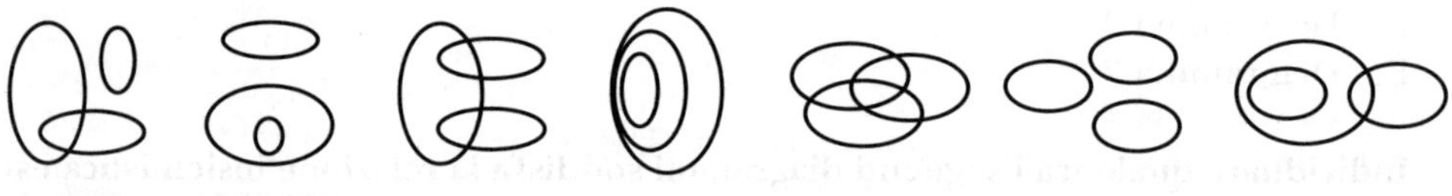

DIAGRAMMA 1 DIAGRAMMA 2 DIAGRAMMA 3 DIAGRAMMA 4 DIAGRAMMA 5 DIAGRAMMA 6 DIAGRAMMA 7

A. Diagramma 5
B. Diagramma 3
C. Diagramma 4
D. Diagramma 1
E. Diagramma 6

6) Individuare quale tra i seguenti diagrammi soddisfa la relazione insiemistica esistente fra i tre termini seguenti: Persone con i capelli rossi, Maggiorenni, Patentati

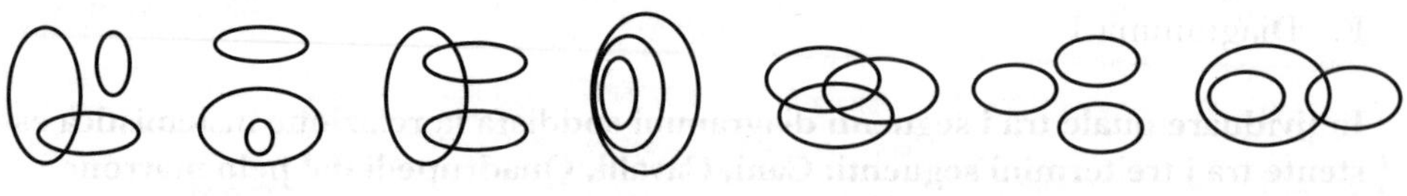

DIAGRAMMA 1 DIAGRAMMA 2 DIAGRAMMA 3 DIAGRAMMA 4 DIAGRAMMA 5 DIAGRAMMA 6 DIAGRAMMA 7

A. Diagramma 6
B. Diagramma 1
C. Diagramma 3
D. Diagramma 4
E. Diagramma 5

7) Individuare quale tra i seguenti diagrammi soddisfa la relazione insiemistica esistente fra i tre termini seguenti: Olandesi, Motociclisti, Spagnoli

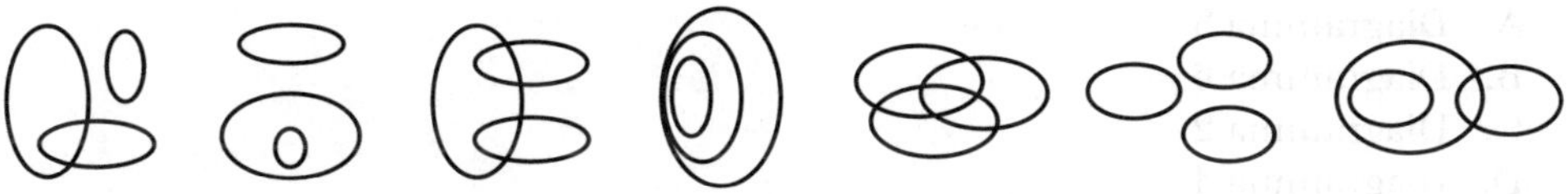

DIAGRAMMA 1 DIAGRAMMA 2 DIAGRAMMA 3 DIAGRAMMA 4 DIAGRAMMA 5 DIAGRAMMA 6 DIAGRAMMA 7

A. Diagramma 6
B. Diagramma 2
C. Diagramma 3
D. Diagramma 4
E. Diagramma 1

8) Individuare quale tra i seguenti diagrammi soddisfa la relazione insiemistica esistente fra i tre termini seguenti: Elementi chimici, Sodio, Alberi

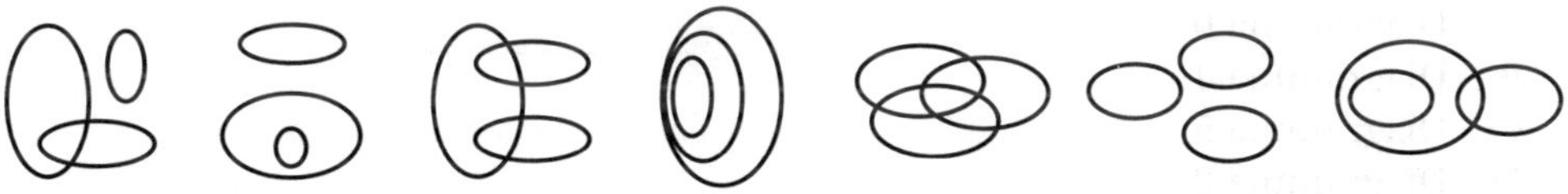

DIAGRAMMA 1 DIAGRAMMA 2 DIAGRAMMA 3 DIAGRAMMA 4 DIAGRAMMA 5 DIAGRAMMA 6 DIAGRAMMA 7

A. Diagramma 2
B. Diagramma 3
C. Diagramma 6
D. Diagramma 1
E. Diagramma 4

9) Individuare quale tra i seguenti diagrammi soddisfa la relazione insiemistica esistente fra i tre termini seguenti: Americani, Architetti, Sportivi

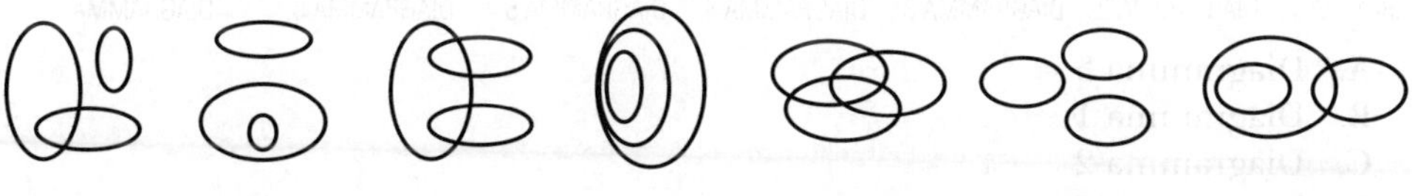

DIAGRAMMA 1 DIAGRAMMA 2 DIAGRAMMA 3 DIAGRAMMA 4 DIAGRAMMA 5 DIAGRAMMA 6 DIAGRAMMA 7

A. Diagramma 3
B. Diagramma 1
C. Diagramma 4
D. Diagramma 6
E. Diagramma 5

10) Individuare quale tra i seguenti diagrammi soddisfa la relazione insiemistica esistente fra i tre termini seguenti: Dadi, Bulloni, Oggetti sferici

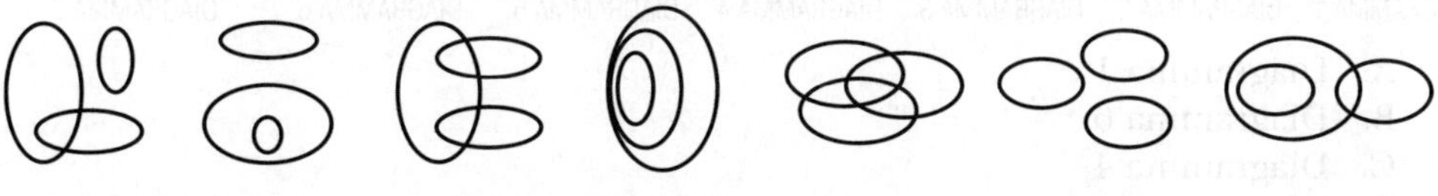

DIAGRAMMA 1 DIAGRAMMA 2 DIAGRAMMA 3 DIAGRAMMA 4 DIAGRAMMA 5 DIAGRAMMA 6 DIAGRAMMA 7

A. Diagramma 3
B. Diagramma 6
C. Diagramma 2
D. Diagramma 4
E. Diagramma 1

11) Individuare quale tra i seguenti diagrammi soddisfa la relazione insiemistica esistente fra i tre termini seguenti: Svizzeri, Sciatori, Italiani

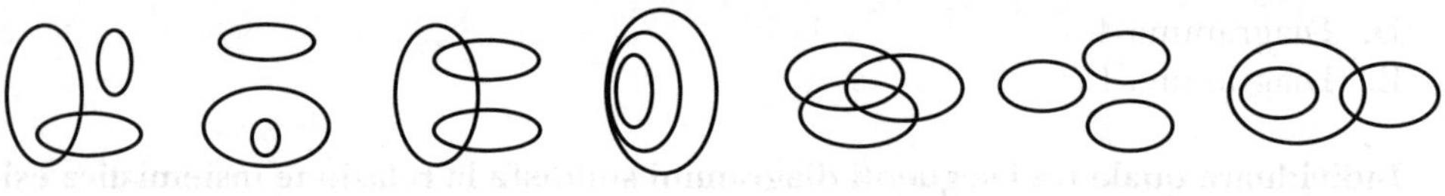

DIAGRAMMA 1 DIAGRAMMA 2 DIAGRAMMA 3 DIAGRAMMA 4 DIAGRAMMA 5 DIAGRAMMA 6 DIAGRAMMA 7

A. Diagramma 6
B. Diagramma 4
C. Diagramma 5
D. Diagramma 2
E. Diagramma 3

12) Individuare quale tra i seguenti diagrammi soddisfa la relazione insiemistica esistente fra i tre termini seguenti: Francesi, Casalinghe, Persone con la patente di guida

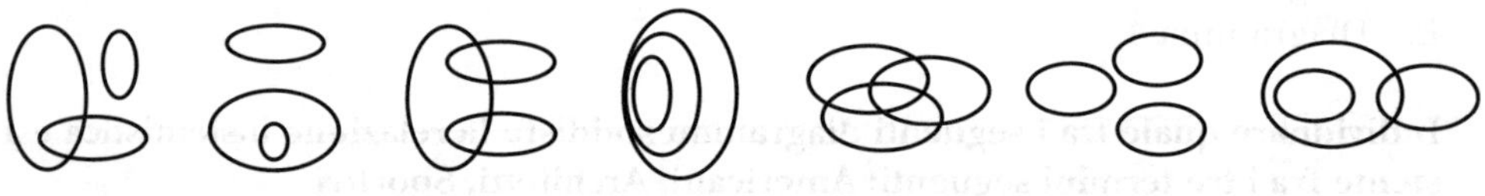

DIAGRAMMA 1 DIAGRAMMA 2 DIAGRAMMA 3 DIAGRAMMA 4 DIAGRAMMA 5 DIAGRAMMA 6 DIAGRAMMA 7

A. Diagramma 3
B. Diagramma 1
C. Diagramma 2
D. Diagramma 6
E. Diagramma 5

13) Individuare quale tra i seguenti diagrammi soddisfa la relazione insiemistica esistente fra i tre termini seguenti: Astronavi, Viaggi, Stelle

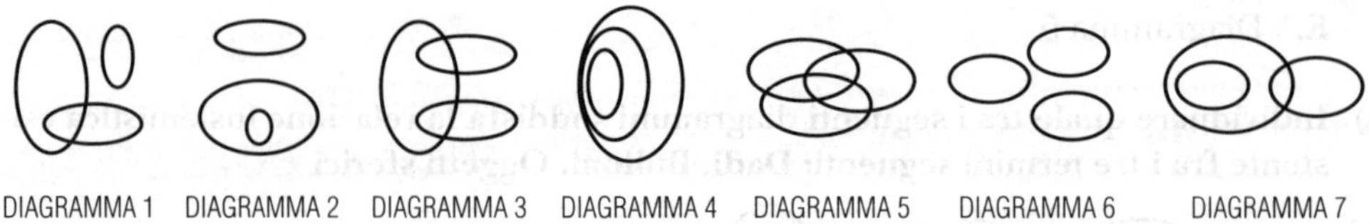

DIAGRAMMA 1 DIAGRAMMA 2 DIAGRAMMA 3 DIAGRAMMA 4 DIAGRAMMA 5 DIAGRAMMA 6 DIAGRAMMA 7

A. Diagramma 1
B. Diagramma 6
C. Diagramma 4
D. Diagramma 5
E. Diagramma 3

14) Individuare quale tra i seguenti diagrammi soddisfa la relazione insiemistica esistente fra i tre termini seguenti: Medici, Farmaci, Farmacie

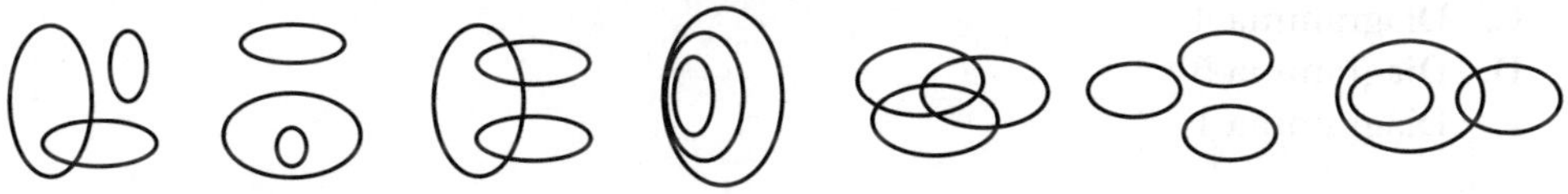

DIAGRAMMA 1 DIAGRAMMA 2 DIAGRAMMA 3 DIAGRAMMA 4 DIAGRAMMA 5 DIAGRAMMA 6 DIAGRAMMA 7

A. Diagramma 5
B. Diagramma 4
C. Diagramma 6
D. Diagramma 3
E. Diagramma 1

15) Individuare quale tra i seguenti diagrammi soddisfa la relazione insiemistica esistente fra i tre termini seguenti: Uomini, Deputati, Senatori

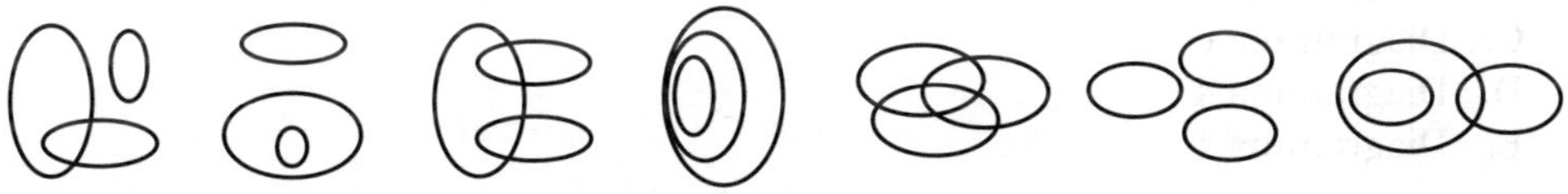

DIAGRAMMA 1 DIAGRAMMA 2 DIAGRAMMA 3 DIAGRAMMA 4 DIAGRAMMA 5 DIAGRAMMA 6 DIAGRAMMA 7

A. Diagramma 1
B. Diagramma 5
C. Diagramma 3
D. Diagramma 6
E. Diagramma 2

16) Individuare il diagramma che soddisfa la relazione insiemistica esistente tra i termini dati: Architetti, Persone ipertese, Francesi

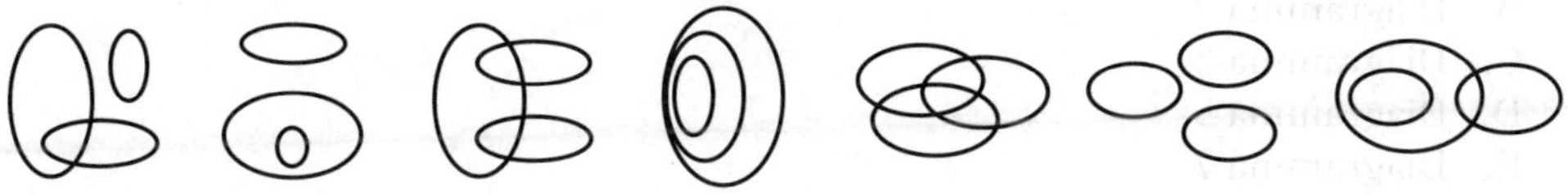

DIAGRAMMA 1 DIAGRAMMA 2 DIAGRAMMA 3 DIAGRAMMA 4 DIAGRAMMA 5 DIAGRAMMA 6 DIAGRAMMA 7

A. Diagramma 1
B. Diagramma 5
C. Diagramma 2
D. Diagramma 6
E. Diagramma 3

17) Individuare il diagramma che soddisfa la relazione insiemistica esistente tra i termini dati: Commercianti, Negozi, Articoli in vendita

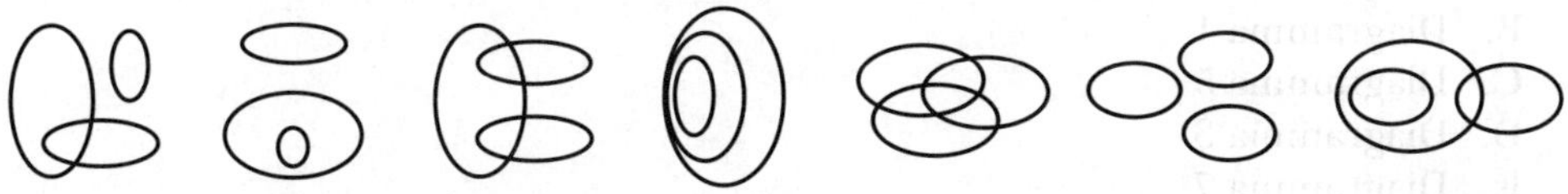

DIAGRAMMA 1 DIAGRAMMA 2 DIAGRAMMA 3 DIAGRAMMA 4 DIAGRAMMA 5 DIAGRAMMA 6 DIAGRAMMA 7

A. Diagramma 6
B. Diagramma 2
C. Diagramma 4
D. Diagramma 5
E. Diagramma 1

18) Individuare il diagramma che soddisfa la relazione insiemistica esistente tra i termini dati: Ipertesi, Anziani, Farmaci

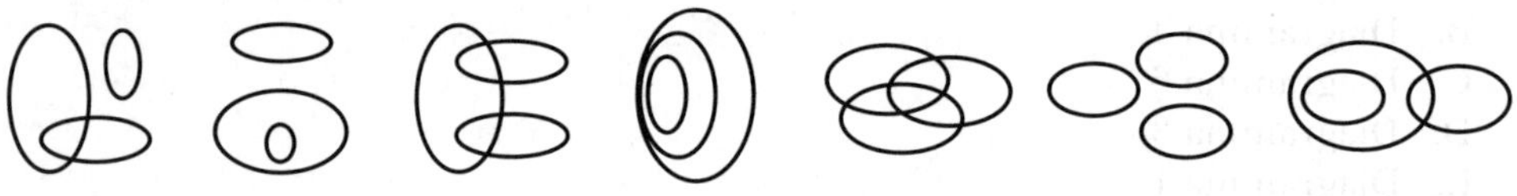

DIAGRAMMA 1 DIAGRAMMA 2 DIAGRAMMA 3 DIAGRAMMA 4 DIAGRAMMA 5 DIAGRAMMA 6 DIAGRAMMA 7

A. Diagramma 3
B. Diagramma 5
C. Diagramma 6
D. Diagramma 4
E. Diagramma 1

19) Individuare il diagramma che soddisfa la relazione insiemistica esistente tra i termini dati: Fiori, Petali, Gerani

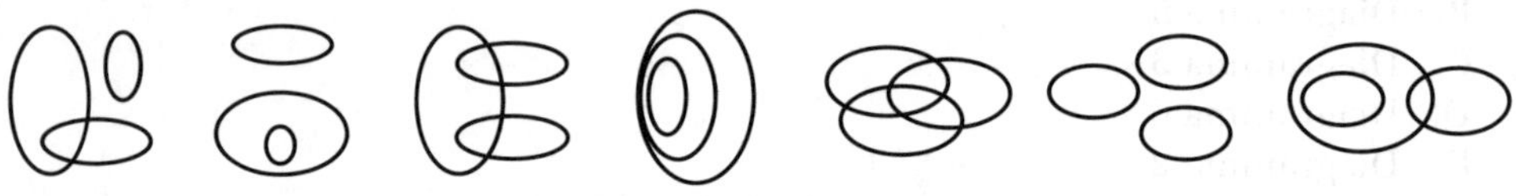

DIAGRAMMA 1 DIAGRAMMA 2 DIAGRAMMA 3 DIAGRAMMA 4 DIAGRAMMA 5 DIAGRAMMA 6 DIAGRAMMA 7

A. Diagramma 1
B. Diagramma 2
C. Diagramma 3
D. Diagramma 5
E. Diagramma 7

20) Individuare il diagramma che soddisfa la relazione insiemistica esistente tra i termini dati: Atleti, Tifosi di calcio, Palloni da calcio

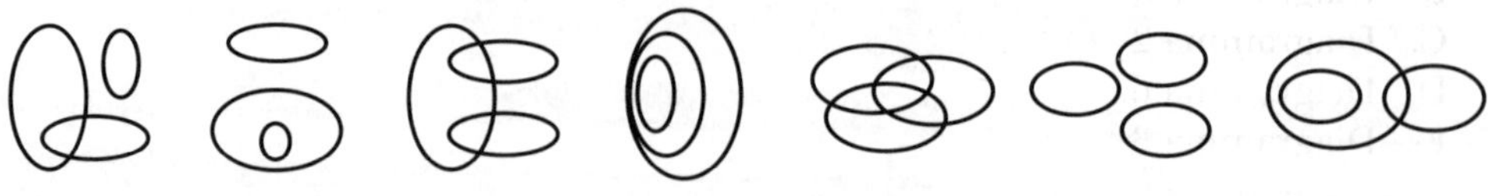

DIAGRAMMA 1 DIAGRAMMA 2 DIAGRAMMA 3 DIAGRAMMA 4 DIAGRAMMA 5 DIAGRAMMA 6 DIAGRAMMA 7

A. Diagramma 2
B. Diagramma 1
C. Diagramma 5
D. Diagramma 3
E. Diagramma 7

21) Individuare il diagramma che soddisfa la relazione insiemistica esistente tra i termini dati: Muscoli, Nervi, Tendini

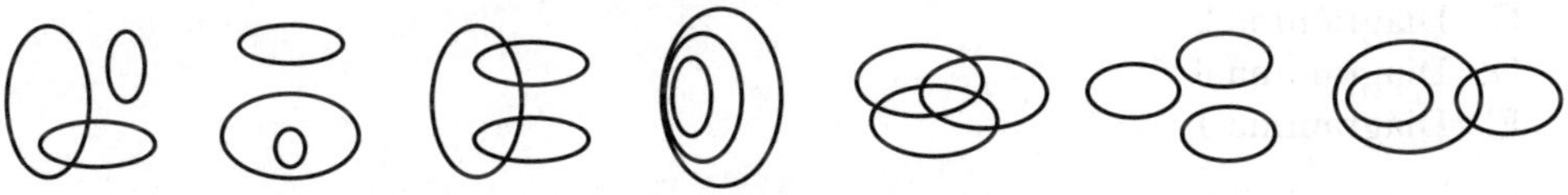

DIAGRAMMA 1 DIAGRAMMA 2 DIAGRAMMA 3 DIAGRAMMA 4 DIAGRAMMA 5 DIAGRAMMA 6 DIAGRAMMA 7

A. Diagramma 6
B. Diagramma 2
C. Diagramma 5
D. Diagramma 4
E. Diagramma 1

22) Individuare il diagramma che soddisfa la relazione insiemistica esistente tra i termini dati: Violoncellisti, Musicisti, Conservatori

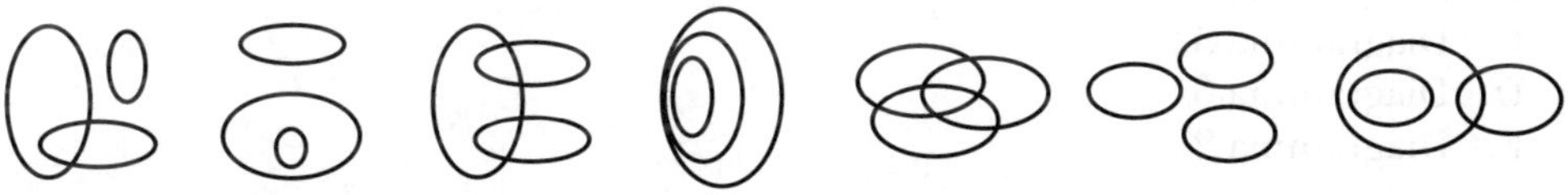

DIAGRAMMA 1 DIAGRAMMA 2 DIAGRAMMA 3 DIAGRAMMA 4 DIAGRAMMA 5 DIAGRAMMA 6 DIAGRAMMA 7

A. Diagramma 5
B. Diagramma 4
C. Diagramma 3
D. Diagramma 2
E. Diagramma 6

23) Individuare il diagramma che soddisfa la relazione insiemistica esistente tra i termini dati: Appartamenti, Cucine, Piatti

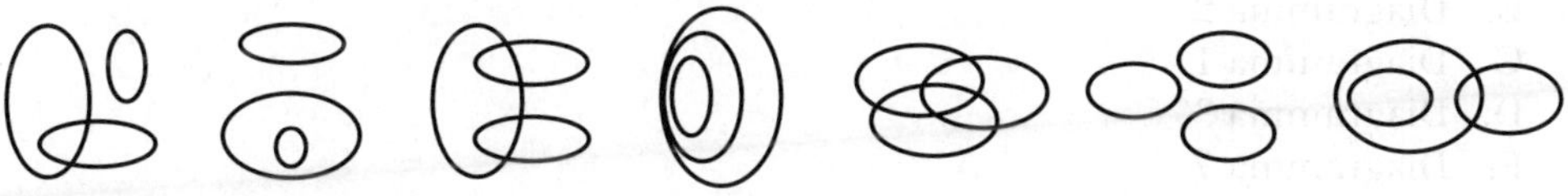

DIAGRAMMA 1 DIAGRAMMA 2 DIAGRAMMA 3 DIAGRAMMA 4 DIAGRAMMA 5 DIAGRAMMA 6 DIAGRAMMA 7

A. Diagramma 4
B. Diagramma 2
C. Diagramma 3
D. Diagramma 7
E. Diagramma 6

24) Individuare il diagramma che soddisfa la relazione insiemistica esistente tra i termini dati: Donne di nome Mary, Statunitensi, Massaie

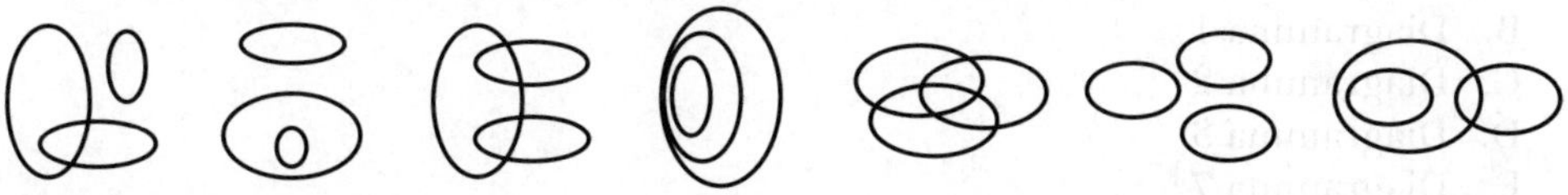

DIAGRAMMA 1 DIAGRAMMA 2 DIAGRAMMA 3 DIAGRAMMA 4 DIAGRAMMA 5 DIAGRAMMA 6 DIAGRAMMA 7

A. Diagramma 7
B. Diagramma 5
C. Diagramma 2
D. Diagramma 4
E. Diagramma 1

25) Individuare il diagramma che soddisfa la relazione insiemistica esistente tra i termini dati: Uomini sposati, Uomini celibi, Cittadini egiziani

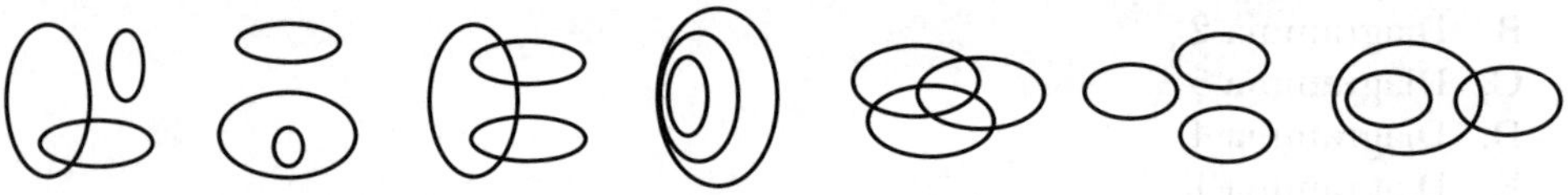

DIAGRAMMA 1 DIAGRAMMA 2 DIAGRAMMA 3 DIAGRAMMA 4 DIAGRAMMA 5 DIAGRAMMA 6 DIAGRAMMA 7

A. Diagramma 5
B. Diagramma 1
C. Diagramma 3
D. Diagramma 6
E. Diagramma 2

26) Individuare il diagramma che soddisfa la relazione insiemistica esistente tra i termini dati: Medici pediatri, Medici pedanti, Infermieri pedanti

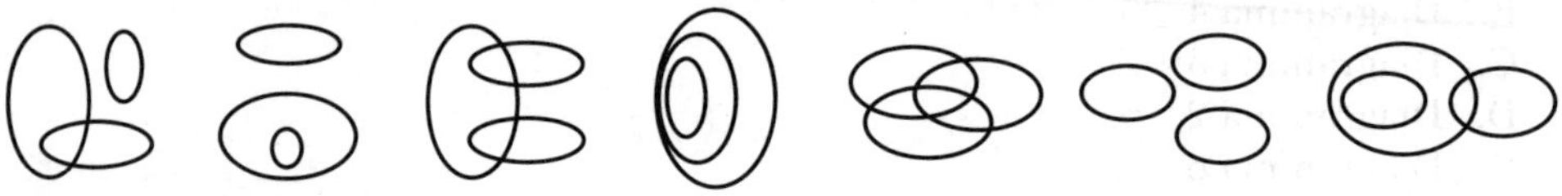

DIAGRAMMA 1 DIAGRAMMA 2 DIAGRAMMA 3 DIAGRAMMA 4 DIAGRAMMA 5 DIAGRAMMA 6 DIAGRAMMA 7

A. Diagramma 5
B. Diagramma 2
C. Diagramma 1
D. Diagramma 3
E. Diagramma 7

27) Individuare il diagramma che soddisfa la relazione insiemistica esistente tra i termini dati: Cittadini perugini, Padri perugini, Madri

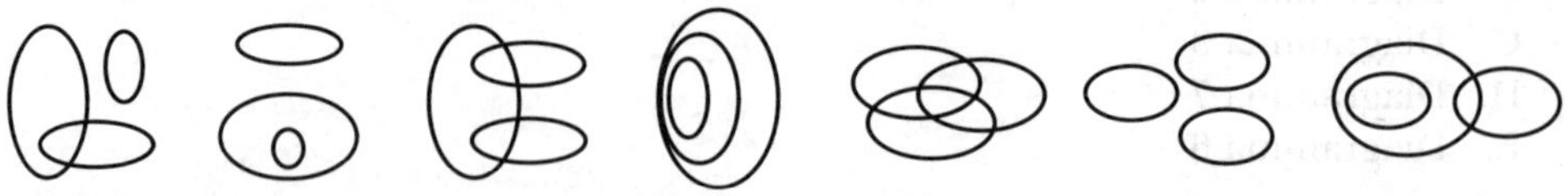

DIAGRAMMA 1 DIAGRAMMA 2 DIAGRAMMA 3 DIAGRAMMA 4 DIAGRAMMA 5 DIAGRAMMA 6 DIAGRAMMA 7

A. Diagramma 4
B. Diagramma 1
C. Diagramma 2
D. Diagramma 3
E. Diagramma 7

28) Individuare il diagramma che soddisfa la relazione insiemistica esistente tra i termini dati: Lettere della parola Vocabolario, Lettere della parola Colori, Lettere della parola Vespa

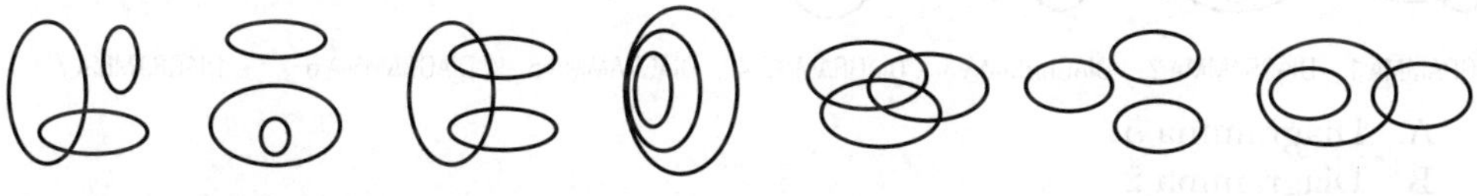

DIAGRAMMA 1 DIAGRAMMA 2 DIAGRAMMA 3 DIAGRAMMA 4 DIAGRAMMA 5 DIAGRAMMA 6 DIAGRAMMA 7

A. Diagramma 1
B. Diagramma 7
C. Diagramma 3
D. Diagramma 2
E. Diagramma 4

29) Individuare il diagramma che soddisfa la relazione insiemistica esistente tra i termini dati: Case editrici, Grattacieli, Palazzi

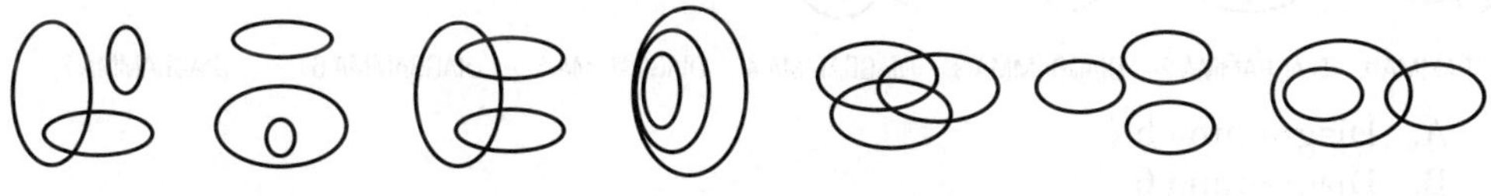

DIAGRAMMA 1 DIAGRAMMA 2 DIAGRAMMA 3 DIAGRAMMA 4 DIAGRAMMA 5 DIAGRAMMA 6 DIAGRAMMA 7

A. Diagramma 5
B. Diagramma 7
C. Diagramma 2
D. Diagramma 1
E. Diagramma 4

30) Individuare il diagramma che soddisfa la relazione insiemistica esistente tra i termini dati: Mele, Renette, Frutti

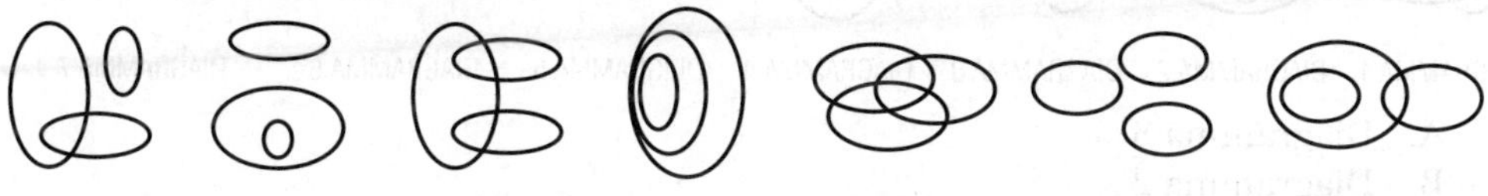

DIAGRAMMA 1 DIAGRAMMA 2 DIAGRAMMA 3 DIAGRAMMA 4 DIAGRAMMA 5 DIAGRAMMA 6 DIAGRAMMA 7

A. Diagramma 4
B. Diagramma 2
C. Diagramma 6
D. Diagramma 3
E. Diagramma 5

31) Individuare il diagramma che soddisfa la relazione insiemistica esistente tra i termini dati: Giornalisti, Giornali, Appassionati di motociclismo

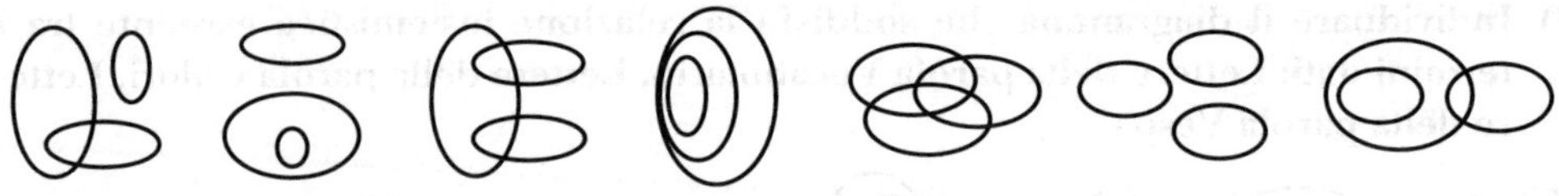

DIAGRAMMA 1 DIAGRAMMA 2 DIAGRAMMA 3 DIAGRAMMA 4 DIAGRAMMA 5 DIAGRAMMA 6 DIAGRAMMA 7

A. Diagramma 5
B. Diagramma 2
C. Diagramma 3
D. Diagramma 7
E. Diagramma 1

32) Individuare il diagramma che soddisfa la relazione insiemistica esistente tra i termini dati: Diplomati, Dottori in legge, Notai

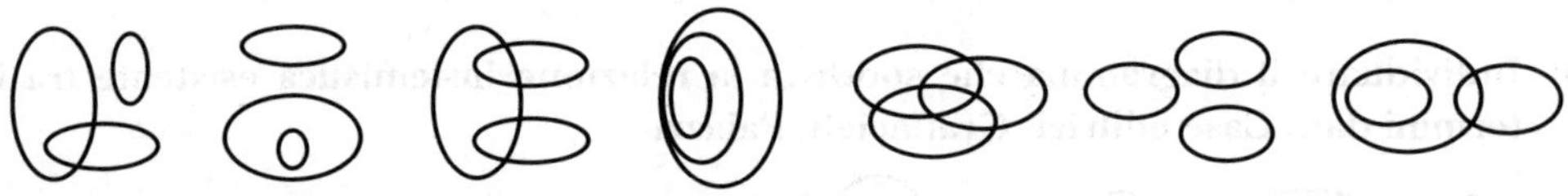

DIAGRAMMA 1 DIAGRAMMA 2 DIAGRAMMA 3 DIAGRAMMA 4 DIAGRAMMA 5 DIAGRAMMA 6 DIAGRAMMA 7

A. Diagramma 5
B. Diagramma 6
C. Diagramma 2
D. Diagramma 3
E. Diagramma 4

33) Individuare il diagramma che soddisfa la relazione insiemistica esistente tra i termini dati: Neonati, Piloti, Tedeschi

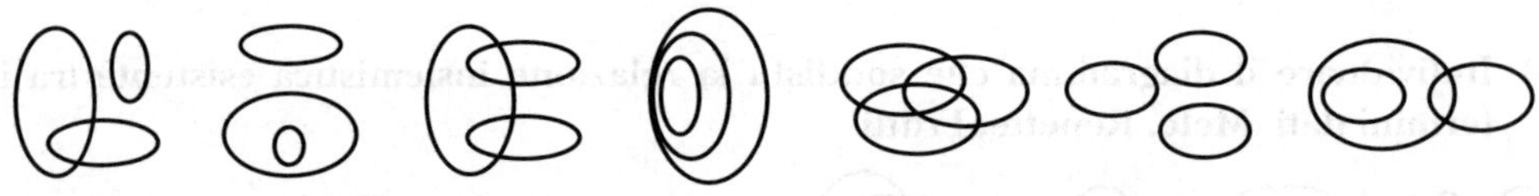

DIAGRAMMA 1 DIAGRAMMA 2 DIAGRAMMA 3 DIAGRAMMA 4 DIAGRAMMA 5 DIAGRAMMA 6 DIAGRAMMA 7

A. Diagramma 3
B. Diagramma 2
C. Diagramma 1
D. Diagramma 6
E. Diagramma 7

34) Individuare il diagramma che soddisfa la relazione insiemistica esistente tra i termini dati: Monili, Posate, Bicchieri

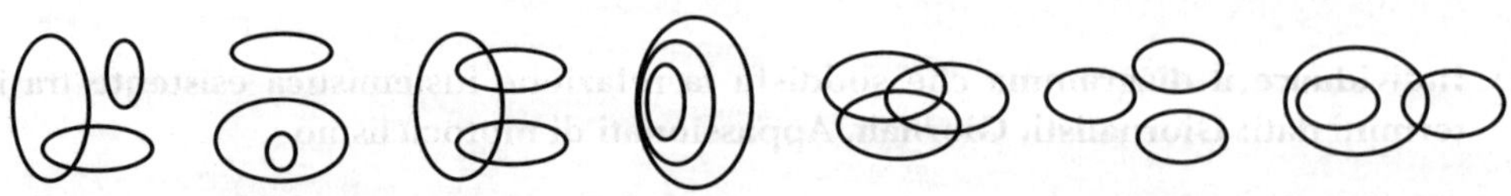

DIAGRAMMA 1 DIAGRAMMA 2 DIAGRAMMA 3 DIAGRAMMA 4 DIAGRAMMA 5 DIAGRAMMA 6 DIAGRAMMA 7

A. Diagramma 2
B. Diagramma 1
C. Diagramma 6
D. Diagramma 3
E. Diagramma 4

35) Individuare il diagramma che soddisfa la relazione insiemistica esistente tra i termini dati: Mercati, Merci, Mercenari

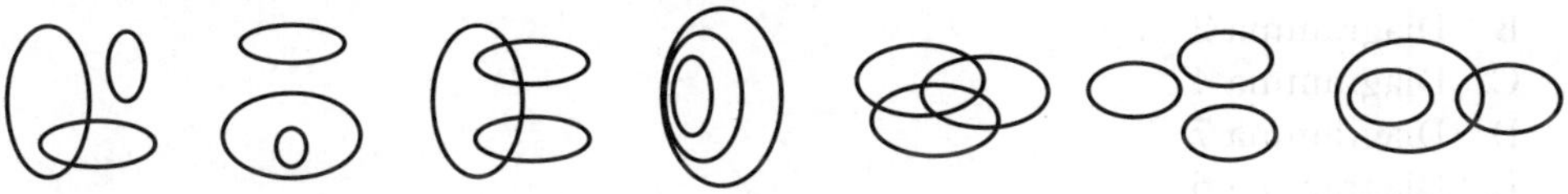

DIAGRAMMA 1 DIAGRAMMA 2 DIAGRAMMA 3 DIAGRAMMA 4 DIAGRAMMA 5 DIAGRAMMA 6 DIAGRAMMA 7

A. Diagramma 1
B. Diagramma 6
C. Diagramma 3
D. Diagramma 5
E. Diagramma 2

36) Individuare il diagramma che soddisfa la relazione insiemistica esistente tra i termini dati: Allevatori, Utenti di Internet, Lucani

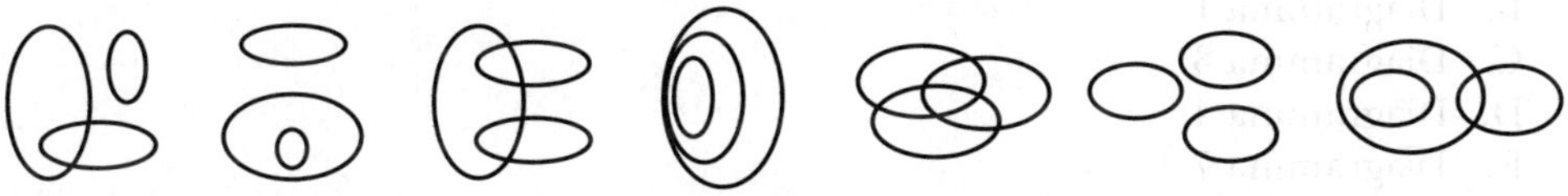

DIAGRAMMA 1 DIAGRAMMA 2 DIAGRAMMA 3 DIAGRAMMA 4 DIAGRAMMA 5 DIAGRAMMA 6 DIAGRAMMA 7

A. Diagramma 5
B. Diagramma 1
C. Diagramma 3
D. Diagramma 6
E. Diagramma 4

37) Individuare il diagramma che soddisfa la relazione insiemistica esistente tra i termini dati: Rondini, Esseri viventi, Uccelli

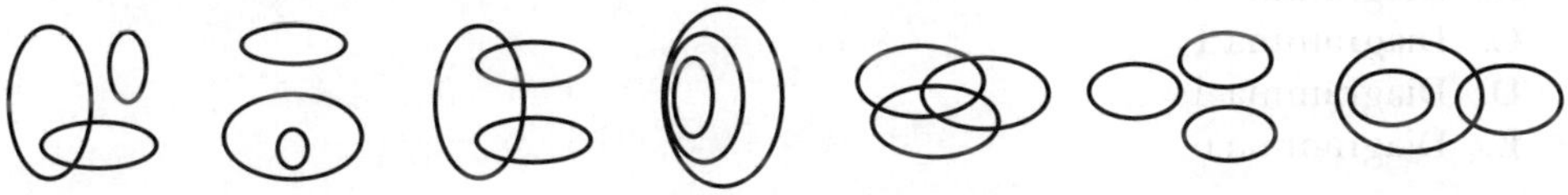

DIAGRAMMA 1 DIAGRAMMA 2 DIAGRAMMA 3 DIAGRAMMA 4 DIAGRAMMA 5 DIAGRAMMA 6 DIAGRAMMA 7

A. Diagramma 2
B. Diagramma 5
C. Diagramma 1
D. Diagramma 4
E. Diagramma 6

38) Individuare il diagramma che soddisfa la relazione insiemistica esistente tra i termini dati: Studenti, Appassionati di cinema, Film storici

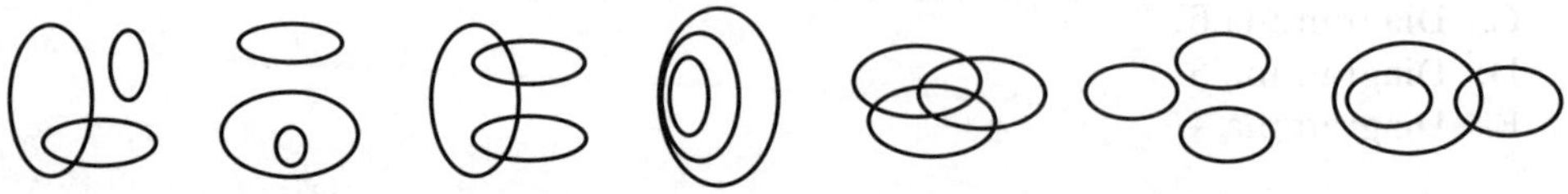

DIAGRAMMA 1 DIAGRAMMA 2 DIAGRAMMA 3 DIAGRAMMA 4 DIAGRAMMA 5 DIAGRAMMA 6 DIAGRAMMA 7

A. Diagramma 1
B. Diagramma 2
C. Diagramma 4
D. Diagramma 7
E. Diagramma 6

39) Individuare il diagramma che soddisfa la relazione insiemistica esistente tra i termini dati: Piatti gustosi, Piatti siciliani, Golosi

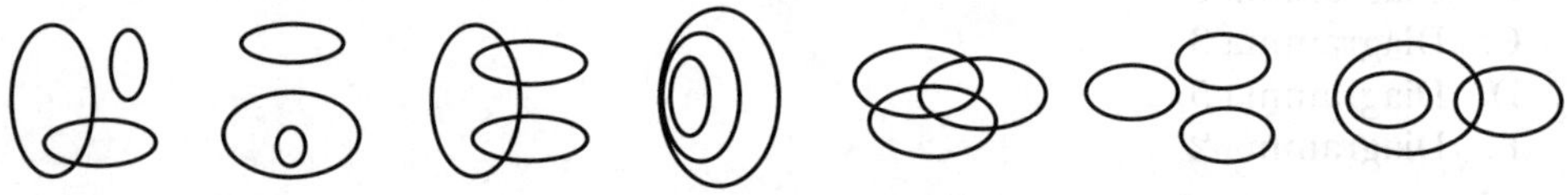

DIAGRAMMA 1 DIAGRAMMA 2 DIAGRAMMA 3 DIAGRAMMA 4 DIAGRAMMA 5 DIAGRAMMA 6 DIAGRAMMA 7

A. Diagramma 2
B. Diagramma 1
C. Diagramma 3
D. Diagramma 4
E. Diagramma 7

40) Individuare il diagramma che soddisfa la relazione insiemistica esistente tra i termini dati: Dischi, Strumenti musicali, Zampogne

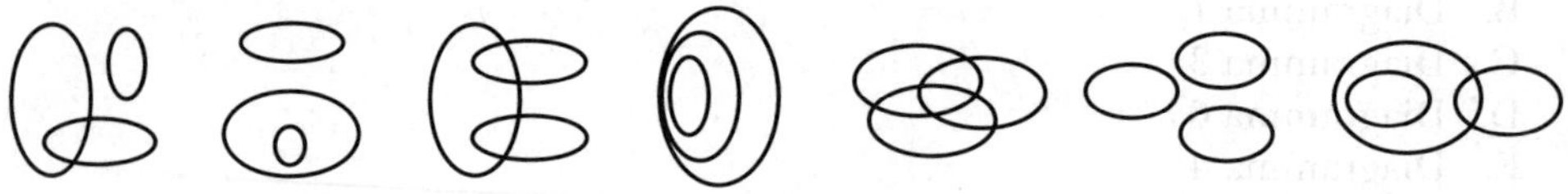

DIAGRAMMA 1 DIAGRAMMA 2 DIAGRAMMA 3 DIAGRAMMA 4 DIAGRAMMA 5 DIAGRAMMA 6 DIAGRAMMA 7

A. Diagramma 2
B. Diagramma 3
C. Diagramma 1
D. Diagramma 4
E. Diagramma 6

41) Individuare il diagramma che soddisfa la relazione insiemistica esistente tra i termini dati: Terrazzi, Sedie a sdraio, Attici

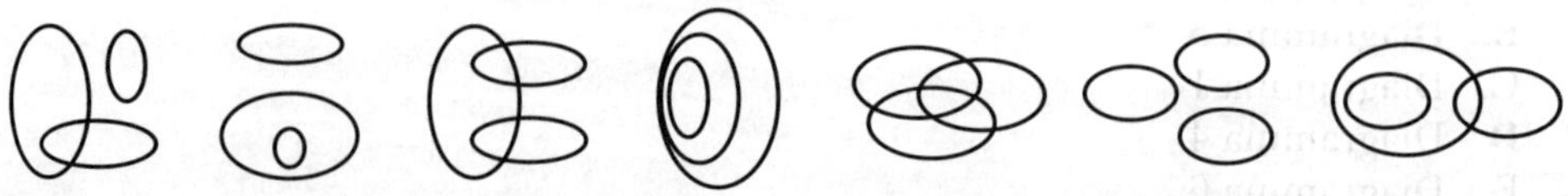

DIAGRAMMA 1 DIAGRAMMA 2 DIAGRAMMA 3 DIAGRAMMA 4 DIAGRAMMA 5 DIAGRAMMA 6 DIAGRAMMA 7

A. Diagramma 1
B. Diagramma 3
C. Diagramma 6
D. Diagramma 7
E. Diagramma 4

42) Individuare il diagramma che soddisfa la relazione insiemistica esistente tra i termini dati: Numeri compresi tra 5 e 8, Numeri compresi tra 4 e 14, Numeri compresi tra 12 e 22

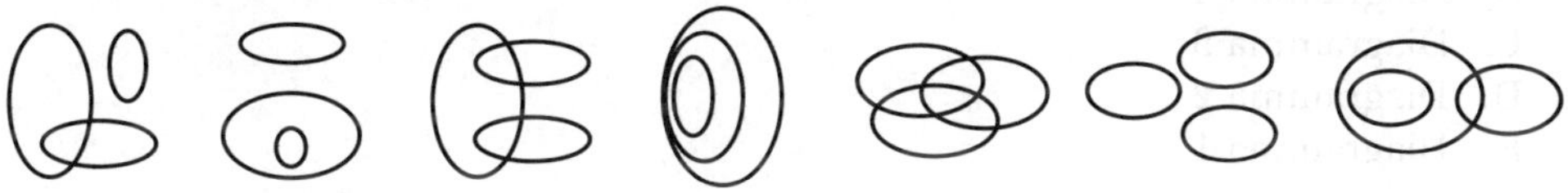

DIAGRAMMA 1 DIAGRAMMA 2 DIAGRAMMA 3 DIAGRAMMA 4 DIAGRAMMA 5 DIAGRAMMA 6 DIAGRAMMA 7

A. Diagramma 4
B. Diagramma 3
C. Diagramma 1
D. Diagramma 7
E. Diagramma 5

43) Individuare il diagramma che soddisfa la relazione insiemistica esistente tra i termini dati: Città italiane, Città umbre, Regioni italiane

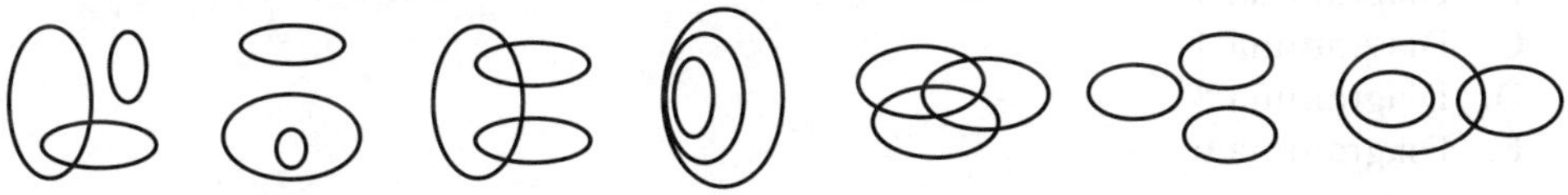

DIAGRAMMA 1 DIAGRAMMA 2 DIAGRAMMA 3 DIAGRAMMA 4 DIAGRAMMA 5 DIAGRAMMA 6 DIAGRAMMA 7

A. Diagramma 2
B. Diagramma 4
C. Diagramma 1
D. Diagramma 6
E. Diagramma 7

44) Individuare il diagramma che soddisfa la relazione insiemistica esistente tra i termini dati: Numeri positivi minori di 6, Numeri compresi fra 0 e 20, Numeri multipli di 7

DIAGRAMMA 1 DIAGRAMMA 2 DIAGRAMMA 3 DIAGRAMMA 4 DIAGRAMMA 5 DIAGRAMMA 6 DIAGRAMMA 7

A. Diagramma 1
B. Diagramma 7
C. Diagramma 3
D. Diagramma 4
E. Diagramma 5

45) Individuare il diagramma che soddisfa la relazione insiemistica esistente tra i termini dati: Opere d'arte preziose, Dipinti, Impressionisti

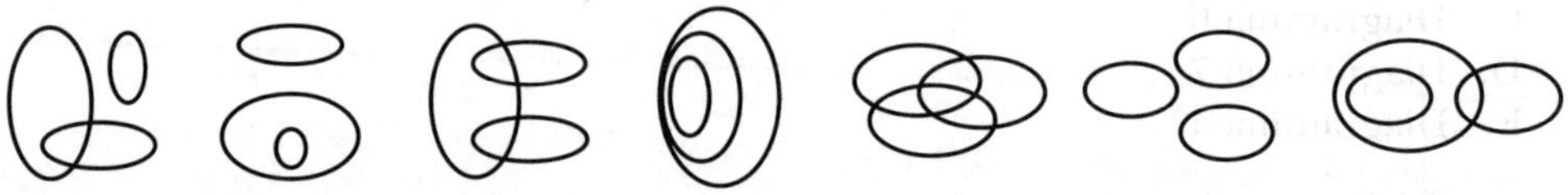

DIAGRAMMA 1 DIAGRAMMA 2 DIAGRAMMA 3 DIAGRAMMA 4 DIAGRAMMA 5 DIAGRAMMA 6 DIAGRAMMA 7

A. Diagramma 5
B. Diagramma 4
C. Diagramma 3
D. Diagramma 2
E. Diagramma 1

46) Individuare il diagramma che soddisfa la relazione insiemistica esistente tra i termini dati: Residenti in Spagna, Bagnini, Uomini alti

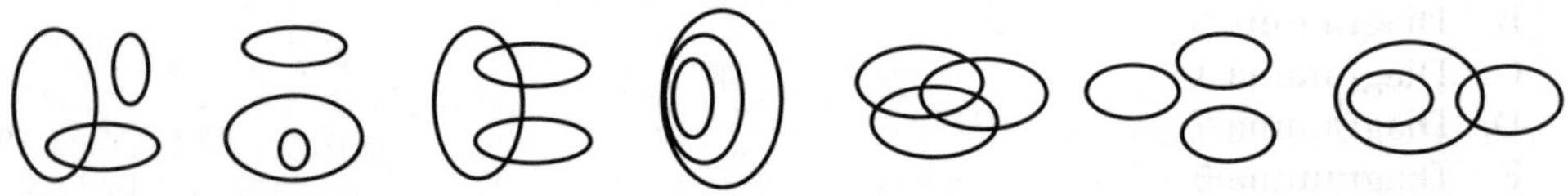

DIAGRAMMA 1 DIAGRAMMA 2 DIAGRAMMA 3 DIAGRAMMA 4 DIAGRAMMA 5 DIAGRAMMA 6 DIAGRAMMA 7

A. Diagramma 1
B. Diagramma 5
C. Diagramma 4
D. Diagramma 3
E. Diagramma 6

47) Individuare il diagramma che soddisfa la relazione insiemistica esistente tra i termini dati: Mammiferi, Cani, Dobermann

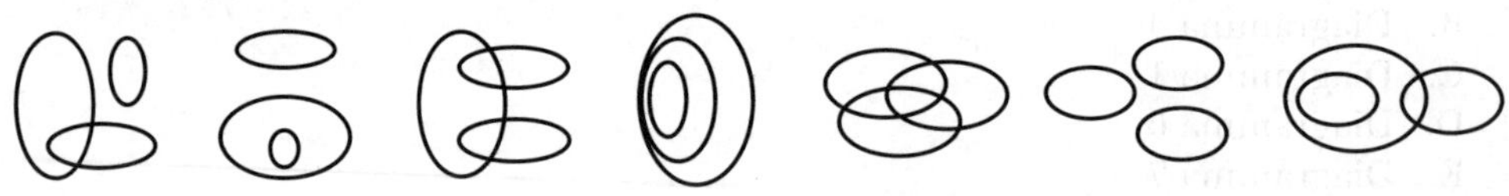

DIAGRAMMA 1 DIAGRAMMA 2 DIAGRAMMA 3 DIAGRAMMA 4 DIAGRAMMA 5 DIAGRAMMA 6 DIAGRAMMA 7

A. Diagramma 4
B. Diagramma 2
C. Diagramma 6
D. Diagramma 5
E. Diagramma 7

48) Individuare il diagramma che soddisfa la relazione insiemistica esistente tra i termini dati: Milanesi, Romantici, Laureati

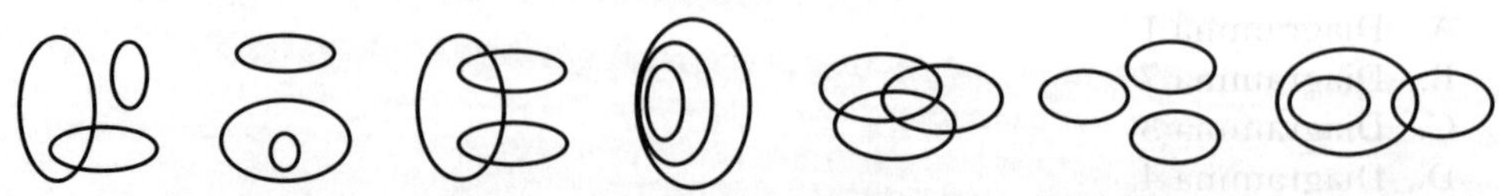

DIAGRAMMA 1 DIAGRAMMA 2 DIAGRAMMA 3 DIAGRAMMA 4 DIAGRAMMA 5 DIAGRAMMA 6 DIAGRAMMA 7

A. Diagramma 4
B. Diagramma 1
C. Diagramma 3
D. Diagramma 6
E. Diagramma 5

49) Individuare il diagramma che soddisfa la relazione insiemistica esistente tra i termini dati: Gerani, Fiori, Vegetali

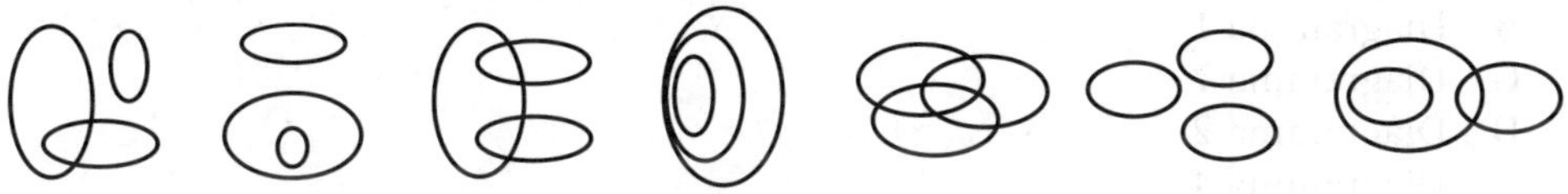

DIAGRAMMA 1 DIAGRAMMA 2 DIAGRAMMA 3 DIAGRAMMA 4 DIAGRAMMA 5 DIAGRAMMA 6 DIAGRAMMA 7

A. Diagramma 2
B. Diagramma 1
C. Diagramma 5
D. Diagramma 4
E. Diagramma 7

50) Individuare il diagramma che soddisfa la relazione insiemistica esistente tra i termini dati: Numeri compresi tra 1 e 22, Numeri compresi tra 5 e 11, Numeri pari divisibili per 7

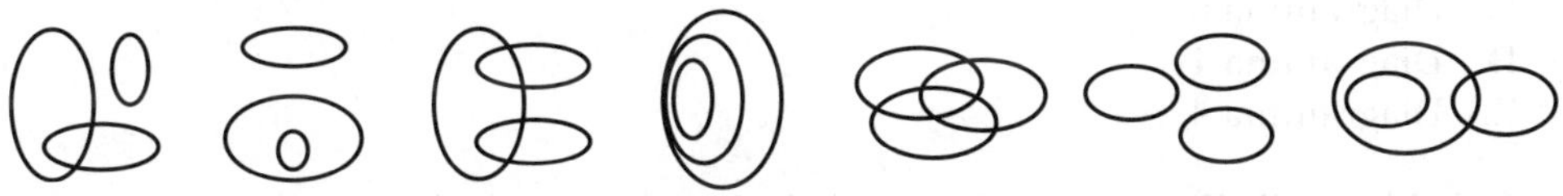

DIAGRAMMA 1 DIAGRAMMA 2 DIAGRAMMA 3 DIAGRAMMA 4 DIAGRAMMA 5 DIAGRAMMA 6 DIAGRAMMA 7

A. Diagramma 5
B. Diagramma 3
C. Diagramma 7
D. Diagramma 1
E. Diagramma 2

51) Individuare il diagramma che soddisfa la relazione insiemistica esistente tra i termini dati: Europei, Portoghesi, Cittadini di Lisbona

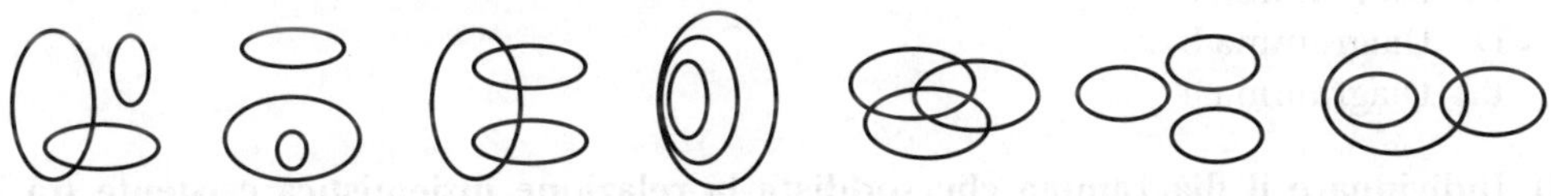

DIAGRAMMA 1 DIAGRAMMA 2 DIAGRAMMA 3 DIAGRAMMA 4 DIAGRAMMA 5 DIAGRAMMA 6 DIAGRAMMA 7

A. Diagramma 1
B. Diagramma 6
C. Diagramma 2
D. Diagramma 4
E. Diagramma 3

52) Individuare il diagramma che soddisfa la relazione insiemistica esistente tra i termini dati: Alimenti, Formaggi, Mozzarelle

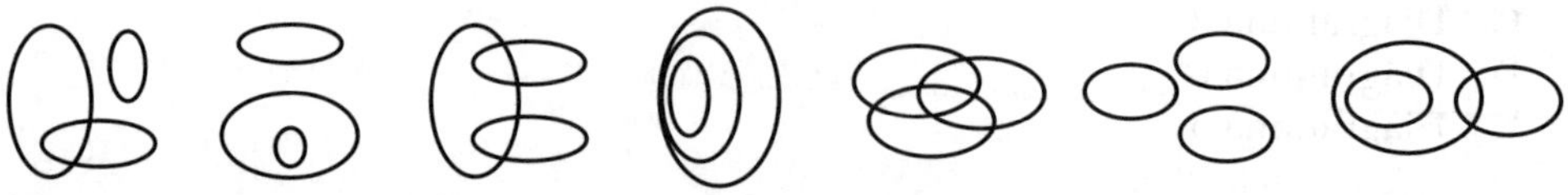

DIAGRAMMA 1 DIAGRAMMA 2 DIAGRAMMA 3 DIAGRAMMA 4 DIAGRAMMA 5 DIAGRAMMA 6 DIAGRAMMA 7

A. Diagramma 5
B. Diagramma 1
C. Diagramma 7
D. Diagramma 2
E. Diagramma 4

53) Individuare il diagramma che soddisfa la relazione insiemistica esistente tra i termini dati: Svedesi, Sciatori, Imprudenti

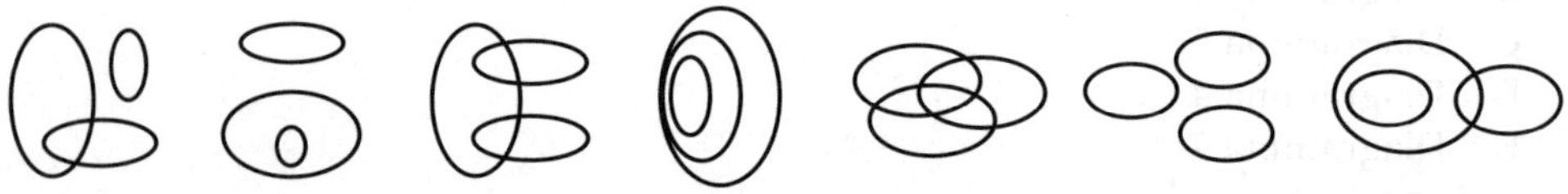

DIAGRAMMA 1 DIAGRAMMA 2 DIAGRAMMA 3 DIAGRAMMA 4 DIAGRAMMA 5 DIAGRAMMA 6 DIAGRAMMA 7

A. Diagramma 2
B. Diagramma 5
C. Diagramma 6
D. Diagramma 1
E. Diagramma 4

54) Individuare il diagramma che soddisfa la relazione insiemistica esistente tra i termini dati: Televisioni, Giornali, Eventi sportivi

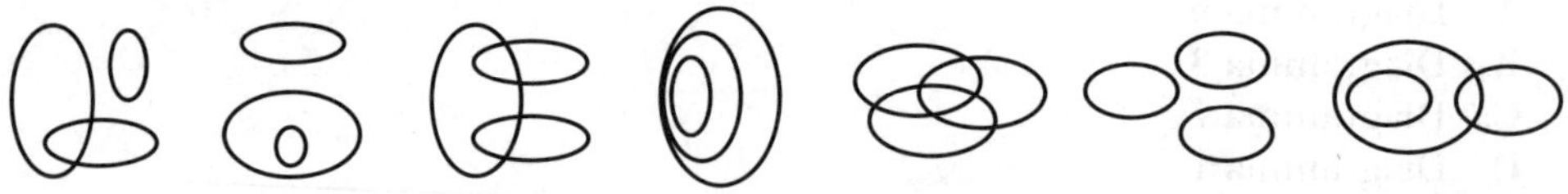

DIAGRAMMA 1 DIAGRAMMA 2 DIAGRAMMA 3 DIAGRAMMA 4 DIAGRAMMA 5 DIAGRAMMA 6 DIAGRAMMA 7

A. Diagramma 1
B. Diagramma 5
C. Diagramma 6
D. Diagramma 3
E. Diagramma 4

55) Individuare il diagramma che soddisfa la relazione insiemistica esistente tra i termini dati: Architetti, Dipendenti di azienda, Possessori di automobili

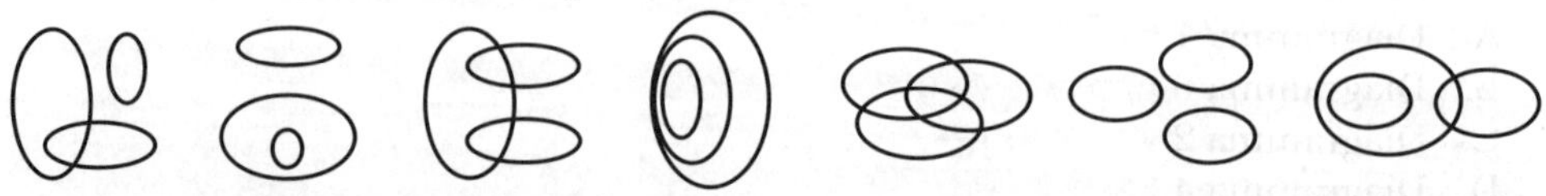

DIAGRAMMA 1 DIAGRAMMA 2 DIAGRAMMA 3 DIAGRAMMA 4 DIAGRAMMA 5 DIAGRAMMA 6 DIAGRAMMA 7

A. Diagramma 4
B. Diagramma 3
C. Diagramma 6
D. Diagramma 7
E. Diagramma 5

56) Individuare il diagramma che soddisfa la relazione insiemistica esistente tra i termini dati: Laghi, Mari, Canoe

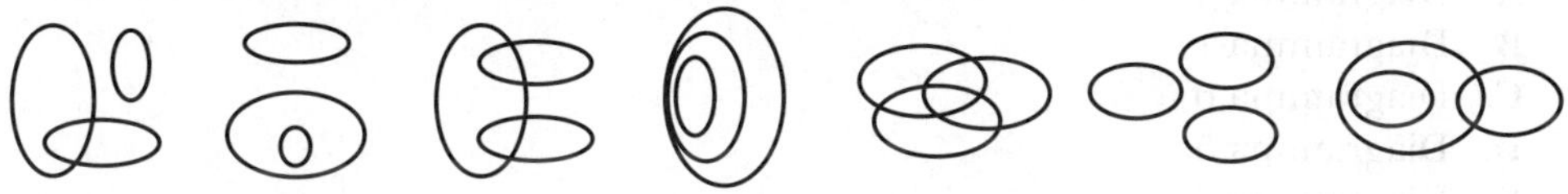

DIAGRAMMA 1 DIAGRAMMA 2 DIAGRAMMA 3 DIAGRAMMA 4 DIAGRAMMA 5 DIAGRAMMA 6 DIAGRAMMA 7

A. Diagramma 6
B. Diagramma 5
C. Diagramma 3
D. Diagramma 1
E. Diagramma 2

57) Individuare il diagramma che soddisfa la relazione insiemistica esistente tra i termini dati: Liberi professionisti, Celibi, Laureati

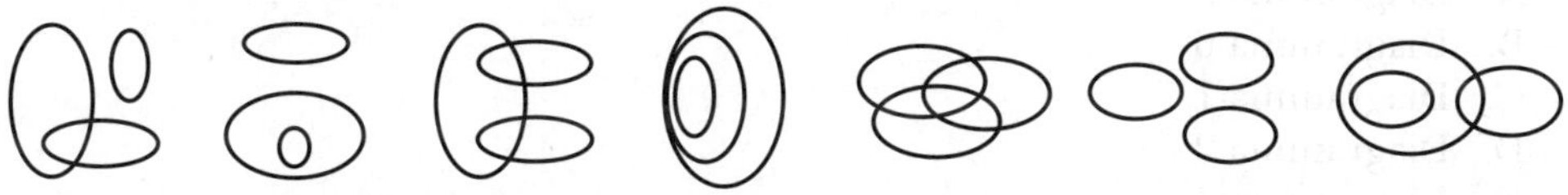

DIAGRAMMA 1 DIAGRAMMA 2 DIAGRAMMA 3 DIAGRAMMA 4 DIAGRAMMA 5 DIAGRAMMA 6 DIAGRAMMA 7

A. Diagramma 5
B. Diagramma 3
C. Diagramma 4
D. Diagramma 1
E. Diagramma 7

58) Individuare il diagramma che soddisfa la relazione insiemistica esistente tra i termini dati: Uomini, Padri, Zie

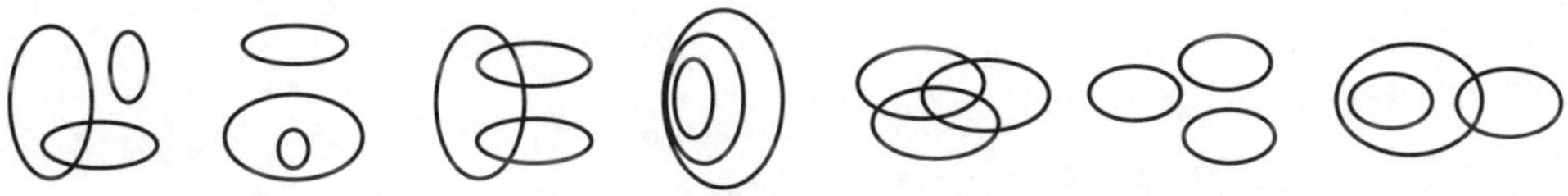

DIAGRAMMA 1 DIAGRAMMA 2 DIAGRAMMA 3 DIAGRAMMA 4 DIAGRAMMA 5 DIAGRAMMA 6 DIAGRAMMA 7

A. Diagramma 3
B. Diagramma 1
C. Diagramma 6
D. Diagramma 2
E. Diagramma 7

59) Individuare il diagramma che soddisfa la relazione insiemistica esistente tra i termini dati: Magistrati, Biondi, Sportivi

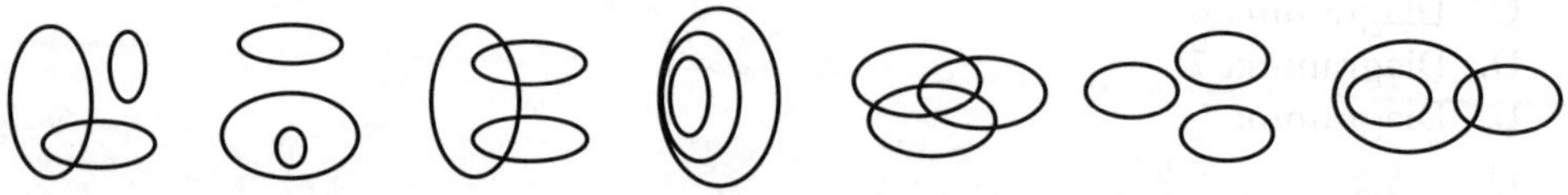

DIAGRAMMA 1 DIAGRAMMA 2 DIAGRAMMA 3 DIAGRAMMA 4 DIAGRAMMA 5 DIAGRAMMA 6 DIAGRAMMA 7

A. Diagramma 3
B. Diagramma 1
C. Diagramma 6
D. Diagramma 5
E. Diagramma 4

60) Individuare il diagramma che soddisfa la relazione insiemistica esistente tra i termini dati: Fotografie, Vestiti, Stilisti

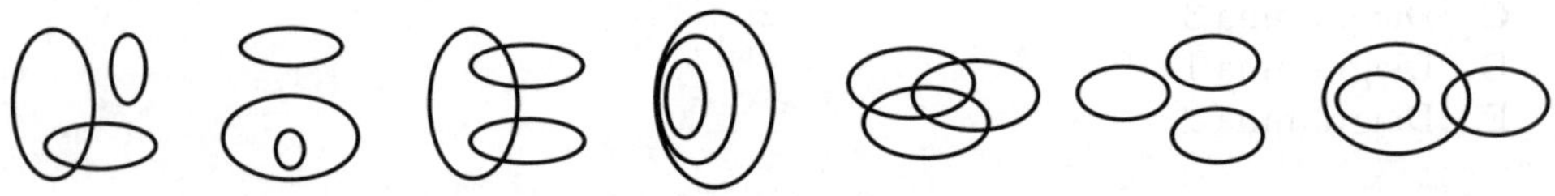

DIAGRAMMA 1 DIAGRAMMA 2 DIAGRAMMA 3 DIAGRAMMA 4 DIAGRAMMA 5 DIAGRAMMA 6 DIAGRAMMA 7

A. Diagramma 3
B. Diagramma 6
C. Diagramma 1
D. Diagramma 2
E. Diagramma 4

Risposte commentate
Relazioni insiemistiche

1) B. Tutti i terzini sono calciatori (calciatore è un termine generico, atto a designare i terzini, gli attaccanti, il portiere...); i palloni sono oggetti.
Nel linguaggio insiemistico, quindi, l'insieme dei "terzini" appartiene all'insieme dei "calciatori" ossia i "terzini" sono un sottoinsieme dell'insieme dei "calciatori". Inoltre, poiché "nessun pallone" è "un calciatore", l'insieme dei "calciatori" è disgiunto dall'insieme dei "palloni".
Il diagramma che rappresenta i tre insiemi è il numero 2 e la risposta corretta è la B.
In figura è mostrato il diagramma di Eulero-Venn con i tre insiemi.

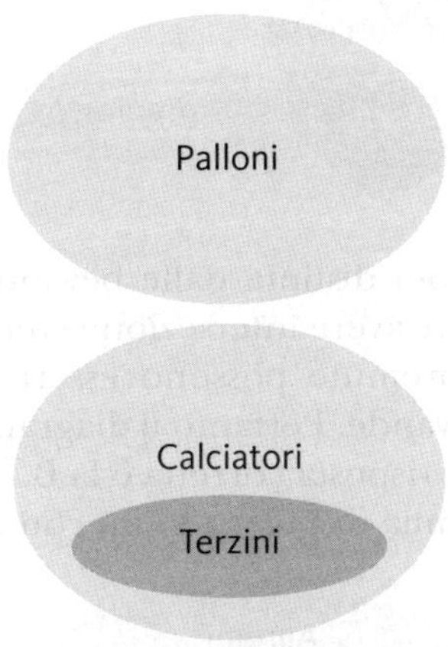

In esso si nota che l'insieme dei terzini è incluso in quello dei calciatori, mentre l'insieme dei palloni è disgiunto dagli altri due.

2) A. Computer, stampanti e CD-ROM sono tre dispositivi hardware distinti del mondo dell'informatica. Pertanto l'insieme che rappresenta tutti i computer non può avere elementi in comune con l'insieme che rappresenta le stampanti, così come quest'ultimo non può avere elementi in comune con l'insieme che rappresenta i CD-ROM. Infine l'insieme dei CD-ROM non può avere elementi condivisi con quello dei computer. In pratica i tre insiemi sono disgiunti. Pertanto il diagramma che li rappresenta è il "diagramma 6" e la risposta corretta e la A. In figura è mostrato il diagramma di Eulero-Venn con i tre insiemi.

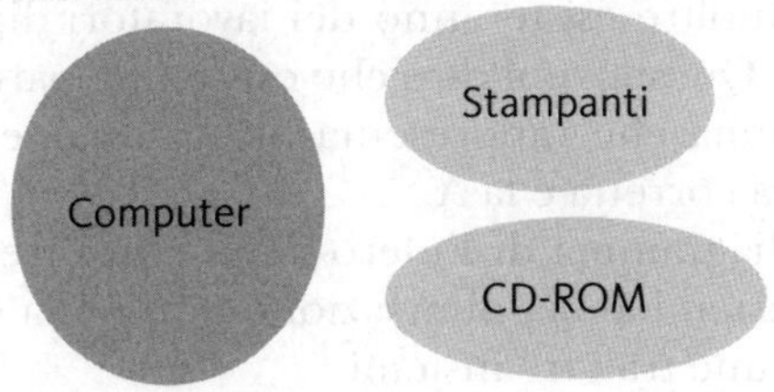

3) D. I cani sono quadrupedi, pertanto l'insieme dei cani e quello dei quadrupedi devono avere elementi in comune. Analogamente i cavalli sono quadrupedi, quindi anch'essi devono avere elementi in comune con l'insieme dei quadrupedi. I cani non sono cavalli, quindi questi due insiemi devono essere disgiunti. Inoltre, siccome ci si riferisce ai soli quadrupedi con pelo marrone, allora l'insieme dei quadrupedi con pelo marrone non può contenere quello dei cani, così come non può contenere quello dei cavalli. Questo perché sia alcuni cani che alcuni cavalli possono avere il pelo che non è marrone. Pertanto il diagramma che rappresenta i tre insiemi è il numero 3 e la risposta corretta è la D. In figura è mostrato il diagramma di Eulero-Venn con i tre insiemi.

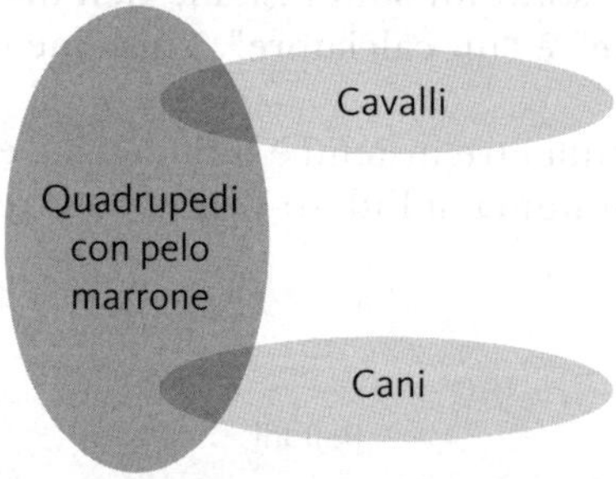

4) B. Gli agrumi sono una cosa distinta dalle bevande e dalle spremute. Pertanto l'insieme degli agrumi non deve avere intersezione con l'insieme delle bevande e con quello delle spremute. Le spremute possono essere considerate un sottoinsieme dell'insieme più vasto delle bevande. Pertanto il diagramma che rappresenta i termini della traccia è il numero 2 e la risposta corretta è la B.
In figura è mostrato il diagramma di Eulero-Venn con i tre insiemi.

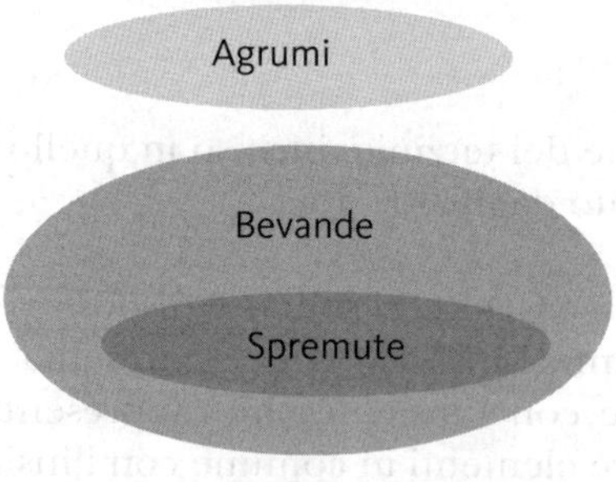

5) A. Alcuni lavoratori dipendenti possono chiamarsi Luigi, così come alcuni di essi possono risiedere a Teramo. Inoltre alcune persone di nome Luigi possono risiedere a Teramo. Pertanto ciascuno dei tre insiemi avrà intersezione non nulla con ciascuno degli altri due insiemi. Inoltre esisteranno dei lavoratori dipendenti di nome Luigi che risiedono a Teramo. Questo vuol dire che esiste una parte in comune fra i tre insiemi. Quindi il diagramma che rappresenta opportunamente le tre categorie è il diagramma 5 e la risposta corretta è la A.
In figura è mostrato il diagramma di Eulero-Venn con i tre insiemi. In esso si nota come ciascuno dei tre insiemi abbia intersezione non nulla con gli altri due. Si nota inoltre una parte in comune tra i tre insiemi.

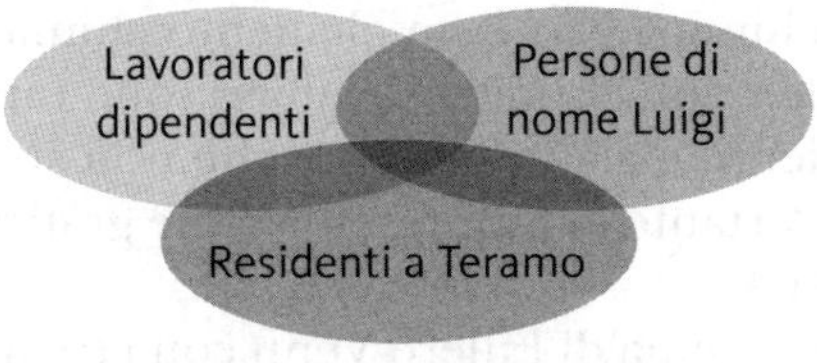

6) E. Alcune persone con i capelli rossi possono essere maggiorenni, ma non patentate. Analogamente alcuni maggiorenni possono essere patentati ma non avere i capelli rossi. Inoltre vi sono alcuni patentati che possono avere capelli rossi, ma non essere maggiorenni (in particolare possono essere patentati per la guida di ciclomotori). Infine vi possono essere persone che hanno i capelli rossi, sono maggiorenni e sono anche patentate. Pertanto il diagramma che rappresenta i tre insiemi è quello indicato con il numero 5 e la risposta corretta è la E.
In figura è mostrato il diagramma di Eulero-Venn con i tre insiemi. In esso si nota come ciascuno dei tre insiemi abbia intersezione non nulla con gli altri due. Si nota inoltre una parte in comune tra i tre insiemi.

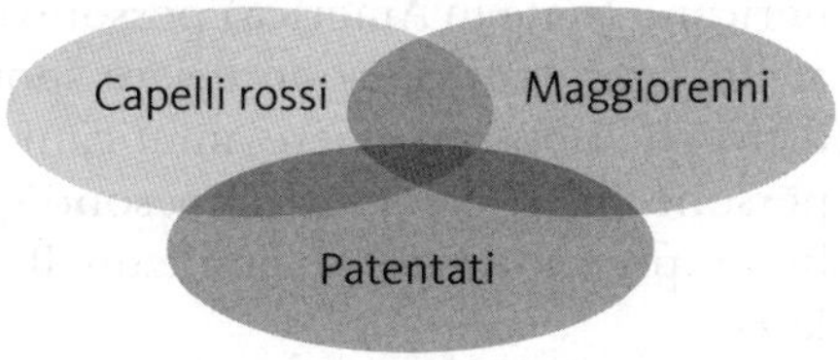

7) C. Se un individuo è spagnolo (nel senso che è nato in Spagna) allora non è olandese (nel senso che non può essere nato in Olanda). Pertanto gli insiemi di spagnoli e olandesi sono disgiunti, ossia non hanno parti in comune.
Infine l'insieme dei motociclisti si sovrappone in parte a quello degli spagnoli ed in parte a quello degli olandesi; difatti possono esserci sia motociclisti spagnoli che olandesi. Inoltre l'insieme dei motociclisti presenta anche una parte che non si sovrappone a nessuno degli altri due insiemi (sono i motociclisti né spagnoli né olandesi). Analogamente, l'insieme degli spagnoli non può essere incluso nell'insieme dei motociclisti, perché alcuni spagnoli non sanno guidare la motocicletta. Pertanto il diagramma che rappresenta i tre insiemi è il numero 3 e la risposta corretta è la C.
In figura è mostrato il diagramma di Eulero-Venn con i tre insiemi. In esso si nota che gli insiemi degli spagnoli e degli olandesi si sovrappongono in parte a quello dei motociclisti.

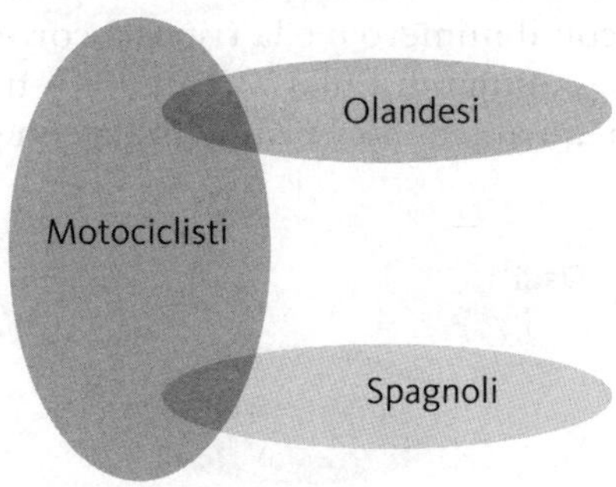

8) A. Il Sodio (simbolo chimico Na) è un elemento chimico; pertanto esso è contenuto nell'insieme degli elementi chimici. Gli alberi sono rappresentati da un insieme disgiunto dai due precedenti, ossia un insieme che non si sovrappone neanche parzialmente ai precedenti. Pertanto la rappresentazione grafica corretta è il diagramma 2 e la risposta corretta è la A.
In figura è mostrato il diagramma di Eulero-Venn con i tre insiemi. In esso si nota che il Sodio è incluso negli elementi chimici e l'insieme degli alberi è disgiunto.

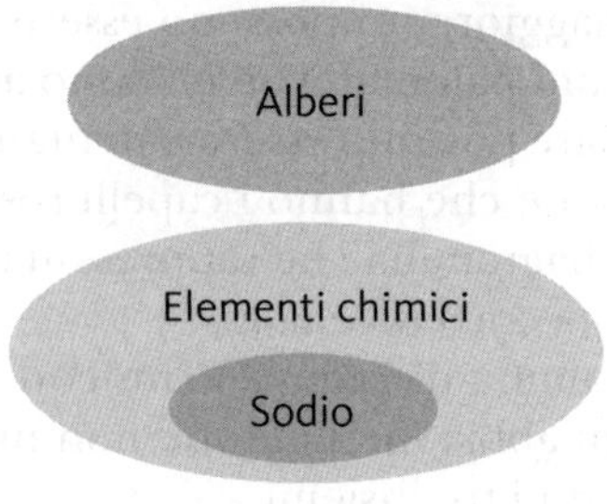

9) E. Alcune persone americane (nate in America) possono essere architetti, ma non sportivi. Analogamente alcuni architetti possono essere sportivi ma non americani. Inoltre vi sono alcuni sportivi che possono essere americani, ma non sono architetti. Infine vi possono essere persone che sono americane, sono sportive e sono architetti. Pertanto il diagramma che rappresenta i tre insiemi è quello indicato con il numero 5 e la risposta corretta è la E.
In figura è mostrato il diagramma di Eulero-Venn con i tre insiemi. In esso si nota come ciascuno dei tre insiemi abbia intersezione non nulla con gli altri due. Si nota inoltre una parte in comune tra i tre insiemi.

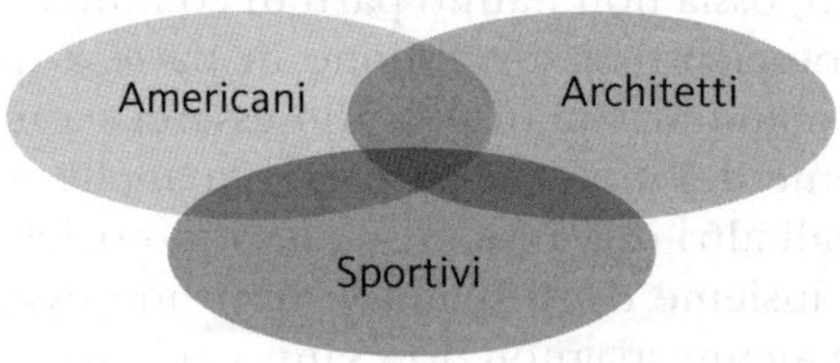

10) B. I dadi non sono bulloni, né oggetti sferici; inoltre i bulloni non sono oggetti sferici. Pertanto le tre categorie di oggetti devono essere inserite in insiemi che non hanno parti in comune, ossia che sono disgiunti. Il diagramma che rappresenta i tre insiemi è quello indicato con il numero 6 e la risposta corretta è la B.
In figura è mostrato il diagramma di Eulero-Venn con i tre insiemi. In esso si nota come ciascuno dei tre insiemi abbia intersezione nulla con gli altri due.

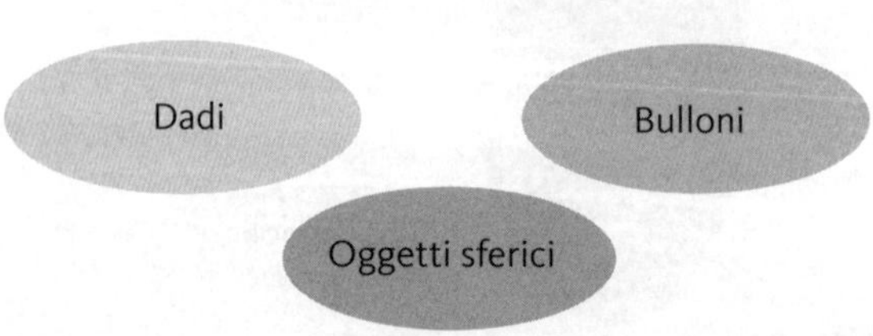

11) E. Se un individuo è svizzero (nel senso che è nato in Svizzera) allora non è italiano (nel senso che non può essere nato in Italia). Pertanto gli insiemi di svizzeri e italiani sono disgiunti, ossia non hanno parti in comune. Infine l'insieme degli sciatori si sovrappone in parte a quello degli svizzeri ed in parte a quello degli italiani; difatti possono esserci sia sciatori svizzeri che italiani. Inoltre l'insieme degli sciatori presenta anche una parte che non si sovrappone a nessuno degli altri due insiemi (sono gli sciatori né svizzeri, né italiani). Analogamente, gli insiemi degli svizzeri e degli italiani non possono essere inclusi nell'insieme degli sciatori, perché alcuni svizzeri e alcuni italiani non sanno sciare. Pertanto il diagramma che rappresenta i tre insiemi è il numero 3 e la risposta corretta è la E.
In figura è mostrato il diagramma di Eulero-Venn con i tre insiemi. In esso si nota che gli insiemi degli svizzeri e degli italiani si sovrappongono in parte a quello degli sciatori.

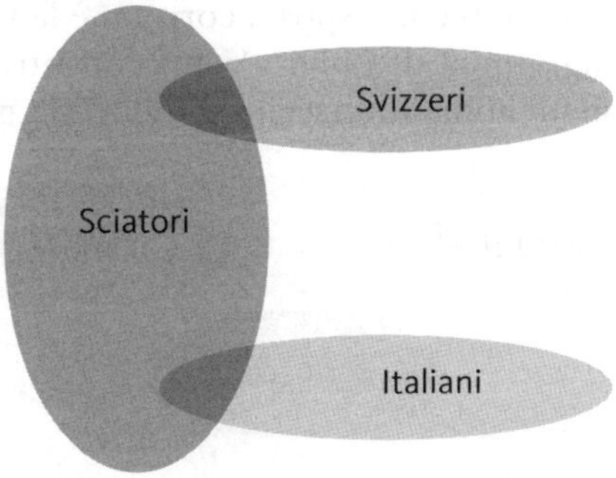

12) E. Alcune persone francesi (nate in Francia) possono essere casalinghe, ma non avere la patente di guida. Analogamente alcune casalinghe possono avere la patente, ma non essere francesi. Inoltre vi sono alcune persone francesi con la patente che non sono casalinghe. Infine vi possono essere persone che sono francesi, casalinghe ed hanno la patente di guida.
Pertanto il diagramma che rappresenta i tre insiemi è quello indicato con il numero 5 e la risposta corretta è la E.
In figura è mostrato il diagramma di Eulero-Venn con i tre insiemi. In esso si nota come ciascuno dei tre insiemi abbia intersezione non nulla con gli altri due.
Si nota inoltre una parte in comune tra i tre insiemi.

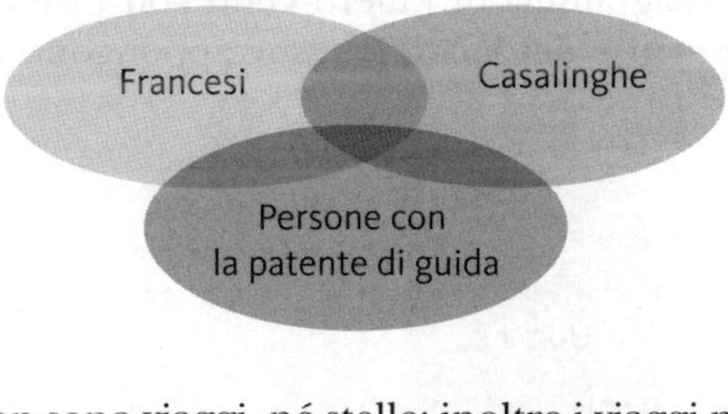

13) B. Le astronavi non sono viaggi, né stelle; inoltre i viaggi non sono stelle. Pertanto le tre categorie di oggetti devono essere inserite in insiemi che non hanno parti in comune, ossia che sono disgiunti. Il diagramma che rappresenta i tre insiemi è quello indicato con il numero 6 e la risposta corretta è la B.

In figura è mostrato il diagramma di Eulero-Venn con i tre insiemi. In esso si nota come ciascuno dei tre insiemi abbia intersezione nulla con gli altri due.

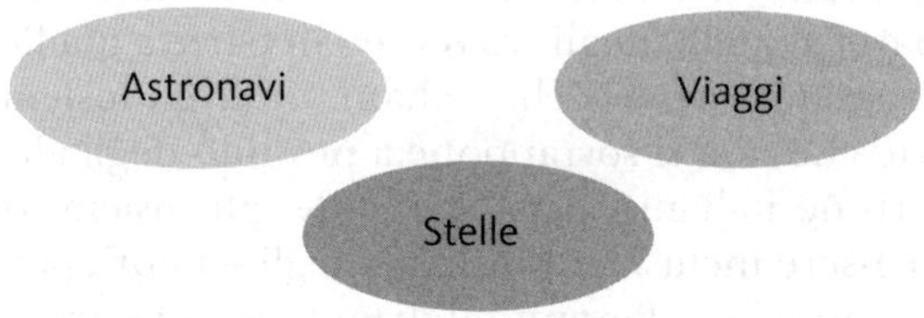

14) C. I medici non sono farmaci, né farmacie; inoltre i farmaci non sono farmacie. Pertanto le tre categorie di oggetti devono essere inserite in insiemi che non hanno parti in comune, ossia che sono disgiunti. Il diagramma che rappresenta i tre insiemi è quello indicato con il numero 6 e la risposta corretta è la C.
In figura è mostrato il diagramma di Eulero-Venn con i tre insiemi. In esso si nota come ciascuno dei tre insiemi abbia intersezione nulla con gli altri due.

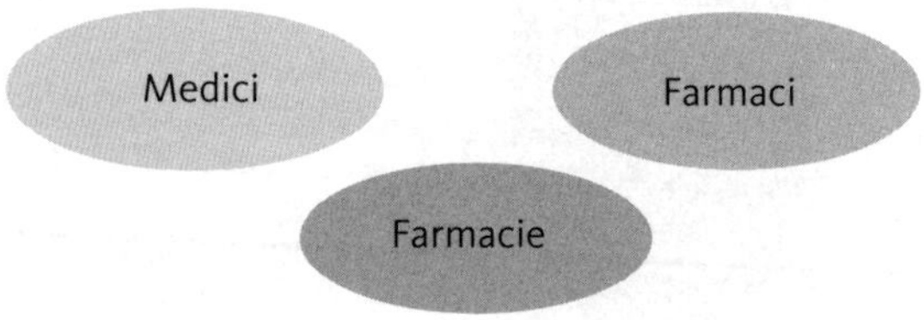

15) C. Se un individuo è stato eletto con la carica di deputato, allora non può essere stato eletto con la carica di senatore. Pertanto gli insiemi dei deputati e dei senatori sono disgiunti, ossia non hanno parti in comune.
Infine l'insieme degli uomini si sovrappone in parte a quello dei deputati ed in parte a quello dei senatori; difatti possono esserci sia uomini deputati che senatori. Inoltre l'insieme degli uomini presenta anche una parte che non si sovrappone a nessuno degli altri due insiemi (sono gli uomini che non sono stati eletti come deputati o come senatori). Analogamente, gli insiemi dei deputati e dei senatori non possono essere inclusi nell'insieme degli uomini, perché alcuni deputati e senatori sono donne.
Pertanto il diagramma che rappresenta i tre insiemi è il numero 3 e la risposta corretta è la C.
In figura è mostrato il diagramma di Eulero-Venn con i tre insiemi. In esso si nota che gli insiemi dei deputati e dei senatori si sovrappongono in parte a quello degli uomini.

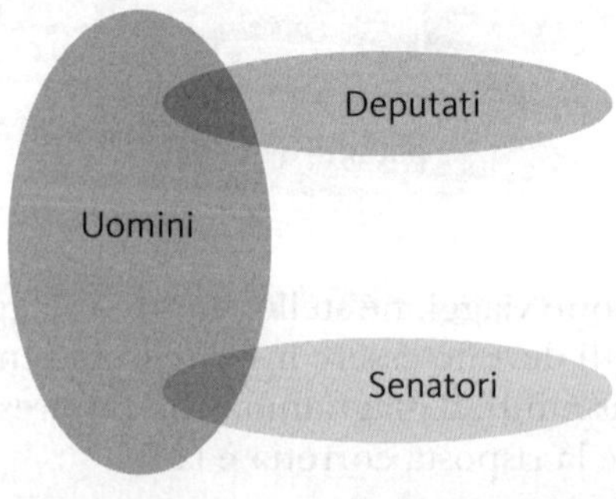

16) B. Alcuni architetti possono essere persone ipertese, alcuni possono essere francesi e alcuni al contempo persone ipertese e francesi (infatti, non si può affermare né che tutti gli architetti né che nessuno di loro abbia l'una o l'altra o entrambe le proprietà). Analogo discorso si può fare per le persone ipertese e per i francesi in rapporto agli altri due rispettivi termini. Tutto questo significa che l'insieme degli architetti, quello delle persone ipertese e quello dei francesi hanno elementi in comune due a due e tutti e tre assieme, cioè s'intersecano tra loro due a due e tutti e tre assieme. Una tale relazione insiemistica fra i tre termini dati è rappresentata dal diagramma n. 5.

17) A. Di fronte a questo quesito non bisogna farsi ingannare dal fatto che i commercianti espongono articoli in vendita nei negozi. Da un punto di vista insiemistico, infatti, l'insieme dei commercianti, quello dei negozi e quello degli articoli in vendita non hanno alcun elemento in comune, ossia non c'è alcun elemento che abbia congiuntamente due o tutte e tre le proprietà in questione (ad es., è ovvio che nessun commerciante sia un negozio o un articolo in vendita). Perciò, i tre insiemi in questione sono reciprocamente disgiunti e il diagramma che soddisfa la relazione insiemistica fra i tre termini dati è il n. 6.

18) E. Alcuni ipertesi possono essere anziani (infatti, non si può affermare né che tutti gli ipertesi né che nessuno di loro sia anziano). Pertanto, l'insieme degli ipertesi e quello degli anziani hanno qualche elemento in comune, ossia s'intersecano tra loro. Da questi due insiemi, invece, è disgiunto l'insieme dei farmaci, poiché esso non ha alcun elemento in comune con gli altri due (ovviamente nessun farmaco è un iperteso o un anziano). Dunque, la relazione insiemistica fra i tre termini dati è rappresentata dal diagramma n. 1: due insiemi (quello degli ipertesi e quello degli anziani) s'intersecano tra loro e un terzo insieme (quello dei farmaci) è disgiunto dagli altri due.

19) B. Tutti i gerani sono fiori, per cui l'insieme dei gerani è incluso in quello dei fiori. Invece, anche se i petali sono una parte dei gerani e, in generale, dei fiori, da un punto di vista insiemistico l'insieme dei petali non ha alcun elemento in comune con gli altri due insiemi in esame, ossia nessuno degli elementi nell'insieme dei petali possiede le altre due proprietà in questione (ovviamente nessun petalo è un geranio o un fiore). Ciò significa che l'insieme dei petali è disgiunto dagli altri due insiemi. La relazione insiemistica fra i tre termini dati è quindi rappresentata dal diagramma n. 2: un insieme (quello dei gerani) è incluso in un altro (quello dei fiori) e un terzo insieme (quello dei petali) è disgiunto dagli altri due.

20) B. Alcuni atleti possono essere tifosi di calcio (non si può dire né che tutti gli atleti né che nessuno di loro sia tifoso di calcio). Pertanto, l'insieme degli atleti e quello dei tifosi di calcio hanno qualche elemento in comune, ossia s'intersecano tra loro. Da questi due insiemi, invece, è disgiunto l'insieme dei palloni di calcio, poiché esso non ha alcun elemento in comune con gli altri due (ovviamente nessun pallone di calcio è un atleta o un tifoso di calcio). Dunque, la relazione insiemistica fra i tre termini dati è rappresentata dal diagramma n. 1, nel quale due insiemi (quello degli atleti e quello dei tifosi di calcio) s'intersecano tra loro e un terzo insieme (quello dei palloni di calcio) è disgiunto dagli altri due.

21) A. Di fronte a questo quesito non bisogna farsi ingannare dal fatto che i tre termini dati riguardano tutti l'anatomia. Da un punto di vista insiemistico, infatti, l'insieme dei muscoli, quello dei nervi e quello dei tendini non hanno alcun elemento in comune, ossia non c'è alcun elemento che abbia assieme due o tutte e tre le proprietà in questione (ad es., nessun muscolo è un nervo o un tendine). Perciò, i tre insiemi in questione sono reciprocamente disgiunti e il diagramma che soddisfa la relazione insiemistica fra i tre termini dati è il n. 6.

22) D. Tutti i violoncellisti sono musicisti, per cui l'insieme dei violoncellisti è incluso in quello dei musicisti. L'insieme dei conservatori, invece, è disgiunto dagli altri due, poiché non ha alcun elemento in comune con essi, ossia nessuno dei suoi elementi possiede le altre due proprietà in questione (ovviamente nessun conservatorio è un violoncellista o un musicista). Tale relazione insiemistica è rappresentata dal diagramma n. 2: un insieme (quello dei violoncellisti) è incluso in un altro (quello dei musicisti) e un terzo insieme (quello dei conservatori) è disgiunto dagli altri due.

23) E. L'insieme degli appartamenti, quello delle cucine e quello dei piatti non hanno alcun elemento in comune, ossia non c'è alcun elemento che abbia congiuntamente due o tutte e tre le proprietà in questione (ad es., è ovvio come nessun appartamento sia una cucina o un piatto). Questo significa che i tre insiemi in questione sono reciprocamente disgiunti. Perciò, il diagramma che soddisfa la relazione insiemistica fra i tre termini dati è il n. 6.

24) B. Alcune donne di nome Mary possono essere statunitensi, alcune possono essere massaie e alcune al contempo statunitensi e massaie. Analogo discorso vale per le statunitensi e per le massaie in rapporto agli altri due rispettivi termini. Perciò, l'insieme delle donne di nome Mary, quello delle statunitensi e quello delle massaie hanno elementi in comune due a due e tutti e tre assieme, cioè s'intersecano tra loro due a due e tutti e tre assieme. Il diagramma che rappresenta correttamente una tale relazione insiemistica fra i tre termini dati è il n. 5.

25) C. Chiaramente nessun uomo sposato è un uomo celibe. Dunque, l'insieme degli uomini sposati e quello degli uomini celibi non hanno elementi in comune e sono reciprocamente disgiunti. Considerando questi due termini in rapporto al terzo, alcuni cittadini egiziani possono essere uomini sposati e alcuni possono essere uomini celibi. Pertanto, l'insieme dei cittadini egiziani ha elementi in comune con quello degli uomini sposati e con quello degli uomini celibi, ossia s'interseca con questi due, i quali, però, come già spiegato sono reciprocamente disgiunti. Una tale relazione insiemistica fra i tre termini dati è rappresentata dal diagramma n. 3.

26) C. Alcuni medici pediatri possono essere medici pedanti (non si può dire con certezza né che tutti i medici pediatri né che nessuno di loro sia pedante). Perciò, l'insieme dei medici pediatri e quello dei medici pedanti hanno qualche elemento in comune, ossia s'intersecano tra loro. Da questi due insiemi, invece, è disgiunto l'insieme degli infermieri pedanti, poiché esso non ha alcun elemento in comune con gli altri due (nessun infermiere pedante è un medico, che sia pediatra o pedante). Dunque, la relazione insiemistica fra i tre termini dati è rappresentata dal diagramma n. 1, nel quale due insiemi (quelli dei medici pediatri e dei medici pedanti) s'intersecano tra loro e un terzo insieme (degli infermieri pedanti) è disgiunto dagli altri due.

27) E. Tutti i padri perugini sono cittadini perugini, per cui l'insieme dei padri perugini è incluso in quello dei cittadini perugini. Ovviamente nessuna madre è un padre perugino, per cui l'insieme delle madri e quello dei padri perugini non hanno elementi in comune e sono disgiunti. Tuttavia, alcune madri possono essere cittadine perugine e viceversa, per cui l'insieme delle madri e quello dei cittadini perugini hanno alcuni elementi in comune, cioè s'intersecano tra loro. Una tale relazione insiemistica tra i tre termini dati è correttamente rappresentata dal diagramma n. 7: un primo insieme (quello dei padri perugini) è incluso in un secondo insieme (quello dei cittadini perugini) e un terzo insieme (quello delle madri) s'interseca con il secondo, ma non con il primo.

28) B. Come primo insieme consideriamo quello delle lettere della parola colori: {c, o, l, o, r, i}. Come secondo insieme consideriamo quello delle lettere della parola vocabolari: {v, o, c, a, b, o, l, a, r, i}. È chiaro che tutte le lettere della parola colori sono anche lettere della parola vocabolari, per cui il primo insieme è incluso nel secondo. Come terzo insieme consideriamo quello lettere della parola vespa: {v, e, s, p, a}. È chiaro che a questo terzo insieme appartengono due elementi, le lettere v e a, che appartengono anche al secondo insieme, ma non al primo, per cui il terzo insieme s'interseca con il secondo, ma non con il primo. Una tale relazione insiemistica tra i tre termini dati è correttamente rappresentata dal diagramma n. 7: un primo insieme (quello delle lettere della parola colori) è incluso in un secondo insieme (quello delle lettere della parola vocabolari) e un terzo insieme (quello lettere della parola vespa) s'interseca con il secondo, ma non con il primo.

29) C. I grattacieli sono edifici di marcato sviluppo verticale, con un notevole numero di piani; pertanto, sono particolari tipologie di palazzi. In termini di linguaggio insiemistico, l'insieme dei grattacieli è un sottoinsieme dell'insieme dei palazzi. Le case editrici appartengono a un insieme che è disgiunto rispetto agli insiemi dei grattacieli e dei palazzi. Il diagramma che rappresenta correttamente tale relazione insiemistica è il n. 2.

30) A. Tutte le renette sono mele (infatti si tratta di una varietà di mele) e tutte le mele sono frutti. Perciò, l'insieme delle renette è incluso nell'insieme delle mele, che a sua volta è incluso, con quello delle renette, nell'insieme dei frutti. Tale relazione insiemistica è rappresentata dal diagramma n. 4, nel quale gli insiemi dei tre termini dati sono inclusi l'uno nell'altro.

31) E. Alcuni giornalisti possono essere appassionati di motociclismo (infatti, non si può dire né che tutti i giornalisti né che nessuno di loro sia appassionato di motociclismo). Perciò, l'insieme dei giornalisti e quello degli appassionati di motociclismo hanno qualche elemento in comune, ossia s'intersecano tra loro. Da questi due insiemi, invece, è disgiunto l'insieme dei giornali, poiché esso non ha alcun elemento in comune con gli altri due (ovviamente nessun giornale è un giornalista o un appassionato di motociclismo). Dunque, la relazione insiemistica fra i tre termini dati è rappresentata dal diagramma n. 1: due insiemi (quelli dei giornalisti e degli appassionati di motociclismo) s'intersecano tra loro e un terzo insieme (quello dei giornali) è disgiunto dagli altri due.

32) E. La relazione tra gli insiemi Diplomati, Dottori in legge, Notai è rappresentata graficamente dal diagramma n. 4. Poiché tutti i dottori in legge devono necessariamente essere diplomati e poiché tutti i notai devono necessariamente essere dottori in legge, si può dire che l'insieme notai è contenuto nell'insieme dottori in legge che è contenuto nell'insieme diplomati.

33) A. Nessun neonato è ovviamente un pilota, per cui l'insieme dei neonati e quello dei piloti non hanno elementi in comune e sono reciprocamente disgiunti. Considerando poi questi due termini in rapporto al terzo, alcuni tedeschi possono essere neonati e alcuni piloti (infatti, non si può dire né che tutti i tedeschi né che nessuno sia neonato o pilota). Pertanto, l'insieme dei tedeschi ha alcuni elementi in comune con quello dei neonati e con quello dei piloti, ossia s'interseca con questi due, i quali, però, come già spiegato sono reciprocamente disgiunti. Una tale relazione insiemistica fra i tre termini dati è rappresentata dal diagramma n. 3.

34) C. L'insieme dei monili, quello delle posate e quello dei bicchieri non hanno alcun elemento in comune, ossia non c'è alcun elemento che abbia al contempo due o tutte e tre le proprietà in questione (ad es., nessun monile è una posata o un bicchiere). Perciò, i tre insiemi in questione sono reciprocamente disgiunti e il diagramma che soddisfa la relazione insiemistica fra i tre termini dati è il n. 6.

35) B. L'insieme dei mercati, quello delle merci e quello dei mercenari non hanno alcun elemento in comune, ossia non c'è alcun elemento che abbia congiuntamente due o tutte e tre le proprietà in questione (ad es., nessun mercato è una merce o un mercenario). Perciò, i tre insiemi in questione sono reciprocamente disgiunti e il diagramma che soddisfa la relazione insiemistica fra i tre termini dati è il n. 6.

36) A. Alcuni allevatori possono essere utenti di Internet, alcuni possono essere lucani e alcuni sia utenti di Internet sia lucani (infatti, non si può dire né che tutti gli allevatori né che nessuno di loro abbia l'una o l'altra o entrambe le proprietà). Analogo discorso vale per gli utenti di Internet e per i lucani in rapporto agli altri due rispettivi termini. Tutto questo significa che l'insieme degli allevatori, quello degli utenti di Internet e quello dei lucani hanno elementi in comune due a due e tutti e tre assieme, cioè s'intersecano tra loro due a due e tutti e tre assieme. Una tale relazione insiemistica fra i tre termini dati è rappresentata dal diagramma n. 5.

37) D. Tutte le rondini sono uccelli e tutti gli uccelli sono esseri viventi. Perciò, l'insieme delle rondini è incluso in quello degli uccelli, che a sua volta è incluso nell'insieme degli esseri viventi. Tale relazione insiemistica è rappresentata dal diagramma n. 4: gli insiemi dei tre termini dati sono inclusi l'uno nell'altro.

38) A. Si deve ritenere che solo alcuni studenti possano essere appassionati di cinema, poiché non si può affermare né che tutti gli studenti né che nessuno di loro sia un appassionato di cinema. Ciò significa che l'insieme degli studenti e quello degli appassionati di cinema hanno qualche elemento in comune, ossia s'intersecano tra loro. Da questi due insiemi, invece, è disgiunto l'insieme dei film storici, poiché esso non ha alcun elemento in comune con gli altri due (è ovvio che nessun film storico sia uno studente o un appassionato di cinema). Perciò, la relazione insiemistica fra i tre termini dati è rappresentata dal diagramma n. 1: due insiemi s'intersecano tra loro (quello degli studenti e quello degli appassionati di cinema) e un terzo insieme è disgiunto dagli altri due (quello dei film storici).

39) B. Alcuni piatti gustosi sono piatti siciliani e viceversa, per cui l'insieme dei piatti gustosi e quello dei piatti siciliani hanno qualche elemento in comune, ossia s'intersecano tra loro. Da questi due insiemi, invece, è disgiunto l'insieme dei golosi, poiché esso non ha alcun elemento in comune con gli altri due (ovviamente nessun goloso è un piatto, sia esso gustoso o siciliano). Dunque, la relazione insiemistica fra i tre termini dati è rappresentata dal diagramma n. 1: due insiemi (quello dei piatti gustosi e quello dei piatti siciliani) s'intersecano tra loro e un terzo insieme (quello dei golosi) è disgiunto dagli altri due.

40) A. Tutte le zampogne sono strumenti musicali, per cui l'insieme delle zampogne è incluso in quello degli strumenti musicali. L'insieme dei dischi, invece, è disgiunto dagli altri due, poiché non ha alcun elemento in comune con essi, ossia nessuno dei suoi elementi possiede le altre due proprietà in questione (nessun disco è una zampogna o uno strumento musicale). Tale relazione insiemistica è rappresentata dal diagramma n. 2: un insieme (quello delle zampogne) è incluso in un altro (quello degli strumenti musicali) e un terzo insieme (quello dei dischi) è disgiunto dagli altri due.

41) C. Di fronte a questo quesito non bisogna farsi ingannare dal fatto che a volte gli attici hanno dei terrazzi con delle sedie a sdraio. Da un punto di vista insiemistico, infatti, l'insieme dei terrazzi, quello delle sedie a sdraio e quello degli attici non hanno alcun elemento in comune, ossia non c'è alcun elemento che abbia congiuntamente due o tutte e tre le proprietà in questione (ad es., è ovvio che nessuna sedia a sdraio sia un attico o un terrazzo). Perciò, il diagramma che soddisfa la relazione insiemistica fra i tre termini dati è il n. 6, in cui i tre insiemi in questione sono reciprocamente disgiunti.

42) D. Come primo insieme consideriamo quello dei numeri compresi tra 5 e 8: {5, 6, 7, 8}. Come secondo insieme consideriamo quello dei numeri compresi tra 4 e 14: {4, 5, 6, 7, 8, ..., 12, 13, 14}. È chiaro che tutti i numeri compresi tra 5 e 8 sono anche numeri compresi tra 4 e 14, per cui il primo insieme è incluso nel secondo. Come terzo insieme consideriamo quello dei numeri compresi tra 12 e 22: {12, 13, 14, ..., 21, 22}. È chiaro che a questo terzo insieme appartengono degli elementi, i numeri 12, 13 e 14, che appartengono anche al secondo insieme, ma non al primo, per cui il terzo insieme si interseca con il secondo, ma non con il primo. Una tale relazione insiemistica tra i tre termini dati è correttamente rappresentata dal diagramma n. 7: un primo insieme (quello dei numeri compresi tra 5 e 8) è incluso in un secondo insieme (quello dei numeri compresi tra 4 e 14) e un terzo insieme (quello dei numeri compresi tra 12 e 22) s'interseca con il secondo, ma non con il primo.

43) A. Tutte le città umbre sono città italiane, per cui l'insieme delle città umbre è incluso in quello delle città italiane. L'insieme delle regioni italiane, invece, è disgiunto dagli altri due, poiché non ha alcun elemento in comune con essi, ossia nessuno dei suoi elementi possiede le altre due proprietà in questione (nessuna regione italiana è una città, sia essa umbra o italiana). Tale relazione insiemistica è rappresentata dal diagramma n. 2: un insieme (quello delle città umbre) è incluso in un altro (quello delle città italiane) e un terzo insieme (quello delle regioni italiane) è disgiunto dagli altri due.

44) B. Tutti i numeri positivi minori di 6 sono compresi tra i numeri da 0 a 20, per cui l'insieme dei numeri positivi minori di 6 è incluso nell'insieme dei numeri da 0 a 20. Quanto ai multipli di 7, solo uno di essi, cioè 14, è compreso tra i numeri da 0 a 20, mentre nessuno di essi è compreso tra i numeri positivi minori di 6, per cui l'insieme dei multipli di 7 s'interseca con quello dei numeri da 0 a 20 ed è disgiunto da quello dei numeri positivi minori di 6. Pertanto, l'unico diagramma che soddisfa la relazione insiemistica fra i tre termini dati è il n. 7: un insieme è in incluso in un altro e solo quest'ultimo si interseca con un terzo insieme.

45) E. Alcune opere d'arte preziose sono dipinti e viceversa, per cui l'insieme delle opere d'arte preziose e quello dei dipinti hanno qualche elemento in comune, ossia s'intersecano tra loro. Da questi due insiemi, invece, è disgiunto quello degli impressionisti, poiché esso non ha alcun elemento in comune con gli altri due (ovviamente nessun impressionista è un'opera d'arte preziosa o un dipinto). Perciò, la relazione insiemistica fra i tre termini dati è rappresentata dal diagramma n. 1: due insiemi (quello delle opere d'arte preziose e quello dei dipinti) s'intersecano tra loro e un terzo insieme (quello degli impressionisti) è disgiunto dagli altri due.

46) B. Alcuni residenti in Spagna possono essere bagnini, alcuni possono essere uomini alti e alcuni al contempo bagnini e uomini alti (infatti, non si può dire né che tutti i residenti in Spagna né che nessuno di loro abbia l'una o l'altra o entrambe le proprietà). Analogo discorso vale per i bagnini e per gli uomini alti in rapporto agli altri due rispettivi termini. Questo significa che l'insieme dei residenti in Spagna, quello dei bagnini e quello degli uomini alti hanno elementi in comune due a due e tutti e tre assieme, cioè s'intersecano tra loro due a due e tutti e tre assieme. Perciò, il diagramma che rappresenta correttamente una tale relazione insiemistica fra i tre termini dati è il n. 5.

47) A. Tutti i dobermann sono cani e tutti i cani sono mammiferi. Dunque, l'insieme dei dobermann è incluso in quello dei cani, che a sua volta è incluso, con quello dei dobermann, nell'insieme dei mammiferi. Tale relazione insiemistica è rappresentata dal diagramma n. 4, nel quale gli insiemi dei tre termini dati sono inclusi l'uno nell'altro.

48) E. Alcuni milanesi possono essere romantici, alcuni possono essere laureati e alcuni sia romantici sia laureati (infatti, non si può dire né che tutti i milanesi né che nessuno di loro abbia l'una o l'altra o ambedue le proprietà). Analogo ragionamento vale per i romantici e per i laureati in rapporto agli altri due rispettivi termini. Ciò significa che l'insieme dei milanesi, quello dei romantici e quello dei laureati hanno elementi in comune due a due e tutti e tre assieme, cioè s'intersecano tra loro due a due e tutti e tre assieme. Il diagramma che rappresenta una tale relazione insiemistica fra i tre termini dati è il n. 5.

49) D. Tutti i gerani sono fiori, che a loro volta sono tutti vegetali. Perciò, l'insieme dei gerani è incluso in quello dei fiori, che a sua volta è incluso, con quello dei gerani, nell'insieme dei vegetali. Tale relazione insiemistica è rappresentata dal diagramma n. 4, nel quale gli insiemi dei tre termini dati sono inclusi l'uno nell'altro.

50) C. Come primo insieme consideriamo quello dei numeri compresi tra 5 e 11: {5, 6, 7, 8, 9, 10, 11}. Come secondo insieme consideriamo quello dei numeri compresi tra 1 e 22: {1, 2, ..., 5, 6, 7, 8, 9, 10, 11, ..., 14, 15, ..., 21, 22}. È chiaro che tutti i numeri compresi tra 5 e 11 sono anche numeri compresi tra 1 e 22, per cui il primo insieme è incluso nel secondo. Come terzo insieme consideriamo quello dei numeri pari divisibili per 7: {14, 28, 42, ...}. È chiaro che a questo terzo insieme appartiene un elemento, il numero 14, che appartiene anche al secondo insieme, ma non al primo, per cui il terzo insieme si interseca con il secondo, ma non con il primo. Una tale relazione insiemistica tra i tre termini dati è correttamente rappresentata dal diagramma n. 7: un primo insieme (quello dei numeri compresi tra 5 e 11) è incluso in un secondo insieme (quello dei numeri compresi tra 1 e 22) e un terzo insieme (quello dei numeri pari divisibili per 7) s'interseca con il secondo, ma non con il primo.

51) D. Tutti i cittadini di Lisbona sono portoghesi, i quali, a loro volta, sono tutti europei. Dunque, l'insieme dei cittadini di Lisbona è incluso in quello dei portoghesi, che a sua volta, con l'insieme dei cittadini di Lisbona, è incluso nell'insieme degli europei. Tale relazione insiemistica è rappresentata dal diagramma n. 4, nel quale gli insiemi dei tre termini dati sono inclusi l'uno nell'altro.

52) E. Tutti i formaggi sono alimenti e tutte le mozzarelle sono formaggi e alimenti. Dunque, l'insieme delle mozzarelle è incluso nell'insieme dei formaggi, che a sua volta è incluso nell'insieme degli alimenti. Tale relazione insiemistica è rappresentata dal diagramma n. 4, nel quale gli insiemi dei tre termini dati sono inclusi l'uno nell'altro.

53) B. Alcuni svedesi possono essere sciatori, alcuni possono essere imprudenti e alcuni sia sciatori sia imprudenti (infatti, non si può dire né che tutti gli svedesi né che nessuno di loro abbia l'una o l'altra o ambedue le proprietà). Analogo discorso vale per gli sciatori e per gli imprudenti in rapporto agli altri due rispettivi termini. Dunque, l'insieme degli svedesi, quello degli sciatori e quello degli imprudenti hanno elementi in comune due a due e tutti e tre assieme, cioè s'intersecano tra loro due a due e tutti e tre assieme. Il diagramma che rappresenta una tale relazione insiemistica fra i tre termini dati è il n. 5.

54) C. L'insieme delle televisioni, quello dei giornali e quello degli eventi sportivi non hanno alcun elemento in comune, ossia non c'è alcun elemento che abbia congiuntamente due o tutte e tre le proprietà in questione (ad es., nessuna televisione è un giornale o un evento sportivo). Perciò, i tre insiemi in questione sono reciprocamente disgiunti e il diagramma che soddisfa la relazione insiemistica fra i tre termini dati è il n. 6.

55) E. Alcuni architetti possono essere dipendenti di azienda, alcuni possono essere possessori di automobili e alcuni al contempo dipendenti di azienda e possessori di automobili. Analogo discorso vale per i dipendenti di azienda e per i possessori di automobili in rapporto agli altri due rispettivi termini. Perciò, l'insieme degli architetti, quello dei dipendenti di azienda e quello dei possessori di automobili hanno elementi in comune due a due e tutti e tre assieme, cioè s'intersecano tra loro due a due e tutti e tre assieme. Il diagramma che rappresenta correttamente una tale relazione insiemistica fra i tre termini dati è il n. 5.

56) A. Questo quesito non deve ingannare per il fatto che presenta termini connessi a uno stesso ambito. Da un punto di vista insiemistico, infatti, l'insieme dei laghi, quello dei mari e quello delle canoe non hanno alcun elemento in comune, ossia non c'è alcun elemento che abbia congiuntamente due o tutte e tre le proprietà in questione (ad es., è ovvio come nessun lago sia un mare o una canoa). Perciò, il diagramma che soddisfa la relazione insiemistica fra i tre termini dati è il n. 6, in cui i tre insiemi in questione sono reciprocamente disgiunti.

57) A. Alcuni liberi professionisti possono essere celibi, alcuni possono essere laureati e alcuni al contempo celibi e laureati. Analogo discorso vale per i celibi e per i laureati in rapporto agli altri due rispettivi termini. Perciò, l'insieme dei liberi professionisti, quello dei celibi e quello dei laureati hanno elementi in comune due a due e tutti e tre assieme, cioè s'intersecano tra loro due a due e tutti e tre assieme. Il diagramma che rappresenta correttamente una tale relazione insiemistica fra i tre termini dati è il n. 5.

58) D. Tutti i padri sono uomini, per cui l'insieme dei padri è incluso in quello degli uomini. L'insieme delle zie, invece, è disgiunto dagli altri due, poiché non ha alcun elemento in comune con essi, ossia nessuno dei suoi elementi possiede le altre due proprietà in questione (nessuna zia è un padre o un uomo). Tale relazione insiemistica è rappresentata dal diagramma n. 2: un insieme (quello dei padri) è incluso in un altro (quello degli uomini) e un terzo insieme (quello delle zie) è disgiunto dagli altri due.

59) D. Alcuni magistrati possono essere biondi, alcuni possono essere sportivi e alcuni al contempo biondi e sportivi. Analogo discorso vale per i biondi e per gli sportivi in rapporto agli altri due rispettivi termini. Perciò, l'insieme dei magistrati, quello dei biondi e quello degli sportivi hanno elementi in comune due a due e tutti e tre assieme, cioè s'intersecano tra loro due a due e tutti e tre assieme. Il diagramma che rappresenta correttamente una tale relazione insiemistica fra i tre termini dati è il n. 5.

60) B. L'insieme delle fotografie, quello dei vestiti e quello degli stilisti non hanno alcun elemento in comune, ossia non c'è alcun elemento che abbia congiuntamente due o tutte e tre le proprietà in questione (ad es., è ovvio che nessuna fotografia sia un vestito o uno stilista). Perciò, i tre insiemi in questione sono reciprocamente disgiunti e il diagramma che soddisfa la relazione insiemistica fra i tre termini dati è il n. 6.

Questionario 4
Comprensione del testo

Brano n. 1

La scienza non ha mai dato molto credito alle affermazioni secondo cui per apprendere il francese o il cinese è sufficiente ascoltare una lezione su cd mentre si dorme. Un nuovo studio, però, incentrato su un metodo diverso di ascolto durante il sonno, permette di comprendere meglio in che modo funzioni un cervello addormentato. Gli scienziati della Northwestern University hanno reso noto che trasmettere alcuni suoni specifici mentre si dorme è servito ad alcune persone che si sono sottoposte all'esperimento a ricordare meglio ciò che avevano studiato prima di addormentarsi, al punto che la memoria di tutti loro è risultata notevolmente migliorata. La rivista *Science* ha pubblicato un articolo sullo studio nel corso del quale i ricercatori hanno insegnato ad alcuni soggetti a collocare una cinquantina di immagini al loro posto giusto su uno schermo. Ogni immagine era accompagnata da un suono particolare, per esempio un miagolio per l'immagine del gatto e un turbinio di pale per quella di un elicottero. Dodici soggetti hanno quindi fatto un sonnellino, durante il quale 25 dei suoni ascoltati in precedenza sono stati trasmessi insieme al rumore bianco. Quando si sono svegliati quasi tutti hanno ricordato con maggiore precisione la disposizione sul computer delle immagini i cui suoni erano stati ritrasmessi mentre dormivano, mentre hanno incontrato qualche difficoltà in più per le restanti 25 immagini.

1) L'esperimento della Northwestern University:
- A. è stato fatto sul cervello dei gatti
- B. non è stato risolutivo
- C. ha utilizzato più di 50 immagini
- D. è stato reso noto da una rivista scientifica
- E. nessuna delle alternative proposte

2) Gli scienziati:
- A. hanno originariamente condotto uno studio per confutare le teorie dell'apprendimento durante il sonno
- B. sono sempre stati scettici circa l'apprendimento durante il sonno
- C. hanno sperimentato un nuovo metodo di apprendimento durante il sonno
- D. non sono tutti concordi sul funzionamento del cervello durante il sonno
- E. nessuna delle alternative proposte

3) Il nuovo studio:
- A. si basa sulla scoperta di un nuovo metodo di apprendimento
- B. conferma le teorie sull'apprendimento durante il sonno
- C. ha lo scopo di comprendere il funzionamento del cervello durante il sonno

D. conferma le teorie sul funzionamento del cervello durante il sonno
E. nessuna delle alternative proposte

4) **I soggetti sottoposti all'esperimento:**
A. hanno ricordato una parte minima della disposizione delle immagini
B. hanno tutti ricordato con maggiore precisione la disposizione delle immagini associate ad un suono ascoltato durante il sonno
C. hanno confermato nella maggior parte di casi l'ipotesi di partenza
D. hanno tutti avuto maggiore difficoltà con le immagini associate a suoni non ascoltati durante il sonno
E. nessuna delle alternative proposte

5) **Durante l'esperimento, nella fase di veglia:**
A. le immagini utilizzate erano quasi tutte associate a suoni
B. le immagini erano associate a rumori di tipo diverso
C. solo alcune immagini erano associate a suoni
D. 25 immagini erano associate a suoni mentre le altre 25 no
E. nessuna delle alternative proposte

Brano n. 2

C'è acqua sulla Luna. O meglio, sotto. Lo ha rivelato oggi la Nasa rendendo note le prime risultanze dell'impatto del razzo Centaur sulla superficie lunare lo scorso 9 ottobre. "La storia che la Luna sia un posto arido e desolato non regge più", dichiara l'agenzia in un comunicato. "Stiamo svelando segreti che sono rimasti nascosti per miliardi di anni". L'entusiasmo della Nasa si fonda sui dati trasmessi dal Lunar Crater Observation and Sensing Satellite (Lcross). Il mese scorso, il satellite ha lanciato Centaur come un proiettile contro il cratere Cabeus, nella zona perennemente in ombra della Luna. Il team di Lcross ha poi osservato i getti prodotti dalla collisione. I dati degli spettrometri, strumenti che esaminano la luce emessa o assorbita da un materiale per capirne la composizione, non lasciano dubbi: "Numerose prove ci dicono che l'acqua è presente nei getti creati dall'impatto", spiega Anthony Colaprete, scienziato coinvolto nel progetto Lcross. "Ci vorranno ulteriori analisi, ma possiamo dire con sicurezza che Cabeus contiene acqua". La comunità scientifica si è interrogata a lungo sulla presenza di acqua sulla Luna. Si riteneva che le grandi quantità di idrogeno osservate ai poli del nostro satellite potessero esserne un indizio. Ora, le osservazioni di Lcross, secondo la Nasa, indicano che l'acqua potrebbe essere diffusa in quantità molto maggiore rispetto a quanto si sospettasse finora. L'acqua sulla Luna sarebbe una risorsa di valore inestimabile per il futuro dell'esplorazione spaziale. Inoltre, proprio come i campioni prelevati dai ghiacciai artici contengono indizi sul passato remoto della Terra, l'analisi dei materiali nascosti nelle zone perennemente in ombra della Luna possono raccontare i segreti dell'evoluzione dell'intero sistema solare.

6) La comunità scientifica:

A. ha cominciato ad interrogarsi sulla presenza di acqua sulla Luna dopo il lancio di Centaur
B. a lungo ha sperato di poter provare la presenza di idrogeno sulla Luna
C. riteneva che la presenza di idrogeno sulla Luna indicasse la presenza di acqua
D. si interroga sulla composizione dei poli della Luna
E. nessuna delle alternative proposte

7) La presenza di acqua sulla luna:

A. deve ancora essere provata
B. è limitata al cratere Cabeus
C. era ipotizzata prima dell'esperimento con Centaur
D. determinerà future spedizioni spaziali
E. nessuna delle alternative proposte

8) L'impatto di Centaur sulla superficie lunare:

A. è stato provocato dal Lcross
B. è stato provocato per provare la presenza di idrogeno
C. ha permesso di prelevare campioni utili per ulteriori analisi
D. ha provocato un lieve cambiamento dell'orbita lunare
E. nessuna delle alternative proposte

9) Lcross:

A. è un team di osservazione
B. non è un satellite
C. è un satellite naturale
D. non è un team di osservazione
E. nessuna delle alternative proposte

10) La Nasa:

A. è restia a rendere pubbliche le risultanze degli esperimenti condotti sulla Luna
B. mostra grande interesse per i risultati finora ottenuti
C. ritiene che sia ora di presumere l'esistenza di acqua sulla superficie lunare
D. è interessata a Cabeus perché si trova nella zona perennemente in ombra della Luna
E. nessuna delle alternative proposte

Brano n. 3

Un'evoluzione costante è ciò che si sta verificando nel settore degli Online Public Access Catalogue (OPAC), in pratica i cataloghi delle biblioteche disponibili in Internet che sono, negli ultimi anni, aumentati nel numero e nella sostanza. Da un lato perché sempre più biblioteche sono arrivate in rete e dall'altro perché i singoli cataloghi sono diventati più sostanziosi e ricchi di titoli. E un aiuto ulteriore alla loro diffusione arriva anche dalla tecnologia: infatti le scomode e spartane interfacce sono state in buona parte sostituite da colorate pagine Web con maschere per la ricerca facilitata. Infine, ai cataloghi delle biblioteche sono stati affiancati quelli, spesso molto ricchi anche se meno affidabili e sistematici, degli editori e delle librerie online. Il risultato di questa evoluzione è la possibilità di accedere a un'enorme schedatura dei libri e delle pubblicazioni mondiali. Un utilissimo strumento di lavoro per un vasto pubblico: studiosi, studenti universitari, insegnanti, professionisti dell'informazione. Gli OPAC, pur essendo a disposizione di chiunque possa accedere ad Internet, restano una delle risorse meno conosciute dai navigatori. Nel nostro paese il catalogo elettronico più ricco è quello del Servizio Bibliotecario Nazionale. L'archivio è suddiviso in tre parti principali: "Libro moderno", "Libro antico" e "Musica", ma nella modalità di accesso più semplice, chiamata "ricerca base", sono disponibili tutti i dati presenti nell'indice. In questa modalità è possibile ottenere un elenco di libri in base all'autore o al titolo desiderati.

11) Negli ultimi anni il numero degli OPAC è aumentato:

A. per soddisfare le domande dei giovani che stanno riscoprendo il piacere di leggere
B. perché, essendo gratuita la consultazione, c'è stata una forte richiesta
C. ma è possibile prevedere un suo graduale declino
D. grazie alle richieste di studenti, ricercatori e professionisti dell'informazione
E. nessuna delle alternative proposte

12) Una costante evoluzione si sta verificando nel settore degli OPAC, fornendo agli utenti la possibilità di:

A. accedere ad un enorme elenco di libri e pubblicazioni mondiali
B. scaricare via Internet qualsiasi libro o pubblicazione
C. inserire nel catalogo libri e pubblicazioni di loro interesse
D. avere a disposizione un esperto online che li indirizzi verso libri e pubblicazioni riguardanti specifici argomenti
E. nessuna delle alternative proposte

13) Gli OPAC sono:

A. elenchi delle biblioteche presenti nelle più grandi città del mondo, disponibili in Internet
B. cataloghi delle pubblicazioni delle più grandi case editrici mondiali, disponibili in Internet
C. i cataloghi delle biblioteche, disponibili in Internet

D. emeroteche online
E. nessuna delle alternative proposte

14) Negli ultimi anni gli OPAC si sono evoluti anche nella sostanza perché:
A. stanno diventando sempre più approfonditi e specialistici
B. sono stati tradotti in diverse lingue, non più solamente in inglese
C. sono diventati più facilmente consultabili, nonostante la concorrenza degli editori online
D. si sono arricchiti di titoli
E. nessuna delle alternative proposte

15) La consultazione degli OPAC è stata negli ultimi tempi facilitata:
A. dalla creazione di un indice generale comprendente autori ed opere
B. dalla possibilità di collegarsi 24 ore su 24
C. dall'incremento del numero di biblioteche presenti in rete
D. sostituendo, in buona parte, le vecchie interfacce
E. nessuna delle alternative proposte

Brano n. 4

La possibilità che il trading online offre di operare velocemente sulle principali Borse via Internet ha creato un nuovo tipo di investitore: il "day-trader". Sono persone che comprano e vendono pacchetti azionari in un giorno, a volte concludendo l'operazione di compravendita in poche ore. Guadagnano investendo in quei mercati dove ci sono forti oscillazioni nei prezzi dei titoli e ricavando profitto nel modo più classico: comprano ad un prezzo e rivendono quando il titolo è salito. Il mercato ad alta volatilità che più risponde alle esigenze dei "day-trader" è quello del Nasdaq, la Borsa americana dei titoli high-tech. È chiaro però che per poter guadagnare sulle oscillazioni di un titolo in una giornata, bisogna avere gli strumenti necessari per monitorare la situazione in tempo reale. Di solito l'istituto bancario che eroga il servizio di trading online fornisce anche alcune possibilità per poter analizzare il mercato, ma spesso non sono sufficienti. Esistono molti siti che forniscono, gratis o a pagamento, notizie e dati. Da siti a pagamento si possono, invece, scaricare software che aiutano il "day-trader" nelle operazioni di compravendita segnalando perfino, con emissioni sonore, quando il titolo sotto osservazione ha raggiunto un prezzo critico oppure ottimale.

16) La nascita di un nuovo tipo di investitore, il "day-trader", si è verificata nel momento in cui:
A. è nato il Nasdaq, la Borsa americana dei titoli high-tech
B. si è reso possibile operare velocemente sulle principali Borse via Internet
C. Internet è alla portata di tutti
D. i titoli quotati nelle principali Borse hanno iniziato a subire rapide oscillazioni
E. nessuna delle alternative proposte

17) I titoli sui quali investono i "day-trader" sono:
A. quelli più stabili
B. quelli che raramente registrano ribassi
C. quelli nuovi, da poco quotati in Borsa
D. quelli che subiscono forti oscillazioni nei prezzi
E. nessuna delle alternative proposte

18) I "day-trader" realizzano i loro profitti:
A. comprando solo titoli tecnologici ad alta volatilità
B. rischiando moltissimo nelle operazioni di compravendita quando i mercati subiscono forti oscillazioni
C. comprando e vendendo in un giorno, a volte in poche ore
D. comprando solo titoli quotati nelle Borse americane che tradizionalmente sono caratterizzate da forti oscillazioni
E. nessuna delle alternative proposte

19) Il servizio di trading online viene fornito ai "day-trader":
A. da istituti bancari
B. da siti a pagamento
C. da siti gratuiti
D. dalle principali Borse
E. nessuna delle alternative proposte

20) Per un "day-trader" è essenziale:
A. spostarsi velocemente
B. collegarsi, via Internet, con gli altri investitori
C. poter analizzare l'andamento dei titoli in tempo reale
D. avere a disposizione un software con emissioni sonore
E. nessuna delle alternative proposte

Brano n. 5

Le monete greche coniate nell'antica regione Battriana (compresa tra gli odierni Afghanistan, Uzbekistan,Tagikistan) e nel Nord-Ovest dell'India, tra il III sec. a.C. e il primo decennio del I sec. d.C., rappresentano uno dei più grandi supporti per la ricostruzione della storia dei regni greci in queste aree tanto lontane dal Mediterraneo. Le emissioni dei sovrani dell'"estremo oriente" greco seguivano generalmente, per i tipi in argento, il modello ellenistico, con la rappresentazione del ritratto o del busto del sovrano sul dritto e l'immagine della divinità sul rovescio; per i tipi di bronzo invece si riallacciavano più spesso al modulo che prevedeva la rappresentazione dell'immagine divina su ambedue i lati delle monete. In questo caso la raffigurazione del rovescio poteva anche essere sostituita da un simbolo o da un animale associato alla divinità stessa. Tali monete si differenziavano spesso in due tipi: le monete greco-battriane, destinate a circolare esclusivamente nelle ex-satrapie di Battriana, Margiana e Sogdiana, caratterizzate da legenda monoglotta greca sul rovescio, accanto all'immagine della divinità e le monete indo-greche che presentano legenda bilingue, in greco sul dritto e in pracrito, il vernacolo parlato nell'India del Nord-Ovest, sul rovescio.

21) La rappresentazione dell'immagine divina su ambedue i lati delle monete:
A. venne successivamente sostituita da simboli associati alla divinità
B. era diffusa principalmente nel III sec. a.C.
C. prevedeva sempre l'associazione con una legenda nella lingua locale
D. nessuna delle alternative proposte
E. costituiva un modulo al quale si rifacevano di frequente le monete in bronzo

22) Le monete di bronzo:
A. nessuna delle alternative proposte
B. non raffiguravano mai divinità
C. potevano avere, sul rovescio, un simbolo al posto dell'immagine della divinità
D. avevano sempre la fronte e il retro uguali
E. potevano avere, su una stessa faccia, l'immagine di un simbolo associata all'immagine di un animale

23) Le monete indo-greche:
A. potevano avere la raffigurazione della divinità o di un simbolo ad essa associato sul rovescio
B. seguivano il modello ellenistico solo per i tipi in bronzo
C. avevano una legenda in un particolare vernacolo indiano sul dritto
D. avevano una legenda in greco sul rovescio accanto all'immagine della divinità
E. nessuna delle alternative proposte

24) Le monete d'argento:
A. nessuna delle alternative proposte
B. potevano avere l'immagine della divinità sul dritto
C. non erano emesse da sovrani greci
D. potevano circolare solo in alcune zone della regione Battriana
E. potevano avere il ritratto del sovrano sul dritto

25) Le emissioni di monete da parte dei sovrani dell'"estremo Oriente" greco:
A. non si limitano all'era precristiana
B. ritraevano diverse divinità, ma mai il sovrano
C. raramente seguivano il modello ellenistico
D. nessuna delle alternative proposte
E. si sono rivelate poco utili ai fini della ricostruzione della storia di quell'area

Brano n. 6

Il deserto di Gobi si è rivelato una vera e propria miniera di fossili. Gli scavi di Ukhaa Tolgod hanno portato alla luce, dal 1993 a oggi, centinaia di scheletri di dinosauro perfettamente conservati, e anche vari mammiferi e altri rettili. I paleontologi dell'American Museum of Natural History non hanno ancora finito di godersi la gloria di tale straordinario ritrovamento che già progettano di scandagliare l'intero deserto. Ma questa volta con l'ausilio di uno strumento destinato a rivoluzionare i tradizionali metodi di ricerca. Non più ardimentosi viaggi guidati da mappe non sempre attendibili e su percorsi spesso inesistenti, attraverso tempeste di sabbia e a temperature diurne di 40°. Non più ripetuti scavi di ricognizione prima di individuare un potenziale sito di rilevanza archeologica. D'ora in poi sarà l'occhio plurispecializzato di un satellite NASA a «esplorare», da 750 chilometri di distanza, la regione e a segnalare ai ricercatori le zone promettenti. Dopo anni di esperienza, essi hanno infatti identificato alcune caratteristiche geografiche e fisiche che contraddistinguono le aree solitamente ricche di reperti fossili: la collocazione ai piedi di rilievi montuosi, la presenza di strati di roccia sedimentaria, di segni di erosione, di vegetazione sparsa. I sette sensori del Landsat 5 analizzano le diverse lunghezze d'onda della luce solare riflessa e il calore irradiato dalla superficie terrestre, elaborano un'immagine precisa della conformazione delle varie aree e forniscono quindi una specie di mappa multispettrale a colori del deserto. Il progresso tecnologico toglie forse un po' di romanticismo alla ricerca archeologica, ma la mappa satellitare consentirà di risparmiare tempo, denaro e le numerose difficoltà che i viaggi perlustrativi comportano. E secondo il team del museo sarà una vera mappa del tesoro. Un nuovo sito è già stato trovato attraverso le immagini satellitari, anche se meno generoso di quello di Ukhaa Tolgod, e le aspettative per il futuro sono molto ottimistiche.

26) Uno dei primi risultati dell'utilizzo di tecnologie satellitari:

A. è stato il ritrovamento di due siti nelle vicinanze di Ukhaa Tolgod
B. nessuna delle alternative proposte
C. è stata l'identificazione di due possibili siti nel deserto del Gobi
D. è stato il ritrovamento di un nuovo sito archeologico molto più ricco di quello di Ukhaa Tolgod
E. è stato il ritrovamento di un nuovo sito archeologico

27) Il sito archeologico di Ukhaa Tolgod:

A. nessuna delle alternative proposte
B. si trova nelle vicinanze di un altro sito scoperto successivamente e che contiene una maggiore quantità di reperti
C. ha dato la possibilità di scoprire un nuovo insediamento urbano dell'antico Egitto
D. è un sito di interesse rilevante per gli studiosi che si occupano delle origini della scrittura
E. si trova in una regione montuosa della Giordania

28) Una delle caratteristiche delle aree ricche di reperti:

A. è l'assenza di roccia sedimentaria
B. è la collocazione ai piedi delle montagne
C. è la collocazione rispetto alle antiche vie del commercio
D. è la vicinanza a corsi d'acqua
E. nessuna delle alternative proposte

29) L'utilizzo di tecnologie innovative nella ricerca archeologica:
A. porterà tra breve ad aumentare i rischi per gli uomini che si avventurano in località impervie
B. nessuna delle alternative proposte
C. aumenterà moltissimo i costi per queste ricerche
D. permetterà di individuare con precisione i siti più ricchi di reperti ancora prima di effettuare gli scavi
E. troverà massima applicabilità in zone molto fredde

30) Gli scavi nel deserto di Gobi:
A. hanno portato alla luce alcuni insediamenti urbani
B. nessuna delle alternative proposte
C. sono stati interrotti per la pericolosità del sito archeologico
D. sono stati finalizzati all'utilizzo di sensori ottici di superficie
E. hanno portato alla luce numerosi resti di animali

Brano n. 7

L'Italia è un vero museo a "cielo aperto" esposto a continui furti favoriti dal mercato clandestino. Un pezzo della nostra storia e della nostra cultura viene ferito e trasformato in un lucroso business che ha attirato gli interessi della criminalità organizzata. Quello dell'archeomafia è un fenomeno che si è sviluppato sin dagli anni '70 per l'esigenza della criminalità internazionale di trovare sistemi sempre nuovi che facilitino il riciclaggio dei profitti accumulati illegalmente. Nell'ultimo ventennio ha compreso i vantaggi di comprare opere ed oggetti d'arte che forniscono anche la garanzia di un'alta rivalutazione. Il sistema è "semplice": i pezzi rari e di alto valore, facilmente identificabili, una volta rubati vengono allontanati e nascosti a volte per molti anni; successivamente i ladri cercano acquirenti diretti (collezionisti privati) o si rivolgono a ladri professionisti che provvedono anche alla falsificazione dei documenti. Sono stati soprattutto gli acquirenti giapponesi ed americani a far crescere le quotazioni delle opere d'arte europee, favoriti dal cambio e in alcuni casi legati alla criminalità internazionale. I rischi per i trafficanti d'arte sono minimi. Le vigenti norme comunitarie potrebbero contrastare il traffico di beni culturali, ma non tutti i Paesi vi si attengono e la mancata osservanza di esse ha favorito il depauperamento del patrimonio artistico e archeologico. Alcuni Stati si oppongono, senza validi motivi, alla restituzione dei beni al Paese di provenienza o non ne impediscono l'esportazione dall'Europa. In Gran Bretagna i venditori d'arte non sono tenuti a verificare l'origine dei beni acquistati, così le opere introdotte in modo illegale possono diventare legali e vengono immesse sul mercato. Sarebbe opportuno poter catalogare tutto il patrimonio artistico che si trova nelle case degli italiani, dato che molti in Italia fanno finta di non sapere che detenere patrimoni artistici è illegale. Questa detenzione illecita è il retroterra della piaga del commercio clandestino di opere d'arte ed è spesso opera di persone insospettabili.

31) Le norme comunitarie per contrastare il traffico dei beni culturali:
A. hanno favorito l'impoverimento del patrimonio artistico
B. impongono di catalogare il patrimonio artistico presente nelle case private
C. sono considerate, da alcuni Stati, poco efficaci
D. vengono in alcuni casi disattese
E. nessuna delle alternative proposte

32) I pezzi rari:
A. sono quelli che attraggono maggiormente i collezionisti giapponesi ed americani
B. normalmente, prima di rientrare nel mercato, vengono occultati anche per molto tempo
C. vengono immessi soprattutto sul mercato inglese, dove non esiste l'obbligo di verificare la provenienza lecita delle opere d'arte
D. vengono allontanati dal luogo del furto e immediatamente venduti a collezionisti privati
E. nessuna delle alternative proposte

33) Il fenomeno dell'archeomafia:
A. è connesso con il riciclaggio del denaro "sporco"
B. si è sviluppato prevalentemente in Italia a partire dagli anni '70
C. potrebbe essere fermato, se esistessero norme comunitarie adatte a contrastarlo
D. favorisce la rivalutazione di opere ed oggetti d'arte nell'ambito del mercato clandestino
E. nessuna delle alternative proposte

34) I ladri di opere d'arte:
A. agiscono solo per conto della criminalità internazionale
B. sono spesso persone insospettabili
C. sono sempre ladri professionisti
D. si sono specializzati, negli ultimi anni, nella falsificazione dei documenti
E. nessuna delle alternative proposte

35) La criminalità internazionale:
A. ha trasformato l'Italia in un museo "a cielo aperto"
B. provvede, insieme ai ladri professionisti, alla falsificazione delle opere d'arte
C. acquista le opere d'arte rubate anche perché è "merce" che si rivaluta
D. è la principale responsabile della crescita delle quotazioni delle opere d'arte europee
E. nessuna delle alternative proposte

Brano n. 8

La figura di riferimento del mercato IT è quella del progettista di software applicativo, seguita dal tecnico di reti locali. Le altre specializzazioni si distribuiscono in modo abbastanza uniforme tra le risorse umane rimanenti. Nelle aziende medie e grandi, oltre alle figure già citate, si evidenziano figure come lo specialista di sistemi web e di sistemi di rete. Gli addetti delle aziende informatiche sono in media molto giovani (il 92% non ha ancora compiuto 45 anni) e forniti di elevati livelli di scolarità: circa il 70% dei dipendenti è in possesso di diploma di scuola media superiore (i laureati sono il 29%). Il settore informatico oltre ad essere caratterizzato da una larga presenza di aziende sorte negli ultimi cinque anni, è anche cresciuto in aree di business nuovissime, attraendo nuove professionalità e giovani addetti. Emerge pertanto una bassa anzianità di lavoro negli addetti: appena superiore a 3 anni tra i dipendenti e di circa due anni tra i collaboratori coordinati e continuativi. Questo pone forti problemi di turn over alle aziende, soprattutto per le figure più richieste dal mercato. La formazione viene promossa in quasi l'80% di tutte le piccole aziende informatiche e questo è un tratto caratteristico rispetto alle piccole imprese degli altri settori. Addirittura il 52,4% fa formazione continua, ed anche la formazione al momento dell'ingresso in azienda rappresenta un passaggio irrinunciabile per il 41,5%. Nelle grandi e medie imprese la leva formativa assume un ruolo centrale. Le attività di business delle imprese sono lo sviluppo software per il 42,5% e la consulenza IT nel 17,6%, seguono la fornitura di servizi di outsourcing (7,4%), l'installazione e manutenzione di apparati software ed hardware (5,4%) l'installazione e manutenzione di reti locali (4,1%).

36) Lo specialista di sistemi di rete:
- A. è la figura di riferimento del sistema IT accanto a quella di progettista di software
- B. è una delle figure di riferimento delle piccole aziende
- C. è una delle figure che emerge nelle aziende medie e grandi
- D. è la principale figura di riferimento delle aziende medie
- E. nessuna delle alternative proposte

37) Gli addetti delle aziende informatiche sono:
- A. in maggioranza giovani laureati
- B. molto giovani se diplomati meno giovani se laureati
- C. in media giovani con alto grado di istruzione
- D. tutti in possesso almeno del diploma di scuola media superiore
- E. nessuna delle alternative proposte

38) La formazione:
- A. viene promossa dall'80% delle grandi aziende informatiche
- B. viene promossa solo nelle grandi aziende informatiche
- C. viene promossa più nelle piccole aziende informatiche che in altre aziende delle stesse dimensioni

D. avviene nella maggioranza delle imprese fin dal momento d'ingresso degli specialisti nelle aziende
E. nessuna delle alternative proposte

39) Le imprese del settore informatico:
A. forniscono in prevalenza servizi di outsourcing
B. hanno avuto la capacità di svilupparsi in aree di business non tradizionali
C. non si occupano di consulenza
D. hanno il 29% dei laureati in ingegneria
E. nessuna delle alternative proposte

40) Gli addetti dipendenti:
A. hanno minore anzianità di lavoro rispetto ad altri tipi di addetti
B. hanno maggiore grado di istruzione rispetto ad altri tipi di addetti
C. sono in media più giovani rispetto ad altri tipi di addetti
D. hanno un'anzianità di lavoro di poco superiore ai tre anni
E. nessuna delle alternative proposte

Brano n. 9

La Borsa di New York (Nyse) è nata nel 1792 e nel corso dei decenni è diventata il più grande mercato mobiliare del mondo, dove oggi sono quotate sia le grandi, medie e piccole aziende americane, sia i principali gruppi industriali e finanziari europei e asiatici. La presenza delle imprese non americane ha fatto registrare una notevole impennata. Uno dei criteri fondamentali che le imprese devono rispettare per operare nella Borsa di New York è quello della trasparenza. Le possibilità e la facilità di investimento all'interno del mercato della Borsa di New York sono abbastanza agevoli anche per chi opera dall'Europa. La negoziazione dei titoli viene condotta attraverso un meccanismo d'asta tra i membri della borsa (broker), che operano sul mercato su commissione da parte di investitori privati o istituzionali, e alcuni operatori specialisti che hanno la responsabilità di gestire i titoli di una società quotata e che si fanno garanti della transazione (devono cioè coprire eventuali ordini inevasi per evitare forti destabilizzazioni e oscillazioni dei prezzi delle azioni). Questa tipologia di mercato garantisce, in linea di massima, una maggiore stabilità e sicurezza per gli investitori ed un corretto equilibrio tra domanda e offerta. Per aprirsi ulteriormente all'internazionalizzazione il Nyse ha annunciato il graduale passaggio dal sistema dei sedicesimi a quello dei decimali per la quotazione dei titoli. Il sistema dei decimali è adottato da tutte le altre piazze borsistiche mondiali, ma è osteggiato dai broker statunitensi che ritengono di avere maggior potere contrattuale (che si traduce in maggiori margini di guadagno) con il sistema dei sedicesimi.

41) Alla Borsa di New York sono attualmente quotate:
A. esclusivamente le piccole, medie e grandi aziende americane e giapponesi
B. soprattutto grandi aziende americane ed i gruppi finanziari europei

C. nessuna delle alternative proposte
D. le piccole, medie e grandi aziende americane, europee ed asiatiche
E. le piccole, medie e grandi aziende americane ed i più importanti gruppi finanziari ed industriali europei e asiatici

42) Le negoziazioni dei titoli vengono condotte:
A. per mezzo di un meccanismo d'asta pubblica alla quale può partecipare chiunque
B. nessuna delle alternative proposte
C. con un meccanismo d'asta tra i broker e gli investitori
D. tramite il trading online in modo che, gli investitori possano agire in maniera autonoma e diretta
E. con un meccanismo d'asta tra gli operatori specialisti, che gestiscono i titoli di società quotate e si fanno garanti della transazione, e gli investitori

43) Grazie alla presenza delle imprese non americane:
A. si è registrata alla Borsa di New York una notevole flessione
B. è diventato più facile ed agevole investire per chi opera in Europa
C. si è registrata al Nyse una notevole impennata
D. è garantito un maggiore equilibrio dei prezzi
E. nessuna delle alternative proposte

44) Le società che intendono operare nella Borsa di New York devono rispettare alcuni criteri fondamentali, tra i quali:
A. l'efficienza
B. nessuna delle alternative proposte
C. la trasparenza
D. la flessibilità
E. la chiarezza

45) La strategia di mercato adottata dal Nyse tende anche a garantire:
A. l'affidabilità delle imprese quotate in borsa
B. iI rafforzamento delle imprese americane
C. il rafforzamento delle imprese non americane
D. nessuna delle alternative proposte
E. stabilità e sicurezza per gli investitori

Brano n. 10

Nelle sale da ballo ogni ingresso, fatta eccezione per gli "ingressi liberi", presuppone l'emissione di un biglietto recante un numero progressivo ed il contrassegno dell'organo accertatore, anche nei casi di pagamento di un prezzo ridotto ovvero di ingresso gratuito. I biglietti omaggio scontano l'imposta sul prezzo del biglietto di maggiore importo (non sono però soggetti ad IVA) e danno comunque diritto alla consumazione. Lo stesso trattamento si applica ai biglietti ridotti. L'ingresso è consentito anche ai possessori di tessere di abbonamento che debbono recare l'indicazione del numero di spettacoli per cui sono valide, essere numerate progressivamente ed emesse in serie distinte per ciascun ordine di posti e tipo di abbonamento. Tutti i biglietti sono composti di varie sezioni. La parte centrale del biglietto deve essere conservata dal fruitore del servizio sino alla fine del trattenimento. Di recente si è diffuso l'uso delle cosiddette "drink cards". Si tratta di tessere rilasciate all'ingresso sulle quali viene punzonato, a cura del personale del bar, il prezzo corrispondente per ciascuna consumazione fornita. Il pagamento avviene all'uscita previa presentazione della tessera.

46) Nelle sale da ballo:
A. i possessori di tessere di abbonamento devono pagare all'uscita
B. sono ammessi anche i titolari di tessere di abbonamento
C. ogni ingresso presuppone l'emissione di un biglietto
D. nessuna delle alternative proposte
E. le drink cards sono rilasciate dal personale del bar

47) Il contrassegno dell'organo accertatore:
A. è posto anche sul biglietto d'ingresso gratuito
B. non è posto sui biglietti ridotti
C. nessuna delle alternative proposte
D. è un numero progressivo
E. non è posto sui biglietti d'ingresso gratuiti

48) Gli "ingressi liberi" nelle sale da ballo:
A. nessuna delle alternative proposte
B. non devono avvenire con emissione di biglietto
C. presuppongono comunque l'emissione di un biglietto
D. danno comunque diritto alla consumazione
E. non danno diritto alla consumazione

49) Le drink cards sono:
A. tessere omaggio che consentono di bere gratuitamente in un locale
B. tessere d'ingresso gratuite sulle quali viene segnato l'importo complessivo delle consumazioni da pagare all'uscita
C. tessere prepagate per bere in una sala da ballo
D. nessuna delle alternative proposte
E. tessere sulle quali viene segnato il prezzo di ogni consumazione da pagare all'uscita

50) I biglietti omaggio:
A. non devono recare il contrassegno dell'organo accertatore
B. sono emessi in serie distinte per ciascun ordine di posti
C. non sono soggetti ad IVA
D. a differenza dei biglietti ridotti, sono soggetti ad IVA
E. nessuna delle alternative proposte

Brano n. 11

«Quanti vestiti e camicie e cravatte ci sono nel vostro armadio? Quanti divani nel vostro salotto e stoviglie nella vostra cucina? Quanti televisori e computer e stereo ed elettrodomestici in giro per la casa? E quante macchine nel vostro garage? [...] Il 95% di quello che ci serve ce lo abbiamo già. [...] Se di questi beni ne volessimo di più, non sapremmo neanche dove metterli. [...] Ci è finito lo spazio. Ma attenzione, solo lo spazio fisico. Quanta memoria volete nel vostro PC e quanta banda per le vostre connessioni in rete? Quanti canali volete in televisione o varietà di voci sulla stampa? Di quanta energia volete disporre per la vostra casa e per l'ufficio? [...] Mai abbastanza. E qui, invece, di spazio ne abbiamo a dismisura. Perché [...] tutti questi beni sono immateriali. Sono bit, energia, informazioni. [...] Stiamo parlando [...] del sintomo di un trend, in crescita vigorosa e dilagante. La crescita a due cifre del consumo è ormai diventata appannaggio dell'immateriale. O della Cina, dove alla saturazione dei beni materiali c'è un bel po' di gente che ci deve ancora arrivare. Grande mercato, tenetelo da conto. Finché dura».

(Da Vito Di Bari, "*La crescita dei beni immateriali*", IL SOLE-24 ORE, lun. 14-2-2005, p. 10.)

51) UNA delle affermazioni seguenti risulta INGIUSTIFICATA alla luce di quanto affermato nel brano. La si individui.

A. La grande maggioranza dei beni materiali che ci servono li possediamo già
B. Anteporre i beni materiali a quelli immateriali è indubbiamente riprovevole
C. La prospettiva di una crescita a due cifre dei nostri consumi di beni materiali sembra irrealistica
D. La situazione della Cina lascia presagire una vigorosa crescita dei consumi di beni materiali
E. Possiamo aspettarci che crescano a due cifre solo i nostri consumi di beni immateriali

Brano n. 12

«All'inizio il bottone fu trattato come fosse un ornamento, fabbricato e venduto dai gioiellieri. Le donne erano disposte a spendere e a fare spendere talmente tanti denari ai famigliari per tale acquisto, da incorrere nel rigore delle leggi contro il lusso [...]. Progressivamente la funzione pratica dei bottoni passò in primo piano e i bottoni furono fatti di ottone o di rame, o di vetro [...]. I bottoni permisero per la prima volta alle donne del XIII secolo di portare vesti aderenti che danno slancio alla figura, e di modellare la forma del braccio con maniche strette. Al desiderio di sfoggiare comunque grande quantità di tessuto, indice di ricchezza, che l'uso dei bottoni evidentemente contrasta, si supplì con lo strascico e con la sovrapposizione di diversi capi di vestiario [...]. I bottoni però, oltre a permettere di aprire e chiudere lo scollo degli abiti e le maniche, resero quest'ultime addirittura completamente staccabili. [...] Il detto: "È un altro paio di maniche" ci giunge proprio dal Medioevo, quando per necessità pratica, o

[...] per esigenza decorativa, le maniche potevano essere riposte in una cassapanca lontano dall'abito di cui facevano parte. Di solito in casa si portavano maniche di tipo modesto, più ricercato ed elegante quando si usciva».

(Da Chiara Frugoni, *Medioevo sul naso. Occhiali, bottoni e altre invenzioni medievali*, Laterza, Roma-Bari, 2001, pp. 102-103)

52) Solo UNA delle affermazioni seguenti è CORRETTAMENTE dedotta dalle premesse contenute nel brano. La si individui.

A. Nell'Alto Medioevo, prima dell'invenzione dei bottoni, a nessuno era venuto in mente di sovrapporre diversi capi di vestiario
B. I bottoni consentirono alle donne medievali l'agognata economia di tessuto nella confezione dei loro abiti
C. L'introduzione dei bottoni consentì di dotare gli abiti femminili di maniche adeguate
D Con il passar del tempo i bottoni divennero sempre più elaborati nelle forme e nei materiali e conseguentemente sempre più costosi
E. L'introduzione dei bottoni non rispose originariamente ad un'impellente esigenza pratica

Brano n. 13

Prima delle due guerre mondiali non esistevano armi di distruzione di massa della portata di quelle che esistono oggi; in particolare, non c'erano le armi nucleari. Dopo la Seconda Guerra Mondiale, durante la cosiddetta Guerra Fredda, invece, il possesso di armamenti nucleari sempre più letali da parte delle due maggiori potenze militari, la NATO e l'Unione Sovietica, ha creato un equilibrio di potere che era identificato, in modo agghiacciante, con l'espressione "distruzione mutua assicurata".
La lezione che ci ha insegnato la storia è che in quel periodo, dal 1945 in poi, non è scoppiata la terza guerra mondiale.
Se si vuole continuare per quella strada, a prescindere da tutto, è indispensabile mantenere le riserve di armi nucleari letali.

53) Quale (una o più) delle seguenti affermazioni è una supposizione implicita del brano precedente?

1 La terza guerra mondiale non scoppierà se le potenze maggiori mantengono degli arsenali nucleari forti
2 La NATO avrebbe annientato l'Unione Sovietica (e viceversa) se la terza guerra mondiale fosse scoppiata
3 La minaccia di mutua distruzione ha impedito le aggressioni tra la NATO e l'Unione Sovietica durante la Guerra Fredda
4 Le due guerre mondiali sono scoppiate almeno in parte a causa della mancanza di armi sufficientemente letali da funzionare come deterrente per gli attacchi reciproci tra le nazioni nemiche

A. La 3 e la 4
B. La 1 e la 2
C. La 2 e la 3
D. La 1 e la 3
E. La 2 e la 4

Brano n. 14

Le aziende con allevamenti sono risultate al censimento dell'agricoltura del 2007 circa 675.835 (pari al 26,1% del totale), con una flessione del 35,2% rispetto al 1997, che indica l'abbandono della pratica zootecnica da parte di un gran numero di aziende. La zootecnia ha il suo punto di forza nella Pianura Padana, dove i bovini vengono allevati con criteri moderni e prevalentemente in funzione della produzione del latte.

54) Quale delle seguenti affermazioni è contenuta nel (o deducibile dal) testo?
A. Nel 1997 le aziende con allevamenti erano più di 900.000 e meno di 1.000.000
B. Nel 1997 le aziende con allevamenti erano più di 1.000.000
C. Nella Pianura Padana si allevano bovini esclusivamente in funzione della produzione del latte
D. Nella Pianura Padana si allevano più bovini che suini
E. Nel 2007 vi è stato un aumento del numero di aziende con allevamenti rispetto al 1997

Brano n. 15

Il male non ci ferma: possiamo cadere mille volte, ma il male non ci definisce, come invece definisce la mentalità mondana, per cui alla fine gli uomini giustificano quello che non riescono a non fare. Caratteristica della vera moralità è allora il desiderio di correzione. Il termine "correggere", che traduce il latino "regere cum", indica il camminare reggendosi assieme.

55) Una sola delle seguenti affermazioni è coerente con il significato del brano precedente. Quale?
A. Non importa fare il male o il bene: l'importante è fare, tanto poi qualcuno potrà intervenire a correggere gli errori
B. Le persone non possono essere fermate dalle azioni malvagie perché alla fine qualcuno giustificherà quello che non riescono a fare
C. Una persona veramente morale non ha come caratteristica quella di non fare mai il male, bensì il desiderio di correzione
D. Se si cammina assieme si può fare ciò che si vuole perché il giudizio morale deriva dal sorreggersi a vicenda
E. Gli uomini con il desiderio di correzione giustificano quello che non riescono a non fare

Brano n. 16

La conoscenza aumenta sicuramente nel corso degli studi medici, mentre successivamente alla laurea sono possibili sia un suo ulteriore incremento sia un impoverimento legato alla perdita delle nozioni non strettamente legate alla routine professionale. In ogni caso, le caratteristiche della conoscenza si modificano sostanzialmente quando il sanitario entra in contatto con la realtà professionale.

56) Quale delle seguenti affermazioni NON può essere dedotta dalla lettura del brano precedente?

A. Gli studenti di medicina aumentano le loro conoscenze durante gli studi
B. Gran parte delle nozioni acquisite durante gli studi va comunque perduta dopo la laurea
C. Una parte delle nozioni acquisite durante gli studi può andare perduta dopo la laurea
D. È possibile che alcuni medici aumentino le loro conoscenze dopo la laurea
E. A contatto con la realtà professionale si verificano modifiche qualitative della conoscenza

Brano n. 17

Concetto cardine per l'approccio McKenzie è che la maggior parte dei dolori lombari abbiano un'origine di natura meccanica. Il dolore insorge per una deformazione meccanica dei tessuti molli tale da attivare il sistema nocicettivo. L'esame di McKenzie utilizza metodi meccanici, movimenti ripetuti e posizioni mantenute per determinare le caratteristiche di tale deformazione del tessuto molle. Ciò consente di inquadrare il paziente in una o più delle sindromi meccaniche e di scegliere il metodo di trattamento appropriato. Avvicinando il problema da una prospettiva meccanica, McKenzie ha identificato due principali fattori di predisposizione derivanti dallo stile di vita: *a*) la postura seduta scorretta; *b*) la frequenza della flessione. Tali fattori meccanici sono causati da un complessivo stile di vita che porta a un cedimento, per eccesso di logoramento, dei tessuti molli che sostengono la spina dorsale. Tali fattori predisponenti sono affrontati nel piano di trattamento a breve e lungo termine per ciascun paziente, in quanto specificamente collegati al disturbo del paziente stesso.

57) In base al brano, individuare tra le seguenti l'affermazione vera.

A. La possibilità di effettuare un trattamento adeguato è legata alla diagnosi di una specifica sindrome
B. Il mal di schiena deriva dall'attività del meccanico
C. Per guarire il mal di schiena occorre correggere la postura scorretta
D. Le persone che non fanno mai flessioni non hanno mal di schiena
E. Il trattamento a breve termine della lombaggine è una questione meccanica

Brano n. 18

Pochi giorni fa, l'Istituto archeologico di Halle, in Germania, ha annunciato di aver risolto il mistero del manufatto di bronzo con Sole, Luna e stelle d'oro, datato 1600 avanti Cristo, ritrovato vicino alla città tedesca di Nebra: il Disco di Nebra è un orologio astronomico usato per calcolare le discrepanze fra il calendario solare e quello lunare. La notizia contiene due rivelazioni. La prima è che, nell'Età del bronzo, i nordeuropei erano più evoluti di quanto ci si aspettasse. E la seconda è che, già 3600 anni fa, gli esseri umani – da Babilonia alle rive del Reno – erano alle prese con il grande ingannatore: il tempo. La scienza deve ancora trovare la risposta a un mistero ancor più grande del Disco di Nebra: per quale meccanismo biologico il tempo passa lentamente in gioventù – dando la sensazione che la vita sia lunga – e si mette a correre con l'età adulta? In compenso, sappiamo che il corpo umano è pieno di "cronometri" cellulari, regolati chimicamente: sono la dopamina e altre molecole, a far sì che il fluire del tempo paia interminabile durante un convegno sui tassi d'interesse argentini e che invece voli via, in una notte d'amore. Ma il più spettacolare degli enigmi rimane quello della freccia del tempo. Ai nostri occhi – giovani o vecchi che siano – il tempo dà sempre la sensazione di un flusso, che va diritto lungo la traiettoria passato-presente-futuro. Peccato che, in fisica, questo tempo unidirezionale non abbia significato. "Passato, presente e futuro sono solo illusioni", scrisse Einstein a un amico. Secondo la Relatività speciale, due eventi che possono apparire simultanei da una visuale, possono non esserlo da un'altra. "La conclusione più immediata – osserva il divulgatore Paul Davies – è che sia il passato che il futuro siano prefissati. Per questo motivo, i fisici concepiscono il tempo nella sua interezza: un 'tempo-rama' analogo a un panorama, con tutti gli eventi passati e futuri osservati insieme". La percezione del tempo è soggettiva, e pure illusoria. Per di più, secondo la teoria della gravità quantistica, lo spazio e il tempo non sarebbero continui come ci appaiono, bensì avanzerebbero in pezzi "discreti". Un po' come la musica che ascoltiamo: è codificata in blocchi di bit, ma la udiamo come una cosa continua.

58) Secondo il testo del brano, la percezione del tempo come più lento durante la giovinezza e più veloce durante l'età adulta è dovuta:

A. a un fenomeno quantistico denominato futu-rama
B. all'invecchiamento del sistema cerebrale
C. ad alcune molecole che fungono da cronometri chimici
D. alla sensazione di unidirezionalità del tempo: passato – presente – futuro
E. al fatto che i giovani non vedono l'ora di diventare adulti

Brano n. 19

Il clima della Valle d'Aosta presenta una notevole varietà, legata alla complessità morfologica del territorio; in genere il clima stesso può essere definito come semicontinentale di montagna, di tipo temperato freddo, con precipitazioni assai scarse, specie in autunno e in inverno: la piovosità è assai ridotta soprattutto nella parte centrale della valle (Aosta 580 mm di pioggia media annua, Saint Marcel 475 mm, circa la metà di Napoli). Ciò obbliga a ricorrere all'irrigazione artificiale delle colture.

59) Quale delle seguenti affermazioni PUÒ essere dedotta dalla lettura del brano?

A. L'irrigazione artificiale delle colture in Valle d'Aosta deve essere effettuata in autunno e in inverno
B. La piovosità media annua a Napoli è inferiore a 475 mm
C. La piovosità media annua a Napoli è di poco superiore a 1 m
D. A Napoli non è necessario ricorrere all'irrigazione artificiale delle colture
E. A Napoli piove sempre più che ad Aosta

Brano n. 20

Richard C. Lewontin, eminente genetista di popolazioni dell'Università di Harvard, e Martin Kreitman, suo giovane collaboratore, stanno sequenziando un gene particolare in diverse varietà di Drosofila. La Drosofila è il celeberrimo moscerino della frutta che costituisce da oltre mezzo secolo il banco di prova preferito dei genetisti. Il gene di cui Kreitman e Lewontin stanno analizzando la sequenza dirige la sintesi di un enzima piuttosto banale, una deidrogenasi dell'alcool, ideale per cogliere le differenze genetiche, spesso infinitesime, tra individui di una stessa specie. In genetica queste differenze si chiamano polimorfismi. Il più noto caso nell'uomo è quello dei gruppi sanguigni (A, B, AB, O). Uno dei risultati più sorprendenti delle ricerche di Kreitman e Lewontin è che le regioni silenti dei geni, dette introni, mutano esattamente alla stessa frequenza delle regioni codificanti, dette esoni. Questi segmenti dormienti, che si trovano all'interno dei geni degli organismi superiori, non sono mai "tradotti" o "espressi" in prodotti finiti, cioè in proteine.

60) Delle seguenti affermazioni, una sola NON è tratta dal brano. Quale?

A. La Drosofila è stata lungamente studiata dai genetisti
B. La deidrogenasi dell'alcool è un enzima
C. Le differenze genetiche tra individui di una stessa specie si chiamano polimorfismi
D. I polimorfismi dei gruppi sanguigni sono diversi da quelli degli enzimi
E. Le regioni dei geni si distinguono in introni ed esoni

Risposte commentate
Comprensione del testo

Brano n. 1
1) D. Righe 9-10: "La rivista *Science* ha pubblicato un articolo sullo studio".

2) B. Righe 1-3: "La scienza non ha mai dato molto credito alle affermazioni secondo cui per apprendere il francese o il cinese è sufficiente ascoltare una lezione su cd mentre si dorme".

3) C. Righe 3-5: "Un nuovo studio, però, incentrato su un metodo diverso di ascolto durante il sonno, permette di comprendere meglio in che modo funzioni un cervello addormentato".

4) E. Nessuna affermazione trova riscontro nel brano: soltanto "dodici soggetti hanno fatto un sonnellino" (Righe 13-14), e di questi "quasi tutti" hanno ricordato con maggiore precisione la disposizione sul computer delle immagini i cui suoni erano stati ritrasmessi mentre dormivano e non sappiamo qual era l'ipotesi di partenza degli scienziati, quindi si possono escludere tutte le opzioni.

5) B. "Ogni immagine era accompagnata da un suono particolare, per esempio un miagolio per l'immagine del gatto e un turbinio di pale per quella di un elicottero" (Righe 11-14).

Brano n. 2
6) C. Righe 14-16: "La comunità scientifica si è interrogata a lungo sulla presenza di acqua sulla Luna. Si riteneva che le grandi quantità di idrogeno osservate ai poli del nostro satellite potessero esserne un indizio".

7) C. Righe 14-18: "La comunità scientifica si è interrogata a lungo sulla presenza di acqua sulla Luna... Ora, le osservazioni di Lcross... indicano che l'acqua potrebbe essere diffusa in quantità molto maggiore rispetto a quanto si sospettasse finora".

8) A. Righe 7-8: "il satellite ha lanciato Centaur come un proiettile contro il cratere Cabeus, nella zona perennemente in ombra della Luna".

9) E. Lcross è un satellite, infatti è l'acronimo (Riga 6) di " Lunar Crater Observation and Sensing Satellite (Lcross, appunto).

10) B. I dati raccolti da Lcross provocano "l'entusiasmo della Nasa" (Riga 5).

Brano n. 3

11) E. Il numero degli OPAC è aumentato “Da un lato perché sempre più biblioteche sono arrivate in rete e dall’altro perché i singoli cataloghi sono diventati più sostanziosi e ricchi di titoli” (Righe 4-5).

12) A. Righe 10-12: “Il risultato di questa evoluzione è la possibilità di accedere a un’enorme schedatura dei libri e delle pubblicazioni mondiali”.

13) C. Gli Online Public Access Catalogue (OPAC) sono “in pratica i cataloghi delle biblioteche disponibili in Internet” (Righe 1-3).

14) D. Righe 2-3: “i cataloghi delle biblioteche disponibili in Internet che sono, negli ultimi anni, aumentati nel numero e nella sostanza”. Riga 5: “i singoli cataloghi sono diventati più sostanziosi e ricchi di titoli”.

15) D. “Un aiuto ulteriore alla loro [*degli OPAC*] diffusione arriva anche dalla tecnologia: infatti le scomode e spartane interfacce sono state in buona parte sostituite da colorate pagine Web con maschere per la ricerca facilitata”: Righe 5-8.

Brano n. 4

16) B. Righe 1-2: “La possibilità che il trading online offre di operare velocemente sulle principali Borse via Internet ha creato un nuovo tipo di investitore: il “day-trader”.

17) D. Righe 4-8: i day-trader “guadagnano investendo in quei mercati dove ci sono forti oscillazioni nei prezzi dei titoli”, infatti il mercato che più risponde alle esigenze dei “day-trader” è quello del Nasdaq “ad alta volatilità”.

18) C. I day-trader “sono persone che comprano e vendono pacchetti azionari in un giorno, a volte concludendo l’operazione di compravendita in poche ore” (Righe 2-4).

19) A. “Di solito l’istituto bancario che eroga il servizio di trading online fornisce anche alcune possibilità per poter analizzare il mercato” (Righe 11-12).

20) C. Righe 9-11: “per poter guadagnare sulle oscillazioni di un titolo in una giornata, bisogna avere gli strumenti necessari per monitorare la situazione in tempo reale”.

Brano n. 5

21) E. Righe 8-10: le emissioni “per i tipi di bronzo ... si riallacciavano più spesso al modulo che prevedeva la rappresentazione dell’immagine divina su ambedue i lati delle monete”.

22) C. Righe 10-11: nel caso delle monete di bronzo, “la raffigurazione [*dell’immagine divina*] del rovescio poteva anche essere sostituita da un simbolo o da un animale associato alla divinità stessa”.

23) E. Righe 15-16: “le monete indo-greche presentano legenda bilingue, in greco sul dritto e in pracrito, il vernacolo parlato nell’India del Nord-Ovest, sul rovescio”; questo esclude ben due opzioni di risposta che affermano l’esatto contrario; le righe 5-6 “Le emissioni dei sovrani dell’“estremo oriente” greco seguivano generalmente, per i tipi in argento, il modello ellenistico” escludono l’opzione che afferma esattamente l’opposto mentre l’opzione “potevano avere la raffigurazione della divinità o di un simbolo ad essa associato sul rovescio” sarebbe valida se fosse riferita alle monete in bronzo.

24) E. Righe 5-8: “Le emissioni dei sovrani dell’“estremo oriente” seguivano generalmente, per i tipi in argento, il modello ellenistico, con la rappresentazione del ritratto o del busto del sovrano sul dritto e l’immagine della divinità sul rovescio”.

25) A. La coniazione delle monete negli stati indo-ellenistici si sviluppò tra il III sec. a.C. e il primo decennio del I sec. d.C. (Righe 1-3).

Brano n. 6

26) E. Righe 23-25: “Un nuovo sito è già stato trovato attraverso le immagini satellitari, anche se meno generoso di quello di Ukhaa Tolgod”.

27) A. Il deserto del Gobi si estende fra la Cina settentrionale e la Mongolia il che esclude le opzioni che parlano di Egitto e Giordania. Dalla riga 1 apprendiamo che “Gli scavi di UkhaaTolgod hanno portato alla luce scheletri di dinosauro” e quindi non hanno nulla a che vedere con le origini della scrittura. Le righe 23-25 “Un nuovo sito è già stato trovato attraverso le immagini satellitari, anche se meno anche se meno generoso di quello di Ukhaa Tolgod”, infine, escludono la risposta riguardante un sito più ricco di reperti.

28) B. Dopo anni di esperienza, i paleontologi hanno “identificato alcune caratteristiche geografiche e fisiche che contraddistinguono le aree solitamente ricche di reperti fossili: la collocazione ai piedi di rilievi montuosi, la presenza di strati di roccia sedimentaria, di segni di erosione, di vegetazione sparsa” (righe 13-16).

29) D. Righe 10-12: “D’ora in poi sarà l’occhio plurispecializzato di un satellite NASA a «esplorare», da 750 chilometri di distanza, la regione e a segnalare ai ricercatori le zone promettenti”.

30) E. Righe 1-3: “Gli scavi di Ukhaa Tolgod hanno portato alla luce, dal 1993 a oggi, centinaia di scheletri di dinosauro perfettamente conservati, e anche vari mammiferi e altri rettili”.

Brano n. 7

31) D. Righe 15-18: “Le vigenti norme comunitarie potrebbero contrastare il traffico di beni culturali, ma non tutti i Paesi vi si attengono e la mancata osservanza di esse ha favorito il depauperamento del patrimonio artistico e archeologico”.

32) B. Righe 9-10: "i pezzi rari e di alto valore, facilmente identificabili, una volta rubati vengono allontanati e nascosti a volte per molti anni". Gli acquirenti giapponesi ed americani hanno fatto crescere le quotazioni delle opere d'arte europee, favoriti dal cambio e in alcuni casi legati alla criminalità internazionale, ma nulla fa presumere che siano attratti maggiormente dai pezzi rari.

33) A. Righe 4-6: "Quello dell'archeomafia è un fenomeno che si è sviluppato sin dagli anni '70 per l'esigenza della criminalità internazionale di trovare sistemi sempre nuovi che facilitino il riciclaggio dei profitti accumulati illegalmente".

34) E. Righe 10-12: Dopo aver rubato le opere d'arte "i ladri cercano acquirenti diretti (collezionisti privati) o si rivolgono a ladri professionisti che provvedono anche alla falsificazione dei documenti"; quindi i ladri non agiscono solo per conto della criminalità internazionale, né sono sempre ladri professionisti, né si sono specializzati nella falsificazione dei documenti, Le "persone insospettabili", invece, sono quelle che detengono illecitamente patrimoni artistici (righe 25-27: "la detenzione illecita è il retroterra della piaga del commercio clandestino di opere d'arte ed è spesso opera di persone insospettabili").

35) C. Righe 7-8: la criminalità internazionale "nell'ultimo ventennio ha compreso i vantaggi di comprare opere ed oggetti d'arte che forniscono anche la garanzia di un'alta rivalutazione". La crescita delle quotazioni delle opere d'arte europee è opera soprattutto degli acquirenti giapponesi ed americani, favoriti dal cambio, ma essi solo "in alcuni casi [sono] legati alla criminalità internazionale" (righe 14-15).

Brano n. 8

36) C. Nelle aziende medie e grandi, oltre alle figure del progettista di software applicativo e del tecnico di reti locali citate, si evidenziano figure come lo specialista di sistemi web e di sistemi di rete (righe 1-5): è solo una delle figure (non la principale) emergenti nelle aziende medio-grandi.

37) C. Righe 5-8: "Gli addetti delle aziende informatiche sono in media molto giovani (il 92% non ha ancora compiuto 45 anni) e forniti di elevati livelli di scolarità: circa il 70% dei dipendenti è in possesso di diploma di scuola media superiore (i laureati sono il 29%)". Quindi la maggioranza è diplomata. Non tutti sono in possesso almeno del diploma, ma solo il 99 per cento (il 70 per cento cui va aggiunto il 29 per cento dei laureati).

38) C. Righe 14-17: "La formazione viene promossa in quasi l'80% di tutte le piccole aziende informatiche e questo è un tratto caratteristico rispetto alle piccole imprese degli altri settori".

39) B. Righe 8-11: "Il settore informatico oltre ad essere caratterizzato da una larga presenza di aziende sorte negli ultimi cinque anni, è anche cresciuto in aree di business nuovissime, attraendo nuove professionalità e giovani addetti". Fra le attività di business delle imprese rientrano (righe 20-23) la consulenza IT, la fornitura di servizi di outsourcing. Infine, sappiamo solo che il 29 per cento dei dipendenti è in possesso di laurea ma non sappiamo quanti di essi siano ingegneri.

40) D. Gli addetti delle aziende informatiche hanno "una bassa anzianità di lavoro: appena superiore a 3 anni tra i dipendenti e di circa due anni tra i collaboratori coordinati e continuativi" (righe 11-13).

Brano n. 9

41) E. Righe 2-4: alla Borsa di New York "oggi sono quotate sia le grandi, medie e piccole aziende americane, sia i principali gruppi industriali e finanziari europei e asiatici".

42) B. Righe 9-14: "La negoziazione dei titoli viene condotta attraverso un meccanismo d'asta tra i membri della borsa (broker), che operano sul mercato su commissione da parte di investitori privati o istituzionali, e alcuni operatori specialisti che hanno la responsabilità di gestire i titoli di una società quotata e che si fanno garanti della transazione (devono cioè coprire eventuali ordini inevasi per evitare forti destabilizzazioni e oscillazioni dei prezzi delle azioni)".

43) C. Righe 4-5: "La presenza delle imprese non americane ha fatto registrare una notevole impennata".

44) C. Righe 5-7: "Uno dei criteri fondamentali che le imprese devono rispettare per operare nella Borsa di New York è quello della trasparenza".

45) E. Righe 14-16: "Questa tipologia di mercato garantisce, in linea di massima, una maggiore stabilità e sicurezza per gli investitori ed un corretto equilibrio tra domanda e offerta".

Brano n. 10

46) B. Riga 7: "L'ingresso è consentito anche ai possessori di tessere di abbonamento".

47) A. Righe 2-4: i biglietti recano "un numero progressivo ed il contrassegno dell'organo accertatore, anche nei casi di pagamento di un prezzo ridotto ovvero di ingresso gratuito".

48) B. Righe 1-2: nelle sale da ballo ogni ingresso presuppone l'emissione di un biglietto; fanno però eccezione gli "ingressi liberi".

49) E. Righe 12-15: "Di recente si è diffuso l'uso delle cosiddette 'drink cards'. Si tratta di tessere rilasciate all'ingresso sulle quali viene punzonato, a cura del personale del bar, il prezzo corrispondente per ciascuna consumazione fornita".

50) C. Righe 4-5: "I biglietti omaggio scontano l'imposta sul prezzo del biglietto di maggiore importo (non sono però soggetti ad IVA)".

Brano n. 11

51) B. Occorre individuare l'affermazione ingiustificata; ci aspettiamo dunque quattro alternative coerenti con il brano e una sola che invece contrasta con quanto riportato nell'articolo. Si tratta di un brano tratto dal quotidiano economico *Il sole 24 ore*, quindi il tema trattato ha a che fare con l'economia. Leggendo le cinque alternative prima di leggere il brano sappiamo che i concetti chiave saranno i consumi, la distinzione tra beni materiali e immateriali, un giudizio di valore (riprovevolezza dell'anteposizione dei beni materiali ai beni immateriali), le prospettive dei consumi dei beni immateriali, la situazione della Cina, le prospettive di sviluppo dei beni immateriali. Dobbiamo leggere il brano e focalizzarci sui punti salienti concentrando la nostra attenzione sulle considerazioni relative ai consumi dei beni immateriali e materiali, sui giudizi di valore (giusto, sbagliato, desiderabile, riprovevole ecc.), sulla Cina, sull'andamento futuro dei consumi.
Vestiti, camicie, cravatte, divani, stoviglie ecc. sono beni materiali di cui siamo saturi (nel mondo occidentale): possediamo già il 95% di ciò che ci serve, dunque la crescita dei beni materiali non potrà essere a due zeri. Queste prime righe dell'articolo ci autorizzano dunque a eliminare le alternative A e C, entrambe vere. Energia, informazioni, canali televisivi, ecc. sono beni immateriali, la cui crescita è dilagante; da ciò è dunque vera anche l'affermazione E sui consumi a due cifre dei beni immateriali. Infine, la situazione della Cina lascia presagire una esplosione dei consumi di beni materiali perché il mercato non è saturo come in occidente: da ciò risulta vera anche l'affermazione D. Il brano invece non esprime alcun giudizio di valore in merito all'anteposizione dei consumi dei beni materiali ai beni immateriali. L'affermazione ingiustificata è dunque quella corrispondente alla lettera B.

Brano n. 12

52) E. Nonostante l'argomento molto particolare, questo brano non comporta grossi problemi dal punto di vista della comprensione. Ci viene chiesto di individuare l'unica alternativa corretta, dunque ci aspettiamo quattro alternative false ed una sola corretta. L'alternativa A non è corretta in quanto l'idea di sovrapporre le vesti fu una conseguenza dell'uso dei bottoni e nulla è detto circa il comportamento prima dell'invenzione dei bottoni. La B è falsa perché anzi le donne amavano sfoggiare abiti lussuosi. Anche la C è falsa perché i bottoni consentirono solo di staccare le maniche. Infine la D è falsa perché all'inizio e non alla fine i bottoni erano costosi. L'unica considerazione plausibile è quella corrispondente alla lettera E. La risposta è contenuta nel primo rigo del brano "All'inizio il bottone fu trattato come fosse un ornamento…"; non rispondeva dunque ad un'esigenza pratica.

Brano n. 13

53) A. Questa è un'argomentazione "classica" che fa parte della tesi a favore del mantenimento del deterrente nucleare come politica di salvaguardia della pace. I sostenitori hanno controbattuto ritenendo l'argomentazione difettosa, e sostenendo che la minaccia di distruzione mutua assicurata (o M.A.D., dall'inglese *Mutually assured destruction*) non è necessaria né sufficiente a prevenire una guerra che sarebbe catastrofica.
Tutto questo contribuisce a rendere la questione un vero esame di valutazione critica. Qualunque posizione si sostenga a riguardo del dibattito sul nucleare, e a prescindere

da quanto si sia sensibili all'argomento, il compito qui è di analizzare l'argomentazione in modo imparziale, determinando semplicemente: (1) qual è il ragionamento *esplicito*; (2) cos'altro si *suppone*. Non ci si deve lasciar influenzare o distrarre dalle opinioni personali che si hanno in merito.
Cominciamo identificando la conclusione principale. Non dovrebbero esserci problemi a collocarla nell'ultima frase: la raccomandazione che, qualsiasi altra cosa facciamo, dobbiamo mantenere le armi nucleari (Non è chiaro a chi si faccia riferimento con l'uso della prima persona plurale, ma comunque non è importante ai fini dell'analisi).
Le ragioni offerte a supporto di questa conclusione sono le seguenti:

(Ragione 1) Prima delle due guerre mondiali… non c'erano armi nucleari.

Ma

(Ragione 2) Durante la Guerra Fredda… c'era la minaccia di distruzione mutua assicurata.

(Ragione 3) In quel periodo non è scoppiata la terza guerra mondiale.

È semplice però notare che la conclusione non deriva solamente da queste tre premesse. Ci deve essere anche una supposizione secondo cui le armi nucleari rappresentano la spiegazione causale della non aggressione durante la Guerra Fredda.
Il fatto che il possesso di armi nucleari sia coinciso con un periodo di non aggressione non è sufficiente. Possono esserci state altre motivazioni di genere diverso – limitazioni economiche, diplomazia, poca volontà di affrontare un altro conflitto ecc. – a giustificazione del fatto che la terza guerra mondiale non sia scoppiata. Potrebbe perfino essere che tutto questo sia accaduto nonostante la presenza di armi nucleari, e non grazie alla loro esistenza. In questo caso, allora è ovvio che non ci sia alcun "obbligo" al riguardo: si può concludere che, oggi come allora, una situazione di stallo come quella avvenuta durante la Guerra Fredda non necessiti dell'esistenza di un deterrente nucleare.
Pertanto, la 3 è una supposizione implicita del brano.
Supporre A significherebbe interpretare male la conclusione.
La conclusione afferma che "a prescindere da tutto", è indispensabile detenere una minaccia nucleare. Ciò non implica che la minaccia nucleare, di per sé, garantirebbe la non aggressione in futuro. L'autore è abbastanza accorto da fermarsi prima.
In altre parole, ritiene che l'accumulo di riserve di armi nucleari sia una condizione necessaria, ma non sufficiente.
La 2 può essere una supposizione piuttosto certa, ma non una da cui l'argomentazione possa dipendere, quindi non è neanche necessaria. L'argomentazione sostiene che, secondo quanto riportato, la NATO avrebbe potuto annientare l'Unione Sovietica (e viceversa), e che la possibilità che accadesse era sempre presente durante il periodo della Guerra Fredda. Non è necessario supporre che qualunque delle due parti lo avrebbe fatto.
La 4 è una supposizione su cui si fonda il ragionamento.
L'autore si serve del paragone tra le due guerre mondiali, che sono avvenute realmente, e la terza, che invece non è scoppiata, come motivazione per il mantenimento delle armi nucleari. Se le prime due guerre fossero state combattute nonostante la presenza di un deterrente equivalente al nucleare, allora la conclusione non sarebbe più supportata. Da qui deriva la necessità di una supposizione aggiuntiva secondo cui,

almeno in parte, la causa delle due guerre mondiali è da attribuirsi alla mancanza di una minaccia equivalente.
Dicendo che l'argomentazione si basa su determinati presupposti non si vuole per forza sostenere che il ragionamento sia difettoso. Lo diventerebbe solo se la/e supposizione/i fossero chiaramente ingiustificate. In questo caso, che la pretesa di un deterrente nucleare sia giustificata è discutibile, e in parte è il motivo per cui è sempre esistito un dibattito così acceso sulla questione del disarmo nucleare.
Pertanto, la 3 e la 4 sono supposizioni implicite del brano e la risposta esatta è la A.

Brano n. 14

54) B. Il brano parla di una "flessione" di aziende con allevamenti tra il 1997 e il 2007, pertanto la risposta E, che parla di "aumento", va scartata. Il brano non fa alcun riferimento all'allevamento di suini, né tantomeno paragona questa pratica a quella dei bovini; pertanto non si può dedurre che "Nella Pianura Padana si allevano più bovini che suini". La risposta D va quindi scartata.
Il brano afferma che in Pianura Padana i bovini vengono allevati "prevalentemente" in funzione del latte e non "esclusivamente"; pertanto la risposta C va scartata.
Se nel 2007 le aziende con allevamenti sono 675.835 e sono il 35,2% in meno del 1997, allora vuol dire che 637.835 ammonta al 100% – 35,2% = 64,8% del numero di aziende "*x*" di allevamento esistenti nel 2007. Pertanto tale numero "*x*" vale:

$$64{,}8\% \cdot x = 675.835$$

$$\frac{64{,}8}{100} \cdot x = 675.835$$

$$x = \frac{675.835 \cdot 100}{64{,}8} = 1.042.955$$

Pertanto nel 1997 le aziende con allevamenti erano oltre 1.000.000. La risposta A va scartata, mentre la risposta corretta è B.

Brano n. 15

55) C. La risposta esatta è la C perché nel brano si afferma che la "caratteristica della vera moralità è (...) il desiderio di correzione". La risposta A non deriva dal brano in questione, nel quale si asserisce l'importanza del correggersi, ma non si incita a svolgere azioni senza un discernimento iniziale su cosa sia bene o male. La risposta B non è deducibile dal brano in esame, in cui non viene mai menzionata l'azione di fermare o meno le persone nelle loro azioni malvagie; si parla semplicemente di correzione delle azioni errate. Nel brano viene affermato che l'etimologia della parola "correggere" proviene dal latino "regere cum" che vuol dire reggersi a vicenda; questa affermazione non implica il fatto che il "giudizio morale" deriva dal "sorreggersi a vicenda" (risposta D), ma solo che il "correggersi" vuol dire etimologicamente "sorreggersi a vicenda".
Nel brano viene affermato che "gli uomini giustificano quello che non riescono a non fare" ma questa giustificazione non è attribuita al desiderio di correzione; pertanto la risposta E è errata.

Brano n. 16

56) B. Nel brano si afferma che "La conoscenza aumenta sicuramente nel corso degli studi medici", pertanto la risposta A è vera. Nel brano si dice, inoltre, che "successivamente alla laurea (è possibile) un impoverimento legato alla perdita delle nozioni non strettamente legate alla routine professionale"; pertanto la risposta C può essere dedotta dal brano. Non può essere dedotta invece la risposta B che afferma un giudizio oggettivo e netto rispetto alla risposta C. Difatti nel brano si afferma che "la conoscenza (acquisita) nel corso degli studi medici" può subire "sia un incremento, sia un impoverimento" dopo la laurea, ma il brano non afferma che "gran parte" della conoscenza va sicuramente persa.
Pertanto la risposta B è quella che non può essere dedotta dal brano e costituisce la risposta esatta. Sempre considerando l'asserto del brano secondo il quale "la conoscenza (acquisita) nel corso degli studi medici" può subire "sia un incremento, sia un impoverimento" dopo la laurea, si deduce che alcuni medici possono accrescere le loro conoscenza. Pertanto la risposta D può essere dedotta dal brano. Infine la risposta E può essere dedotta dal brano, in quanto in esso si afferma che "le caratteristiche della conoscenza si modificano sostanzialmente quando il sanitario entra in contatto con la realtà professionale".

Brano n. 17

57) A. La risposta esatta è la A perché nel testo si afferma che "L'esame di McKenzie (...) consente di inquadrare il paziente in una o più delle sindromi meccaniche e di scegliere il metodo di trattamento appropriato". Pertanto la diagnosi consente di effettuare un trattamento adeguato alla sindrome.
Nel brano si afferma che "Il dolore insorge per una deformazione meccanica dei tessuti molli ..." ma non che il dolore (o il mal di schiena) derivi "dall'attività del meccanico". Pertanto la risposta B è errata. Il brano afferma che la postura scorretta è una delle cause del mal di schiena, ma non è l'unica. Pertanto la risposta C non è completa e quindi corretta. Analogamente la risposta D è anch'essa incompleta e non corretta, in quanto tra le cause del mal di schiena può esserci anche la postura e non solo la costante flessione della schiena. Non trova infine alcun riscontro nel testo l'affermazione riportata nella risposta E che quindi va scartata.

Brano n. 18

58) C. Nel brano si fa riferimento alla concezione che hanno i fisici del tempo, chiamata "tempo-rama". In particolare non si attribuisce ad essa la percezione soggettiva dello scorrere del tempo. Non si fa alcun riferimento al termine "futu-rama". Pertanto la risposta A va scartata. Nel brano si afferma che esiste un meccanismo biologico per il quale "il tempo passa lentamente in gioventù e si mette a correre con l'età adulta", ma non si attribuisce all'invecchiamento delle cellule cerebrali (risposta B) tale questione. Si afferma invece che "il corpo umano è pieno di "cronometri" cellulari, regolati chimicamente: sono la dopamina e altre molecole"; pertanto la risposta C trova riscontro nel testo e presenta una delle effettive cause della percezione dello scorrere del tempo. Nel brano ci si riferisce al tempo come alla "sensazione di un flusso, che va diritto lungo la traiettoria passato-presente-futuro"; tale sensazione non spiega però la percezione soggettiva e personale dello scorrere del tempo differente tra gioventù ed età adulta. Pertanto la risposta D è errata. Non trova infine alcun riscontro nel testo l'affermazione riportata nella risposta E che quindi va scartata.

Brano n. 19

59) A. Nel brano si afferma che "Il clima della Valle d'Aosta presenta (...) precipitazioni assai scarse, specie in autunno e in inverno". Questa caratteristica climatica obbliga a ricorrere all'irrigazione artificiale delle colture.
Se Saint Marcel ha una piovosità media annua pari a 475 mm di pioggia e tale valore è circa la metà di Napoli, se ne deduce che la piovosità a Napoli è circa: 475 mm × 2 = 950 mm = 0,95 m. Pertanto le risposte B e C vanno scartate in quanto propongono valori falsi della piovosità per Napoli. Infine non viene fatta alcuna menzione sull'eventuale ricorso all'irrigazione delle colture a Napoli (risposta D), né viene affermato categoricamente che a Napoli piove sempre più che ad Aosta (risposta E). Pertanto queste due ultime risposte vanno scartate.

Brano n. 20

60) D. La risposta A è deducibile dal brano in quanto in esso si afferma che "La Drosofila è il celeberrimo moscerino della frutta che costituisce da oltre mezzo secolo il banco di prova preferito dei genetisti". La risposta B è deducibile dal brano in quanto in esso si afferma che "Il gene (...) dirige la sintesi di un enzima piuttosto banale, una deidrogenasi dell'alcool". La risposta C è deducibile dal brano in quanto in esso si afferma che "le differenze genetiche, spesso infinitesime, tra individui di una stessa specie (...) si chiamano polimorfismi". La risposta E è deducibile dal brano in quanto in esso si afferma che "le regioni silenti dei geni, dette introni, mutano esattamente alla stessa frequenza delle regioni codificanti, dette esoni". L'unica affermazione non deducibile dal brano è quella riportata nella riposta D, perché nel testo non sono mai messi in relazione i polimorfismi dei gruppi sanguigni con quelli degli enzimi.

Sezione IV
Logica matematica

Questionario 1
Abilità di calcolo

1) Luigi il lunedì si allena in piscina il triplo del tempo in cui si allena il martedì, giorno in cui si allena 2 ore in più del giovedì e 3 ore in meno del venerdì. Se venerdì si allena 7 ore, quante ore si allena giovedì?

A. 2
B. 4
C. 3
D. 7
E. 5

2) Luigi e Alessandra propongono un gioco a Gaia. Luigi chiede a Gaia di pensare un numero naturale, di moltiplicarlo per 5 e aggiungere 3 al risultato. Alessandra chiede a Gaia di aggiungere al numero pensato il numero 5 e di moltiplicare per 3 il risultato. Per vincere, Gaia deve individuare il numero che dà la stessa risposta a Luigi e Alessandra. Quale numero deve pensare Gaia e quale risposta deve dare a Luigi e Alessandra?

A. 6 e 24
B. 4 e 22
C. 6 e 33
D. 4 e 20
E. 2 e 24

3) Uno scaffale di un minimarket ha 6 ripiani; ponendo su ciascuno di essi 21 barattoli, si occupano solo i primi 4 ripiani. Se si volesse occupare tutto lo scaffale, invece, quanti barattoli bisognerebbe disporre su ogni ripiano facendo in modo che il numero di barattoli sia lo stesso su ogni ripiano?

A. 22
B. 20
C. 18
D. 17
E. 14

4) **Per trasportare 13 risme di carta dalla cartoleria in cui le ha comprate a casa sua, Luigi si serve della bicicletta, ma ne può portare solo due alla volta. Quante volte Luigi deve recarsi in cartoleria per le risme?**
A. 7
B. 6
C. 4
D. 9
E. 3

5) **Di quanto aumenta il numero 150 se tra le decine e le centinaia si inserisce la cifra 2?**
A. 1.200
B. 900
C. 1.100
D. 1.000
E. 850

6) **Alessandra ha 250 euro mentre Luigi ne ha solo 80. Quanti euro deve dare Alessandra a Luigi perché i due abbiano lo stesso numero di euro?**
A. 75
B. 85
C. 50
D. 100
E. 95

7) **A uno spettacolo teatrale, il pubblico in sala si è disposto in file in modo da comporre 17 file. Ogni fila conteneva 5 persone in più della precedente. Se nella prima fila c'erano 3 persone, quante persone c'erano nell'ultima fila?**
A. 83
B. 88
C. 78
D. 73
E. 93

8) **Francesco ha in tasca soltanto monete da 20 centesimi ma vorrebbe avere monete dal valore più basso. Per questo motivo al bar scambia due di queste con monete da 5 centesimi. Successivamente Francesco in edicola scambia una moneta da 5 centesimi con due da 2 centesimi e con una da 1 centesimo. Dato che ora il numero di monete è raddoppiato, quante monete aveva in tasca all'inizio Francesco?**
A. 6
B. 8
C. 5
D. 10
E. 4

9) **Un primo muratore chiede un compenso di 50 € per ora di lavoro mentre un secondo chiede 150 € di spese fisse più un compenso di 35 € per ora di lavoro. A quale conviene affidare il lavoro?**

A. Al primo se le ore di lavoro sono meno di 10
B. Sempre al secondo
C. Al secondo se le ore di lavoro sono meno di 3
D. Sempre al primo
E. È indifferente

10) Un primo imbianchino chiede un compenso di 3 euro al metro quadrato, mentre un secondo chiede 150 euro di spese fisse più un compenso di 2,5 euro al metro quadrato. Per essere certi di risparmiare, conviene affidare il lavoro:
A. sempre al primo imbianchino
B. al primo imbianchino, se la superficie da dipingere è minore di 300 m quadri
C. sempre al secondo imbianchino
D. al secondo imbianchino, se la superficie da dipingere è maggiore di 100 m quadri
E. a entrambi, perché è indifferente, a prescindere dall'ampiezza della superficie da dipingere

11) Gaia ha letto i 4/5 del suo libro. Sapendo che ha letto 96 pagine, quante pagine le restano da leggere?
A. 35
B. 24
C. 40
D. 22
E. 36

12) Per la scelta della facoltà dopo il diploma, in una classe del quinto anno di un liceo, i 6/11 degli studenti ha scelto di iscriversi alla facoltà di Economia, i 4/11 alla facoltà di Ingegneria e 3 studenti ad altre facoltà. Qual è il numero di studenti della classe?
A. 25
B. 22
C. 44
D. 33
E. 27

13) 17 camini hanno legna da ardere per 21 ore. Se i camini fossero 3, quante ore durerebbe la legna?
A. 120
B. 119
C. 127
D. 86
E. 78

14) In una scuola, 20 bambini su 114 hanno i capelli neri, quanti bambini su 57 hanno i capelli neri?
A. 12
B. 15

C. 9
D. 14
E. 10

15) Per un viaggio organizzato, 91 persone noleggiano 3 autobus. Le persone saranno ripartite in modo che il primo autobus contenga un terzo dei viaggiatori del secondo e il secondo autobus un terzo dei viaggiatori del terzo. Quanti viaggiatori conterrà il secondo autobus?

A. 33
B. 31
C. 21
D. 24
E. 30

16) Tre agenti di commercio di una multinazionale si recano nella sede di Parigi, rispettivamente, ogni 3, ogni 8, ogni 12 giorni. Si sono incontrati oggi a Parigi, tra quanti giorni si ritroveranno a Parigi assieme?

A. 24 giorni
B. 25 giorni
C. 26 giorni
D. 28 giorni
E. 30 giorni

17) Tre aerei sono partiti questa mattina dall'aeroporto di Napoli. Sapendo che il primo aereo torna all'aeroporto ogni 5 giorni, il secondo ogni 10 giorni e il terzo ogni 6 giorni, tra quanti giorni partiranno di nuovo insieme dall'aeroporto di Napoli?

A. 30
B. 15
C. 24
D. 60
E. 45

18) Alla festa di compleanno di Gaia sono avanzate alcune fette di torta. Gaia decide di divederle con i suoi ospiti al momento dei saluti. Se ogni ospite, Gaia compresa, prendesse 5 fette, ne avanzerebbero 5. Se Gaia si escludesse, gli altri riceverebbero 6 fette. In quanti sono gli ospiti, Gaia compresa?

A. 12
B. 11
C. 13
D. 6
E. 9

19) Alessandra è una fioraia. Dispone di 28 tulipani e 36 rose. Vuole distribuirli in vasi contenenti ciascuno lo stesso numero di fiori, tutti dello stesso tipo. Qual è il massimo numero di fiori che Alessandra disporrà in ciascun vaso?

A. 6

B. 15
C. 4
D. 2
E. 14

20) Il custode di un acquario conta ripetutamente i pesci, il cui numero è compreso tra 50 e 100. Sia che li conti a 3 a 3, sia che li conti a 4 a 4, o a 5 a 5, o a 6 a 6, ne avanza sempre 1. Di quanti pesci è composto l'acquario?
A. 71
B. 61
C. 82
D. 99
E. 87

21) Fino all'altro ieri Gaia aveva sostenuto degli esami universitari e aveva una media dei voti di 26. Ieri ha superato un nuovo esame con voto 30, e la sua media è salita a 27. Quanti esami ha sostenuto Gaia, compreso quello di ieri?
A. 3
B. 5
C. 2
D. 4
E. 7

22) I dipendenti di un'azienda sono: 1 direttore, 4 impiegati, 10 operai e 5 corrieri. Gli stipendi mensili (in euro) dei dipendenti sono, rispettivamente, 2.500, 1.800, 1.300 e 1.200. Qual è la media degli stipendi aziendali?
A. 1.435 euro
B. 1.500 euro
C. 1.750 euro
D. 1.650 euro
E. 1.700 euro

23) Un generatore di numeri casuali di dieci numeri compresi tra 1 e 90 ha fornito i primi seguenti 8 numeri: 18, 21, 25, 33, 42, 60, 60, 85. Sapendo che la media aritmetica dei 10 numeri generati è 37, quali altri 2 numeri può aver fornito?
A. 20 e 30
B. 10 e 16
C. 15 e 21
D. 35 e 35
E. 31 e 31

24) In una squadra di calcio di bambini vi sono 11 giocatori. Il peso medio è 22 kg. Durante un incontro di calcio, un giocatore è espulso. Il peso medio dei giocatori rimasti in campo diventa 21 kg. Qual è il peso del giocatore espulso?
A. 32 kg
B. 35 kg
C. 34 kg

D. 33 kg
E. 31 kg

25) **Filippo la settimana scorsa è uscito la sera 6 volte, mangiando 1 cioccolatino Bonciocc a sera. Dopo una serata a casa, esce e in due sere mangia 4 cioccolatini. Qual è la nuova media di cioccolatini mangiati nelle sere in cui è uscito Filippo?**
A. 1,5
B. 2
C. 1,2
D. 1,8
E. 1,25

26) **Per la festa di compleanno di Luigi, Alessandra ha acquistato 80 dolci tra sfogliatelle, cannoli, cassatine e babà. 46 non sono cannoli, 55 non sono babà e le sfogliatelle sono 3 in più delle cassatine. Quante sono le sfogliatelle?**
A. 6
B. 4
C. 5
D. 12
E. 11

27) **Per comprare un regalo a una loro comune amica, 4 amiche hanno deciso di lavorare, stabilendo che il guadagno sarebbe stato diviso equamente tra loro. Alessandra ha guadagnato 70 euro; Beatrice ha guadagnato 43 euro; Carla ha guadagnato 68 euro; Donatella ha guadagnato 119 euro e quindi deve dei soldi alle altre amiche. Quanto deve ricevere Beatrice da Donatella?**
A. 44 euro
B. 32 euro
C. 75 euro
D. 16 euro
E. 24 euro

28) **In un gruppo di 12 amici, c'è chi sa suonare la chitarra, suonare il piano o fare entrambe le cose. Se 9 suonano la chitarra e 7 il piano, quanti sono gli amici che sanno suonare entrambi gli strumenti?**
A. 4
B. 3
C. 7
D. 2
E. 6

29) **A una maratona si sono iscritte 150 persone, di cui: 98 uomini, 105 italiani, 119 biondi e 129 allenati. Qual è il minimo numero di uomini italiani, biondi e allenati?**
A. 52
B. 45
C. 31
D. 21
E. 1

30) Per un viaggio organizzato, 40 persone noleggiano 10 auto da 4 posti. Le persone devono essere ripartite in modo che ciascuna auto trasporti sia uomini sia donne; tuttavia, si rendono conto che qualunque sia la ripartizione, un'auto trasporterà necessariamente solo donne. Quante sono almeno le donne che partecipano al viaggio?

A. 29
B. 28
C. 25
D. 31
E. 23

31) In un gruppo di 24 amici, 18 hanno l'hobby della pittura, 15 hanno l'hobby della recitazione, 17 hanno l'hobby della ceramica. Quanti sono, al minimo, coloro che coltivano tutti e tre gli hobby?

A. 2
B. 4
C. 6
D. 5
E. 3

32) In una casa editrice, in cui lavorano 50 redattori, stanno per essere pubblicate due nuove collane: Ammissioni universitarie e Concorsi pubblici. Sapendo che 30 redattori si occuperanno della collana Ammissioni universitarie, 20 della collana Concorsi pubblici, 5 di nessuna delle due collane, quanti redattori si occuperanno di entrambe le collane?

A. 10
B. 12
C. 20
D. 5
E. 15

33) In una classe di 25 alunni tutti studiano almeno inglese o francese. Visto che 12 alunni studiano francese e 20 inglese, quanti studiano entrambe le lingue?

A. 5
B. 7
C. 37
D. 12
E. 8

34) In una scuola elementare, composta da 250 alunni, sono stati attivati due corsi pomeridiani. Si sa che 200 alunni frequentano il corso di spagnolo, 199 il corso di nuoto, 42 nessuno dei due corsi. Quanti alunni frequentano entrambi i corsi?

A. 191
B. 9
C. 208
D. 25
E. Non si può stabilire perché i dati sono insufficienti

35) In un gruppo di 12 persone, ognuna può studiare, lavorare o fare entrambe le cose. Se 9 persone studiano e 7 lavorano, quante sono le persone che contemporaneamente svolgono entrambe le attività?

A. 3
B. 7
C. 2
D. 4
E. 1

36) Per andare da casa a scuola in motorino, Luigi impiega 3 minuti alla velocità media di 30 km/h. Quanto dista la scuola dalla casa di Luigi?

A. 1 km
B. 1,5 km
C. 1,65 km
D. 1,15 km
E. 0,75 km

37) Alessandra è una podista. Corre nel parco per 30 minuti e percorre una distanza di 5,4 km. Qual è stata la sua velocità media?

A. 5 m/s
B. 10 m/s
C. 16 m/s
D. 15 m/s
E. 3 m/s

38) Nello stesso istante, dallo stesso aeroporto, decollano due aerei. Il primo viaggia verso nord a 600 km/h, mentre il secondo verso sud a 800 km/h. Dopo quanto tempo distano, l'uno dall'altro, 2.800 km?

A. 1 ora e 30 minuti
B. 2 ore
C. 2 ore e 30 minuti
D. 1 ora e 40 minuti
E. 1 ora e 50 minuti

39) Louis e Sebastian sono due automobilisti. Procedono in versi opposti, si incrociano rispettivamente alla velocità di 130 e 140 km/h. Quale distanza li separa dopo 2 minuti?

A. 6 km
B. 1 km
C. 13 km
D. 9 km
E. 14 km

40) Due amici, Valentino e Louis, sono rispettivamente un motociclista e un automobilista. Valentino parte alle 8 del mattino viaggiando a 20 km/h. Louis parte dallo stesso punto alle 12 e raggiunge Valentino dopo 2 ore. Qual è la velocità di Louis?

A. 110 km/h

B. 100 km/h
C. 90 km/h
D. 60 km/h
E. 50 km/h

41) **Alessandra spende in un negozio di camicie i 13/15 di quanto possiede. Poi, spende in un negozio di scarpe i 3/5 della rimanenza. Alla fine le restano 36 euro. Quanto possedeva Alessandra inizialmente?**
A. 755 euro
B. 740 euro
C. 675 euro
D. 600 euro
E. 450 euro

42) **Nel mese di maggio, in una piccola città costiera di 5.000 persone, il 5% dei residenti va al mare, e nel 50% dei casi fitta l'ombrellone. Quanti residenti fittano l'ombrellone nel mese di maggio?**
A. 200
B. 500
C. 125
D. 225
E. 250

43) **Nel 2016, il 45% dei 60 iscritti a un'associazione sportiva erano tennisti. Nel 2018 il 25% dei 144 iscritti erano tennisti. Qual è l'aumento percentuale nei due anni del numero di tennisti iscritti?**
A. 20%
B. 25%
C. 37%
D. 33,33%
E. 58,5%

44) **In una casa editrice, 34 redattori correggono 1.768 pagine di bozza al giorno. Lavorando allo stesso ritmo, quante pagine saranno corrette al giorno da 60 redattori?**
A. 3.300
B. 3.090
C. 3.450
D. 3.060
E. 3.120

45) **In una casa editrice, per la pubblicazione di una nuova collana 10 correttori di bozze, lavorando allo stesso ritmo, impiegano 18 giorni. In quanti giorni potrebbe essere eseguito il lavoro se i correttori fossero 15?**
A. 12
B. 24
C. 26

D. 36
E. 30

46) In una casa editrice, 4 correttori di bozze correggono 9 pagine in 20 minuti. Quanti correttori dovrebbero essere impiegati per correggere 90 pagine in 12.000 secondi?
A. 20
B. 12
C. 4
D. 10
E. 8

47) Luigi è un collezionista di fumetti e possiede un numero di fumetti compreso tra 70 e 80. Se li contasse a 2 a 2 ne avanzerebbe 1, mentre se li contasse a 3 a 3 non ne avanzerebbe alcuno. Da quanti fumetti è costituita la collezione di Luigi?
A. 70
B. 71
C. 76
D. 77
E. 75

48) Tre comete periodiche, Hall, Enck e Biel, sono state osservate contemporaneamente quest'anno. Sapendo che Hall è osservabile ogni 10 anni, Enck ogni 15 anni e Biel ogni 4 anni, quanti anni dovremo aspettare per ammirare di nuovo lo stesso fenomeno?
A. 150 anni
B. 15 anni
C. 60 anni
D. 40 anni
E. 30 anni

49) In una casa editrice, quattro libri di una data collana di 416, 384, 480 e 608 pagine, rispettivamente, devono essere composti in fascicoli, aventi ciascuno lo stesso numero di pagine. Di quante pagine massime può essere composto ciascun fascicolo?
A. 16
B. 24
C. 32
D. 48
E. 18

50) Il 30 gennaio, a Napoli, le temperature medie sono state: dalle 00:00 alle 06:00 di 5 °C, dalle 06:00 alle 12:00 di 12 °C, dalle 12:00 alle 18:00 di 14 °C, dalle 18:00 alle 24:00 di 9 °C. Qual è stata la temperatura media giornaliera?
A. 12 °C
B. 9 °C

C. 6 °C
D. 10 °C
E. 8 °C

51) Quattro gruppi di studenti, composti da 12, 10, 12 e 20 persone, hanno un'altezza media rispettivamente di 170, 169, 164 e 166 cm. Qual è l'altezza media di tutti gli studenti?
A. 168 cm
B. 167 cm
C. 170 cm
D. 171 cm
E. 169 cm

52) Luigi è stato interrogato quattro volte in storia e ha la media del 6,5. Quale voto deve prendere alla quinta interrogazione per ottenere la media del 7?
A. 9
B. 8
C. 7
D. 6
E. 5

53) Alle ore 13:30 il contachilometri di un'automobile segna 11.715. Sapendo che alle ore 15:00 il contachilometri segna 11.865, qual è stata la sua velocità media?
A. 105 km/h
B. 60 km/h
C. 75 km/h
D. 100 km/h
E. 90 km/h

54) Valentino e Daniel sono due motociclisti. Procedono in versi opposti, si incrociano rispettivamente alla velocità di 70 e 80 km/h. Quale distanza li separa dopo 25 minuti?
A. 250 km
B. 62,5 km
C. 135 km
D. 15,5 km
E. 18,5 km

55) Gaia va in automobile a una velocità media di 60 km/h, quanto tempo impiega per andare da una città a un'altra che dista 240 km?
A. 6 ore
B. 4 ore
C. 2 ore e 30 minuti
D. 3 ore e 20 minuti
E. 3 ore

56) Un contadino possiede una coppia di conigli. Essi, superata l'età di un anno, generano ogni anno una nuova coppia di conigli. Tutte le coppie, raggiunta l'età di un anno, si riproducono fornendo ogni anno una nuova coppia di conigli. Quanti sono i conigli all'inizio del sesto anno?

A. 64
B. 12
C. 24
D. 36
E. 18

57) Giacomo ha visto i 4/9 di un film. Sapendo che ne ha visti 88 minuti, per quanti minuti ancora deve rimanere davanti allo schermo per arrivare a vedere la fine del film?

A. 110
B. 198
C. 121
D. 99
E. 132

58) Un giocatore incallito possiede un certo capitale ma ne perde i 2/3 in una serata al casinò. La sera successiva, con ciò che gli è rimasto, ritorna al casinò per rifarsi e raddoppia i suoi averi. Cosa possiamo affermare sul capitale iniziale?

A. Il capitale iniziale è aumentato di 1/3
B. Il capitale iniziale è diminuito di 1/3
C. Il capitale iniziale è aumentato di 1/2
D. Il capitale iniziale è diminuito di 1/2
E. Il capitale iniziale è rimasto invariato

59) Il 2% degli oggetti prodotti da una catena di montaggio incorre in un difetto di fabbricazione che nel 50% dei casi può essere riparato. Se in una giornata vengono prodotti 5600 oggetti, quanti sono gli oggetti incorsi in un difetto di fabbricazione che sono stati successivamente riparati?

A. 12
B. 100
C. 112
D. 32
E. 56

60) Dividere il numero 5.600 in parti direttamente proporzionali ai numeri 13, 8, 7.

A. 3.250, 850, 1.500
B. 2.400, 1.800, 1.400
C. 2.600, 1.600, 1.400
D. 2.800, 1.350, 1.450
E. 2.800, 1.300, 500

Risposte commentate
Abilità di calcolo

1) A. Per sapere quante ore si allena il giovedì Luigi indichiamo con:

L = numero di ore di allenamento del lunedì
M = numero di ore di allenamento del martedì
G = numero di ore di allenamento del giovedì
V = numero di ore di allenamento del venerdì

Sappiamo che il lunedì si allena in piscina il triplo del tempo in cui si allena il martedì, ossia:

$$L = 3M$$

Sappiamo, inoltre, che il martedì è il giorno in cui si allena 2 ore in più del giovedì e 3 ore in meno del venerdì, ossia:

$$M = G + 2 = V - 3$$

Se venerdì si allena 7 ore, allora, in base a quest'ultima relazione, possiamo scrivere:

$$M = G + 2 = 7 - 3 = 4$$

da cui, essendo $M = G + 2 = 4$, otteniamo, da quest'ultima relazione, $G = \mathbf{2}$.

2) C. Sia n il numero naturale a cui deve pensare Gaia. Consideriamo disgiuntamente le domande di Luigi e Alessandra.

Luigi: $n \times 5 + 3$

Alessandra: $(n + 5) \times 3$

Poiché il numero n deve essere lo stesso, otteniamo un'equazione di primo grado a una incognita:

$$n \times 5 + 3 = (n + 5) \times 3$$

Da cui:

$$5n + 3 = 3n + 15$$

Trasportando al primo membro tutti i termini con l'incognita e al secondo membro i termini non contenenti l'incognita si ottiene:

$$5n - 3n = 15 - 3 \Rightarrow 2n = 12$$

Da cui, il numero pensato da Gaia è $n = \mathbf{6}$.
La risposta identica da dare a Luigi e ad Alessandra è:

$n \times 5 + 3 = 6 \times 5 + 3 = 30 + 3 = \mathbf{33}$

$(n + 5) \times 3 = (6 + 5) \times 3 = 11 \times 3 = \mathbf{33}$

3) E. Se 21 barattoli occupano i primi 4 ripiani, vuol dire che i barattoli in totale sono:

$$21 \times 4 = 84$$

Poiché lo scaffale ha 6 ripiani, affinché il numero di barattoli sia lo stesso su ogni ripiano, bisognerebbe disporre su ogni ripiano:

$$84 \div 6 = \mathbf{14} \text{ barattoli}$$

4) A. Le risme sono 13 e Luigi ne può trasportare solo 2 alla volta. Poiché il quoziente tra 13 e 2 dà:

$$13 \div 2 = 6{,}5$$

occorrono 6 viaggi per trasportare $6 \times 2 = 12$ risme, 1 viaggio per trasportare la tredicesima risma, per un totale di $6 + 1 = \mathbf{7}$ viaggi.

5) C. Nel numero 150, la cifra 5 rappresenta le decine, mentre la cifra 1 rappresenta le centinaia. Inseriamo tra queste due cifre la cifra 2 e otteniamo: 1.**2**50.
Il numero 150 è aumentato, quindi, di:

$$1.250 - 150 = \mathbf{1.100}$$

6) B. Calcoliamo la differenza tra l'importo in euro di Alessandra e quello di Luigi:

$$\text{differenza tra gli importi (in euro)} = 250 - 80 = 170$$

Tale importo deve essere ripartito equamente tra i due, affinché abbiano lo stesso numero di euro:

$$\text{importo che Alessandra deve a Luigi} = \frac{170}{2} = \mathbf{85} \text{ euro}$$

Infatti, se Alessandra dà a Luigi 85 euro, allora:

- Alessandra avrà: $250 - 85 = 165$ euro
- Luigi avrà: $80 + 85 = 165$ euro.

7) A. Possiamo condurre un ragionamento intuitivo come il seguente: le file successive alla prima sono $17 - 1 = 16$; poiché ogni fila conteneva 5 persone in più della precedente, l'ultima fila aveva un numero di persone in più rispetto alla prima pari a $16 \times 5 = 80$; quindi nell'ultima fila c'erano $80 + 3 = \mathbf{83}$ persone.
Risolviamo ora il quesito con l'uso delle progressioni. Poiché per ciascuna fila, il numero delle persone cresce di 5 unità, le persone in fila rappresentano i termini di una progressione aritmetica di ragione $d = 5$.
Ciò che il quesito chiede di determinare è il numero di persone della diciassettesima fila, ovvero il 17° termine della progressione. Tale termine si trova nel modo seguente:

$$a_n = a + (n - 1)\, d$$

dove:

a_n è il termine incognito (in questo caso il 17°);

a è il primo termine della progressione (in questo caso 3);

n è il numero delle file (in questo caso 17);

d è la ragione (in questo caso 5).

Si ha:

$$a_{17} = 3 + (17 - 1) \times 5 = 3 + 80 = 83$$

8) B. Francesco ha x monete da 20 centesimi.
Se scambia 2 monete da 20 centesimi con monete da 5 centesimi, vuol dire che ottiene $2 \times 4 = 8$ monete da 5 centesimi; pertanto, dopo lo scambio avrà:

$$(x - 2 + 8) \text{ monete}$$

ossia:

$$(x + 6) \text{ monete}$$

Successivamente, Francesco scambia una moneta da 5 centesimi ricevendo 3 monete, pertanto egli avrà:

$$(x + 6 - 1 + 3) \text{ monete}$$

ossia:

$$(x + 8) \text{ monete}$$

Queste $(x + 8)$ monete sono il doppio delle monete iniziali, ossia $x + 8 = 2x$. Risolvendo l'equazione appena ottenuta si ottiene $x = 8$, per cui le monete che Francesco aveva in tasca all'inizio erano **8**.

9) A. Detto x il numero di ore di lavoro, il compenso chiesto dal primo muratore sarà pari a $50x$; il compenso percepito dal secondo muratore sarà pari a $150 + 35x$. Imponendo la condizione $50x < 150 + 35x$, avremo $15x < 150$ e quindi $x < 10$. Pertanto, tra i due muratori, conviene affidare il lavoro **al primo se le ore di lavoro sono meno di 10**.

10) B. Se S è la misura della superficie da dipingere in metri quadri, il compenso chiesto dal primo imbianchino è $3 \cdot S$, mentre quello chiesto dal secondo è $150 + 2{,}5\ S$.
Risolvendo la disequazione $3\ S < 150 + 2{,}5\ S$, andiamo alla ricerca, se c'è, di un valore di S tale che convenga attribuire al primo imbianchino l'incarico. Se la disequazione dovesse risultare impossibile, questo significherebbe che è sempre conveniente rivolgersi al secondo imbianchino. Risolviamo:

$3\ S < 150 + 2{,}5\ S$

$3\ S - 2{,}5\ S < 150$

$0{,}5\ S < 150$

$S < 150/0{,}5$

$S < 300$

Pertanto, conviene affidare il lavoro **al primo imbianchino, se la superficie da dipingere è minore di 300 m quadri**.

11) B. Poiché 96 pagine corrispondono ai 4/5 del volume di Gaia, le restanti x pagine incognite corrispondono a $1 - \frac{4}{5} = \frac{1}{5}$ del volume.

Per risolvere il quesito, impostiamo la proporzione:

$$\frac{4}{5} : 96 = \frac{1}{5} : x$$

da cui, il valore di x:

$$x = \frac{96}{4} = \mathbf{24}$$

12) D. Sia x il numero incognito di studenti della classe, poiché i 6/11 degli studenti si iscriveranno alla facoltà di Economia, i 4/11 alla facoltà di Ingegneria e 3 studenti ad altre facoltà, impostiamo l'equazione nell'incognita x:

$$\frac{6}{11}x+\frac{4}{11}x+3=x$$

che, risolta, dà:

$$\frac{6}{11}x+\frac{4}{11}x-x=-3 \qquad \Rightarrow \qquad 6x+4x-11x=-33 \qquad \Rightarrow \qquad -x=-33$$

ossia

$$x = \mathbf{33}$$

13) B. Il numero di camini e il numero di ore di durata della legna da ardere sono due grandezze inversamente proporzionali: all'aumentare del numero di camini diminuisce il tempo di durata della legna.
Possiamo impostare la seguente proporzione:

$$17 \text{ camini} : 3 \text{ camini} = \frac{1}{21 \text{ ore}} : \frac{1}{x \text{ ore}}$$

dove x è il numero di ore in cui i 3 camini esaurirebbero la legna.
Ricaviamo:

$$\frac{17 \text{ camini}}{3 \text{ camini}}=\frac{x \text{ ore}}{21 \text{ ore}} \Rightarrow x=\frac{17 \text{ camini}}{3 \text{ camini}} \cdot 21 \text{ ore} = \mathbf{119} \text{ ore}$$

14) E. La spiegazione formale per la risoluzione del quesito è la seguente: poiché 20 bambini su 114 hanno i capelli neri, il numero x incognito di bambini su 57 si ricava dalla seguente proporzione

$$20 : 114 = x : 57$$

da cui

$$x=\frac{20 \cdot 57}{114}=\mathbf{10}$$

Il quesito può essere risolto anche con il seguente ragionamento intuitivo: 57 è 1/2 di 144, per cui se 20 bambini su 114 hanno i capelli neri, 20/2 = 10 bambini su 57 hanno i capelli neri.

15) C. Per la risoluzione di questo quesito, dovremmo introdurre equazioni in più di una incognita. In realtà, possiamo ridurre il problema a una singola equazione.
L'incognita è il numero B_2 di viaggiatori che saranno trasportati nel secondo di 3 autobus.
Le persone saranno ripartite in modo che il primo autobus contenga un terzo dei viaggiatori del secondo, per cui in simboli il primo autobus conterrà $\frac{1}{3}B_2$.
Inoltre, il secondo autobus conterrà un terzo dei viaggiatori del terzo, reciprocamente il terzo autobus conterrà un numero triplo di viaggiatori del secondo, in simboli conterrà $3B_2$ viaggiatori.

Il totale delle persone è 91, quindi possiamo scrivere:

$$\frac{1}{3}B_2 + B_2 + 3B_2 = 91$$

da cui:

$$\frac{1}{3}B_2 + B_2 + 3B_2 = 91 \qquad \Rightarrow B_2 + 3B_2 + 9B_2 = 273 \Rightarrow 13B_2 = 273$$

ossia:

$$B_2 = \mathbf{21} \text{ persone}$$

16) A. I tre agenti si sono incontrati oggi a Parigi.
Il primo agente sarà di nuovo a Parigi tra 3 giorni, poi tra 6 giorni, poi tra 9 giorni e così via. In generale, sarà a Parigi dopo un numero di giorni che è multiplo di 3.
Il secondo agente sarà di nuovo a Parigi tra 8 giorni, poi tra 16 giorni, poi tra 24 giorni e così via. In generale, sarà a Parigi dopo un numero di giorni che è multiplo di 8.
Il terzo agente sarà di nuovo a Parigi tra 12 giorni, poi tra 24 giorni, poi tra 36 giorni e così via. In generale, sarà a Parigi dopo un numero di giorni che è multiplo di 12.
Affinché i tre agenti si incontrino di nuovo, dovrà trascorrere un numero di giorni pari a un multiplo in comune tra i tre numeri 3, 8 e 12. Se cerchiamo il numero minore possibile di giorni che dovranno trascorrere, allora dobbiamo calcolare il minimo comune multiplo.
Poiché
3 = numero primo
$8 = 2^3$
$12 = 2^2 \times 3$
i tre agenti si ritroveranno a Parigi assieme tra:

$$\text{mcm}(3; 8; 12) = 2^3 \times 3 = \mathbf{24\ giorni}$$

17) A. I tre aerei sono partiti insieme questa mattina.
Il primo aereo tornerà di nuovo tra 5 giorni, poi tra 10 giorni, poi tra 15 giorni e così via... In generale, tornerà dopo un numero di giorni che è multiplo di 5.
Il secondo aereo tornerà di nuovo tra 10 giorni, poi tra 20 giorni, poi tra 30 giorni e così via... In generale, tornerà dopo un numero di giorni che è multiplo di 10.
Il terzo aereo tornerà di nuovo tra 6 giorni, poi tra 12 giorni, poi tra 18 giorni e così via... In generale, tornerà dopo un numero di giorni che è multiplo di 6.
Affinché partano di nuovo insieme dall'aeroporto di Napoli, dovrà trascorrere un numero di giorni pari a un multiplo in comune tra i tre numeri 5, 10 e 6. Se cerchiamo il numero minore possibile di giorni che dovranno trascorrere, allora dobbiamo calcolare il minimo comune multiplo.
Poiché

5 = numero primo

$10 = 2 \times 5$

$6 = 2 \times 3$

i tre treni partiranno di nuovo insieme dall'aeroporto di Napoli tra:

$$\text{mcm}(5; 10; 6) = 2 \times 3 \times 5 = \mathbf{30} \text{ giorni}$$

18) B. Siano O il numero di ospiti e T il numero di fette di torta avanzate, traduciamo i due enunciati *se ogni ospite, Gaia compresa, prendesse 5 fette, ne avanzerebbero 5* e *se Gaia si escludesse, gli altri riceverebbero 6 fette,* nel linguaggio matematico:

$T = 5O + 5 + 5$

$T = 6O$

Uguagliando le due espressioni appena fornite, otteniamo l'equazione nell'incognita O:

$$5O + 5 + 5 = 6O$$

che, risolta, dà:

$$O = 10$$

Pertanto, il numero di ospiti, compresa Gaia, è pari a 10 + 1 = **11**.

19) C. Alessandra vuole distribuire i 28 tulipani e le 36 rose in vasi contenenti ciascuno lo stesso numero di fiori, tutti dello stesso tipo. Il massimo numero di fiori che disporrà in ciascun vaso è pari al Massimo Comun Divisore dei numeri 28 e 36.
Poiché

$28 = 2^2 \times 7$

$36 = 2^2 \times 3^2$

il massimo numero di fiori che Alessandra disporrà in ciascun vaso è:

$$\text{MCD}(28;\ 36) = 2^2 = \mathbf{4}$$

20) B. Se il custode conta i pesci a 3 a 3, a 4 a 4, a 5 a 5 o a 6 a 6, e ne avanza sempre 1, vuol dire che il numero di pesci non è divisibile né per 3, né per 4, né per 5, né per 6. Sappiamo, quindi, che il resto della divisione di tale numero per i numeri 3, 4, 5 oppure 6 è 1.
Escludiamo dalla soluzione i numeri 87 e 99, perché entrambi divisibili per 3. Escludiamo anche il numero 71, perché se diviso per 3 dà resto 2, se diviso per 4 dà resto 3, se diviso per 6 dà resto 5. Escludiamo dalla soluzione anche il numero 82, perché se diviso per 4 dà resto 2, se diviso per 5 dà resto 2, se diviso per 6 dà resto 4.
La soluzione è **61**, perché:

- se diviso per 3 dà per quoziente 20 e resto 1
- se diviso per 4 dà per quoziente 15 e resto 1
- se diviso per 5 dà per quoziente 12 e resto 1
- se diviso per 6 dà per quoziente 10 e resto 1.

21) D. Dati n numeri, che danno una media m, se a tali numeri aggiungiamo un numero noto x_{n+1}, possiamo calcolare la nuova media m' attraverso la formula:

$$m' = \frac{n \cdot m + x_{n+1}}{n+1}$$

Il problema inverso, che consiste nella ricerca del numero n, note le medie m e m' e noto il numero x_{n+1}, si risolve applicando la formula inversa di quella appena data:

$$(n+1)m' - n \cdot m = x_{n+1}$$

ossia

$$nm' + m' - n \cdot m = x_{n+1} \quad \Rightarrow \quad n(m' - m) + m' = x_{n+1} \quad \Rightarrow \quad n(m' - m) = x_{n+1} - m'$$

ovvero

$$n = \frac{x_{n+1} - m'}{m' - m}$$

Gaia ha sostenuto un numero n di esami con una media $m = 26$, inoltre all'$(n + 1)$-esimo esame ha preso il voto $x_{n+1} = 30$, portando la sua media m' a 27. Il numero n di esami sostenuti fino all'altro ieri si ottiene applicando la formula appena data:

$$n = \frac{30 - 27}{27 - 26} = 3$$

In totale, compreso quello di ieri, Gaia ha sostenuto $n + 1 = 3 + 1 =$ **4** esami.

22) A. Se i dipendenti dell'azienda sono 1 direttore, 4 impiegati, 10 operai e 5 corrieri e se gli stipendi mensili (in euro) dei dipendenti sono, rispettivamente, 2.500, 1.800, 1.300 e 1.200, la media degli stipendi aziendali è:

$$m = \frac{1 \cdot 2.500 + 4 \cdot 1.800 + 10 \cdot 1.300 + 5 \cdot 1.200}{1 + 4 + 10 + 5} = \frac{28.700}{20} = \mathbf{1.435\ euro}$$

23) B. Nel quesito i primi 8 dei 10 numeri generati sono: 18, 21, 25, 33, 42, 60, 60, 85. Inoltre, la media m dei 10 numeri generati è 37, i due numeri x e y che può aver fornito il generatore si ottengono applicando la relazione:

$$m = \frac{18 + 21 + 25 + 33 + 42 + 60 + 60 + 85 + x + y}{10} = 37$$

ovvero della seguente:

$$m = \frac{344 + x + y}{10} = 37$$

da cui la relazione inversa:

$$x + y = 37 \cdot 10 - 344 = 370 - 344 = 26$$

Tra le opzioni di risposta, gli unici due numeri la cui somma è 26 sono: **10 e 16**.

24) A. Il peso medio precedente all'espulsione, ossia il peso medio degli 11 giocatori, è $m = 22$ kg. Il peso medio successivo all'espulsione, ossia il peso medio dei 10 giocatori rimasti in campo, è $m' = 21$ kg.
Possiamo quindi calcolare il peso x_{esp} del giocatore espulso dalla relazione:

$$m' = \frac{n \cdot m - x_{esp}}{n - 1}$$

ovvero dalla relazione

$$m' = \frac{11 \cdot 22 - x_{esp}}{11-1} = \frac{242 - x_{esp}}{10} = 21$$

Quindi:

$$x_{esp} = 242 - 21 \cdot 10 = 242 - 210 = \mathbf{32\ kg}$$

25) E. Noto che Filippo è uscito 6 volte, mangiando 1 cioccolatino a sera e che in altre 2 uscite ha mangiato 4 (2 a sera) cioccolatini, la nuova media di cioccolatini mangiati nelle sere in cui è uscito si ottiene applicando la formula:

$$m' = \frac{6 \cdot 1 + 4}{6+2} = \frac{10}{8} = \mathbf{1{,}25}$$

26) D. I dolci acquistati da Alessandra per la festa di compleanno di Luigi sono 80, tra sfogliatelle, cannoli, cassatine e babà.
Se 46 non sono cannoli, allora i cannoli sono 80 – 46 = 34.
Se 55 non sono babà, allora i babà sono 80 – 55 = 25.
La somma delle sfogliatelle e delle cassatine è 80 – (34 + 25) = 80 – 59 = 21.
Sappiamo che le sfogliatelle sono 3 in più delle cassatine.
Siano s le sfogliatelle e c le cassatine, scriviamo le due equazioni nelle due incognite s e c:

$s + c = 21$

$s = c + 3$

Sostituendo nella prima equazione il valore di s della seconda equazione:

$c + 3 + c = 21$

da cui:

$$2c = 21 - 3 = 18 \qquad \Rightarrow \qquad c = \frac{18}{2} = 9$$

A questo punto, le sfogliatelle sono:

$$s = 21 - 9 = \mathbf{12}$$

27) B. Per risolvere il quesito, indichiamo i guadagni delle amiche con le iniziali dei loro nomi:

A = 70 euro

B = 43 euro

C = 68 euro

D = 119 euro

In totale, le amiche hanno guadagnato:

guadagno totale = 70 euro + 43 euro + 68 euro + 119 euro = 300 euro

Per un'equa ripartizione della spesa da sostenere per il regalo, ciascuna deve spendere:

$$\text{spesa individuale} = \frac{300}{4} = 75 \text{ euro}$$

Poiché Beatrice ha guadagnato 43 euro, ha bisogno, per il regalo, di 75 – 43 = 32 euro.
Donatella, che ha guadagnato 119 euro, quindi 119 – 75 = 44 euro in eccesso rispetto alla spesa, deve dare **32 euro** a Beatrice.

28) A. Possiamo condurre un ragionamento come il seguente.
12 è il numero totale di amici. Tra questi occorre identificare il numero di amici che sanno suonare sia la chitarra sia il piano.
Se 9 suonano la chitarra, allora 12 – 9 = 3 è il numero di amici che non suonano la chitarra.
Se 7 suonano il piano, allora 12 – 7 = 5 è il numero di amici che non suonano il piano.
Per differenza, si ottiene il numero di amici che sanno suonare entrambi gli strumenti:
12 – (3 + 5) = 12 – 8 = **4**

29) E. Possiamo condurre un ragionamento come il seguente.
150 è il numero totale di persone iscritte alla maratona.
Se 98 sono uomini, allora 150 – 98 = 52 non sono uomini.
Se 105 sono italiani, allora 150 – 105 = 45 non sono italiani.
Se 119 sono biondi, allora 150 – 119 = 31 non sono biondi.
Se 129 sono allenati, allora 150 – 129 = 21 non sono allenati.
Per differenza, si ottiene il minimo numero di uomini italiani, biondi e allenati.

$$150 - (52 + 45 + 31 + 21) = 150 - 149 = \mathbf{1}$$

30) D. Le 40 persone hanno 10 auto da 4 posti.
Se gli uomini fossero 10, allora potrebbero essere disposti uno per ogni auto e non avere auto in cui vi sono solo donne. Analogamente si potrebbe fare per un numero di uomini superiore a 10.
Pertanto, il numero di uomini deve essere inferiore a 10. Infatti, se il numero di uomini è pari a 9, ognuno di loro può essere sistemato in un'auto, per un totale di 9 auto, per cui ci sarà sempre un'auto con sole donne.
Quindi, gli uomini devono essere al massimo 9 e le donne, di conseguenza, devono essere almeno 40 – 9 = **31**.

31) A. Indichiamo con *P* l'insieme degli amici che hanno l'hobby della pittura, con *R* quello degli amici che hanno l'hobby della recitazione e con *C* quello degli amici che hanno l'hobby della ceramica. Ciò che il quesito richiede di calcolare è il numero minimo di amici che coltivano tutti e tre gli hobby, ovvero l'insieme intersezione $P \cap R \cap C$ (l'area in grigio in figura).

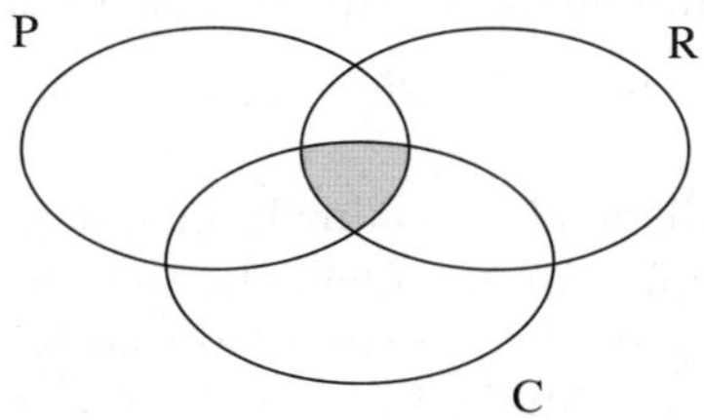

24 è il numero totale di amici.
Possiamo condurre un ragionamento intuitivo come il seguente:

- se 18 hanno l'hobby della pittura, allora non hanno tale hobby: 24 – 18 = 6 amici
- se 15 hanno l'hobby della recitazione, allora non hanno tale hobby: 24 – 15 = 9 amici
- se 17 hanno l'hobby della ceramica, allora non hanno tale hobby: 24 – 17 = 7 amici.

In totale, non hanno almeno uno dei 3 hobby: 6 + 9 + 7 = 22 amici.
Possiamo concludere che, al minimo, coltivano tutti e tre gli hobby:

$$24 - 22 = \mathbf{2} \text{ amici}$$

32) D. Indichiamo con R l'insieme dei redattori, con A l'insieme dei redattori che si occuperanno della collana Ammissioni universitarie, con C quello dei redattori che si occuperanno della collana Concorsi pubblici e con N quello dei redattori che non si occuperanno di alcuna delle due collane (l'area in grigio chiaro in figura). Abbiamo che $A \subset R$, $C \subset R$ e $N \subset R$, ciò che il quesito richiede di calcolare è il numero di redattori che si occuperanno di entrambe le collane, ovvero l'insieme intersezione $A \cap C$ (l'area in grigio scuro in figura).

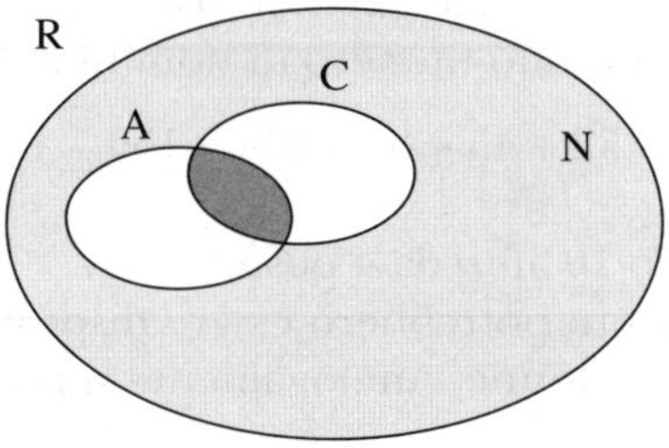

Possiamo condurre un ragionamento come il seguente.

50 è il numero totale di redattori, di cui 5 di essi non si occuperà di alcuna delle due collane.

Pertanto:

50 – 5 = 45 è il numero di redattori che si occuperanno di 1 o di entrambe le collane

45 – 30 = 15 è il numero di redattori che non si occuperà della collana Ammissioni universitarie

45 – 20 = 25 è il numero di redattori che non si occuperà della collana Concorsi pubblici

Per differenza, si ottiene il numero di redattori che si occuperà di entrambe le collane:

$$45 - (15 + 25) = 45 - 40 = \mathbf{5}$$

33) B. Tutti i 25 alunni studiano almeno una lingua; se gli alunni che studiano inglese sono 20 (numero comprendente sia quelli che studiano solo inglese sia quelli che studiano inglese e francese), quelli che studiano solo francese saranno 25 – 20 = 5. Quindi, visto che gli alunni che studiano francese sono complessivamente 12, escludendo i 5 che studiano solo francese, avremo il numero di quelli che studiano entrambe le lingue, ossia:

$$12 - 5 = \mathbf{7}$$

34) A. Il quesito si risolve nel modo seguente:

250 – 42 = 208 = numero di alunni che frequenta corsi;

208 – 200 = 8 = numero di alunni che frequenta il corso di nuoto ma non quello di spagnolo;

208 – 199 = 9 = numero di alunni che frequenta il corso di spagnolo ma non quello di nuoto.

Per differenza, si ottiene il numero di alunni che frequenta entrambi i corsi:

$$208 - (8 + 9) = 208 - 17 = \mathbf{191}$$

35) D. Il quesito si risolve nel modo seguente:

persone che svolgono entrambe le attività = x

persone che studiano soltanto = $9 - x$

persone che lavorano soltanto = $7 - x$

da cui:

$12 = (9 - x) + x + (7 - x)$

$12 = 16 - x$

$x = 16 - 12$

Da cui, le persone che svolgono entrambe le attività:

$$x = \mathbf{4}$$

36) B. Usiamo la relazione 1 min = $\frac{1}{60}$ h per convertire il tempo $t = 3$ minuti in ore:

$$3 \text{ min} = 3 \cdot \frac{1}{60} \text{ h} = \frac{3}{60} \text{ h} = \frac{1}{20} \text{ h}$$

A questo punto, calcoliamo lo spazio percorso da Luigi in questo intervallo:

$$s = v \cdot t = \frac{30 \text{ km}}{\text{h}} \cdot \frac{1}{20} \text{ h} = \mathbf{1{,}5\ km}$$

37) E. Per calcolare la velocità media di Alessandra, dobbiamo conoscere lo spazio percorso e il tempo.
Lo spazio percorso è 5,4 km.

Usiamo la relazione 1 min = $\frac{1}{60}$ h per convertire il tempo $t = 30$ minuti in ore:

$$30 \text{ min} = 30 \cdot \frac{1}{60} \text{ h} = \frac{1}{2} \text{ h} = 0{,}5 \text{ h}$$

A questo punto, calcoliamo la velocità media di Alessandra usando la formula:

$$v = \frac{5{,}4 \text{ km}}{0{,}5 \text{ h}} = 10{,}8 \text{ km/h}$$

Per rispondere al quesito, occorre convertire i km/h in m/s, tenendo conto della relazione che lega tra loro le ore (h), i minuti (min) e i secondi (s):

$$1 \text{ h} = 60 \text{ min} = 3.600 \text{ s}$$

Quindi, la relazione inversa:

$$1 \text{ s} = \frac{1}{60} \text{ min} = \frac{1}{3.600} \text{ h}$$

Inoltre, occorre ricordare che la distanza di 1 chilometro (km) è pari a 1.000 metri (m):

$$1 \text{ km} = 1.000 \text{ m}$$

Mentre la relazione inversa è:

$$1 \text{ m} = \frac{1}{1.000} \text{ km}$$

Sapendo che

$$1 \frac{\text{km}}{\text{h}} = \frac{1.000 \text{ m}}{3.600 \text{ s}} = \frac{1}{3{,}6} \frac{\text{m}}{\text{s}}$$

convertiamo la velocità media di Alessandra di 10,8 km/h in m/s:

$$v = \frac{10{,}8}{3{,}6} = \mathbf{3 \ m/s}$$

38) B. Per risolvere il quesito, occorre calcolare, innanzi tutto, la velocità di allontanamento dei due aerei, ossia la velocità relativa di un aereo rispetto all'altro, che si ottiene sommando le due velocità:

$$\text{velocità di allontanamento} = (600 + 800) \text{ km/h} = 1.400 \text{ km/h}$$

La somma è necessaria, in quanto i due aerei contribuiscono, con il proprio movimento, ad allontanarsi l'uno dall'altro.
È possibile, a questo punto, calcolare il tempo t in funzione dello spazio s e della velocità t:

$$t = \frac{s}{v} = \frac{2.800 \text{ km}}{1.400 \text{ km/h}} = 2 \text{ h}$$

I due aerei distano, l'uno dall'altro, 2.800 km dopo **2 ore**.

39) D. Poiché i due automobilisti procedono in versi opposti, occorre sommare le distanze percorse da ciascuno in 2 minuti.

Usiamo la relazione $1 \text{ min} = \frac{1}{60}$ h per convertire il tempo $t = 2$ minuti in ore:

$$2 \text{ min} = 2 \cdot \frac{1}{60} \text{ h} = \frac{2}{60} \text{ h} = \frac{1}{30} \text{ h}$$

A questo punto calcoliamo lo spazio percorso da Louis in una direzione in questo intervallo:

$$s_L = v_L \cdot t = \frac{130 \text{ km}}{\text{h}} \cdot \frac{1}{30} \text{ h} = \frac{13}{3} \text{ km}$$

Lo spazio percorso da Sebastian nell'altra direzione nello stesso intervallo è:

$$s_S = v_S \cdot t = \frac{140 \text{ km}}{\text{h}} \cdot \frac{1}{30} \text{h} = \frac{14}{3} \text{ km}$$

Sommiamo le distanze percorse, per ottenere la soluzione:

$$s_L + s_S = \frac{13}{3} \text{ km} + \frac{14}{3} \text{ km} = \frac{27}{3} \text{ km} = \mathbf{9\ km}$$

40) D. Se Louis parte dallo stesso punto in cui è partito Valentino alle 12 e raggiunge Valentino dopo 2 ore, vuol dire che lo raggiunge alle 14.
Valentino, partendo alle 8 del mattino e viaggiando a 20 km/h, alle 14, cioè dopo 6 ore, ha percorso:

$$s = 20 \text{ km/h} \cdot 6 \text{ h} = 120 \text{ km}$$

che è lo stesso spazio percorso da Louis in 2 ore.
Pertanto, la velocità di Louis è:

$$v_L = \frac{120 \text{ km}}{2 \text{ h}} = \mathbf{60\ km/h}$$

41) C. Per la risoluzione di questo quesito con le frazioni impostiamo un'equazione per ricavare l'incognita.

Sia x la somma posseduta inizialmente da Alessandra.

In un primo momento, nel negozio di camicie ne spende i 13/15, per cui ciò che le resta è pari a:

$$x - \frac{13}{15}x = \frac{15-13}{15}x = \frac{2}{15}x$$

Nel negozio di scarpe spende, quindi, i 3/5 della rimanenza, cioè spende:

$$\frac{3}{5} \cdot \frac{2}{15}x = \frac{2}{25}x$$

Se le restano 36 euro, vuol dire che la somma posseduta inizialmente da Alessandra è pari agli importi spesi nei due negozi (di camicie e di scarpe) cui si aggiungono i 36 euro:

$$x = \frac{13}{15}x + \frac{2}{25}x + 36$$

da cui:

$$x - \frac{13}{15}x - \frac{2}{25}x = 36 \Rightarrow \frac{75-65-6}{75}x = 36 \Rightarrow \frac{4}{75}x = 36 \Rightarrow x = 36 \cdot \frac{75}{4} = \mathbf{675\ euro}$$

42) C. Calcoliamo dapprima la percentuale dei residenti della città che va al mare, ossia il 5% di 5.000:

$$\frac{5}{100} \cdot 5.000 = 250$$

Calcoliamo quanti residenti fittano l'ombrellone, ossia il 50% di 250:

$$\frac{50}{100} \cdot 250 = \frac{1}{2} \cdot 250 = \mathbf{125}$$

43) D. Calcoliamo dapprima il numero di tennisti nel 2016, ossia il 45% di 60:

$$\frac{45}{100} \cdot 60 = 27$$

Calcoliamo, quindi, il numero di tennisti nel 2018, ossia il 25% di 144:

$$\frac{25}{100} \cdot 144 = \frac{1}{4} \cdot 144 = 36$$

L'incremento assoluto verificatosi nel numero dei tennisti dal 2016 al 2018 è stato pari a:

$$36 - 27 = 9$$

Per ottenere l'incremento percentuale occorre rapportare l'incremento assoluto al valore nel 2016 e moltiplicare il quoziente per 100:

$$\frac{9}{27} \cdot 100 = \frac{1}{3} \cdot 100 = \mathbf{33{,}33\%}$$

44) E. Il numero di redattori e le pagine corrette sono due grandezze direttamente proporzionali: all'aumentare dei redattori aumentano le pagine di bozza.

Impostiamo, quindi, la proporzione:

$$34 \text{ redattori} : 60 \text{ redattori} = 1.768 \text{ pagine} : x \text{ pagine}$$

da cui:

$$x = \frac{60 \text{ redattori}}{34 \text{ redattori}} \cdot 1.768 \text{ pagine} = \mathbf{3.120} \text{ pagine}$$

45) A. Il numero di correttori di bozze e i giorni impiegati per compiere il lavoro sono due grandezze inversamente proporzionali: all'aumentare del numero di correttori di bozze diminuisce il tempo impiegato.

Possiamo impostare la seguente proporzione:

$$10 \text{ correttori} : 15 \text{ correttori} = \frac{1}{18 \text{ giorni}} : \frac{1}{x \text{ giorni}}$$

dove x è il numero di giorni che i 15 correttori impiegano per fare il lavoro.

Ricaviamo:

$$\frac{10 \text{ correttori}}{15 \text{ correttori}} = \frac{x \text{ giorni}}{18 \text{ giorni}} \Rightarrow x = \frac{10 \text{ correttori}}{15 \text{ correttori}} \cdot 18 \text{ giorni} = \mathbf{12} \text{ giorni}$$

46) C. Le grandezze in gioco sono i correttori di bozze, le pagine e il tempo.
Il numero di correttori è la grandezza incognita in uno dei termini della proporzione, quindi cerchiamo di porre le altre grandezze in relazione di diretta o inversa proporzionalità con il numero di correttori. Fissato un determinato periodo di tempo, il numero di pagine corrette sono direttamente proporzionali al numero di correttori (più correttori ci saranno, più pagine potranno essere corrette).
Fissato invece un determinato numero di pagine, un maggiore numero di correttori sarà in grado di correggerlo in un tempo minore. Quindi, il numero di correttori e la quantità di tempo sono inversamente proporzionali.
Considerato che 12.000 secondi = 12.000/60 = 200 minuti, possiamo riassumere schematicamente le informazioni nel modo seguente:

Correttori	4	x	incognita
Pagine	9	90	direttamente proporzionale
Tempo	20 minuti	200 minuti	inversamente proporzionale

Impostiamo quindi la proporzione:

$$4 \text{ correttori} : x = \frac{9 \text{ pagine}}{20 \text{ minuti}} : \frac{90 \text{ pagine}}{200 \text{ minuti}}$$

da cui:

$$x = 4 \text{ correttori} \cdot \frac{90 \text{ pagine}}{200 \text{ minuti}} \cdot \frac{20 \text{ minuti}}{9 \text{ pagine}} = \mathbf{4} \text{ correttori}$$

47) E. Il numero di fumetti di Luigi è compreso tra 70 e 80.
Se il numero di fumetti è diviso per 2 dà come resto 1, per cui non è divisibile per 2; escludiamo pertanto, dalla soluzione i numeri: 70, 72, 74, 76, 78, 80.
Se il numero di fumetti è diviso per 3 non dà resto o, equivalentemente, è divisibile per 3. I numeri compresi tra 70 e 80 divisibili per 3 sono: 72, 75 e 78.
Dovendo escludere 72 e 78, perché divisibili per 2, la soluzione è **75**.

48) C. Le tre comete si sono incontrate quest'anno.
La cometa Hall sarà osservabile di nuovo dopo 10 anni da quest'anno, poi dopo 20 anni da quest'anno, poi dopo 30 anni e così via. In generale, sarà osservabile dopo un numero di anni che è multiplo di 10.
La cometa Enck sarà osservabile nuovamente dopo un numero di anni che è un multiplo di 15.
La cometa Biel sarà osservabile nuovamente dopo un numero di anni che è un multiplo di 4.
Affinché possiamo ammirare di nuovo lo stesso fenomeno, ossia che le tre comete siano osservate contemporaneamente di nuovo, dovrà trascorrere un numero di anni pari a un multiplo in comune tra i tre numeri 4, 10 e 15. Se cerchiamo il numero minore possibile di anni che dovranno trascorrere, allora dobbiamo calcolare il minimo comune multiplo.
Poiché
$4 = 2^2$
$10 = 2 \times 5$
$15 = 3 \times 5$

osserveremo le tre comete contemporaneamente tra:

$$\text{mcm}(4; 10; 15) = 2^2 \times 3 \times 5 = \mathbf{60\ anni}$$

49) C. Per creare una serie di fascicoli da un libro costituito da un certo numero di pagine occorre che i fascicoli abbiano un numero di pagine pari a un divisore del numero totale di pagine del libro.
Ad esempio, il libro con 416 pagine può essere scomposto in:

- 2 fascicoli da 208 pagine (208 è un divisore di 416)
- oppure in 4 fascicoli da 104 pagine (104 è ancora un divisore di 416)
- oppure in 8 fascicoli da 52 pagine (52 è ancora un divisore di 416)
- oppure in 16 fascicoli da 26 pagine (26 è ancora un divisore di 416)
- oppure in 32 fascicoli da 13 pagine (13 è ancora un divisore di 416)

Lo stesso discorso vale per gli altri tre libri. Per creare, però, dei fascicoli, per ognuno dei quattro libri, che abbiano lo stesso numero di pagine, facendo in modo che questo sia il maggiore possibile, è necessario calcolare il Massimo Comun Divisore dei quattro numeri di pagine presenti nei quattro libri.
Poiché
$416 = 2^5 \times 13$
$384 = 2^7 \times 3$
$480 = 2^5 \times 3 \times 5$
$608 = 2^5 \times 19$
ciascun fascicolo può essere composto al massimo da:

$$\text{MCD}(416; 384; 480; 608) = 2^5 = \mathbf{32}\ \text{pagine}$$

50) D. È data la successione delle temperature registrate a Napoli il 30 gennaio in diverse fasce orarie:
00:00-06:00: 5 °C
06:00-12:00: 12 °C
12:00-18:00: 14 °C
18:00-24:00: 9 °C.
Calcoliamo la temperatura media giornaliera applicando la formula:

$$m = \frac{5+12+14+9}{4} = \frac{40}{4} = \mathbf{10\ °C}$$

51) B. Tra gli studenti, il primo gruppo è composto da 12 persone e ha un'altezza media di 170 cm, il secondo gruppo è composto da 10 persone e ha un'altezza media di 169 cm, ..., il quarto gruppo è composto da 20 persone e ha un'altezza media di 166 cm. Per calcolare l'altezza media delle 12 + 10 + 12 + 20 = 54 persone applichiamo la formula:

$$m = \frac{12 \cdot 170 + 10 \cdot 169 + 12 \cdot 164 + 20 \cdot 166}{54} = \mathbf{167\ cm}$$

52) A. La media precedente alla quinta interrogazione è $m = 6{,}5$, ottenuta con $n = 4$ interrogazioni.

Per ottenere la media $m' = 7$ alla quinta interrogazione, il voto che deve prendere si ottiene applicando la formula:

$$x_{4+1} = (4+1) \cdot 7 - 4 \cdot 6{,}5 = 35 - 26 = \mathbf{9}$$

53) D. Per calcolare la velocità media dell'automobile, dobbiamo conoscere lo spazio percorso e il tempo.
Lo spazio percorso si ottiene calcolando la differenza tra i due valori sul contachilometri nei due tempi considerati:

$$s = 11.865 - 11.715 = 150 \text{ km}$$

Il tempo è la differenza tra i due orari:

$$t = 15{:}00 - 13{:}30 = 1 \text{ h } 30 \text{ m}$$

ossia 1,5 h.
A questo punto, calcoliamo la velocità media usando la formula:

$$v = \frac{150 \text{ km}}{1{,}5 \text{ h}} = \mathbf{100\ km/h}$$

54) B. Poiché i due motociclisti procedono in versi opposti, occorre sommare le distanze percorse da ciascuno in 25 minuti.
Usiamo la relazione 1 min = $\frac{1}{60}$ h per convertire il tempo t = 25 minuti in ore:

$$25 \text{ min} = 25 \cdot \frac{1}{60} \text{ h} = \frac{25}{60} \text{ h} = \frac{5}{12} \text{ h}$$

A questo punto calcoliamo lo spazio percorso da Valentino in una direzione in questo intervallo:

$$s_V = v_V \cdot t = \frac{70 \text{ km}}{\text{h}} \cdot \frac{5}{12} \text{ h} = \frac{175}{6} \text{ km}$$

Lo spazio percorso da Daniel nell'altra direzione nello stesso intervallo è:

$$s_D = v_D \cdot t = \frac{80 \text{ km}}{\text{h}} \cdot \frac{5}{12} \text{ h} = \frac{100}{3} \text{ km}$$

Sommiamo le distanze percorse, per ottenere la soluzione:

$$s_V + s_D = \frac{175}{6} \text{ km} + \frac{100}{3} \text{ km} = \frac{375}{6} \text{ km} = \mathbf{62{,}5\ km}$$

55) B. Noti lo spazio percorso e la velocità media di Gaia, la soluzione del quesito richiede semplicemente di applicare la formula del tempo in funzione delle due grandezze date; si ha:

$$t = \frac{240 \text{ km}}{60 \text{ km/h}} = \mathbf{4\ ore}$$

56) A. Nei quesiti di questa tipologia si chiede quante coppie di *conigli* possiederà il contadino all'inizio dell'n-esimo anno, nell'ipotesi (teorica) che nessun coniglio muoia, per varie cause.
Dal testo del quesito si evince che ogni coppia di conigli genera ogni anno (eccetto il primo dopo la nascita, durante il quale giunge alla maturità sessuale) un'altra coppia di conigli.
Pertanto, il contadino, all'inizio del primo anno, avrà ancora 1 coppia di conigli. All'inizio del secondo anno, avrà 2 coppie di conigli. All'inizio del terzo anno, le 2

coppie avranno generato altre 2 coppie di conigli; in tal modo, le coppie saranno diventate 4. All'inizio del quarto anno, le 4 coppie di conigli avranno generato altre 4 coppie di conigli; in tal modo, le coppie saranno diventate 8. All'inizio del quinto anno, le 8 coppie di conigli avranno generato altre 8 coppie di conigli; in tal modo, le coppie saranno diventate 16. All'inizio del sesto anno, le 16 coppie di conigli avranno generato altre 16 coppie di conigli; in tal modo, le coppie saranno diventate 32.
Tale tipologia di quesito si risolve, dunque, applicando le potenze del 2.
Considerato che, dopo l'età di un anno, ciascuna coppia genera ogni anno una nuova coppia di conigli, il numero di conigli all'inizio dei diversi anni è:

Inizio primo anno: $1 \times 2 = 2^1 = 2$	la coppia di conigli non ha ancora generato conigli
Inizio secondo anno: $2 \times 2 = 2^2 = 4$	la coppia di conigli (cioè 2 conigli) genera 2 conigli
Inizio terzo anno: $4 \times 2 = 2^3 = 8$	le 2 coppie di conigli (cioè 4 conigli) generano altri 4 conigli
Inizio quarto anno: $8 \times 2 = 2^4 = 16$	le 4 coppie di conigli (cioè 8 conigli) generano altri 8 conigli
Inizio quinto anno: $16 \times 2 = 2^5 = 32$	le 8 coppie di conigli (cioè 16 conigli) generano altri 16 conigli
Inizio sesto anno: $32 \times 2 = 2^6 =$ **64**	le 16 coppie di conigli (cioè 32 conigli) generano altri 32 conigli

57) A. Sia x la durata dell'intero film. Se Giacomo ne ha visti i 4/9, cioè 88 minuti, allora vuol dire che i 4/9 di x sono pari a 88 minuti:

$$\frac{4}{9} \cdot x = 88 \Rightarrow x = \frac{9}{4} \cdot 88 = 9 \cdot 22 = 198$$

L'intero film dura 198 minuti.
I minuti che ancora deve vedere sono: 198 – 88 = **110**.

58) B. Sia x la somma inizialmente a disposizione del giocatore. Egli ne perde i 2/3 per cui ciò che gli rimane è pari a 1/3 della somma iniziale:

$$x - \frac{2}{3} \cdot x = \frac{3x - 2x}{3} = \frac{1}{3}x$$

Il giorno dopo il giocatore riesce a raddoppiare tale cifra, quindi alla fine possederà:

$$2 \cdot \frac{1}{3}x = \frac{2}{3}x$$

Alla fine delle due giornate, il giocatore avrà i 2/3 di quello che inizialmente possedeva; per cui avrà **perso 1/3 del suo capitale.**

59) E. Il 2% degli oggetti prodotti incorre in un difetto di fabbricazione, per cui possiamo scrivere gli oggetti con difetto di fabbricazione nel modo seguente:

$$\frac{2}{100} \cdot 5600 = 112$$

Di questi oggetti, però, il 50% viene riparato, per cui possiamo scrivere gli oggetti riparati come:

$$\frac{50}{100} \cdot 112 = \frac{1}{2} \cdot 112 = \mathbf{56}$$

In alternativa, poiché gli oggetti incorsi in un difetto di fabbricazione sono pari al 2% del totale e di questi il 50% è riparato, la percentuale degli oggetti successivamente riparati è pari alla metà del 2% (2% : 2 = 1%). Pertanto, gli oggetti riparati sono pari a:

$$\frac{1}{100} \cdot 5600 = 56$$

60) C. Nel quesito, occorre dividere 5.600 in tre parti direttamente proporzionali ai numeri 13, 8 e 7.
Per risolvere il quesito, occorre calcolare la somma dei numeri proporzionali alle parti da trovare; in questo caso, la somma è 13 + 8 + 7 = 28.
Successivamente, occorre impostare una proporzione per ogni numero incognito.
Siano x, y e z i numeri incogniti, si ha:
5.600 : 28 = x : 13
5.600 : 28 = y : 8
5.600 : 28 = z : 7
Risolvendo le proporzioni individuate si otterrà:

x = **2.600**; y = **1.600**; z = **1.400**

Questionario 2
Calcolo combinatorio, probabilità e tentativi

1) **Gaia compra un cono con 3 palline di gelato di gusti diversi. Può scegliere tra 15 gusti diversi. In quanti modi diversi Gaia può ordinare il suo cono?**
A. 3.375
B. 455
C. 15
D. 2.370
E. 910

2) **A un brindisi tra 15 amici, ognuno incrocia il proprio calice una sola volta con tutti gli altri. Quanti tintinnii si ascoltano?**
A. 140
B. 150
C. 210
D. 200
E. 105

3) **Quante parole, anche prive di senso, si possono formare anagrammando le lettere della parola ZERO?**
A. 16
B. 30
C. 32
D. 24
E. 22

4) **Quanti numeri di 3 cifre si possono formare con 1, 2, 3, 4, 5 ammettendo ripetizioni?**
A. 60
B. 20
C. 250
D. 125
E. 120

5) **A un campionato di calcio partecipano 14 squadre. Se ciascuna squadra incontra tutte le altre, quante partite vengono disputate nel solo girone di andata?**
A. 90
B. 91
C. 180
D. 99
E. 140

6) Lanciando due dadi contemporaneamente, qual è la probabilità di ottenere per somma 3?
A. 1/3
B. 1/18
C. 1/12
D. 1/36
E. 1/8

7) Qual è la probabilità di estrarre da un'urna contenente 15 palline, numerate da 1 a 15, una pallina di numero dispari?
A. 8/15
B. 1/5
C. 1/15
D. 7/15
E. 3/5

8) Una scatola contiene le prime 10 lettere dell'alfabeto italiano. Estraendo una alla volta 3 lettere, senza rimetterle nella scatola, e leggendole nell'ordine in cui sono estratte, qual è la probabilità che si ottenga la parola DEA?
A. 1/360
B. 1/720
C. 1/425
D. 1/525
E. 1/480

9) Una scatola contiene 3 palline nere e 2 rosse. Se estraiamo dalla scatola due palline contemporaneamente, qual è la probabilità che la seconda pallina estratta sia rossa, dato che la prima è nera?
A. 2/5
B. 3/5
C. 3/10
D. 1/4
E. 1/2

10) Qual è la probabilità di non estrarre una pallina blu da una scatola contenente 40 palline rosse, 20 blu e 40 nere?
A. 1/5
B. 2/5
C. 3/10
D. 7/10
E. 4/5

11) Un gruppo di amici, composto da 17 maschi e 11 femmine, è in viaggio. Per un errore nella prenotazione, 3 persone non possono alloggiare in albergo. Avendo una tenda da campeggio da 3 posti, decidono di estrarre i nomi di 3 amici per sistemarli in tenda.
In quanti modi può avvenire l'estrazione per avere 3 femmine?
A. 121

B. 990
C. 165
D. 187
E. 110

12) Un gruppo di amici, composto da 17 maschi e 11 femmine, è in viaggio. Per un errore nella prenotazione, 3 persone non possono alloggiare in albergo. Avendo una tenda da campeggio da 3 posti, decidono di estrarre i nomi di 3 amici per sistemarli in tenda. In quanti modi può avvenire l'estrazione per avere 3 maschi?
A. 680
B. 289
C. 187
D. 170
E. 125

13) Quanti anagrammi distinti si possono formare con le lettere della parola RANA?
A. 16
B. 6
C. 8
D. 20
E. 12

14) Nel lancio di un dado, qual è la probabilità che esca un numero dispari?
A. 1/6
B. 1/2
C. 2/3
D. 1/3
E. 3/2

15) Una scatola contiene 3 palline nere e 2 rosse. Se estraiamo dalla scatola due palline contemporaneamente, qual è la probabilità che la seconda pallina estratta sia rossa?
A. 1/5
B. 1/2
C. 1/4
D. 2/5
E. 3/5

16) Il 25% dei dipendenti di una casa editrice è costituito da maschi; il 30% di questi sono castani, mentre tra le femmine il 40% sono castane. Qual è la probabilità che, scegliendo a caso un dipendente, questi sia un castano?
A. 0,750
B. 0,250
C. 0,300
D. 0,375
E. 0,700

17) Quante strette di mano si scambiano quattro persone?
A. 7
B. 4
C. 6
D. 9
E. 8

18) Quanti numeri di 2 cifre si possono formare con 1, 2, 3, 4, 5, ammettendo ripetizioni?
A. 25
B. 120
C. 60
D. 50
E. 90

19) Giovanni entra in camera da letto al buio, per non svegliare sua moglie Luisa. Nel suo cassetto vi sono 7 paia di calze indistinguibili al tatto, di cui quattro paia blu e tre paia grigie. Quella mattina gli va bene uno qualsiasi dei due colori. Qual è il numero minimo di calze che deve prendere per essere sicuro di averne almeno due dello stesso colore?
A. 2
B. 7
C. 3
D. 4
E. 1

20) Quanti numeri di 4 cifre diverse si possono formare con 1, 3, 5, 8, 9?
A. 90
B. 60
C. 625
D. 100
E. 120

21) Un pittore dispone di 8 colori e vuole colorare un suo disegno in tanti modi quanti sono possibili combinando due colori, senza mai ripetere le combinazioni: quante combinazioni differenti sono possibili?
A. 28
B. 36
C. 56
D. 21
E. 44

22) Qual è la probabilità di estrarre da un mazzo di 52 carte da gioco, una carta che NON sia di picche?
A. 50%
B. 25%
C. 90%

D. 75%
E. 52%

23) La caposala scrive quattro lettere: una al direttore generale, una al direttore amministrativo, una al direttore sanitario e una al capo del personale. Poi scrive gli indirizzi sulle buste, ma, essendo distratta, imbusta le lettere a caso. Qual è la probabilità che il numero delle lettere correttamente imbustate sia esattamente uguale a 3?
A. 12,5%
B. 25%
C. 0
D. 33%
E. 3%

24) In un campionato di calcio partecipano 12 squadre. Se ogni squadra deve incontrare tutte le altre sia in casa sia in trasferta, quante partite vengono disputate in totale?
A. 364
B. 132
C. 196
D. 26
E. 98

25) Per trasmettere segnali Lamberto solleva 5 bandierine, di cui 3 gialle e 2 blu, su un'asta. Quanti segnali diversi può ottenere Lamberto?
A. 10
B. 25
C. 5
D. 15
E. 6

26) Le targhe automobilistiche sono costituite da 2 lettere, 3 cifre, 2 lettere. Sapendo che le lettere possono essere scelte tra le 26 lettere dell'alfabeto inglese, quante targhe differenti possono essere ottenute?
A. $26^2 \cdot 10 \cdot 26^2$
B. $26^2 \cdot 10^3 \cdot 26^2$
C. $26 \cdot 10 \cdot 26$
D. $(26 \cdot 2) \cdot (10 \cdot 3) \cdot (26 \cdot 2)$
E. $\binom{26}{2}\binom{10}{3}\binom{26}{2}$

27) Una partita di calcio tra due squadre è terminata con il risultato di 4 a 3. In quanti modi diversi possono essersi succedute le reti?
A. 5
B. 7
C. 12

D. 35
E. 21

28) Un sacchetto contiene un certo numero di palline rosse e una pallina nera. Se si estraggono contemporaneamente due palline, la probabilità che siano entrambe rosse è 1 su 2. Quante palline complessive contiene il sacchetto prima delle estrazioni?
A. 6
B. 7
C. 5
D. 4
E. 3

29) Sono al buio; estraggo (senza reinserirle) alcune scarpe da una scarpiera disordinata contenente 5 paia diverse di scarpe. Qual è il minimo numero di scarpe che devo estrarre per essere sicuro di trovarne un paio utilizzabile, cioè una destra e una sinistra dello stesso paio?
A. 5 scarpe
B. 4 scarpe
C. 9 scarpe
D. 6 scarpe
E. 3 scarpe

30) Se si lanciano contemporaneamente tre monete, che probabilità c'è che, in un solo tentativo, esca "testa" sulle tre facce?
A. 3/10
B. 4/9
C. 1/9
D. 1/8
E. 2/9

31) Da un'urna contenente 50 palline numerate da 1 a 50, viene estratta, ad occhi bendati, una pallina. Supponendo che tutte le palline abbiano le stesse probabilità di essere estratte, qual è la probabilità che il numero estratto sia divisibile per 5?
A. 1/8
B. 1/15
C. 1/4
D. 1/3
E. 1/5

32) In un sacchetto sono stati inseriti dei dischetti contenenti tutte le lettere della parola FUNZIONE. La probabilità che, estraendo una lettera a caso, essa sia una lettera della parola FU è:
A. 50%
B. 37,5%
C. 25%

D. 33%
E. 28%

33) In un sacchetto sono stati inseriti dei dischetti contenenti tutte le lettere della parola SCHIVARE. La probabilità che, estraendo una lettera a caso, essa sia una lettera della parola SIRE è:
A. 33%
B. 37,5%
C. 25%
D. 50%
E. 45%

34) Nell'estrarre il primo numero del lotto dall'urna, che probabilità c'è che esca 5 o un numero multiplo di 5?
A. 4/15
B. 4/9
C. 1/9
D. 3/10
E. 1/5

35) In un sacchetto ci sono 20 caramelle al limone, 15 alla menta, 10 all'arancia e 5 alla ciliegia. Una bambina prende una caramella a caso. Che probabilità c'è che peschi una caramella alla menta?
A. 3/10
B. 4/9
C. 1/4
D. 2/9
E. 1/20

36) A una festa con 10 partecipanti, quante strette di mano si contano se ciascuno dei 10 stringe la mano a tutti gli altri?
A. 90
B. 100
C. 50
D. 45
E. 20

37) Nell'estrarre una carta da un mazzo di carte francesi (52 carte) che probabilità c'è che esca un 5?
A. 1/2
B. 3/4
C. 3/13
D. 1/13
E. 1/5

38) Se si lanciano contemporaneamente due monete, che probabilità c'è che, in un solo tentativo, esca "croce" sulle due facce?

A. 3/5
B. 1/8
C. 4/9
D. 1/4
E. 1/5

39) **Da un'urna contenente 50 palline numerate da 1 a 50, viene estratta, ad occhi bendati, una pallina. Supponendo che tutte le palline abbiano le stesse probabilità di essere estratte, qual è la probabilità che il numero estratto sia maggiore di 20?**
A. 7/8
B. 8/25
C. 3/5
D. 3/10
E. 5/9

40) **In una gelateria sono disponibili i seguenti gusti: crema, banana, limone, fragola, cioccolato. Se Amilcare sceglie casualmente un solo gusto, qual è la probabilità che scelga il gusto fragola o crema o banana?**
A. 4/5
B. 5/3
C. 3/5
D. 2/5
E. 1/5

Risposte commentate
Calcolo combinatorio, probabilità e tentativi

1) B. Gaia può ordinare il cono con 3 palline di gelato di gusti diversi da scegliere tra 15 possibili gusti.
Non sono possibili ripetizioni, perché i 3 gusti devono essere diversi, e non conta neanche la sequenza con cui viene composto il cono (disposizione) per cui, effettivamente, due coni sono considerati diversi se contengono almeno un elemento diverso, l'uno dall'altro. In tale ipotesi, dobbiamo calcolare le combinazioni di 15 gusti presi a gruppi di 3.
Per risolvere il quesito applichiamo la formula delle combinazioni semplici di 15 elementi a gruppi di 3:

$$C_{15,3} = \frac{D_{15,3}}{P_3} = \frac{\cancel{15}^{5} \cdot \cancel{14}^{7} \cdot 13}{\cancel{3}^{1} \cdot \cancel{2}^{1} \cdot 1} = \mathbf{455}$$

2) E. Si considerino n individui. Il primo individuo incrocia il proprio calice una e una sola volta con il calice di ognuno degli altri $n - 1$ individui; pertanto, $n - 1$ tintinnii sono da attribuire al primo individuo. Analogamente, il secondo individuo incrocia il proprio calice una e una sola volta con il calice di ognuno degli altri $n - 1$ individui; pertanto, $n - 1$ tintinnii sono da attribuire al secondo individuo. Per analogia, $n - 1$ tintinnii sono da attribuire a ciascuno degli n individui. Tuttavia, il tintinnio tra il secondo e il primo individuo è già stato conteggiato nel calcolo dei tintinnii tra il primo e il secondo individuo, per cui, relativamente al secondo individuo, si conteggiano soltanto $n - 2$ tintinnii…; per l'$n - 1$ esimo individuo, si conteggia solo 1 tintinnio; per l'n-esimo individuo non si conteggia alcun tintinnio.
La formula generale per conteggiare i tintinnii tra i calici di n individui è:

$$C_{n,2} = \frac{n!}{2!(n-2)!}$$

Poiché al brindisi sono presenti $n = 15$ amici, applichiamo la formula per ottenere i tintinnii tra i 15 amici:

$$C_{n,2} = \frac{15!}{2!(15-2)!} = \frac{15!}{2!13!} = \frac{15 \cdot 14}{2 \cdot 1} = \mathbf{105}$$

3) D. Calcoliamo gli anagrammi della parola ZERO, anche senza significato.
Tali anagrammi si ottengono considerando che si tratta di una parola formata da $n = 4$ lettere, che non si ripetono.
Trovare il numero di anagrammi della parola equivale a trovare il numero di permutazioni senza ripetizione di $n = 4$ elementi:

$$P_4 = 4 \cdot 3 \cdot 2 \cdot 1 = \mathbf{24}$$

4) D. I numeri sono 125; infatti si tratta di disposizioni con ripetizione di 5 numeri a gruppi di 3 cifre, ovvero i numeri sono combinati 3 alla volta ed è ammessa la ripetizione del numero.
La formula che consente di calcolare le disposizioni con ripetizione di n elementi presi k alla volta è: ${}_rD_{n,k} = n^k$. Poiché gli elementi sono 5, allora $n = 5$; inoltre, dovendoli prendere 3 alla volta, allora $k = 3$.
Pertanto, i numeri sono:

$${}_rD_{5,3} = 5^3 = \mathbf{125}$$

5) B. Se ciascuna delle 14 squadre incontra tutte le altre, dunque le altre 14 – 1 = 13 squadre, solo in andata saranno disputate:

$$C_{14,2} = \frac{14!}{2!(14-2)!} = \frac{14!}{2!12!} = \mathbf{91} \text{ partite}$$

L'ordine delle partite non conta, perché si considerano solo le gare di andata.

6) B. I casi possibili sono riassunti nella seguente tabella. Sulla riga di intestazione vi è il risultato presente sulla faccia del primo dado mentre sulla prima colonna vi è il risultato presente sulla faccia del secondo dado. Il corpo della tabella riporta la somma dei numeri presenti sui due dadi.

		Dado 1					
		1	2	3	4	5	6
Dado 2	1	2	3	4	5	6	7
	2	3	4	5	6	7	8
	3	4	5	6	7	8	9
	4	5	6	7	8	9	10
	5	6	7	8	9	10	11
	6	7	8	9	10	11	12

I casi in cui la somma è 3 sono $n_f = 2$. In particolare, sono dati dalle coppie di numeri 1-2, 2-1.
Si noti, inoltre, che i casi possibili sono $n = 6 \times 6 = 36$.
Quindi la probabilità è:

$$P(\text{somma } 3) = \frac{2}{36} = \mathbf{\frac{1}{18}}$$

7) A. I casi favorevoli sono 8, ossia i numeri dispari da 1 a 15:

1 3 5 7 9 11 13 15

I casi possibili sono 15.
La probabilità richiesta è:

$$P(\text{numero dispari}) = \mathbf{\frac{8}{15}}$$

8) B. Per risolvere il quesito, innanzi tutto, si calcola la probabilità che, alla prima estrazione, esca la lettera D. Il caso favorevole è 1, ossia la lettera D. I casi possibili sono 10.
Restano 9 lettere, quindi c'è 1 possibilità su 9 di uscita della lettera E.
Restano, quindi, 8 lettere, per cui c'è 1 possibilità su 8 di uscita della lettera A.
La probabilità che estraendo una alla volta 3 lettere, senza rimetterle nella scatola, e leggendole nell'ordine in cui sono estratte, si ottenga la parola DEA è pari al prodotto delle 3 probabilità:

$$P(\text{parola DEA}) = \frac{1}{10} \cdot \frac{1}{9} \cdot \frac{1}{8} = \mathbf{\frac{1}{720}}$$

9) C. La prova è l'estrazione di due palline da un'urna.
L'evento è:

E_1\{prima pallina nera (N_1), seconda pallina rossa (R_2)\}

È un evento complesso costituito dall'intersezione dei due eventi elementari R_2 e N_1, tra loro dipendenti, per cui la sua probabilità è:

$$P(E) = P(R_2 \cap N_1) = P(N_1) \cdot P(R_2 | N_1)$$

La probabilità che, se estraiamo dalla scatola due palline contemporaneamente, la seconda pallina estratta sia rossa, dato che la prima è nera, è quindi:

$$P(\text{seconda rossa} | \text{prima nera}) = \frac{3}{5} \cdot \frac{2}{4} = \mathbf{\frac{3}{10}}$$

10) E. La scatola contiene 40 palline rosse, 20 blu e 40 nere, per un totale di 100 palline.
La probabilità di non estrarre una pallina blu dalla scatola è pari alla probabilità di estrarre dalla scatola una pallina di un colore diverso dal blu, quindi una pallina rossa o una pallina nera. In simboli:

$$P(\text{non estrarre una pallina blu}) = \frac{40+40}{100} = \frac{80}{100} = \mathbf{\frac{4}{5}}$$

11) C. Per risolvere il quesito applichiamo la formula delle combinazioni semplici di 11 elementi a gruppi di 3:

$$C_{11,3} = \frac{D_{11,3}}{P_3} = \frac{11 \cdot \cancel{10}^{5} \cdot \cancel{9}^{3}}{\cancel{3}^{1} \cdot \cancel{2}^{1} \cdot 1} = \mathbf{165}$$

12) A. Per risolvere il quesito applichiamo la formula delle combinazioni semplici di 17 elementi a gruppi di 3:

$$C_{17,3} = \frac{D_{17,3}}{P_3} = \frac{17 \cdot \cancel{16}^{8} \cdot \cancel{15}^{5}}{\cancel{3}^{1} \cdot \cancel{2}^{1} \cdot 1} = \mathbf{680}$$

13) E. Calcoliamo gli anagrammi della parola RANA, anche senza significato.

Tali anagrammi si ottengono considerando che si tratta di una parola formata da n = 4 lettere, di cui 2 lettere A uguali tra loro.
Trovare il numero di anagrammi della parola equivale a trovare il numero di permutazioni con ripetizione di $n = 4$ elementi, con ripetizione pari a $r = 2$. Si ha:

$$_{(2)}P_4 = \frac{4!}{2!} = \mathbf{12}$$

14) B. In questo semplice quesito dobbiamo applicare la definizione classica di probabilità e definire casi favorevoli n_f e casi possibili n. I casi possibili sono le 6 possibili facce del dado (numeri da 1 a 6), $n = 6$, mentre i casi favorevoli sono le 3 facce con numeri dispari (1, 3 e 5) cioè $n_f = 3$. Per cui:

$$P(\text{esce numero dispari}) = \frac{3}{6} = \mathbf{\frac{1}{2}}$$

15) D. La prova è l'estrazione di due palline da un'urna.
Gli eventi elementari sono:

E_1{prima pallina nera (N_1), seconda pallina rossa (R_2)}
E_2{prima pallina rossa (R_1), seconda pallina rossa (R_2)}

Gli eventi individuati sono a loro volta eventi intersezione di altri eventi. Più precisamente:

$$E_1 = N_1 \cap R_2 \qquad E_2 = R_1 \cap R_2$$

dove:
- N_1 e R_2 sono tra loro dipendenti;
- R_1 e R_2 sono tra loro dipendenti.

L'evento unione degli eventi dati è:

$$E\{\text{seconda pallina rossa}\} = E\{R_2\}$$

Calcoleremo le probabilità degli eventi come rapporto tra casi favorevoli e casi possibili. Le probabilità $P(R_2|N_1)$ e $P(R_2|R_1)$ sono calcolate considerando che al momento dell'estrazione della seconda pallina il numero totale di palline estraibili si riduce da 5 a 4. Si ha:

$$P(E) = P(E_1) + P(E_2) = P(N_1 \cap R_2) + P(R_1 \cap R_2) =$$
$$= P(N_1) \cdot P(R_2|N_1) + P(R_1) \cdot P(R_2|R_1) =$$
$$= \frac{3}{5} \cdot \frac{2}{4} + \frac{2}{5} \cdot \frac{1}{4} = \frac{3}{10} + \frac{1}{10} = \frac{4}{10} = \mathbf{\frac{2}{5}}$$

16) D. Nella figura seguente, è schematizzata la situazione proposta nel quesito:

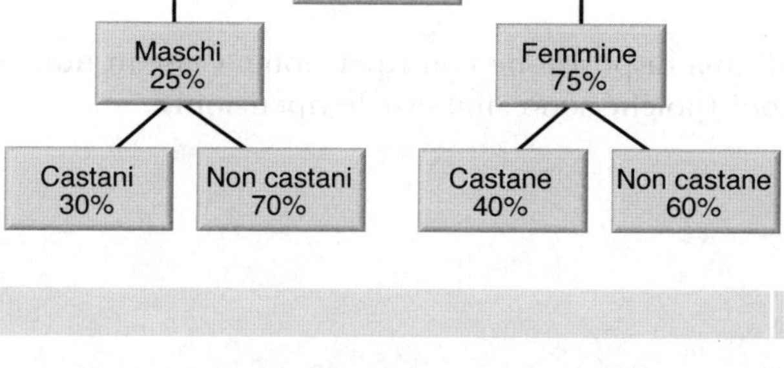

I dipendenti della casa editrice sono per il 25% uomini e per il 100 – 25 = 75% donne. A loro volta, dei dipendenti uomini, il 30% sono castani, ovvero in percentuale gli uomini castani sono:

$$P(\text{Maschio}|\text{castano}) = 0{,}25 \times 0{,}30 = 0{,}075$$

che rappresenta la probabilità che, scelto a caso un dipendente, questi sia un maschio castano.
Delle dipendenti donne, il 40% sono castane, ovvero in percentuale le donne castane sono:

$$P(\text{Femmina}|\text{castana}) = 0{,}75 \times 0{,}40 = 0{,}30$$

che rappresenta la probabilità che, scelto a caso un dipendente, questi sia una femmina castana.
Scegliendo a caso un dipendente, la probabilità che sia un castano si ottiene sommando i valori delle probabilità appena ottenute:

$$P(\text{dipendente castano}) = P(\text{Maschio}|\text{castano}) + P(\text{Femmina}|\text{castana}) = \\ = 0{,}075 + 0{,}30 = \mathbf{0{,}375}$$

17) C. Tale tipologia di quesiti si risolve con la seguente formula:

$$\frac{n(n-1)}{2}$$

dove n è il numero di persone che si scambiano le strette di mano.
Applicando la formula ai dati si ottiene:

$$\frac{4 \times 3}{2} = \mathbf{6}$$

Questa formula si spiega con un ragionamento intuitivo: se sono solo non stringo la mano a nessuno; ma se sono con un amico io stringo la mano a lui e lui la stringe contemporaneamente a me, quindi in realtà la stretta di mano è sempre la stessa.
Continuando il ragionamento, se siamo in 3 ciascuno scambia 2 strette di mano, poiché non possiamo stringerci la mano da soli; quindi:

$$3 \text{ amici} \times 2 \text{ strette} = 6 \text{ strette}$$

ma in questo numero sono comprese anche le strette reciproche, o per intendersi quelle di "andata e ritorno", quindi è necessario dividere il numero ottenuto per 2:

$$6 \div 2 = 3$$

Nel caso qui proposto la prima persona scambia 3 strette, la seconda ne scambia 2, la terza ne scambia 1 sola; la quarta persona ha già ricevuto tutte le strette di mano. In totale, sono 3 + 2 + 1 = 6 strette di mano.

18) A. Si tratta di una disposizione con ripetizione. Ciascun numero può generare fino 5 combinazioni (poiché sono ammesse le ripetizioni):

	1	2	3	4	5
1	11	21	31	41	51
2	12	22	32	42	52
3	13	23	33	43	53
4	14	24	34	44	54
5	15	25	35	45	55

La formula che consente di calcolare le disposizioni con ripetizione di *n* elementi presi *k* alla volta è:

$$_{r}D_{n,\,k} = n^k$$

Essendo gli elementi pari a 5, allora $n = 5$; inoltre, dovendoli prendere 2 alla volta, allora $k = 2$. Pertanto, i numeri sono:

$$_{r}D_{5,\,2} = 5^2 = \mathbf{25}$$

19) C. Per risolvere il quesito basta immaginare la peggiore delle ipotesi: il caso in cui peschiamo le calze tutte diverse tra loro. In tal caso, essendo le categorie di calze soltanto due, ci basterà estrarre tre calze per essere sicuri di averne almeno due dello stesso colore. Difatti, se ipotizziamo che la prima calza estratta sarà blu, la seconda (nel caso ipotizzato sono diverse) sarà grigia, la terza dovrà essere necessariamente o blu o grigia, assicurandoci, così, almeno una coppia di calze uguali.
In generale, possiamo dire che per risolvere quesiti di tale categoria il numero minimo di oggetti da estrarre è pari al numero delle diverse categorie di oggetti (in tal caso calze blu e calze grigie) cui si somma 1. La risposta corretta è **3**.

20) E. Per risolvere il quesito, occorre considerare che, relativamente alla:
- prima cifra, si hanno 5 cifre diverse tra cui scegliere;
- seconda cifra, per ognuna delle 5 scelte si può scegliere una tra le 4 cifre restanti; dunque 5 × 4 possibilità;
- terza cifra, per ognuna delle 5 × 4 possibilità precedenti, si può scegliere una tra le 3 cifre restanti; dunque 5 × 4 × 3 possibilità;
- quarta cifra, per ognuna delle 5 × 4 × 3 possibilità precedenti, si può scegliere una tra le 2 cifre restanti; dunque 5 × 4 × 3 × 2 possibilità;
- quinta cifra, per ognuna delle 5 × 4 × 3 × 2 possibilità precedenti, si può scegliere 1 sola cifra.

Usando le nozioni di calcolo combinatorio; infatti, i numeri di quattro cifre diverse che si possono formare con cinque cifre sono pari al numero di disposizioni semplici di 5 elementi a gruppi di 4; in simboli:

$$D_{5,4} = \frac{5!}{(5-4)!} = \frac{5\times4\times3\times2\times1}{1!} = \mathbf{120}$$

21) A. Tale tipologia di quesiti si risolve con la seguente formula:

$$\frac{n(n-1)}{2}$$

dove n è il numero di colori che si possono scegliere.
Applicando la formula ai dati si ottiene:

$$\frac{8 \times 7}{2} = \mathbf{28}$$

La formula si spiega con un ragionamento intuitivo: bisogna contare quante combinazioni sono ottenibili da una palette di 8 colori senza ripetizioni. Il primo colore può essere scelto tra 8, mentre il secondo tra i 7 rimasti; quindi, avremo 8 × 7 = 56 combinazioni. Tuttavia, occorre dividere il risultato per due perché il numero 56 comprende tutte le combinazioni possibili (es. verde/blu, blu/verde ecc.), mentre a noi interessa che non vi siano ripetizioni, cioè che le combinazioni di colori vengano conteggiate una sola volta.
Pertanto, avremo

$$\frac{56}{2} = 28 \text{ combinazioni differenti di colori}$$

22) D. La probabilità di un evento *E*, secondo la definizione cosiddetta classica, è pari al rapporto tra il numero *m* dei casi favorevoli al verificarsi dell'evento e il numero *n* dei casi possibili; in simboli:

$$P(E) = \frac{m}{n}$$

Nelle carte da gioco francesi abbiamo 4 semi: cuori, quadri, fiori e picche.
La probabilità di estrarre dal mazzo una carta che non sia di picche è la probabilità di estrarre dal mazzo una carta che sia di cuori, di quadri o di fiori.
Pertanto, applicando la nozione classica di probabilità, gli eventi favorevoli sono 3 (cuori, quadri e fiori) mentre gli eventi possibili sono 4 (i 4 semi delle carte); in simboli:

$$P(E) = \frac{3}{4} = 0{,}75$$

che, espressa in termini percentuali, è pari al **75%**.

23) C. La risposta è **0** perché se 3 lettere su 4 sono imbustate correttamente, lo sarà anche la quarta lettera. Quindi, non è possibile che su 4 lettere solo 3 siano state posizionate correttamente.

24) B. Considerando solo il girone di andata, occorre calcolare il numero di gruppi possibili di 2 squadre che si possono formare tra le 12 squadre e sono tali che due gruppi differiscono tra loro per almeno una squadra; in altri termini, occorre calcolare le combinazioni semplici di 12 elementi a gruppi di 2; ossia: $C_{14,2} = \binom{12}{2} = \frac{12!}{2!\cdot 10!} = 66.$

Nel girone di andata e in quello di ritorno, si disputano complessivamente 66 · 2 = **132** partite.

Si poteva giungere allo stesso risultato più velocemente, considerando che la partita di andata della squadra X contro la squadra Y diventa, al ritorno, la partita Y contro X. Considerando, quindi, come diverse le partite dove appaiono le stesse squadre, il numero di partite è pari alle disposizioni di 2 squadre distinte, ossia alle disposizioni semplici di 14 elementi distinti di classe 2; ossia $D_{12,\,2} = 12 \cdot 11 = 132$.

25) A. Su 5 punti dell'asta, occorre sceglierne 2 in cui posizionare le bandierine blu, mentre negli altri punti saranno disposte le bandierine gialle. Occorre, cioè, trovare il numero di modi in cui disporre 2 oggetti (le bandierine blu) su 5 punti.
Indichiamo con b ciascuna delle bandierine blu, esistono 5 modi diversi di assegnare il posto alla prima bandierina blu:

b ... ... b ... ... b ... ... b ...   . b

Per ognuno di tali posti esistono 4 modi diversi di assegnare il posto all'altra bandierina blu.

b b	b ... b	b ... ... b ...	b ... ... b	(prima bandierina blu al primo posto)
b b	... b b	... b ... b ...	... b ... ... b	(prima bandierina blu al secondo posto)
b ... b	... b b	... ... b b ...	... ... b ... b	(prima bandierina blu al terzo posto)
b ... ... b ...	... b ... b ...	... ... b b ...	... ... b b	(prima bandierina blu al quarto posto)
b ... ... b	... b ... ... b	... ... b ... b	... ... b b	(prima bandierina blu al quinto posto)

In totale, esistono 20 modi diversi di disporre le 2 bandierine blu. Poiché assegnazioni del tipo "primo posto e secondo posto alla bandierina blu" sono uguali ad assegnazioni del tipo "secondo posto e primo posto alla bandierina blu" occorre dividere per 2 il numero 20, ottenendo 10 modi diversi di assegnare le due bandierine.
A tale risultato si poteva giungere direttamente calcolando il numero di combinazioni semplici di 5 elementi a gruppi di 2:

$$C_{5,2} = \binom{5}{2} = \frac{5 \cdot 4}{2} = \mathbf{10}$$

26) B. Le targhe automobilistiche sono costituite da: 2 lettere, 3 cifre, 2 lettere.
Sapendo che le lettere possono essere scelte tra le 26 lettere dell'alfabeto inglese, con due lettere scelte tra 26, con possibile ripetizione e tenendo conto dell'ordine, si possono ottenere ${}_rD_{26,\,2} = 26^2$ disposizioni.
Con le tre cifre si possono ottenere ${}_rD_{10,\,3} = 10^3$ numeri (ovviamente sono i numeri da 001 a 999 + 000).
In generale, se un'operazione consta di *k* passi, di cui il primo prevede n_1 modi possibili, il secondo n_2 modi possibili, ..., il *k*-esimo *nk* modi possibili, l'operazione può essere effettuata in $n_1 \cdot n_2 \cdot \ldots \cdot n_k$ modi possibili.
In totale, il numero di targhe automobilistiche è pari al prodotto:

$${}_rD_{26,\,2} \cdot {}_rD_{10,\,3} \cdot {}_rD_{26,\,2} = 26^2 \cdot 10^3 \cdot 26^2$$

27) D. Siano Y e J le due squadre e siano y e j le rispettive reti segnate dalle due squadre. Ipotizziamo che abbia vinto la squadra Y, è possibile rappresentare la successione di reti nell'incontro considerato con una permutazione di 7 simboli di cui 4 uguali a y e 3 uguali a j.
La permutazione yjjyjyy sta a indicare che:

1. La squadra Y ha segnato la prima rete.
2. La squadra J ha segnato una rete.
3. La squadra J ha segnato un'altra rete.
4. La squadra Y ha pareggiato.
5. La squadra J ha segnato una rete.
6. La squadra Y ha segnato una rete.
7. La squadra Y ha segnato la rete finale, portandosi in vantaggio.

Per rispondere al quesito proposto bisogna calcolare il numero delle permutazioni dei 7 simboli considerati, di cui 4 uguali a y e 3 uguali a j. Tale numero è pari alle permutazioni seguenti:

$$_{(4,3)}P_7 = \frac{7!}{4! \cdot 3!} = \mathbf{35}$$

28) D. Siccome le palline a ogni estrazione non sono reintrodotte nel sacchetto perché estratte contemporaneamente, le estrazioni sono dipendenti; la composizione del sacchetto cambia da un'estrazione all'altra e, quindi, la probabilità di ottenere una pallina rossa alla seconda estrazione è diversa dalla probabilità di ottenere una pallina rossa alla prima estrazione.
Sia x il numero di palline rosse contenute nel sacchetto, poiché il sacchetto contiene 1 pallina nera, il numero di palline nel sacchetto è pari a $1 + x$. Alla seconda estrazione, poiché non è prevista reintroduzione nel sacchetto, il numero di palline rosse diviene $x - 1$ e il numero totale di palline contenute nel sacchetto è $1 + (x - 1)$. Siano R1 e R2 le due palline rosse, in base ai dati si ha:

$$P(R_1 \cap R_2) = P(R_1) \cdot P(R_2 | R_1) = \frac{x}{1+x} \cdot \frac{x-1}{1+(x-1)} = \frac{1}{2}$$

da cui:

$$P(R_1 \cap R_2) = P(R_1) \cdot P(R_2 | R_1) = \frac{x-1}{1+x} = \frac{1}{2}$$

Dopo semplici passaggi si ottiene il valore incognito della $x = 3$. Essendo 3 le palline rosse, il numero di palline contenute nel sacchetto è:

$$3 + 1 = \mathbf{4}$$

29) D. Il numero minimo di scarpe che occorre estrarre per essere sicuri di prendere dalla scarpiera due scarpe dello stesso paio si trova identificando l'ipotesi peggiore in cui le scarpe estratte siano tutte diverse tra loro, ossia l'ipotesi in cui le prime 5 scarpe estratte appartengono a 5 paia diverse. Tuttavia, alla sesta estrazione, qualsiasi scarpa appartiene a 1 delle 5 paia già estratte, per cui sicuramente si è trovato un paio utilizzabile.
Il numero minimo di scarpe da estrarre è, dunque, **6**.

In generale, il numero minimo di oggetti da estrarre è pari al numero di categorie di oggetti diversi (scarpe, calzini, penne...) cui si somma 1.

30) D. Si indica con *T* l'uscita di "testa" dal lancio di una moneta; analogamente si indica con *C* l'uscita di "croce" dal lancio di una moneta.
Lanciando tre monete si possono ottenere otto possibili risultati:

TTT, TTC, TCC, CTT, CTC, CCT, CCC, TCT.

Il numero di casi possibili, indicato con n_p, è dunque pari ad 8, ossia $n_p = 8$. Il caso favorevole è unico, ossia l'uscita della combinazione *TTT* (le tre teste). Pertanto il numero di casi favorevoli, indicato con n_f, è pari a $n_f = 1$.
La probabilità che si verifichi una combinazione di tre teste, ossia *P*(*TTT*) è data dal rapporto tra il numero di casi favorevoli e il numero di casi possibili. Pertanto si ha:

$$P(TTT) = \frac{n_f}{n_p} = \frac{1}{8}$$

Il quesito può essere risolto anche nel modo seguente.
Nel lancio della prima moneta vi sono due soli casi possibili, l'uscita di "testa" e l'uscita di "croce". Pertanto $n_p = 2$. Il caso favorevole, ossia l'uscita di "testa", è unico. Quindi $n_f = 1$. Pertanto la probabilità che esca testa nel lancio della prima moneta vale:

$$P_1(T) = \frac{n_f}{n_p} = \frac{1}{2}$$

Analogamente, per le altre due monete si ha:

$$P_2(T) = \frac{1}{2} \quad P_3(T) = \frac{1}{2}$$

Il lancio di ciascuna delle tre monete è un evento indipendente dagli altri due. Pertanto i tre eventi, ossia i tre lanci, sono tre eventi indipendenti. Quando tre eventi sono indipendenti, la probabilità che essi si verifichino contemporaneamente è data dal prodotto delle probabilità di ciascuno degli eventi. Pertanto l'uscita contemporanea delle tre teste ha una probabilità pari al seguente prodotto:

$$P(TTT) = P_1(T) \cdot P_2(T) \cdot P_3(T) = \frac{1}{2} \cdot \frac{1}{2} \cdot \frac{1}{2} = \frac{1}{8}$$

31) E. I numeri compresi tra 1 e 50 che sono divisibili per 5 sono 5, 10, 15, 20, 25, 30, 35, 40, 45, 50. Si tratta quindi di 10 numeri. Pertanto il numero di casi favorevoli n_f in cui viene estratto un numero divisibile per 5 è dato da $n_f = 10$. I casi possibili n_p sono pari a 50 (il totale delle palline). Quindi $n_p = 50$.
La probabilità che venga estratto un numero divisibile per 5 è data dal rapporto tra il numero di casi favorevoli e il numero di casi possibili. Pertanto si ha:

$$P(\text{divisibile per } 5) = \frac{n_f}{n_p} = \frac{10}{50} = \frac{1}{5}$$

32) C. I casi possibili n_p sono 8, in quanto i dischetti contenuti nel sacchetto sono 8, ognuno recante una delle lettere della parola FUNZIONE. Pertanto $n_p = 8$. I casi favorevoli n_f sono 2; difatti si cercano i casi in cui vengono estratte le lettere della parola FU, ossia la lettera F e la lettera U. Quindi $n_f = 2$.
Pertanto la probabilità che dal sacchetto vengano estratte la lettera F o la lettera U è data dal rapporto tra numero di casi favorevoli e numero di casi possibili:

$$P(\text{FU}) = \frac{n_f}{n_p} = \frac{2}{8} = \frac{1}{4} = 0{,}25 = \mathbf{25\%}$$

33) D. I casi possibili n_p sono 8, in quanto i dischetti contenuti nel sacchetto sono 8, ognuno recante una delle lettere della parola SCHIVARE. Pertanto $n_p = 8$. I casi favorevoli n_f sono 4; difatti si cercano i casi in cui vengono estratte le lettere della parola SIRE, ossia la lettera S, la lettera I, la lettera R e la lettera E. Quindi $n_f = 4$.
Pertanto la probabilità che dal sacchetto vengano estratte la lettera S, oppure la I, oppure la R, oppure la E è data dal rapporto tra numero di casi favorevoli e numero di casi possibili:

$$P(\text{SIRE}) = \frac{n_f}{n_p} = \frac{4}{8} = \frac{1}{2} = 0{,}50 = \mathbf{50\%}$$

34) E. Il lotto prevede l'estrazione dall'urna di cinque numeri compresi tra 1 e 90. Al momento dell'estrazione del primo numero, i numeri chiusi all'interno dell'urna sono 90, pertanto i casi possibili n_p sono 90. Si ha quindi $n_p = 90$.
I multipli di 5, compresi tra 1 e 90, sono i seguenti: 5, 10, 15, 20, 25, 30, 35, 40, 45, 50, 55, 60, 65, 70, 75, 80, 85 e 90. Il loro numero è pari a 18. Pertanto il numero n_f di casi favorevoli vale $n_f = 18$.
La probabilità che dall'urna venga estratto un multiplo di 5 è data dal rapporto tra numero di casi favorevoli e numero di casi possibili:

$$P(\text{multiplo di 5}) = \frac{n_f}{n_p} = \frac{18}{90} = \mathbf{\frac{1}{5}}$$

35) A. Il numero totale delle caramelle è dato dalla somma delle caramelle al limone, delle caramelle alla menta, di quelle all'arancia e di quelle alla ciliegia. Pertanto il numero totale di caramelle vale $n_t = 20 + 15 + 10 + 5 = 50$. Questo valore rappresenta il numero di casi possibili.
Le caramelle alla menta sono pari a $n_m = 15$; tale valore indica il numero di casi favorevoli.
La probabilità P di estrarre a caso dal sacchetto una caramella alla menta è data dal numero di caramelle alla menta, $n_m = 15$ (casi favorevoli), sul numero totale di caramelle, $n_t = 50$ (casi possibili).
Quindi si ottiene:

$$P(\text{caramella alla menta}) = \frac{n_m}{n_t} = \frac{15}{50} = \mathbf{\frac{3}{10}}$$

36) D. Si considerino n individui. Il primo individuo stringe la mano una e una sola volta a ognuno degli altri $n - 1$ individui; pertanto, $n - 1$ strette di mano sono da attribuire al primo individuo. Analogamente, il secondo individuo stringe la mano una e una sola volta a ognuno degli altri $n - 1$ individui; pertanto, $n - 1$ strette di mano sono da attribuire al secondo individuo. Per analogia, $n - 1$ strette di mano sono da attribuire a ciascuno degli n individui. Tuttavia, la stretta di mano tra il secondo e il primo individuo è già stata conteggiata nel calcolo delle strette di mano tra il primo e il secondo individuo, per cui, relativamente al secondo individuo, si conteggiano soltanto $n - 2$ strette di mano...; per l'$n - 1$ esimo individuo, si conteggia solo 1 stretta di mano; per l'n-esimo individuo non si conteggia alcuna stretta di mano.
La formula generale per conteggiare le strette di mano tra n individui è:

$$C_{n,2} = \binom{n}{2} = \frac{n(n-1)}{2 \cdot 1}$$

Se gli individui sono 10, allora il numero di strette di mano è:

$$C_{10,2} = \binom{10}{2} = \frac{10 \cdot 9}{2} = \mathbf{45}$$

37) D. Il numero di casi possibili, indicato con n_p, è dato dalle 52 carte francesi; pertanto $n_p = 52$. Il numero n_f dei casi favorevoli è 4. Tale valore è dedotto dall'estrazione di una qualsiasi delle 4 carte con valore pari a cinque; pertanto $n_f = 4$.
La probabilità che venga estratto un cinque è data dal rapporto tra il numero di casi favorevoli e il numero di casi possibili. Pertanto si ha:

$$P(5) = \frac{n_f}{n_p} = \frac{4}{52} = \mathbf{\frac{1}{13}}$$

38) D. Si indica con T l'uscita di "testa" dal lancio di una moneta; analogamente si indica con C l'uscita di "croce" dal lancio di una moneta.
Lanciando due monete si possono ottenere quattro possibili risultati: *TT, TC, CC, CT*. Il numero di casi possibili, indicato con n_p, è dunque pari a 4, ossia $n_p = 4$. Il caso favorevole è unico, ossia l'uscita della combinazione *CC* (due croci). Pertanto il numero di casi favorevoli, indicato con n_f, è pari a $n_f = 1$.
La probabilità che si verifichi una combinazione di due croci, ossia $P(CC)$ è data dal rapporto tra il numero di casi favorevoli e il numero di casi possibili. Pertanto si ha:

$$P(CC) = \frac{n_f}{n_p} = \mathbf{\frac{1}{4}}$$

Il quesito può essere risolto anche nel modo seguente.
Nel lancio della prima moneta vi sono due soli casi possibili, l'uscita di "testa" e l'uscita di "croce". Pertanto $n_p = 2$. Il caso favorevole, ossia l'uscita di "croce", è unico. Quindi $n_f = 1$. Pertanto la probabilità che esca croce nel lancio della prima moneta vale:

$$P_1(C) = \frac{n_f}{n_p} = \frac{1}{2}$$

Analogamente, per l'altra moneta si ha:

$$P_2(C)=\frac{1}{2}$$

Il lancio di ciascuna delle due monete è un evento indipendente dagli altri due. Pertanto i due eventi, ossia i due lanci, sono due eventi indipendenti. Quando due eventi sono indipendenti, la probabilità che essi si verifichino contemporaneamente è data dal prodotto delle probabilità di ciascuno degli eventi. Pertanto l'uscita contemporanea delle due croci ha una probabilità pari al seguente prodotto:

$$P(CC)=P_1(C)\cdot P_2(C)=\frac{1}{2}\cdot\frac{1}{2}=\frac{1}{4}$$

39) C. Le 50 palline rappresentano tutti i casi possibili; pertanto il numero n_p di casi possibili vale $n_p = 50$.
I numeri maggiori di 20 vanno dal 21 al 50. Si tratta quindi di 30 numeri, ossia di 30 casi favorevoli. Pertanto il numero n_f di casi favorevoli vale $n_f = 30$.
La probabilità che venga estratta una pallina con numero superiore a 20 è data dal rapporto tra il numero di casi favorevoli e il numero di casi possibili. Pertanto si ha:

$$P(N>20)=\frac{n_f}{n_p}=\frac{30}{50}=\frac{\mathbf{3}}{\mathbf{5}}$$

40) C. I 5 gusti disponibili (crema, banana, limone, fragola e cioccolato) rappresentano tutti i casi possibili; pertanto il numero n_p di casi possibili vale $n_p = 5$.
I casi favorevoli sono rappresentati dalla possibile scelta del gusto fragola, del gusto crema oppure del gusto banana. Pertanto il numero n_f di casi favorevoli vale $n_f = 3$.
La probabilità che Amilcare scelga uno tra i gusti fragola, crema o banana è data dal rapporto tra il numero di casi favorevoli e il numero di casi possibili. Pertanto si ha:

$$P(\text{fragola o crema o banana})=\frac{n_f}{n_p}=\frac{\mathbf{3}}{\mathbf{5}}$$

Questionario 3
Trasformazioni simboliche

1) Se:
& + & = § – ¿
& = @ + ¿
¿ = §
@ = –8
allora ¿ è uguale a:
A. 16
B. –8
C. 8
D. 4
E. 0

2) Se:
@ + @ + @ + @ = µ + 20
@ + @ = µ
allora @ è uguale a:
A. 15
B. 10
C. 5
D. 20
E. non ci sono elementi sufficienti per rispondere

3) Se:
 # + 8 = –# + @ + ¿
¿ = 2
@ = 4
allora # è uguale a:
A. –2
B. 3
C. –1
D. 1
E. –3

4) Se:
¿ = § · (3 – 7)
¿ = 5
allora § è uguale a:
A. $-\frac{5}{4}$

B. $-\frac{4}{5}$
C. 4
D. –20
E. 5

5) Se:
¿ + 12 + # = ç + 2
¿ = –4 + ç
allora # è uguale a:
A. 6
B. –12
C. 12
D. 3
E. –6

6) Se:
17 – ¥ = ¥ + 1
allora ¥ è uguale a:
A. 16
B. 8
C. –8
D. 9
E. –9

7) Se:
3§ + 8 = 5§ – 6
allora § è uguale a:
A. 1
B. 7
C. 9
D. 14
E. 2

8) Se:
£ + £ + © = –7 · ©
£ = 1
allora © è uguale a:
A. –1
B. $\frac{1}{4}$
C. $-\frac{1}{4}$
D. 1
E. 4

9) **Se:**
VJ + VJ = AX – JK
VJ = BY + MK
JK = AX
BY = 2
allora MK è uguale a:
A. 4
B. 2
C. 0
D. 1
E. –2

10) **Se:**
13¥ = 5@
¥ + @ = 54
allora ¥ e @ sono rispettivamente uguali a:
A. 20 e 52
B. 39 e 15
C. 12 e 42
D. 15 e 39
E. 52 e 20

11) **Se:**
5 · £ + 3 · $ = 10
$ = £
Allora £ è uguale a:
A. 6/8
B. 4/5
C. 5/4
D. 2
E. 1/10

12) **Se:**
£ + # = – £ – © + 5
 # = 12
© = –11
allora £ è uguale a:
A. –1
B. –2
C. 2
D. –3
E. 5

13) **Se:**
TZ + WK = –TZ – VJ + 1
WK = –14
VJ = –13

allora TZ è uguale a:
A. 7
B. –14
C. –13
D. 14
E. 21

14) Se:
@ + 8 + % = £ + %
@ = –5
% = 5
allora £ è uguale a:
A. –5
B. 8
C. –3
D. 9
E. 3

15) Se:
ç – 4 + § = # – 6
5 = –10 : #
allora § è uguale a:
A. 1
B. 9
C. 0
D. 6
E. non ci sono elementi sufficienti per rispondere

16) Posto che, secondo una regola nascosta, a PIPA corrisponde 16 e ad ARANCIA corrisponde 28, che numero corrisponde a LANCIA?
A. 40
B. 22
C. 36
D. 24
E. 12

17) Se la lettera N identifica una qualunque cifra (singola), la lettera P identifica una qualunque cifra (singola) pari e la lettera D identifica una qualunque cifra (singola) dispari, allora il prodotto tra i numeri NP e PD sarà certamente un numero:
A. dispari di tre cifre
B. composto da cinque cifre
C. pari
D. divisibile per tre
E. dispari di cinque cifre

18) Se LAC significa cifra (singola) divisibile per 4, LIC significa cifra (singola) divisibile per 7 e LUC significa cifra (singola) divisibile per 3, allora con quale scrittura può essere espresso il numero 89?

A. LAC LAC
B. LUC LUC
C. LIC LUC
D. LAC LUC
E. LUC LIC

19) Se LUC significa cifra (singola) divisibile per 3, LEC significa cifra (singola) divisibile per 5 e LAC significa cifra (singola) divisibile per 6, allora con quale scrittura può essere espresso il numero 59?
A. LEC LUC
B. LEC LEC
C. LUC LAC
D. LAC LUC
E. LEC LAC

20) Se TAP significa cifra (singola) divisibile per 5, TUP significa cifra (singola) divisibile per 3 e TOP significa cifra (singola) divisibile per 2, allora con quale scrittura può essere espresso il numero 92?
A. TOP TUP
B. TUP TAP
C. TUP TOP
D. TOP TAP
E. TUP TUP

Risposte commentate
Trasformazioni simboliche

1) C. Le variabili delle equazioni presenti nei quesiti concernenti le trasformazioni simboliche non sono le usuali lettere *x*, *y*, *z*, … bensì simboli grafici di qualsiasi tipo, oppure lettere o qualsiasi altro elemento che non ricordi i numeri, per questo sono note come equazioni a variabili simboliche o semplicemente come equazioni simboliche. La prova consiste nella trasformazione dei simboli in numeri a partire da una espressione più o meno complessa e si risolve applicando la seguente logica: *a simbolo uguale corrisponde numero uguale.*
Nel quesito, partendo dalla seconda equazione, cioè & = @ + ¿, e sapendo che ¿ = § e che @ = –8, possiamo sostituire i simboli nella prima equazione (& + & = § – ¿), che diventa:

$$(-8 + ¿) + (-8 + ¿) = § - §$$

Svolgendo i calcoli e semplificando, otteniamo –16 + 2¿ = 0, da cui:

$$¿ = \frac{16}{2}$$

ossia:

$$¿ = \mathbf{8}$$

2) B. Sostituendo @ + @ = μ nella prima equazione avremo 2μ = μ + 20, da cui: μ = 20. Se @ + @ = μ, allora @ + @ = 20, da cui:

$$2@ = 20$$

e quindi

$$@ = \mathbf{10}$$

3) C. Sostituendo nella prima equazione i valori assegnati ai due simboli ¿ e @, cioè ¿ = 2 e @ = 4, si ottiene la seguente equazione:

$$\# + 8 = -\# + 4 + 2$$

da cui:

$$\# + 8 = -\# + 6$$

Quindi, 2# = –8 + 6, cioè 2# = –2, da cui:

$$\# = \mathbf{-1}$$

4) A. Poiché ¿ = 5, possiamo scrivere la prima equazione nel modo seguente:

$$5 = § \cdot (3 - 7)$$

da cui si ottiene 5 = § · (–4). Risolvendo, si ha che:

$$§ = -\frac{\mathbf{5}}{\mathbf{4}}$$

5) E. Per ricavare # dalla prima equazione, basta sostituire in essa il valore di ¿ che si ricava dalla seconda equazione, cioè ¿ = –4 + ç. Avremo, pertanto:

$$-4 + ç + 12 + \# = ç + 2$$

da cui:

$$\# = 2 + 4 - 12 = \mathbf{-6}$$

6) B. Nel quesito, è data l'equazione 17 – ¥ = ¥ + 1 nell'incognita ¥. Trasportando al primo membro i termini con l'incognita e al secondo membro i termini noti avremo:

$$-¥ - ¥ = 1 - 17 \quad \Rightarrow \quad -2¥ = -16$$

Dividendo primo e secondo membro per –2, otterremo:

$$¥ = \mathbf{8}$$

7) B. L'equazione 3§ + 8 = 5§ – 6, trasportando al primo membro tutti i termini con l'incognita § e al secondo membro i termini noti diviene:

$$3§ - 5§ = -6 - 8 \quad \Rightarrow \quad -2§ = -14$$

ossia:

$$2§ = 14 \quad \Rightarrow \quad § = \frac{14}{2}$$

da cui:

$$§ = \mathbf{7}$$

8) C. Sostituendo nella prima equazione a £ il suo valore 1, che si desume dalla seconda equazione, si ha:

$$+1 + 1 + © = -7 \cdot ©$$

Trasportando al primo membro il termine con l'incognita © e al secondo membro i termini noti, si ha:

$$7 \cdot © + © = -1 - 1 \quad \Rightarrow \quad 8 \cdot © = -2 \quad \Rightarrow \quad © = -\frac{2}{8}$$

ossia:

$$© = -\mathbf{\frac{1}{4}}$$

9) E. Il termine MK, che rappresenta la soluzione del quesito, è presente nella seconda equazione: VJ = BY + MK. In tale equazione, occorre cercare di attribuire dei valori numerici a VJ e a BY, in modo da ottenere il valore numerico di MK.
Poiché la prima equazione può essere riscritta nel modo seguente 2VJ = AX – JK e poiché JK = AX, sostituendo nell'ultima equazione ottenuta si ottiene:

$$2VJ = JK - JK \quad \Rightarrow \quad 2VJ = 0$$

per cui VJ = 0.
Inoltre, come si evince dal testo del quesito, BY = 2, per cui la seconda equazione diviene:

$$0 = 2 + MK$$

ossia, trasportando al primo membro MK e cambiando i segni:

$$MK = \mathbf{-2}$$

10) D. Nel quesito sono due i simboli incogniti: ¥ e @.
Per poterlo risolvere, impostiamo il sistema tra le due equazioni nelle due incognite:

$$\begin{cases} 13¥ = 5@ \\ ¥ + @ = 54 \end{cases}$$

Sostituiamo, nella seconda equazione, il valore di ¥ desumibile dalla prima equazione. Si ha:

$$\begin{cases} ¥ = \frac{5}{13}@ \\ ¥ + @ = 54 \end{cases} \Rightarrow \begin{cases} ¥ = \frac{5}{13}@ \\ \frac{5}{13}@ + @ = 54 \end{cases} \Rightarrow \begin{cases} ¥ = \frac{5}{13}@ \\ \frac{5+13}{13}@ = 54 \end{cases} \Rightarrow \begin{cases} ¥ = \frac{5}{13}@ \\ \frac{18}{13}@ = 54 \end{cases} \Rightarrow \begin{cases} ¥ = \frac{5}{13}@ \\ @ = 54 \cdot \frac{13}{18} = 39 \end{cases}$$

Avendo ottenuto il valore @ = 39, sostituiamolo nella prima equazione, per ottenere ¥. Si ha:

$$¥ = \frac{5}{13} \cdot 39 = 15$$

Le incognite assumono, rispettivamente, i valori **15** e **39**.

11) C. Tale quesito si risolve sostituendo nell'equazione iniziale i valori noti, per ottenere una equazione in una sola incognita. Sostituendo nella prima equazione il valore $ = £ si ottiene:

5 · £ + 3 · £ = 10

da cui:

8 · £ = 10

ossia:

£ = 10/8 = **5/4**

12) C. Tale quesito si risolve, innanzi tutto, sostituendo nell'equazione iniziale i valori noti. Sostituendo nella prima equazione i valori # = 12 e © = –11 si ottiene:

£ + 12 = – £ – (–11) + 5

In secondo luogo, si trasportano, cambiandone i segni, il termine incognito al primo membro e i termini noti al secondo:

£ + £ = 11 + 5 – 12

da cui:

2£ = 4

ossia:

£ = **2**

13) D. Sostituendo i valori WK = –14 e VJ = –13 nella prima equazione si ottiene:

TZ – 14 = –TZ + 13 + 1

TZ + TZ = 13 + 1 + 14

2TZ = 28

TZ = **14**

14) E. Per ricavare il valore di £ occorre sostituire nella prima equazione i due valori di @ e %.
Avremo:

–5 + 8 + 5 = £ + 5

da cui

£ = 8 – 5 + 5 – 5 = **3**

15) E. Per risolvere il quesito, bisogna, innanzi tutto, ottenere il valore di # dalla seconda equazione:

= –2

Tale valore deve essere poi sostituito a # nella prima equazione:

ç – 4 + § = –8

Poiché si arriva a un'equazione con due incognite, non si può trovare la risposta in modo univoco; quindi, **non ci sono elementi sufficienti per rispondere**.

16) D. La regola nascosta indicata dal quesito è che a ogni parola corrisponde il prodotto del numero di lettere che la compongono per 4, cioè:

PIPA = 4 × 4 = 16

ARANCIA = 7 × 4 = 28

La risposta esatta, quindi, è:

LANCIA = 6 × 4 = **24**

17) C. Occorre trovare quel numero dato dal prodotto tra un numero pari (NP) e un numero dispari (PD).
La soluzione è semplice, ricordando una proprietà della moltiplicazione: il prodotto di un numero pari per un qualsiasi numero (dispari o pari) dà come risultato sempre un numero **pari**.
Tale numero non è certamente composto da cinque cifre; si consideri, infatti, il caso in cui si assegnino alle cifre i valori più grandi possibili, ossia a N il valore 9, a P il valore 8 e a D il valore 9 (il testo del quesito non pone la condizione di diversità tra le cifre). In tal caso, il prodotto dei numeri NP e PD, rispettivamente uguali a 98 e 89, è 98 × 89 = 8.722: un numero di quattro cifre.
Il numero non è sempre divisibile per tre, in quanto, non tutti i numeri pari sono divisibili per 3.

18) D. Nel quesito dato, sono date sequenze di tre lettere (in questo caso LAC, LIC e LUC); tali sequenze rappresentano cifre divisibili per dati numeri. Pertanto, dato un certo numero (in questo caso 89), la risoluzione del quesito richiede l'identificazione, tra le alternative di risposta, della scrittura con cui può essere espresso tale numero.
Il numero 89, analizzato in cifre singole, è composto da:

8 (divisibile per 4) e 9 (divisibile per 3)

da cui:

8 (può essere espressa con LAC) e 9 (può essere espressa con LUC)

Pertanto, la scrittura con cui può essere espresso il numero 89 è: **LAC LUC**.

19) A. Nel quesito dato, sono date sequenze di tre lettere (in questo caso LUC, LEC e LAC); tali sequenze rappresentano cifre divisibili per dati numeri. Pertanto, dato un certo numero (in questo caso 59), la risoluzione del quesito richiede l'identificazione, tra le alternative di risposta, della scrittura con cui può essere espresso tale numero.
Il numero 59, analizzato in cifre singole, è composto da:

5 (divisibile per 5) e 9 (divisibile per 3)

da cui:

5 (può essere espressa con LEC) e 9 (può essere espressa con LUC)

Pertanto, la scrittura con cui può essere espresso il numero 59 è: **LEC LUC**.

20) C. Nel quesito dato, sono date sequenze di tre lettere (in questo caso TAP, TUP e TOP); tali sequenze rappresentano cifre divisibili per dati numeri. Pertanto, dato un certo numero (in questo caso 92), la risoluzione del quesito richiede l'identificazione, tra le alternative di risposta, della scrittura con cui può essere espresso tale numero.
Il numero 92, analizzato in cifre singole, è composto da:

9 (divisibile per 3) e 2 (divisibile per 2)

da cui:

9 (può essere espressa con TUP) e 2 (può essere espressa con TOP)

Pertanto, la scrittura con cui può essere espresso il numero 92 è: **TUP TOP**.

Questionario 4
Serie numeriche, serie alfabetiche e serie alfanumeriche

Serie numeriche

1) 1 5 13 ? 61 125
A. 22
B. 90
C. 20
D. 29
E. 43

2) 1 6 31 156 ?
A. 700
B. 199
C. 545
D. 781
E. 701

3) 300 76 20 ?
A. 6
B. 15
C. 11
D. 10
E. 20

4) 10 13 18 25 ?
A. 34
B. 43
C. 39
D. 37
E. 32

5) 21 ? 18 14 6
A. 15
B. 20
C. 19
D. 16
E. 22

6) 7 35 ? 420 840
A. 105

B. 210
C. 115
D. 175
E. 140

7) ? 30 24 16 6
A. 39
B. 37
C. 34
D. 35
E. 32

8) 29 44 67 ? 137
A. 96
B. 101
C. 111
D. 98
E. 196

9) 3 8 18 38 ? 158
A. 42
B. 41
C. 81
D. 65
E. 78

10) 960 ? 160 40 8
A. 240
B. 480
C. 640
D. 540
E. 320

11) 28 32 25 29 ?
A. 27
B. 18
C. 20
D. 22
E. 25

12) 4 13 ? 61 244
A. 32
B. 64
C. 39
D. 52
E. 26

13) 12 3 36 9 ?
A. 108
B. 49
C. 98
D. 100
E. 50

14) 2 10 ? 85 92
A. 12
B. 15
C. 13
D. 14
E. 17

15) ? 432 108 324 81
A. 72
B. 126
C. 162
D. 216
E. 144

16) 11 24 3 ? 2
A. 16
B. 6
C. 36
D. 26
E. 46

17) 13 6 30 ? 115
A. 24
B. 22
C. 21
D. 25
E. 23

18) 357 51 ? 7 5
A. 39
B. 49
C. 79
D. 29
E. 19

19) 7 21 21 ? 63 189
A. 63
B. 75
C. 5
D. 45

E. 56

20) 675 225 ? 15 3

A. 60
B. 105
C. 125
D. 45
E. 90

21) 8 49 24 ? 72 1

A. 8
B. 12
C. 3
D. 7
E. 5

22) 3 200 18 40 ? 8

A. 108
B. 81
C. 72
D. 96
E. 120

23) 25 9 100 3 ? 1

A. 400
B. 109
C. 200
D. 102
E. 300

24) 192 45 ? 15 3 5

A. 12
B. 48
C. 24
D. 30
E. 16

25) 252 13 ? 52 7 208

A. 26
B. 42
C. 56
D. 49
E. 21

26) 2 5 ? 10 162 20

A. 16
B. 20
C. 4

D. 18
E. 15

27) 5 144 ? 48 80 16
A. 20
B. 32
C. 30
D. 24
E. 25

28) 6 48 42 12 ? 3
A. 360
B. 231
C. 144
D. 294
E. 192

29) 52 6 ? 18 13 54
A. 26
B. 20
C. 24
D. 36
E. 27

30) 10 72 30 24 ? 8
A. 96
B. 70
C. 112
D. 90
E. 36

31) 49 25 ? 1
A. 18
B. 2
C. 9
D. 35
E. 12

32) 25 100 225 400 ?
A. 500
B. 705
C. 650
D. 550
E. 625

33) 1 27 ? 343
A. 78
B. 216

C. 158
D. 112
E. 125

34) 8 ? 216 512 1000
A. 10
B. 60
C. 64
D. 100
E. 54

35) 4 2 121 11 49 ?
A. 6
B. 3
C. 16
D. 9
E. 7

36) 10 100 1 ? 11 121
A. 12
B. 9
C. 1
D. 3
E. 4

37) 21 ? 1 1 19 361
A. 200
B. 40
C. 441
D. 5
E. 2

38) 27 3 216 6 ? 5
A. 9
B. 125
C. 36
D. 25
E. 15

39) 1 ? 4 8 16 64
A. 6
B. 3
C. 1
D. 2
E. 10

40) 36 216 1 ? 9 27
A. 16

B. 7
C. 6
D. 1
E. 3

41) **7 19 4 22 ? 14**
A. 26
B. 36
C. 15
D. 12
E. 24

42) **? 20 3 31 9 25**
A. 17
B. 21
C. 12
D. 23
E. 14

43) **? 4 75 15 50 10**
A. 20
B. 45
C. 40
D. 30
E. 16

44) **77 ? 11 1 33 3**
A. 7
B. 22
C. 9
D. 13
E. 66

45) **28 22 17 ? 22 16**
A. 11
B. 20
C. 14
D. 8
E. 15

46) **3 9 10 ? 4 12**
A. 16
B. 27
C. 30
D. 18
E. 42

47) 25 ? 18 6 33 21
A. 13
B. 15
C. 24
D. 28
E. 9

48) 100 10 20 2 350 ?
A. 150
B. 50
C. 75
D. 35
E. 3

49) 9 3 ? 45 17 11
A. 38
B. 51
C. 54
D. 34
E. 47

50) 40 5 ? 9 32 4
A. 28
B. 66
C. 72
D. 54
E. 30

51) 36 6 ? 39 15 24
A. 12
B. 13
C. 30
D. 24
E. 32

52) 4 14 ? 7 12 19
A. 17
B. 24
C. 18
D. 10
E. 21

53) ? 15 60 21 4 84
A. 5
B. 66
C. 6
D. 4
E. 34

54) 11 2 22 5 6 ?
A. 30
B. 44
C. 24
D. 32
E. 15

55) 18 2 9 ? 6 13
A. 78
B. 36
C. 74
D. 46
E. 34

56) ? 12 33 18 15
A. 45
B. 24
C. 30
D. 36
E. 6

57) 6 ? 16 26 42
A. 13
B. 8
C. 7
D. 12
E. 10

58) 55 34 ? 13 8
A. 24
B. 17
C. 21
D. 26
E. 16

59) 343 49 ? 7 1
A. 5
B. 7
C. 4
D. 1
E. 2

60) 5 2 10 3 ? 12
A. 9
B. 7
C. 15
D. 4
E. 8

61) 75 28 72 ? 69 34
A. 31
B. 11
C. 27
D. 58
E. 70

62) 448 ? 28 7
A. 180
B. 112
C. 98
D. 200
E. 56

63) 375 75 75 15 ?
A. 25
B. 5
C. 15
D. 40
E. 10

64) 35 25 12 2 23 ?
A. 14
B. 25
C. 21
D. 13
E. 10

65) ? 8 40 46 230
A. 10
B. 4
C. 5
D. 2
E. 12

Serie alfabetiche

66) Completare la seguente successione, utilizzando l'alfabeto italiano:
B; T; C; R; D; P; E; ?
A. N
B. P
C. Q
D. M
E. L

67) Completare la seguente successione, utilizzando l'alfabeto italiano:
?; L; F; B; U

A. U
B. V
C. S
D. P
E. T

68) Completare la seguente successione, utilizzando l'alfabeto italiano:
A; B; D; ?; M
A. L
B. I
C. N
D. E
E. G

69) Completare la seguente successione, utilizzando l'alfabeto italiano:
Q U B F L ? T
A. S
B. P
C. N
D. O
E. Z

70) Completare la seguente successione, utilizzando l'alfabeto italiano:
A E I ? S
A. L
B. U
C. T
D. O
E. M

Serie alfanumeriche

71) Completare la seguente successione, utilizzando l'alfabeto italiano:
V; 11; T; 15; R; 19; ?; ?
A. S; 20
B. P; 23
C. O; 21
D. R; 22
E. T; 21

72) Completare la seguente successione, utilizzando l'alfabeto italiano:
M; 3; H; 6; E; 9; B; 15; ?; ?
A. V; 24
B. U; 20
C. Z; 22
D. R; 20
E. U; 24

73) Completare la seguente successione, utilizzando l'alfabeto italiano: E; 5; I; 6; P; 11; T; 17; ?; ?

A. C; 16
B. D; 14
C. B; 20
D. B; 28
E. A; 26

74) Completare la seguente successione, utilizzando l'alfabeto italiano: I; 23; G; 29; E; 35; ?; ?

A. D; 43
B. C; 40
C. S; 31
D. D; 41
E. C; 41

75) Completare la seguente successione, utilizzando l'alfabeto italiano: Q; 25; L; 49; E; 74; Z; 123; ?; ?

A. S; 66
B. R; 197
C. Q; 123
D. B; 135
E. Z; 188

Serie numeriche in configurazioni grafico-geometriche

76) Quali dei seguenti numeri integrano le serie?

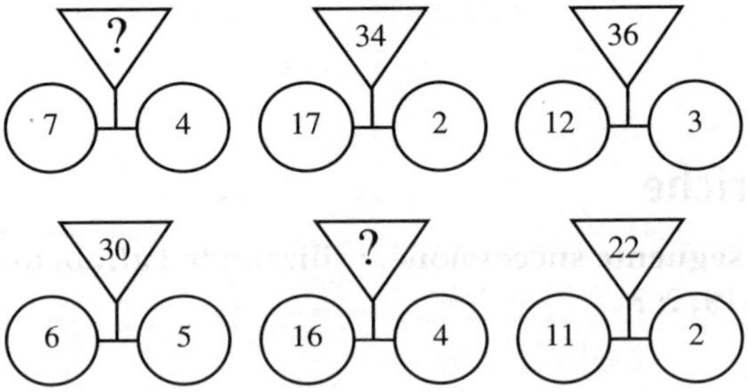

A. 77 e 47
B. 28 e 64
C. 29 e 50
D. 22 e 45
E. 65 e 43

77) Quale dei numeri proposti completa la seguente serie?

31	32	17	43
62	64	34	?

A. 66
B. 70
C. 86
D. 84
E. 77

78) Quali dei seguenti numeri integrano le serie?

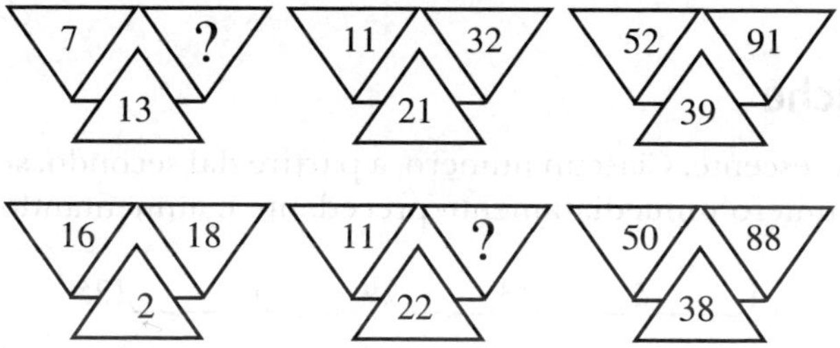

A. 18 e 33
B. 20 e 30
C. 20 e 33
D. 16 e 10
E. 24 e 12

79) Quale dei numeri proposti completa la seguente serie?

6	16	24	21
18	48	72	?

A. 69
B. 48
C. 83
D. 63
E. 68

80) Quale dei seguenti numeri integra la serie?

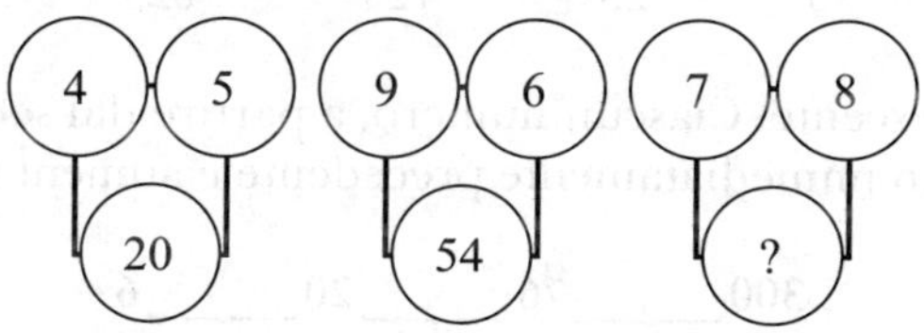

A. 2
B. 15
C. 34
D. 56
E. 37

Risposte commentate
Serie numeriche, serie alfabetiche e serie alfanumeriche

Serie numeriche

1) D. La serie è crescente. Ciascun numero, a partire dal secondo, si ottiene moltiplicando per 2 il numero immediatamente precedente e aumentando di 3 il prodotto ottenuto:

$$1 \underbrace{\quad\quad}_{\times 2+3} 5 \underbrace{\quad\quad}_{\times 2+3} 13 \underbrace{\quad\quad}_{\times 2+3} \mathbf{29} \underbrace{\quad\quad}_{\times 2+3} 61 \underbrace{\quad\quad}_{\times 2+3} 125$$

In alternativa si può notare che

$$1 \underbrace{\quad\quad}_{+2^2 = 4} 5 \underbrace{\quad\quad}_{+2^3 = 8} 13 \underbrace{\quad\quad}_{+2^4 = 16} \mathbf{29} \underbrace{\quad\quad}_{+2^5 = 32} 61 \underbrace{\quad\quad}_{+2^6 = 64} 125$$

2) D. La serie è crescente. Ciascun numero, a partire dal secondo, si ottiene moltiplicando per 5 il numero immediatamente precedente e aumentando di 1 il prodotto ottenuto:

$$1 \underbrace{\quad\quad}_{\times 5+1} 6 \underbrace{\quad\quad}_{\times 5+1} 31 \underbrace{\quad\quad}_{\times 5+1} 156 \underbrace{\quad\quad}_{\times 5+1} \mathbf{781}$$

In alternativa si può notare che

$$1 \underbrace{\quad\quad}_{+5^1 = 5} 6 \underbrace{\quad\quad}_{+5^2 = 25} 31 \underbrace{\quad\quad}_{+5^3 = 125} 156 \underbrace{\quad\quad}_{+5^4 = 625} \mathbf{781}$$

3) A. La serie è decrescente. Ciascun numero, a partire dal secondo, si ottiene dividendo per 4 il numero immediatamente precedente e aumentando di 1 il quoziente ottenuto:

$$300 \underbrace{\quad\quad}_{:4+1} 76 \underbrace{\quad\quad}_{:4+1} 20 \underbrace{\quad\quad}_{:4+1} \mathbf{6}$$

4) A. La serie è crescente e gli incrementi successivi sono crescenti. Ciascun numero, a partire dal secondo, si ottiene addizionando al precedente, rispettivamente, 3, 5, 7, 9:

$$10 \underbrace{\quad}_{+3} 13 \underbrace{\quad}_{+5} 18 \underbrace{\quad}_{+7} 25 \underbrace{\quad}_{+9} \mathbf{34}$$

5) **B.** La serie è decrescente. Ciascun numero, a partire dal secondo, si ottiene sottraendo dal precedente, rispettivamente, $2^0 = 1$, $2^1 = 2$, $2^2 = 4$, $2^3 = 8$:

$$21 \underbrace{\quad}_{-1} \mathbf{20} \underbrace{\quad}_{-2} 18 \underbrace{\quad}_{-4} 14 \underbrace{\quad}_{-8} 6$$

6) **E.** La serie è crescente, ma gli incrementi successivi sono decrescenti. Ciascun numero, a partire dal secondo, si ottiene moltiplicando il precedente, rispettivamente, per 5, per 4, per 3, per 2:

$$7 \underbrace{\quad}_{\times 5} 35 \underbrace{\quad}_{\times 4} \mathbf{140} \underbrace{\quad}_{\times 3} 420 \underbrace{\quad}_{\times 2} 840$$

7) **C.** La serie è decrescente. Ciascun numero, a partire dal secondo, si ottiene sottraendo dal numero immediatamente precedente, rispettivamente, 4, 6, 8, 10:

$$\mathbf{34} \underbrace{\quad}_{-4} 30 \underbrace{\quad}_{-6} 24 \underbrace{\quad}_{-8} 16 \underbrace{\quad}_{-10} 6$$

8) **D.** La serie è crescente e gli incrementi successivi sono anch'essi crescenti. Ciascun numero, a partire dal secondo, si ottiene sommando al precedente rispettivamente: 15; 15 + 8 = 23; 23 + 8 = 31; 31 + 8 = 39:

$$29 \underbrace{\quad}_{+15} 44 \underbrace{\quad}_{+23} 67 \underbrace{\quad}_{+31} \mathbf{98} \underbrace{\quad}_{+39} 137$$

9) **E.** La serie è crescente e gli incrementi successivi sono anch'essi crescenti. Ciascun numero, a partire dal secondo, si ottiene sommando al precedente rispettivamente:

$5 \times 2^0 = 5 \times 1 = 5$;

$5 \times 2^1 = 5 \times 2 = 10$;

$5 \times 2^2 = 5 \times 4 = 20$;

$5 \times 2^3 = 5 \times 8 = 40$;

$5 \times 2^4 = 5 \times 16 = 80$.

Si ha:

$$3 \underbrace{\quad}_{+5} 8 \underbrace{\quad}_{+10} 18 \underbrace{\quad}_{+20} 38 \underbrace{\quad}_{+40} \mathbf{78} \underbrace{\quad}_{+80} 158$$

Per avere una chiave di lettura sintetica del quesito, si può anche osservare che:

> il secondo numero è ottenuto dal primo mediante un incremento di 5;

- in seguito, ciascun numero della serie è ottenuto dal precedente mediante un incremento doppio rispetto all'incremento usato in precedenza.

10) B. La serie è decrescente. Ciascun numero, a partire dal secondo, si ottiene dividendo il precedente, rispettivamente, per 2, per 3, per 4, per 5:

960 ___ **480** ___ 160 ___ 40 ___ 8

:2 :3 :4 :5

11) D. I numeri di posto pari si ottengono sommando 4 ai numeri di posto dispari immediatamente precedenti. I numeri di posto dispari si ottengono sottraendo 7 dai numeri di posto pari immediatamente precedenti:

28 ___ 32 ___ 25 ___ 29 ___ **22**

+4 −7 +4 −7

12) D. I numeri di posto pari si ottengono sommando 9 ai numeri di posto dispari immediatamente precedenti. I numeri di posto dispari si ottengono moltiplicando per 4 i numeri di posto pari immediatamente precedenti:

4 ___ 13 ___ **52** ___ 61 ___ 244

+9 ×4 +9 ×4

13) A. I numeri di posto pari si ottengono dividendo per 4 i numeri di posto dispari immediatamente precedenti. I numeri di posto dispari si ottengono moltiplicando per 12 i numeri di posto pari immediatamente precedenti:

12 ___ 3 ___ 36 ___ 9 ___ **108**

:4 ×12 :4 ×12

14) E. I numeri di posto pari si ottengono moltiplicando per 5 i numeri di posto dispari immediatamente precedenti. I numeri di posto dispari si ottengono sommando 7 ai numeri di posto pari immediatamente precedenti:

2 ___ 10 ___ **17** ___ 85 ___ 92

×5 +7 ×5 +7

15) E. I numeri di posto pari si ottengono moltiplicando per 3 i numeri di posto dispari immediatamente precedenti. I numeri di posto dispari si ottengono dividendo per 4 i numeri di posto pari immediatamente precedenti:

144 ___ 432 ___ 108 ___ 324 ___ 81

×3 :4 ×3 :4

16) A. I numeri di posto pari si ottengono sommando 13 ai numeri di posto dispari immediatamente precedenti. I numeri di posto dispari si ottengono dividendo per 8 i numeri di posto pari immediatamente precedenti:

11 24 3 **16** 2

+13 :8 +13 :8

17) E. I numeri di posto pari si ottengono sottraendo 7 dai numeri di posto dispari immediatamente precedenti. I numeri di posto dispari si ottengono moltiplicando per 5 i numeri di posto pari immediatamente precedenti:

13 6 30 **23** 115

−7 ×5 −7 ×5

18) B. I numeri di posto pari si ottengono dividendo per 7 i numeri di posto dispari immediatamente precedenti. I numeri di posto dispari si ottengono sottraendo 2 dai numeri di posto pari immediatamente precedenti:

357 51 **49** 7 5

:7 −2 :7 −2

19) A. I numeri di posto pari si ottengono moltiplicando per 3 i numeri di posto dispari immediatamente precedenti. I numeri di posto dispari si ottengono moltiplicando per 1 i numeri di posto pari immediatamente precedenti:

7 21 21 **63** 63 189

×3 ×1 ×3 ×1 ×3

20) D. I numeri di posto pari si ottengono dividendo per 3 i numeri di posto dispari immediatamente precedenti. I numeri di posto dispari si ottengono dividendo per 5 i numeri di posto pari immediatamente precedenti:

675 225 **45** 15 3

:3 :5 :3 :5

21) D. La serie è composta da due sotto-serie:

8	24	72
49	?	1

Nella prima sotto-serie, ciascun numero, a partire dal secondo, si ottiene moltiplicando per 3 il numero immediatamente precedente. Nella seconda sotto-serie, ciascun numero, a partire dal secondo, si ottiene dividendo per 7 il numero immediatamente precedente.

Prima sotto-serie:

8 ⏟ 24 ⏟ 72

×3 ×3

Seconda sotto-serie:

49 ⏟ 7 ⏟ 1

:7 :7

22) A. La serie è composta da due sotto-serie:

3	18	?
200	40	8

Nella prima sotto-serie, ciascun numero, a partire dal secondo, si ottiene moltiplicando per 6 il numero immediatamente precedente. Nella seconda sotto-serie, ciascun numero, a partire dal secondo, si ottiene dividendo per 5 il numero immediatamente precedente.

Prima sotto-serie:

3 ⏟ 18 ⏟ **108**

×6 ×6

Seconda sotto-serie:

200 ⏟ 40 ⏟ 8

:5 :5

23) A. La serie è composta da due sotto-serie:

25	100	?
9	3	1

Nella prima sotto-serie, ciascun numero, a partire dal secondo, si ottiene moltiplicando per 4 il numero immediatamente precedente.
Nella seconda sotto-serie, ciascun numero, a partire dal secondo, si ottiene dividendo per 3 il numero immediatamente precedente.

Prima sotto-serie:

25 ⏟ 100 ⏟ **400**

×4 ×4

Seconda sotto-serie:

9 ⏟ 3 ⏟ 1

:3 :3

24) C. La serie è composta da due sotto-serie:

192	?	3
45	15	5

Nella prima sotto-serie, ciascun numero, a partire dal secondo, si ottiene dividendo per 8 il numero immediatamente precedente.
Nella seconda sotto-serie, ciascun numero, a partire dal secondo, si ottiene dividendo per 3 il numero immediatamente precedente.

Prima sotto-serie:

192 **24** 3

:8 :8

Seconda sotto-serie:

45 15 5

:3 :3

25) B. La serie è composta da 2 sotto-serie:

252	?	7
13	52	208

Nella prima sotto-serie, ciascun numero, a partire dal secondo, si ottiene dividendo per 6 il numero immediatamente precedente.
Nella seconda sotto-serie, ciascun numero, a partire dal secondo, si ottiene moltiplicando per 4 il numero immediatamente precedente.

Prima sotto-serie:

252 **42** 7

:6 :6

Seconda sotto-serie:

13 52 208

×4 ×4

26) D. La serie è composta da 2 sotto-serie:

2	?	162
5	10	20

Nella prima sotto-serie, ciascun numero, a partire dal secondo, si ottiene moltiplicando per 9 il numero immediatamente precedente.
Nella seconda sotto-serie, ciascun numero, a partire dal secondo, si ottiene moltiplicando per 2 il numero immediatamente precedente.

Prima sotto-serie:

2 **18** 162

×9 ×9

Seconda sotto-serie:

5 10 20

×2 ×2

27) A. La serie è composta da 2 sotto-serie:

5	?	80
144	48	16

Nella prima sotto-serie, ciascun numero, a partire dal secondo, si ottiene moltiplicando per 4 il numero immediatamente precedente.
Nella seconda sotto-serie, ciascun numero, a partire dal secondo, si ottiene dividendo per 3 il numero immediatamente precedente.

Prima sotto-serie:

5 ⏟(×4) **20** ⏟(×4) 80

Seconda sotto-serie:

144 ⏟(:3) 48 ⏟(:3) 16

28) D. La serie è composta da due sotto-serie:

6	42	?
48	12	3

Nella prima sotto-serie, ciascun numero, a partire dal secondo, si ottiene moltiplicando per 7 il numero immediatamente precedente.
Nella seconda sotto-serie, ciascun numero, a partire dal secondo, si ottiene dividendo per 4 il numero immediatamente precedente.

Prima sotto-serie:

6 ⏟(×7) 42 ⏟(×7) **294**

Seconda sotto-serie:

48 ⏟(:4) 12 ⏟(:4) 3

29) A. La serie è composta da due sotto-serie:

52	?	13
6	18	54

Nella prima sotto-serie, ciascun numero, a partire dal secondo, si ottiene dividendo per 2 il numero immediatamente precedente.
Nella seconda sotto-serie, ciascun numero, a partire dal secondo, si ottiene moltiplicando per 3 il numero immediatamente precedente.

Prima sotto-serie:

52 ⏟(:2) **26** ⏟(:2) 13

Seconda sotto-serie:

$$6 \underbrace{\qquad}_{\times 3} 18 \underbrace{\qquad}_{\times 3} 54$$

30) D. La serie è composta da due sotto-serie:

10	30	?
72	24	8

Nella prima sotto-serie, ciascun numero, a partire dal secondo, si ottiene moltiplicando per 3 il numero immediatamente precedente.
Nella seconda sotto-serie, ciascun numero, a partire dal secondo, si ottiene dividendo per 3 il numero immediatamente precedente.

Prima sotto-serie:

$$10 \underbrace{\qquad}_{\times 3} 30 \underbrace{\qquad}_{\times 3} \mathbf{90}$$

Seconda sotto-serie:

$$72 \underbrace{\qquad}_{:3} 24 \underbrace{\qquad}_{:3} 8$$

31) C. I numeri sono quadrati perfetti. Le basi delle potenze decrescono di 2 unità.

$$\begin{array}{cccc} 49 & 25 & \mathbf{9} & 1 \\ = & = & = & = \\ 7^2 & 5^2 & \mathbf{3^2} & 1^2 \end{array}$$

32) E. I numeri sono quadrati perfetti. Le basi delle potenze crescono di 5 unità.

$$\begin{array}{ccccc} 25 & 100 & 225 & 400 & \mathbf{625} \\ = & = & = & = & = \\ 5^2 & 10^2 & 15^2 & 20^2 & \mathbf{25^2} \end{array}$$

33) E. I numeri sono cubi perfetti. Le basi delle potenze crescono di 2 unità.

$$\begin{array}{cccc} 1 & 27 & \mathbf{125} & 343 \\ = & = & = & = \\ 1^3 & 3^3 & \mathbf{5^3} & 7^3 \end{array}$$

34) C. I numeri sono cubi perfetti. Le basi delle potenze crescono di 2 unità.

$$\begin{array}{ccccc} 8 & \mathbf{64} & 216 & 512 & 1000 \\ = & = & = & = & = \\ 2^3 & \mathbf{4^3} & 6^3 & 8^3 & 10^3 \end{array}$$

35) E. I numeri che occupano posto dispari sono quadrati perfetti dei numeri che occupano posto pari.

$$4 \underbrace{\qquad} 2 \quad 121 \underbrace{\qquad} 11 \quad 49 \underbrace{\qquad} \mathbf{7}$$

$$4 = 2^2 \qquad 121 = 11^2 \qquad 49 = \mathbf{7^2}$$

36) C. I numeri che occupano posto pari sono quadrati perfetti dei numeri che occupano posto dispari.

$$10 \underbrace{\qquad} 100 \quad 1 \underbrace{\qquad} \mathbf{1} \quad 11 \underbrace{\qquad} 121$$

$$10^2 = 100 \qquad \mathbf{1^2} = 1 \qquad 11^2 = 121$$

37) C. I numeri di posto pari sono quadrati perfetti dei numeri di posto dispari immediatamente precedenti.

$$21 \underbrace{\qquad} \mathbf{441} \quad 1 \underbrace{\qquad} 1 \quad 19 \underbrace{\qquad} 361$$

$$\mathbf{21^2} = 441 \qquad 1^2 = 1 \qquad 19^2 = 361$$

38) B. I numeri che occupano posto dispari sono cubi perfetti dei numeri che occupano posto pari.

$$27 \underbrace{\qquad} 3 \quad 216 \underbrace{\qquad} 6 \quad \mathbf{125} \underbrace{\qquad} 5$$

$$27 = 3^3 \qquad 216 = 6^3 \qquad 125 = \mathbf{5^3}$$

39) C. Ciascun numero di posto dispari è quadrato perfetto di un numero dato; il numero successivo, che occupa posto pari, è cubo perfetto dello stesso dato numero.

1	**1**	4	8	16	64
=	=	=	=	=	=
1^2	$\mathbf{1^3}$	2^2	2^3	4^2	4^3

40) D. Ciascun numero di posto dispari è quadrato perfetto di un numero dato; il numero successivo, che occupa posto pari, è cubo perfetto dello stesso dato numero.

36	216	1	**1**	9	27
=	=	=	=	=	=
6^2	6^3	1^2	$\mathbf{1^3}$	3^2	3^3

41) D. La somma di ciascun numero di posto dispari e del numero di posto pari immediatamente seguente è costante e pari a 26.

$$7 \underbrace{\qquad} 19 \quad 4 \underbrace{\qquad} 22 \quad \mathbf{12} \underbrace{\qquad} 14$$

$$7 + 19 = \mathbf{26} \qquad 4 + 22 = \mathbf{26} \qquad 12 + 14 = \mathbf{26}$$

42) E. La somma di ciascun numero di posto dispari e del numero di posto pari immediatamente seguente è costante e pari a 34.

$$\underbrace{\mathbf{14}\quad 20}_{14+20=\mathbf{34}} \quad \underbrace{3\quad 31}_{3+31=\mathbf{34}} \quad \underbrace{9\quad 25}_{9+25=\mathbf{34}}$$

43) A. Il quoziente tra ciascun numero di posto dispari e il numero di posto pari immediatamente seguente è costante e pari a 5.

$$\underbrace{\mathbf{20}\quad 4}_{20:4=\mathbf{5}} \quad \underbrace{75\quad 15}_{75:15=\mathbf{5}} \quad \underbrace{50\quad 10}_{50:10=\mathbf{5}}$$

Analogamente, si può notare che:

$$\underbrace{\mathbf{20}\quad 4}_{20:\mathbf{5}=4} \quad \underbrace{75\quad 15}_{75:\mathbf{5}=15} \quad \underbrace{50\quad 10}_{50:\mathbf{5}=10}$$

44) A. La serie è costituita da 3 sotto-serie:

77	?
11	1
33	3

In ciascuna sotto-serie, il secondo numero si ottiene dividendo per 11 il primo numero.

$$\underbrace{77\quad \mathbf{7}}_{77:\mathbf{11}=7} \quad \underbrace{11\quad 1}_{11:\mathbf{11}=1} \quad \underbrace{33\quad 3}_{33:\mathbf{11}=3}$$

Analogamente, si può notare che:

$$\underbrace{77\quad \mathbf{7}}_{77:7=\mathbf{11}} \quad \underbrace{11\quad 1}_{11:1=\mathbf{11}} \quad \underbrace{33\quad 3}_{33:3=\mathbf{11}}$$

45) A. La serie è costituita da 3 sotto-serie:

28	22
17	?
22	16

In ciascuna sotto-serie, il secondo numero si ottiene sottraendo 6 dal primo numero.

$$\underbrace{28\quad 22}_{28-\mathbf{6}=22} \quad \underbrace{17\quad \mathbf{11}}_{17-\mathbf{6}=11} \quad \underbrace{22\quad 16}_{22-\mathbf{6}=16}$$

Analogamente, si può notare che:

$$\underbrace{28\quad 22}_{28-22=\mathbf{6}} \quad \underbrace{17\quad \mathbf{11}}_{17-11=\mathbf{6}} \quad \underbrace{22\quad 16}_{22-16=\mathbf{6}}$$

46) C. La serie è costituita da 3 sotto-serie:

3	9
10	?
4	12

In ciascuna sotto-serie, il secondo numero si ottiene moltiplicando per 3 il primo numero.

$$\underbrace{3 \quad 9}_{3\times\mathbf{3}=9} \quad \underbrace{10 \quad \mathbf{30}}_{10\times\mathbf{3}=30} \quad \underbrace{4 \quad 12}_{4\times\mathbf{3}=12}$$

47) A. La serie è costituita da 3 sotto-serie:

25	?
18	6
33	1

In ciascuna sotto-serie, il 2° numero si ottiene sottraendo 12 dal 1° numero.

$$\underbrace{25 \quad \mathbf{13}}_{25-\mathbf{12}=13} \quad \underbrace{18 \quad 6}_{18-\mathbf{12}=6} \quad \underbrace{33 \quad 21}_{33-\mathbf{12}=21}$$

Analogamente, si può notare che:

$$\underbrace{25 \quad \mathbf{13}}_{25-13=\mathbf{12}} \quad \underbrace{18 \quad 6}_{18-6=\mathbf{12}} \quad \underbrace{33 \quad 21}_{33-21=\mathbf{12}}$$

48) D. La serie è costituita da 3 sotto-serie:

100	10
20	2
350	?

In ciascuna sotto-serie, il secondo numero si ottiene dividendo per 10 il primo numero.

$$\underbrace{100 \quad 10}_{100:\mathbf{10}=10} \quad \underbrace{20 \quad 2}_{20:\mathbf{10}=2} \quad \underbrace{350 \quad \mathbf{35}}_{350:\mathbf{10}=35}$$

49) B. La serie è costituita da 3 sotto-serie:

9	3
?	45
17	11

In ciascuna sotto-serie, il secondo numero si ottiene sottraendo 6 dal primo numero.

$$\underbrace{9 \quad 3}_{9-\mathbf{6}=3} \quad \underbrace{\mathbf{51} \quad 45}_{51-\mathbf{6}=45} \quad \underbrace{17 \quad 11}_{17-\mathbf{6}=11}$$

50) C. La serie è costituita da 3 sotto-serie:

40	5
?	9
32	4

In ciascuna sotto-serie, il secondo numero si ottiene dividendo per 8 il primo numero.

40 ___ 5 **72** ___ 9 32 ___ 4

40 : **8** = 5 72 : **8** = 9 32 : **8** = 4

51) C. La differenza tra il 1° e il 2° numero è uguale al 3° numero. Analogamente, la differenza tra il 4° e il 5° numero è uguale al 6° numero.

36 ___ 6 ___ **30** 39 ___ 15 ___ 24

– = – =

52) C. La somma del 1° e del 2° numero è uguale al 3° numero. Analogamente, la somma del 4° e del 5° numero è uguale al 6° numero.

4 ___ 14 ___ **18** 7 ___ 12 ___ 19

+ = + =

53) D. Il prodotto del 1° e del 2° numero è uguale al 3° numero. Analogamente, il prodotto del 4° e del 5° numero è uguale al 6° numero.

4 ___ 15 ___ 60 21 ___ 4 ___ 84

× = × =

54) A. Il prodotto tra il 1° e il 2° numero è uguale al 3° numero. Analogamente, il prodotto tra il 4° e il 5° numero è uguale al 6° numero.

11 ___ 2 ___ 22 5 ___ 6 ___ **30**

× = × =

55) A. Il quoziente tra il 1° e il 2° numero è uguale al 3° numero. Analogamente, il quoziente tra il 4° e il 5° numero è uguale al 6° numero.

18 ___ 2 ___ 9 **78** ___ 6 ___ 13

: = : =

56) A. La differenza tra il 1° e il secondo numero è uguale al 3° numero. La differenza tra il 3° e il 4° numero è uguale al 5° numero.

45 ___ 12 ___ 33 ___ 18 ___ 15

– = – =

57) E. La serie è crescente.
La somma tra il 1° e il 2° numero è uguale al 3° numero. La somma tra il 2° e il 3° numero è uguale al 4° numero. Inoltre, la somma tra il 3° e il 4° numero è uguale al 5° numero.

6 **10** 16 26 42

6 **10** 16

\+ =

10 16 26

\+ =

16 26 42

\+ =

58) C. La serie è decrescente.
La differenza tra il 1° e il 2° numero è uguale al 3° numero. La differenza tra il 2° e il 3° numero è uguale al 4° numero. Inoltre, la differenza tra il 3° e il 4° numero è uguale al 5° numero.

55 34 **21** 13 8

55 34 **21**

− =

34 **21** 13

− =

21 13 8

− =

59) B. Il quoziente tra il 1° e il 2° numero è uguale al 3° numero. Il quoziente tra il 2° e il 3° numero è uguale al 4° numero. Inoltre, il quoziente tra il 3° e il 4° numero è uguale al 5° numero.

343 49 **7** 7 1

343 49 **7**

: =

49 **7** 7

: =

7 7 1

: =

60) D. Il prodotto tra il 1° e il 2° numero è uguale al 3° numero. Analogamente, il prodotto tra il 4° e il 5° numero è uguale al 6° numero.

$$5 \underbrace{\quad}_{\times} 2 \underbrace{\quad}_{=} 10 \quad 3 \underbrace{\quad}_{\times} \mathbf{4} \underbrace{\quad}_{=} 12$$

61) A. La serie data è costituita da 2 sotto-serie:
75 72 69 composta dal 1°, dal 3° e dal 5° numero della serie
28 ? 34 composta dal 2°, dal 4° e dal 6° numero della serie
I numeri della prima sotto-serie, a partire dal secondo, decrescono di 3 unità:

$$75 \underbrace{\quad\quad}_{-3} 72 \underbrace{\quad\quad}_{-3} 69$$

I numeri della seconda sotto-serie, invece, crescono di 3 unità:

$$28 \underbrace{\quad\quad}_{+3} \mathbf{31} \underbrace{\quad\quad}_{+3} 34$$

62) B. La serie è decrescente. Ciascun numero, a partire dal secondo, si ottiene dividendo per 4 il numero immediatamente precedente:

$$448 \underbrace{\quad\quad}_{:4} \mathbf{112} \underbrace{\quad\quad}_{:4} 28 \underbrace{\quad\quad}_{:4} 7$$

63) C. La serie è a tratti decrescente a tratti costante. Ciascun numero, a partire dal secondo, si ottiene dividendo il precedente alternativamente per 5 e per 1:

$$375 \underbrace{\quad\quad}_{:5} 75 \underbrace{\quad\quad}_{:1} 75 \underbrace{\quad\quad}_{:5} 15 \underbrace{\quad\quad}_{:1} \mathbf{15}$$

64) D. La serie è suddivisibile in 3 sotto-serie: la prima, costituita dal primo e dal secondo elemento; la seconda, costituita dal terzo e dal quarto elemento; la terza, costituita dal quinto e dal sesto elemento. Tra i numeri delle tre sotto-serie esiste lo stesso nesso logico.
La prima sotto-serie è costituita dai numeri:
35 25
La seconda sotto-serie è costituita dai numeri:
12 2
La terza sotto-serie è costituita dai numeri:
23 ?
Il secondo elemento di ciascuna sotto-serie si ottiene sottraendo 10 dal primo.
Le operazioni sulla serie possono essere rappresentate nel modo seguente:
35 – 10 = 25 12 – 10 = 2 23 – 10 = **13**

65) D. Il criterio secondo cui i termini della serie sono legati è il seguente:

- i termini di posto pari si ottengono aggiungendo 6 a quelli di posto dispari immediatamente precedenti;
- i termini di posto dispari, a loro volta, a eccezione ovviamente del primo, si ottengono moltiplicando per 5 quelli di posto pari immediatamente precedenti.

Il termine incognito è, pertanto, **2**.
Le operazioni sulla serie possono essere rappresentate nel modo seguente:

$$\mathbf{2} \underbrace{\qquad\qquad}_{+6} 8 \underbrace{\qquad\qquad}_{\times 5} 40 \underbrace{\qquad\qquad}_{+6} 46 \underbrace{\qquad\qquad}_{\times 5} 230$$

Serie alfabetiche

66) A. Convertiamo la serie alfabetica data nella corrispondente serie numerica:

B T C R D P E ?
2 18 3 16 4 14 5 ?

Nella serie, occorre considerare la distanza tra le lettere o, equivalentemente, tra i numeri corrispondenti.
La serie numerica ottenuta è composta da due sotto-serie, una costituita dai numeri che occupano posizione dispari, un'altra costituita dai numeri che occupano posizione pari:

2 3 4 5
18 16 14 ?

Nella prima sotto-serie, ciascun numero, a partire dal secondo, si ottiene aggiungendo 1 al numero immediatamente precedente.
Nella seconda sotto-serie, ciascun numero, a partire dal secondo, si ottiene sottraendo 2 dal numero immediatamente precedente.
Seguendo tale criterio, la lettera incognita (l'ultima della serie) si ottiene retrocedendo di 2 posizioni nell'alfabeto a partire dalla lettera P, a cui corrisponde il numero 14, ottenendo la lettera **N**, a cui corrisponde il numero 12.

67) D. Convertiamo la serie alfabetica data nella corrispondente serie numerica:

? L F B U
? 10 6 2 19

Nella serie, occorre considerare la distanza tra le lettere (o equivalentemente tra i numeri corrispondenti) a gruppi di 2. La serie è decrescente.
La distanza tra ciascuna lettera e la successiva è pari a –4. A partire dalla lettera L e retrocedendo di 4 posizioni nell'alfabeto, si ottiene la lettera F; retrocedendo ancora di 4 posizioni si ottiene la lettera B. Poiché nell'alfabeto italiano esistono 21 lettere, quando si giunge all'inizio dell'alfabeto (A = 1), lo scorrimento riprende dall'inizio dell'alfabeto stesso, seguendo un senso ciclico. In corrispondenza della lettera B, quindi del numero 2, la serie decresce nuovamente, per cui il numero mancante è

19, cui corrisponde, nella sequenza delle lettere dell'alfabeto italiano, la lettera U. Seguendo tale criterio, a partire dalla prima lettera nota nella serie data, ossia dalla lettera L, avanzando di 4 posizioni nell'alfabeto, si ottiene la lettera **P**.

68) E. Convertiamo la serie alfabetica data nella corrispondente serie numerica:

A	B	D	?	M
1	2	4	?	11

Nella serie, occorre considerare la distanza tra le lettere (o equivalentemente tra i numeri corrispondenti) a gruppi di 2.
La serie è crescente: la distanza tra ciascuna lettera e la successiva è pari a 1, poi a 2, poi c'è l'incognita, quindi la lettera M. Essendo una serie, c'è una regolarità tra gli incrementi successivi, del tipo: +1, +2, +3, +4. Infatti, la lettera mancante è la **G**, che si ottiene dalla lettera D avanzando di 3 posizioni nell'alfabeto.

69) B. Convertiamo la serie alfabetica data nella corrispondente serie numerica:

Q	U	B	F	L	?	T
15	19	2	6	10	?	18

Nella serie, occorre considerare la distanza tra le lettere (o equivalentemente tra i numeri corrispondenti) a gruppi di 2.
La serie è mista, dapprima crescente, poi decrescente. Poiché nell'alfabeto italiano esistono 21 lettere, quando si giunge all'inizio dell'alfabeto (A = 1), lo scorrimento riprende dall'inizio dell'alfabeto stesso, seguendo un senso ciclico. La distanza tra ciascuna lettera e la successiva è pari a +4, –17, +4, –17... In corrispondenza della lettera L, la serie decresce nuovamente, retrocedendo di 17 posizioni nell'alfabeto, si ottiene che la lettera mancante è la **P**.

70) D. Convertiamo la serie alfabetica data nella corrispondente serie numerica:

A	E	I	?	S
1	5	9	?	17

Nella serie, occorre considerare la distanza tra le lettere (o equivalentemente tra i numeri corrispondenti) a gruppi di 2.
La serie è crescente: la distanza tra ciascuna lettera e la successiva è pari a 4. Essendo una serie, c'è una regolarità tra gli incrementi successivi. Infatti, la lettera mancante è la **O**, che si ottiene dalla lettera I avanzando di 4 posizioni nell'alfabeto.

Serie alfanumeriche

71) B. La serie alfanumerica data è costituita dalla sotto-serie alfabetica:

V T R ?

e dalla sotto-serie numerica:

11 15 19 ?

Per l'alternanza delle due sotto-serie, i termini mancanti nella serie data sono, rispettivamente, una lettera e un numero.

Per identificare il termine mancante nella sotto-serie alfabetica, associamo a ciascuna lettera il corrispondente numero d'ordine nell'alfabeto italiano; si ottiene:

V T R ?

20 18 16 ?

Nella serie, occorre considerare la distanza tra le lettere (o equivalentemente tra i numeri corrispondenti) a gruppi di 2. La serie è decrescente.
La distanza tra ciascuna lettera e la successiva è pari a –2. A partire dalla lettera V e retrocedendo di 2 posizioni nell'alfabeto, si ottiene la lettera T; retrocedendo ancora di 2 posizioni si ottiene la lettera R, quindi la soluzione, ossia la lettera P.
Nella sotto-serie numerica, a partire dal primo, i numeri crescono di 4 unità. A partire dal numero 11, quindi, il numero mancante si ottiene nel modo seguente:

- 11 + 4 = 15
- 15 + 4 = 19
- 19 + 4 = 23

La soluzione è data da: **P; 23**.

72) A. La serie alfanumerica data è costituita dalla sotto-serie alfabetica:

M H E B ?

e dalla sotto-serie numerica:

3 6 9 15 ?

Per l'alternanza delle due sotto-serie, i termini mancanti nella serie data sono, rispettivamente, una lettera e un numero.
Per identificare il termine mancante nella sotto-serie alfabetica, associamo a ciascuna lettera il corrispondente numero d'ordine nell'alfabeto italiano; si ottiene:

M H E B ?

11 8 5 2 ?

Nella serie, occorre considerare la distanza tra le lettere (o equivalentemente tra i numeri corrispondenti) a gruppi di 2. La serie è decrescente.
La distanza tra ciascuna lettera e la successiva è pari a –3. Poiché nell'alfabeto italiano esistono 21 lettere, quando si giunge all'inizio dell'alfabeto (A = 1), lo scorrimento riprende dall'inizio dell'alfabeto stesso, seguendo un senso ciclico. A partire dalla lettera M e retrocedendo di 3 posizioni nell'alfabeto, si ottiene la lettera H; retrocedendo ancora di 3 posizioni si ottiene la lettera E; retrocedendo ancora di 3 posizioni si ottiene la lettera B; retrocedendo ancora di 3 posizioni si ottiene quindi la soluzione, ossia la lettera V.
Nella sotto-serie numerica, è evidente che, a partire dal terzo elemento, ciascun numero si ottiene sommando i due numeri a esso immediatamente precedenti; infatti:

- terzo numero = 3 + 6 = 9
- quarto numero = 6 + 9 = 15
- quinto numero = 9 + 15 = 24

La soluzione è data da: **V; 24**.

73) D. La serie alfanumerica data è costituita dalla sotto-serie alfabetica:

E I P T ?

e dalla sotto-serie numerica:

5 6 11 17 ?

Per l'alternanza delle due sotto-serie, i termini mancanti nella serie data sono, rispettivamente, una lettera e un numero.
Per identificare il termine mancante nella sotto-serie alfabetica, associamo a ciascuna lettera il corrispondente numero d'ordine nell'alfabeto italiano; si ottiene:

E	I	P	T	?
5	9	14	18	?

Nella serie, occorre considerare la distanza tra le lettere (o equivalentemente tra i numeri corrispondenti) a gruppi di 2. La serie è crescente.
La distanza tra ciascuna lettera e la successiva è pari a: +4, +5, +4, +5. Poiché nell'alfabeto italiano esistono 21 lettere, quando si giunge all'inizio dell'alfabeto (A = 1), lo scorrimento riprende dall'inizio dell'alfabeto stesso, seguendo un senso ciclico. A partire dalla lettera E e avanzando di 4 posizioni nell'alfabeto, si ottiene la lettera I; avanzando ancora di 5 posizioni si ottiene la lettera P; avanzando ancora di 4 posizioni si ottiene la lettera T; avanzando ancora di 5 posizioni nell'alfabeto si ottiene la lettera B.
Nella sotto-serie numerica, è evidente che, a partire dal terzo elemento, ciascun numero si ottiene sommando i due numeri a esso immediatamente precedenti; infatti:

> terzo numero = 5 + 6 = 11
> quarto numero = 6 + 11 = 17
> quinto numero = 11 + 17 = 28

La soluzione è data da: **B; 28.**

74) E. La serie alfanumerica data è costituita dalla sotto-serie alfabetica:

I G E ?

e dalla sotto-serie numerica:

23 29 35 ?

Per l'alternanza delle due sotto-serie, i termini mancanti nella serie data sono, rispettivamente, una lettera e un numero.
Per identificare il termine mancante nella sotto-serie alfabetica, associamo a ciascuna lettera il corrispondente numero d'ordine nell'alfabeto italiano; si ottiene:

I	G	E	?
9	7	5	?

Nella serie, occorre considerare la distanza tra le lettere (o equivalentemente tra i numeri corrispondenti) a gruppi di 2. La serie è decrescente.
La distanza tra ciascuna lettera e la successiva è pari a –2. A partire dalla lettera I e retrocedendo di 2 posizioni nell'alfabeto, si ottiene la lettera G; retrocedendo ancora di 2 posizioni si ottiene la lettera E; retrocedendo ancora di 2 posizioni si ottiene quindi la soluzione, ossia la lettera C.

Nella sotto-serie numerica, a partire dal primo, i numeri crescono di 6 unità. A partire dal numero 23, quindi, il numero mancante si ottiene nel modo seguente:

- 23 + 6 = 29
- 29 + 6 = 35
- 35 + 6 = 41

La soluzione è data da: **C; 41**.

75) B. La serie alfanumerica data è costituita dalla sotto-serie alfabetica:

Q L E Z ?

e dalla sotto-serie numerica:

25 49 74 123 ?

Per l'alternanza delle due sotto-serie, i termini mancanti nella serie data sono, rispettivamente, una lettera e un numero.
Per identificare il termine mancante nella sotto-serie alfabetica, associamo a ciascuna lettera il corrispondente numero d'ordine nell'alfabeto italiano; si ottiene:

Q	L	E	Z	?
15	10	5	21	?

Nella serie, occorre considerare la distanza tra le lettere (o equivalentemente tra i numeri corrispondenti) a gruppi di 2. La serie è decrescente.
La distanza tra ciascuna lettera e la successiva è pari a –5. Poiché nell'alfabeto italiano esistono 21 lettere, quando si giunge all'inizio dell'alfabeto (A = 1), lo scorrimento riprende dall'inizio dell'alfabeto stesso, seguendo un senso ciclico. A partire dalla lettera Q e retrocedendo di 5 posizioni nell'alfabeto, si ottiene la lettera L; retrocedendo ancora di 5 posizioni si ottiene la lettera E; retrocedendo ancora di 5 posizioni si ottiene la lettera Z; retrocedendo ancora di 5 posizioni nell'alfabeto si ottiene la lettera R.
Nella sotto-serie numerica, è evidente che, a partire dal terzo elemento, ciascun numero si ottiene sommando i due numeri a esso immediatamente precedenti; infatti:

- terzo numero = 25 + 49 = 74
- quarto numero = 49 + 74 = 123
- quinto numero = 74 + 123 = 197

La soluzione è data da: **R; 197**.

Serie numeriche in configurazioni grafico-geometriche

76) B. La serie è composta da sei figure geometriche contenenti dei numeri. Ogni figura geometrica è costituita da un triangolo sotto il quale sono collocati due cerchi. Per le quattro figure complete da un punto di vista numerico, si nota che il prodotto dei numeri contenuti nei due cerchi restituisce il numero contenuto all'interno del triangolo.
Difatti si ha:

17 × 2 = 34
12 × 3 = 36

6 × 5 = 30
11 × 2 = 22

Pertanto si ha anche che:

7 × 4 = 28
16 × 4 = 64

Il nesso logico che regola la collocazione dei numeri nelle figure è mostrato nella seguente illustrazione:

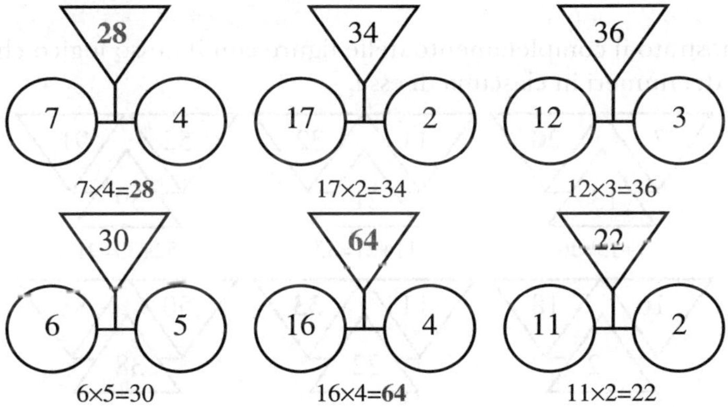

Quindi la risposta corretta è **28** e **64**.

77) C. Le prime tre tessere riportano due numeri. In ciascuna di esse, il numero collocato superiormente è pari al doppio di quello collocato inferiormente.
In pratica si ha:

31 × 2 = 62
32 × 2 = 64
17 × 2 = 34

Quindi, per l'ultima tessera si deve avere:

43 × 2 = 86

Il nesso logico che regola la collocazione dei numeri nelle tessere è mostrato nella seguente illustrazione:

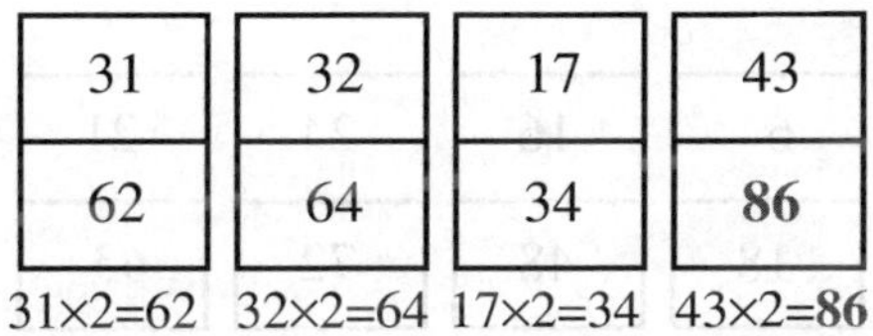

Pertanto la risposta esatta è **86**.

78) C. Ciascuna delle figure è composta da tre triangoli, due collocati superiormente ed uno inferiormente. Per ciascuna delle figure la cui parte numerica è completa, il numero contenuto nel triangolo collocato in alto a sinistra, sommato al numero contenuto nel triangolo in basso, restituisce il numero contenuto nel triangolo in alto a destra.

Infatti si ha:

11 + 21 = 32
52 + 39 = 91
16 + 2 = 18
50 + 38 = 88

Quindi in particolare si ha anche:

7 + 13 = 20
11 + 22 = 33

In figura è mostrato il completamento delle figure con il nesso logico che governa la collocazione dei numeri in ciascuna di esse.

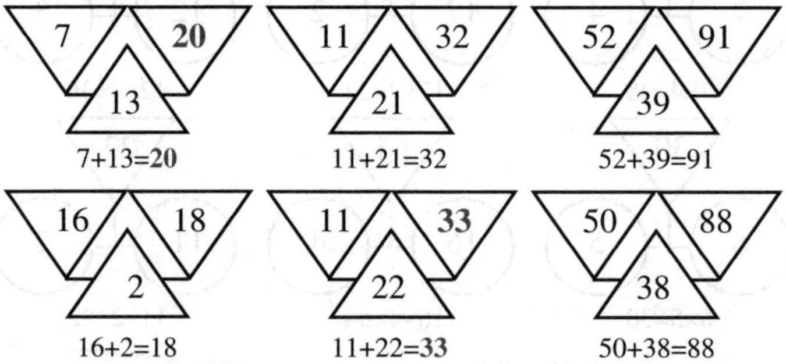

Pertanto le figure incomplete vanno completate con i valori **20** e **33**.

79) D. Le prime tre tessere riportano due numeri. In ciascuna di esse, il numero collocato inferiormente è pari al triplo di quello collocato superiormente.
In pratica si ha:

6 × 3 = 18
16 × 3 = 48
24 × 3 = 72

Quindi, per l'ultima tessera si deve avere:

21 × 3 = 63

Il nesso logico che regola la collocazione dei numeri nelle tessere è mostrato nella seguente illustrazione:

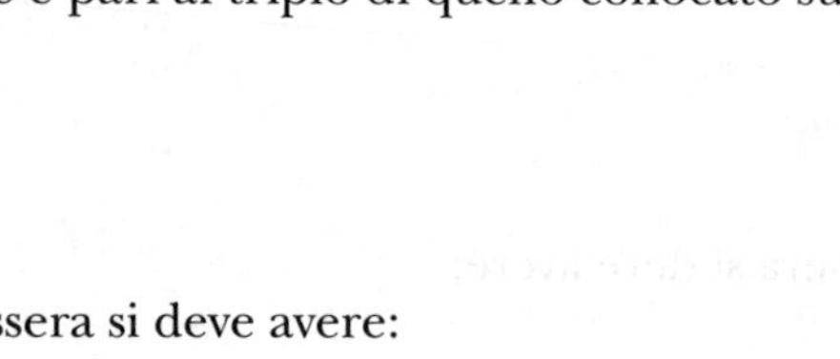

Pertanto la risposta esatta è **63**.

80) D. La serie è composta da tre figure geometriche contenenti dei numeri. Ogni figura geometrica è costituita da due cerchi sotto i quali è collocato centralmente un terzo cerchio.

Per le prime due figure complete da un punto di vista numerico, si nota che il prodotto dei numeri contenuti nei due cerchi superiori restituisce il numero contenuto all'interno del cerchio collocato inferiormente.
Difatti si ha:

$4 \times 5 = 20$
$9 \times 6 = 54$

Pertanto si ha anche che:

$7 \times 8 = 56$

Il nesso logico che regola la collocazione dei numeri nelle figure è mostrato nella seguente illustrazione:

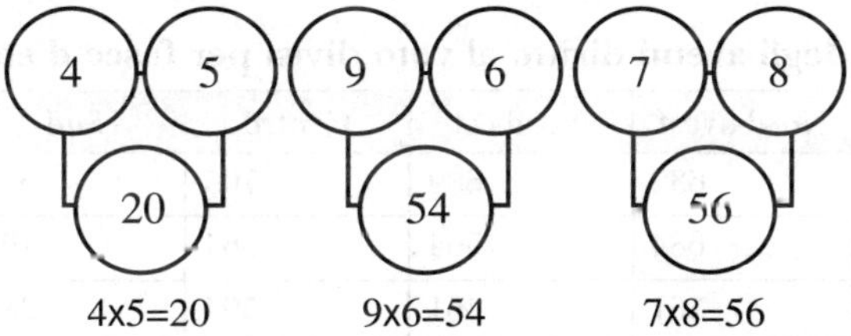

Quindi la risposta corretta è **56**.

Questionario 5
Ragionamento critico-numerico - *Problem solving*

Interpretazione di dati in tabelle

Leggere i dati riportati nella tabella seguente e rispondere ai quesiti 1-5.

Distribuzione degli aventi diritto al voto divisi per fasce d'età (in migliaia)

	Nord-ovest	Nord-est	Centro	Sud	Isole
18-25 anni	632	689	705	512	410
26-33 anni	684	564	684	467	365
34-41 anni	561	461	594	387	298
42-49 anni	428	345	512	312	204
50-57 anni	365	265	456	296	192
Oltre	245	198	321	184	103
Totale	2.915	2.522	3.272	2.158	1.572

1) Nel Nord-ovest, sul totale degli aventi diritto al voto, qual è la percentuale (approssimata) di quelli fino a 33 anni?

A. 23%
B. 17%
C. 50%
D. 45%
E. 38%

2) Qual è il numero di aventi diritto al voto nelle Isole (in migliaia), nella fascia d'età in cui esistono due zone con lo stesso numero di aventi diritto al voto?

A. 410
B. 192
C. 204
D. 103
E. 365

3) In quale fascia d'età si registra il divario maggiore, in termini assoluti, tra Nord-est e Centro?

A. 50-57 anni
B. 18-25 anni
C. 42-49 anni
D. 26-33 anni
E. 34-41 anni

4) Qual è il numero complessivo di aventi diritto al voto con età fino ai 41 anni, al Sud e nelle Isole (in migliaia)?
A. 2.948
B. 2.439
C. 1.560
D. 2.522
E. 2.301

5) Qual è la percentuale approssimata degli aventi diritto al voto di età superiore ai 57 anni, sul totale degli aventi diritto al voto?
A. 3%
B. 6%
C. 25%
D. 12%
E. 8%

Leggere i dati riportati nella tabella seguente e rispondere ai quesiti 6-10.

Percentuali del ricavato della vendita di un immobile (= 1,2 milioni di €) spettanti ai soci

	% soci
Carlo	30%
Giorgio	25%
Franco	10%
Marco	35%

6) Qual è la quota che gli ultimi tre soci in tabella devono dividersi?
A. 984 mila €
B. 724 mila €
C. 640 mila €
D. 780 mila €
E. 840 mila €

7) Se la quota di Carlo fosse ripartita equamente fra gli altri soci quanto spetterebbe a ciascuno?
A. 120 mila €
B. 90 mila €
C. 360 mila €
D. 240 mila €
E. Nessuna delle alternative proposte

8) Se il 25% del ricavato della vendita venisse utilizzato per saldare dei debiti contratti dai soci, quale sarebbe il valore della quota di Carlo?
A. 320 mila €
B. 240 mila €

C. 100 mila €
D. 360 mila €
E. 270 mila €

9) Se i soci decidessero di mettere in comune il 5% della quota spettante a ciascuno di essi, quanto riuscirebbero ad accantonare complessivamente?
A. 30 mila €
B. 6 mila €
C. 25 mila €
D. 60 mila €
E. Nessuna delle alternative proposte

10) Qual è la differenza fra la quota di Marco e quella di Carlo?
A. 6 mila €
B. 600 mila €
C. 120 mila €
D. 180 mila €
E. 60 mila €

Leggere i dati riportati nella tabella seguente e rispondere ai quesiti 11-15.

Entrate e uscite mensili di 3 persone (in €)

	Marco	Stefano	Luca
Stipendio	2.000	2.600	2.000
Affitto	600	750	700
Bollette	240	350	400
Vitto	560	640	450
Trasporti	100	310	140
Vario	200	300	120

11) Che risparmio otterrebbe Stefano riducendo le spese di vitto del 20%?
A. 64 €
B. 108 €
C. 112 €
D. 12,80 €
E. 128 €

12) Quanto riesce a mettere da parte Marco in un mese, considerando lo stipendio e le spese affrontate?
A. 320 €
B. 300 €
C. 240 €
D. 420 €
E. Nessuna delle alternative proposte

13) Se ognuno dei tre mettesse in comune mensilmente il 5% del proprio stipendio, di che importo globale disporrebbero?
A. 280 €
B. 230 €
C. 320 €
D. 300 €
E. 330 €

14) Che risparmio otterrebbe Luca se riducesse del 5% le spese dei trasporti?
A. 3,50 €
B. 8,20 €
C. 6 €
D. 7 €
E. 4 €

15) Quanto riescono a mettere da parte complessivamente in un mese Marco, Stefano e Luca, considerando gli stipendi da essi percepiti e le spese affrontate?
A. 830 €
B. 390 €
C. 740 €
D. 650 €
E. Nessuna delle alternative proposte

Leggere i dati riportati nella tabella seguente e rispondere ai quesiti 16-20.

Ore di trasmissione di vari canali TV suddivise per tipologia

	Mediaworld	5TV	Strem	Canale +	Channel A
Spot	110	50	30	10	40
Film	15	25	35	90	50
Fiction	10	10	25	70	20
Quiz	15	15	30	70	30

16) Qual è la percentuale imputabile ai film su Canale + rispetto al totale delle ore trasmesse dallo stesso canale?
A. 33%
B. 9%
C. 27,5%
D. 37,5%
E. Nessuna delle alternative proposte

17) Qual è la percentuale (arrotondata) imputabile complessivamente agli spot e ai film trasmessi su Channel A rispetto al totale delle ore trasmesse dalla stessa emittente?
A. 33%
B. 64%

C. 90%
D. 50%
E. Nessuna delle alternative proposte

18) Considerando solo gli Spot, qual è la percentuale (approssimata) di ore trasmesse da 5TV, rispetto al totale delle ore trasmesse dalle cinque emittenti in tabella?
A. 21%
B. 32%
C. 26%
D. 18%
E. Nessuna delle alternative proposte

19) Qual è la differenza, in termini assoluti, tra le ore totali di trasmissione di Mediaworld e quelle di Canale +?
A. 120 ore
B. 140 ore
C. 10 ore
D. 90 ore
E. Nessuna delle alternative proposte

20) Qual è la differenza, in termini assoluti, tra le ore di trasmissione di Spot e quelle di Fiction?
A. 105 ore
B. 80 ore
C. 25 ore
D. 40 ore
E. Nessuna delle alternative proposte

Leggere i dati riportati nella tabella seguente e rispondere ai quesiti 21-25.

Presenze di turisti negli esercizi ricettivi di alcuni paesi UE
Anni 1994-1997 (in milioni)

	1994	1995	1996	1997	Totale
Finlandia	3	4	4	5	16
Spagna	122	129	129	131	511
Portogallo	50	52	55	61	218
Germania	56	57	58	58	229
Totale	231	242	246	255	974

21) In quale anno si è avuto un incremento, rispetto all'anno precedente, di 2 milioni di presenze in Portogallo?
A. 1995
C. 1994
C. 1997
D. 1996
E. Nessuna delle alternative proposte

22) In quanti Paesi, tra quelli considerati in tabella, non è stato registrato alcun incremento delle presenze di turisti tra due anni consecutivi?

A. 3
B. 4
C. 1
D. 2
E. Nessuna delle alternative proposte

23) Rispetto al 1994, quale Paese ha avuto il minor incremento, in termini assoluti, di presenze di turisti nel 1996?

A. Spagna
B. Finlandia
C. Portogallo
D. Germania
E. Nessuna delle alternative proposte

24) Nell'anno in cui in Portogallo si è registrato il minimo di presenze di turisti, qual è la differenza (in valore assoluto) tra queste e quelle registrate in Germania?

A. 4 milioni
B. 5 milioni
C. 7 milioni
D. 6 milioni
E. Nessuna delle alternative proposte

25) Qual è la percentuale arrotondata di presenze di turisti in Germania negli anni 1994 e 1995, sul totale delle presenze in quella nazione, relative ai 4 anni in tabella?

A. 57%
B. 49%
C. 38%
D. 55%
E. 45%

Leggere i dati riportati nella tabella seguente e rispondere ai quesiti 26-30.

Percentuale media di spesa per vitto, affitto, salute, abbigliamento e altro, per fascia di reddito (2002)

	Vitto	Affitto	Salute	Abbigliam.	Altro
40-49 mila €	40%	15%	9%	18%	18%
50-74 mila €	30%	18%	10%	20%	22%
75-89 mila €	30%	20%	12%	22%	16%

26) Quanto spende mediamente per la salute un cittadino con un reddito di 45 mila €?

A. 8.400 €
B. 6.750 €
C. 4.500 €

D. 4.050 €
E. 5.200 €

27) Quanto spende mediamente, per la voce "altro", un cittadino con un reddito di 46 mila €?
A. 10.120 €
B. 7.360 €
C. 12.320 €
D. 10.800 €
E. 8.280 €

28) Quanto spende in più per l'affitto un cittadino con un reddito di 80 mila € rispetto ad uno con un reddito di 75 mila €?
A. 1.500 €
B. 500 €
C. 1.000 €
D. 2.000 €
E. Nessuna delle alternative proposte

29) Quanto spende in media complessivamente per il vitto e l'affitto un cittadino con un reddito di 43 mila €?
A. 23.650 €
B. 18.350 €
C. 20.640 €
D. 24.940 €
E. 25.000 €

30) Quanto spende complessivamente per il vitto e l'abbigliamento un cittadino con un reddito di 63 mila €?
A. 31.500 €
B. 41.500 €
C. 39.500 €
D. 44.550 €
E. 29.000 €

Leggere i dati riportati nella tabella seguente e rispondere ai quesiti 31-35.

Dipendenti della ditta XYZ per fascia di retribuzione e retribuzione media (in migliaia di €)

	Retribuzione	Numero dipendenti	Retribuzione media
I fascia	15-20	4.400	18
II fascia	20-30	3.020	23
III fascia	30-50	400	36
IV fascia	50-70	120	58
V fascia	70-100	60	81
Totale		8.000	

31) Qual è la spesa totale sostenuta per la retribuzione dei dipendenti della terza fascia?

A. 7.880 mila €
B. 14.400 mila €
C. 13.000 mila €
D. 8.640 mila €
E. Nessuna delle alternative proposte

32) Qual è la spesa totale della ditta XYZ sostenuta per la retribuzione di tutti i suoi dipendenti?

A. 250.000 mila €
B. 274.780 mila €
C. 182.880 mila €
D. 120.800 mila €
E. Nessuna delle alternative proposte

33) Qual è la percentuale dei dipendenti appartenenti alla fascia retributiva 50-70 mila?

A. 1,5%
B. 5,5%
C. 0,5%
D. 4%
E. Nessuna delle alternative proposte

34) Nel caso di aumento dei contributi previdenziali pari all'1%, quale sarebbe complessivamente la spesa addizionale per i dipendenti della fascia retributiva 70-100 mila €?

A. 38 mila €
B. 48,6 mila €
C. 44 mila €
D. 56 mila €
E. Nessuna delle alternative proposte

35) Qual è la differenza tra la spesa totale sostenuta per la retribuzione dei dipendenti della quarta fascia e quella sostenuta per la retribuzione dei dipendenti della quinta fascia?

A. 2.100 mila €
B. 55.060 mila €
C. 10.540 mila €
D. 9.740 mila €
E. Nessuna delle alternative proposte

Leggere i dati riportati nella tabella seguente e rispondere ai quesiti 36-40.

Indici sintetici dei prezzi delle materie prime aventi mercato internazionale

	Dow Jones	HWWA	Confind.
1992	118	86	148
1993	123	79	136
1994	141	83	146
1995	149	91	162
1996	147	94	172
1997	146	93	160

36) In quale anno l'indice Dow Jones ha subito la minima variazione in termini assoluti?
A. 1997
B. 1996
C. 1992
D. 1994
E. 1993

37) Qual è l'incremento percentuale (arrotondato) dell'indice Confindustria nel 1995 rispetto al 1994?
A. 19%
B. 7%
C. 11%
D. 20%
E. 15%

38) Qual è il valore medio dell'indice Dow Jones nel periodo 1994-1997?
A. 143,25
B. 140,5
C. 145,75
D. 148
E. Nessuna delle alternative proposte

39) Qual è il massimo decremento annuo subito dall'indice Dow Jones nel periodo 1995-1997?
A. 4
B. 7
C. 3
D. 1
E. 2

40) Qual è l'incremento assoluto tra il 1992 ed il 1996 dell'indice che ha subito il massimo incremento in quel periodo?
A. 22

B. 24
C. 25
D. 29
E. 23

Leggere i dati riportati nella tabella seguente e rispondere ai quesiti 41-45.

Personale addetto suddiviso per settore di attività e sede

	Sede A	Sede B	Sede C	Sede D
Marketing	100	50	40	15
Design	18	25	32	90
Ricerca	15	10	25	60
Sicurezza	17	15	23	75

41) Qual è il numero medio degli addetti al settore Design per sede?
A. 50,5
B. 25
C. 44,15
D. 41,25
E. Nessuna delle alternative proposte

42) Qual è la differenza tra il numero degli addetti alla sede A e quello degli addetti alla sede B?
A. 55
B. 50
C. 25
D. 30
E. 40

43) Sul totale del personale, qual è la percentuale (arrotondata) di addetti al settore Ricerca?
A. 15%
B. 23%
C. 18%
D. 9%
E. 33%

44) Sul totale del personale, qual è la percentuale (arrotondata) degli addetti alla sede B?
A. 16%
B. 25%
C. 20%
D. 39%
E. 13%

45) Sul totale degli addetti al settore Sicurezza, quale percentuale (arrotondata) del personale svolge attività nella sede D?

A. 58%
B. 55%
C. 48%
D. 70%
E. 50%

Leggere i dati riportati nella tabella seguente e rispondere ai quesiti 46-50.

Listino di alcuni modelli di personal computer della Telematic venduti con relativi accessori

	Base	Stampante	Modem 56	CD 50X
Light	1.520	350	136	260
Standard	1.730	320	125	245
Pro	1.950	315	114	231
Shock	2.100	290	102	216

46) Quale modello è stato acquistato al prezzo di 2295 €, inclusi solo Modem 56 e CD 50X?

A. Pro
B. Shock
C. Nessuna delle alternative proposte
D. Standard
E. Light

47) Qual è la differenza tra il costo di un modello Shock completamente accessoriato e quello del modello Standard, accessori esclusi?

A. 320 €
B. 430 €
C. 978 €
D. 1.188 €
E. Nessuna delle alternative proposte

48) Qual è la differenza di prezzo tra i tre accessori del modello Light e quelli del modello Shock?

A. 344 €
B. 270 €
C. 154 €
D. 138 €
E. Nessuna delle alternative proposte

49) Quale modello è stato acquistato, completamente accessoriato, al prezzo di 2.510 €?

A. Standard
B. Pro

C. Light
D. Shock
E. Nessuna delle alternative proposte

50) Quanto influisce, in percentuale approssimata, il costo di un Modem 56 sul costo del modello Pro completamente accessoriato?
A. 4%
B. 7%
C. 11%
D. 3%
E. 2%

Leggere i dati riportati nella tabella seguente e rispondere ai quesiti 51-55.

Indici della produzione dell'industria estrattiva in alcuni Paesi (Base 1990 = 100)

	1994	1995	1996	1997	1998
Danimarca	111	116	118	124	127
Grecia	96	98	98	99	103
Austria	92	113	114	122	133
Giappone	92	95	98	101	94
Canada	106	111	113	120	125
Malaysia	163	186	209	235	211
Zambia	81	78	67	77	77

51) Qual è stato, in percentuale, il maggior incremento dell'indice nel 1995, rispetto alla base 1990?
A. 86%
B. 16%
C. 78%
D. 12%
E. 98%

52) Quanti Paesi hanno sempre registrato un aumento annuo dell'indice, nel periodo considerato in tabella?
A. 5
B. 4
C. 1
D. 3
E. Nessuna delle alternative proposte

53) Quali sono i Paesi che nel 1995 hanno avuto un incremento dell'indice, rispetto all'anno precedente, pari a 5?
A. Grecia e Zambia
B. Danimarca e Canada

C. Giappone e Grecia
D. Danimarca e Malaysia
E. Austria e Zambia

54) Supponendo che lo Zambia subisca, tra il 1998 e il 1999, lo stesso incremento dell'indice in termini assoluti subito dalla Danimarca nel 1997 rispetto al 1996, quale sarebbe l'indice dello Zambia nel 1999?
A. 93
B. 109
C. 78
D. 87
E. Nessuna delle alternative proposte

55) Quale Paese ha subito il decremento annuo maggiore dell'indice, in termini assoluti, nel periodo considerato in tabella?
A. Giappone
B. Zambia
C. Grecia
D. Malaysia
E. Nessuna delle alternative proposte

Leggere i dati riportati nella tabella seguente e rispondere ai quesiti 56-60.

Multisala Cineflex, frequenza mensile degli spettatori per fasce orarie e sale di proiezione

Fasce orarie (costo)	Sala G 200 p.	Sala M 120 p.	Sala P 75 p.
I (8 €)	1.200	620	496
II (8 €)	2.616	1.152	768
III (10 €)	3.360	1.920	1.128
IV (12 €)	2.800	1.650	950
V (12 €)	4.416	2.616	1.330

56) Nella I fascia oraria, rispetto agli spettatori della Sala M, gli spettatori della Sala P sono stati:
A. il 35% in meno
B. il 20% in meno
C. il 15% in meno
D. il 30% in meno
E. il 10% in meno

57) Se una percentuale del 15% del totale mensile degli spettatori della IV fascia oraria ha usufruito di biglietti omaggio, a quanto ammonta il mancato incasso del Cineflex per questa fascia oraria?

A. 11.420 €
B. 8.760 €
C. 10.250 €
D. 14.870 €
E. Nessuna delle alternative proposte

58) Tenendo conto che il Cineflex è aperto 24 giorni in un mese, quanti spettatori giornalieri (in media) hanno visto il film nella Sala G nella III fascia oraria nel mese considerato in tabella?
A. 190
B. 140
C. 206
D. 60
E. 315

59) Quanto ha incassato per tutte le fasce orarie la Sala G nel mese considerato in tabella?
A. 156.780 €
B. 176.450 €
C. 150.720 €
D. 234.780 €
E. 178.650 €

60) Nei 24 giorni di apertura mensile, quale è stata la differenza del numero medio degli spettatori giornalieri della Sala M nella III fascia oraria e quello degli spettatori della Sala G nella V fascia oraria?
A. 104
B. 214
C. 2117
D. 97
E. 165

Interpretazione di dati in grafici

61) Facendo riferimento al grafico, qual è stato il fatturato in Italia nel primo semestre 2014?

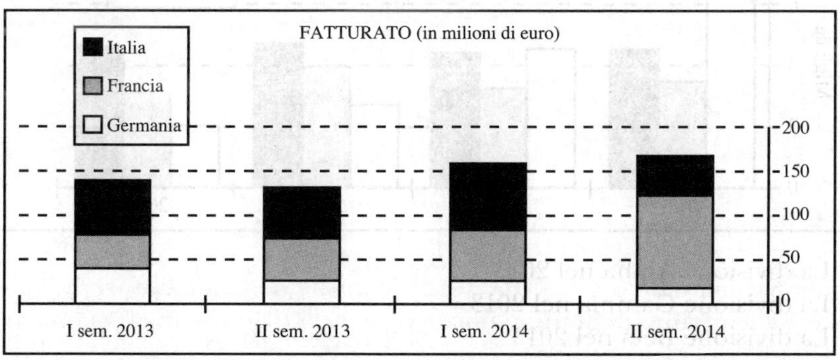

A. Circa 60 milioni di euro
B. Circa 80 milioni di euro
C. Circa 100 milioni di euro
D. Circa 40 milioni di euro
E. Circa 120 milioni di euro

62) Facendo riferimento al grafico, qual è il rapporto tra gli intervistati con più di 20 anni e quelli con meno di 20 anni?

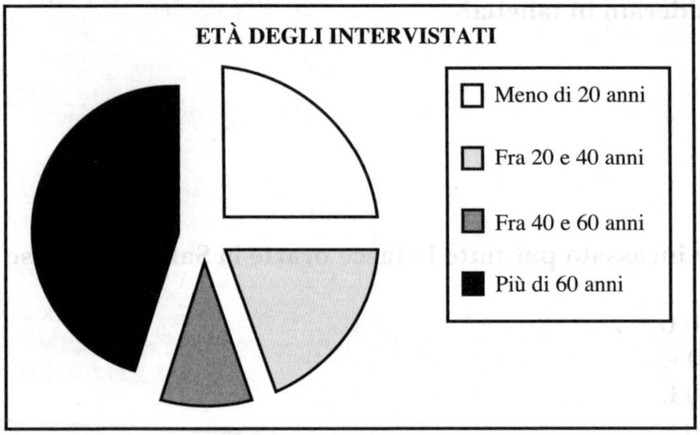

A. Circa 1 a 3
B. Circa 3 a 1
C. Circa 4 a 1
D. Circa 1 a 4
E. Circa 1 a 2

63) Facendo riferimento al grafico e scegliendo fra le risposte proposte, quale divisione (e in quale anno) ha venduto di più?

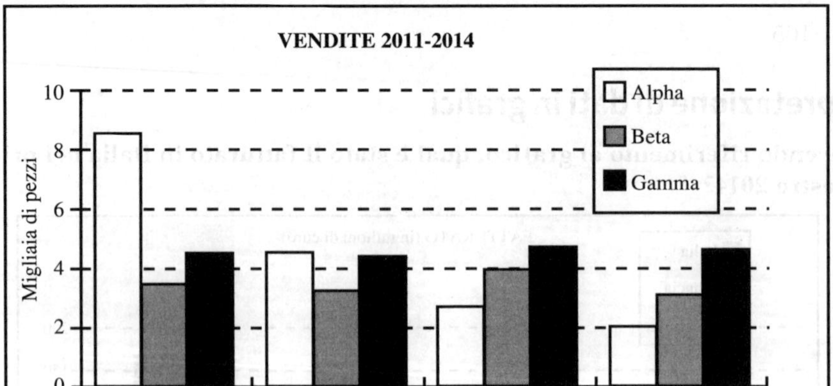

A. La divisione Alpha nel 2013
B. La divisione Gamma nel 2013
C. La divisione Beta nel 2013

D. La divisione Alpha nel 2011
E. Per rispondere è necessario conoscere i dati numerici

64) In base alle informazioni contenute nel grafico quale settore ha aumentato maggiormente le vendite fra il primo e il terzo trimestre?

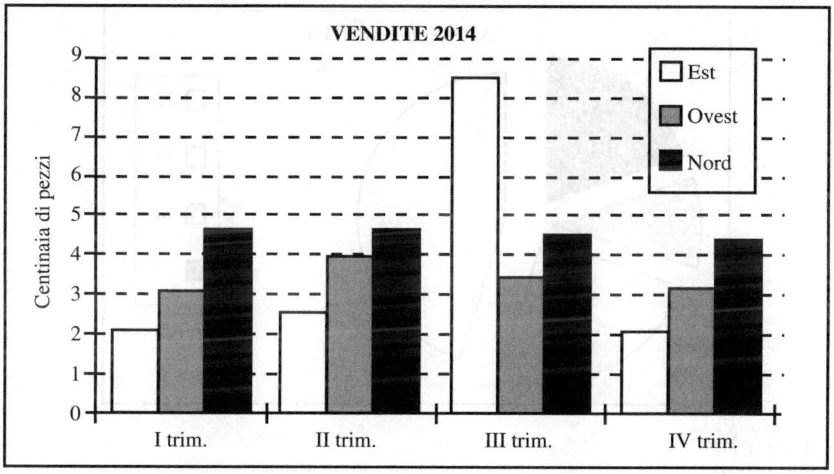

A. Il settore Nord
B. Il settore Ovest
C. Il settore Est
D. Il settore Sud
E. Non è possibile rispondere

65) Sulla base delle informazioni contenute nel grafico, quanti pezzi sono stati venduti dal settore Nord nel terzo trimestre?

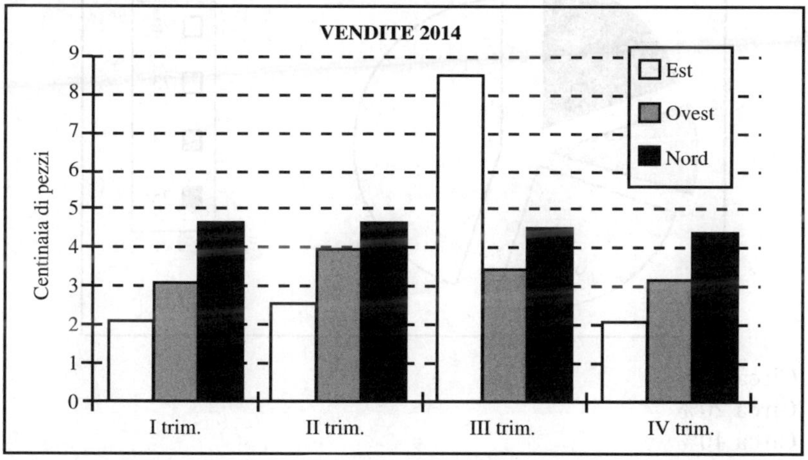

A. Circa 210 pezzi
B. Circa 150 pezzi
C. Circa 450 pezzi

D. Circa 90 pezzi
E. Circa 380 pezzi

66) Sulla base delle informazioni contenute nel grafico e sapendo che i nati nel 1975 sono 36, quanti sono approssimativamente i nati nel 1972?

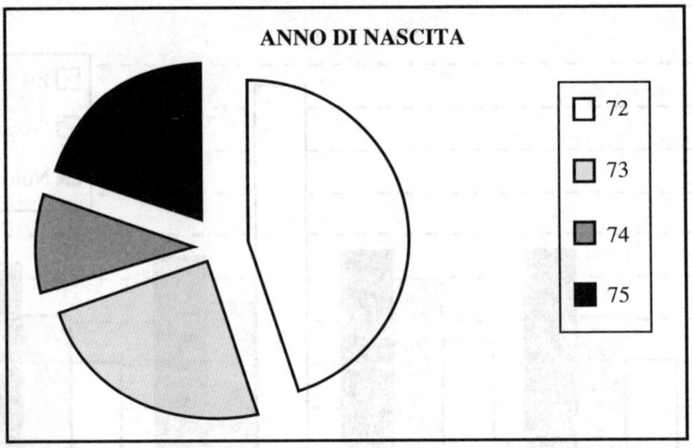

A. Circa 10
B. Circa 20
C. Circa 80
D. Circa 40
E. Circa 30

67) Sulla base delle informazioni contenute nel grafico, qual è approssimativamente la percentuale di nati nel 1974?

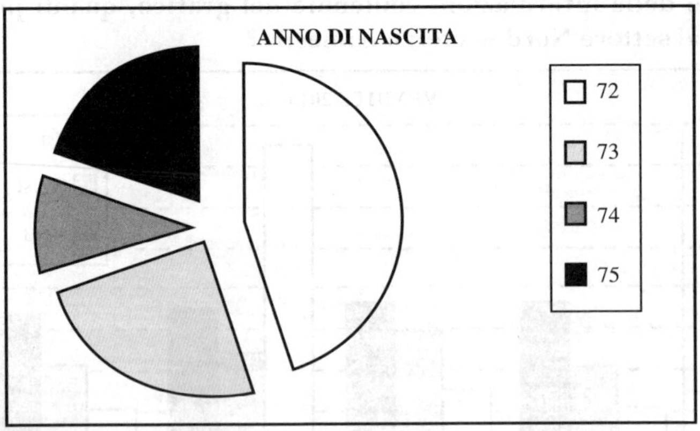

A. Circa 30%
B. Circa 20%
C. Circa 40%
D. Circa 60%
E. Circa 10%

68) Sulla base delle informazioni contenute nel grafico, in quale anno le due divisioni Borsette e Valigie (Zaini esclusi) hanno globalmente venduto di più?

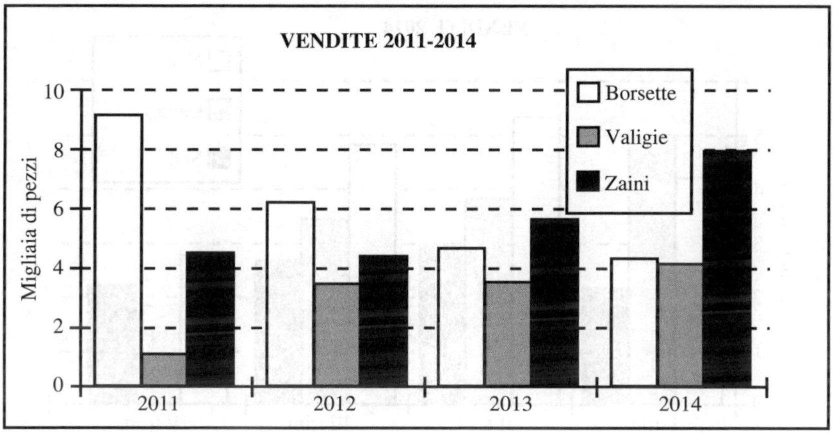

A. Nel 2011
B. Nel 2013
C. Nel 2012
D. Nel 2014
E. Nel 2012 e nel 2013

69) Sulla base delle informazioni contenute nel grafico, qual è stato l'utile dell'azienda Beta nel 2011?

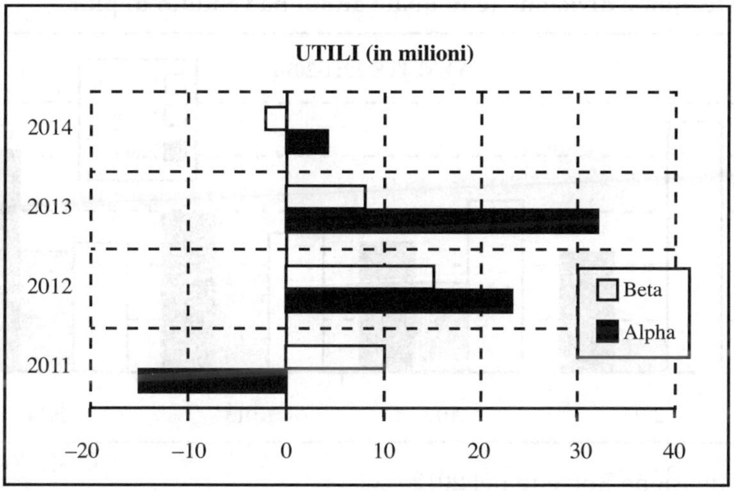

A. Circa 30 milioni
B. Circa 5 milioni
C. Circa 10 milioni
D. Circa 60 milioni
E. Circa 40 milioni

70) Sulla base delle informazioni contenute nel grafico, a quanto ammontano le vendite dell'area Sud nell'arco dei quattro trimestri?

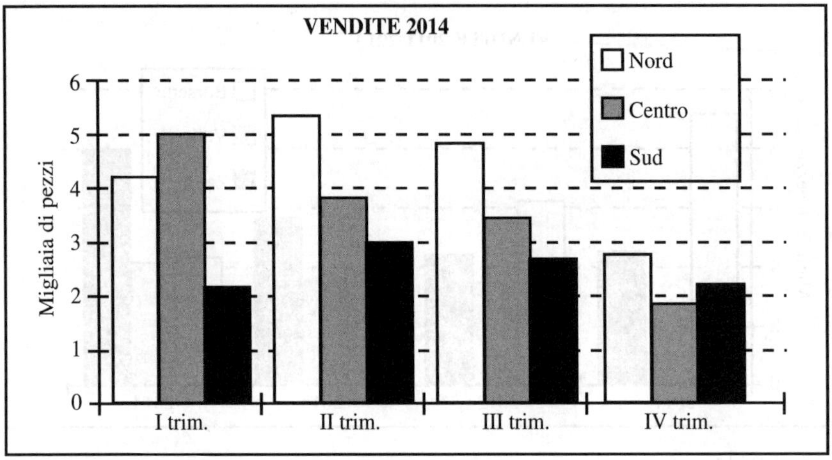

A. Circa 20.000 pezzi
B. Circa 10.000 pezzi
C. Circa 5.000 pezzi
D. Circa 15.000 pezzi
E. Circa 12.000 pezzi

71) Sulla base delle informazioni contenute nel grafico, e scegliendo fra le risposte proposte, quale divisione (e in quale anno) ha venduto di più?

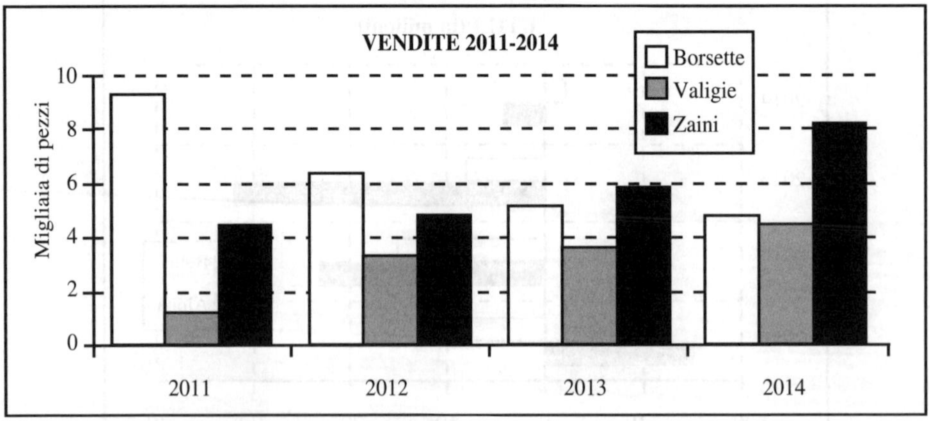

A. La divisione Borsette nel 2012
B. La divisione Valigie nel 2012
C. La divisione Zaini nel 2014
D. La divisione Valigie nel 2011
E. La divisione Borsette nel 2011

72) Nel grafico sotto riportato vengono rappresentati i dati sull'occupazione femminile nel periodo t divisi per aree geografiche. Sulle ordinate sono indicati i valori numerici, sulle ascisse le aree geografiche. Per ciascuna area i dati sono ripartiti per settori.

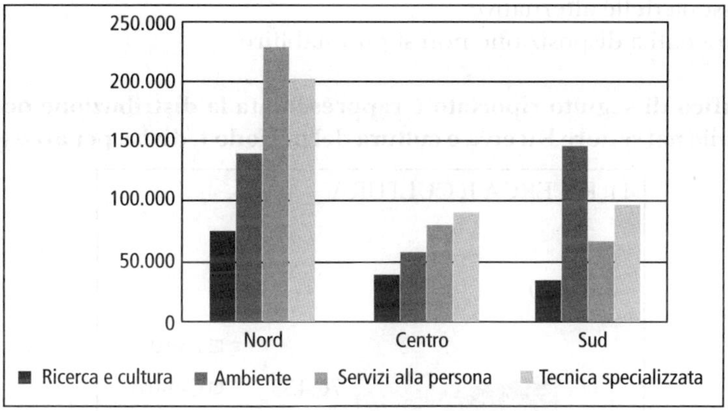

Sulla base dei dati riportati nel grafico, quale area geografica evidenzia una maggiore presenza nei servizi alla persona?

A. Sud
B. Nord
C. Centro
D. Centro e Sud sono ugualmente presenti
E. Nord e Centro sono ugualmente presenti

73) Il seguente grafico rappresenta sempre l'occupazione femminile nel periodo t: sulle ordinate abbiamo sempre i valori numerici, sulle ascisse questa volta abbiamo i diversi settori occupazionali con i dati raggruppati per area. Mentre il primo grafico mette in risalto le differenze di occupazione tra aree geografiche, il secondo evidenzia le differenze tra settori occupazionali.

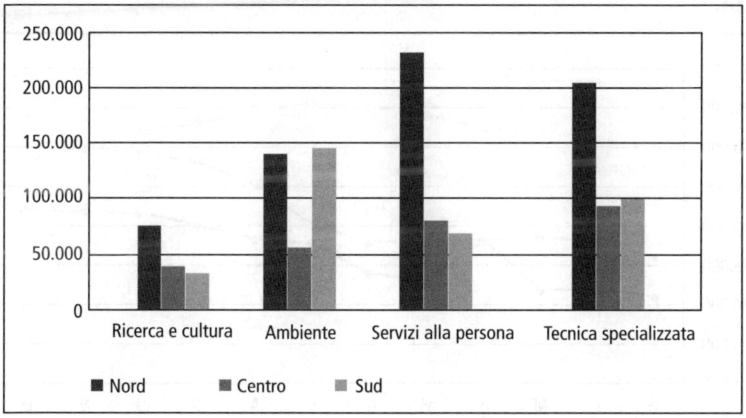

Qual è il rapporto tra il settore Ambiente e il settore Ricerca e cultura al Sud?

A. Il primo è maggiore del secondo
B. Il primo è minore del secondo
C. Sono equivalenti
D. Nessuna delle alternative
E. Con i dati a disposizione non si può stabilire

74) Nel grafico di seguito riportato è rappresentata la distribuzione occupazionale femminile nel settore Ricerca e cultura del periodo t, divisa per aree geografiche.

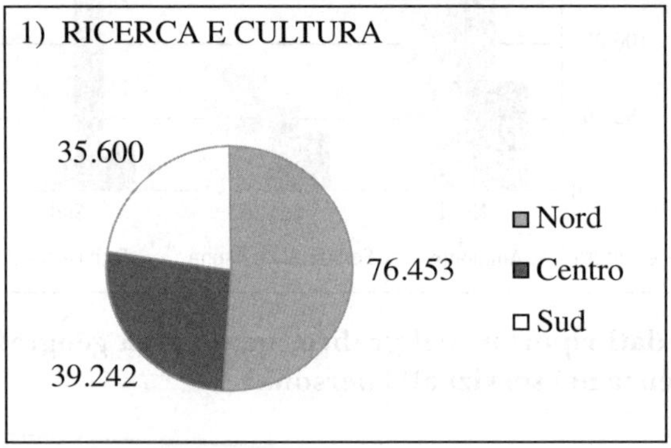

Qual è l'incidenza delle lavoratrici del Nord nel settore Ricerca e cultura?

A. 15%
B. 19,5%
C. 25%
D. 60,5%
E. Nessuna delle alternative

75) Nel grafico di seguito riportato, vengono rappresentate le tendenze dei settori occupazionali con le variazioni mensili. Ciò consente di valutare i trend di crescita.

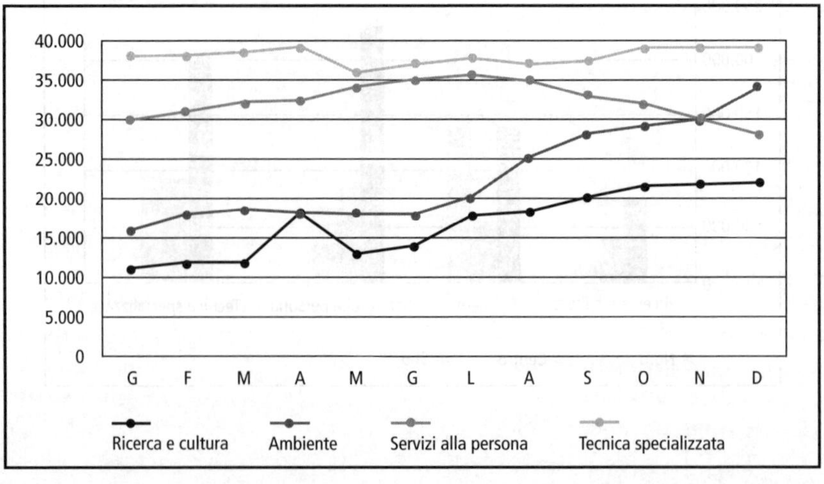

In corrispondenza di quale mese il valore del settore Ricerca e cultura coincide con il valore del settore Ambiente?

A. Marzo
B. Aprile
C. Gennaio
D. Giugno
E. Ottobre

Problem solving

76) Sono dodici le squadre che parteciperanno ai Campionati del mondo di Pitchball del mese prossimo. Sono divise in due gruppi da sei. Ogni squadra giocherà due partite contro ognuna delle altre squadre appartenenti allo stesso gruppo e una partita contro ogni squadra dell'altro gruppo. Alla fine, i vincitori di ogni gruppo si scontreranno in finale.
Quante partite si giocheranno in tutto nel torneo?

A. 67
B. 91
C. 97
D. 109
E. 193

77) È stata svolta una ricerca sui mezzi di trasporto utilizzati per andare a scuola, che ha rivelato i risultati seguenti (raggruppati per classe):

	1ª media	2ª media	3ª media	1° liceo	2° liceo	Totale
Macchina	30	33	16	18	10	102
Autobus	14	16	13	15	18	76
Bicicletta	5	12	23	25	30	95
A piedi	101	89	100	92	108	490
Totale	150	145	152	150	166	763

Uno dei valori della tabella non è stato riportato correttamente, anche se i totali sono rimasti corretti. Qual è il valore errato?

A. 14
B. 33
C. 23
D. 92
E. 18

78) Tre amici decidono di pesarsi su una bilancia pubblica, usando solo una moneta. Senza ragionare, non si sono accorti che potrebbero pesarsi direttamente uno per uno. Quindi, prima, salgono John e Ivan, e la bilancia segna 90 kg. Ivan scende e sale Kevin; ora la bilancia segna 95 kg. Infine John scende e Ivan risale; la bilancia segna 99 kg.

I tre ragazzi rimangono quindi con il problema di calcolare il proprio peso singolarmente. Quanto pesa John?

A. 50 kg
B. 45 kg
C. 55 kg
D. 43 kg
E. 48 kg

79) Durante la sperimentazione di un farmaco per alleviare la depressione, il 15% dei soggetti ha lamentato una condizione peggiore di quella iniziale, il 20% ha riportato un leggero miglioramento e il 35% ha riferito un netto miglioramento. Dei soggetti rimanenti, 9 non hanno avvertito alcun effetto e gli altri 27 non sono riusciti a completare la cura.
Quante persone, inizialmente, hanno preso parte alla sperimentazione?

A. 36
B. 66
C. 90
D. 106
E. 120

80) Rajesh e Leena sono fratelli e frequentano la stessa scuola che dista 2 km da casa. Ogni mattina, Leena parte 10 minuti prima di Rajesh e va a piedi. Rajesh va in bici percorrendo la stessa strada a una velocità quattro volte superiore a quella di Leena, e arriva a scuola 5 minuti prima di lei.
Quanto è lontana da casa Leena quando parte Rajesh?

A. $\frac{1}{2}$ km
B. $\frac{2}{3}$ km
C. 1 km
D. $5 \cdot \frac{1}{3}$ km
E. $5 \cdot \frac{1}{2}$ km

81) Katy, Louise, Mike e Neil vanno in palestra regolarmente. All'inizio dell'anno, pesavano rispettivamente 65, 80, 75 e 70 kg. Nel corso dell'anno, hanno tutti avuto una variazione di peso superiore a 5 kg. Mike ha perso più peso sia di Louise che di Katy. Neil è aumentato.
Quale delle seguenti sequenze, in ordine crescente di peso, non è possibile che si sia verificata alla fine dell'anno?

A. Katy, Louise, Mike, Neil
B. Mike, Katy, Louise, Neil
C. Mike, Louise, Katy, Neil
D. Katy, Mike, Louise, Neil
E. Sono tutte possibili

82) Delle 100 viti che ho nella cassetta degli attrezzi:
60 hanno la testa a stella e 40 a taglio
70 hanno un diametro di 3 mm, 20 di 4 mm e 10 di 5 mm
80 sono lunghe 50 mm, 5 sono lunghe 35 mm e 15 sono lunghe 20 mm.
Qual è il minor numero di viti con la testa a stella, il diametro di 3 mm e la lunghezza di 50 mm che ho nella cassetta?

A. 0
B. 10
C. 30
D. 31
E. 60

83) Dal lungomare di Shoreton si vedono due fari. Entrambe le luci si accendono e si spengono a intermittenze regolari. Uno rimane acceso per 3 secondi e poi spento per 8 secondi, mentre l'altro è acceso per 2 secondi e spento per 7 secondi.
15 secondi fa entrambe le luci si sono accese nello stesso preciso istante.
Tra quanti secondi, per la prima volta da adesso, entrambe le luci si spegneranno contemporaneamente?

A. 32
B. 47
C. 62
D. 84
E. 131

84) Il grafico mostra la media delle temperature mensili nel Bangladesh. L'estremità inferiore della barretta mostra la media delle temperature minime giornaliere durante il mese, mentre l'estremità superiore indica la media delle temperature massime giornaliere durante il mese.

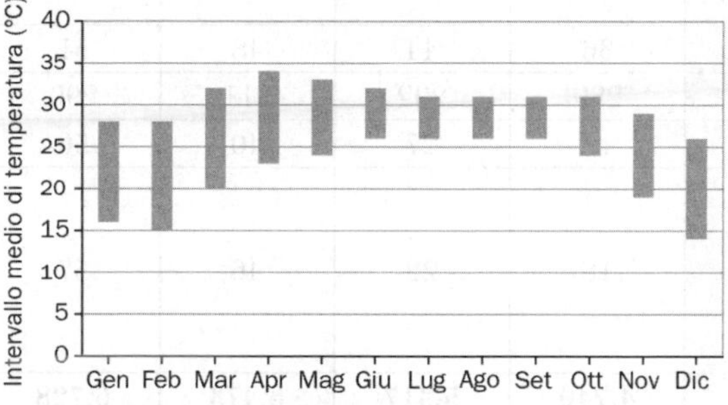

Qual è la differenza tra la media delle temperature minime e la media di quelle massime durante l'anno?

A. 15 °C
B. 20 °C
C. 22 °C
D. 14 °C
E. 16 °C

Le domande da 85 a 88 fanno riferimento alle seguenti informazioni:
La tabella riportata è tratta dall'UK National Transport Survey, indagine svolta nel 2002. In essa sono stati riportati i viaggi svolti dalle persone nell'arco di una settimana e stimate le distanze medie annue.

Distanza media percorsa, suddivisa per mezzi di trasporto: dal 1975/1976 al 2002

	km annui a persona					
	1975/1976	**1985/1986**	**1991/1993**	**1996/1998**	**1999/2001**	**2002**
A piedi	255	244	212	193	189	190
Bicicletta	51	44	39	38	39	33
Pullman a noleggio	150	131	123	103	95	124
Guidatore - solo macchina	1.849	2.271	2.993	3.319	3.381	3.410
Passeggero - solo macchina	1.350	1.525	1.951	1.973	1.973	2.028
Motociclo/ Motorino	47	51	38	30	29	33
Guidatore - furgoncino/ camion	122	153	192	178	154	218
Passeggero - furgoncino/ camion	61	75	72	66	57	61
Altri mezzi privati	16	33	41	35	24	20
Autobus urbani	429	297	263	249	245	259
Autobus interurbani	54	109	105	95	97	58
Metropolitana	36	44	48	51	57	62
Treni	289	292	311	290	368	373
Taxi/minicab	13	27	40	50	61	55
Altri mezzi pubblici (aereo, traghetto, metropolitana leggera ecc.)	18	22	46	57	48	56
Totale	**4.740**	**5.317**	**6.473**	**6.728**	**6.815**	**6.981**

La tabella seguente mostra i dettagli dell'indagine da cui sono stati tratti i dati sopra riportati.

Indagine su una settimana: numero di persone e tappe

Dimensione del campione:	1975/1976	1985/1986	1991/1993	1996/1998	1999/2001	2002
Persone	26.495	25.785	25.173	21.980	23.004	16.886
Tappe	365.800	582.798	579.693	486.734	492.380	349.227

Con "tappe" si indicano tutte le tratte di un viaggio che vengono percorse con mezzi diversi (es. un viaggio può essere svolto in tre tappe: a piedi/in treno/in taxi).

85) Quanta strada in più in un anno ha percorso in macchina una persona media (sia come guidatore che come passeggero) nel 2002 rispetto al periodo 1999/2001?

A. 29 km
B. 55 km
C. 84 km
D. 166 km
E. 2239 km

86) Quale mezzo di trasporto ha subìto la maggiore percentuale di diminuzione tra il 1975/6 e il 2002?

A. A piedi
B. Bicicletta
C. Pullman a noleggio
D. Motociclo/motorino
E. Autobus urbani

87) Il numero medio di km percorsi in macchina da passeggeri è inferiore al numero di km percorsi da guidatori. Quali delle seguenti alternative potrebbero dare origine a questa statistica?

1 Il numero medio di chi ha viaggiato in macchina è inferiore nel 2002 rispetto al 1975/6
2 Il numero medio di persone che hanno viaggiato in macchina è inferiore a 2
3 Sono più le macchine che viaggiano con una persona rispetto a quelle che viaggiano con più di una
4 Le macchine che trasportano passeggeri fanno viaggi più corti rispetto a quelle dove c'è solo il guidatore

A. La 1 e la 2
B. La 2, la 3 e la 4
C. La 3 e la 4
D. La 1, la 2 e la 3
E. La 2 e la 3

88) Qual è stata, approssimativamente, la lunghezza media di una singola tappa nel 2002? (Approssimare ai 0,5 km più vicini).

A. 15 km
B. 8 km
C. 20 km
D. 6,5 km
E. 10 km

89) Il piccolo Federico gioca con 550 tessere quadrate di legno colorato, tutte delle stesse dimensioni. Ha costruito con esse il quadrato più grande possibile; quante tessere sono avanzate a Federico?

A. 21
B. 25
C. 19
D. 23
E. 20

90) Una studentessa sta disegnando dei grafici a torta per illustrare come i vari elementi del costo del carburante contribuiscono al prezzo totale in alcuni Paesi. I dati che usa sono mostrati qui sotto, con i prezzi in valuta locale. La studentessa ha disegnato un solo grafico ieri sera, ma non ha evidenziato i diversi segmenti e non ricorda quale paese rappresenti. Il grafico è mostrato qui di seguito. Di che paese si tratta?

	Sudaria	Idani	Anguda	Boralia
Greggio	0,70	18,68	0,40	0,50
Raffinazione	0,02	4,67	0,02	0,02
Ingrosso	0,09	3,63	0,05	0,14
Dettaglio	0,06	2,08	0,06	0,05
Tasse	0,50	22,84	0,80	0,34
Totale	1,37	51,90	1,33	1,05

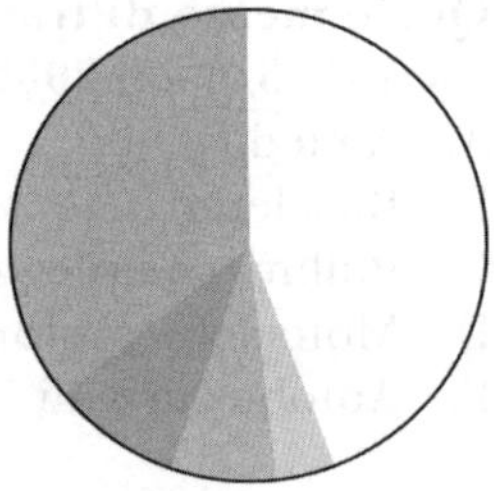

A. Sudaria
B. Idani
C. Anguda
D. Boralia
E. Nessuno dei Paesi indicati

91) La tabella mostra i risultati di un questionario su quante materie di livello A vengono scelte dagli studenti di cinque scuole.

Scuola	Percentuale di studenti che scelgono il numero mostrato di materie di livello A			
	1	2	3	4
Abbey Road	13	25	42	20
Barnfield	5	18	55	22
Colegate	24	36	28	12
Danbridge	16	18	61	5
Eden House	10	14	48	28

Il quotidiano locale (dimenticando che il numero di studenti potrebbe essere diverso nelle cinque scuole) ha sommato i numeri riportati, dividendo il totale per cinque, allo scopo di riprodurre un grafico con le percentuali relative all'intera cittadina. Inoltre, i dati di una delle cinque scuole sono stati, per errore, esclusi dal calcolo, cosicché la somma delle percentuali ottenute è inferiore a 100.

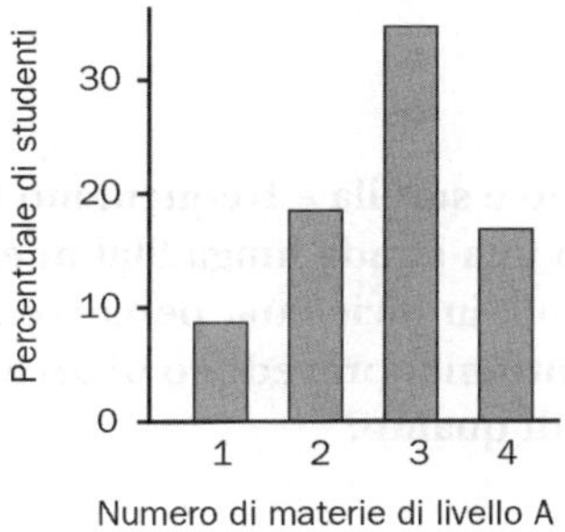

Quale scuola è stata esclusa?
A. Abbey Road
B. Barnfield
C. Colegate
D. Danbridge
E. Eden house

92) Julia ha alloggiato in un hotel per un viaggio d'affari. Al momento di fare il check-out, il computer dell'hotel non funziona, quindi la receptionist le fa una fattura a mano in base alle ricevute, per un totale di 471 €. Julia pensa che le stiano facendo pagare troppo, così controlla accuratamente la fattura, voce per voce.

Camera:	**4 notti al costo di 76,00 € per notte**
Colazione:	**4 a 10,00 € ciascuna**
Cene:	**3 a 18,00 € ciascuna**
Telefono:	**10 unità a 1,70 € per unità**
Bar:	**bevande varie per un totale di 23,00 €**
Lavanderia:	**3 camicette a 5,00 € ciascuna**

Sembra, quindi, che la receptionist abbia fatto un conto sbagliato delle voci nel sommare il totale. Per quale voce è stato chiesto a Julia di pagare troppo?

A. Colazione
B. Cene
C. Telefono
D. Bar
E. Lavanderia

93) **Il supermercato SuperSave vende il detersivo liquido Sudsy a 1,20 euro a bottiglia. A questo prezzo, fa pagare il 50% in più del prezzo a cui il prodotto viene acquistato dai fornitori. La prossima settimana, il SuperSave proporrà l'offerta "paghi due, prendi tre" su questo articolo. Il supermercato non vuole perdere i soldi su quest'offerta, quindi si aspetta che i fornitori riducano i loro prezzi in modo che SuperSave potrà avere lo stesso profitto effettivo su ogni tre bottiglie vendute. Di quanto dovranno ridurre i loro prezzi i fornitori?**

A. 1/6
B. 1/4
C. 1/3
D. 1/2
E. 2/3

94) **Luiz e Bianca sono fratello e sorella e frequentano la stessa scuola. Luiz raggiunge la scuola percorrendo una strada lunga 900 m e camminando alla velocità di 1,5 m/s. Bianca va a scuola in bicicletta, percorrendo una distanza di 1,5 km, a una velocità di 5 m/s . Entrambi prevedono di arrivare a scuola alle 08:55.**
Chi esce prima di casa e di quanto?

A. Bianca, di 5 minuti
B. Luiz, di 5 minuti
C. Partono da casa alla stessa ora
D. Bianca, di 10 minuti
E. Luiz, di 10 minuti

95) **I codici PIN a quattro cifre si usano per ritirare denaro dagli sportelli bancomat con carte plastificate. Ricordare il proprio PIN può risultare difficile. Io ho un metodo per ricordare il mio: è formato dalle due cifre del mio giorno di nascita (il giorno del mese) invertite, seguite dalle due cifre del mio mese di nascita invertite (usando uno zero come prima cifra se il numero del giorno o del mese dovessero consistere di una sola cifra; maggio, per esempio, sarebbe rappresentato da 05).**
Quale di questi PIN non può essere il mio?

A. 3221
B. 5060
C. 1141
D. 2121
E. 1290

96) Si è recentemente votato per le elezioni locali; la votazione è stata condotta utilizzando il sistema del voto alternativo. Ciò significa che ciascun elettore classifica i candidati in ordine di preferenza. Ciascun candidato è inizialmente classificato sulla base dei votanti che lo hanno collocato al primo posto. Il candidato con il minor numero di voti è escluso e i voti di quelle persone che lo avevano collocato al primo posto sono riassegnati alle rispettive seconde preferenze. Il processo continua fino a quando non si stabilisce un vincitore. Qui di seguito sono riportati i risultati del primo conteggio.

Andrew	**323**
Godfrey	**211**
Srinivasa	**157**
Stephen	**83**
John	**54**
Bertrand	**21**

Quanti candidati hanno ancora una possibilità di vittoria?

A. 2
B. 3
C. 4
D. 1
E. 5

97) L'obiettivo del quesito è quello di individuare la sequenza corretta sulla base di una serie di indizi forniti. Per ogni sequenza errata viene indicato se sono presenti caratteri BP (numero di caratteri corretti nella posizione corretta, ovvero "ben piazzati") o MP (numero di caratteri corretti, ma nella posizione sbagliata, ovvero "mal piazzati").

7355: 1 BP / 1 MP
7541: 2 BP / 1 MP
7331: 1 BP
4555: 3 BP

A. 4551
B. 7555
C. 4557
D. 7554
E. 4555

98) Al Museo d'Orsay di Parigi è esposto un mosaico, realizzato da un artista che aveva a disposizione 529 tessere di marmo a forma di triangolo equilatero, tutte delle stesse dimensioni. L'artista ha costruito con esse, accostandole, il più grande triangolo equilatero possibile. Quanto vale il perimetro del triangolo ottenuto?

A. 69 u
B. 47 u
C. 72 u
D. 23 u
E. 25 u

99) Il display di un orologio digitale è formato da 15 luci colorate e può rappresentare i numeri da 0 a 9 come nella figura sottostante.

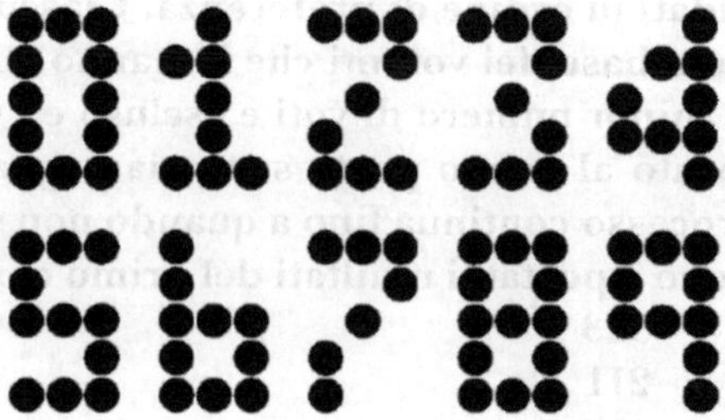

Se una delle luci non si accende, due numeri potrebbero apparire uguali. Quali?

A. 1 e 2
B. 8 e 9
C. 0 e 8
D. 6 e 9
E. 2 e 7

100) L'orologio in figura funziona in senso antiorario.

Che ora è tra 120 minuti?

A. 7:45
B. 6:45
C. 7:15
D. 11:45
E. 6:55

Risposte commentate Ragionamento critico-numerico - *Problem solving*

Interpretazione di dati in tabelle

1) **D.** La soluzione si ottiene considerando le celle, nella colonna Nord-ovest, relative alle righe 18-25 anni e 26-33 anni.
Per ottenere la percentuale richiesta si opera nel modo seguente:

$$\% = \frac{\text{aventi diritto voto Nord-ovest 18-25 anni + aventi diritto voto Nord-ovest 26-33 anni}}{\text{totale aventi diritto voto Nord-ovest}} \times 100$$

	Nord-ovest	Nord-est	Centro	Sud	Isole
18-25 anni	632	689	705	512	410
26-33 anni	684	564	684	467	365
34-41 anni	561	461	594	387	298
42-49 anni	428	345	512	312	204
50-57 anni	365	265	456	296	192
Oltre	245	198	321	184	103
Totale	2.915	2.522	3.272	2.158	1.572

Nella tabella proposta:

- aventi diritto al voto nel Nord-ovest nella fascia d'età 18-25 anni = 632;
- aventi diritto al voto nel Nord-ovest nella fascia d'età 26-33 anni = 684;
- totale degli aventi diritto al voto nel Nord-ovest = 2.915.

Pertanto, nel Nord-ovest, sul **totale degli aventi diritto al voto**, la **percentuale** (approssimata) di quelli **fino a 33 anni** è:

$$\text{percentuale} = \frac{632+684}{2.915} \times 100 = 45{,}146\% \cong \mathbf{45\%}$$

Per semplificare il calcolo è possibile fare delle approssimazioni ed usare particolari accorgimenti.
Innanzitutto, ragioniamo con numeri di minore grandezza, dividendo per 100 i numeri in questione ed approssimandoli:

$$632 : 100 = 6{,}32 \approx 6$$
$$684 : 100 = 6{,}84 \approx 7$$

Nella somma di queste due approssimazioni siamo sicuri di non aver compiuto un errore grande, in quanto un valore è approssimato per difetto ed uno per eccesso. Inoltre abbiamo:

$$2915 : 100 = 29,15 \approx 29$$

Pertanto la frazione da considerare è:

$$\frac{6+7}{29} = \frac{13}{29}$$

Impostiamo il calcolo della divisione:

$$13 : \underline{29} \rightarrow 130 : \frac{29}{0,}$$

A questo punto, notiamo che il 29 è contenuto 4 volte nel 130 (possiamo accorgercene velocemente se approssimiamo 29 a 30). Pertanto il risultato della divisione comincia con 0,4 che si traduce in una percentuale superiore al 40% ma inferiore al 49,9%.
L'unica opzione di risposta contenuta in questo intervallo è 45%.

2) E. La fascia d'età in cui esistono due zone con lo stesso numero di aventi diritto al voto è 26-33 anni. In corrispondenza di tale fascia, infatti, gli **aventi diritto al voto nel Nord-ovest** e gli **aventi diritto al voto nel Centro** sono entrambi in numero, pari a **684**.

	Nord-ovest	Nord-est	Centro	Sud	Isole
18-25 anni	632	689	705	512	410
26-33 anni	684	564	684	467	365
34-41 anni	561	461	594	387	298
42-49 anni	428	345	512	312	204
50-57 anni	365	265	456	296	192
Oltre	245	198	321	184	103
Totale	2.915	2.522	3.272	2.158	1.572

Nelle Isole, in corrispondenza di tale fascia d'età, il numero di aventi diritto al voto (in migliaia) è **365**.

3) A. Le differenze, in valore assoluto, per fasce d'età, tra gli aventi diritto al voto nel Nord-est e gli aventi diritto al voto al Centro si ottengono eseguendo le differenze, per ciascuna fascia d'età, tra i dati contenuti nella colonna **Nord-est** e i corrispondenti dati contenuti nella colonna **Centro**.
Tali differenze sono riportate nell'ultima colonna dello schema seguente, in cui il simbolo $| \; |$ rappresenta il valore assoluto:

	Nord-est	Centro	Differenze
18-25 anni	689	705	689 – 705 = |16|
26-33 anni	564	684	564 – 684 = |120|
34-41 anni	461	594	461 – 594 = |133|
42-49 anni	345	512	345 – 512 = |167|
50-57 anni	265	456	265 – 456 = |191|
Oltre	198	321	198 – 321 = |123|
Totale	2.522	3.272	=

Il divario maggiore (**191**) tra tali numeri si registra in corrispondenza della fascia d'età **50-57 anni**.

Per semplificare il calcolo è possibile fare delle approssimazioni ed usare particolari accorgimenti.

Innanzitutto, ragioniamo con numeri di minore grandezza, dividendo per 10 i numeri in questione e approssimando i quozienti ottenuti.

Ad esempio abbiamo:

$$689 : 10 = 68{,}9 \approx 69$$

$$705 : 10 = 70{,}5 \approx 71$$

Procedendo in questo modo, possiamo calcolare le seguenti differenze.

	Nord-est	Centro	Differenze
18-25 anni	69	71	2
26-33 anni	56	68	12
34-41 anni	46	59	13
42-49 anni	35	51	16
50-57 anni	27	46	19
Oltre	20	32	12

Nuovamente, notiamo che la differenza maggiore si registra in corrispondenza della fascia 50-57 anni.

4) B. Il numero complessivo (in migliaia) di aventi diritto al voto con età fino a 41 anni, al Sud e nelle Isole, si ottiene sommando i dati, riportati nelle colonne Sud e Isole, relativi alle fasce d'età:

18-25 anni 26-33 anni 34-41 anni

	Nord-ovest	Nord-est	Centro	Sud	Isole
18-25 anni	632	689	705	512	410
26-33 anni	684	564	684	467	365
34-41 anni	561	461	594	387	298
42-49 anni	428	345	512	312	204
50-57 anni	365	265	456	296	192
Oltre	245	198	321	184	103
Totale	2.915	2.522	3.272	2.158	1.572

Il numero richiesto è:

$$512 + 467 + 387 + 410 + 365 + 298 = \mathbf{2.439}$$

Per velocizzare l'individuazione della risposta esatta è possibile usare particolari accorgimenti.
Notiamo che le unità delle cinque opzioni di risposta sono tutte diverse tra loro. Pertanto è possibile individuare la risposta corretta semplicemente sommando le sole unità dei numeri evidenziati in tabella.
Si ha:

$$2 + 7 + 7 + 0 + 5 + 8 = \mathbf{29}$$

Quindi le unità della somma sono pari a **9**; pertanto, l'unica risposta che può essere corretta è 243**9**.

5) E. La percentuale degli aventi diritto al voto di età superiore ai 57 anni si ottiene considerando la riga **Oltre** e la riga **Totale**. Occorre, quindi, operare nel modo seguente:

$$\text{percentuale} = \frac{\text{somma dei dati riportati nella riga Oltre}}{\text{somma dei dati riportati nella riga Totale}} \times 100$$

	Nord-ovest	Nord-est	Centro	Sud	Isole
18-25 anni	632	689	705	512	410
26-33 anni	684	564	684	467	365
34-41 anni	561	461	594	387	298
42-49 anni	428	345	512	312	204
50-57 anni	365	265	456	296	192
Oltre	245	198	321	184	103
Totale	2.915	2.522	3.272	2.158	1.572

La percentuale richiesta è:

$$\text{percentuale} = \frac{245+198+321+184+103}{2.915+2.522+3.272+2.158+1.572} \times 100 = \frac{1.051}{12.439} \times 100 = 8{,}449\% \cong \mathbf{8\%}$$

Per semplificare il calcolo è possibile fare delle approssimazioni ed usare particolari accorgimenti.
Innanzitutto, ragioniamo con numeri di minore grandezza, dividendo per 100 i numeri evidenziati in tabella, ed approssimandoli.
Abbiamo:

	Nord-ovest	Nord-est	Centro	Sud	Isole
Oltre	2	2	3	2	1
Totale	29	25	33	22	16

Calcoliamo il rapporto e semplifichiamolo:

$$\frac{2+2+3+2+1}{29+25+33+22+16}=\frac{10}{125}=\frac{2}{25}$$

Per ottenere la percentuale, possiamo moltiplicare numeratore e denominatore per 4, in modo da ottenere 100 a denominatore e quindi una percentuale.

$$\frac{2}{25}=\frac{2\times4}{25\times4}=\frac{8}{100}=8\%$$

6) E. La quota spettante a ciascun socio si ottiene ripartendo l'intero ricavato della vendita dell'immobile (1.200.000 euro) secondo la corrispondente percentuale risultante dalla tabella data.
Le quote risultano nello schema seguente:

	% soci	Quota spettante
Carlo	30%	$\frac{1.200.000\times30}{100}=360.000$
Giorgio	25%	$\frac{1.200.000\times25}{100}=300.000$
Franco	10%	$\frac{1.200.000\times10}{100}=120.000$
Marco	35%	$\frac{1.200.000\times35}{100}=420.000$

Gli ultimi tre soci in tabella sono **Giorgio**, **Franco** e **Marco**.
In totale, ai tre soci spetta:

quota spettante a Giorgio, Franco e Marco = 300.000 + 120.000 + 420.000 = = **840.000 euro**

Il procedimento di determinazione della soluzione appena illustrato è lungo; è possibile semplificarlo considerando che, nel complesso, agli ultimi tre soci in tabella spetta il 25% + 10% + 35% = 70% del ricavato. Tale percentuale corrisponde a:

quota spettante a Giorgio, Franco e Marco = $\frac{1.200.000\times70}{100}=$ **840.000 euro**

7) A. Poiché la percentuale del ricavato di vendita spettante a Carlo è pari a 30, se la sua quota fosse ripartita equamente fra gli altri soci, a ciascuno spetterebbe il $\frac{30\%}{3}=$ **10%** in più rispetto alla percentuale riportata in tabella.

Pertanto, a **ciascuno degli altri soci** spetterebbe:

$$\frac{1.200.000\times10}{100}=\textbf{120.000 euro}$$

8) E. Se il **25%** del ricavato della vendita venisse utilizzato per saldare dei debiti contratti dai soci, poiché a Carlo spetta il 30% del ricavato della vendita, la nuova quota a lui spettante dovrebbe essere calcolata su tale ultima percentuale decurtata del 25%.
Calcoliamo il 25% del totale della vendita, pari a 1.200.000 €.
Se il 10% del totale vale 120.000 (si sposta la virgola di un posto verso sinistra), allora il 5% vale la metà, ossia 60.000.
Pertanto abbiamo che il 25% vale 10% + 10% + 5%, ossia 120.000 + 120.000 + 60.000 = 300.000 €.
Di conseguenza il 75% di 1.200.000 vale 1.200.000 – 300.000 = 900.000 €.
Siccome a Carlo spetta il 30%, la nuova quota spettante a Carlo è:

$$900.0\cancel{00} \cdot \frac{30}{1\cancel{00}} = 9.000 \cdot 30 = 270.000\ €$$

9) D. Le quote spettanti ai soci si evincono dallo schema seguente:

	% soci	Quota spettante
Carlo	30%	$\frac{1.200.000 \times 30}{100} = 360.000$
Giorgio	25%	$\frac{1.200.000 \times 25}{100} = 300.000$
Franco	10%	$\frac{1.200.000 \times 10}{100} = 120.000$
Marco	35%	$\frac{1.200.000 \times 35}{100} = 420.000$

Se ognuno dei soci accantona il 5% della propria quota, allora è come se si accantonasse il 5% del totale, ossia di 1.200.000 €.
Se il 10% del totale vale 120.000 €, allora il 5% vale la metà, ossia 60.000 €.

10) E. A Marco spetta il 35% del totale, mentre a Carlo spetta il 30%. La differenza tra le due quote è pari al 35% – 30% = 5% del totale, ossia di 1.200.000 €.
Se il 10% del totale vale 120.000 € (si sposta la virgola di un posto verso sinistra), allora il 5% vale la metà, ossia 60.000 €.

11) E. Le spese per il vitto di Stefano sono riportate nella riga **Vitto** nella cella in corrispondenza con la colonna **Stefano**.

	Marco	Stefano	Luca
Stipendio	2.000	2.600	2.000
Affitto	600	750	700
Bollette	240	350	400
Vitto	560	640	450
Trasporti	100	310	140
Vario	200	300	120

Le **spese di vitto** di Stefano sono pari a 640 euro. Se Stefano riducesse tali spese del 20%, otterrebbe il seguente risparmio:

$$\text{risparmio di Stefano} = \frac{640 \times 20}{100} = \mathbf{128\ euro}$$

In alternativa, si può notare che il 10% di 640 è pari a 64 euro (si sposta la virgola di un posto verso sinistra). Il 20% rappresenta il doppio di 64, ossia 128 euro.

12) B. Dalla colonna **Marco** si evince che lo stipendio di Marco è pari a 2.000 euro; dalla medesima colonna si evincono anche le spese affrontate da Marco:

	Marco	Stefano	Luca
Stipendio	2.000	2.600	2.000
Affitto	600	750	700
Bollette	240	350	400
Vitto	560	640	450
Trasporti	100	310	140
Vario	200	300	120

Dalla differenza tra lo stipendio di Marco e la somma delle spese da lui affrontate si ricava quanto riesce a mettere da parte Marco in un mese:

$$\text{somma messa da parte da Marco} = 2.000 - (600 + 240 + 560 + 100 + 200) =$$
$$= 2.000 - 1.700 = \mathbf{300\ euro}$$

13) E. Gli stipendi di Marco, Stefano e Luca si evincono dalla riga **Stipendio**:

	Marco	Stefano	Luca
Stipendio	2.000	2.600	2.000
Affitto	600	750	700
Bollette	240	350	400
Vitto	560	640	450
Trasporti	100	310	140
Vario	200	300	120

L'importo globale degli stipendi di Marco, Stefano e Luca è:

importo globale dei tre stipendi = 2.000 + 2.600 + 2.000 = 6.600 euro

Il 5% di tali importi fornisce la risposta:

importo a disposizione di Marco, Stefano e Luca =

$$\text{risparmio di Stefano} = \frac{6.600 \times 5}{100} = \mathbf{330\ euro}$$

In alternativa, si può notare che il 10% di 6.600 è 660 (si sposta la virgola di un posto verso sinistra). Il 5% è la metà di 660, ossia 330 euro.

14) D. Le spese dei trasporti di Luca sono riportate nella riga **Trasporti** nella cella in corrispondenza della colonna **Luca**:

	Marco	Stefano	Luca
Stipendio	2.000	2.600	2.000
Affitto	600	750	700
Bollette	240	350	400
Vitto	560	640	450
Trasporti	100	310	140
Vario	200	300	120

Le **spese dei trasporti** di Luca sono pari a 140 euro. Se Luca riducesse tali spese del 5%, otterrebbe il seguente risparmio:

$$\text{risparmio di Luca} = \frac{140 \times 5}{100} = \mathbf{7\ euro}$$

In alternativa, si può notare che il 10% di 140 è 14 (si sposta la virgola di un posto verso sinistra). Il 5% è la metà di 14, ossia 7 euro.

15) C. Nella tabella proposta, dalla colonna:

> Marco, si evince che lo stipendio di Marco è pari a 2.000 euro;
> Stefano, si evince che lo stipendio di Stefano è 2.600 euro;
> Luca, si evince che lo stipendio di Luca è 2.000 euro.

Dalle medesime colonne si evincono anche le spese affrontate da Marco, Stefano e Luca:

	Marco	Stefano	Luca
Stipendio	2.000	2.600	2.000
Affitto	600	750	700
Bollette	240	350	400
Vitto	560	640	450
Trasporti	100	310	140
Vario	200	300	120

Dalla differenza tra lo stipendio di ciascuno e la somma delle spese affrontate si ricava quanto riesce a mettere da parte ciascuno in un mese:

somma messa da parte da **Marco** = 2.000 – (600 + 240 + 560 + 100 + 200) =
= 2.000 – 1.700 = **300 euro**

somma messa da parte da **Stefano** = 2.600 – (750 + 350 + 640 + 310 + 300) =
= 2.600 – 2.350 = **250 euro**

somma messa da parte da **Luca** = 2.000 – (700 + 400 + 450 + 140 + 120) =
= 2.000 – 1.810 = **190 euro**

Sommando i tre importi ottenuti si ottiene la soluzione:

somma messa da parte da Marco, Stefano e Luca = 300 + 250 + 190 = **740 euro**

16) D. Dalla colonna **Canale +** si evince il numero di ore di **Film** trasmessi da Canale +:

	Mediaworld	5TV	Strem	Canale +	Channel A
Spot	110	50	30	10	40
Film	15	25	35	90	50
Fiction	10	10	25	70	20
Quiz	15	15	30	70	30

Dalla medesima colonna si evince che il numero di ore trasmesse da Canale + è:

ore trasmesse da Canale + = 10 + 90 + 70 + 70 = 240

La percentuale richiesta è:

percentuale di film di **Canale +** sul totale delle ore trasmesse da Canale + =

$$\frac{90}{240} \times 100 = \mathbf{37,5\%}$$

In questo caso si nota che la frazione può essere semplificata a 3/8 e quindi il suo valore è 3 volte 1/8, ossia 3 volte il 12,5%.

17) B. Le trasmissioni di Channel A si leggono nella colonna **Channel A**; precisamente, le ore di spot e di film del canale sono riportate, rispettivamente, nella riga **Spot** e nella riga **Film**:

	Mediaworld	5TV	Strem	Canale +	Channel A
Spot	110	50	30	10	40
Film	15	25	35	90	50
Fiction	10	10	25	70	20
Quiz	15	15	30	70	30

Tali ore sono pari a 40 + 50 = 90.

Dalla medesima colonna si evince che il numero di ore trasmesse da Channel A è:

ore trasmesse da Channel A = 40 + 50 + 20 + 30 = 140

La percentuale richiesta è:

$$\text{percentuale di spot e di film di } \textbf{Channel A} \text{ sul totale delle ore trasmesse da Channel A} = \frac{90}{140} \times 100 = 64{,}286\% \cong \mathbf{64\%}$$

che è una percentuale approssimata.

18) A. Le ore di trasmissione di spot del canale 5TV sono riportate nella casella corrispondente all'intersezione della colonna **5TV** con la riga **Spot**:

	Mediaworld	5TV	Strem	Canale +	Channel A
Spot	110	50	30	10	40
Film	15	25	35	90	50
Fiction	10	10	25	70	20
Quiz	15	15	30	70	30

Le ore di spot di 5TV sono 50.
Il totale delle ore di spot di tutte le emittenti considerate si ottiene sommando i dati riportati nella riga Spot:

ore di spot delle 5 emittenti = 110 + 50 + 30 + 10 + 40 = 240

La percentuale richiesta è:

$$\% \text{ ore di spot di 5TV sul totale ore di spot delle 5 emittenti} = \frac{50}{240} \times 100 = 20{,}833\% \cong 21\%$$

che è una percentuale approssimata.
Si può notare che 5/24 è di poco maggiore di 5/25, ossia di 1/5 = 20%.
Pertanto, il suo valore approssimato è circa il 21%. Le altre opzioni di risposta si discostano sensibilmente da questo valore.

19) D. Le ore totali di trasmissione delle emittenti Mediaworld e Canale + si leggono nelle rispettive colonne:

	Mediaworld	5TV	Strem	Canale +	Channel A
Spot	110	50	30	10	40
Film	15	25	35	90	50
Fiction	10	10	25	70	20
Quiz	15	15	30	70	30

Le ore totali di trasmissione di:

> Mediaworld, ottenute sommando le celle della colonna Mediaworld, sono:

110 + 15 + 10 + 15 = 150

- Canale +, ottenute sommando le celle della colonna Canale +, sono:

$$10 + 90 + 70 + 70 = 240$$

La differenza tra i due numeri appena ottenuti è:

differenza (in termini assoluti) tra ore totali di Mediaworld
e ore totali di Canale + = $150 - 240 = |\mathbf{90}|$

20) A. Le ore di trasmissione di Spot e quelle di Fiction si ottengono sommando i dati contenuti, rispettivamente, nelle righe **Spot** e **Fiction**.

	Mediaworld	5TV	Strem	Canale +	Channel A
Spot	110	50	30	10	40
Film	15	25	35	90	50
Fiction	10	10	25	70	20
Quiz	15	15	30	70	30

Le ore di trasmissione di:

- Spot sono: 110 + 50 + 30 + 10 + 40 = 240;
- Fiction sono: 10 + 10 + 25 + 70 + 20 = 135.

La differenza richiesta è:

differenza tra ore di trasmissione di Spot e
ore di trasmissione di Fiction = 240 – 135 = **105 ore**

21) A. Per risolvere il quesito, è sufficiente verificare in tabella, in corrispondenza della riga **Portogallo**, l'anno in cui, rispetto al precedente, si è rilevato un incremento pari a 2 milioni di presenze:

	1994	1995	1996	1997	Totale
Finlandia	3	4	4	5	16
Spagna	122	129	129	131	511
Portogallo	50	52	55	61	218
Germania	56	57	58	58	229
Totale	231	242	246	255	974

Tra il 1994 e il 1995, ossia nel **1995**, si è avuto il seguente incremento di presenze:

incremento anno 1995 rispetto al 1994 = 52 – 50 = **2 milioni**

22) A. Leggendo i dati riportati in tabella nel senso dalle righe, si notano numeri consecutivi ripetuti per la Finlandia tra il 1995 e il 1996 (4 milioni), per la Spagna sempre tra il 1995 e 1996 (129 milioni) e per la Germania tra il 1996 e il 1997 (58 milioni). Quindi, i paesi sono tre.

23) B. Per operare il confronto tra presenze di turisti nel 1996 rispetto al 1994, occorre leggere i dati riportati nelle colonne **1994** e **1996**:

	1994	1995	1996	1997	Totale
Finlandia	3	4	4	5	16
Spagna	122	129	129	131	511
Portogallo	50	52	55	61	218
Germania	56	57	58	58	229
Totale	231	242	246	255	974

Le differenze (in milioni) tra il 1996 e il 1994 sono state le seguenti:

- Finlandia: 4 – 3 = 1;
- Spagna: 129 – 122 = 7;
- Portogallo: 55 – 50 = 5;
- Germania: 58 – 56 = 2.

Pertanto, il Paese che ha avuto il minor incremento, in termini assoluti, di presenze di turisti nel 1996 rispetto al 1994 è stato la **Finlandia**.

24) D. L'anno in cui in **Portogallo** si è registrato il minimo di presenze di turisti è stato il **1994**, con un numero (in milioni) di presenze di turisti pari a 50. In quello stesso anno, in **Germania** si è registrato un numero di presenze di turisti pari a 56. Pertanto, la differenza tra i due numeri rappresenta la soluzione:

valore assoluto differenza (in milioni) tra turisti in Portogallo
e turisti in Germania = 50 – 56 = $|\mathbf{6}|$

25) B. Negli anni **1994** e **1995** le presenze di turisti in Germania sono riportate nelle celle relative all'incrocio tra la riga **Germania** e, rispettivamente, le colonne **1994** e **1995**; inoltre, il totale delle presenze in quella nazione, nei 4 anni considerati, è riportato nella cella relativa all'incrocio della riga **Germania** con la colonna **Totale**:

	1994	1995	1996	1997	Totale
Finlandia	3	4	4	5	16
Spagna	122	129	129	131	511
Portogallo	50	52	55	61	218
Germania	56	57	58	58	229
Totale	231	242	246	255	974

Il totale delle presenze di turisti negli anni 1994 e 1995 sono stati, rispettivamente, 56 e 57; in totale:

presenze di turisti negli anni 1994 e 1995 = 56 + 57 = 113

Il totale delle presenze in Germania nei 4 anni considerati è pari a 229.

Pertanto, la soluzione è la seguente:

$$\text{percentuale presenze turisti in Germania 1994 e 1995, su totale presenze in Germania nei 4 anni} = \frac{113}{229} \times 100 = 49{,}345\% \cong \mathbf{49\%}$$

In alternativa, si può notare che 113/229 è di poco inferiore a 113/226 = 1/2 = 0,50, ossia il 50%. In tal modo si individua la risposta corretta pari a circa il 49%.

26) D. Nelle tabelle contenenti intervalli di valori come quella proposta nel testo, occorre identificare la riga entro cui rientra il valore proposto nel quesito.
Un cittadino con un reddito di 45 mila € appartiene alla fascia di reddito della riga **40-49 mila €**. Inoltre, la sua percentuale di spesa per la salute è riportata nella colonna **Salute**:

	Vitto	Affitto	Salute	Abbigliam.	Altro
40-49 mila €	40%	15%	9%	18%	18%
50-74 mila €	30%	18%	10%	20%	22%
75-89 mila €	30%	20%	12%	22%	16%

La percentuale di spesa è 9%. Con un reddito di 45 mila €, la sua spesa media per la salute è:

$$\text{spesa media per la salute} = \frac{45.000 \times 9}{100} = \mathbf{4.050\ €}$$

In alternativa, si può notare che il 10% di 45.000 è pari a 4.500 (basta spostare la virgola di un posto verso sinistra), mentre l'1% di 45.000 è 450 (questa volta si sposta la virgola di due posti). Pertanto, il 9% = 10%–1%=4.500–450 = 4.050 euro.

27) E. Un cittadino con un reddito di 46 mila € appartiene alla fascia di reddito della riga **40-49 mila €**. Inoltre, la sua percentuale per altre spese è riportata nella colonna **Altro**:

	Vitto	Affitto	Salute	Abbigliam.	Altro
40-49 mila €	40%	15%	9%	18%	18%
50-74 mila €	30%	18%	10%	20%	22%
75-89 mila €	30%	20%	12%	22%	16%

La percentuale di spesa è 18%. Con un reddito di 46 mila €, la sua spesa media per la voce altro è:

$$\text{spesa media per altro} = \frac{46.000 \times 18}{100} = \mathbf{8.280\ €}$$

28) C. Entrambi i cittadini considerati nel testo del quesito appartengono alla stessa fascia di reddito, dunque alla stessa riga: **75-89 mila €**. Inoltre, entrambi spendono per l'affitto la stessa percentuale del proprio reddito: **20%**.

	Vitto	Affitto	Salute	Abbigliam.	Altro
40-49 mila €	40%	15%	9%	18%	18%
50-74 mila €	30%	18%	10%	20%	22%
75-89 mila €	30%	20%	12%	22%	16%

Un cittadino con un reddito di 80 mila € spende per l'affitto:

$$\text{spesa per l'affitto cittadino con reddito di 80 mila €} = \frac{80.000 \times 20}{100} = 16.000 \text{ €}$$

Un cittadino con un reddito di 75 mila € spende per l'affitto:

$$\text{spesa per l'affitto cittadino con reddito di 75 mila €} = \frac{75.000 \times 20}{100} = 15.000 \text{ €}$$

Ovviamente, la spesa per l'affitto, essendo commisurata al reddito, è più alta per il primo cittadino rispetto al secondo cittadino. La differenza tra le due spese è:

differenza tra spese per affitto dei due cittadini = 16.000 – 15.000 = **1.000 €**

In alternativa, si può notare che la differenza di reddito tra i due cittadini è pari a 80.000 – 75.000 = 5.000 euro. Il 10% di 5.000 è pari a 500 (si sposta la virgola di un posto verso sinistra). Pertanto, il 20% è il doppio di 500, ossia 1000 euro. Questa cifra rappresenta la differenza di spesa per l'affitto tra i due cittadini.

29) A. Un cittadino con un reddito di 43 mila € appartiene alla fascia di reddito **40-49 mila €**. Le sue percentuali di spesa per il vitto e per l'affitto sono riportate, rispettivamente, nelle colonne **Vitto** e **Affitto**:

	Vitto	Affitto	Salute	Abbigliam.	Altro
40-49 mila €	40%	15%	9%	18%	18%
50-74 mila €	30%	18%	10%	20%	22%
75-89 mila €	30%	20%	12%	22%	16%

La sua spesa per il vitto è:

$$\frac{43.000 \times 40}{100} = 17.200 \text{ €}$$

La sua spesa per l'affitto è:

$$\frac{43.000 \times 15}{100} = 6.450 \text{ €}$$

In totale, spende:

spesa per il vitto e per l'affitto = 17.200 + 6.450 = **23.650 €**

Il quesito avrebbe potuto essere risolto più semplicemente, dapprima sommando le percentuali di spesa per vitto e per affitto del cittadino, 40% + 15% = 55%, quindi, calcolando la spesa complessiva risultante:

$$\text{spesa per il vitto e per l'affitto} = \frac{43.000 \times 55}{100} = \mathbf{23.650\ €}$$

In alternativa, si può notare che il 50% di 43.000 euro è pari alla sua metà, ossia 21.500. Inoltre, il 10% di 43.000 è pari a 4.300, mentre il 5% è la metà di questo valore, ossia 2.150. Quindi, il 55% = 50% + 5%, ossia 21.500 + 2.150 = 23.650 euro.

30) A. Un cittadino con un reddito di 63 mila € appartiene alla fascia di reddito **50-74 mila €**. Le sue percentuali di spesa per il vitto e per l'abbigliamento sono riportate, rispettivamente, nelle colonne **Vitto** e **Abbigliamento**:

	Vitto	Affitto	Salute	Abbigliam.	Altro
40-49 mila €	40%	15%	9%	18%	18%
50-74 mila €	30%	18%	10%	20%	22%
75-89 mila €	30%	20%	12%	22%	16%

La sua percentuale complessiva di spesa per vitto e abbigliamento è: 30% + 20% = 50%. Quindi, la spesa complessiva è:

$$\text{spesa per il vitto e per l'abbigliamento} = \frac{63.000 \times 50}{100} = \mathbf{31.500\ €}$$

In alternativa, si può anche notare che il 50% di 63.000 euro è pari alla sua metà, ossia 31.500.

31) B. La spesa totale sostenuta per la retribuzione dei dipendenti della terza fascia si ottiene considerando la colonna **Numero dipendenti** relativa a quella fascia e la colonna **Retribuzione media** relativa alla medesima fascia:

	Retribuzione	Numero dipendenti	Retribuzione media
I fascia	15-20	4.400	18
II fascia	20-30	3.020	23
III fascia	30-50	400	36
IV fascia	50-70	120	58
V fascia	70-100	60	81
Totale		8.000	

Per la terza fascia, la retribuzione media è 36 (in migliaia di euro), mentre il numero di dipendenti è 400.
La spesa totale è:

spesa totale = retribuzione media × numero dipendenti = 36 × 400 = 14.400

La spesa totale sostenuta per la retribuzione dei dipendenti della terza fascia, essendo i dati in tabella espressi in migliaia di euro, è pari a **14.400 mila €**.

32) E. La spesa totale della ditta XYZ sostenuta per la retribuzione di tutti i suoi dipendenti si ottiene considerando le colonne **Numero dipendenti** e **Retribuzione media**.

Per ciascuna fascia, si eseguono i prodotti tra numero dei dipendenti e retribuzione media. Infine, si sommano tali prodotti.

	Numero dipendenti	Retribuzione media	Spese per fascia retributiva
I fascia	4.400	18	4.400 × 18 = 79.200
II fascia	3.020	23	3.020 × 23 = 69.460
III fascia	400	36	400 × 36 = 14.400
IV fascia	120	58	120 × 58 = 6.960
V fascia	60	81	60 × 81 = 4.860
Totale	8.000	=	174.880

Considerando che i dati in tabella sono espressi in migliaia di euro, la spesa totale della ditta XYZ sostenuta per la retribuzione di tutti i suoi dipendenti è pari a **174.880 mila €**. L'importo non corrisponde ad alcuno dei valori indicati nelle altre alternative proposte.

33) A. I dipendenti appartenenti alla fascia retributiva 50-70 mila € appartengono alla **IV fascia**. Relativamente a quella fascia, il numero di dipendenti è 120.

	Retribuzione	Numero dipendenti	Retribuzione media
I fascia	15-20	4.400	18
II fascia	20-30	3.020	23
III fascia	30-50	400	36
IV fascia	50-70	120	58
V fascia	70-100	60	81
Totale		8.000	

Per ottenere la percentuale richiesta occorre rapportare il numero di dipendenti di quella fascia al numero totale di dipendenti, cioè 8.000; il quoziente ottenuto deve essere moltiplicato per 100:

$$\text{percentuale dipendenti fascia retributiva 50-70 mila €} = \frac{120}{8.000} \times 100 = \mathbf{1,5\%}$$

Per calcolare la frazione 120/8000 si può anche ridurla a 3/200. Dividendo ancora per 2 il numeratore e il denominatore, si ottiene 1,5/100 che rappresenta l'1,5%.

34) B. L'aumento dei contributi previdenziali (pari all'1%) deve essere calcolato sulla retribuzione media della **V fascia**.

	Retribuzione	Numero dipendenti	Retribuzione media
I fascia	15-20	4.400	18
II fascia	20-30	3.020	23
III fascia	30-50	400	36
IV fascia	50-70	120	58
V fascia	70-100	60	81
Totale		8.000	

Un aumento dei contributi previdenziali per i dipendenti della fascia retributiva 70-100 mila € comporterebbe un incremento della retribuzione media pari a:

$$\text{incremento retribuzione media} = \frac{81 \times 1}{100} = 0{,}81$$

Considerando che i dati in tabella sono espressi in migliaia di euro, la spesa addizionale per i dipendenti di quella fascia retributiva sarebbe pari a:

spesa addizionale per i dipendenti fascia retributiva
70 – 100 mila € = 0,81 × 60 = **48,6 mila €**

35) A. Per risolvere il quesito, occorre considerare i dati riportati, per ciascuna delle due fasce, nelle celle ottenute dall'incrocio:

- della riga **IV fascia** con le colonne **Numero dipendenti** e **Retribuzione media**, per i dipendenti della IV fascia;
- della riga **V fascia** con le colonne **Numero dipendenti** e **Retribuzione media**, per i dipendenti della V fascia.

	Retribuzione	Numero dipendenti	Retribuzione media
I fascia	15-20	4.400	18
II fascia	20-30	3.020	23
III fascia	30-50	400	36
IV fascia	50-70	120	58
V fascia	70-100	60	81
Totale		8.000	

La spesa totale sostenuta per la retribuzione dei dipendenti della quarta fascia è pari a:

spesa totale dipendenti IV fascia = 58 × 120 = 6.960

La spesa totale sostenuta per la retribuzione dei dipendenti della quinta fascia è, invece, pari a:

spesa totale dipendenti V fascia = 81 × 60 = 4.860

Considerando che i dati in tabella sono espressi in migliaia di euro, la differenza tra le due spese è pari a:

differenza tra spesa dipendenti IV fascia e spesa dipendenti V fascia =
6.960 – 4.860 = **2.100 mila €**

36) A. Per risolvere il quesito, occorre leggere i dati nel senso della colonna **Dow Jones**.

	Dow Jones	HWWA	Confind.
1992	118	86	148
1993	123	79	136
1994	141	83	146
1995	149	91	162
1996	147	94	172
1997	146	93	160

Le variazioni tra due anni consecutivi dell'indice considerato sono state:

- variazione tra il 1992 e il 1993 = 123 – 118 = 5;
- variazione tra il 1993 e il 1994 = 141 – 123 = 18;
- variazione tra il 1994 e il 1995 = 149 – 141 = 8;
- variazione tra il 1995 e il 1996 = 147 – 149 = –2;
- variazione tra il 1996 e il 1997 = 146 – 147 = – 1.

In termini assoluti, la minima variazione è stata pari a **1** e si è registrata nel **1997**, relativamente alla variazione tra il 1996 e il 1997.

37) C. La soluzione si ottiene considerando, relativamente alla colonna **Confind.**, le righe **1994** e **1995**:

	Dow Jones	HWWA	Confind.
1992	118	86	148
1993	123	79	136
1994	141	83	146
1995	149	91	162
1996	147	94	172
1997	146	93	160

I valori dell'indice Confindustria negli anni 1994 e 1995 sono stati, rispettivamente, pari a 146 e 162.
Pertanto, l'**incremento percentuale** (arrotondato) dell'indice nei due anni considerati è stato:

$$\text{incremento \% indice Confindustria tra 1994 e 1995} = \frac{162 - 146}{146} \times 100 = 10{,}959\% \cong \mathbf{11\%}$$

Per calcolare la frazione (162-146)/146 = 16/146, si può anche ridurla a 8/73. In seguito, la si può approssimare a 8/72 e ridurla a 1/9 che è circa 0,11 ossia l'11%.

38) C. Il valore medio dell'indice Dow Jones nel periodo 1994-1997 si ottiene dividendo la somma dei 4 valori assunti dall'indice nei 4 anni considerati per il numero 4 di anni.
In simboli:

$$\textbf{valore medio indice Dow Jones} = \frac{141 + 149 + 147 + 146}{4} = \textbf{145,75}$$

Per rendere più veloce il calcolo, notiamo che tutti i valori con cui calcolare la media sono compresi tra 141 e 149. Ciò vuol dire che la media sarà compresa tra questi due numeri. In altre parole, la media sarà sicuramente un valore del tipo 140 + x, dove x può essere determinato calcolando la media delle sole unità dei 4 valori.
Abbiamo:

$$x = \frac{1+9+7+6}{4} = \frac{23}{4} = 5{,}75$$

Da cui 140 + x = 140 + 5,75 = 145,75

39) E. Per risolvere il quesito, occorre leggere i dati nel senso della colonna **Dow Jones**.

	Dow Jones	**HWWA**	**Confind.**
1992	118	86	148
1993	123	79	136
1994	141	83	146
1995	149	91	162
1996	147	94	172
1997	146	93	160

Le variazioni tra due anni consecutivi dell'indice considerato nel periodo 1995-1997 sono state:

- variazione tra il 1995 e il 1996 = 147 – 149 = –2;
- variazione tra il 1996 e il 1997 = 146 – 147 = – 1.

In termini assoluti, il massimo decremento assoluto è stato pari a **2** e si è registrato relativamente alla variazione tra il 1996 e il 1997.

40) D. Per risolvere il quesito occorre considerare i dati relativi ai tre indici relativamente alle righe **1992** e **1996**:

	Dow Jones	HWWA	Confind.
1992	118	86	148
1993	123	79	136
1994	141	83	146
1995	149	91	162
1996	147	94	172
1997	146	93	160

Le variazioni tra il 1992 e il 1996 dei tre indici sono state:

- variazione indice Dow Jones tra il 1992 e il 1996 = 147 – 118 = 29;
- variazione indice HWWA tra il 1992 e il 1996 = 94 – 86 = 8;
- variazione indice Confind. tra il 1992 e il 1996 = 172 – 148 = 24.

Il massimo incremento assoluto è stato registrato per l'indice **Dow Jones** ed è stato pari a **29**.

41) D. La soluzione si ottiene considerando le celle della riga Design relative alle varie sedi.

	Sede A	Sede B	Sede C	Sede D
Marketing	100	50	40	15
Design	18	25	32	90
Ricerca	15	10	25	60
Sicurezza	17	15	23	75

Il numero medio degli addetti al settore Design, ovvero media aritmetica degli addetti a tale settore, si ottiene eseguendo il rapporto tra la somma degli addetti a tale settore nelle diverse sedi per il numero delle sedi (4):

$$\text{numero medio addetti settore Design per sede} = \frac{18+25+32+90}{4} = \mathbf{41{,}25}$$

42) B. Per ottenere la soluzione occorre eseguire le somme, per colonna, degli addetti alle sedi A e B.

	Sede A	Sede B	Sede C	Sede D
Marketing	100	50	40	15
Design	18	25	32	90
Ricerca	15	10	25	60
Sicurezza	17	15	23	75
Totale	150	100		

La differenza richiesta è pari a:

differenza tra addetti sede A e addetti sede B = 150 – 100 = **50**

43) C. La percentuale richiesta si ottiene rapportando il totale degli addetti al settore Ricerca al totale degli addetti a tutti i settori e moltiplicando il rapporto così ottenuto per 100.

	Sede A	Sede B	Sede C	Sede D
Marketing	100	50	40	15
Design	18	25	32	90
Ricerca	15	10	25	60
Sicurezza	17	15	23	75
Totale	150	100	120	240

Il totale degli addetti al settore Ricerca è 15 + 10 + 25 + 60 = 110.
Il totale degli addetti a tutti i settori si ottiene sommando i totali ottenuti nella tabella: 150 + 100 + 120 + 240 = 610.
Pertanto, la **percentuale** (approssimata) richiesta è:

$$\text{percentuale addetti settore ricerca} = \frac{110}{610} \times 100 = 18{,}033\% \cong \mathbf{18\%}$$

44) A. La percentuale richiesta si ottiene rapportando il totale degli addetti alla sede B al totale degli addetti a tutte le sedi e moltiplicando il rapporto così ottenuto per 100.

	Sede A	Sede B	Sede C	Sede D
Marketing	100	50	40	15
Design	18	25	32	90
Ricerca	15	10	25	60
Sicurezza	17	15	23	75
Totale	150	100	120	240

Il totale degli addetti alla sede B è 50 + 25 + 10 + 15 = 100.
Il totale degli addetti a tutte le sedi si ottiene sommando i totali ottenuti nella tabella: 150 + 100 + 120 + 240 = 610.
Pertanto, la **percentuale** (approssimata) richiesta è:

$$\frac{100}{610} \times 100 = 16{,}393\% \cong \mathbf{16\%}$$

45) A. La percentuale richiesta si ottiene rapportando gli addetti al settore Sicurezza che svolgono attività nella sede D (cella all'intersezione tra settore Sicurezza e sede

D) al totale degli addetti al settore Sicurezza (somma delle celle della riga Sicurezza) e moltiplicando il rapporto così ottenuto per 100.

	Sede A	Sede B	Sede C	Sede D
Marketing	100	50	40	15
Design	18	25	32	90
Ricerca	15	10	25	60
Sicurezza	17	15	23	75
Totale	150	100	120	240

Gli addetti al settore Sicurezza che svolgono attività nella sede D sono 75.
Il totale degli addetti al settore Sicurezza è pari a: 17 + 15 + 23 + 75 = 130.
Pertanto, la **percentuale** (approssimata) richiesta è:

$$\frac{75}{130} \times 100 = 57{,}692\% \cong \mathbf{58\%}$$

46) A. Per ottenere il modello richiesto occorre sommare, per ciascun modello (quindi per ciascuna riga), i costi da sostenere per l'acquisto del modello base (colonna Base) del modem (colonna Modem 56) e del CD (colonna CD 50X).
I costi sostenuti per l'acquisto dei modelli sono:

Modello Light: 1.520 + 136 + 260 = 1.916 €.

Modello Standard: 1.730 + 125 + 245 = 2.100 €.

Modello Pro: 1.950 + 114 + 231 = **2.295 €**.

Modello Shock: 2.100 + 102 + 216 = 2.418 €.

Dai totali ottenuti, si evince che il modello richiesto è il **modello Pro**.
In alternativa, si può notare che il prezzo di 2295 euro ha unità pari a 5. Il costo del modello Pro è l'unico che, sommato al costo del Modem 56 e del CD 50X, dà un valore che ha 5 come unità. Difatti , 0 + 4 + 1 = 5.

47) C. Per risolvere il quesito, occorre eseguire la differenza tra il costo totale del modello Shock (Base + Stampante + Modem 56 + CD 50X) e il modello Standard (Base).
I dati sono contenuti nelle rispettive righe dei due modelli.

	Base	Stampante	Modem 56	CD 50 X
Light	1.520	350	136	260
Standard	1.730	320	125	245
Pro	1.950	315	114	231
Shock	2.100	290	102	216

Costo modello Shock completamente accessoriato: 2.100 + 290 + 102 + 216 = 2.708 €
Costo modello Standard Base: 1.730 €.
La differenza tra i due modelli è: 2.708 – 1.730 = **978 €**.

48) D. Per risolvere il quesito, occorre eseguire la differenza tra il costo totale dei 3 accessori del modello Light e i 3 accessori del modello Shock.
I dati sono contenuti nelle rispettive righe dei due modelli.

	Base	Stampante	Modem 56	CD 50 X
Light	1.520	350	136	260
Standard	1.730	320	125	245
Pro	1.950	315	114	231
Shock	2.100	290	102	216

Costo dei 3 accessori del modello Light: 350 + 136 + 260 = 746 €.
Costo dei 3 accessori del modello Shock: 290 + 102 + 216 = 608 €.
La differenza tra i due modelli è: 746 – 608 = **138 €.**

49) E. Per ottenere il modello richiesto occorre sommare, per ciascun modello (quindi per ciascuna riga), i costi da sostenere per l'acquisto del modello base (colonna Base) della stampante (colonna Stampante), del modem (colonna Modem 56) e del CD (colonna CD 50X).
I costi sostenuti per l'acquisto dei modelli completamente accessoriati sono:

Modello Light: 1.520 + 350 + 136 + 260 = 2.266 €.

Modello Standard: 1.730 + 320 + 125 + 245 = 2.420 €.

Modello Pro: 1.950 + 315 + 114 + 231 = 2.610 €.

Modello Shock: 2.100 + 290 + 102 + 216 = 2.708 €.

Dai totali ottenuti, si evince che **nessuno dei modelli**, completamente accessoriato, è stato acquistato al prezzo di **2.510 €.**

50) A. La percentuale richiesta si ottiene rapportando il costo del Modem 56 per il modello Pro (riportato nella cella all'incrocio tra la riga Pro e la colonna Modem 56) al costo del modello Pro completamente accessoriato (ovvero la somma dei dati contenuti nella riga Pro) e moltiplicando il rapporto così ottenuto per 100.

	Base	Stampante	Modem 56	CD 50 X
Light	1.520	350	136	260
Standard	1.730	320	125	245
Pro	1.950	315	114	231
Shock	2.100	290	102	216

Modem 56 per il modello Pro: 114 €.
Modello Pro completamente accessoriato: 1.950 + 315 + 114 + 231 = 2.610 €.
La **percentuale** (approssimata) richiesta è:

$$\text{percentuale costo Modem 56 su costo totale modello Pro} = \frac{114}{2.610} \times 100 = 4{,}368\% \cong \mathbf{4\%}$$

51) A. Per risolvere il quesito, occorre considerare i valori dell'indice riportati nella colonna **1995**.

	1994	1995	1996	1997	1998
Danimarca	111	116	118	124	127
Grecia	96	98	98	99	103
Austria	92	113	114	122	133
Giappone	92	95	98	101	94
Canada	106	111	113	120	125
Malaysia	163	186	209	235	211
Zambia	81	78	67	77	77

Le variazioni percentuali dell'indice rispetto alla base 100 del 1990 si ottengono applicando la formula:

$$\text{variazione percentuale} = \frac{\text{valore indice nel 1995 per ciascun Paese} - 100}{100} \times 100$$

(*semplificando 100 del denominatore della frazione con 100 del prodotto, in pratica, è sufficiente eseguire solo la differenza al numeratore*)

Tali variazioni percentuali sono state:

- Danimarca → variazione percentuale = $\frac{116 - 100}{100} \times 100 = 16\%$
- Grecia → variazione percentuale = $\frac{98 - 100}{100} \times 100 = -2\%$
- Austria → variazione percentuale = $\frac{113 - 100}{100} \times 100 = 13\%$
- Giappone → variazione percentuale = $\frac{95 - 100}{100} \times 100 = -5\%$
- Canada → variazione percentuale = $\frac{111 - 100}{100} \times 100 = 11\%$
- Malaysia → variazione percentuale = $\frac{186 - 100}{100} \times 100 = \mathbf{86}\%$
- Zambia → variazione percentuale = $\frac{78 - 100}{100} \times 100 = 22\%$

Il maggior incremento percentuale si è registrato per il valore delle indice in Canada, ed è stato pari all'**86%**.

52) D. Leggendo la tabella nel senso delle righe, si nota che i Paesi che hanno registrato sempre un aumento annuo dell'indice sono **3** e precisamente: Danimarca, Austria e Canada.

	1994	1995	1996	1997	1998
Danimarca	111	116	118	124	127
Grecia	96	98	98	99	103
Austria	92	113	114	122	133
Giappone	92	95	98	101	94
Canada	106	111	113	120	125
Malaysia	163	186	209	235	211
Zambia	81	78	67	77	77

53) B. Lo schema seguente riporta le differenze di valore dell'indice tra il 1995 e il 1994.

	1994	1995	Differenze 1995 – 1994
Danimarca	111	116	5
Grecia	96	98	2
Austria	92	113	21
Giappone	92	95	3
Canada	106	111	5
Malaysia	163	186	23
Zambia	81	78	–3

I Paesi che nel 1995 hanno registrato un incremento dell'indice, rispetto all'anno precedente, pari a 5 sono **Danimarca e Canada.**

54) E. L'incremento dell'indice in termini assoluti subito dalla Danimarca nel 1997 rispetto al 1996 è stato pari a 124 – 118 = 6.

	1994	1995	1996	1997	1998
Danimarca	111	116	118	124	127
Grecia	96	98	98	99	103
Austria	92	113	114	122	133
Giappone	92	95	98	101	94
Canada	106	111	113	120	125
Malaysia	163	186	209	235	211
Zambia	81	78	67	77	77

Se l'indice dello Zambia, che nel 1998 è stato pari a 77, subisse lo stesso incremento, allora esso nel 1999 sarebbe pari a 77 + 6 = 83, che **non corrisponde ad alcuna delle alternative proposte**.

55) D. Lo schema seguente riporta le differenze tra i valori di ciascun indice rispetto a quelli dell'anno precedente:

	Differenze 1995 – 1994	Differenze 1996 – 1995	Differenze 1997 – 1996	Differenze 1998 – 1997
Danimarca	5	2	6	3
Grecia	2	0	1	4
Austria	21	1	8	11
Giappone	3	3	3	–7
Canada	5	2	7	5
Malaysia	23	23	26	–24
Zambia	–3	–11	10	0

La **Malaysia**, con un valore di –24, ha registrato il decremento maggiore nel periodo considerato in tabella.

56) B. Per risolvere il quesito, occorre leggere nella riga **I (8 €)** il numero di spettatori della **Sala P** e quelli della **Sala M**.

Fasce orarie (costo)	Sala G 200 p.	Sala M 120 p.	Sala P 75 p.
I (8 €)	1.200	620	496
II (8 €)	2.616	1.152	768
III (10 €)	3.360	1.920	1.128
IV (12 €)	2.800	1.650	950
V (12 €)	4.416	2.616	1.330

La loro differenza percentuale è:

$$\text{differenza percentuale spettatori Sala P rispetto a Sala M} = \frac{496 - 620}{620} \times 100 = \mathbf{-20\%}$$

Quindi, gli spettatori della Sala P rispetto a quelli della Sala M sono il **20% in meno**.

57) E. Per risolvere il quesito, occorre leggere i dati riportati nella riga **IV (12 €)**.

Fasce orarie (costo)	Sala G 200 p.	Sala M 120 p.	Sala P 75 p.
I (8 €)	1.200	620	496
II (8 €)	2.616	1.152	768
III (10 €)	3.360	1.920	1.128
IV (12 €)	2.800	1.650	950
V (12 €)	4.416	2.616	1.330

Il totale mensile di tale fascia è 2.800 + 1.650 + 950 = 5.400.
Se una percentuale del 15% di tale totale, ossia un ammontare di $\frac{15 \times 5.400}{100} = 810$ spettatori, ha usufruito di biglietti omaggio, il mancato incasso del Cineflex per que-

sta fascia oraria è stato pari a 810 × 12 € = 9.720 €, che **non corrisponde ad alcuna delle alternative proposte.**

58) B. Il numero di spettatori che ha visto il film nella Sala G nella III fascia oraria si legge nella cella all'incrocio tra la riga **III (10 €)** e la colonna **Sala G 200 p.**

Fasce orarie (costo)	Sala G 200 p.	Sala M 120 p.	Sala P 75 p.
I (8 €)	1.200	620	496
II (8 €)	2.616	1.152	768
III (10 €)	3.360	1.920	1.128
IV (12 €)	2.800	1.650	950
V (12 €)	4.416	2.616	1.330

In totale, nel mese sono stati pari a 3.360.
Tenendo conto che il Cineflex è aperto 24 giorni in un mese, in media, hanno visto il film nella Sala G nella III fascia oraria nel mese considerato in tabella $\frac{3.360}{24}$ = **140** spettatori.

59) C. Lo schema seguente riporta, relativamente, alla colonna **Sala G**, i prodotti tra il numero di spettatori di tale sala e il costo per ciascuna fascia oraria. Tali prodotti rappresentano gli incassi per fascia oraria.

Fasce orarie (costo)	Sala G 200 p.	Incassi Sala G 200 p.
I (8 €)	1.200	1.200 × 8 € = 9.600 €
II (8 €)	2.616	2.616 × 8 € = 20.928 €
III (10 €)	3.360	3.360 × 10 € = 33.600 €
IV (12 €)	2.800	2.800 × 12 € = 33.600 €
V (12 €)	4.416	4.416 × 12 € = 52.992 €
Totale	–	150.720 €

In totale, la Sala G ha incassato **150.720 €.**

60) A. Dallo schema, evinciamo il numero di spettatori della **Sala M** nella **III fascia oraria** e il numero di spettatori della **Sala G** nella **V fascia oraria.**

Fasce orarie (costo)	Sala G 200 p.	Sala M 120 p.	Sala P 75 p.
I (8 €)	1.200	620	496
II (8 €)	2.616	1.152	768
III (10 €)	3.360	1.920	1.128
IV (12 €)	2.800	1.650	950
V (12 €)	4.416	2.616	1.330

Poiché il cinema è aperto 24 giorni al mese, si hanno:

- numero medio spettatori Sala M nella III fascia = $\frac{1.920}{24} = 80$;
- numero medio spettatori Sala G nella V fascia = $\frac{4.416}{24} = 184$.

La differenza tra tali numeri è 80 – 184 = **–104.**
Stando alle opzioni di risposta, intendiamo tale differenza in valore assoluto, per cui è pari a **104.**

Interpretazione di dati in grafici

61) B. Per il primo semestre del 2014 occorre fare riferimento alla seconda colonna da destra. In questa colonna i fatturati delle tre nazioni sono riportati in pila. Il fatturato dell'Italia è rappresentato dal rettangolo che è sulla sommità della pila (quello scuro). Tale rettangolo si estende verticalmente da un valore di circa 160 milioni di euro fino a circa 80 milioni di euro. La differenza di questi due valori restituisce il fatturato dell'Italia: 160 – 80 = **80 milioni di euro.**

62) B. Sia N il totale degli intervistati. Si nota che lo spicchio bianco della torta del grafico, che rappresenta gli intervistati al di sotto dei 20 anni, è pari a circa $\frac{1}{4}$ dell'intera torta. Pertanto gli intervistati con meno di 20 anni sono circa $\frac{1}{4}N$. Di conseguenza tutti gli intervistati con più di 20 anni ammontano a circa $\frac{3}{4}$ del totale, ossia $\frac{3}{4}N$. Pertanto il rapporto tra gli intervistati con più di 20 anni e quelli con meno di 20 anni vale:

$$\frac{3}{4}N : \frac{1}{4}N = 3 : 1$$

ossia **3 a 1.**

63) D. La colonna del diagramma più alta è quella che rappresenta il numero di vendite maggiore. Da uno sguardo generale al diagramma si scorge che la colonna più alta è relativa all'anno 2011 ed appartiene alla serie denotata con "Alpha". Il valore di questa colonna è pari a circa 8500 pezzi. Pertanto, il numero maggiore di vendite è stato effettuato dalla **divisione Alpha nel 2011.**

64) C. Analizzando i dati riportati nel grafico, il settore Est (denotato con le colonne bianche) ha riportato nel primo trimestre (vedi etichetta I trim.) un numero di vendite pari a circa 200 pezzi, mentre nel terzo trimestre (vedi etichetta III trim.) ha riportato un numero di vendite di circa 850 pezzi. Pertanto, per il settore Est, l'aumento è stato di circa 850 – 200 = 650 pezzi.
Per il settore Ovest (colonne grigie) si denota un quantitativo di vendite pari a 300 nel primo trimestre e a 350 nel terzo trimestre, per un aumento di circa 350 – 300 = 50 pezzi.

Per il settore Nord (colonne nere) si denota un quantitativo di vendite pari a circa 450 nel primo trimestre che resta sostanzialmente invariato nel terzo trimentre. In questo caso si registra un aumento pressoché nullo.
Pertanto il maggiore aumento di vendite tra primo e terzo trimestre si è avuto per **il settore Est**.

65) C. Il terzo trimestre è contrassegnato dall'etichetta "III trim." posta lungo l'asse orizzontale delle categorie. La serie dei dati relativa al settore Nord è rappresentata dalle colonne scure. La colonna scura relativa all'etichetta "III trim." ha un valore pari a **circa 450 pezzi**.

66) C. Si sa che il valore della fetta relativa ai nati nel 1975 (quella di colore scuro) vale 36. La fetta relativa ai nati nel 1972 (quella di colore bianco) è la più grande di tutte; in particolare il suo valore deve essere maggiore anche della fetta relativa ai nati del 1975, ossia deve essere maggiore di 36.
Per tale motivo si possono scartare le risposte A, B ed E che riportano valori inferiori a 36. Del resto, anche la risposta D può essere scartata in quanto il valore 40 è di poco superiore a 36, mentre si evince dal grafico che la fetta dei nati nel 1972 è più del doppio di quella relativa ai nati nel 1975. Pertanto, il valore **80**, riportato nella risposta C, appare quello più verosimile; difatti 80 è di poco superiore al doppio di 36.

67) E. La fetta relativa ai nati nel 1973 (quella di colore grigio chiaro) è pari circa al 25%, ossia a 1/4 del totale. Rapportando la fetta relativa ai nati nel 1974 (quella di colore grigio scuro) a quella dei nati nel 1973, si intuisce che la fetta relativa ai nati nel 1974 deve essere sicuramente minore del 25%. Pertanto possono essere scartate le risposte A, C e D che riportano tutti valori superiori al 25%. La risposta B riporta un valore pari a 20%, di poco inferiore al valore della fetta relativa ai nati nel 1973 che è pari a 25%. Anche questo valore sembra troppo grande per essere attribuito alla fetta dei nati nel 1974 che è pari a meno della metà della fetta relativa ai nati nel 1973. L'unico valore veramente plausibile resta il **10%** della risposta E, che pertanto è quella corretta.

68) A. Le colonne della serie relativa alla divisione Borsette sono di colore chiaro, mentre quelle relative alla divisione Valigie sono grigie.
Dal grafico si evincono i seguenti dati.

Anno 2011:
Borsette: 9000 pezzi
Valigie: 1000 pezzi
Totale: 10500 pezzi

Anno 2012:
Borsette: 6200 pezzi
Valigie: 3500 pezzi
Totale: 10000 pezzi

Anno 2013:
Borsette: 4500 pezzi
Valigie: 3500 pezzi
Totale: 8500 pezzi

Anno 2014:
Borsette: 4200 pezzi
Valigie: 4000 pezzi
Totale: 9000 pezzi

Pertanto, **nel 2011** si è avuta la vendita più consistente di borsette e valigie.

69) C. Nel grafico, lungo l'asse verticale delle categorie sono riportati gli anni. Sull'asse orizzontale sono invece riportati i valori degli utili (in milioni). L'azienda Beta è contrassegnata da barre di colore chiaro. Per il 2011 si nota che la barra di colore chiaro ha un valore di **circa 10 milioni**.

70) B. L'area Sud è contrassegnata con colonne di colore scuro. Mediante l'asse verticale dei valori si determinano le vendite (in migliaia di pezzi) nell'area Sud per ciascuno dei quattro trimestri (contrassegnati con le etichette I trim., II trim., III trim. e IV trim.).
Si ottiene:
I trim.: circa 2.200 pezzi

II trim.: circa 3.000 pezzi

III trim.: circa 2.600 pezzi

IV trim.: circa 2.200 pezzi

Il totale per i quattro trimestri ammonta a circa 2.200 + 3.000 + 2.600 + 2.200 = **10.000**.

71) E. Traguardando il valore delle colonne mediante l'asse verticale dei valori, appare evidente che la colonna di colore bianco relativa all'etichetta dell'anno 2011 è quella più alta, ossia con il valore maggiore (pari a circa 9000 pezzi). Le colonne bianche sono relative alla divisione Borsette. Pertanto il valore più alto di vendite è stato raggiunto dalla **divisione Borsette nel 2011**.

72) B. Per ciascuna area geografica, i servizi alla persona sono rappresentati dal terzo rettangolo. Si vede chiaramente che la presenza più massiccia si ha a **Nord**, dove supera le 200.000 unità.

73) A. Per ciascun settore occupazionale, il Sud è rappresentato dal terzo rettangolo. Si nota chiaramente che il settore Ambiente raggiunge quasi le 150.000 unità e il settore Ricerca e cultura, invece, non arriva neanche alle 50.000. Pertanto, **il primo è maggiore del secondo**.

74) E. Il totale delle donne impiegate nel settore Ricerca e cultura è 151.295 unità (76.453 + 35.600 + 39.242). L'incidenza delle lavoratrici del **Nord** è pari a 76.453/151.295 = 50,5%, che **non corrisponde ad alcuna delle alternative proposte**.

75) B. In corrispondenza del mese di **Aprile**, entrambi i settori presentano un valore pari circa a 18.000.

Problem solving

76) C. Questa domanda richiede un'attenta lettura delle regole del torneo e la ricerca di un metodo sistematico di annotazione per accertarsi di contare tutte le partite. È meglio non dare mai niente per scontato.

Fase 1: ogni squadra giocherà due partite contro ognuna delle altre squadre dello stesso gruppo. Le squadre sono sei. La squadra A deve giocare contro B, C, D, E ed F due volte, quindi 10 partite. Poi, la squadra B deve giocare contro C, D, E ed F due volte (abbiamo già contato le partite contro la squadra A): 8 partite. Procedendo allo stesso modo, la squadra C ne gioca altre 6, la squadra D altre 4 e la squadra E altre 2. Il totale, quindi, è: 10 + 8 + 6 + 4 + 2 = 30 per il primo gruppo, più altre 30 partite per il secondo gruppo; quindi, in totale, nella fase 1, si giocano 60 partite.

Fase 2: ogni squadra gioca una partita contro ogni squadra dell'altro gruppo. Chiamiamo le squadre dell'altro gruppo P, Q, R, S, T e U; la squadra A deve giocare contro tutte queste, e lo devono fare anche B, C, D, E e F. Ogni squadra quindi giocherà 6 partite, per un totale di 36. Notate che questa volta le partite si contano solo una volta: se si conta B contro R non si deve contare anche R contro B. Non c'è neanche bisogno di raddoppiare le risposte per i due gruppi, visto che abbiamo già fatto i conti per entrambi.

Fase 3: i vincitori dei due gruppi si scontrano in finale. La fase 3 consiste in un'unica partita.
Il totale, quindi, è: 60 + 36 + 1 = **97** partite. L'opzione C è corretta.

Avere ottenuto una risposta che si trova tra le scelte, però, non è sufficiente per essere sicuri di aver risposto correttamente. Ad esempio, se nella Fase 1 avessimo contato solo un gruppo, il risultato sarebbe stato:

30 + 36 + 1 = 67 partite, che è l'opzione A.

77) B. Il metodo più diretto e sistematico per individuare il valore errato è sommare tutte le righe e colonne e trovare le due che sono sbagliate. Il valore che cerchiamo si troverà nell'intersezione. Se si prova a farlo, ci si accorgerà che la colonna della 2° media ha come totale 150 (non 145), e la riga delle macchina ha come totale 107 (non 102). Questi dati si intersecano nel valore **33**.
Fortunatamente, per trovare l'errore abbiamo dovuto sommare solo due colonne e una riga. Se volessimo essere veramente sicuri, potremmo continuare e controllare i totali anche di tutte le altre righe e colonne.
Quando si ha poco tempo a disposizione, però, esiste un metodo molto più veloce; è leggermente rischioso, ma se si pensa al tempo che potenzialmente si risparmia, vale la pena provarlo all'inizio. Se, per ogni numero, sommiamo solamente le unità, vedremo molto rapidamente se l'errore è in una riga o colonna particolare. Ad esempio, nella colonna della 1ª media sommiamo: 0 + 4 + 5 + 1 = 10; quindi lo 0, nella colonna del totale, è corretto. L'errore si trova rapidamente nella colonna successiva: 3 + 6 + 2 + 9 dà come risultato una cifra che termina in 0, non in 5. Questo metodo permette di risparmiare molte addizioni e riduce al minimo la possibilità di errore. Tuttavia, però, funziona solo se l'errore è nelle unità: se ad esempio vi fosse 42 invece che 32, il metodo non produrrebbe alcun risultato. Ciononostante, per applicare questa strategia si impiegano solo pochi secondi e, se non funziona, si può sempre svolgere l'addizione completa.

78) D. Avrete forse individuato la possibilità di esprimere il problema in termini di tre equazioni lineari (e tre incognite) che si possono scrivere in questo modo:

$$j + i = 90$$
$$j + k = 95$$
$$i + k = 99$$

(j, i, k rappresentano rispettivamente il peso di John, Ivan e Kevin).
Sommando le prime due, si ottiene:

$$2j + i + k = 185$$

Sottraendo il terzo:

$$2j = 86$$

Quindi j, cioè il peso di John, è **43 kg.**
Per chi si sentisse meno preparato nell'utilizzo di tecniche formali, può risolvere questo problema percorrendo un'altra via altrettanto semplice. Sapendo che ognuno dei ragazzi è stato pesato due volte, se si sommano i tre risultati (90 + 95 + 99 = 284 kg), si ottiene il peso totale, che è 142 kg. Si può quindi trovare il peso di John sottraendo dal totale la somma del peso di Ivan e di Kevin: 142 – 99 = 43 kg.

79) E. In questa domanda ci sono molti numeri e, per risolvere il problema, bisogna trovare il modo per metterli insieme. È richiesto di trovare il numero di persone coinvolte nella sperimentazione e quindi si deve calcolare il numero corrispondente alle percentuali.
Si conoscono tre percentuali (senza sovrapposizioni tra le classi) la cui somma è 70%; rimane quindi fuori il 30%. Questo residuo è composto dalle 9 persone che non hanno avvertito alcun effetto e dalle 27 che non hanno completato l'esperimento: il totale è 36.
Questi 36 rappresentano il 30% di cui inizialmente non è stato detto niente. Ora abbiamo un numero e la sua percentuale corrispondente. Quindi, il numero con cui si è cominciato l'esperimento era:

$$\frac{100}{30} \times 36 = \mathbf{120}$$

80) C. Per calcolare quanto Leena è distante da casa quando esce Rajesh, cioè la distanza che ha percorso in 10 minuti, si deve calcolare la sua velocità a piedi.
Si sa che, per arrivare a scuola, Leena ci mette quattro volte più di Rajesh, e che la differenza di tempo che i due impiegano ad arrivare è di 15 minuti. Tre volte tanto il tempo che Rajesh impiega per arrivare a scuola deve essere 15 minuti, quindi il tragitto di Rajesh dura 5 minuti e quello di Leena 20.
Servendoci della relazione velocità = $\frac{\text{distanza}}{\text{spazio}}$, si può calcolare che Rajesh va a 24 km/h e che Leena va a 6 km/h (queste cifre corrispondono alle velocità relative fornite nella domanda).
Leena esce di casa 10 minuti prima di Rajesh. In 10 minuti ($\frac{1}{6}$ di ora) ha percorso una distanza pari a $6 \times \frac{1}{6} = \mathbf{1}$ **km**.
Se vi sentite tranquilli a usare metodi algebrici, il quesito può essere risolto anche in maniera più diretta. Se chiamiamo la velocità a cui cammina Leena s km/h, allora la velocità a cui Rajesh va in bici è $4s$ km/h. La distanza da scuola è 2 km, quindi

per arrivarci Leena impiega 2/*s* ore e Rajesh 2/4 *s* ore. La differenza tra questi due tempi è di 15 minuti (1/4 ora) quindi:

$$\frac{2}{s} - \frac{2}{4s} = \frac{1}{4}$$

Moltiplicando entrambi i lati dell'equazione per 4*s* si ottiene:

$$8 - 2 = s$$

quindi *s*, la velocità a cui cammina Leena, è 6 km/h. Il resto del problema può essere completato come spiegato sopra.

81) A. Si potrebbe procedere paragonando le quattro persone due per volta, ma è un metodo che potrebbe portare via molto tempo. Ad esempio, Katy inizialmente pesava 65 kg e Mike 75 kg. Mike ha perso più peso di Katy ed entrambi hanno perso più di 5 kg, il che significa che alla fine dell'anno Mike e Katy potrebbero essere in qualunque ordine uno rispetto all'altro, quindi non è possibile fare una distinzione basandosi solo su questa coppia; dobbiamo provare con le altre.
Sappiamo che Neil è aumentato, quindi alla fine dell'anno non potrà essere più leggero di Katy, che pesava meno e in più ha perso peso. Ma ciò non ci aiuta perché Katy e Neil appaiono sempre nello stesso ordine in tutte le sequenze.
Sappiamo che Mike ha perso più peso di Louise e di Katy. Abbiamo già confrontato Katy e Mike. Tuttavia, Mike all'inizio era più leggero di Louise e ha perso più peso, quindi non può essere diventato più pesante di Louise. Il che implica che l'opzione **A** non può essere possibile.
Si può risparmiare tempo controllando con attenzione l'ordine espresso nelle cinque sequenze. Tutte presentano Neil come il più pesante, quindi paragonando Neil a tutti gli altri non è possibile fare alcuna distinzione. Restringendo il campo a tre persone, il numero di paragoni a coppie si riduce da 6 a 3.
Riassumendo tutte le informazioni in modo schematico su una linea, sarà più semplice osservare gli effetti dei cambiamenti possibili.

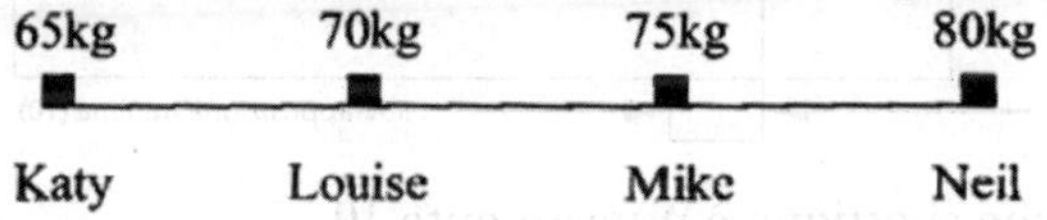

Un diagramma di questo genere è veloce da disegnare ed è di grande aiuto nella soluzione del problema.
Per affrontare questo problema esiste anche un modo più rapido che si serve del pensiero logico. Mike ha iniziato l'anno più leggero di Louise e ha perso più peso, quindi alla fine non può essere più pesante di Louise; quindi A può essere esclusa immediatamente.

82) B. Questo quesito è piuttosto complesso. Come per la maggior parte delle altre domande di questa categoria, ci sono diversi modi di affrontarlo.
L'approccio diretto prevede l'utilizzo delle informazioni nell'ordine dato. La prima informazione è che ci sono 100 viti in totale. Di queste, 60 hanno la punta a stella, il che riduce il numero massimo di viti appartenenti alla categoria che stiamo cercando a 60.

70 viti su 100 hanno un diametro di 3 mm. Nel peggiore dei casi, le 30 viti che *non* hanno il diametro di 3 mm hanno tutte la punta a stella. Se così fosse, rimarrebbero solo 30 viti con la punta a stella, con diametro 3 mm.
Infine, si sa che ci sono 80 viti (su 100) da 50 mm. Nel peggiore dei casi, le 20 che *non* sono lunghe 50 mm potrebbero avere tutte la punta a stella e un diametro di 3 mm. Questo riduce a **10** il numero minimo possibile di viti con la punta a stella, il diametro di 3 mm, la lunghezza 50 mm.
In questo caso, per illustrare la suddivisione degli oggetti in categorie, si può utilizzare un semplice diagramma. Osservando i primi due criteri di suddivisione:

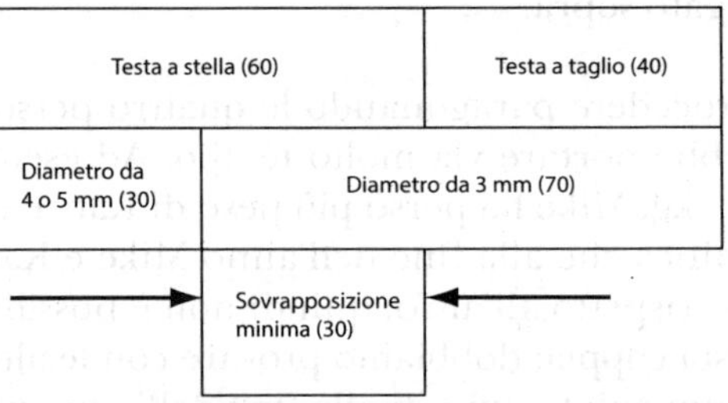

La parte centrale della tabella è stata disegnata in questo modo per stabilire la massima sovrapposizione tra la categoria desiderata rispetto al primo criterio (tipo di testa) e la categoria non desiderata rispetto al secondo criterio (diametro). In questo modo, si è sicuri che l'area segnata rappresenti la sovrapposizione minima richiesta dalla domanda. Si può poi ripetere il procedimento con le 30 viti desiderate in base alle prime due categorie e le 80 viti desiderate in base all'ultima categoria:

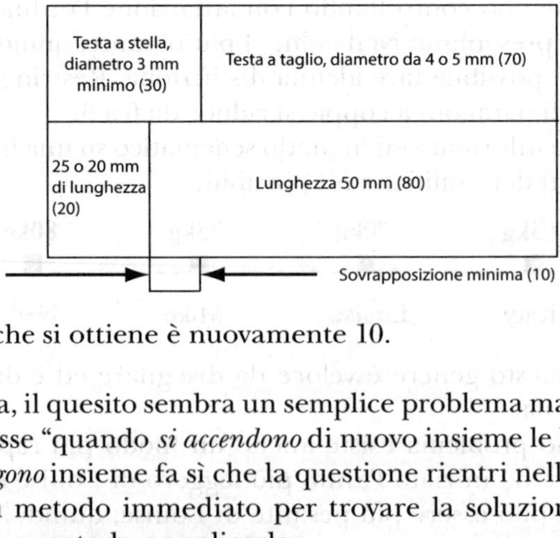

Il numero minimo che si ottiene è nuovamente 10.

83) A. A prima vista, il quesito sembra un semplice problema matematico, e lo sarebbe se la domanda fosse "quando *si accendono* di nuovo insieme le luci?". Tuttavia, chiedere quando *si spengono* insieme fa sì che la questione rientri nell'ambito del problem solving. Non c'è un metodo immediato per trovare la soluzione, quindi parte del problema è trovare un metodo e applicarlo.
Ci sono due metodi che sembrano attendibili (sebbene esista la possibilità che portino via molto tempo). Per prima cosa, si potrebbe disegnare un diagramma. L'unico problema è che deve essere piuttosto accurato. Il bianco significa "acceso" e il nero "spento", ogni quadretto è un secondo. Il diagramma comincia quando le luci si accendono insieme.

Faro 1

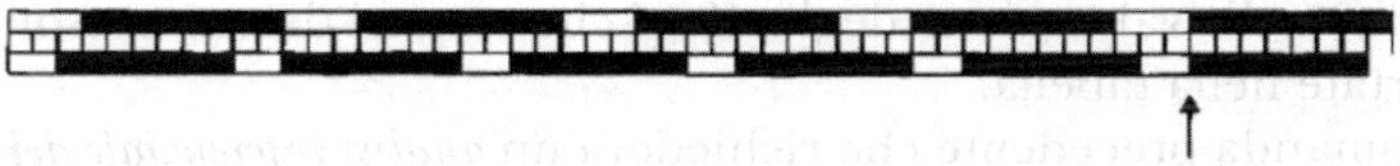

Faro 2 Le luci si spengono insieme

Le luci si spengono insieme dopo quattro cicli completi del primo faro, più un periodo di "acceso": $4 \times 11 + 3 = 47$ secondi.
In questo problema, però, c'è una complicazione ulteriore: guardando con attenzione la domanda, si legge che "15 secondi fa entrambe le luci si sono accese nello stesso preciso istante". Per ottenere la risposta corretta, allora, bisogna sottrarre 15 dal 47 che abbiamo appena trovato, ottenendo **32** secondi.

84) B. Qui sono coinvolte due abilità. Innanzitutto, si deve comprendere la descrizione verbale di ciò che il grafico rappresenta. Quindi, sulla base della domanda, occorre interpretare il grafico nel modo richiesto. La soluzione è veramente semplice: bisogna sottrarre il punto più basso tra tutte le barrette dal punto più alto. Tali valori sono (leggendo con la massima accuratezza possibile) 14° e 34°; così, l'intervallo totale è **20 °C**.

85) C. Questo quesito misura la capacità di selezionare i dati rilevanti. La domanda riguarda i viaggi in macchina, sia da guidatori sia da passeggeri. Visto che le cifre rappresentano la media di tutte le persone che hanno partecipato all'indagine, si possono sommare i due numeri rilevanti: nel 1999/2001 sono stati percorsi 3381 + 1973 = 5354 km
nel 2002 sono stati percorsi 3410 + 2028 = 5438 km
L'aumento è quindi di 5438 – 5354 = **84 km**
Le cifre rappresentano i km all'anno.

86) E. La domanda chiede di ordinare i mezzi di trasporto secondo il livello di diminuzione subìto. Prima occorre selezionare quelli che hanno registrato una diminuzione. (Si ricordi di considerare il periodo corretto.) Poi si deve calcolare la percentuale.
I mezzi di trasporto che hanno registrato una diminuzione sono cinque (sono riportate le percentuali approssimative).

A piedi:	255 – 190 (25%)
Bicicletta:	51 – 33 (30%)
Pullman a noleggio:	150 – 124 (16%)
Motociclo/motorino:	47 – 33 (20%)
Autobus urbano:	429 – 259 (40%)

Quindi sono gli **autobus urbani** ad aver registrato la percentuale di diminuzione più alta.

87) B. In questo caso viene richiesto di dedurre quali siano le possibili cause della tendenza osservata secondo cui, in macchina, è stato percorso un numero di km in-

feriori da passeggeri che da guidatori. È una domanda piuttosto difficile che richiede molta lucidità nella valutazione degli effetti che scenari diversi possono avere sulle medie riportate nella tabella.
Come nella domanda precedente che richiedeva un'*analisi inferenziale dei dati*, si può nuovamente procedere verificando un'opzione alla volta.

1 Il numero medio di chi ha viaggiato in macchina è inferiore nel 2002 rispetto al 1975/6

Questo dato comunica solamente che è avvenuto un cambiamento tra il 1975/6 e il 2002. Non dice niente sul numero relativo di km percorsi da guidatori e da passeggeri.

2 Il numero medio di persone che hanno viaggiato in macchina è inferiore a 2

La distanza media percorsa da passeggero è:

$$\frac{\text{numero totale di km registrati per i passeggeri}}{\text{numero totale di persone in tutta l'indagine (non solo i passeggeri)}}$$

Il numero dei km dei passeggeri può superare il numero dei km dei guidatori solo se il numero medio dei passeggeri è maggiore di 1 (un passeggero non può viaggiare senza un guidatore). Se il numero medio di persone in una macchina è inferiore a 2, la media dei passeggeri è inferiore a uno e la media dei km percorsi dai passeggeri deve essere inferiore alla media di km percorsi dai guidatori.

3 Sono più le macchine che viaggiano con una persona rispetto a quelle che viaggiano con più di una

Da ciò deriva che il numero di km percorsi da guidatori è maggiore dei km percorsi da passeggeri. Il ragionamento è simile a quello svolto per l'opzione 2, anche se in questo caso si parla di numero di viaggi piuttosto che di km percorsi. A parità delle altre condizioni (cioè nessuna tendenza a viaggi lunghi delle macchine con più passeggeri), ne consegue che il numero di km percorsi da guidatori è maggiore rispetto al numero di km percorsi da passeggeri, per ragioni simili a quelle esposte nel caso dell'opzione 2.

4 Le macchine che trasportano passeggeri fanno viaggi più corti rispetto a quelle dove c'è solo il guidatore

Questa opzione potrebbe essere considerata come un'alternativa all'opzione 3. Se il numero medio di passeggeri in una macchina è abbastanza uniforme per i viaggi lunghi e quelli brevi, la distanza totale percorsa dai passeggeri sarà nettamente inferiore rispetto alla distanza totale percorsa dai guidatori.
Non si può essere certi che questa osservazione determini che i km dei passeggeri siano inferiori ai km dei guidatori. Se, per esempio, tutti i viaggi con passeggeri (anche se brevi) avessero un alto numero di passeggeri, e tra tutti i viaggi in macchina la maggior parte fosse rappresentata da quelli brevi, il numero di km percorsi dai passeggeri potrebbe superare quello dei guidatori.
Tuttavia, bisogna specificare che questa osservazione *potrebbe* portare il numero dei km dei guidatori a superare il numero delle miglia dei passeggeri.
La 2, la 3 e la 4 potrebbero tutte portare a tale conclusione.

88) D. In questa domanda occorre selezionare i dati giusti e utilizzarli nel modo appropriato (si può quindi classificare come domanda che verte sull'*analisi dei dati*). È piuttosto complicata e richiede una riflessione attenta su cosa s'intenda con media delle persone e tappe di un viaggio.
La domanda richiede di calcolare la lunghezza media di una singola tappa. Occorre riflettere su questi dati:

$$\frac{\text{distanza totale di tutte le tappe}}{\text{numero di tappe registrate}}$$

Le dimensioni dei campioni (riferite ai viaggi intrapresi in una settimana) sono mostrate nella seconda tabella. Bisogna controllare con attenzione quali parti della tabella si riferiscono all'indagine (su una settimana) e quali costituiscono invece il riassunto (espresso in termini di media annua). Occorre anche sapere che la media dei km percorsi si riferisce a un singolo individuo e che l'indagine è stata svolta su numerosi soggetti. Perciò non è possibile, ad esempio, dividere semplicemente il numero di km riportato nella prima tabella per il numero di tappe presente nella seconda.
Una persona media viaggia 6981 km l'anno, quindi deve aver viaggiato 6981/52 km durante la settimana presa in esame, che, approssimativamente, corrispondono 130 km. Nell'indagine, ci sono state 349.227 tappe percorse da 16.886 individui, quindi una persona media deve aver viaggiato per 349.227/16.886 tappe, che approssimativamente corrisponde a 20 tappe. Quindi, la lunghezza media delle tappe è 130/20 km o **6,5 km**.

89) A. Il quesito si risolve trovando il lato del quadrato più grande possibile costruibile con le tessere date. Tale lato si ottiene considerando la parte intera della radice quadrata approssimata del numero di tessere dato. In altri termini, occorre trovare quel numero il cui quadrato sia prossimo al numero di tessere date. Il quadrato costruito avrà per lato proprio quel numero. Nel quesito, il numero delle tessere è 550; pertanto, occorre trovare la radice quadrata approssimata del numero 550 o, in altri termini, il numero il cui quadrato è prossimo a 550. Quest'ultimo numero è 23; infatti: $23^2 = 529$. Con 550 tessere, il piccolo Federico ha costruito il quadrato più grande possibile; gli sono avanzate, quindi, 550 – 529 = **21** tessere.

I quesiti di questa tipologia, che sottintendono lo stesso criterio di risoluzione, spesso richiedono, data una figura tridimensionale cubica, di individuare il numero di cubetti che la costituiscono oppure il numero di cubetti che avanzano nel costruire la figura. Altri quesiti, che riguardano figure tridimensionali qualsiasi, richiedono di individuarne, sulla base di alcuni dati, il volume.

90) B. I dati espressi in valuta locale non sono molto utili per un confronto diretto. È più semplice esprimere tutti i costi come percentuali, in modo da poter confrontare direttamente le diverse componenti. La tabella viene ripetuta con i costi espressi come percentuali per ogni Paese.

	Sudaria	Idani	Anguda	Boralia
Greggio	51.09	36.00	30.10	47.62
Raffinazione	1.46	9.00	1.50	1.90
Ingrosso	6.57	7.00	3.76	13.33
Dettaglio	4.38	4.00	4.36	4.76
Tasse	36.50	44.00	60.27	32.38

Nel grafico a torta, il segmento più grande è poco meno della metà del grafico: si può trattare, quindi, soltanto del greggio in Boralia o delle tasse in Idani. Non è facile distinguere tra le due possibilità sulla base della larghezza dei segmenti di dimensione immediatamente inferiore, perché la loro differenza è piccola. Bisogna, pertanto, osservare i tre segmenti di dimensioni più piccole. La Boralia ha un segmento (ingrosso) che è almeno il triplo degli altri due, mentre nel grafico i tre segmenti sono di dimensioni piuttosto simili. Ne concludiamo che si tratta dell'**Idani**.
Avremmo potuto risolvere questo problema senza usare le percentuali, ma guardando le dimensioni relative delle componenti nella tabella per ogni Paese. Questo procedimento sarebbe stato più rapido, ma avrebbe richiesto un maggiore sforzo di calcolo.

91) D. Questo problema è un po' più difficile della maggior parte di quelli che abbiamo visto finora. Se conoscessimo le reali medie per le quattro scuole che il quotidiano ha incluso, sarebbe possibile confrontarle con una stima della media per le cinque scuole, e il tipo di errore ci darebbe qualche indicazione su quale scuola è stata dimenticata.
Osservando le medie, i valori approssimati (dal grafico) sono 9, 19, 35 e 16 rispettivamente per 1, 2, 3 e 4 materie di livello A. Moltiplicando questi valori per 5/4 (da correggere per il fatto che sono stati divisi per 5 anziché per 4), otteniamo (approssimativamente) 11, 24, 44 e 20.
Volendo essere precisi, potremmo confrontare questi valori con tutti i possibili gruppi di quattro medie, ma ciò richiederebbe parecchio tempo. Osserviamo, piuttosto, che 11 e 24 sembrano valori leggermente bassi rispetto alle medie delle materie 1 e 2. Il valore 44 per la materia 3 è molto basso, mentre il 20 per la materia 4 è decisamente troppo alto. Ciò ci porta a sospettare che Danbridge sia la scuola esclusa, visto che i suoi valori sono superiori agli altri nelle prime tre materie e inferiori nella quarta.
Possiamo verificare la nostra ipotesi calcolando la media di una delle colonne per le altre quattro scuole (preferibilmente usando le materie 3 o 4, che sembrano mostrare le discrepanze maggiori) e confrontando i risultati. **Danbridge** è effettivamente la scuola esclusa dal grafico.

92) B. La somma dei costi sulla fattura dettagliata è di 453 €. Si tratta di 18 € in meno rispetto al conto finale della fattura, dunque le è stata aggiunta una **cena** in più. Nessuna delle altre voci costava esattamente 18 €, né singolarmente né separatamente.

93) D. Quest'attività può essere risolta in diversi modi. Per esempio, potremmo tirare a indovinare: poiché 1/3 delle bottiglie saranno gratis, l'alternativa C (appunto 1/3) può trarci in inganno, ma è sbagliata. Potremmo procedere per tentativi: ad

esempio, si può ipotizzare un costo di 60 centesimi a bottiglia da parte dei fornitori e vedere quant'è il guadagno per il supermercato. Tre bottiglie costerebbero 1,80 € e il supermercato le venderebbe a 2,40 €; dunque, il guadagno sarebbe di 60 centesimi per tre bottiglie, ossia di 20 centesimi su ciascuna di esse. Questo, però, non è sufficiente; dunque, il prezzo dei fornitori deve essere più basso.
In effetti, esiste un modo chiaro e sistematico per risolvere questo problema, che consiste nello scrivere tutti i valori corrispondenti alle opzioni A – E, una volta calcolati.
Se SuperSave vende ogni bottiglia a 1,20 €, la compra a 80 centesimi (poiché sappiamo che la vende ad un prezzo pari al 50% in più rispetto a quello di acquisto), così ogni bottiglia viene venduta a 40 centesimi in più del prezzo di acquisto.
Durante l'offerta, il supermercato venderà tre bottiglie al costo di due, cioè a 2,40 €, ossia 80 centesimi ciascuna. Se SuperSave sta vendendo ancora a 40 centesimi in più del prezzo di acquisto, vuol dire che sta comprando dai fornitori ogni bottiglia a 40 centesimi. I fornitori, quindi, dovranno dimezzare il loro prezzo: l'opzione che riporta il valore **1/2** è quella giusta.
Questo metodo è veloce, certamente più di quello basato su tentativi. È un tipo di soluzione cui si è più inclini a ricorrere se sono stati già affrontati svariati problemi simili in precedenza e si ragiona con attenzione sulle informazioni fornite.
Infine, per essere certi di avere trovato la giusta soluzione, si controlli la risposta. Il profitto per ciascuna bottiglia è di 1,20 € – 80 centesimi = 40 centesimi.
Su tre bottiglie, durante l'offerta, il profitto è 2,40 € – 1,20 € = 1,20 €, ossia 40 centesimi per bottiglia. Il che è corretto!

94) B. L'abilità richiesta in questo problema risiede nell'utilizzare le informazioni giuste in modo appropriato e al momento giusto durante il calcolo. I dati rilevanti sono cinque: le due distanze, le due velocità e il fatto che arrivino alla stessa ora. È, dunque, evidente che per risolvere il problema occorrerà calcolare ciascuno dei tempi di percorrenza; quindi, in questo caso, non vi è alcun metodo da trovare. I problemi in cui il metodo non è immediato saranno discussi nel prossimo capitolo.
Luiz percorre 900 m a 1,5 m/s; quindi, impiega 900 : 1,5 = 600 secondi, ossia 10 minuti. Bianca pedala per 1,5 km (1500 m) a 5 m/s, impiegando 1.500 : 5 = 300 secondi, ossia 5 minuti. Siccome **Luiz** impiega 5 minuti in più, deve partire da casa **5 minuti** prima.

95) C. Le cifre della mia data di nascita potrebbero andare da 01 a 31 (e poi s'invertono). Le cifre del mio mese di nascita potrebbero andare da 01 a 12 (anche queste s'invertono). Possiamo quindi guardare una a una le opzioni:

3221 con le rispettive cifre invertite, diventa 23 12 – questo è possibile (23 dicembre).

5060 diventa 05 06 – questo è possibile (5 giugno)

1141 diventa 11 14 impossibile, il mese non può essere superiore a 12 (opzione giusta)

2121 diventa 12 12 (12 dicembre)

1290 diventa 21 09 (21 settembre)

96) C. L'obiettivo è trovare quanti candidati hanno ancora una possibilità di vincere. Per farlo, è necessario trasferire i voti da ciascun candidato eliminato a quello che lo precedeva (questo sarebbe il numero massimo di voti che il penultimo candidato potrebbe ricevere dopo che il candidato posto più in basso è stato eliminato).
Eliminando di volta in volta il candidato in posizione più bassa, otteniamo i seguenti risultati:

	Originale	Dopo il primo ritiro	Dopo il secondo ritiro
Andrew	323	323	323
Godfrey	211	211	211
Srinivasa	157	157	157
Stephen	83	83	158
John	54	75	
Bertrand	21		

In questa fase, sia Srinivasa sia Stephen potrebbero essere eliminati, a seconda della effettiva distribuzione dei voti dei candidati esclusi prima. Quello non eliminato potrebbe superare Godfrey, ricevere i suoi voti e vincere; quindi, **4** candidati possono ancora vincere.

97) A. Per risolvere il quesito rapidamente, conviene ragionare partendo dall'esame delle alternative di risposta. Così facendo, osserviamo che tutte le alternative presentano 5 come secondo carattere e di nuovo 5 come terzo (4551; 7555; 4557; 7554; 4555): ciò significa che la sequenza ricercata sicuramente avrà 5 al secondo posto e di nuovo 5 al terzo.
Stabilito ciò, dal primo indizio (7355: 1 BP / 1 MP) ricaviamo tre informazioni:

I. poiché un carattere è BP (cioè non solo compare nella sequenza ricercata, ma vi compare anche nello stesso posto in cui appare nell'indizio), questo carattere deve essere – in base a quanto stabilito poc'anzi – il 5 al terzo posto in 7355;
II. poiché un carattere è MP (cioè compare nella sequenza ricercata, ma in posizione diversa da quella in cui appare nell'indizio), questo carattere deve essere il 5 al quarto posto in 7355, giacché da quanto stabilito poc'anzi sappiamo che l'altro 5 appare al secondo posto nella sequenza ricercata;
III. se il primo indizio non indica altri caratteri BP o MP, deduciamo che 7 e 3 in 7355 non compaiono nella sequenza ricercata.

Se ora consideriamo il terzo indizio (7331: 1 BP), sappiamo che in 7331 vi è un solo carattere BP e, in base all'informazione III), dobbiamo dedurre che questo carattere non è né 7 né 3, ma 1, che, quindi, nella sequenza ricercata deve apparire al quarto posto.
Tra le alternative di risposta, l'unica in cui appare 1, appunto al quarto posto, è **4551**, che dunque è la sequenza ricercata.

98) A. Il quesito si risolve trovando il lato del triangolo equilatero più grande possibile costruibile con le tessere date.

Tale lato si ottiene considerando la radice quadrata del numero di tessere dato. In altri termini, occorre trovare quel numero il cui quadrato è uguale al numero delle tessere. Il triangolo costruito avrà per lato proprio quel numero. Nel quesito, il numero delle tessere è 529; pertanto, occorre trovare la radice quadrata del numero 529. Quest'ultimo numero è 23; infatti: $23^2 = 529$.

Proviamo, infatti, a disegnare il triangolo equilatero. Partendo dall'alto si nota che servono:

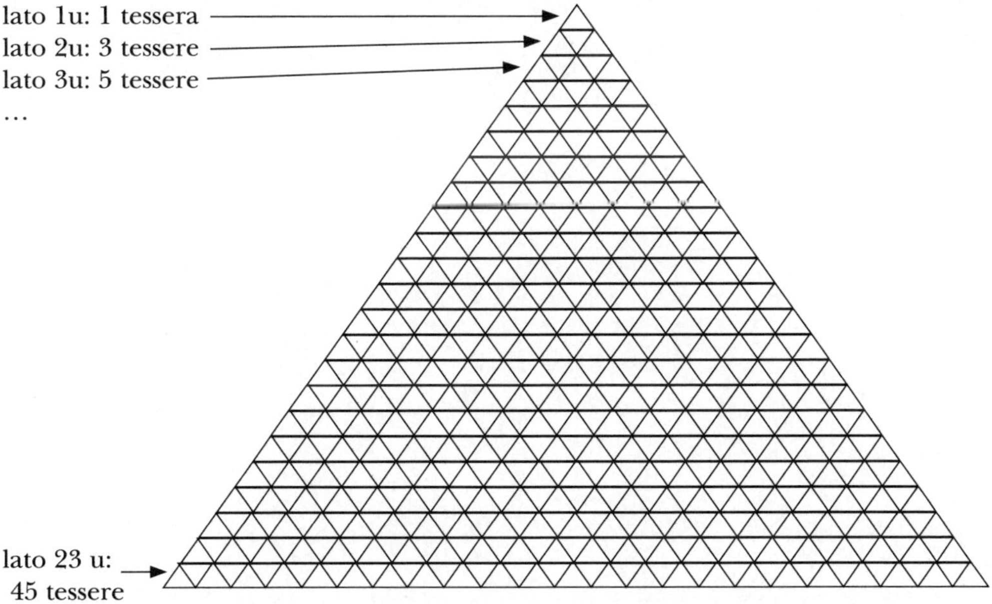

In pratica, ci sono 23 file di tessere (triangoli), ogni fila è composta da un numero dispari di tessere e ogni lato è formato da un numero di tessere pari a lato × 2 – 1. Ad esempio, nell'ultima fila, sono posizionate 23 × 2 – 1 = 45 tessere. Quindi, ci sono 1, 3, 5, …, 45 tessere nelle file da 1 a 23. Ricordando che la somma dei primi n numeri dispari è uguale a n^2, la somma dei numeri dispari da 1 a 23 è, appunto, $23^2 = 529$. Pertanto, il perimetro del triangolo equilatero ottenuto è 23 u × 3 = **69 u**.

99) C. Un metodo sistematico per affrontare questo esercizio è un confronto a coppie: osservando due numeri per volta, è piuttosto semplice vedere se una singola luce può creare confusione tra le due cifre. Lavorando in modo sistematico, quindi, si paragonano 0 e 1, 0 e 2, 0 e 3 e così via.
Vi accorgerete in fretta che la risposta corretta è **0 e 8**. Se la luce centrale dell'8 si spegnesse, diventerebbe identico a 0. Tuttavia, se la risposta corretta fosse stata 8 e 9, ci sarebbero voluti 45 confronti prima di risolvere il problema.
Un altro sistema prevede l'osservazione di ogni numero separatamente, visualizzando come apparirebbe se una delle luci si spegnesse. Questo metodo si può applicare velocemente ad ogni numero, però non si trova la risposta corretta finché non si raggiunge il numero 8. Può risultare più veloce dare un'occhiata rapida a tutti i numeri,

concentrandosi su quelli che presentano una forma simile. La maggior parte delle cifre sarà scartata in un attimo, dopodiché si può svolgere un confronto più attento solo per alcune coppie, come 2 e 3.

100) A. Poiché l'orologio è stato costruito per funzionare in senso antiorario e attualmente l'orologio segna le 9:45, tra 120 minuti = 2 h saranno le **7:45**.

Sezione V
Ragionamento astratto, spaziale e meccanico – Abilità visiva

Questionario 1
Ragionamento astratto, spaziale e meccanico

Serie di figure

1) Quale figura completa la serie?

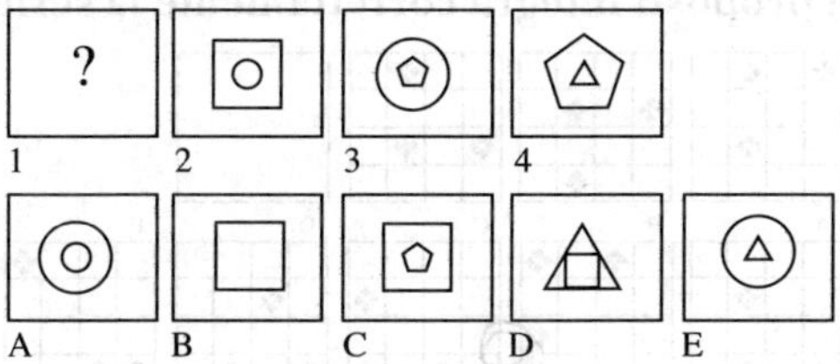

A. La figura D
B. La figura B
C. La figura E
D. La figura A
E. La figura C

2) Quale figura completa la serie?

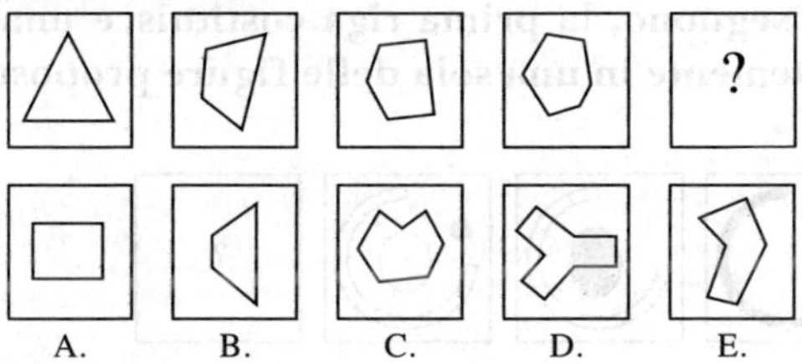

A. La figura D
B. La figura B
C. La figura C
D. La figura A
E. La figura E

3) Quale figura completa la serie?

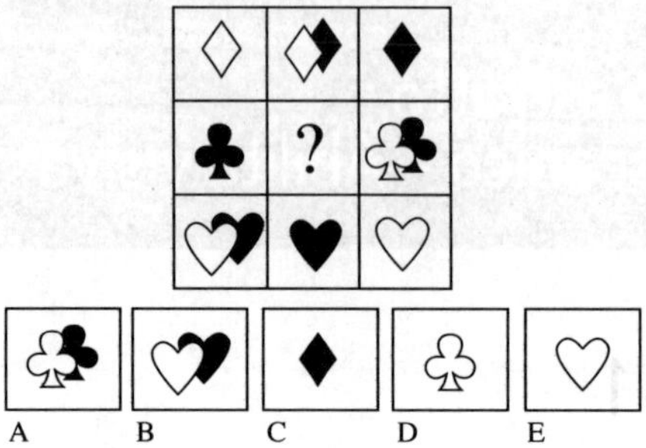

A. La figura A
B. La figura B
C. La figura C
D. La figura A
E. La figura E

4) Quale dei disegni proposti integra correttamente la serie?

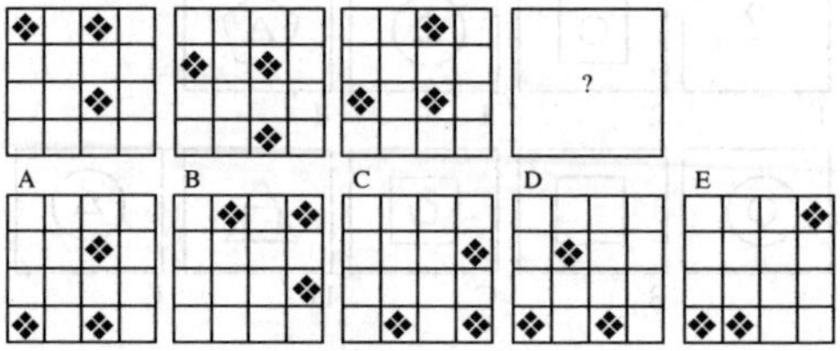

A. Il disegno indicato con la lettera A
B. Il disegno indicato con la lettera C
C. Il disegno indicato con la lettera B
D. Il disegno indicato con la lettera D
E. Il disegno indicato con la lettera E

5) Delle figure che seguono, la prima riga costituisce una sequenza logica che prosegue coerentemente in una sola delle figure proposte come soluzione. Di quale si tratta?

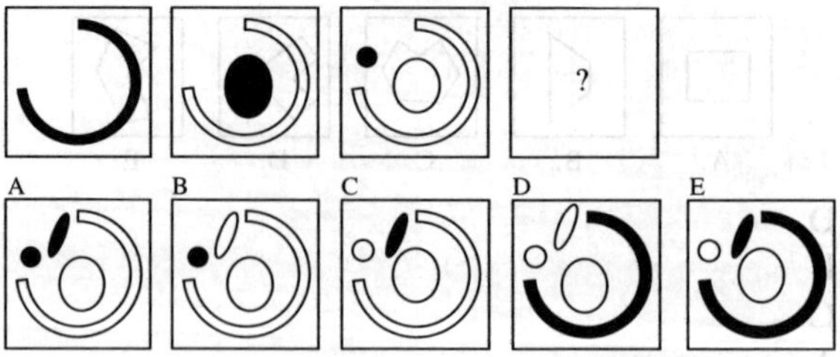

A. Della figura C
B. Della figura E
C. Della figura B
D. Della figura A
E. Della figura D

6) Quale dei disegni proposti integra correttamente la serie?

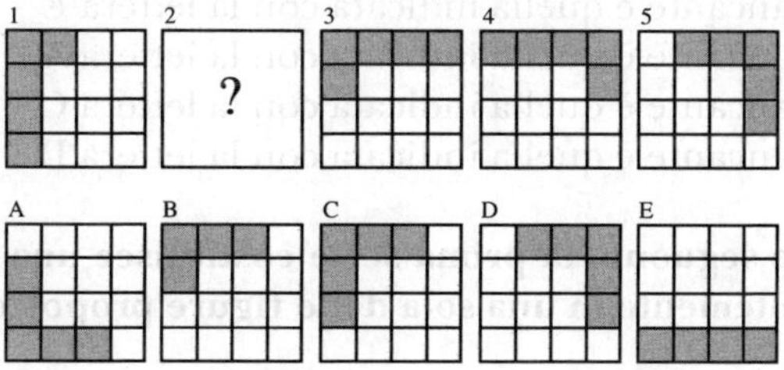

A. Il disegno indicato con la lettera C
B. Il disegno indicato con la lettera E
C. Il disegno indicato con la lettera A
D. Il disegno indicato con la lettera D
E. Il disegno indicato con la lettera B

7) È corretto affermare che per completare la serie il disegno da inserire nel box n. 5 è quello contrassegnato con la lettera D?

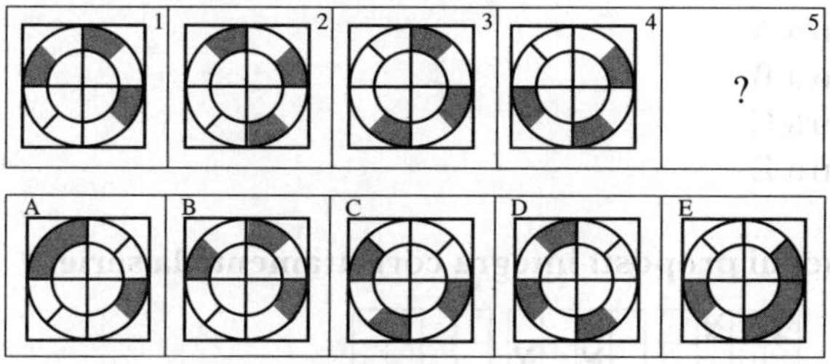

A. No, è il disegno indicato con la lettera E
B. No, è il disegno indicato con la lettera B
C. Sì, è il disegno indicato con la lettera D
D. No, è il disegno indicato con la lettera C
E. No, è il disegno indicato con la lettera A

8) Per analogia con le serie date, cosa è logico affermare?

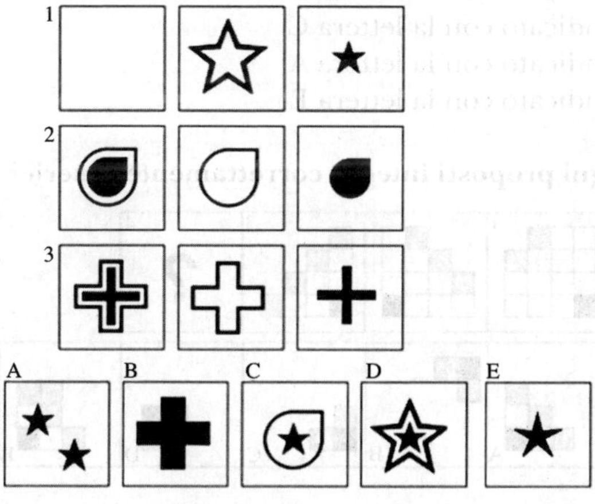

A. La figura mancante è quella indicata con la lettera B
B. La figura mancante è quella indicata con la lettera E
C. La figura mancante è quella indicata con la lettera A
D. La figura mancante è quella indicata con la lettera C
E. La figura mancante è quella indicata con la lettera D

9) Delle figure che seguono, la prima serie costituisce una sequenza logica che prosegue coerentemente in una sola delle figure proposte come soluzione. Di quale si tratta?

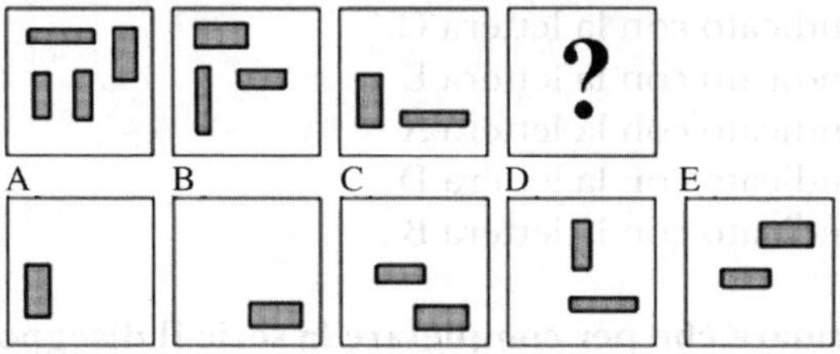

A. Della figura D
B. Della figura A
C. Della figura B
D. Della figura C
E. Della figura E

10) Quale dei disegni proposti integra correttamente la serie?

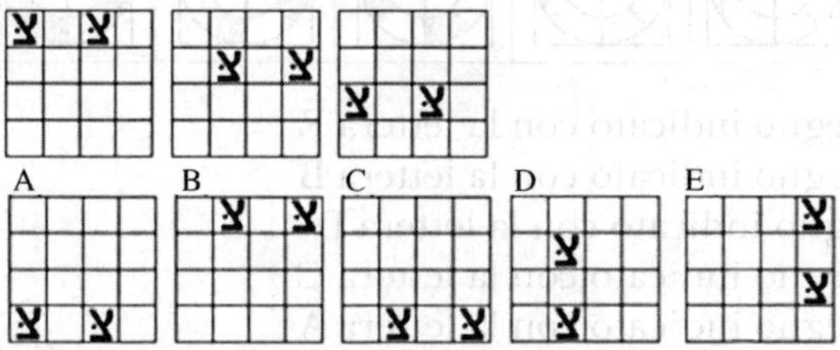

A. Il disegno indicato con la lettera D
B. Il disegno indicato con la lettera B
C. Il disegno indicato con la lettera C
D. Il disegno indicato con la lettera A
E. Il disegno indicato con la lettera E

11) Quale dei disegni proposti integra correttamente la serie?

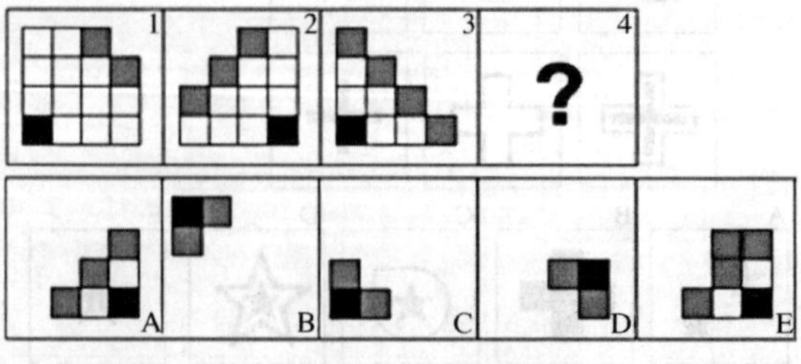

A. Il disegno indicato con la lettera A
B. Il disegno indicato con la lettera B
C. Il disegno indicato con la lettera C
D. Il disegno indicato con la lettera D
E. Il disegno indicato con la lettera E

12) Quale dei disegni proposti integra correttamente la serie?

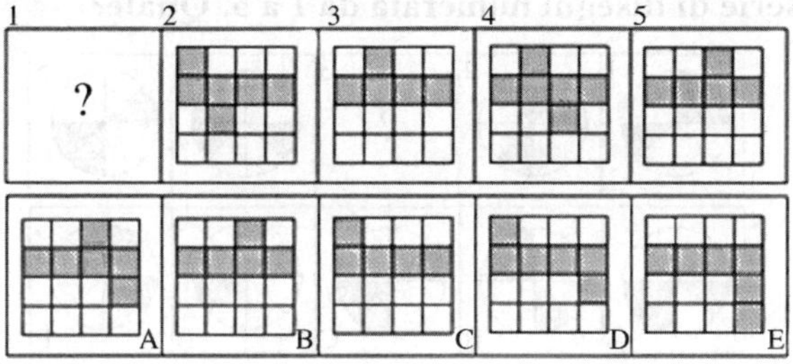

A. Il disegno indicato con la lettera B
B. Il disegno indicato con la lettera D
C. Il disegno indicato con la lettera C
D. Il disegno indicato con la lettera A
E. Il disegno indicato con la lettera E

13) Quale dei disegni proposti integra correttamente la serie?

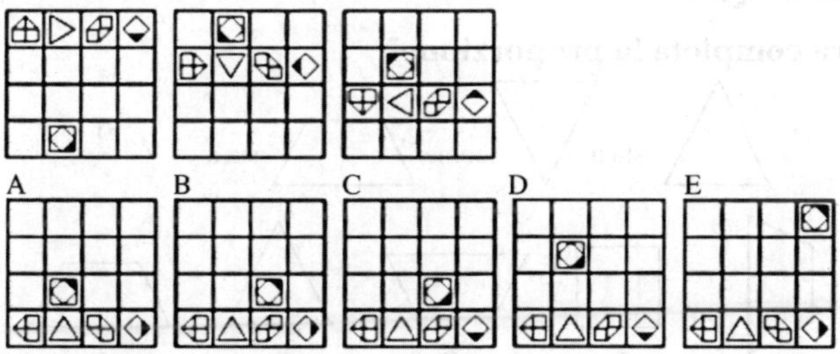

A. Il disegno indicato con la lettera A
B. Il disegno indicato con la lettera C
C. Il disegno indicato con la lettera D
D. Il disegno indicato con la lettera B
E. Il disegno indicato con la lettera E

14) Quale dei disegni proposti integra correttamente la serie?

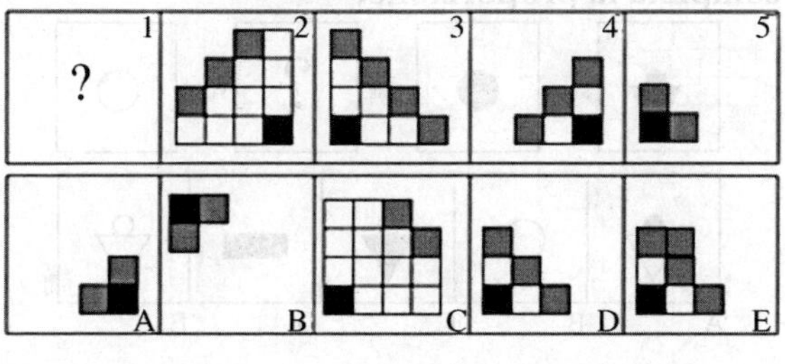

A. Il disegno indicato con la lettera D
B. Il disegno indicato con la lettera C
C. Il disegno indicato con la lettera B
D. Il disegno indicato con la lettera A
E. Il disegno indicato con la lettera E

15) Uno solo dei disegni contrassegnati con lettere costituisce il logico completamento della serie di disegni numerata da 1 a 5. Quale?

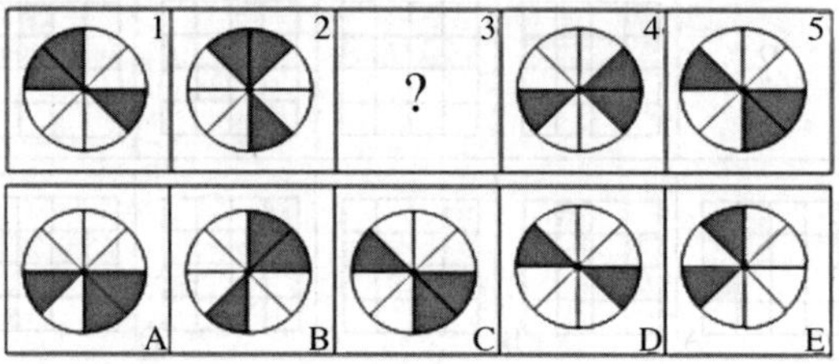

A. Il disegno indicato con la lettera C
B. Il disegno indicato con la lettera D
C. Il disegno indicato con la lettera A
D. Il disegno indicato con la lettera B
E. Il disegno indicato con la lettera E

Proporzioni tra figure

16) Quale figura completa la proporzione?

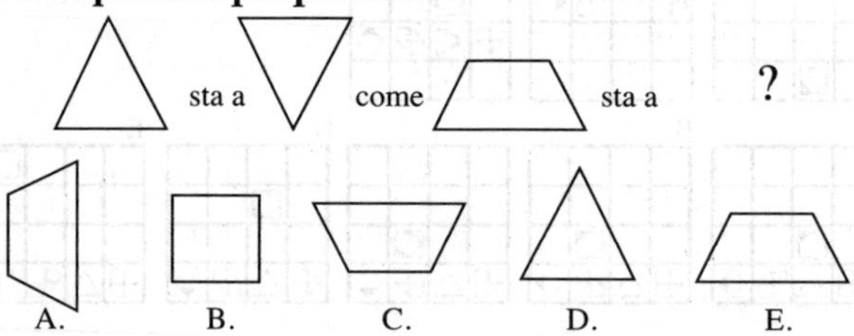

A. La figura A
B. La figura B
C. La figura C
D. La figura D
E. La figura E

17) Quale figura completa la proporzione?

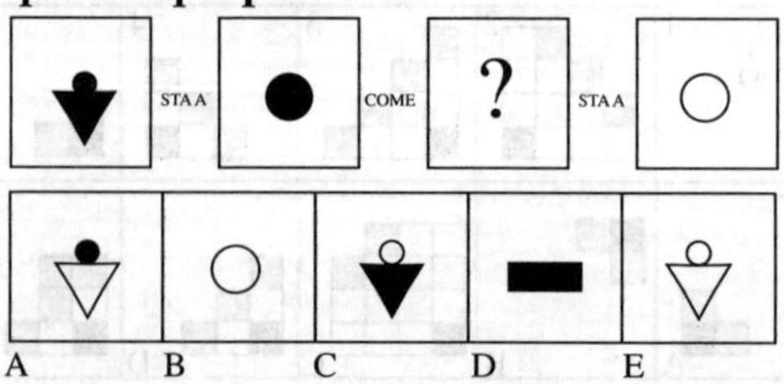

A. La figura A
B. La figura E
C. La figura D
D. La figura B
E. La figura C

18) Quale tra le figure proposte integra logicamente la proporzione che segue?

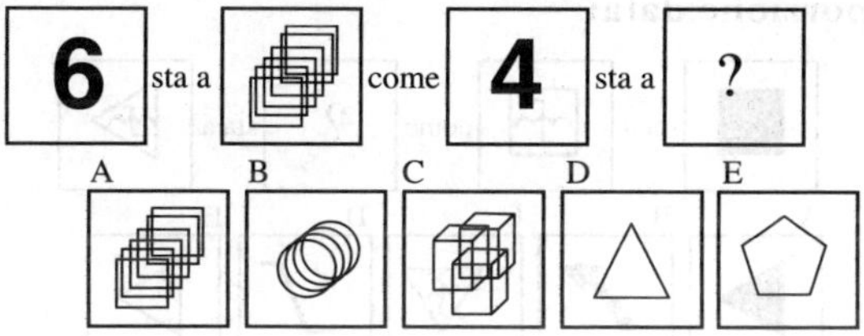

A. La figura indicata con la lettera A
B. La figura indicata con la lettera B
C. La figura indicata con la lettera C
D. La figura indicata con la lettera D
E. La figura indicata con la lettera E

19) Dopo aver osservato i primi due termini della proporzione, individuare fra i cinque disegni proposti (A, B, C, D, E) quali, inseriti rispettivamente come terzo e quarto termine, ne rappresentano il logico completamento.

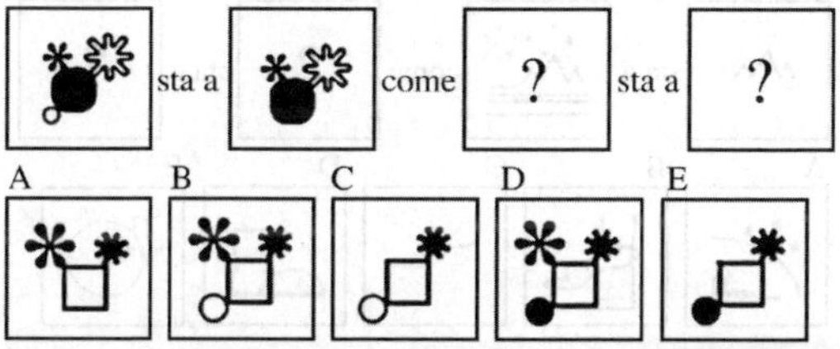

A. I disegni indicati con le lettere D e A
B. I disegni indicati con le lettere B e D
C. I disegni indicati con le lettere B e A
D. I disegni indicati con le lettere C e A
E. I disegni indicati con le lettere C e E

20) Quale tra le figure A, B, ... è corretto inserire come quarto termine della proporzione che segue?

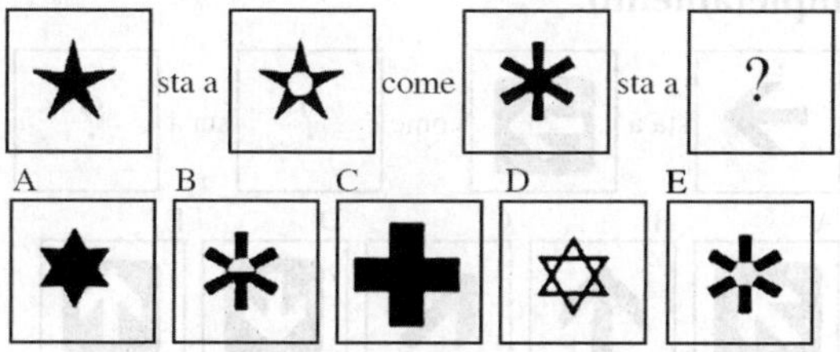

A. La figura A
B. La figura B
C. La figura D
D. La figura C
E. La figura E

21) Individuare fra le figure proposte quella che è logico inserire quale terzo termine della proporzione data:

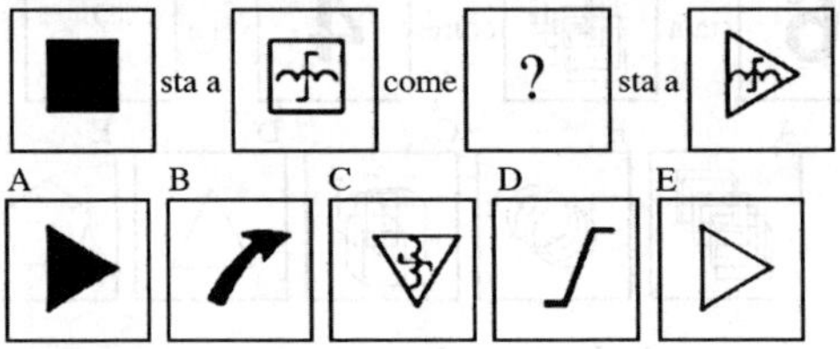

A. La figura indicata con la lettera D
B. La figura indicata con la lettera A
C. La figura indicata con la lettera B
D. La figura indicata con la lettera C
E. La figura indicata con la lettera E

22) Quali tra le figure/risposta della seconda riga è corretto utilizzare per completare la proporzione della prima riga lasciata incompleta?

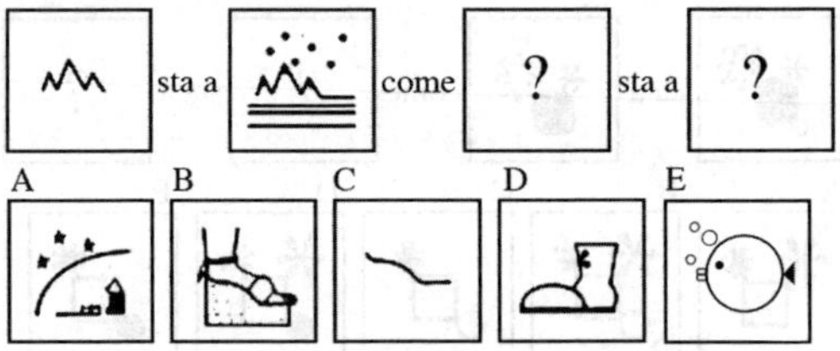

A. Le figure C e B
B. Le figure A e B
C. Le figure C e D
D. Le figure C e A
E. Le figure C e E

23) Individuare fra le cinque figure/risposta quelle che, inserite rispettivamente come terzo e quarto termine della proporzione, ne rappresentano, per analogia, il logico completamento.

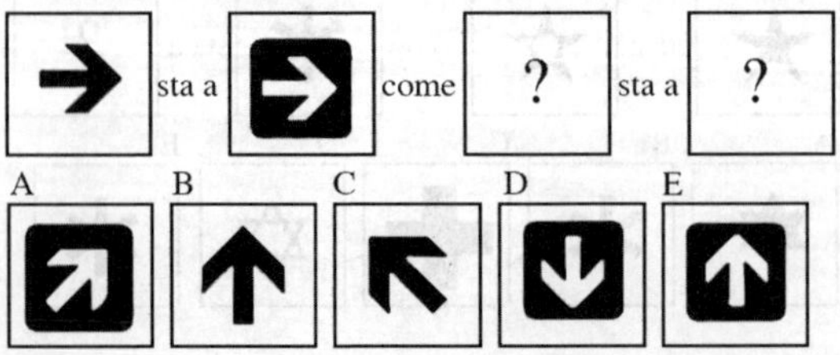

A. Le figure indicate con le lettere C e A
B. Le figure indicate con le lettere B e D
C. Le figure indicate con le lettere D e B
D. Le figure indicate con le lettere B e A
E. Le figure indicate con le lettere B e E

24) Individuare fra le cinque figure quelle che inserite rispettivamente come terzo e quarto termine della proporzione ne rappresentano, per analogia, il logico completamento.

A. Le figure indicate con le lettere A e E
B. Le figure indicate con le lettere B e D
C. Le figure indicate con le lettere C e D
D. Le figure indicate con le lettere A e C
E. Le figure indicate con le lettere C e E

25) Dopo aver osservato i primi due termini della proporzione, individuare fra i cinque disegni proposti (A, B, C, D, E) quali, inseriti rispettivamente come terzo e quarto termine, ne rappresentano il logico completamento.

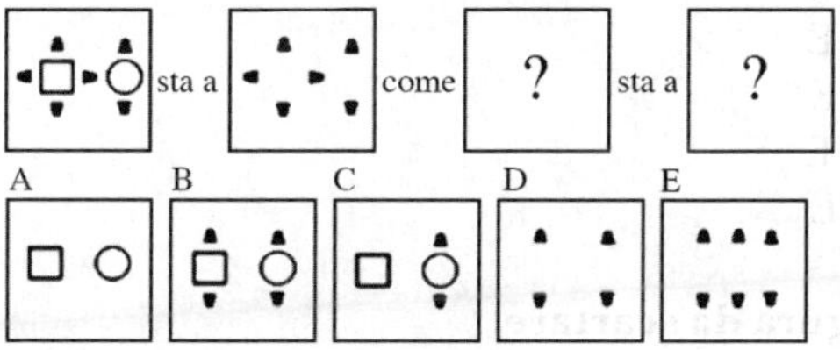

A. I disegni indicati con le lettere D e A
B. I disegni indicati con le lettere B e D
C. I disegni indicati con le lettere B e A
D. I disegni indicati con le lettere C e A
E. I disegni indicati con le lettere C e E

Classificazioni visive

26) Qual è la figura da scartare?

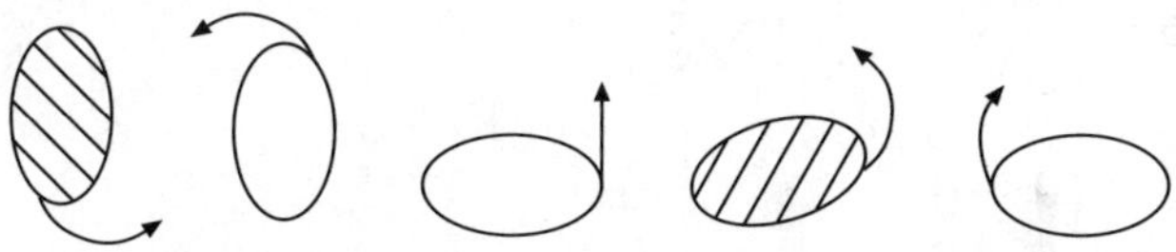

A. B. C. D. E.

A. La figura A
B. La figura B
C. La figura C
D. La figura D
E. La figura E

27) Qual è la figura da scartare?

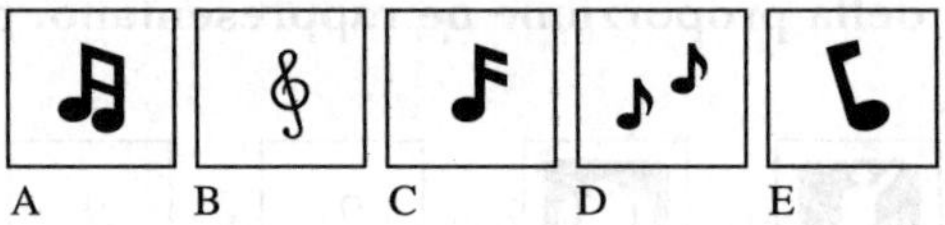

A. La figura B
B. La figura A
C. La figura E
D. La figura D
E. La figura C

28) Osservando attentamente le cinque figure proposte è possibile notare che quattro di esse presentano elementi di omogeneità. Quali?

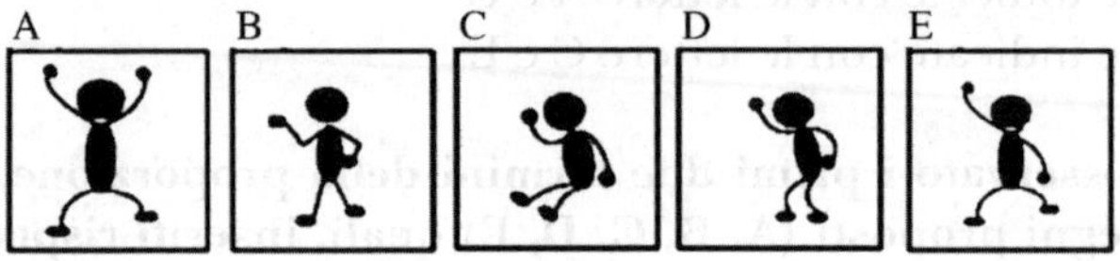

A. Figure A B D E
B. Figure B C D E
C. Figure A B C E
D. Figure A C D E
E. Figure A B C E

29) Individuare la figura da scartare.

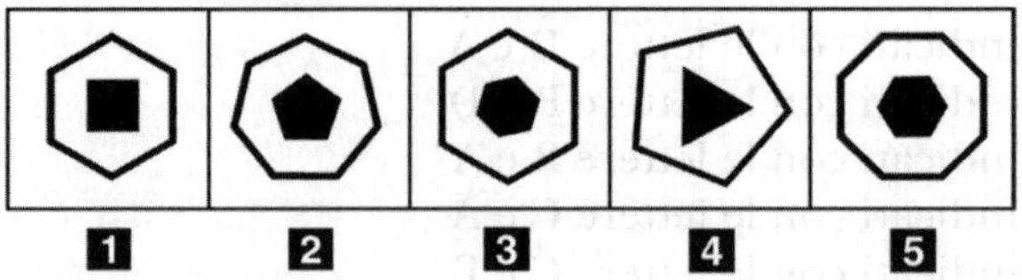

A. Figura 2
B. Figura 4
C. Figura 1
D. Figura 3
E. Figura 5

30) Individuare la figura da scartare.

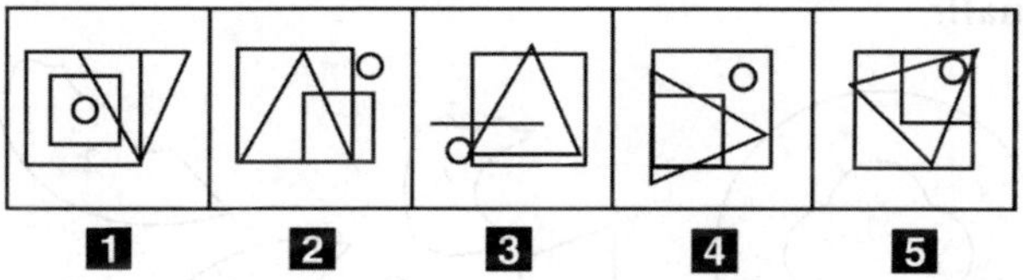

A. Figura 2
B. Figura 5
C. Figura 1
D. Figura 3
E. Figura 4

Scomposizione e ricostruzione di figure geometriche

31) La figura data si ricompone solo con 5 frammenti. Quali tra quelli proposti?

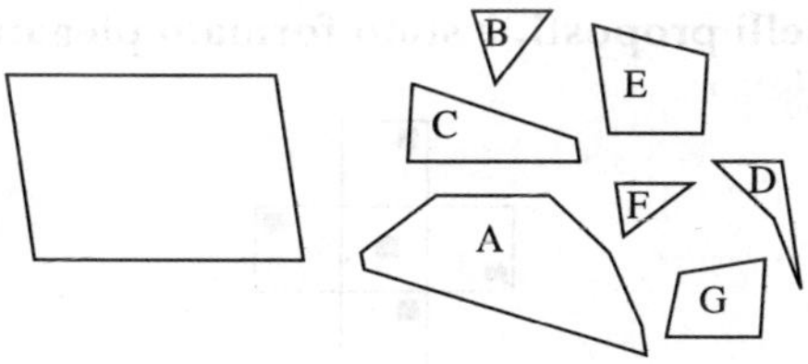

A. I frammenti A, B, C, D, E
B. I frammenti A, B, C, D, F
C. I frammenti A, C, D, E, F
D. I frammenti A, B, C, E, F
E. I frammenti B, C, D, E, F

32) La figura che segue può essere ricomposta soltanto con 4 dei 6 frammenti proposti. Quali?

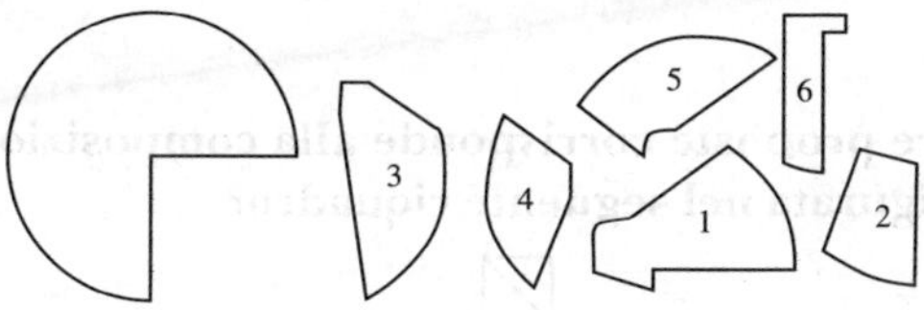

A. Frammenti 1, 3, 4 e 6
B. Frammenti 1, 2, 3 e 4
C. Frammenti 1, 2, 4 e 5
D. Frammenti 1, 3, 4 e 5
E. Frammenti 1, 2, 4 e 6

33) La figura che segue può essere ricomposta soltanto con 4 dei 6 frammenti proposti. Quali?

A. Frammenti 1, 2, 3 e 6
B. Frammenti 2, 4, 5 e 6
C. Frammenti 1, 2, 3 e 4
D. Frammenti 2, 3, 4 e 5
E. Frammenti 1, 2, 4 e 5

34) Quale cubo, tra quelli proposti, è stato formato piegando lo sviluppo rappresentato?

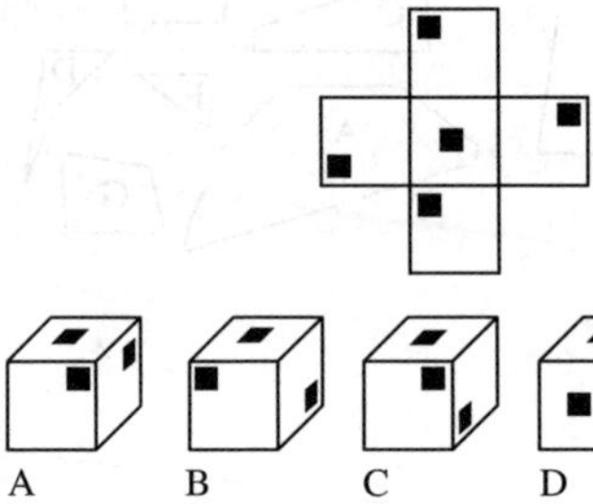

A. Figura A
B. Figura E
C. Figura B
D. Figura C
E. Figura D

35) Quale delle figure proposte corrisponde alla composizione volumetrica della figura piana raffigurata nel seguente riquadro?

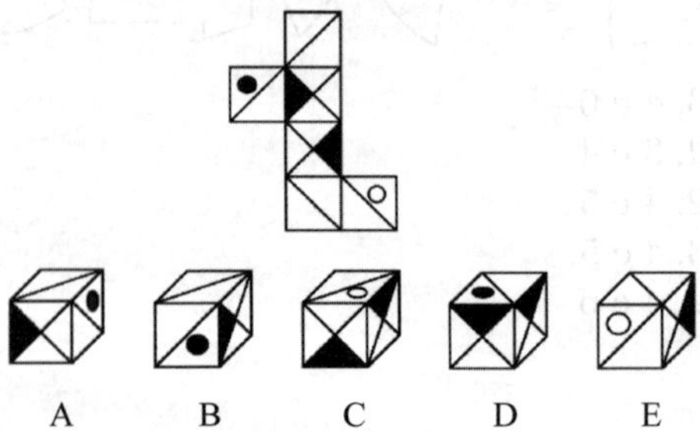

A. Figura A
B. Figura D

C. Figura B
D. Figura C
E. Figura E

Rotazioni mentali e orientamento spaziale

36) In quale dei seguenti box contrassegnati da numeri è riproposto il disegno contrassegnato dalla lettera "A" dopo essere stato ribaltato e ruotato?

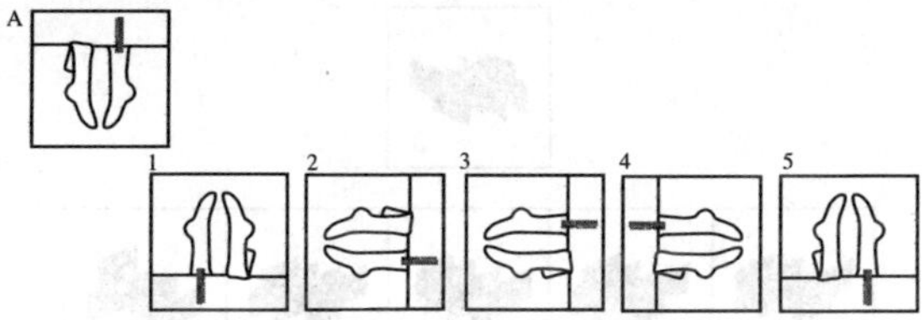

A. Box numero 1
C. Box numero 4
B. Box numero 2
D. Box numero 3
E. Box numero 5

37) Quale dei disegni contrassegnati con i numeri 1, 2, 3, 4 e 5 corrisponde esattamente al disegno contrassegnato dalla lettera "A" dopo essere stato ribaltato e ruotato?

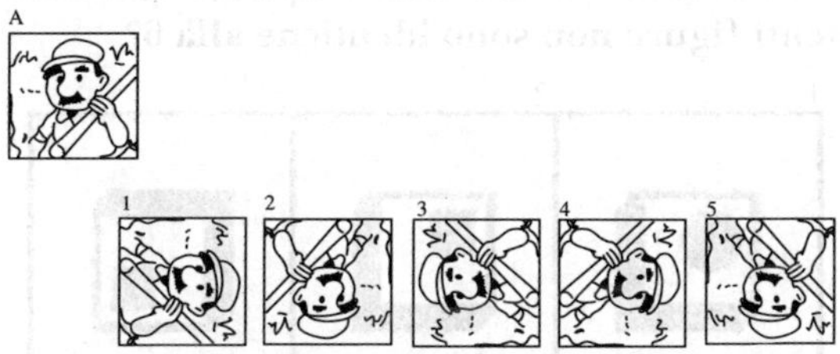

A. Il disegno indicato con il numero 1
B. Il disegno indicato con il numero 2
C. Il disegno indicato con il numero 3
D. Il disegno indicato con il numero 4
E. Il disegno indicato con il numero 5

38) Indicare in quale dei seguenti box contrassegnati da numeri è riproposto il disegno contrassegnato dalla lettera "A" dopo essere stato ribaltato e ruotato:

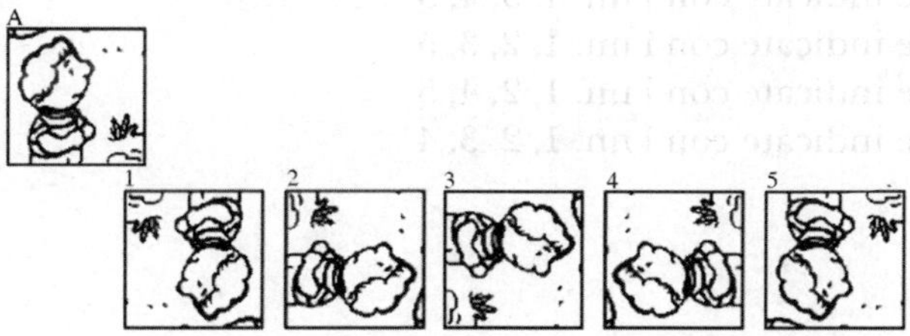

A. Nel box contrassegnato con il numero 1
B. Nel box contrassegnato con il numero 3
C. Nel box contrassegnato con il numero 4
D. Nel box contrassegnato con il numero 2
E. Nel box contrassegnato con il numero 5

39) Individuare la figura che corrisponde alla prima composizione vista allo specchio.

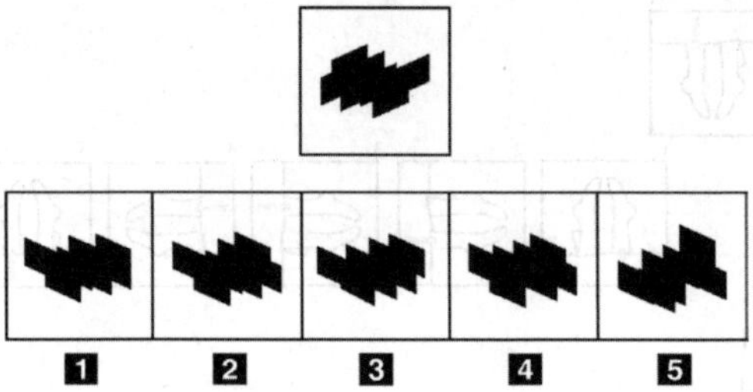

A. Figura 5
B. Figura 1
C. Figura 3
D. Figura 2
E. Figura 4

40) Non prendendo in considerazione alcun tipo di spostamento e/o rotazione, quali delle seguenti figure non sono identiche alla 6?

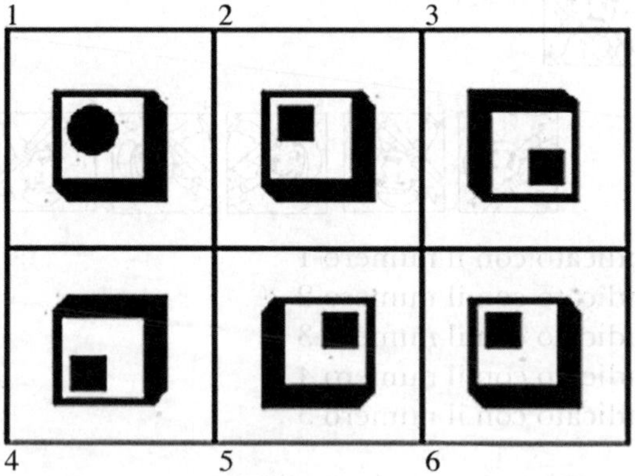

A. Le figure indicate con i nn. 2, 3, 4, 5
B. Le figure indicate con i nn. 1, 3, 4, 5
C. Le figure indicate con i nn. 1, 2, 3, 5
D. Le figure indicate con i nn. 1, 2, 4, 5
E. Le figure indicate con i nn. 1, 2, 3, 4

Domino e carte francesi

41) Quale tessera del domino deve essere inserita al posto dei punti interrogativi?

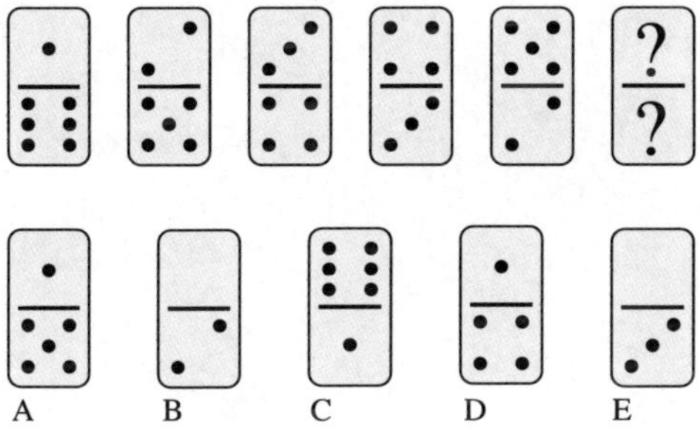

A. La tessera D
B. La tessera C
C. La tessera E
D. La tessera A
E. La tessera B

42) Quali tessere del domino devono essere inserite al posto dell'elemento mancante della figura I e della figura II?

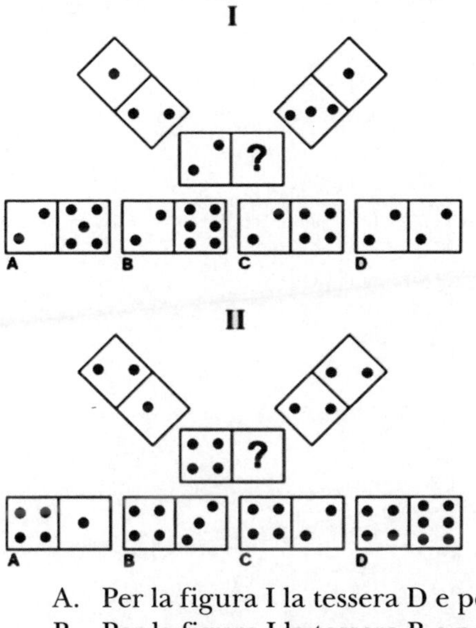

A. Per la figura I la tessera D e per la figura II la tessera B
B. Per la figura I la tessera B e per la figura II la tessera A
C. Per la figura I la tessera A e per la figura II la tessera B
D. Per la figura I la tessera C e per la figura II la tessera A
E. Per la figura I la tessera B e per la figura II la tessera D

43) Quali tasselli del domino devono essere inseriti rispettivamente al posto dei punti interrogativi?

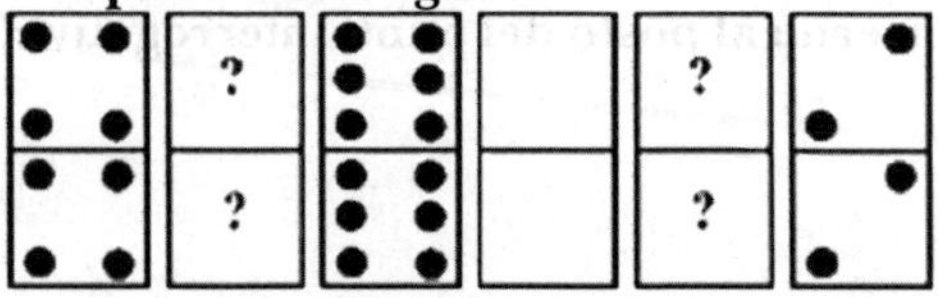

a b c d

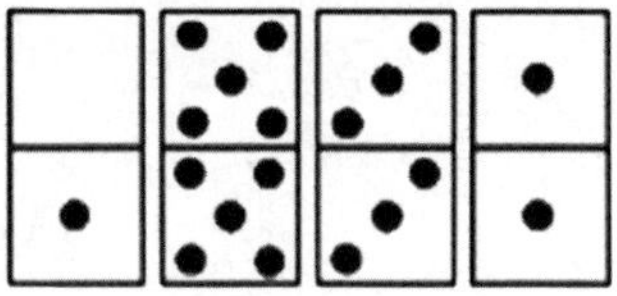

A. I tasselli c, a
B. I tasselli b, d
C. I tasselli a, b
D. I tasselli d, c
E. I tasselli d, a

44) Quale carta deve essere inserita in sostituzione della carta girata?

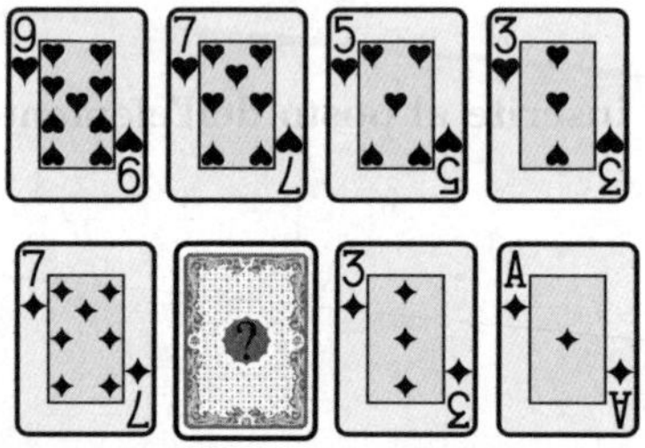

A B C D E

A. La carta B
B. La carta C
C. La carta E
D. La carta D
E. La carta A

45) Dopo aver osservato l'insieme delle carte, indicare quali sono le due carte girate.

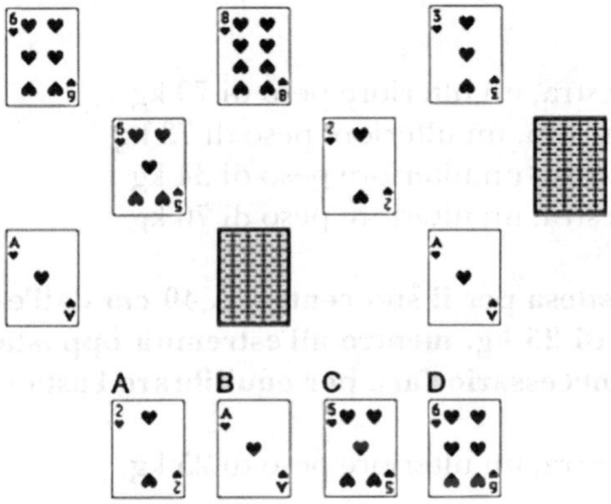

A. B e C
B. B e D
C. A e D
D. C e D
E. Nessuna alternativa è valida

Ragionamento meccanico

Aste in equilibrio

46) Un'asta di metallo lunga 1 metro è sospesa per il suo centro. A 45 cm dall'estremità sinistra è agganciato un peso di 20 kg, mentre all'estremità opposta è agganciato un peso di 9 kg. Cosa è necessario fare per equilibrare l'asta e mantenerla in posizione orizzontale?

A. Aggiungere, al peso agganciato a destra, un ulteriore peso di 7 kg
B. Aggiungere, al peso agganciato a sinistra, un ulteriore peso di 70 kg
C. Aggiungere, al peso agganciato a sinistra, un ulteriore peso di 11 kg
D. Aggiungere, al peso agganciato a destra, un ulteriore peso di 5 kg
E. Nulla, l'asta è già in equilibrio

47) Un'asta di metallo lunga 1 metro è sospesa per il suo centro. A 30 cm dall'estremità sinistra è agganciato un peso di 5 kg, mentre all'estremità opposta è agganciato un peso di 24 kg. Cosa è necessario fare per equilibrare l'asta e mantenerla in posizione orizzontale?

A. Aggiungere, al peso agganciato a destra, un ulteriore peso di 22 kg
B. Nulla, l'asta è già in equilibrio
C. Aggiungere, al peso agganciato a sinistra, un ulteriore peso di 55 kg
D. Aggiungere, al peso agganciato a sinistra, un ulteriore peso di 19 kg
E. Aggiungere, al peso agganciato a sinistra, un ulteriore peso di 50 kg

48) Un'asta di metallo lunga 1 metro è sospesa per il suo centro. A 25 cm dall'estremità destra è agganciato un peso di 5 kg, mentre all'estremità opposta è

agganciato un peso di 39 kg. Cosa è necessario fare per equilibrare l'asta e mantenerla in posizione orizzontale?

A. Nulla, l'asta è già in equilibrio
B. Aggiungere, al peso agganciato a destra, un ulteriore peso di 73 kg
C. Aggiungere, al peso agganciato a sinistra, un ulteriore peso di 73 kg
D. Aggiungere, al peso agganciato a destra, un ulteriore peso di 34 kg
E. Aggiungere, al peso agganciato a destra, un ulteriore peso di 70 kg

49) Un'asta di metallo lunga 1 metro è sospesa per il suo centro. A 40 cm dall'estremità destra è agganciato un peso di 25 kg, mentre all'estremità opposta è agganciato un peso di 5 kg. Cosa è necessario fare per equilibrare l'asta e mantenerla in posizione orizzontale?

A. Aggiungere, al peso agganciato a destra, un ulteriore peso di 25 kg
B. Nulla, l'asta è già in equilibrio
C. Aggiungere, al peso agganciato a destra, un ulteriore peso di 5 kg
D. Aggiungere, al peso agganciato a sinistra, un ulteriore peso di 20 kg
E. Aggiungere, al peso agganciato a destra, un ulteriore peso di 20 kg

50) Un'asta di metallo lunga 1 metro è sospesa per il suo centro. A 45 cm dall'estremità destra è agganciato un peso di 25 kg, mentre all'estremità opposta è agganciato un peso di 45 kg. Cosa è necessario fare per equilibrare l'asta e mantenerla in posizione orizzontale?

A. Aggiungere, al peso agganciato a sinistra, un ulteriore peso di 425 kg
B. Aggiungere, al peso agganciato a destra, un ulteriore peso di 425 kg
C. Nulla, l'asta è già in equilibrio
D. Aggiungere, al peso agganciato a destra, un ulteriore peso di 20 kg
E. Aggiungere, al peso agganciato a destra, un ulteriore peso di 400 kg

51) Un'asta di metallo lunga 1 metro è sospesa per il suo centro. A 40 cm dall'estremità destra è agganciato un peso di 30 kg, mentre all'estremità opposta è agganciato un peso di 45 kg. Cosa è necessario fare per equilibrare l'asta e mantenerla in posizione orizzontale?

A. Aggiungere, al peso agganciato a destra, un ulteriore peso di 15 kg
B. Aggiungere, al peso agganciato a sinistra, un ulteriore peso di 195 kg
C. Aggiungere, al peso agganciato a destra, un ulteriore peso di 185 kg
D. Aggiungere, al peso agganciato a destra, un ulteriore peso di 195 kg
E. Nulla, l'asta è già in equilibrio

52) Un'asta di metallo lunga 1 metro è sospesa per il suo centro. A 40 cm dall'estremità sinistra è agganciato un peso di 45 kg, mentre all'estremità opposta è agganciato un peso di 21 kg. Cosa è necessario fare per equilibrare l'asta e mantenerla in posizione orizzontale?

A. Aggiungere, al peso agganciato a sinistra, un ulteriore peso di 12 kg
B. Aggiungere, al peso agganciato a destra, un ulteriore peso di 60 kg
C. Aggiungere, al peso agganciato a destra, un ulteriore peso di 24 kg
D. Nulla, l'asta è già in equilibrio
E. Aggiungere, al peso agganciato a sinistra, un ulteriore peso di 60 kg

53) Un'asta di metallo lunga 1 metro è sospesa per il suo centro. A 25 cm dall'estremità destra è agganciato un peso di 5 kg, mentre all'estremità opposta è agganciato un peso di 48 kg. Cosa è necessario fare per equilibrare l'asta e mantenerla in posizione orizzontale?

A. Aggiungere, al peso agganciato a sinistra, un ulteriore peso di 91 kg
B. Aggiungere, al peso agganciato a sinistra, un ulteriore peso di 96 kg
C. Aggiungere, al peso agganciato a destra, un ulteriore peso di 91 kg
D. Aggiungere, al peso agganciato a destra, un ulteriore peso di 96 kg
E. Nulla, l'asta è già in equilibrio

54) Un'asta di metallo lunga 1 metro è sospesa per il suo centro. A 15 cm dall'estremità destra è agganciato un peso di 25 kg, mentre all'estremità opposta è agganciato un peso di 21 kg. Cosa è necessario fare per equilibrare l'asta e mantenerla in posizione orizzontale?

A. Aggiungere, al peso agganciato a sinistra, un ulteriore peso di 10 kg
B. Nulla, l'asta è già in equilibrio
C. Aggiungere, al peso agganciato a destra, un ulteriore peso di 5 kg
D. Aggiungere, al peso agganciato a destra, un ulteriore peso di 10 kg
E. Aggiungere, al peso agganciato a sinistra, un ulteriore peso di 5 kg

55) Un'asta di metallo lunga 1 metro è sospesa per il suo centro. A 5 cm dall'estremità sinistra è agganciato un peso di 5 kg, mentre all'estremità opposta è agganciato un peso di 27 kg. Cosa è necessario fare per equilibrare l'asta e mantenerla in posizione orizzontale?

A. Aggiungere, al peso agganciato a sinistra, un ulteriore peso di 25 kg
B. Aggiungere, al peso agganciato a destra, un ulteriore peso di 25 kg
C. Aggiungere, al peso agganciato a sinistra, un ulteriore peso di 22 kg
D. Aggiungere, al peso agganciato a destra, un ulteriore peso di 30 kg
E. Nulla, l'asta è già in equilibrio

56) Si dispone di una bilancia a due piatti con il braccio sinistro che misura il triplo del braccio destro. Se nel piatto destro vengono posti 9 pesi tutti uguali fra loro, quanti pesi dello stesso tipo devono essere posizionati nel piatto sinistro affinché la bilancia risulti in equilibrio?

A. 3
B. 27
C. 9
D. 6
E. 12

57) Si dispone di una bilancia a due piatti con il braccio destro che misura il doppio del braccio sinistro. Se nel piatto destro vengono posti 6 pesi tutti uguali fra loro, quanti pesi dello stesso tipo devono essere posizionati nel piatto sinistro affinché la bilancia risulti in equilibrio?

A. 3
B. 36
C. 24

D. 12
E. 15

58) Un'asse graduata di legno è appoggiata nel suo punto medio e su di essa sono sistemati alcuni gettoni.

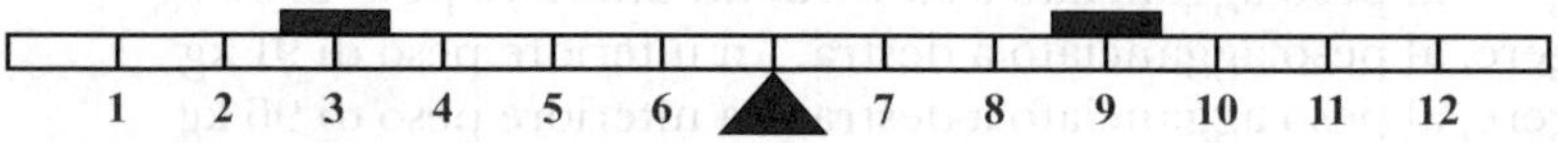

Per equilibrare il sistema in figura è necessario spostare un gettone:

A. dalla posizione 9 alla posizione 8
B. dalla posizione 9 alla posizione 10
C. nessuna delle altre alternative è corretta: l'asse è già in equilibrio
D. dalla posizione 9 alla posizione 11
E. dalla posizione 3 alla posizione 2

59) Quale peso bisogna aggiungere per ottenere l'equilibrio dell'asta?

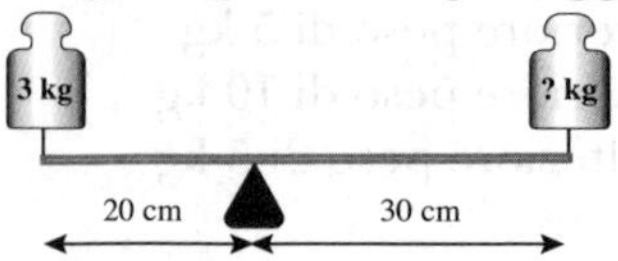

A. 3 kg
B. 1,5 kg
C. 2 kg
D. 1 kg
E. 2,5 kg

60) A quale distanza dal centro si deve porre il recipiente affinché l'asse sia in equilibrio?

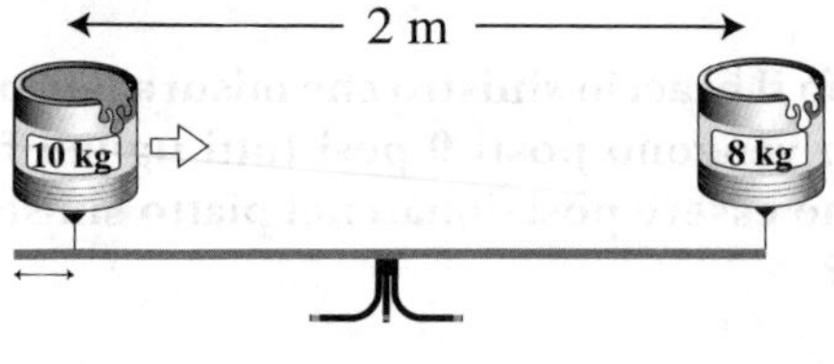

A. A 100 cm
B. A 8 cm
C. A 80 cm
D. A 20 cm
E. A 40 cm

61) Sapendo che l'acrobata di sinistra pesa 70 kg e che quello di destra, già posizionato all'estremità, pesa 56 kg, a quale distanza dal centro deve porsi l'acrobata di sinistra affinché l'asta sia in equilibrio?

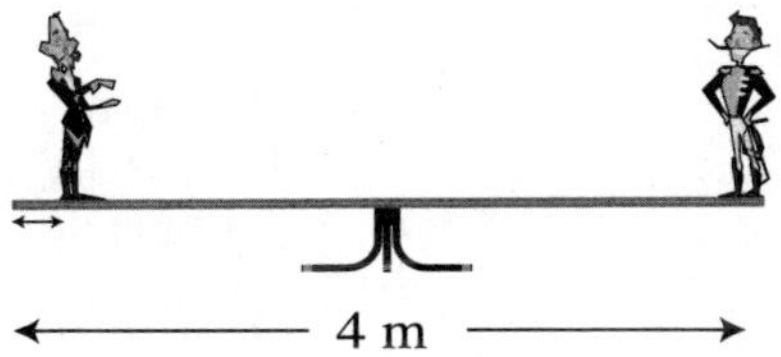

A. A 160 cm
B. A 200 cm
C. A 150 cm
D. A 120 cm
E. A 180 cm

Ruote dentate

62) In un ingranaggio a due ruote dentate, una ruota ha 90 denti e l'altra 60. Se la ruota più grande compie 2 giri, quanti giri avrà compiuto la ruota più piccola?
A. 2
B. 3
C. 1/3
D. 4/3
E. 4

63) Nel seguente sistema, le ruote dentate sono libere di ruotare attorno a un perno fisso. Se la ruota dentata C gira in senso orario, in quale senso gira la ruota dentata piccola F?

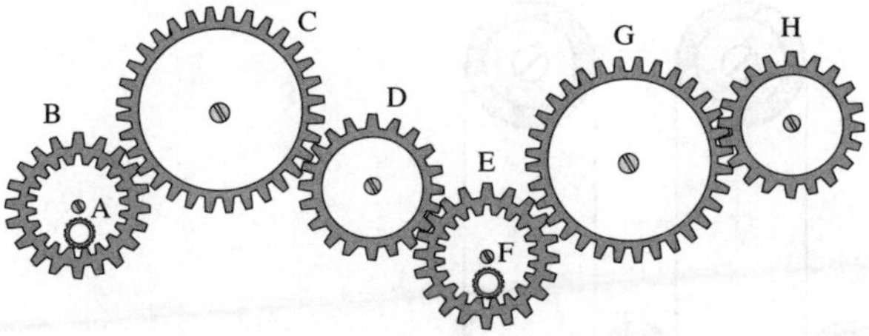

A. In senso inverso rispetto alla ruota dentata C
B. Nello stesso senso della ruota dentata H
C. In senso antiorario
D. Nello stesso senso della ruota dentata G
E. Il sistema di ingranaggi non può funzionare

64) La ruota dentata più grande compie un certo numero di giri. Quanti giri deve compiere per riportare le altre ruote nella posizione rappresentata?

A. 64 giri
B. 70 giri
C. 15 giri
D. 18 giri
E. 36 giri

65) Nel seguente sistema, le ruote dentate sono libere di ruotare attorno a un perno fisso. Se la ruota dentata C gira in senso antiorario, in quale senso gira la ruota dentata E?

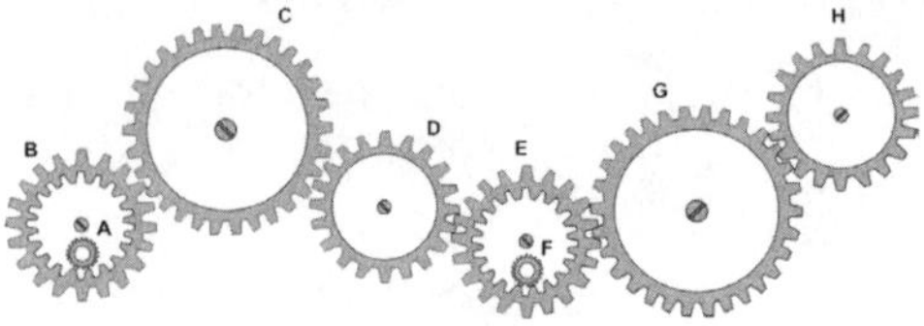

A. In senso orario
B. Nello stesso senso della ruota dentata G
C. Nello stesso senso della ruota dentata H
D. In senso inverso rispetto alla ruota dentata H
E. Il sistema di ingranaggi non può funzionare

Carrucole

66) Il sistema indicato in figura si presenta nella sua fase iniziale e ha sfere di metallo tutte della stessa massa e una fune di massa trascurabile.

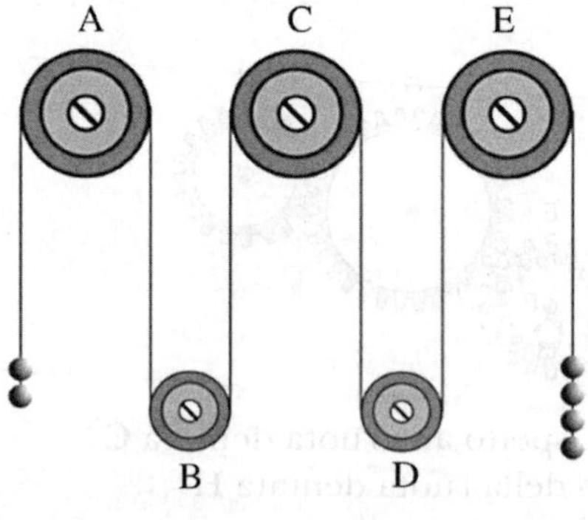

Se il sistema è sottoposto soltanto al campo gravitazionale con assenza di attrito, allora si può concludere che:

A. la carrucola A gira in senso antiorario
B. la carrucola B gira in senso orario
C. la carrucola C gira in senso antiorario
D. la carrucola A gira in senso orario
E. il sistema resta fermo perché in equilibrio

67) Il sistema indicato in figura si presenta nella sua fase iniziale e ha sfere di metallo tutte della stessa massa e fune di massa trascurabile.

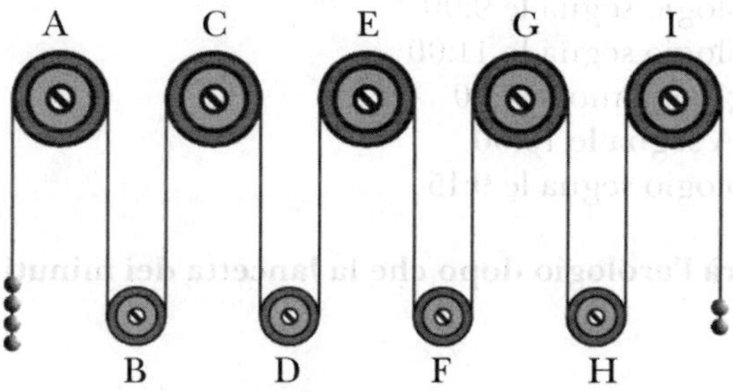

Se il sistema è sottoposto soltanto al campo gravitazionale con assenza di attrito, allora si può concludere che:
A. la carrucola F gira in senso orario
B. la carrucola D gira in senso antiorario
C. la carrucola E gira in senso orario
D. il sistema resta fermo perché in equilibrio
E. la carrucola F gira in senso antiorario

68) Il sistema indicato in figura si presenta nella sua fase iniziale con sfere di metallo tutte della stessa massa e fune di massa trascurabile. Se il sistema è sottoposto soltanto al campo gravitazionale con assenza di attrito, allora si può concludere che:

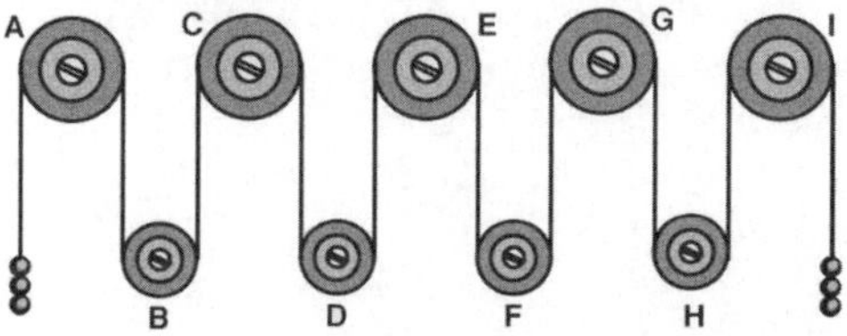

A. il sistema resta fermo perché in equilibrio
B. la carrucola A gira in senso antiorario
C. la carrucola D gira in senso antiorario
D. la carrucola A gira in senso orario
E. la carrucola C gira in senso orario

Orologi

69) Considerare gli orologi in figura:

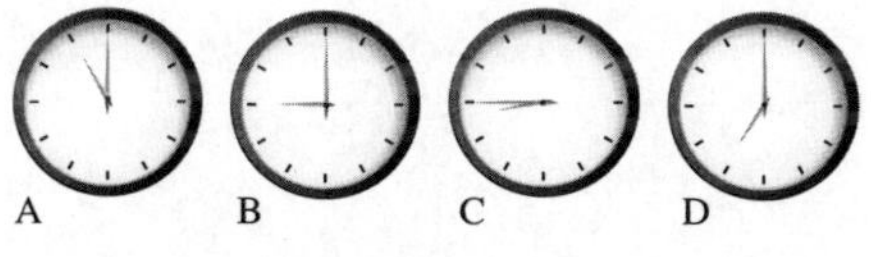

Far avanzare di 1 ora l'orologio A
Portare indietro di 2 ore l'orologio B
Far compiere mezzo giro in senso orario alla lancetta dei minuti dell'orologio C
Far avanzare di 2 ore l'orologio D.
Quale delle seguenti affermazioni è corretta?

A. Nessun orologio segna le 9:00
B. Nessun orologio segna le 11:00
C. Due orologi segnano le 7:00
D. L'orologio A segna le 10:00
E. Nessun orologio segna le 9:15

70) Che ora segnerà l'orologio dopo che la lancetta dei minuti avrà compiuto 4,25 giri?

A. 11.15
B. 9.15
C. 9.30
D. 10.45
E. 8.45

Risposte commentate
Ragionamento astratto, spaziale e meccanico

Serie di figure

1) A. Come per tutti gli esercizi di completamento di serie, dobbiamo cercare di cogliere il legame (la regola costante) che accomuna le immagini della serie.
Nella serie, ciascuna figura è composta da due immagini, due figure geometriche piane, una interna all'altra. Il criterio che governa la sequenza logica è il seguente: a partire dalla figura 2, l'immagine interna diventa esterna per la figura successiva. Infatti, nella figura 2 c'è un cerchio interno al quadrato, tale cerchio diventa l'immagine esterna per la figura 3. Nella figura 3 c'è un pentagono interno a un cerchio, tale pentagono diventa l'immagine esterna per la figura 4.
Poiché nella figura 2, c'è un quadrato esterno, nella figura mancante, la figura 1, tale quadrato deve essere l'immagine interna di una figura geometrica. Tra le opzioni di risposta, solo la figura D contiene un quadrato interno a un'altra immagine. La figura D è pertanto quella che completa la serie.

2) C. Come risulta lampante, si tratta di figure geometriche di forma diversa. La prima è un triangolo, se osserviamo la seconda ci accorgiamo che i lati sono 4. Esiste infatti una progressione costante del numero dei lati delle figure: 3 → 4 → 5 → 6. Ci aspettiamo dunque che l'incognita debba essere una figura con 7 lati. Infatti la risposta esatta è la C.

3) E. Le immagini nella matrice sono tre semi delle carte: quadri, picche e cuori. In ciascuna riga si ripete lo stesso seme, non necessariamente in quest'ordine, una volta di colore bianco, una volta di colore nero, un'altra volta le due immagini, la bianca e la nera, si sovrappongono.
Nella seconda riga, nella prima cella c'è l'immagine picche in nero, nella terza cella ci sono le due immagini delle picche in nero e in bianco sovrapposte. La figura mancante è l'immagine picche in bianco, rappresentata nella figura E.

4) A. Partendo dal primo disegno e procedendo verso destra con i disegni successivi, si nota che le caselle occupate dal segnaposto si spostano tutte sempre di una posizione verso il basso e, giunte nella riga più in basso, nel passaggio successivo, riappaiono nella riga più in alto (vedi figura).

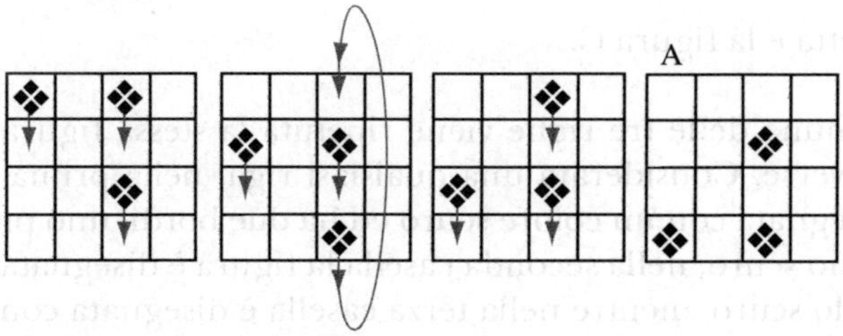

5) A. Il criterio che governa la sequenza logica è il seguente: in ogni figura sono replicati gli elementi della figura precedente tutti con un colore chiaro, in più è aggiunto un nuovo elemento con il colore nero. Nella terza figura da sinistra sono presenti un arco di colore bianco, un cerchio bianco collocato centralmente ed un cerchio piccolo collocato in alto a sinistra che è di colore scuro, essendo l'ultimo elemento inserito rispetto alla figura precedente a sinistra. Pertanto la figura successiva deve contenere questi tre elementi (tutti di colore chiaro) ed un nuovo elemento qualsiasi di colore scuro. Una figura con tali caratteristiche è la figura C, nella quale sono presenti i tre elementi di colore chiaro ed un nuovo elemento (l'ellisse inclinata) di colore scuro.

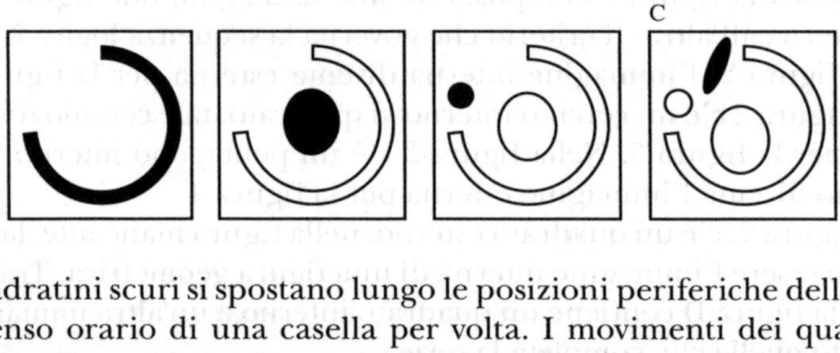

6) A. I 5 quadratini scuri si spostano lungo le posizioni periferiche della figura muovendosi in senso orario di una casella per volta. I movimenti dei quadratini scuri sono mostrati nella seguente figura. La figura che rispetta tale criterio e che può essere inserita nella posizione 2 è la C. Pertanto la risposta corretta è la figura C.

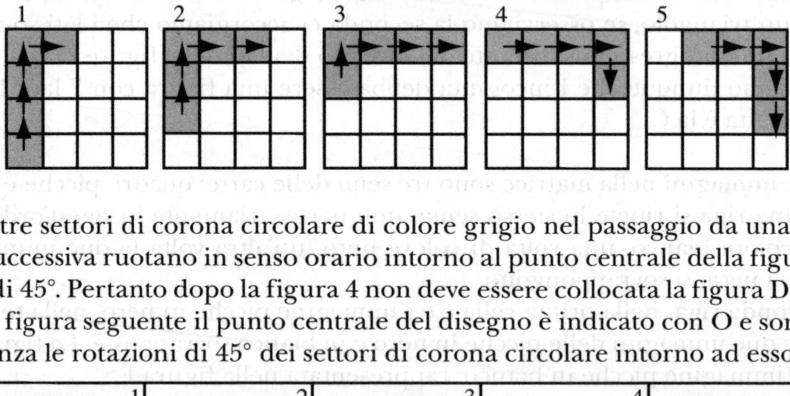

7) D. I tre settori di corona circolare di colore grigio nel passaggio da una figura a quella successiva ruotano in senso orario intorno al punto centrale della figura di un angolo di 45°. Pertanto dopo la figura 4 non deve essere collocata la figura D, bensì la C. Nella figura seguente il punto centrale del disegno è indicato con O e sono messe in evidenza le rotazioni di 45° dei settori di corona circolare intorno ad esso.

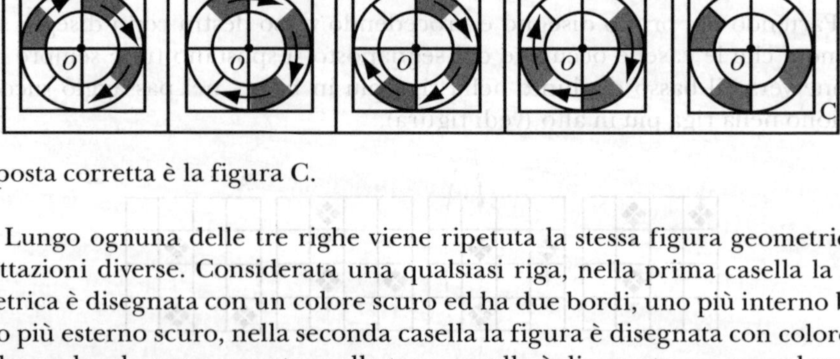

La risposta corretta è la figura C.

8) E. Lungo ognuna delle tre righe viene ripetuta la stessa figura geometrica con formattazioni diverse. Considerata una qualsiasi riga, nella prima casella la figura geometrica è disegnata con un colore scuro ed ha due bordi, uno più interno bianco ed uno più esterno scuro, nella seconda casella la figura è disegnata con colore chiaro ed ha un bordo scuro, mentre nella terza casella è disegnata con un colore scuro

ed è priva di bordi. Nella prima riga viene ripetuta l'immagine di una stella a cinque punte, pertanto nella prima casella vi deve essere una stella a cinque punte di colore scuro, con un bordo chiaro più interno ed uno scuro più esterno. Una figura così fatta è quella indicata con la lettera D.
Di seguito è mostrata la descrizione logica delle sequenze di figure.

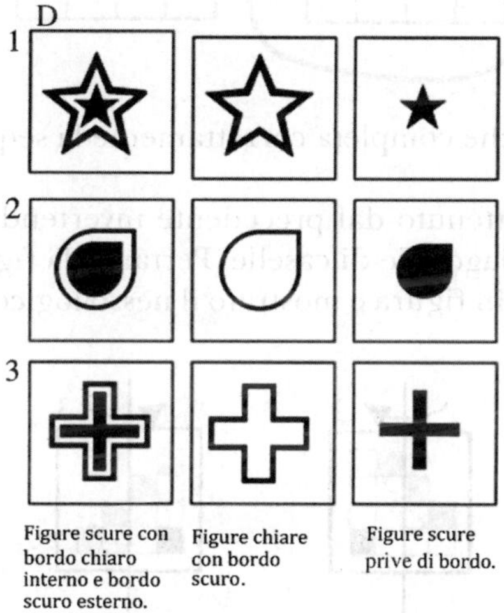

Un ulteriore modo di leggere la sequenza delle figure consiste nel notare che le figure nella prima colonna sono la sovrapposizione delle figure presenti nella seconda e nella terza colonna.

9) C. La sequenza di figure è governata dal seguente nesso logico: ogni figura è ottenuta dalla precedente ruotandola di 90° in senso antiorario ed eliminando uno dei rettangoli in essa presenti.
La prima figura ha 4 rettangoli, la seconda ne ha 3 e la terza ne ha 2; pertanto l'ultima deve averne uno solo. Quindi occorre individuare la risposta corretta tra quelle contrassegnate con la A e la B. Ruotando la terza figura di 90° in senso antiorario si nota che il rettangolo sulla sinistra va a collocarsi in basso a destra. Quindi la figura che completa la sequenza è quella contrassegnata con la lettera B. Nella seguente rappresentazione è mostrato il nesso logico che governa la sequenza di immagini.

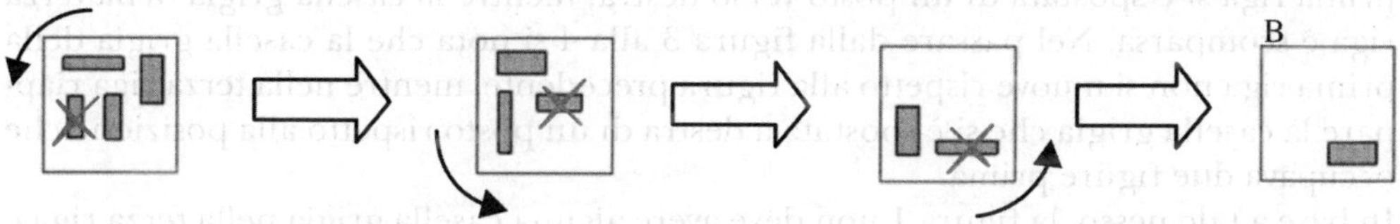

La risposta corretta è quella che indica la figura B come soluzione del quesito.

10) C. Partendo dal primo disegno e procedendo verso destra con i disegni successivi, si nota che le caselle occupate dal segnaposto si spostano tutte sempre di una posizione in diagonale verso il basso a destra e, giunte nella colonna più a destra, nel passaggio successivo, riappaiono nella colonna più a sinistra (vedi figura).

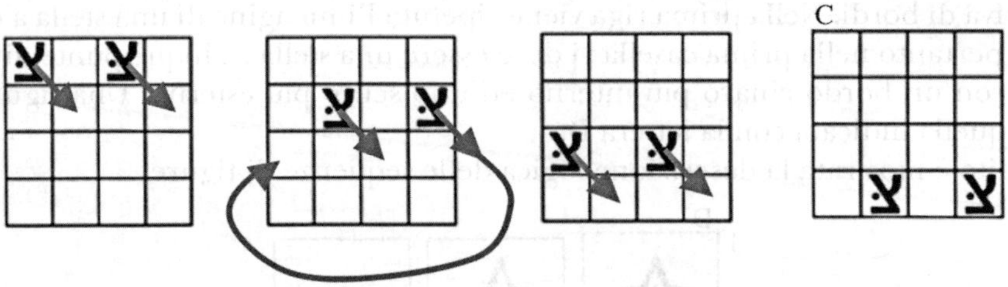

Per tale motivo la figura che completa correttamente la sequenza è la C.

11) A. Ogni disegno è ottenuto dal precedente invertendolo lungo l'asse verticale ed eliminando una fila diagonale di caselle. Pertanto la figura che completa logicamente la sequenza è la A. In figura è mostrato il nesso logico che governa la sequenza di figure.

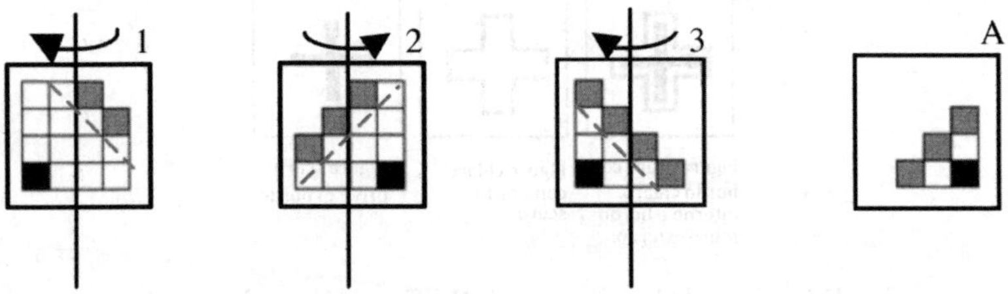

12) C. Tutte le figure hanno la seconda riga composta da caselle grigie. Nelle varie immagini della sequenza talvolta può essere grigia una casella nella prima riga, talvolta possono essere grigie due caselle, una nella prima riga ed una nella terza.
La sequenza procede sempre con questo nesso logico:

- in un passaggio la casella grigia della prima riga si sposta a destra di un posto e la casella grigia della terza riga scompare;
- nel passaggio successivo la casella grigia della prima riga resta ferma mentre quella della terza riga riappare spostata a destra di un posto rispetto alla posizione che occupava due figure prima.

Ad esempio, passando dalla figura 2 alla figura 3 si nota che la casella grigia della prima riga si è spostata di un posto verso destra, mentre la casella grigia della terza riga è scomparsa. Nel passare dalla figura 3 alla 4 si nota che la casella grigia della prima riga non si muove rispetto alla figura precedente, mentre nella terza riga riappare la casella grigia che si è spostata a destra di un posto rispetto alla posizione che occupava due figure prima.
In base a tale nesso, la figura 1 non deve avere alcuna casella grigia nella terza riga e la casella grigia nella prima riga deve essere collocata nello stesso posto che occupava nella figura 2.
In figura è mostrata la sequenza completa con il nesso logico che la governa.

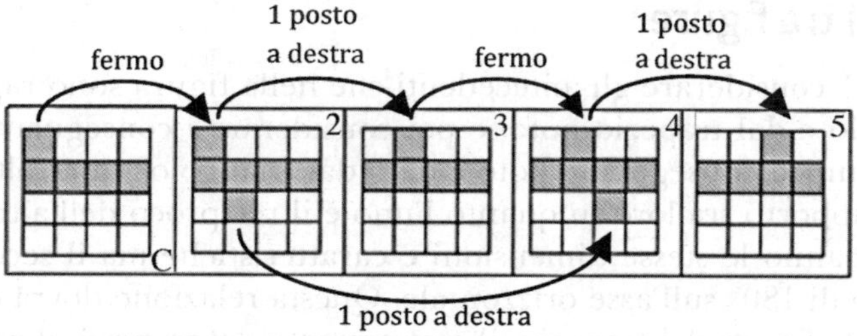

La risposta esatta è quella che indica la figura C come soluzione del quesito.

13) A. In ciascuna figura i simboli incasellati si muovono di un posto verso il basso rispetto alla figura precedente. Se i simboli giungono all'ultima riga in basso, nella figura successiva ripartono dalla prima riga in alto. In particolare si nota che l'immagine collocata da sola nella riga, scendendo verso il basso, resta sempre collocata nella seconda colonna. Inoltre, nel passare da una figura alla successiva, ciascuno dei simboli incasellati ruota di 90° in senso orario.

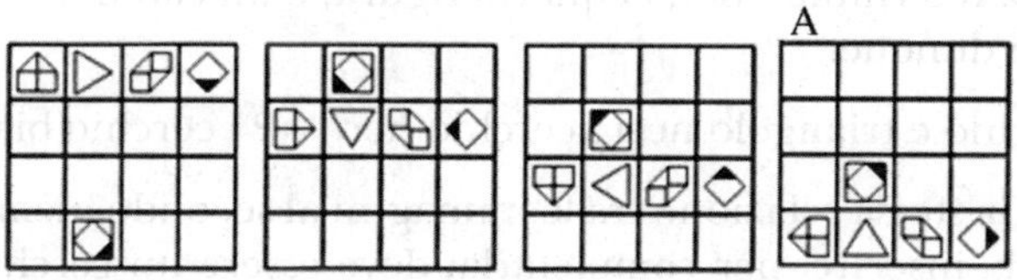

14) B. Ogni disegno è ottenuto dal precedente invertendolo lungo l'asse verticale ed eliminando una fila diagonale di caselle. Pertanto la figura che completa logicamente la sequenza è la C.
In figura è mostrato il nesso logico che governa la sequenza di figure.

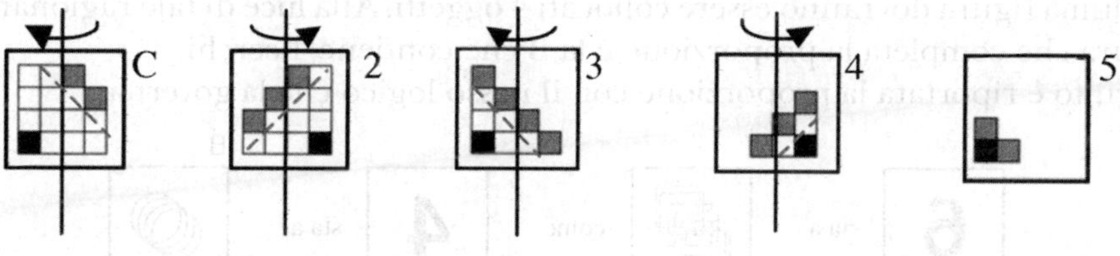

15) D. La sequenza è governata dal seguente nesso logico: considerata una figura, si ottiene la successiva ruotando la figura stessa di 45° in senso orario. In pratica accade che gli spicchi ruotano di una posizione in senso orario passando da una figura alla successiva.
In base a tale ragionamento si deduce che la figura che completa la sequenza è la B.
In figura è mostrata la sequenza completa, con il nesso logico che la governa.

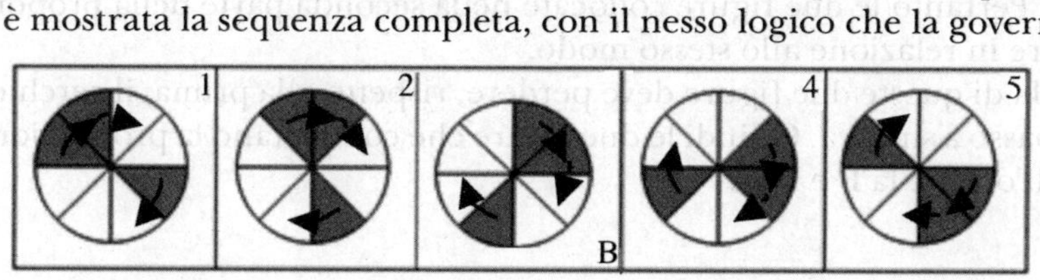

Proporzioni tra figure

16) C. Bisogna considerare gli antecedenti che nella figura sono rappresentati dal primo triangolo e dal trapezio noto, e poi considerare i conseguenti. Nella nostra proporzione l'unico conseguente noto è dato dal triangolo "capovolto": i due triangoli sono in rapporto tra loro in quanto l'uno è il reciproco dell'altro, ovvero sono triangoli che hanno le stesse dimensioni e caratteristiche ma il secondo triangolo è stato ruotato di 180° sull'asse orizzontale. Questa relazione dovrà essere riproposta anche con la figura del trapezio, il conseguente del trapezio dovrà rispettare le caratteristiche del conseguente del triangolo; pertanto la figura che completerà la proporzione sarà data da un trapezio rotato sull'asse orizzontale di 180°. La figura A è data dalla rotazione di 90° sull'incrocio delle diagonali del trapezio, le figure B e D non sono trapezi, la figura E non è ruotata, quindi la risposta corretta sarà data dalla figura C.

17) B. Al primo membro della proporzione sono rappresentate due immagini in nero, di cui la prima è un cerchio e un triangolo nella parte inferiore del cerchio. Al secondo membro, il termine noto, la quarta figura, è un cerchio con sfondo bianco. La proporzione è dunque:

cerchio e triangolo neri : cerchio nero = ? : cerchio bianco

Affinché sussista la stessa relazione tra le immagini al secondo membro della proporzione, la figura da inserire, per completarla, deve essere un cerchio e un triangolo bianchi, rappresentati nella figura E.

18) B. Nella prima figura è raffigurato il numero 6; tale figura è in relazione con la seguente che mostra 6 oggetti (in particolare sei quadrati). Le due figure seguenti devono essere in una relazione analoga. La terza figura mostra il numero 4, pertanto nell'ultima figura dovranno essere collocati 4 oggetti. Alla luce di tale ragionamento, la figura che completa la proporzione è la B che contiene 4 cerchi.
Di seguito è riportata la proporzione con il nesso logico che la governa.

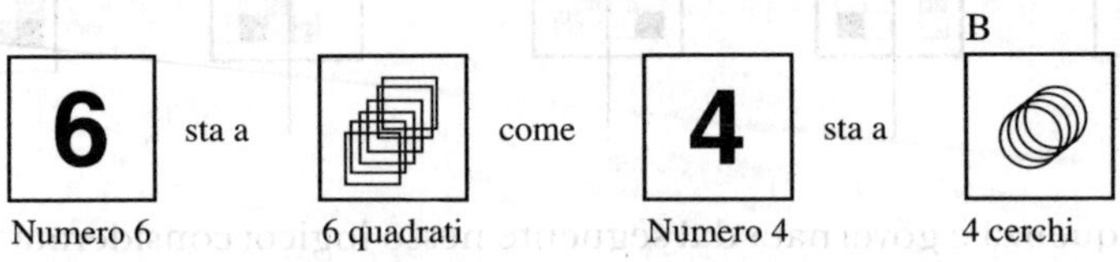

La risposta corretta è la figura B.

19) C. La seconda figura ha perso, rispetto alla prima, un cerchietto posto in basso a sinistra. Pertanto le due figure collocate nella seconda parte della proporzione devono essere in relazione allo stesso modo.
La seconda di queste due figure deve perdere, rispetto alla prima, il cerchietto vuoto posto in basso a sinistra. Quindi le due figure che completano la proporzione devono essere nell'ordine la B e la A.

Nella figura seguente è riportata la proporzione con il nesso logico che la governa.

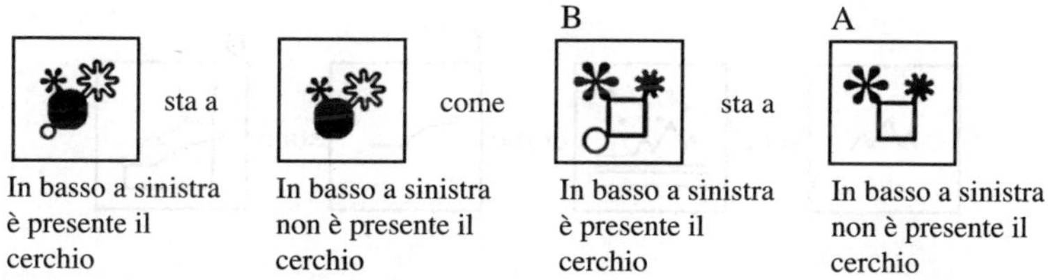

20) E. Il primo elemento della proporzione è una figura scura piena, il secondo elemento della proporzione è composto dalla stessa figura con la parte centrale chiara o rimossa. Analogamente, se il terzo elemento della proporzione è una figura scura piena, l'ultimo elemento della proporzione deve essere composto dalla stessa figura con la parte centrale chiara o rimossa. Pertanto, la proporzione deve essere completata con l'asterisco con la parte centrale chiara così come riportato nella figura E. In questo modo si può affermare che la stella a cinque punte piena sta alla stella a cinque punte con la parte centrale chiara, così come l'asterisco pieno sta all'asterisco con la parte centrale chiara.

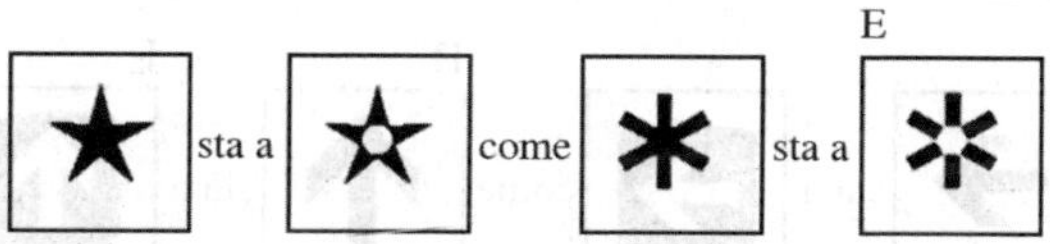

La risposta corretta è quella che indica la figura E come soluzione del quesito.

21) B. Il primo elemento della proporzione raffigura un quadrato di colore scuro, mentre nel secondo elemento il quadrato è ripetuto con un motivo al suo interno. Il quarto elemento della proporzione è un triangolo che ripete lo stesso motivo del quadrato presente nel secondo elemento. Se ne deduce quindi che la figura che completa logicamente la proporzione è il triangolo scuro indicato con la lettera A. In questo modo si può affermare che il quadrato scuro sta al quadrato con motivo, come il triangolo scuro sta al triangolo con motivo.

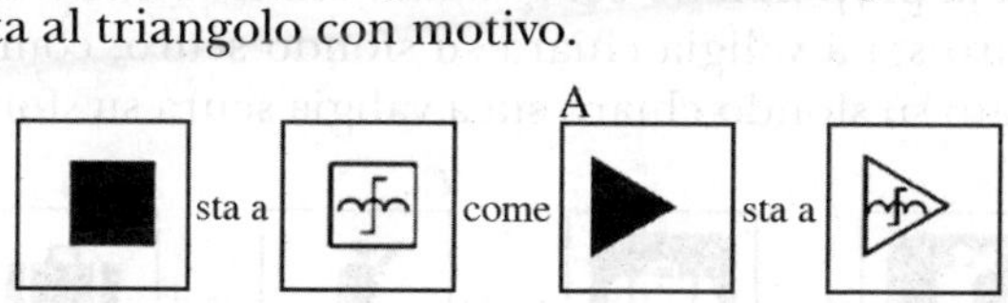

La risposta corretta è la figura A.

22) A. Nei primi due termini della proporzione si nota che la seconda figura è il completamento della prima; difatti nella prima figura è accennato il solo motivo delle montagne. Pertanto anche la quarta figura deve essere il completamento della terza. Tra le figure proposte per il completamento si nota che la figura C contiene un semplice tratto ondulato che viene ripreso nella figura B, dove quel tratto diventa il profilo di un piede che calza un sandalo.

Pertanto la proporzione può essere completata dalle figure C e B come mostrato di seguito.

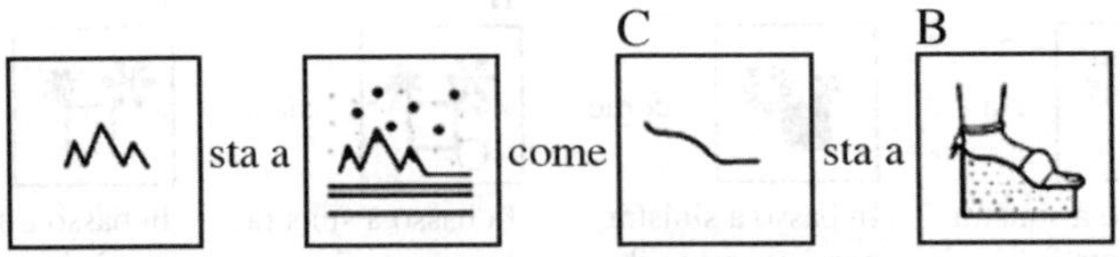

23) E. La prima figura mostra una freccia scura che punta verso destra su uno sfondo chiaro, mentre la seconda figura mostra la stessa freccia con i colori invertiti (freccia chiara su sfondo scuro). Pertanto nel terzo e quarto termine della proporzione devono essere collocate due frecce che puntano nella stessa direzione ed hanno colori invertiti l'una rispetto all'altra. Tra le figure proposte per il completamento la B e la E mostrano entrambe una freccia che punta verso l'alto. Seguendo lo stesso criterio dei primi due termini della proporzione andrà usata come terzo elemento della proporzione la freccia scura su sfondo chiaro, mentre il quarto elemento sarà la freccia chiara su sfondo scuro.
In figura è mostrata la proporzione completata: freccia verso destra scura sta a freccia verso destra chiara, come freccia verso l'alto scura sta a freccia verso l'alto chiara.

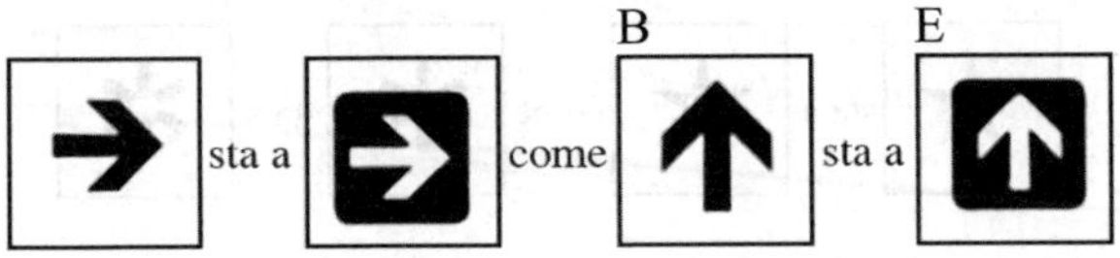

24) E. La prima figura mostra un omino chiaro con un braccio alzato e una valigia su di uno sfondo scuro, mentre la seconda figura mostra una valigia chiara su di uno sfondo scuro. Pertanto nel terzo e quarto termine della proporzione devono essere collocate due figure che rappresentano nuovamente l'omino e la valigia, ma che siano di colore scuro su di uno sfondo chiaro. Tra le figure proposte per il completamento la C e la E mostrano l'omino con valigia e braccio alzato e la valigia.
In figura è mostrata la proporzione completata: omino chiaro con valigia e braccio alzato su sfondo scuro sta a valigia chiara su sfondo scuro, come omino scuro con valigia e braccio alzato su sfondo chiaro sta a valigia scura su sfondo chiaro.

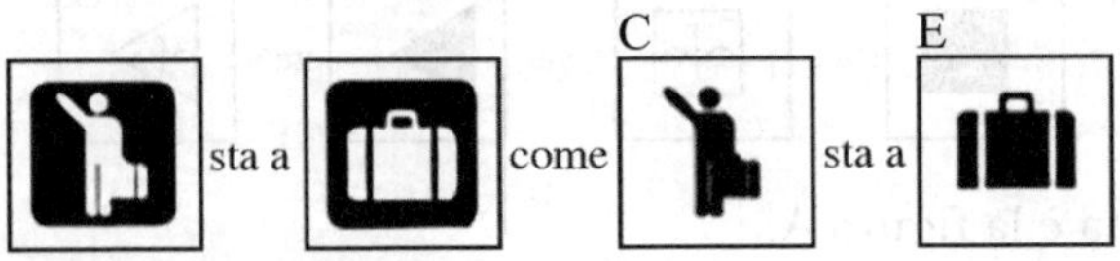

25) B. Osservando i primi due termini della proporzione si nota che la prima figura contiene due forme geometriche (un quadrato e un cerchio) intorno alle quali vi sono dei segni neri. Nella seconda figura i segni neri permangono nella loro posizione, mentre le due figure geometriche scompaiono. Pertanto anche la terza e la quarta figura devono essere collocate secondo questa regola. Tra le figure proposte per il completamento si nota che la figura B contiene due figure geometriche (un quadrato ed un cerchio) intorno alle quali vi sono dei segni neri, mentre nella figura D permangono gli stessi segni neri e scompaiono le due figure geometriche.

In definitiva la proporzione può essere completata dalle figure B e D come mostrato di seguito.

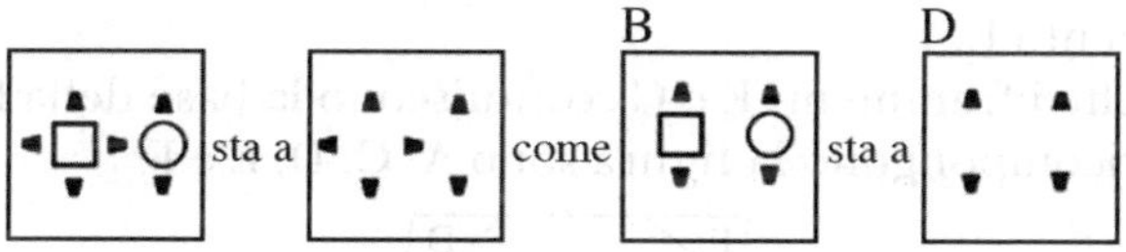

Classificazioni visive

26) E. Qui il colore non ha importanza alcuna, mentre occorre prestare attenzione alla rotazione delle figure: infatti l'unica figura che non rispetta la regola è quella della lettera E, che ruota in senso orario, le altre ruotano tutte in senso antiorario.

27) A. Le figure rappresentano tutte note musicali, eccetto una che rappresenta la chiave di violino. Pertanto, la figura da scartare è la B.

28) B. La figura A è disomogenea rispetto alle altre tre in quanto è l'unica figura in cui il personaggio ha entrambe le braccia alzate; nelle altre figure il personaggio ha sempre un solo braccio alzato (il braccio destro). Pertanto la risposta esatta è quella che indica che le figure omogenee sono la B, la C, la D e la E.

29) D. Per individuare la figura da scartare bisogna trovare un criterio che accomuni 4 figure ed escludere quella rimanente. Poiché ogni figura è composta da un quadrilatero esterno bianco ed uno interno nero, un criterio da valutare è quello di contare il numero di lati dei quadrilateri di ciascuna figura e vedere se esiste un nesso tra tali numeri. Si ha quanto segue:

- la Figura 1 è composta da un esagono ed un quadrato (6-4)
- la Figura 2 è composta da un ettagono ed un pentagono (7-5)
- la Figura 3 è composta da 2 esagoni (6-6)
- la Figura 4 è composta da un pentagono ed un triangolo (5-3)
- la Figura 5 è composta da un ottagono ed un esagono (8-6)

Allora in tutte le figure tranne la 3 la differenza tra il numero di lati del poligono esterno e quelli del poligono interno è 2, quindi la figura da scartare è la 3.

30) D. Per individuare la figura da scartare bisogna trovare un criterio che accomuni 4 figure ed escludere quella rimanente. Osservando le figure si nota che tutte, tranne la figura 3, sono composte da un quadrato grande, un quadrato più piccolo, un triangolo ed un cerchio piccolo, posizionati in 4 maniere differenti. La figura 3, invece, essendo costituita da un quadrato grande, un triangolo, un cerchio piccolo ed una linea al posto del quadrato piccolo, è quella da scartare.

Scomposizione e ricostruzione di figure geometriche

31) C. Partiamo dal corpo della figura: il frammento A.
Si nota subito che il frammento B non può rappresentare il vertice in alto a sinistra della figura, perché il lato sinistro del triangolo è troppo lungo. Tale vertice è rappresentato, invece, dal frammento F.

Il frammento G non può rappresentare il vertice in basso a sinistra della figura, perché, anche ruotato, non ha le dimensioni sufficienti. Tale vertice è rappresentato, invece, dal frammento E.
Appare evidente che i frammenti E e C costituiscono la base della figura.
I frammenti che ricompongono la figura sono A, C, D, E e F.

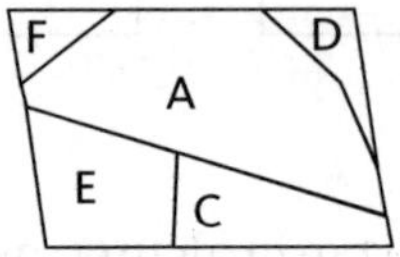

32) C. Si nota subito che il frammento 3 non ha le medesime proporzioni della figura in questione, difatti il contorno curvo è troppo vicino al lato rettilineo. Per riprodurre i due lati rettilinei della figura è necessario rifarsi ai frammenti 1, 2 e 6. Si nota subito che mentre i frammenti 1 e 2 sono tra loro compatibili, non lo sono i frammenti 1 e 6, pertanto quest'ultimo va scartato. In base a tali ragionamenti possono essere scartate le risposte che contengono o il frammento 3, o il frammento 6 o entrambi. Resta valida la risposta contenente i frammenti 4 e 5 che vanno ad affiancarsi ai frammenti 1 e 2 per ricostruire la figura.

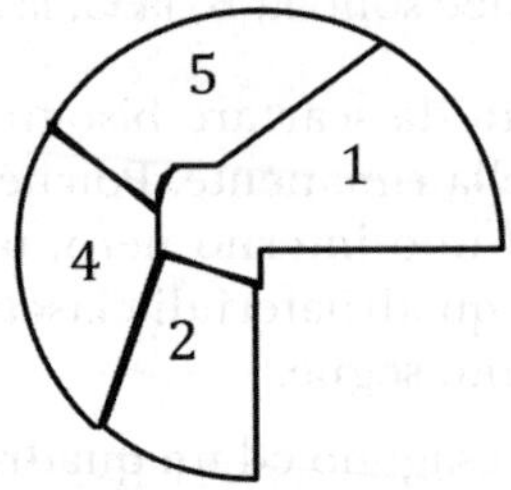

33) C. Il profilo superiore del frammento 2 coincide con il profilo inferiore del frammento 1. I due frammenti sono compatibili e costituiscono insieme oltre il 50% dell'intera figura. Il taglio obliquo che delimita sulla sinistra il frammento 2 combacia con lo stesso taglio obliquo presente nella parte inferiore del frammento 4. Analogamente il taglio obliquo che delimita sulla sinistra il frammento 1 combacia con lo stesso taglio obliquo presente nella parte superiore del frammento 3. Inoltre il profilo inferiore del frammento 3 coincide con quello superiore del frammento 4. Pertanto i frammenti 1, 2, 3 e 4 ricostruiscono l'intera figura, come mostrato.

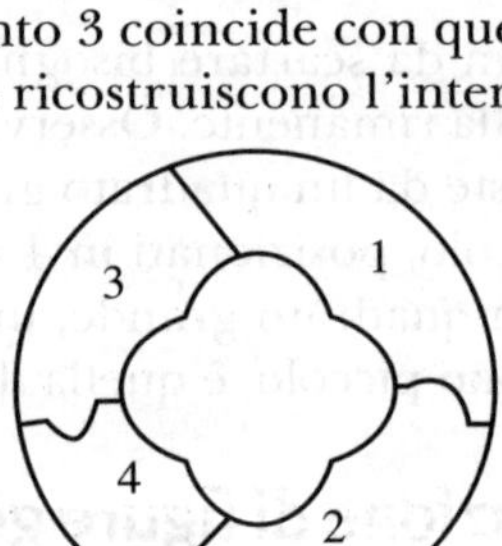

34) C. Costruite un cubo, con una matita riproducete quelle risposte che secondo voi potrebbero riprodurre la figura solida bersaglio sul cubo che avete costruito.

Fatto questo e supponendo che in tal modo siate riusciti a individuare esattamente la risposta, cioè la figura B, dovreste avere raggiunto una maggiore consapevolezza sulle abilità richieste da questo tipo di compiti.

35) D. Le due facce con il triangolino nero devono essere consecutive e devono avere i triangolini neri ribaltati l'uno rispetto all'altro. Le facce col cerchietto sono le basi. Delle figure proposte, l'unica appropriata è la figura C, rispettando anche l'inclinazione delle diagonali.

Rotazioni mentali e orientamento spaziale

36) D. Il disegno 3 non si può ottenere dal disegno A con sole rotazioni oppure con sole inversioni. Per ottenere il disegno 3 c'è bisogno sia di una rotazione che di una inversione. In particolare, c'è bisogno prima di invertire il disegno lungo una linea verticale e poi di ruotarlo in senso orario di 90°.

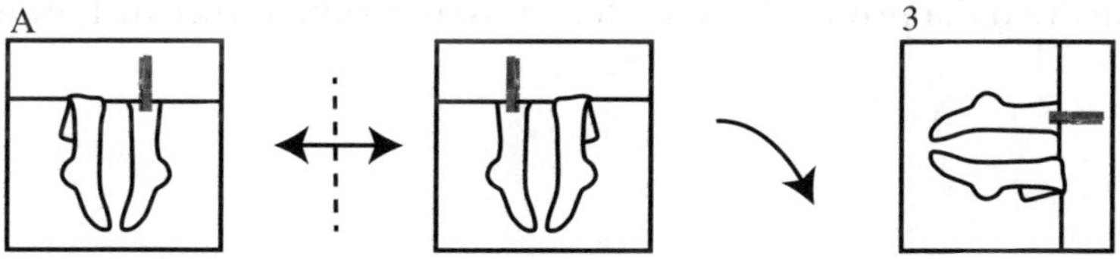

Pertanto la risposta esatta è la D (che indica il disegno 3 come soluzione del quesito).

37) D. Il disegno 4 non si può ottenere dal disegno A con sole rotazioni oppure con sole inversioni. Per ottenere il disegno 4 c'è bisogno sia di una rotazione che di una inversione. In particolare, c'è bisogno prima di invertire il disegno lungo una linea verticale e poi di ruotarlo in senso orario di 90°.

Pertanto la risposta esatta è la D (che indica il disegno 4 come soluzione del quesito).

38) D. Il disegno 2 non si può ottenere dal disegno A con sole rotazioni oppure con sole inversioni. Per ottenere il disegno 2 c'è bisogno sia di una rotazione che di una inversione.
In particolare, c'è bisogno prima di invertire il disegno lungo una linea verticale e poi di ruotarlo in senso orario di 90°.

Pertanto la risposta esatta è la D (che indica il disegno 2 come soluzione del quesito).

39) D. L'immagine speculare è quella che nasce dalla rotazione di 180° in orizzontale della figura data (se verso destra o verso sinistra è indifferente). L'unica a riprodurre fedelmente la figura di partenza è la figura 2, mentre tutte le altre la modificano addirittura in parte.

40) B. La figura n. 1 è diversa dalla n. 6 in quanto esibisce un cerchio al suo interno anziché un quadrato. La figura n. 2 è identica alla figura n. 6. Le figure 3, 4 e 5 possono essere ricavate rispettivamente dalla 6 mediante rotazioni di 180°, 90° in senso antiorario e 90° in senso orario. In base a quanto richiesto dal quesito, queste figure sono da considerarsi diverse dalla n. 6. Pertanto la sola figura n. 2 è identica alla n. 6 e la risposta esatta è la B.

Domino e carte francesi

41) B. A partire dalla prima, il valore delle tessere in alto cresce di 1, infatti:
- 1 + 1 = 2
- 2 + 1 = 3
- 3 + 1 = 4
- 4 + 1 = 5

La tessera mancante ha valore 5 + 1 = 6.
A partire dalla prima, il valore delle tessere in basso decresce di 1, infatti:
- 6 – 1 = 5
- 5 – 1 = 4
- 4 – 1 = 3
- 3 – 1 = 2

La tessera mancante ha valore 2 – 1 = 1.
La tessera che deve essere inserita al posto dei punti interrogativi è, dunque, la tessera C.

42) C. Per ciascuno dei due gruppi di tessere, dai valori delle tessere disposte obliquamente si possono ricavare i valori della tessera disposta orizzontalmente. In particolare si nota che la somma dei due valori della parte superiore delle due tessere disposte obliquamente restituisce il valore della parte di sinistra della tessera disposta orizzontalmente. Per il gruppo I si ha 1 + 1 = 2, mentre per il gruppo II si ha 2 + 2 = 4. In modo analogo si può intuire che la somma dei valori della parte inferiore delle due tessere disposte obliquamente restituisce il valore della parte di destra della tessera disposta orizzontalmente. Pertanto, per il gruppo I si deve avere 2 + 3 = 5, mentre per il gruppo II si deve avere 1 + 2 = 3. Quindi il gruppo I si completa con la tessera che ha valore 5 nella parte destra (tessera A), mentre il gruppo II si completa con la tessera che ha valore 3 nella parte destra (tessera B).
Nella figura seguente è mostrato il nesso logico che regola la collocazione delle tessere in ciascun gruppo.

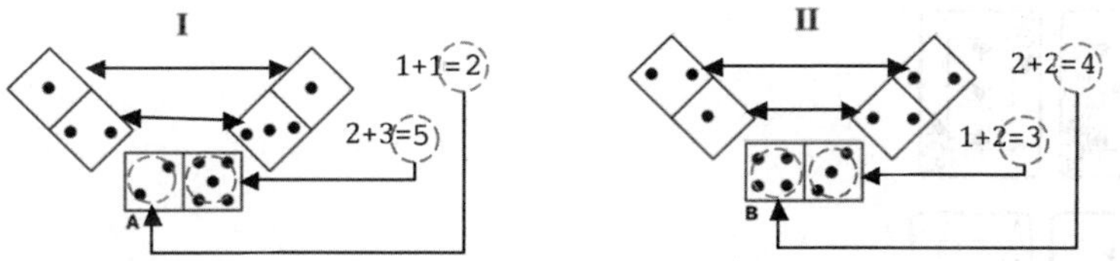

La risposta esatta è la C.

43) B. La tessera a sinistra mostra una coppia di 4, se al numero 4 si aggiunge 1 si ottiene il valore 5 che dovrebbe essere riportato nella seconda tessera incognita. Aggiungendo ancora 1 a 5, si ottiene 6, ossia il valore riportato nella terza tessera. Aggiungendo 1 a 6 si ottiene 7, ma siccome sulle tessere del domino possono essere raffigurati valori da 0 a 6, allora si ritorna ciclicamente al valore 0 che è rappresentato nella quarta tessera. Aggiungendo 1 a 0 si ottiene il valore 1 che dovrebbe essere riportato nella quinta tessera incognita. Infine aggiungendo il valore 1 a 1 si ottiene 2 che è il valore rappresentato nella sesta e ultima tessera. Seguendo questo filo logico si individuano le tessere con i valori 5 e 1 (indicate nelle opzioni b e d) come quelle da collocare nella seconda e quinta posizione. Pertanto la risposta corretta è la B. Nella figura seguente è riportato il nesso logico che governa la sequenza di tessere.

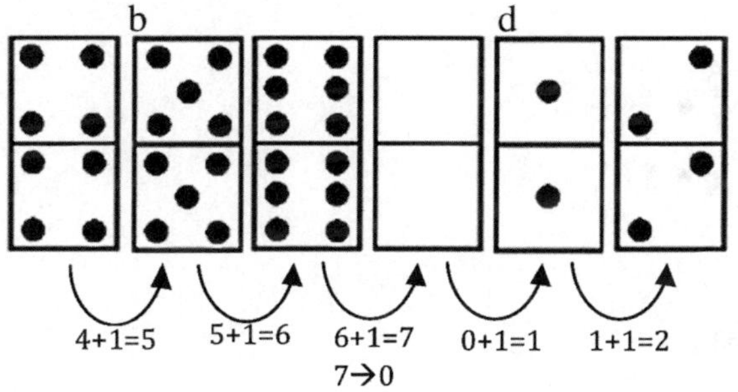

44) D. È interessante studiare come è stata generata la matrice proposta al fine di capire le regole che legano i vari elementi.
Le carte raffigurate nella prima riga sono tutte di cuori. Le carte presenti nella seconda riga sono tutte di quadri. Tutte le carte raffigurate hanno valore dispari.
Il criterio che lega le carte della prima riga è diverso da quello che lega le carte della seconda riga.
Le carte della prima riga decrescono, a partire dalla prima, di volta in volta di 2: dal valore 9 della prima carta, si passa al valore 9 – 2 = 7 della seconda, dal valore 7 della seconda si passa al valore 7 – 2 = 5 della terza, infine la quarta carta è pari a 5 – 2 = 3.
Nella seconda riga, invece, c'è 7, poi la carta girata, poi 3, infine 1. Il valore delle carte è decrescente di 2.
La carta girata è 5, poiché deve trattarsi di una carta di quadri, la carta che deve essere inserita in sostituzione della carta girata è la D, 5 di quadri.

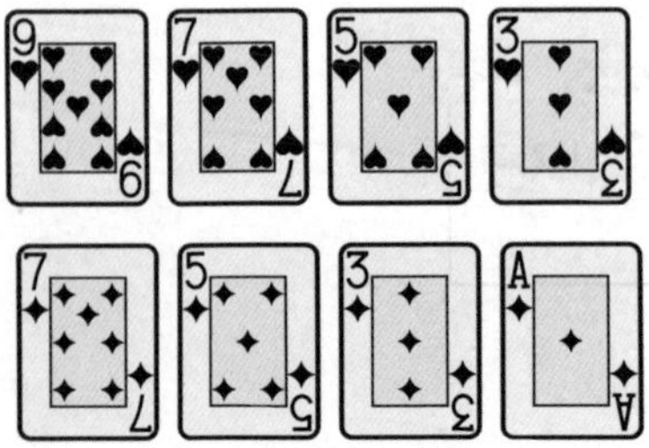

45) C. Il nesso logico della disposizione delle carte si comprende se si parte da una carta presente nella riga inferiore, si sale verso la carta posta a destra nella riga centrale e poi ci si sposta nella riga superiore verso la carta posta a sinistra. Seguendo questa sequenza si nota che il valore della carta della riga inferiore più quello della carta della riga centrale, restituisce il valore della carta della riga superiore.
Pertanto la carta coperta nella riga centrale deve essere il 2 di cuori (carta A), mentre la carta coperta nella riga inferiore deve essere il 6 di cuori (carta D).
Nella figura seguente è riportata la disposizione delle carte con il nesso logico che la governa.

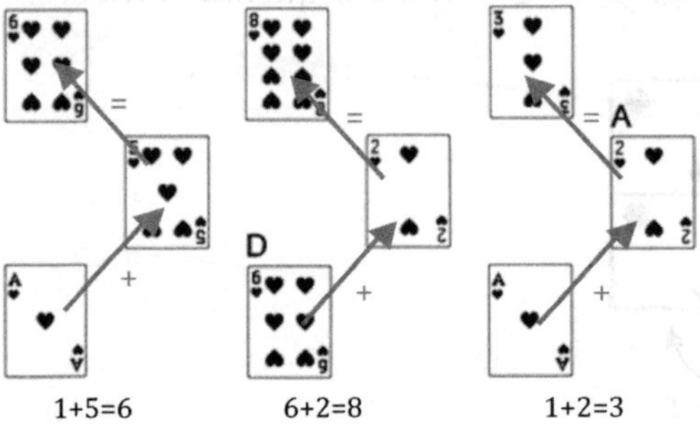

Ragionamento meccanico

Aste in equilibrio

46) B. Il punto su cui è appoggiata l'asta è il fulcro. In fisica, per i corpi vincolati a ruotare attorno al fulcro è definita una grandezza, detta momento di una forza, che tiene conto sia della forza applicata sia della distanza del punto di applicazione di tale forza dal fulcro, detta braccio della forza.
Si realizza una situazione di equilibrio, ossia una situazione in cui l'asta è in posizione orizzontale, quando la forza applicata a sinistra è controbilanciata dalla tendenza opposta prodotta dalla forza applicata a destra dell'asta. In altri termini, occorre porre la condizione di equilibrio tra i momenti associati alle forze agenti sui due estremi dell'asta, relative ai due bracci.
Il quesito in esame rientra in una categoria di quesiti molto frequenti, per risolvere i quali bisogna considerare che essendo l'asta di 1 metro, i due "bracci" sono di 50 cm ognuno.
A 45 cm dall'estremità sinistra, per cui a 5 cm dal fulcro, è agganciato un peso di 20 kg, con un momento di 20 kg × 5 cm = 100.

A destra, a 50 cm dal fulcro, invece, è agganciato un peso di 9 kg, con un momento di 9 kg × 50 cm = 450.

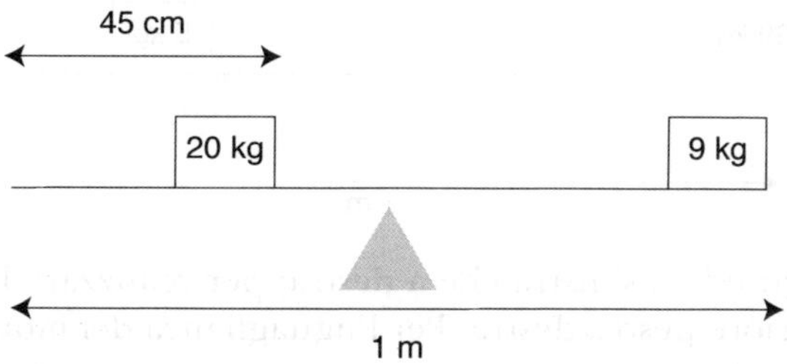

Il momento è più grande a destra che a sinistra; per realizzare l'equilibrio, bisogna aggiungere un ulteriore peso a sinistra. Per l'uguaglianza dei momenti deve essere: $(20 + x)$ kg × 5 cm = 9 kg × 50 cm.
Risolvendo rispetto a x, si ottiene $100 + 5x = 450$; da cui: $x = 350/5 = 70$.
Occorre **aggiungere, al peso agganciato a sinistra, un ulteriore peso di 70 kg**.

47) C. Il punto su cui è appoggiata l'asta è il fulcro. In fisica, per i corpi vincolati a ruotare attorno al fulcro è definita una grandezza, detta momento di una forza, che tiene conto sia della forza applicata sia della distanza del punto di applicazione di tale forza dal fulcro, detta braccio della forza.
Si realizza una situazione di equilibrio, ossia una situazione in cui l'asta è in posizione orizzontale, quando la forza applicata a sinistra è controbilanciata dalla tendenza opposta prodotta dalla forza applicata a destra dell'asta. In altri termini, occorre porre la condizione di equilibrio tra i momenti associati alle forze agenti sui due estremi dell'asta, relative ai due bracci.
A 30 cm dall'estremità sinistra, per cui a 20 cm dal fulcro, è agganciato un peso di 5 kg, con un momento di 5 kg × 20 cm = 100.
A destra, a 50 cm dal fulcro, invece, è agganciato un peso di 24 kg, con un momento di 24 kg × 50 cm = 1.200.

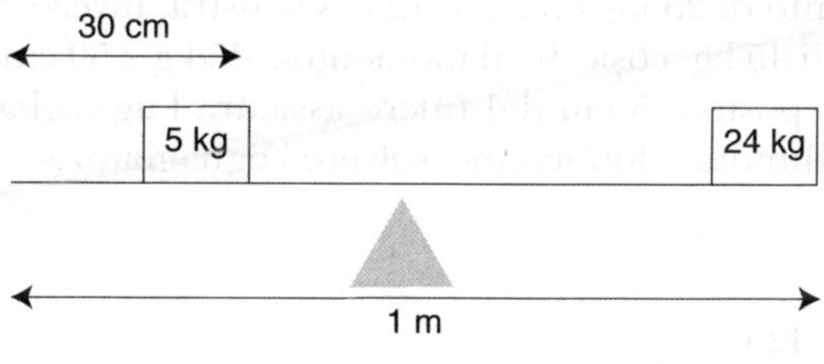

Il momento è più grande a destra che a sinistra; per realizzare l'equilibrio, bisogna aggiungere un ulteriore peso a sinistra. Per l'uguaglianza dei momenti deve essere: $(5 + x)$ kg × 20 cm = 24 kg × 50 cm.
Risolvendo rispetto a x, si ottiene $100 + 20x = 1.200$; da cui: $x = 1.100/20 = 55$.
Occorre **aggiungere, al peso agganciato a sinistra, un ulteriore peso di 55 kg**.

48) B. A 25 cm dall'estremità destra, per cui a 25 cm dal fulcro, è agganciato un peso di 5 kg, con un momento di 5 kg × 25 cm = 125. A sinistra, a 50 cm dal fulcro, invece, è agganciato un peso di 39 kg, con un momento di 39 kg × 50 cm = 1.950.

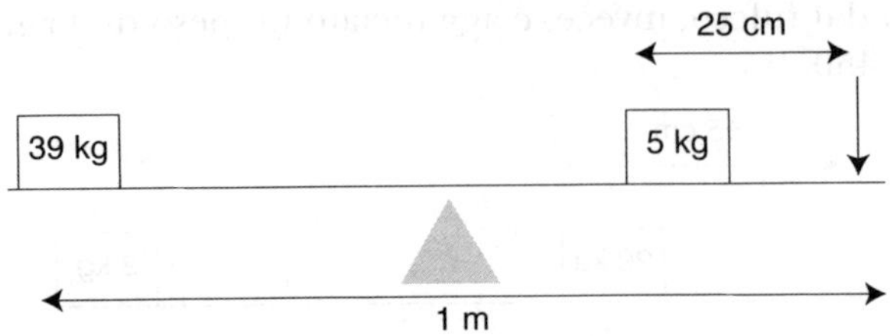

Il momento è più grande a sinistra che a destra; per realizzare l'equilibrio, bisogna aggiungere un ulteriore peso a destra. Per l'uguaglianza dei momenti deve essere:

39 kg × 50 cm = (5 + x) kg × 25 cm.

Risolvendo rispetto a x, si ottiene 1.950 = 125 + 25x; da cui: x = 1.825/25 = 73.

Occorre **aggiungere, al peso agganciato a destra, un ulteriore peso di 73 kg**.

49) B. A 40 cm dall'estremità destra, per cui a 10 cm dal fulcro, è agganciato un peso di 25 kg, con un momento di 25 kg × 10 cm = 250.

A sinistra, a 50 cm dal fulcro, invece, è agganciato un peso di 5 kg, con un momento di 5 kg × 50 cm = 250.

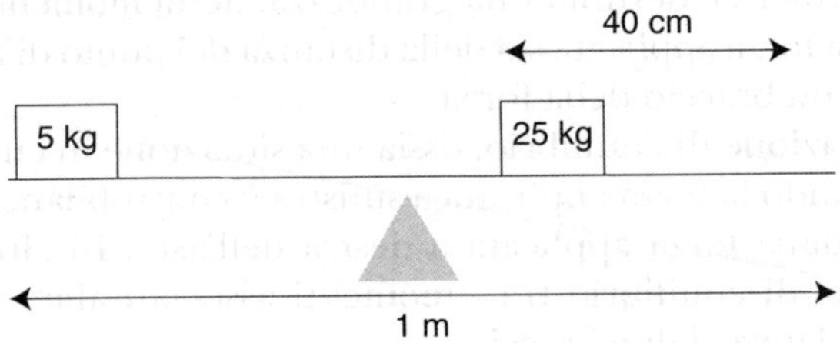

Il momento è lo stesso sia a sinistra sia a destra, per cui **è realizzata la condizione di equilibrio**.

50) B. A 45 cm dall'estremità destra, ossia a 5 cm dal fulcro, è agganciato un peso di 25 kg, con un momento di 25 kg × 5 cm = 125. A sinistra, invece, a 50 cm dal fulcro è agganciato un peso di 45 kg, cosicché il momento è 45 kg × 50 cm = 2.250. Dobbiamo trovare il peso x che posto a 5 cm dal fulcro assicura l'uguaglianza dei momenti a destra e a sinistra e, dunque, dobbiamo risolvere l'eguaglianza

2.250 = 125 + 5x

2.250 – 125 = 5x

x = (2.250 – 125)/5 = 425

Per tornare all'equilibrio, quindi, occorre **aggiungere, al peso agganciato a destra, un ulteriore peso di 425 kg**.

51) D. Poiché il peso di destra dista 40 cm dall'estremità del braccio destro esso è distante 10 cm dal centro (fulcro). Il peso di sinistra, essendo posizionato all'estremità del braccio, dista dal centro 50 cm (l'intera lunghezza del braccio). Il nostro è un problema di riequilibrio che può essere impostato in una proporzione di uguaglianza:

45 × 50 = 10 × x

x = (45 × 50)/10 = 2.250/10 = 225

Per tornare all'equilibrio, quindi, è necessario che il braccio destro abbia un peso di 225 kg, avendone già 30, occorre **aggiungere, al peso agganciato a destra, un ulteriore peso di 195 kg**.

52) E. Per valutare l'equilibrio bisogna calcolare i momenti delle forze rispetto al fulcro.
A destra avremo: $10 \times 45 = 450$ kg × cm. A sinistra avremo: $50 \times 21 = 1050$ kg × cm. Essendo più grande il momento a sinistra, bisognerà aggiungere un peso a destra per ripristinare l'equilibrio.
All'equilibrio dovrà risultare $(45 + x) \times 10 = 50 \times 21$, da cui: $45 + x = 5 \times 21$. Pertanto, $x = 60$. Questo vuol dire che bisogna **aggiungere, al peso agganciato a sinistra, un ulteriore peso da 60 kg**.

53) C. Per calcolare l'equilibrio bisogna calcolare i momenti delle forze rispetto al fulcro.
A destra avremo: $25 \times 5 = 125$ kg × cm. A sinistra avremo: $50 \times 48 = 2.400$ kg × cm. Essendo il momento a sinistra maggiore di quello a destra, per ripristinare l'equilibrio bisognerà aggiungere un peso all'estremità destra.
All'equilibrio dovrà risultare $(5 + x) \times 25 = 50 \times 48$, da cui: $x = 91$.
Quindi, bisogna **aggiungere, al peso agganciato a destra, un ulteriore peso di 91 kg**.

54) C. Perché l'asta sia in equilibrio il prodotto tra il peso agganciato e la distanza dal centro deve essere uguale su ciascun lato. Nella situazione descritta dal testo si ha a destra un peso di 25 kg a 35 cm di distanza dal centro e a sinistra un peso di 21 kg a 50 cm dal centro, e quindi:

$$25 \times 35 = 875 \neq 21 \times 50 = 1.050$$

A questo punto, poiché l'asta non è in equilibrio e, in particolare, poiché $875 < 1.050$, per raggiungere l'equilibrio andrà aggiunto un peso a destra. Per sapere quale peso è necessario aggiungere basta sottrarre al prodotto ottenuto a sinistra quello di destra e dividere il risultato per la distanza del peso di destra dal centro: $(1.050 - 875)/35 = 175/35 = 5$.
Quindi, perché l'asta sia in equilibrio, bisogna **aggiungere, al peso agganciato a destra, un ulteriore peso di 5 kg**.

55) A. Perché l'asta sia in equilibrio il prodotto tra il peso agganciato e la distanza dal centro deve essere uguale su ciascun lato. Nella situazione descritta dal testo si ha a sinistra un peso di 5 kg a 45 cm di distanza dal centro e a destra un peso di 27 kg a 50 cm dal centro, e quindi:

$$5 \times 45 = 225 \neq 27 \cdot 50 = 1.350$$

A questo punto, poiché l'asta non è in equilibrio e, in particolare, poiché $225 < 1.350$, per raggiungere l'equilibrio andrà aggiunto un peso a sinistra. Per sapere che peso è necessario aggiungere basta sottrarre al prodotto ottenuto a destra quello di sinistra e dividere il risultato per la distanza del peso di sinistra dal centro: $(1.350 - 225)/45 = 1.125/45 = 25$.

Quindi, perché l'asta sia in equilibrio, bisogna **aggiungere, al peso agganciato a sinistra, un ulteriore peso di 25 kg**.

56) A. Si realizza una situazione di equilibrio, ossia una situazione in cui la bilancia è in posizione orizzontale, quando la forza applicata a sinistra è controbilanciata dalla tendenza opposta prodotta dalla forza applicata a destra della bilancia. In altri termini, occorre porre la condizione di equilibrio tra i momenti associati alle forze agenti sui due estremi della bilancia, relative ai due bracci.
Per fissare le idee, si pone il braccio sinistro pari a 3 e il braccio destro pari a 1.
Sul braccio destro sono posti 9 pesi, pertanto il momento della leva vale:
braccio × peso = 1 × 9 = 9
Perché sul braccio sinistro si abbia lo stesso momento pari a 9, occorre porre un peso pari a **3**; difatti si avrà:
braccio × peso = 3 × 3 = 9

57) D. Si realizza una situazione di equilibrio, ossia una situazione in cui la bilancia è in posizione orizzontale, quando la forza applicata a sinistra è controbilanciata dalla tendenza opposta prodotta dalla forza applicata a destra della bilancia. In altri termini, occorre porre la condizione di equilibrio tra i momenti associati alle forze agenti sui due estremi della bilancia, relative ai due bracci. Per fissare le idee, si pone il braccio destro pari a 2 e il braccio sinistro pari a 1. Sul braccio destro sono posti 6 pesi, pertanto il momento della leva vale:
braccio × peso = 2 × 6 =12
Perché sul braccio sinistro si abbia lo stesso momento pari a 12, occorre porre un peso pari a **12**, difatti si avrà:
braccio × peso = 1 × 12 = 12

58) B. Per risolvere il quesito è necessario che il valore del prodotto del numero di gettoni per la distanza dal centro deve essere uguale a destra e a sinistra.
A sinistra, si ha 1 gettone per 4 di distanza dal centro, cioè: 1 × 4 = 4.
A destra, si ha 1 gettone per 3 di distanza dal centro, cioè: 1 × 3 = 3.
Quindi si deve spostare il gettone di destra sulla **posizione 10**.

59) C. A sinistra, a 20 cm dal fulcro è agganciato un peso di 3 kg, con un momento di 3 kg × 20 cm = 60.
I momenti devono essere uguali a destra e a sinistra, per cui, a destra, a 30 cm dal fulcro, deve essere agganciato un peso di x kg, con un momento di x kg · 30 cm = 60.
Pertanto, il peso da agganciare deve essere tale che: x = 60/30 = **2 kg**.

60) C. Affinché l'asse sia in equilibrio il prodotto tra il peso agganciato e la distanza dal centro deve essere uguale a sinistra e a destra. A destra c'è un peso di 8 kg a 1 m = 100 cm di distanza dal centro, con un momento di 8 kg × 100 cm = 800. A sinistra c'è un peso di 10 kg che bisogna posizionare a una certa distanza x dal centro per ottenere lo stesso momento; deve sussistere cioè la seguente relazione:

$$x \text{ cm} \times 10 \text{ kg} = 800$$

da cui:

$$x = \frac{800}{10} = 80 \text{ cm}$$

Quindi, perché l'asse sia in equilibrio, bisogna posizionare il peso di sinistra a **80 cm** dal fulcro.

61) A. Affinché l'asta sia in equilibrio il prodotto tra il peso dell'acrobata e la distanza dal centro deve essere uguale a sinistra e a destra. A destra, l'acrobata pesa 56 kg ed è a 2 m = 200 cm di distanza dal centro, con un momento di 56 kg × 200 cm = 11.200. A sinistra, l'acrobata pesa di 70 kg e deve posizionarsi a una certa distanza x dal centro per ottenere lo stesso momento; deve sussistere cioè la seguente relazione

$$x \text{ cm} \times 70 \text{ kg} = 11.200$$

da cui:

$$x = \frac{11.200}{70} = 160 \text{ cm}$$

Quindi, perché l'asta sia in equilibrio, l'acrobata di sinistra deve posizionarsi a **160 cm** dal fulcro.

Ruote dentate

62) B. Quando la ruota più grande compie 2 giri, ciascun dente si muove di 90 × 2 = 180 posti. Poiché nell'ingranaggio le ruote sono incastrate, anche ciascun dente della seconda ruota si muoverà di 180 posti, compiendo, visto che la seconda ruota ha 60 denti, 180 ÷ 60 = **3** giri.

63) B. Per risolvere il quesito, occorre ricordare i due principi di funzionamento degli ingranaggi seguenti:

1. Se due ruote dentate sono l'una dentro l'altra allora entrambe ruotano nello stesso senso.
2. Se due ruote sono a contatto hanno sensi di rotazione opposti, per cui se la prima ruota in senso orario, l'altra ruota in senso antiorario e viceversa.

Pertanto, se:

1. La ruota dentata C gira in senso orario, la ruota dentata D gira in senso antiorario.
2. La ruota dentata D gira in senso antiorario, la ruota dentata E gira in senso orario.

Inoltre, poiché la ruota dentata F è all'interno della ruota dentata E, ne avrà lo stesso senso di rotazione (orario).
Pertanto, stabilito che la ruota dentata piccola F ha senso di rotazione orario occorre individuare la risposta corretta.
Poiché tra la ruota dentata C e la ruota dentata H vi è un numero dispari (3) di ruote dentate, i due ingranaggi ruotano nello stesso senso, ossia in senso orario, si può affermare che la ruota dentata piccola F gira **nello stesso senso della ruota dentata H**.
La ruota dentata C gira in senso orario, per cui non può essere corretta la risposta A.
La ruota dentata F non gira in senso antiorario, per cui la risposta di cui all'alternativa C non è corretta.
Poiché tra la ruota dentata C e la ruota dentata G vi è un numero pari (2) di ruote dentate, i due ingranaggi ruotano in sensi opposti, ossia in senso orario il primo e in

senso antiorario il secondo, si può affermare che la ruota dentata piccola F non gira nello stesso senso della ruota dentata G, per cui la risposta di cui all'alternativa D non è corretta.

64) E. Affinché tutte le ruote siano nella posizione di partenza, la ruota grande dovrà eseguire un numero di giri pari a un multiplo in comune tra i numeri di denti delle altre tre ruote, quindi a un multiplo in comune tra i numeri 9, 6 e 4. Se cerchiamo il numero minore possibile di giri che dovrà compiere, allora dobbiamo calcolare il minimo comune multiplo.
Poiché
$9 = 3^2$
$6 = 2 \times 3$
$4 = 2^2$
la posizione rappresentata sarà osservata di nuovo dopo:

$$\text{mcm}(4; 6; 9) = 2^2 \times 3^2 = \mathbf{36\ giri}$$

65) C. Ruotando C in senso antiorario, dagli ingranaggi riportati in figura si capisce che D ruoterà in senso orario, E in senso antiorario, G in senso orario, H in senso antiorario. Pertanto, è vero che **E e H ruotano nello stesso senso**.

Carrucole

66) D. Si vede che il peso a destra è maggiore di quello di sinistra. Di conseguenza la carrucola E ruota in senso orario.
A questo punto si utilizzano le stesse regole valide per le ruote dentate, cioè ogni due carrucole si ha lo stesso verso di rotazione.
Quindi:
E: orario
D: antiorario
C: orario
B: antiorario
A: orario

La carrucola A gira in senso orario.

67) A. Il peso è maggiore a sinistra. La prima carrucola che si considera è la A che ruota in senso antiorario. Quindi
A: antiorario
B: orario
C: antiorario
D: orario
E: antiorario
F: orario

La carrucola F gira in senso orario.

68) A. I pesi a destra e a sinistra si equivalgono, per cui **il sistema è in equilibrio**. Le altre alternative sono da escludere perché presuppongono una rotazione delle carrucole.

Orologi

69) B. L'orologio A segna le 11:00, se lo facciamo avanzare di 1 ora segnerà le 12:00.
L'orologio B segna le 9:00, se lo portiamo indietro di 2 ore segnerà le 7:00.
L'orologio C segna le 8:45, se facciamo compiere mezzo giro in senso orario alla lancetta dei minuti segnerà le 9:15.
L'orologio D segna le 7:00, se lo facciamo avanzare di 2 ore segnerà le 9:00.

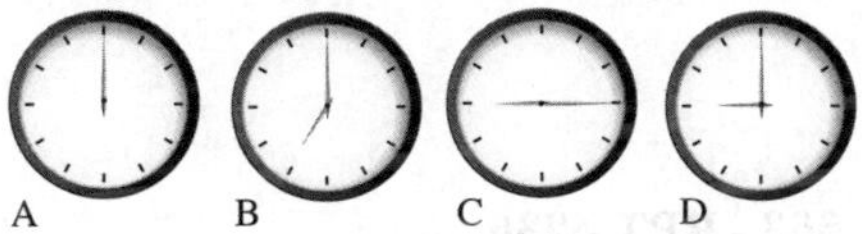

Pertanto, **nessun orologio segna le 11:00**.

70) A. Occorre prestare attenzione al significato di numero di giri delle lancette, ad esempio, quando la lancetta dei minuti compie un giro completo, vuol dire che è trascorsa 1 ora, quando ne compie 1/2, vuol dire che è trascorsa 1/2 ora..., analogo discorso vale per la lancetta delle ore.
L'orologio del quesito segna le 7. Dovrà compiere 4,25 giri:

- dopo 4 giri saranno trascorse 4 ore
- dopo 0,25 giri saranno trascorsi 0,25 = 1/4 ora = 15 minuti

Pertanto, dopo che la lancetta dei minuti avrà compiuto 4,25 giri, l'orologio segnerà le **11.15**.

Questionario 2
Abilità visiva con numeri e/o con lettere

1) **Trovare il numero mancante: 551 - 525; 558 - 595; 227 - 282; 884 - ...**
A. 848
B. 858
C. 458
D. 885
E. 588

2) **Completare la sequenza: PRT - 326 - .... - 663 - RPT - 236.**
A. RRT
B. TRP
C. PPR
D. RTP
E. TTP

3) **Se "DOMASTI" corrisponde a "8275643" allora "MODISTA" corrisponde a:**
A. 7283465
B. 2783645
C. 7283645
D. 7823645
E. 7238645

4) **Completare la serie: quattordici, 11, tredici, 12 / enne, K, emme, ..?..**
A. Dodici
B. Cappa
C. Elle
D. 10
E. L

5) **Se E = 5, L = 10, allora ? = ?**
A. M = 14
B. I = 11
C. P = 15
D. T = 17
E. U = 19

6) **Si attribuiscano i seguenti codici di identificazione: Z=7, L=8, Q=5, R=6. Individuare quale sequenza di lettere corrisponde al numero più piccolo:**
A. LQZLLRQL
B. ZLRLRLRZ
C. ZLRQRLRZ

D. RQZLLRQL
E. RQZZLLQR

7) In quale sequenza di lettere le "G" sono a pari numero delle "F"?
A. HGHUGHFUFHFH
B. GUFFUHGUGHUG
C. FUHFUFGUGHUG
D. UHFUFGGUGHUG
E. UFHFUFUGHUGU

8) Individuare il gruppo di numeri che risulti esattamente il contrario della seguente base: 12101521271124322902l957.
A. 751920923242117215210121
B. 759120292341217212511021
C. 759120922342117122510121
D. 759120922142117212511021
E. 759120922342117212510121

9) Se la sequenza è "dispari pari pari", quale gruppo di numeri è corretto?
A. 552978132598334578136958712556
B. 346587544126986342588946768522
C. 984522764162768221348164522924
D. 946782524122348768526342124654
E. 526324748166924586324722146962

10) Quale gruppo alfanumerico completa la serie? DT418 – ES517 – FR616 – ..?..
A. GQ816
B. GQ893
C. LT917
D. LT916
E. GQ715

11) Se la lettera "D" corrisponde a 13, la lettera "B" corrisponde a 7 e la lettera "C" corrisponde a 10, a quale sequenza corrisponde la codifica: FCDEB?
A. 19 - 10 - 16 - 22 - 7
B. 19 - 10 - 16 - 13 - 7
C. 22 - 10 - 13 - 16 - 7
D. 19 - 10 - 13 - 16 - 7
E. 10 - 19 - 13 - 16 - 7

12) Completare la sequenza: 10 11 12 GHI – LMN 7 8 9 – 16 17 18 OPQ – ..?..
A. RST 13 14 15
B. 15 14 13 RST
C. 13 14 15 RST
D. RST 15 14 13
E. TSR 13 14 15

13) Se "CONCORRENTI" corrisponde a "51251779243" allora "RICONCENTRO" corrisponde a:
A. 73521592471
B. 75312592471
C. 73512529471
D. 73512592471
E. 37512592471

14) In quale sequenza di lettere le "I" sono più numerose delle "M"?
A. LIGISLSIMGLM
B. SDIGDIMDMSGM
C. INLIDIMDLMNM
D. LIGMSLSIMGLM
E. LIGISLSMMGLM

15) In quale, tra le seguenti sequenze di cifre, è presente, almeno una volta, la seguente stringa numerica "6502045"?
A. 02045650204554680206504565020
B. 02045655468020650456020455020
C. 66150204569852026545542123987
D. 45546802065045650201204565020
E. 20455636502078965496501204532

16) Se "DATISMO" corrisponde a "8543672" allora "DISTOMA" corrisponde a:
A. 8364725
B. 8346275
C. 8364275
D. 8634275
E. 3864275

17) Trovare il numero mancante: 4321 - 3421; 7362 - 3762; 9685 - ...
A. 5986
B. 9658
C. 9585
D. 8965
E. 6985

18) Completare la sequenza: BPS - 137 - SSB - .... - PBS - 317.
A. 771
B. 337
C. 713
D. 113
E. 731

19) Trovare il numero mancante: 115 - 611; 553 - 455; 664 - 566; 117 - ...
A. 118
B. 711

C. 822
D. 188
E. 811

20) Completare la sequenza: ..?.. – ..?.. – GHI 10 11 12 – 7 8 9 LMN – OPQ 16 17 18 – 13 14 15 RST.
A. ABC 4 5 6 – 1 2 3 DEF
B. 4 5 6 ABC – FED 1 2 3
C. ABC 6 5 4 – 1 2 3 DEF
D. ABC 4 5 6 – 3 2 1 DEF
E. CBA 4 5 6 – 1 2 3 DEF

21) Si attribuiscano i seguenti codici di identificazione: V=6, B=4, F=7, C=5. Individuare la sequenza di lettere che corrisponde al numero più grande.
A. BCFCFVFC
B. BCVFBVCF
C. BCBVFBVC
D. BCFVVBVC
E. BCFFFVCF

22) Se G = 7, M = 11, allora ? = ?
A. T = 17
B. T = 18
C. T = 15
D. T = 19
E. T = 16

23) In quale riga è presente la seguente sequenza: MGMMMGMMMMMG?
A. MGMGMMMMGMGMMMGGMMMGMGMGMMGMMMGMGMGM
B. MGMMGGMMMMGMGMMGMMMMGMGMMMGMGMMMGMGM
C. MGMGMMGMMMMMGMGMMMGGGMMGMGMGMMMMGMG
D. MGMGMMGMMMMMGMGMMMGMMMMMGMGMGMMMMGMG
E. MGMGMMGMMMMMGMMMMMMMMMMMGMGMGMMMMGMG

24) Completare la serie: diciotto, 19, venti, 21 / erre, S, ti, ..?..
A. Esse
B. U
C. Ventuno
D. Ics
E. Vu

25) Se la lettera "B" corrisponde a 7, la lettera "A" corrisponde a 4 e la lettera "C" corrisponde a 10, a quale sequenza corrisponde la codifica: BACED?
A. 7 - 4 - 10 - 13 - 16
B. 7 - 4 - 10 - 16 - 13
C. 4 - 7 - 10 - 16 - 13
D. 7 - 4 - 13 - 16 - 10
E. 7 - 4 - 16 - 10 - 13

26) Se la sequenza è "minuscolo maiuscolo", quale stringa è scritta in modo errato?
A. "mDbFmSnXkFjZsWòFpGkWoTiG"
B. "yGtFrDeSwAqZsXdCnJmLnKbO"
C. "kLjSsFhGiHuEwXeSrHoiWòHaZ"
D. "vTbBcVnCbBvNjNhJgKkLjKhD"
E. "uHyGtFrDcVbNmKjLpMaDaWzE"

27) Se "SEROTONINA" corrisponde a "6971412325" allora "STOIERANNO" corrisponde a:
A. 6413957221
B. 6419375221
C. 4613975221
D. 6413975112
E. 6413975221

28) Quale, tra le seguenti serie di numeri, presenta meno errori di battitura rispetto alla seguente sequenza? 3253564,557; 557713311 / 117; 56668879.
A. 557711311 / 177; 56668897; 3253546, 556
B. 3253564,557; 557713311 / 111; 56768879
C. 56667879; 3255364, 577; 557773311 / 117
D. 3253517,537; 557712211 / 211; 57768879
E. 3235564,557; 577713111 / 161; 56768899

29) Trovare il numero mancante: 8765 - 7865 ; 5237 - 2537 ; 7026 - ...
A. 7062
B. 7206
C. 0276
D. 0726
E. 6270

30) Se C = 3, H = 8, allora ? = ?
A. R = 17
B. L = 11
C. G = 6
D. P = 14
E. S = 15

31) Completare la sequenza: GH 8 7 – IL 10 9 – MN 12 11 – OP 14 13 – ..?..
A. QR 16 15 – ST 18 17 – UV 20 19
B. QR 16 15 – ST 17 18 – UV 20 19
C. QR 16 15 – TS 18 17 – UV 20 19
D. QR 15 16 – ST 18 17 – UV 20 19
E. QR 16 15 – ST 18 17 – VU 20 19

32) Se E = 5, O = 13, allora ? = ?
A. V = 19
B. V = 20

C. V = 18
D. V = 21
E. V = 22

33) Se A=1, M=11, allora ? = ?
A. V = 19
B. N = 13
C. Q = 16
D. G = 6
E. S = 17

34) Quale gruppo alfanumerico completa la serie? CU319 – DT418 – ES517 – ..?..
A. HS913
B. FR611
C. HS818
D. FR616
E. FR717

35) Completare la sequenza: PRB - .... - BBP - 113 - RPB - 231.
A. 123
B. 232
C. 213
D. 312
E. 321

36) Trovare il numero mancante: 5432 - 5342 ; 1684 - 1864 ; 9760 - ...
A. 7790
B. 6709
C. 6079
D. 9670
E. 0679

37) Se la lettera "D" corrisponde a 13, la lettera "A" corrisponde a 4 e la lettera "B" corrisponde a 7, a quale sequenza corrisponde la codifica: BAFDE?
A. 7 - 4 - 19 - 13 - 16
B. 7 - 4 - 13 - 19 - 16
C. 7 - 4 - 19 - 16 - 13
D. 7 - 4 - 16 - 13 - 19
E. 7 - 4 - 19 - 13 - 15

38) Se "SMINEREI" corrisponde a "61329793" allora "RIMINESE" corrisponde a:
A. 73312969
B. 37132969
C. 73132699
D. 73132969
E. 73123969

39) Individuare la stringa che risulta esattamente il contrario della seguente base: FTTESS

A. SESTTF
B. SSEFTF
C. SSETFT
D. SSEFTT
E. SSETTF

40) Individuare il gruppo di numeri che risulti esattamente il contrario della seguente base: 021019321001 19631200.

A. 00213619100123190120
B. 00213691100123910110
C. 00213691010123910210
D. 00213691100123910120
E. 00213691101023910120

41) Quale gruppo alfanumerico completa la serie? DT418 – ES517 – ..?.. – GQ715.

A. FR614
B. FR616
C. GP612
D. FR619
E. GP613

42) Completare la serie: Venticinque, 24, ventitre, 26 / ipsilon, X, doppia vu, ..?..

A. Z
B. Ventiquattro
C. Zeta
D. 23
E. W

43) In quale, tra le seguenti sequenze di cifre, è presente, almeno una volta, la seguente stringa numerica "3216548"?

A. 785458985965781256326956621
B. 378414536925621423658951325
C. 332321654888745122698536587
D. 325621423658951325784145369
E. 33232116654888745169853658 7

44) "elettrolito" sta a "e e i l l o o r t t t" come "microminiaturizzazione" sta a:

A. "a a c e i i i i i m m n n o o r r u t z z z"
B. "a a c e i i i i i m m n n o o r r t u z z z"
C. "a a c e i i i i i m m n n r r o o t u z z z"
D. "a a c e i i i i i n n m m o o r r t u z z z"
E. "a a e c i i i i i m m n n o o r r t u z z z"

45) Se la sequenza è "pari dispari dispari" quale gruppo di numeri è errato?
A. 4112596376998734596132798857297
B. 8556312716198454716972378932 75
C. 4938314976534936518134796516 37
D. 6798512716318974538512396714 55
E. 8752196138738134918932712798 31

46) La successione "HJWHJWJJ" è uguale a:
A. HJWWJWJJ
B. HJWHJJJJ
C. HJWHJJWJ
D. HJWHJWJJ
E. HJWHJWWW

47) Se "centodue" vale "8" e "c d e e n o t u" allora "seicentocinquantamila" vale "..?.." e "..?..".
A. "19" e "a a a c c e e i i i l m n n n o q s t t u"
B. "21" e "a a a c c e e i i i l m n n n o q s t t u"
C. "21" e "a a a a c e e i i i l m n n n o q s t t u"
D. "22" e "a a a c c e e i i i l m n n n o q s t t u"
E. "21" e "a a a c c c e i i i l m n n n o q s t t u"

48) Se "centotre" vale "8" e "c e e n o r t t" allora "settecentocinquantamila" vale "..?.." e "..?..".
A. "23" e "a a a c c e e e i i l m n n o o q s t t t t u"
B. "22" e "a a a c c e e e i i l m n n n o q s t t t t u"
C. "24" e "a a a c c e e e i i l m n n n o q s t t t t u"
D. "23" e "a a a c c c e e i i l m n n n o q s t t t t u"
E. "23" e "a a a c c e e e i i l m n n n o q s t t t t u"

49) In quale sequenza di lettere le "N" sono più numerose delle "A"?
A. NQXAQLAAQLAX
B. AQXAQLNAQLAX
C. QNMBQNMABQMA
D. LNBQNABAQLAQ
E. NQXNQLNAQLAX

50) La successione "DLLLDLGL" è uguale a:
A. DLLGDLGL
B. DLLLDGLL
C. DLLLLGLD
D. DLLDDLGL
E. DLLLDLGL

51) Individuare il gruppo di numeri che risulti esattamente il contrario della seguente base:
150237250719252612189 7.

A. 7981212652917052732051
B. 7981216252917025732051
C. 7981216252197052732051
D. 7981216252917052732051
E. 7981216252910752732051

52) Completare la sequenza: AB 2 1 – CD 4 3 – EF 6 5 – GH 8 7 – ..?..

A. LI 9 10
B. 10 9 IL
C. LI 10 9
D. IL 10 9
E. IL 9 10

53) Completare la sequenza: ABC 4 5 6 – 1 2 3 DEF – GHI 10 11 12 – ..?..

A. LMN 9 8 7
B. GHI 7 8 9
C. 9 8 7 LNM
D. 7 8 9 LMN
E. 9 8 7 NML

54) Se F = 6, Q = 15, allora ? = ?

A. Z = 21
B. Z = 20
C. Z = 22
D. Z = 18
E. Z = 19

55) Se la lettera "A" corrisponde a 4, la lettera "B" corrisponde a 7 e la lettera "C" corrisponde a 10, a quale sequenza corrisponde la codifica: EBACD?

A. 10 - 7 - 4 - 16 - 13
B. 16 - 7 - 4 - 13 - 10
C. 16 - 7 - 4 - 10 - 13
D. 7 - 16 - 4 - 10 - 13
E. 16 - 4 - 7 - 13 - 10

56) Quale gruppo alfanumerico completa la serie? BV220 – CU319 – ..?.. – ES517.

A. DT418
B. CV419
C. DT414
D. CV418
E. DT417

57) Completare la serie: diciannove, 20, diciotto, 17 / esse, T, erre, ..?..

A. Diciassette
B. Qu
C. 16
D. S

E. Q

58) Trovare il numero mancante: 5432 - 2435 ; 8437 - 7438 ; 5112 - ...

A. 2115
B. 1512
C. 5121
D. 1215
E. 5211

59) Si attribuiscano i seguenti codici di identificazione: G=7, T=5, S=8, A=6. Individuare la sequenza di lettere che corrisponde al numero più grande.

A. ATAGASGS
B. STAAAGSG
C. STTGASGS
D. STAGASGS
E. STAAASGA

60) Completare la sequenza: RZP - .... - PPR - 332 - ZRP - 523.

A. 325
B. 253
C. 523
D. 235
E. 353

61) Se "ALLANTOIDE" corrisponde a "5775241389" allora "ALLEANDOTI" corrisponde a:

A. 5759528143
B. 5779582143
C. 5779258143
D. 5779528143
E. 5777528143

62) Se "ottanta" vale "7" e "a a n o t t t" allora "sessantaquattresimo" vale "..?.." e "..?..".

A. "20" e "a a a e e i m n o q r s s s s t t t u"
B. "19" e "a a a e e i m n o q r s s s s t t t u"
C. "19" e "a a a e e i m n o q r r s s s t t t u"
D. "18" e "a a a e e i m n o q r s s s s t t t u"
E. "19" e "a a a e e i m n o q r s s s s s t t u"

63) Se "DAL=11", "CESSAVO=23" e "METICOLOSO=32" allora .....

A. "AMMAESTRARE=37"
B. "AMMAESTRARE=35"
C. "AMMAESTRARE=33"
D. "AMMAESTRARE=34"
E. "AMMAESTRARE=36"

64) "roncola" sta a "a o o c l n r" come "microminiaturizzare" sta a:
A. "a a e i i i i u c m m n o r r r t z z"
B. "a a e i i i i o m m n u c r r r t z z"
C. "a a e i i i i o u c m m n r r r t z z"
D. "a a c e i i i i o u m m n r r r t z z"
E. "a a e i i i i o u c m m n t r r r z z"

65) Se la sequenza è # numero * quale sequenza è corretta?
A. #2*#5*#9*#1**I#2
B. #6*#1*#9*#2*#6*
C. #5*#l*#5*#l*I#*#2*
D. #3*#5*#K*#5*#5*#2*
E. #5*#4*#K*#5*#5*#3*

66) Individuare tra le alternative quella che contiene un'inesattezza rispetto a:
Arcaro Francesco, Via Bianchi 13, Cecina (LI)
Morrone Raffaella, Via Trincone 1/1, Salerno (SA)
Scarciello Concetta, Via Salvator Rosa 53, San Giorgio a Cremano (NA)
A. Arcaro Francesco, Via Bianchi 13, Cecina (LT)
B. Scarciello Concetta, Via Salvator Rosa 53, San Giorgio a Cremano (NA)
C. Arcaro Francesco, Via Bianchi 13, Cecina (LI)
D. Scarciello Concetta, Via Salvator Rosa 53, San Giorgio a Cremano (NA)
E. Morrone Raffaella, Via Trincone 1/1, Salerno (SA)

67) Individuare tra le alternative quella che contiene un'inesattezza rispetto a:
Coluccia Mario, Via Petrarca 33, Miggiano (LE)
Adamo Carlo, Via Cavour 42, Marina Di Nocera Terinese (CZ)
Pavan Rosa, Via Ruffo 2, Verona (VR)
A. Coluccia Mario, Via Petrarca 33, Miggiano (LE)
B. Pavan Michele, Via Ruffo 2, Verona (VR)
C. Adamo Carlo, Via Cavour 42, Marina Di Nocera Terinese (CZ)
D. Pavan Rosa, Via Ruffo 2, Verona (VR)
E. nessuna alternativa risponde correttamente al quesito

68) Individuare tra le alternative quella che contiene un'inesattezza rispetto a:
Malune Stefano, Via Apuli 6, Milano (MI)
Beatrici Michela, Via Karl Wolf 91, Merano (BZ)
Quaresimin Stefano, Via Poussin 8, Castelfranco Veneto (TV)
A. Malune Stefano, Via Apuli 6, Milano (MI)
B. Quaresimin Stefano, Via Poussin 8, Castelfranco Veneto (TV)
C. Beatrici Michela, Via Karl Wolf 91, Merano (BZ)
D. Quaresimin Stefano, Via Poussin 8, Castelfranco Veneto (TV)
E. Malune Stefano, Via Apuli 6, Milano (NA)

69) Individuare tra le alternative quella che contiene un'inesattezza rispetto a:
Andrea Bellani, viale Roma 51, Cardano al Campo (VA)
Beatrice Montelli, via Gioacchino Murat 16, Milano
Francesca Morlacchi, via della Pace 18, Ceriano Laghetto (MB)

A. Francesca Morlacchi, via della Pace 18, Ceriale Laghetto (MB)
B. Andrea Bellani, viale Roma 51, Cardano al Campo (VA)
C. Beatrice Montelli, via Gioacchino Murat 16, Milano
D. Andrea Bellani, viale Roma 51, Cardano al Campo (VA)
E. Francesca Morlacchi, via della Pace 18, Ceriano Laghetto (MB)

70) Individuare tra le alternative quella che contiene un'inesattezza rispetto a:
Passeri Carla, Via Enrico Martini 6/A, Crema (CR)
Carbone Daniela, Piazza Roma 16, Isola Di Capo Rizzuto (KR)
Oppido Antonio, Via Saffo 17, Crotone (KR)

A. Carbone Daniela, Piazza Roma 16, Isola Di Capo Rizzuto (KR)
B. Carbone Daniela, Piazza Roma 16, Isola Di Capo Rizzuto (CR)
C. Passeri Carla, Via Enrico Martini 6/A, Crema (CR)
D. Oppido Antonio, Via Saffo 17, Crotone (KR)
E. nessuna alternativa risponde correttamente al quesito

Risposte commentate
Abilità visiva con numeri e/o con lettere

1) B. Nella **sequenza numerica** proposta, i numeri sono divisi in gruppi. La separazione tra ciascun gruppo e il successivo è delineata dal punto e virgola.
A loro volta, i **gruppi** sono costituiti da due numeri di tre cifre, di cui:

- nel **primo numero**, le **prime due cifre** sono **uguali** tra loro;
- nel **secondo numero**, la **prima** e la **terza cifra** sono **uguali** tra loro e uguali alle prime due cifre del primo numero.

Inoltre, la terza cifra del primo numero e la seconda cifra del secondo numero sono consecutive.
Nella sequenza data:

551 - 525; 558 - 595; 227 - 282; 884 - ...

nel quarto gruppo, dato il numero 884, si ha:

$$\text{primo numero} = 884 \Rightarrow \begin{cases} 8 = \text{prima cifra secondo numero} \\ 4+1 = 5 = \text{seconda cifra secondo numero} \Rightarrow \text{secondo numero} = \mathbf{858} \\ 8 = \text{terza cifra secondo numero} \end{cases}$$

2) E. Per completare la sequenza, occorre considerare i gruppi alfanumerici a coppie, di cui il primo elemento è costituito da 3 lettere e il secondo elemento da un numero a 3 cifre; ovvero (**PRT - 326**) – (**.... - 663**) – (**RPT - 236**).
In ciascuna coppia, a ciascuna lettera è associato un numero.
Pertanto, nella prima coppia:

PRT – 326

alla lettera P è associato il numero 3, alla lettera R è associato il numero 2, infine alla lettera T è associato il numero 6.
Nella terza coppia:

RPT – 236

alla lettera R è associato sempre il numero 2, alla lettera P sempre il numero 3 e alla lettera T è associato sempre il numero 6.
Nella seconda coppia, le tre lettere mancanti si ottengono nel modo seguente:

$$663 \Rightarrow \begin{cases} 6 \Leftrightarrow T \\ 6 \Leftrightarrow T \Rightarrow \text{lettere mancanti} = \mathbf{TTP} \\ 3 \Leftrightarrow P \end{cases}$$

3) C. Il quesito chiede di trovare un'incognita in una proporzione del tipo:

PRIMA PAROLA : PRIMO NUMERO = SECONDA PAROLA : SECONDO NUMERO

L'incognita è un numero.

Nella proporzione data, alla parola DOMASTI corrisponde il numero 8275643, che si ottiene associando a ciascuna lettera della parola una cifra.
Infatti, alla lettera:
D è associata la cifra **8**;
O è associata la cifra **2**;
M è associata la cifra **7**;
A è associata la cifra **5**;
S è associata la cifra **6**;
T è associata la cifra **4**;
I è associata la cifra **3**.
Seguendo tale criterio, il numero incognito è:

$$\text{MODISTA} \Rightarrow \begin{cases} M \Leftrightarrow 7 \\ O \Leftrightarrow 2 \\ D \Leftrightarrow 8 \\ I \Leftrightarrow 3 \Rightarrow \text{numero incognito} = \mathbf{7283645} \\ S \Leftrightarrow 6 \\ T \Leftrightarrow 4 \\ A \Leftrightarrow 5 \end{cases}$$

4) **E.** La serie data è divisibile in due gruppi, di cui:
> il primo è costituito da 4 numeri, indicati, in maniera alternata, in lettere e in cifre;
> il secondo è costituito da 4 lettere, indicate, in maniera alternata, secondo la pronuncia e con la lettera maiuscola.

Nella serie **quattordici, 11, tredici, 12 / enne, K, emme, ..?..**, si ha:
> i numeri del primo gruppo sono tali che il primo e il terzo sono decrescenti e decrescono di 1 unità, ossia:

quattordici – uno = tredici

Inoltre, il secondo e il quarto sono crescenti e crescono di 1 unità, ossia:

$$11 + 1 = 12$$

> le lettere del secondo gruppo, dovendo rispettare lo stesso criterio, sono tali che associando a ciascuna lettera una posizione nell'**alfabeto inglese**, la prima e la terza lettera sono decrescenti e decrescono di 1 posizione, ossia:

enne = posizione 14 nell'alfabeto inglese

emme = posizione 14 – 1 (ossia 13) nell'alfabeto inglese

Inoltre, la terza e la quarta lettera sono crescenti e crescono di 1 posizione.
La lettera incognita **?** è tale che:

K = posizione 11 nell'alfabeto inglese

? = posizione 11 + 1 (ossia 12) nell'alfabeto inglese

Pertanto, la lettera incognita è la **L**, indicata in maiuscolo.

5) E. Nel quesito sono proposte lettere e numeri. A ciascuna lettera è associato un numero. Dalla corrispondenza proposta si evince che a ciascuna lettera è associato il numero corrispondente alla posizione occupata dalla lettera nell'**alfabeto italiano**. Tra le alternative di risposta, quella corretta è la E, in quanto alla lettera **U** è associato, nell'alfabeto italiano, il numero **19**.

6) E. Per la risoluzione del quesito occorre identificare, tra le sequenze di lettere date nelle alternative di risposta, quella che corrisponde al numero **più piccolo**.

Nel testo del quesito è scritto che alla lettera Z corrisponde il numero 7, alla lettera L corrisponde il numero 8, alla lettera Q corrisponde il numero 5 e, infine, alla lettera R corrisponde il numero 6.

Da una semplice lettura delle alternative di risposta, si evince che, poiché:

- alla lettera L è associato il numero 8, sicuramente il numero che corrisponde alla sequenza alfabetica che inizia con tale lettera è più alto di un numero che inizia con la cifra 7, 6 oppure 5; pertanto, l'alternativa A è da scartare;
- alla lettera Z è associato il numero 7, il numero che corrisponde alla sequenza alfabetica che inizia con tale lettera è più alto di un numero che inizia con la cifra 6 oppure 5; pertanto, l'alternativa B è da scartare;
- alla lettera Z, di cui alla risposta C, è associato il numero 7; pertanto, l'alternativa C è da scartare.

Per quanto riguarda le alternative D ed E, occorre considerare che alla lettera R è associato il numero 6. L'alternativa D è da scartare se alla sua seconda, terza, quarta... lettera sono associati numeri maggiori rispetto ai numeri associati rispettivamente alla seconda, terza, quarta... lettera dell'alternativa E. Nell'alternativa E, alla lettera:

- R è associato il numero 6;
- Q è associato il numero 5;
- Z è associato il numero 7;
- Z è associato il numero 7, che è più piccolo del numero associato alla quarta lettera (ossia L) della sequenza RQZLLRQL di cui all'alternativa D.

Convertendo tutte le sequenze in numeri si ha:

LQZLLRQL = 85788658
ZLRLRLRZ = 78686867
ZLRQRLRZ = 78656867
RQZLLRQL = 65788658
RQZZLLQR = 65778856

Disponendo in ordine crescente i numeri ottenuti, si evince che il numero **65778856**, di cui all'alternativa E, è il più piccolo.

7) C. In tutte le alternative di risposta proposte sono indicate sequenze di lettere G, F, U e H.

Indicando con G la lettera G e con F la lettera F, nelle alternative di risposta si ha:

HGHUGHFUFHFH: 2 lettere G e 3 lettere F

GUFFUHGUGHUG: 4 lettere G e 2 lettere F

FUHFUFGUGHUG: 3 lettere G e 3 lettere F

UHFUFGGUGHUG: 4 lettere G e 2 lettere F

UFHFUFUGHUGU: 2 lettere G e 3 lettere F

La risposta corretta è, pertanto, la C in cui sono presenti **3** lettere **G** e **3** lettere **F**.

8) E. Quesiti di questa tipologia non hanno una tecnica di risoluzione univoca. Ovviamente, poiché si richiede di identificare il **contrario** del numero dato, le alternative di risposta vanno lette, al contrario, a partire dall'ultima cifra.
È consigliabile dividere i numeri dati in gruppi. Poiché i numeri dati sono di 24 cifre, è conveniente dividere i numeri in gruppi di 3, per identificare velocemente il contrario del numero dato.
Leggendo da destra verso sinistra 121015212711243229021**957**, si nota che esso ha come ultime 3 cifre: **759**.
Secondo tale tecnica, l'alternativa A è da scartare; le restanti alternative di risposta hanno come prime 3 cifre il numero 759, per cui, per risolvere il quesito, occorre identificare le successive 3 cifre del numero dato.
Leggendo da destra verso sinistra 121015212711243229**021**957, le successive 3 cifre sono: **120**.
Tutte le alternative di risposta proposte, a eccezione ovviamente della A, hanno come successive cifre il numero 120.
Identifichiamo, le successive 3 cifre.
Leggendo da destra verso sinistra 121015212711243**229**021957, le successive 3 cifre sono: **922**.
Secondo tale tecnica, solo l'alternativa B è da scartare.
Identifichiamo le successive 3 cifre.
Leggendo da destra verso sinistra 121015212711**243**229021957, le successive 3 cifre sono: **342**.
Secondo tale tecnica, solo l'alternativa D è da scartare.
Restano l'alternativa C e l'alternativa E.
Identifichiamo le successive 3 cifre.
Leggendo da destra verso sinistra 121015212**711**243229021957, le successive 3 cifre sono: **117**.
Entrambe le alternative, C ed E, presentano tali cifre.
Identifichiamo le successive 3 cifre.
Leggendo da destra verso sinistra 121015**212**711243229021957, le successive 3 cifre sono: **212**.
Solo l'alternativa E presenta tali cifre; verificando le restanti cifre, si evince che l'alternativa E è quella esatta.

9) E. Il quesito proposto chiede di identificare, tra le alternative di risposta, il numero che **rispetta la sequenza**:

dispari pari pari

Per risolvere tale quesito, occorre dividere il numero in **triplette** di numeri in modo da verificare dove la sequenza è rispettata.
Tra le alternative proposte, indichiamo in grassetto il numero dispari:

552**97**8**13**2**59**8**33**4**57**8**13**6**95**8**71**2**55**6
346**5**8**75**44**1**26**9**86**3**42**5**88**9**46**7**68**5**22
984**5**22**7**64**1**62**7**6822**13**48**1**64**5**22**9**24
946**7**82**5**24**1**22**3**48**7**68**5**26**3**42**1**246**5**4
526**3**24**7**48**1**66**9**24**5**86**3**24**7**22**1**46**9**62

L'unico numero che rispetta la sequenza data è quello di cui all'alternativa E.

10) E. Nella serie DT418 – ES517 – FR616 – ..?..:

> la prima lettera di ogni gruppo occupa nell'alfabeto la posizione indicata dal primo numero del gruppo (**DT418 – ES517 – FR616** – ..?..);
> la seconda lettera di ogni gruppo occupa nell'alfabeto la posizione indicata dal secondo numero del gruppo (**DT418 – ES517 – FR616** – ..?..).

Il gruppo alfanumerico che completa la serie è **GQ715**, perché è l'unico che rispetta tale criterio di risoluzione; infatti la lettera **G** occupa la posizione **7** nell'alfabeto, mentre la lettera **Q** occupa la posizione **15**.

11) D. Nel quesito, a ciascuna delle lettere D, B e C corrispondono, rispettivamente, i numeri 13, 7 e 10. Nella codifica appaiono anche le lettere F ed E in corrispondenza delle quali non è indicato alcun numero.
Ponendo in posizione crescente le lettere indicate si ha che:

> a B corrisponde il numero 7;
> a C corrisponde il numero 10;
> a D corrisponde il numero 13.

Quindi, al crescere di 1 posizione delle lettere, i numeri crescono di 3 unità. Si può concludere che secondo tale criterio:

> a E corrisponde il numero 16;
> a F corrisponde il numero 19.

Pertanto, alla codifica **FCDEB** corrisponde la sequenza:

19 - 10 - 13 - 16 - 7

12) A. La sequenza è costituita da gruppi alfanumerici che, a loro volta, sono costituiti da 3 numeri e 3 lettere. Tra i gruppi, i sottogruppi di numeri e i sottogruppi di lettere sono posti in maniera alternata.
La sequenza può essere completata considerando i gruppi a 2 a 2. Si ha:

> i **numeri** 10, 11 e 12 del **primo gruppo** corrispondono alla posizione nell'alfabeto italiano delle **lettere** L, M e N del **secondo gruppo**;
> le **lettere** G, H e I del **primo gruppo** occupano nell'alfabeto le posizioni 7, 8 e 9, esattamente i **numeri** del **secondo gruppo**.

Analogamente, si ha:

- i **numeri** 16, 17 e 18 del **terzo gruppo** corrispondono alla posizione nell'alfabeto italiano delle **lettere RST**;
- le **lettere** O, P e Q del **terzo gruppo** occupano nell'alfabeto le posizioni **13, 14** e **15**.

Per completare la sequenza, occorre inserire, quindi, il gruppo:

RST 13 14 15

13) D. Il quesito chiede di trovare un'incognita in una proporzione del tipo:
PRIMA PAROLA : PRIMO NUMERO = SECONDA PAROLA : SECONDO NUMERO
L'incognita è un numero.
Nella proporzione data, alla parola CONCORRENTI corrisponde il numero 51251779243, che si ottiene associando a ciascuna lettera della parola una cifra.

Infatti, alla lettera:

C è associata la cifra **5**;
O è associata la cifra **1**;
N è associata la cifra **2**;
C è associata la cifra **5**;
O è associata la cifra **1**;
R è associata la cifra **7**;
R è associata la cifra **7**;
E è associata la cifra **9**;
N è associata la cifra **2**;
T è associata la cifra **4**;
I è associata la cifra **3**.

Seguendo tale criterio, il numero incognito è:

$$\text{RICONCENTRO} \Rightarrow \left[\begin{array}{l} R \Leftrightarrow 7 \\ I \Leftrightarrow 3 \\ C \Leftrightarrow 5 \\ O \Leftrightarrow 1 \\ N \Leftrightarrow 2 \\ C \Leftrightarrow 5 \\ E \Leftrightarrow 9 \\ N \Leftrightarrow 2 \\ T \Leftrightarrow 4 \\ R \Leftrightarrow 7 \\ O \Leftrightarrow 1 \end{array}\right. \Rightarrow \text{numero incognito} = \mathbf{73512592471}$$

14) A. In tutte le alternative di risposta proposte sono indicate sequenze di lettere. Indicando con $\underline{I}$ la lettera I e con $\underline{\underline{M}}$ la lettera M, nelle alternative di risposta si ha:

L$\underline{I}$G$\underline{I}$SLS$\underline{I}$$\underline{\underline{M}}GL\underline{\underline{M}}$: 3 lettere I e 2 lettere M.

SD$\underline{I}$GD$\underline{I}$$\underline{\underline{M}}D\underline{\underline{M}}SG\underline{\underline{M}}$: 2 lettere I e 3 lettere M.

INLIDIMDLMNM : 3 lettere I e 3 lettere M.

LIGMSLSIMGLM : 2 lettere I e 3 lettere M.

LIGISLSMMGLM : 2 lettere I e 3 lettere M.

La risposta corretta è, pertanto, la A in cui le lettere **I** sono **più numerose** delle lettere **M**, e precisamente sono presenti **3** lettere **I** e **2** lettere **M**.

15) A. La stringa numerica **6502045** è presente una volta nella sequenza di cifre riportata nella alternativa A; infatti:

0204**56502045**5468020650456502O

16) C. Il quesito chiede di trovare un'incognita in una proporzione del tipo:

PRIMA PAROLA : PRIMO NUMERO = SECONDA PAROLA : SECONDO NUMERO

L'incognita è un numero.

Nella proporzione data, alla parola DATISMO corrisponde il numero 8543672, che si ottiene associando a ciascuna lettera della parola una cifra.
Infatti, alla lettera:

D è associata la cifra **8**;
A è associata la cifra **5**;
T è associata la cifra **4**;
I è associata la cifra **3**;
S è associata la cifra **6**;
M è associata la cifra **7**;
O è associata la cifra **2**.

Seguendo tale criterio, il numero incognito è:

$$\text{DISTOMA} \Rightarrow \begin{cases} D \Leftrightarrow 8 \\ I \Leftrightarrow 3 \\ S \Leftrightarrow 6 \\ T \Leftrightarrow 4 \Rightarrow \text{numero incognito} = \mathbf{8364275} \\ O \Leftrightarrow 2 \\ M \Leftrightarrow 7 \\ A \Leftrightarrow 5 \end{cases}$$

17) E. Nella **sequenza numerica** proposta, i numeri sono divisi in gruppi. La separazione tra ciascun gruppo e il successivo è delineata dal punto e virgola.
A loro volta, i **gruppi** sono costituiti da due numeri di quattro cifre, di cui nel **primo numero** e nel **secondo numero**:

> le **prime due cifre** sono **uguali** per i due numeri ma **invertite**;
> la **terza** e la **quarta cifra** sono **uguali** per i due numeri.

Nella sequenza data:

4321 - 3421 ; 7362 - 3762 ; 9685 - ...

nel quarto gruppo, dato il numero 9685, si ha:

primo numero = 9685 ⇒ { 6 = prima cifra secondo numero; 9 = seconda cifra secondo numero; 8 = terza cifra secondo numero; 5 = quarta cifra secondo numero } ⇒ secondo numero = **6985**

18) A. Per completare la sequenza, occorre considerare i gruppi alfanumerici a coppie, di cui il primo elemento è costituito da 3 lettere e il secondo elemento da un numero a 3 cifre.
In ciascuna coppia, a ciascuna lettera è associato un numero.
Pertanto, nella seconda coppia:

BPS – 137

alla lettera B è associato il numero 1, alla lettera P è associato il numero 3 e alla lettera S è associato il numero 7.
Analogamente, nella terza coppia:

PBS – 317

alla lettera P è associato sempre il numero 3, alla lettera B sempre il numero 1 e alla lettera S sempre il numero 7.
Nella seconda coppia, il numero mancante dovrà essere tale che:

SSB ⇒ { S ⇔ 7; S ⇔ 7; B ⇔ 1 } ⇒ numero incognito= **771**

19) E. Nella **sequenza numerica** proposta, i numeri sono divisi in gruppi. La separazione tra ciascun gruppo e il successivo è delineata dal punto e virgola.
A loro volta, i **gruppi** sono costituiti da due numeri di tre cifre, di cui:

> le **prime due cifre** del **primo numero** sono **uguali** alle **ultime due cifre** del **secondo numero**;
> la **prima cifra del secondo numero** è pari alla **terza cifra** del **primo numero** aumentata di 1 unità.

Nella sequenza data:

115 - 611; 553 - 455; 664 - 566; 117 - ...

nel quarto gruppo, dato il numero 117, si ha:

primo numero = 117 ⇒ { 7 +1= 8 = prima cifra secondo numero; 1= seconda cifra secondo numero; 1= terza cifra secondo numero } ⇒ secondo numero = **811**

20) A. La sequenza è costituita da gruppi alfanumerici che, a loro volta, sono costituiti da 3 lettere e 3 numeri. Tra i gruppi, i sottogruppi di numeri e i sottogruppi di lettere sono posti in maniera alternata.

La sequenza può essere completata considerando i gruppi a 2 a 2.
Si ha:

- le **lettere** G, H e I del **terzo gruppo** occupano nell'alfabeto le posizioni 7, 8 e 9, esattamente i **numeri** del **quarto gruppo**;
- i **numeri** 10, 11 e 12 del **terzo gruppo** corrispondono alla posizione nell'alfabeto italiano delle **lettere** L, M e N del **quarto gruppo;**
- le **lettere** O, P e Q del **quinto gruppo** occupano nell'alfabeto le posizioni 13, 14 e 15, esattamente i **numeri del sesto gruppo;**
- i **numeri** 16, 17 e 18 del **quinto gruppo** corrispondono alla posizione nell'alfabeto italiano delle **lettere** R, S e T del **sesto gruppo.**

Per completare la sequenza, occorre inserire, quindi, i gruppi:

ABC 4 5 6 – 1 2 3 DEF

in cui:

- le **lettere** A, B e C del **primo gruppo** occupano nell'alfabeto le posizioni 1, 2 e 3, esattamente i **numeri** del **secondo gruppo**;
- i **numeri** 4, 5 e 6 del **primo gruppo** corrispondono alla posizione nell'alfabeto italiano delle **lettere** D, E e F del **secondo gruppo.**

21) E. Per la risoluzione del quesito occorre identificare, tra le sequenze di lettere date nelle alternative di risposta, quella che corrisponde al numero **più grande**.
Nel testo del quesito è scritto che alla lettera V corrisponde il numero 6, alla lettera B corrisponde il numero 4, alla lettera F corrisponde il numero 7 e, infine, alla lettera C corrisponde il numero 5.
Convertendo tutte le sequenze in numeri si ha:

BCFCFVFC = 45757675
BCVFBVCF = 45674657
BCBVFBVC = 45467465
BCFVVBVC = 45766465
BCFFFVCF = 45777657

Disponendo in ordine decrescente i numeri ottenuti si evince che il numero **45777657**, di cui all'alternativa E, è il più grande.

22) B. Nel quesito sono proposte lettere e numeri. A ciascuna lettera è associato un numero. Dalla corrispondenza proposta si evince che a ciascuna lettera è associato il numero corrispondente alla posizione occupata dalla lettera nell'**alfabeto italiano**. Tra le alternative di risposta, quella corretta è la B, in quanto alla lettera **T** è associato, nell'alfabeto italiano, il numero **18**.

23) D. La sequenza **MGMMMGMMMMMG** è presente una volta nella sequenza di lettere riportata nella alternativa D; infatti:

MGMGMMGMMMMMG**MGMMMGMMMMMG**MGMGMMMMGMG

24) B. La serie data è divisibile in due gruppi, di cui:

- il primo è costituito da 4 numeri, indicati, in maniera alternata, in lettere e in numeri;
- il secondo è costituito da 4 lettere, indicate, in maniera alternata, secondo la pronuncia e con la lettera maiuscola.

Nella serie **diciotto, 19, venti, 21 / erre, S, ti, ..?..**, si ha:
- i numeri del primo gruppo sono crescenti e crescono di 1 unità;
- le lettere del secondo gruppo, dovendo rispettare lo stesso criterio, sono tali che associando a ciascuna lettera una posizione nell'**alfabeto inglese**, le lettere sono crescenti e crescono di 1 posizione; ossia:

erre = posizione 18 nell'alfabeto inglese
S = posizione 19 nell'alfabeto inglese
ti = posizione 20 nell'alfabeto inglese

La lettera incognita ? è tale che:

U = posizione 21 nell'alfabeto inglese

Pertanto, la lettera incognita è la **U**, indicata in maiuscolo.

25) B. Nel quesito, a ciascuna delle lettere B, A e C corrispondono, rispettivamente, i numeri 7, 4 e 10. Nella codifica appaiono anche le lettere E e D in corrispondenza delle quali non è indicato alcun numero.
Ponendo in posizione crescente le lettere indicate si ha che:

- ad A corrisponde il numero 4;
- a B corrisponde il numero 7;
- a C corrisponde il numero 10.

Quindi, al crescere di 1 posizione delle lettere, i numeri crescono di 3 unità. Si può concludere che secondo tale criterio:
- a D corrisponde il numero 13;
- a E corrisponde il numero 16.

Pertanto, alla codifica **BACED** corrisponde la sequenza:

7 - 4 - 10 - 16 - 13

26) C. Per risolvere tale quesito, occorre dividere la stringa in **coppie** di lettere in modo da verificare dove la sequenza è rispettata.
Nella stringa "**kLjSsFhGiHuEwXeSrHoiWòHaZ**" le lettere *o* e *i* sono consecutive ed entrambe minuscole.

27) E. Il quesito chiede di trovare un'incognita in una proporzione del tipo:

PRIMA PAROLA : PRIMO NUMERO = SECONDA PAROLA : SECONDO NUMERO

L'incognita è un numero.
Nella proporzione data, alla parola SEROTONINA corrisponde il numero 6971412325, che si ottiene associando a ciascuna lettera della parola una cifra.

Infatti, alla lettera:

S è associata la cifra **6**;
E è associata la cifra **9**;
R è associata la cifra **7**;
O è associata la cifra **1**;
T è associata la cifra **4**;
O è associata la cifra **1**;
N è associata la cifra **2**;
I è associata la cifra **3**;
N è associata la cifra **2**;
A è associata la cifra **5**.

Seguendo tale criterio, il numero incognito è:

$$\text{STOIERANNO} \Rightarrow \left[\begin{array}{l} S \Leftrightarrow 6 \\ T \Leftrightarrow 4 \\ O \Leftrightarrow 1 \\ I \Leftrightarrow 3 \\ E \Leftrightarrow 9 \\ R \Leftrightarrow 7 \\ A \Leftrightarrow 5 \\ N \Leftrightarrow 2 \\ N \Leftrightarrow 2 \\ O \Leftrightarrow 1 \end{array}\right. \Rightarrow \text{ numero incognito} = \mathbf{6413975221}$$

28) B. Il quesito, che non richiede particolari artifici per la sua risoluzione, ha per soluzione la serie

3253564,557; 557713311 / 111; 56768879

in cui:

- il primo gruppo di numeri, ossia 3253564,557, è stato correttamente digitato;
- il secondo gruppo di numeri, 557713311 / 11**7**, contiene 1 solo errore: l'ultima cifra;
- il terzo gruppo di numeri, 56**6**68879, contiene 1 solo errore: la terza cifra.

29) D. Nella **sequenza numerica** proposta, i numeri sono divisi in gruppi. La separazione tra ciascun gruppo e il successivo è delineata dal punto e virgola.
A loro volta, i **gruppi** sono costituiti da due numeri di quattro cifre, di cui nel **primo numero** e nel **secondo numero**:

- le **prime due cifre** sono **uguali** per i due numeri ma **invertite**;
- la **terza** e la **quarta cifra** sono **uguali** per i due numeri.

Nella sequenza data:

87**65** - 78**65**; 52**37** - 25**37**; 70**26** - ...

nel quarto gruppo, dato il numero 7026, si ha:

$$\text{primo numero} = 7026 \Rightarrow \left[\begin{array}{l} 0 = \text{prima cifra secondo numero} \\ 7 = \text{seconda cifra secondo numero} \\ 2 = \text{terza cifra secondo numero} \\ 6 = \text{quarta cifra secondo numero} \end{array}\right. \Rightarrow \text{secondo numero} = \mathbf{0726}$$

30) D. Nel quesito sono proposte lettere e numeri. A ciascuna lettera è associato un numero. Dalla corrispondenza proposta si evince che a ciascuna lettera è associato il numero corrispondente alla posizione occupata dalla lettera nell'**alfabeto italiano**. Tra le alternative di risposta, quella corretta è la D, in quanto alla lettera **P** è associato, nell'alfabeto italiano, il numero **14**.

31) A. Il quesito propone due serie congiunte:

- la prima è alfabetica poiché propone una successione di coppie di lettere dell'alfabeto italiano a partire dalla lettera G (GH – IL – MN – OP);
- la seconda è numerica poiché associa ad ogni coppia di lettere i numeri ordinali corrispondenti ma invertendoli (G è la settima lettera dell'alfabeto, H è l'ottava) cosicché alle lettere GH risultano abbinati i numeri 8 e 7.

Ne consegue che la prima serie (quella alfabetica) è completata con le lettere ed i seguenti numeri:

QR - ST - UV

16 15 - 18 17 - 20 19

32) B. Nell'alfabeto italiano, *E* è la quinta lettera, *O* è la lettera numero 13, e la *V* è la ventesima.

33) E. Nell'alfabeto italiano, *A* è la prima lettera, *M* è la lettera numero 11, e la *S* è la diciassettesima.

34) D. Nella serie CU319 – DT418 – ES517 – ..?..:

- la prima lettera di ogni gruppo occupa nell'alfabeto la posizione indicata dal primo numero del gruppo (**C**U**3**19 – **D**T**4**18 – **E**S**5**17 – ..?..);
- la seconda lettera di ogni gruppo occupa nell'alfabeto la posizione indicata dal secondo numero del gruppo (C**U**3**19** – D**T**4**18** – E**S**5**17** – ..?..).

Il gruppo alfanumerico che completa la serie è **FR616**, perché è l'unico che rispetta tale criterio di risoluzione; infatti la lettera **F** occupa la posizione **6** nell'alfabeto, mentre la lettera **R** occupa la posizione **16**.

35) E. Analizzando la sequenza proposta dal quesito si nota che:

- alla lettera P corrisponde la cifra 3;
- alla lettera R corrisponde la cifra 2;
- alla lettera B corrisponde sempre la cifra 1.

La soluzione per **PRB**, pertanto, è: **321**.

36) D. Il quesito propone diverse sequenze, ciascuna composta di due termini di 4 cifre, in ognuna delle quali le due cifre iniziali e finali si ripetono uguali, mentre quelle centrali si invertono nel secondo termine:

5432	5342
1684	1864
9760	9670

37) A. Il quesito pone la seguente equivalenza fra caratteri alfabetici e numerici:

A	B	D	E	F
4	7	13		

Osservando la sequenza si nota che a partire dall'equivalenza A = 4, alla successiva lettera è associato un numero aumentato di +3:

A = 4

B = 4 + 3 = 7

C = 7 + 3 = 10

D = 10 + 3 = 13

E = 13 + 3 = 16

F = 16 + 3 = 19

Quindi, BAFDE = 7 - 4 - 19 - 13 - 16.

38) D. Il quesito pone la seguente equivalenza fra caratteri alfabetici e numerici:

S	M	I	N	E	R	E	I
6	1	3	2	9	7	9	3

Di conseguenza, occorre associare ad ogni lettera la stessa cifra:

R	I	M	I	N	E	S	E
7	3	1	3	2	9	6	9

39) E. Conviene suddividere in due blocchi da tre caratteri la base proposta dal quesito: FTT – ESS.

Invertendo la successione delle ultime tre lettere (ESS > SSE) possiamo subito escludere l'opzione A. Delle restanti quattro opzioni, solo la E presenta la giusta successione (FTT > TTF) nelle ultime tre lettere.

40) D. Conviene suddividere in blocchi da cinque caratteri la base proposta dal quesito:

02101 – 93210 – 01196 – 31200.

Procediamo ora in modo analogo con le cinque opzioni:

A	00213	61910	01231	~~90120~~
B	00213	69110	01239	~~10110~~
C	00213	69101	01239	~~10210~~
D	00213	69110	01239	10120
E	00213	69110	~~10239~~	10120

Soffermando la nostra attenzione sulle ultime cinque cifre, possiamo scartare subito le opzioni A, B, C.
Passando ai due blocchi successivi da sinistra, possiamo scartare l'opzione E.

41) B. La sequenza è composta da gruppi di 4 elementi, separati da un trattino. In ogni gruppo, i primi due elementi sono delle lettere dell'alfabeto italiano e i due successivi sono dei numeri che rappresentano rispettivamente la posizione della prima e della seconda lettera nell'alfabeto italiano.
Ad esempio:

T è la diciottesima lettera dell'alfabeto

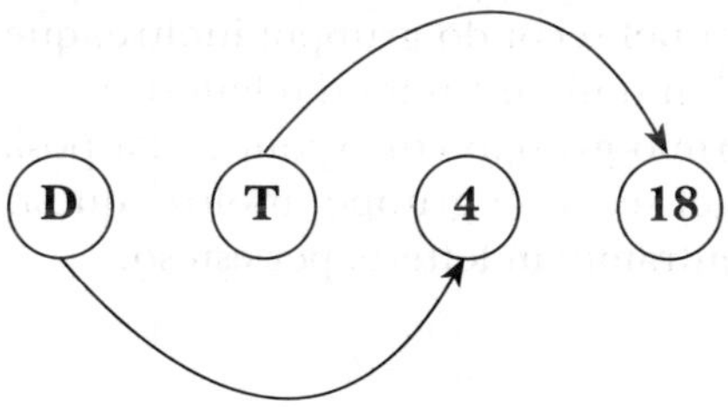

D è la quarta lettera dell'alfabeto

Inoltre, notiamo che, dato un gruppo di elementi che contiene due lettere, il gruppo successivo contiene:

- come prima lettera, la lettera successiva alla prima lettera del gruppo precedente;
- come seconda lettera, la lettera precedente alla seconda lettera del gruppo precedente.

Ad esempio:

La lettera S viene prima della lettera T

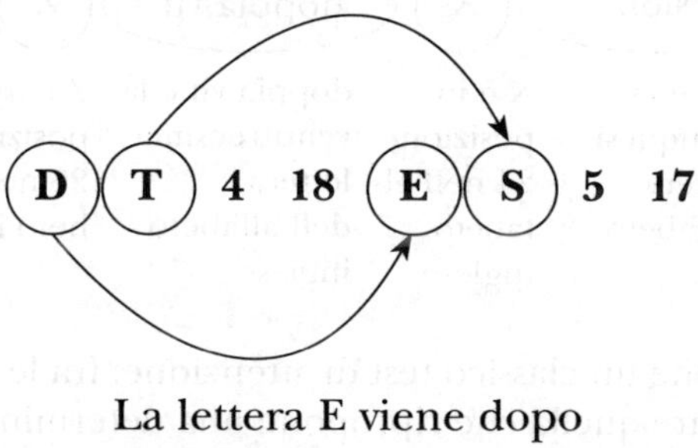

La lettera E viene dopo la lettera D

Per tale motivo, dopo il gruppo E S 5 17 (le lettere E e S occupano le posizioni 5 e 17 nell'alfabeto), vi sarà il gruppo F R 6 16, in quanto:

- la lettera F segue la E nell'alfabeto, mentre la lettera R precede la S nell'alfabeto;
- le lettere F e R occupano rispettivamente le posizioni 6 e 16 nell'alfabeto italiano.

42) A. La sequenza è suddivisa in due gruppi, separati da una barra (il simbolo / detto slash in inglese).
Il primo gruppo è rappresentato da numeri che sono espressi alternativamente in lettere o in cifre (venticinque, 24, ...).
Il secondo gruppo è costituito da lettere che sono espresse alternativamente per esteso in lettere o mediante il simbolo della lettera stessa (ipsilon, X, ...).
Notiamo che:

- il primo numero del primo gruppo corrisponde alla posizione nell'alfabeto inglese della prima lettera nel secondo gruppo; inoltre, questi primi due elementi sono espressi entrambi in lettere, per esteso;
- il secondo numero del primo gruppo corrisponde alla posizione nell'alfabeto inglese della seconda lettera nel secondo gruppo; inoltre, questi secondi due elementi sono espressi entrambi in simboli (numeri o lettere);
- il terzo numero del primo gruppo corrisponde alla posizione nell'alfabeto inglese della terza lettera nel secondo gruppo; inoltre, questi altri due elementi sono espressi nuovamente entrambi in lettere, per esteso.

Pertanto:

- il quarto numero del primo gruppo deve corrispondere alla posizione nell'alfabeto inglese della quarta lettera nel secondo gruppo; inoltre, questi ultimi due elementi devono essere espressi entrambi nuovamente in simboli (numeri o lettere).

Essendo la Z (in simboli) la ventiseiesima lettera dell'alfabeto inglese, abbiamo che la sequenza deve essere completata da Z.
In figura è illustrato schematicamente il ragionamento appena compiuto:

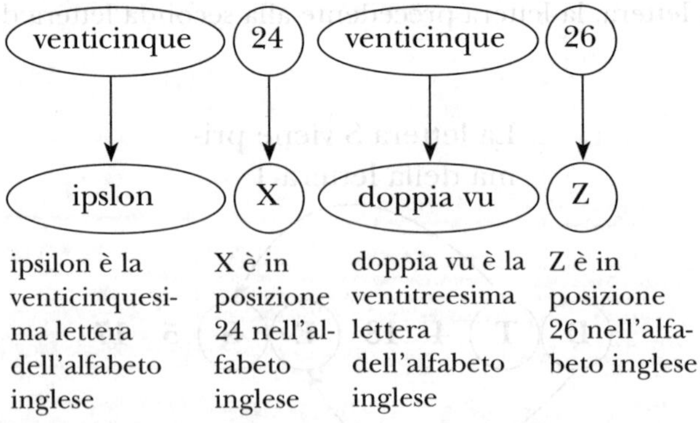

43) C. Il quesito propone un classico test di attenzione: fra le cinque diverse sequenze di cifre occorre trovare quella che ripropone una determinata stringa. Per velocizzare il confronto, conviene partire da un gruppo di cifre (ad esempio le prime tre: 321) e controllare in quale sequenza si riscontrano le tre cifre. Solo le opzioni C e E presentano il gruppo 321; proseguendo nel confronto fra C e E, è evidente che la E è sbagliata.

44) B. Tutte le opzioni sono anagrammi di "miniaturizzazione" ma solo l'opzione B presenta il corretto ordine alfabetico.

45) B. Suddividiamo le opzioni in gruppi di tre cifre e risolviamo il quesito.
L'opzione B diventa:

B	855	631	271	619	845	471	697	237	893	275

Nella opzione B riscontriamo che il quinto gruppo di tre cifre (845) non rispetta la sequenza "pari dispari dispari".

46) D. Suddividiamo la successione in due gruppi di quattro lettere (HJWH – JWJJ) e confrontiamola con le opzioni proposte. La risposta esatta risulta la D.

47) B. I criteri di soluzione sono due:
> il numero di lettere che compongono la parola centodue (**8** lettere);
> l'ordine alfabetico delle lettere che compongono la stessa parola ("c d e e n o t u").

La parola "seicentocinquantamila" è composta di **21** lettere e l'ordine alfabetico è rispettato solo dalla opzione B.

48) E. I criteri di soluzione sono due:
> il numero di lettere che compongono la parola centotre (**8** lettere);
> l'ordine alfabetico delle lettere che compongono la stessa parola ("c e e n o r t t").

La parola "settecentocinquantamila " è composta di **23** lettere e l'ordine alfabetico è rispettato solo dalla opzione E.

49) E. L'opzione E presenta tre volte la lettera N e solo due volte la A.

50) E. Suddividiamo la successione in due gruppi di quattro lettere (DLLL - DLGL) e confrontiamola con le opzioni proposte. La risposta esatta risulta la E.

51) D. Conviene suddividere i gruppi di numeri dati nelle opzioni di risposta in sotto-gruppi ma a partire da destra e procedendo verso sinistra.
Di seguito, suddividiamo la base in sotto-gruppi e scriviamo ciascun sotto-gruppo al contrario:

150	**237**	**2507**	**1925**	**2612**	**1897**	sotto-gruppi della base
051	**732**	**7052**	**5291**	**2162**	**7981**	sotto-gruppi al contrario

Suddividiamo in sotto-gruppi le alternative di risposta:

6°	**5°**	**4°**	**3°**	**2°**	**1°**	
7981	**2126**	5291	7052	732	051	il quinto sotto-gruppo dovrebbe essere 2162
7981	2162	5291	**7025**	732	051	il terzo sotto-gruppo dovrebbe essere 7052
7981	2162	**5219**	7052	732	051	il quarto sotto-gruppo dovrebbe essere 5291
7981	2162	5291	7052	732	051	è la risposta corretta
7981	2162	5291	**0752**	732	051	il terzo sotto-gruppo dovrebbe essere 7052

52) D. I trattini (–) dividono la **sequenza alfanumerica** in gruppi.

A loro volta, i **gruppi** sono costituiti da:
- **2 lettere consecutive dell'alfabeto italiano**;
- **2 numeri**, che rappresentano la posizione occupata nell'alfabeto italiano, rispettivamente, dalla seconda e dalla prima lettera del gruppo.

Nei quesiti di tale tipologia, sono dati quattro o cinque gruppi, mentre un gruppo (talvolta due gruppi) deve essere identificato tra le alternative di risposta.
Per la risoluzione di tali quesiti occorre considerare che la sequenza completa dei gruppi è:
AB 2 1 – CD 4 3 – EF 6 5 – GH 8 7 – IL 10 9 – MN 12 11 – OP 14 13 – QR 16 15 – ST 18 17 – UV 20 19
Il primo gruppo (AB 2 1) è costituito dalle due lettere consecutive A e B e dai due numeri 2 e 1, che rappresentano la posizione occupata, rispettivamente, dalla lettera B e dalla lettera A nell'alfabeto italiano.
Pertanto, il gruppo che completa la sequenza
AB 2 1 – CD 4 3 – EF 6 5 – GH 8 7 – ..?..
è IL 10 9.

53) D. I trattini (–) dividono la **sequenza alfanumerica** in gruppi.
A loro volta, i **gruppi** sono costituiti, in maniera alternata, da:
- **3 lettere consecutive dell'alfabeto**, che devono essere considerate secondo la loro posizione nell'alfabeto;
- **3 numeri consecutivi**.

In pratica, occorre valutare il gruppo come costituito da 6 numeri consecutivi.
Precisamente, nel gruppo:

ABC 4 5 6 compaiono le *lettere* A, B e C (che occupano le posizioni **1, 2, 3** nell'alfabeto, indicate nel gruppo successivo) e i *numeri* **4, 5 e 6**

1 2 3 DEF compaiono i *numeri* **1 2 e 3** e le *lettere* DEF (che occupano le posizioni **4, 5 e 6** nell'alfabeto, indicate nel gruppo precedente)

GHI 10 11 12 compaiono le *lettere* G, H e I (che occupano le posizioni **7, 8 e 9** nell'alfabeto) e i *numeri* **10, 11 e 12**

La soluzione deve essere un gruppo costituito da 3 *numeri* e 3 *lettere*. I numeri devono essere 7, 8 e 9, mentre le lettere devono occupare le posizioni 10, 11 e 12 nell'alfabeto italiano, per cui si tratta delle lettere LMN. La risposta è, quindi, il gruppo 7 8 9 LMN.

54) A. Il quesito è facilmente risolvibile: a ciascuna lettera prima del segno di uguaglianza corrisponde una posizione nell'alfabeto italiano.
Alla lettera F corrisponde la posizione numero 6 nell'alfabeto, così come alla lettera Q corrisponde la posizione numero 15.
Tra le alternative di risposta, compare sempre la lettera Z, a cui corrisponde la posizione 21 nell'alfabeto. Pertanto, la soluzione è Z = 21.

55) C. Alle lettere corrispondono numeri differenti rispetto a quelli che ne indicano la posizione occupata nell'alfabeto.
Occorre seguire l'ordine nell'alfabeto, ma a partire da A, che corrisponde a 4, i numeri associati a ciascuna lettera crescono di volta in volta di 3 unità.

La codifica EBACD è costituita dalle lettere A, B, C, D, E, per cui:
A corrisponde a 4
B corrisponde a 7
C corrisponde a 10
D corrisponde a 10 + 3 = 13
E corrisponde a 13 + 3 = 16

Riportiamo, nell'ordine, la codifica EBACD e la corrispondente sequenza:

E	B	A	C	D
16	7	4	10	13

56) A. La sequenza è composta da gruppi di 4 elementi, separati da un trattino.
In ogni gruppo, i primi due elementi sono delle lettere dell'alfabeto italiano e i due successivi sono dei numeri che rappresentano rispettivamente la posizione della prima e della seconda lettera nell'alfabeto italiano.
Ad esempio:

V è la ventesima lettera dell'alfabeto

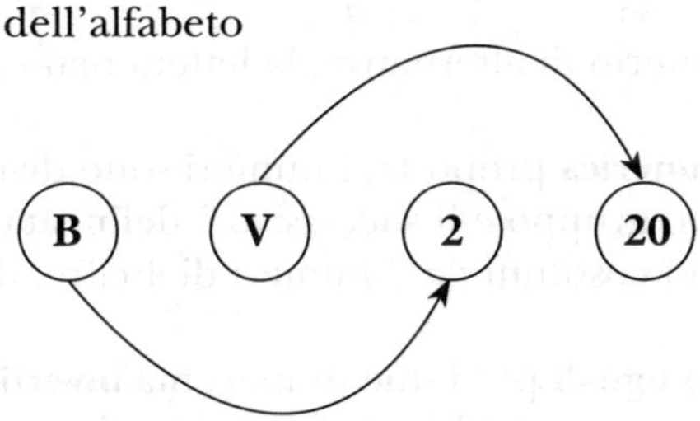

B è la seconda lettera dell'alfabeto

Inoltre, notiamo che, dato un gruppo di elementi che contiene due lettere, il gruppo successivo contiene:
– come prima lettera, la lettera successiva alla prima lettera del gruppo precedente;
– come seconda lettera, la lettera precedente alla seconda lettera del gruppo precedente.
Ad esempio:

La lettera U viene prima della lettera V

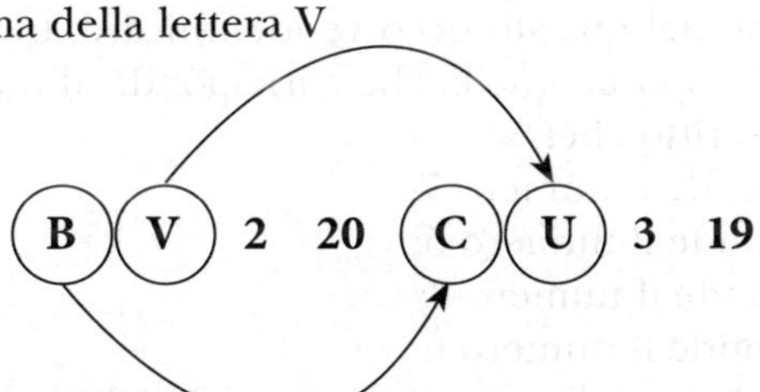

La lettera C viene dopo la lettera B

Per tale motivo, dopo il gruppo C U 3 19 (le lettere C e U occupano le posizioni 3 e 19 nell'alfabeto), vi sarà il gruppo D T 4 18, in quanto:

– la lettera D segue la C nell'alfabeto, mentre la lettera T precede la U nell'alfabeto;
– le lettere D e T occupano rispettivamente le posizioni 4 e 18 nell'alfabeto italiano.

57) E. La serie proposta è costituita da un gruppo di numeri e un gruppo di lettere.
I **numeri** sono alternativamente espressi con:
– il loro nome (diciannove e diciotto);
– cifre arabe (20 e 17).
Il criterio secondo cui variano i numeri nel gruppo è il seguente:

$$\text{diciannove}\underbrace{\qquad\qquad}_{+1}20\underbrace{\qquad\qquad}_{-2}\text{diciotto}\underbrace{\qquad\qquad}_{-1}17$$

Le **lettere** sono lettere dell'alfabeto minuscole espresse secondo la loro pronuncia (esse e erre) e si alternano a una lettera dell'alfabeto maiuscola (T).
Considerando l'ordine alfabetico delle lettere, il criterio secondo cui esse variano è lo stesso di quello secondo cui variano i numeri nel primo gruppo:

$$\text{esse}\underbrace{\qquad\qquad}_{+1}\text{T}\underbrace{\qquad\qquad}_{-2}\text{erre}\underbrace{\qquad\qquad}_{-1}\text{Q}$$

Si noti che, secondo il criterio di alternanza, la lettera mancante è maiuscola.

58) A. Nella **sequenza numerica** proposta, i numeri sono divisi in gruppi.
La separazione tra ciascun gruppo e il successivo è delineata dal punto e virgola.
A loro volta, i **gruppi** sono costituiti da 2 numeri di 4 cifre, di cui nel **primo numero** e nel **secondo numero**:
– le **prime due cifre** sono **uguali** per i due numeri ma **invertite**;
– la **terza** e la **quarta cifra** sono **uguali** per i due numeri.
Nella sequenza data:
$\mathbf{5\underline{43}2 - 2\underline{43}5 \; ; \; 8\underline{43}7 - 7\underline{43}8 \; ; \; 5\underline{11}2 - ...}$
nel quarto gruppo, dato il numero $\mathbf{5\underline{11}2}$, si ha:

$$\text{primo numero} = \mathbf{5\underline{11}2} \Rightarrow \left[\begin{array}{l} 2 = \text{prima cifra secondo numero} \\ 1 = \text{seconda cifra secondo numero} \\ 1 = \text{terza cifra secondo numero} \\ 5 = \text{quarta cifra secondo numero} \end{array}\right. \Rightarrow \text{secondo numero} = \mathbf{2\underline{11}5}$$

59) D. Per la risoluzione del quesito occorre identificare, tra le sequenze di lettere date nelle alternative di risposta, quella che corrisponde al numero **più grande**.
Nel testo del quesito è scritto che:
– alla lettera G corrisponde il numero 7;
– alla lettera T corrisponde il numero 5;
– alla lettera S corrisponde il numero 8;
– alla lettera A corrisponde il numero 6.
Consideriamo la **prima lettera** di ogni sequenza nelle alternative di risposta. Poiché alla lettera **S** è associato il numero 8, sicuramente il numero che corrisponde alla sequenza alfabetica che inizia con tale lettera è più alto di un numero che inizia con la cifra 7, 6 oppure 5; pertanto, l'alternativa ATAGASGS, che ha per prima lettera la A cui corrisponde il numero 6, è da scartare.

Tutte le restanti alternative di risposta hanno per **seconda lettera** la **T**, cui corrisponde il numero 5; quindi, sulla base della seconda lettera di ciascuna sequenza non può essere scartata alcuna alternativa.
Consideriamo la **terza lettera** di ogni sequenza nelle alternative di risposta. Poiché alla lettera **A** corrisponde il numero 6, un numero che presenta tale lettera come terza è sicuramente più alto di un numero che presenta la lettera T come terza lettera; pertanto, l'alternativa STTGASGS è da scartare.
Consideriamo la **quarta lettera** di ogni sequenza nelle alternative di risposta. Poiché alla lettera **G** corrisponde il numero 7, un numero che presenta tale lettera come quarta è sicuramente più alto di un numero che presenta la lettera A come quarta lettera; pertanto, le alternative STAAAGSG e STAAASGA sono da scartare.
La risposta corretta è, dunque, la sequenza STAGASGS, risposta è nell'alternativa **D**.

60) B. Per completare la sequenza, occorre considerare i gruppi alfanumerici a coppie, di cui il primo elemento è costituito da una sequenza di 3 lettere e il secondo elemento da un numero a 3 cifre; ovvero:

(RZP - ....) – (PPR - 332) – (ZRP - 523)

In ciascuna coppia, a ciascuna lettera è associata una cifra.
Pertanto, nella seconda coppia:

PPR – 332

a ciascuna delle due lettere P è associata la cifra 3, alla lettera R è associata la cifra 2.
Nella terza coppia:

ZRP - 523

alla lettera Z è associata la cifra 5, alla lettera R sempre la cifra 2 e alla lettera P sempre la cifra 3.
Nella prima coppia, il numero mancante si ottiene nel modo seguente:

$$\textbf{RZP} \Rightarrow \left[\begin{array}{l} R \Leftrightarrow 2 \\ R \Leftrightarrow 5 \\ R \Leftrightarrow 3 \end{array}\right. \Rightarrow \text{numero mancante} = \textbf{253}$$

61) D. Il quesito chiede di trovare un'incognita in una proporzione del tipo:
PRIMA PAROLA : PRIMO NUMERO = SECONDA PAROLA : SECONDO NUMERO
L'incognita è un numero.
Nella proporzione data, alla parola ALLANTOIDE corrisponde il numero 5775241389, che si ottiene associando a ciascuna lettera della parola una cifra.
Infatti:
alla lettera **A** è associata la cifra **5**;
alla lettera **L** è associata la cifra **7**;
alla lettera **L** è associata la cifra **7**;
alla lettera **A** è associata la cifra **5**;
alla lettera **N** è associata la cifra **2**;
alla lettera **T** è associata la cifra **4**;
alla lettera **O** è associata la cifra **1**;
alla lettera **I** è associata la cifra **3**;
alla lettera **D** è associata la cifra **8**;
alla lettera **E** è associata la cifra **9**.

Seguendo tale criterio, il numero incognito è:

$$\textbf{ALLEANDOTI} \Rightarrow \begin{cases} A \Leftrightarrow 5 \\ L \Leftrightarrow 7 \\ L \Leftrightarrow 7 \\ E \Leftrightarrow 9 \\ A \Leftrightarrow 5 \\ N \Leftrightarrow 2 \\ D \Leftrightarrow 8 \\ O \Leftrightarrow 1 \\ T \Leftrightarrow 4 \\ I \Leftrightarrow 3 \end{cases} \Rightarrow \text{numero incognito} = \textbf{5779528143}$$

62) B. I criteri di soluzione sono due:
- il numero di lettere che compongono la parola ottanta (**7** lettere);
- l'ordine alfabetico delle lettere che compongono la stessa parola ("a a n o t t t").

La parola "sessantaquattresimo" è composta di **19** lettere e l'ordine alfabetico è rispettato solo dalla opzione **"a a a e e i m n o q r s s s s t t t u"**.

63) B. In questo quesito a ciascuna parola è associato un numero. L'associazione è la seguente:

PAROLA = numero lettere parola × 3 + 2 = **NUMERO**

In base a tale criterio:
DAL è costituita da 3 lettere: 3 × 3 + 2 = **11**
CESSAVO è costituita da 7 lettere: 7 × 3 + 2 = 23
METICOLOSO è costituita da 10 lettere: 10 × 3 + 2 = **32**

Analogamente, il numero da associare a AMMAESTRARE è 35, infatti:
AMMAESTRARE è costituita da 11 lettere: 11 × 3 + 2 = **35**

64) C. Il quesito si presenta sotto forma di proporzione:

"**prima parola**" sta a "**lettere** in ordine alfabetico **prima parola**"
come
"**seconda parola**" sta a "**lettere** in ordine alfabetico **seconda parola**"

Tutte le opzioni sono anagrammi di "microminiaturizzare" ma solo l'opzione **"a a e i i i i o u c m m n r r r t z z"** presenta il corretto ordine: prima le vocali, a seguire le consonanti.

65) B. Se la sequenza è # numero *, l'unica sequenza che rispetta tale regola è #6*#1*#9*#2*#6*.

66) A. Per vedere se ogni alternativa riporta fedelmente quella del testo o contiene un'inesattezza basta analizzarle con attenzione, paragonando cognome, nome, indirizzo, numero civico, città e provincia.
Per la risoluzione del quesito confrontiamo:
Arcaro Francesco, Via Bianchi 13, Cecina (LI)
Arcaro Francesco, Via Bianchi 13, Cecina (LT)

In questo secondo indirizzo, la sigla della provincia indicata è **LT**, cioè Latina, mentre nel corrispettivo indirizzo della traccia la sigla è **LI**, cioè Livorno.

67) B. Per la risoluzione del quesito confrontiamo:
Pavan Rosa, Via Ruffo 2, Verona (VR)
Pavan **Michele**, Via Ruffo 2, Verona (VR)
Dunque, la seconda affermazione contiene un'inesattezza rispetto alla prima.

68) E. Si vede immediatamente che tutte le alternative riproducono esattamente quelle del testo, tranne la E, in cui la provincia di Malune Stefano non è (**MI**) ma (**NA**).

69) A. La risposta al quesito è:
Francesca Morlacchi, via della Pace 18, Ceria**le** Laghetto (MB)
In quest'alternativa di risposta, infatti, il nome del comune di residenza è Ceriale Laghetto, mentre nel corrispettivo indirizzo della traccia il nome è Ceria**no** Laghetto.

70) B. L'alternativa che contiene l'inesattezza è:
Carbone Daniela, Piazza Roma 16, Isola Di Capo Rizzuto (CR)
in quanto la sigla **CR** dovrebbe essere scritta con la K, cioè **KR**.

Questionario 3
Abilità visiva con immagini

Facendo riferimento alla tabella, rispondere ai quesiti 1-6.

»	R	R	X	&	»	&	&	&	R
<	<	¥	*f*	³	X	*f*	³	»	³
&	³	³	»	#	³	&	R	*f*	X
»	X	*f*	<	*f*	R	R	³	R	*f*
³	*f*	X	X	³	¥	<	X	³	&
R	*f*	»	<	R	#	&	³	»	³
³	&	³	³	³	*f*	»	*f*	X	<
#	<	X	*f*	»	*f*	&	³	*f*	¥
<	»	&	#	<	¥	*f*	R	³	&
»	»	»	*f*	X	³	R	<	#	»

1) **Il numero di ³ meno il numero di R è uguale a:**
   A. 7
   B. 8
   C. 10
   D. 11
   E. 5

2) **Il numero di X meno il numero di # è uguale a:**
   A. 5
   B. 10
   C. 4
   D. 8
   E. 2

3) **Qual è il numero di X presenti nella tabella?**
   A. 3
   B. 9
   C. 6
   D. 10
   E. 1

4) **Qual è il numero di < presenti nella tabella?**
   A. 10

B. 8
C. 16
D. 26
E. 13

5) Il numero di » più il numero di & è uguale a:
A. 26
B. 8
C. 12
D. 9
E. 19

6) Il numero di & più il numero di ¥ è uguale a:
A. 15
B. 26
C. 17
D. 16
E. 13

Facendo riferimento alla tabella, rispondere ai quesiti 7-10.

<table>
<tr><td>◊</td><td>@</td><td>–</td><td>ç</td><td>#</td><td>◊</td><td>◊</td><td>#</td><td>&</td><td>ç</td></tr>
<tr><td>#</td><td>|</td><td>◊</td><td>|</td><td>£</td><td>©</td><td>@</td><td>|</td><td>£</td><td>◊</td></tr>
<tr><td>ç</td><td>–</td><td>ç</td><td>#</td><td>&</td><td>ç</td><td>@</td><td>ç</td><td>#</td><td>£</td></tr>
<tr><td>&</td><td>@</td><td>–</td><td>◊</td><td>|</td><td>#</td><td>–</td><td>&</td><td>–</td><td>ç</td></tr>
<tr><td>&</td><td>#</td><td>&</td><td>£</td><td>–</td><td>&</td><td>◊</td><td>–</td><td>@</td><td>#</td></tr>
<tr><td>ç</td><td>◊</td><td>&</td><td>#</td><td>◊</td><td>ç</td><td>–</td><td>◊</td><td>ç</td><td>©</td></tr>
<tr><td>£</td><td>–</td><td>–</td><td>&</td><td>|</td><td>–</td><td>&</td><td>£</td><td>©</td><td>◊</td></tr>
<tr><td>@</td><td>£</td><td>@</td><td>◊</td><td>ç</td><td>|</td><td>◊</td><td>–</td><td>|</td><td>◊</td></tr>
<tr><td>◊</td><td>–</td><td>◊</td><td>–</td><td>@</td><td>#</td><td>|</td><td>ç</td><td>|</td><td>£</td></tr>
<tr><td>©</td><td>–</td><td>|</td><td>&</td><td>@</td><td>–</td><td>◊</td><td>◊</td><td>@</td><td>ç</td></tr>
</table>

7) Qual è il numero di £ presenti nella tabella?
A. Nessuna delle altre risposte è corretta
B. 2
C. 5
D. 6
E. 9

8) Il numero di @ più il numero di © è uguale a:
A. 14
B. 20
C. 13

D. 18
E. 10

9) Il numero di ç meno il numero di # è uguale a:
A. 9
B. 5
C. 3
D. 2
E. 6

10) Il numero di ç più il numero di | è uguale a:
A. 19
B. 22
C. 23
D. 16
E. 20

Facendo riferimento alla tabella, rispondere ai quesiti 11-14.

<table>
<tr><td>ç</td><td>></td><td>|</td><td>A</td><td>¥</td><td>§</td><td>ç</td><td>#</td><td>¥</td><td>ç</td></tr>
<tr><td>¥</td><td>#</td><td>Δ</td><td>A</td><td>Δ</td><td>|</td><td>A</td><td>S</td><td>></td><td>A</td></tr>
<tr><td>S</td><td>ç</td><td>§</td><td>|</td><td>A</td><td>#</td><td>ç</td><td>A</td><td>#</td><td>Δ</td></tr>
<tr><td>S</td><td>#</td><td>Δ</td><td>|</td><td>Δ</td><td>A</td><td>Δ</td><td>|</td><td>A</td><td>ç</td></tr>
<tr><td>S</td><td>¥</td><td>§</td><td>S</td><td>A</td><td>ç</td><td>></td><td>#</td><td>§</td><td>></td></tr>
<tr><td>|</td><td>#</td><td>ç</td><td>§</td><td>|</td><td>#</td><td>A</td><td>|</td><td>S</td><td>§</td></tr>
<tr><td>></td><td>§</td><td>Δ</td><td>></td><td>A</td><td>¥</td><td>Δ</td><td>A</td><td>¥</td><td>#</td></tr>
<tr><td>Δ</td><td>A</td><td>#</td><td>Δ</td><td>A</td><td>></td><td>A</td><td>A</td><td>#</td><td>Δ</td></tr>
<tr><td>Δ</td><td>|</td><td>¥</td><td>§</td><td>#</td><td>§</td><td>Δ</td><td>ç</td><td>A</td><td>|</td></tr>
<tr><td>¥</td><td>#</td><td>#</td><td>¥</td><td>A</td><td>¥</td><td>></td><td>S</td><td>></td><td>ç</td></tr>
</table>

11) Il numero di ç più il numero di Δ è pari a:
A. 23
B. nessuna delle alternative è corretta
C. 22
D. 24
E. 3

12) Qual è il numero di ¥ presenti nella tabella?
A. 12
B. 7
C. Nessuna delle alternative è corretta
D. 8
E. 11

13) Il numero di S meno il numero di I è pari a:
A. –2
B. 3
C. nessuna delle alternative è corretta
D. –3
E. 17

14) Qual è il numero di > presenti nella tabella?
A. 16
B. 3
C. 9
D. 13
E. 11

Facendo riferimento alla tabella, rispondere ai quesiti 15-18.

µ	ſ	ſ	³	»	µ	»	»	»	ſ
R	R	Q	ß	%	³	ß	%	µ	%
»	%	%	µ	¾	%	»	ſ	ß	³
µ	³	ß	R	ß	ſ	ſ	%	ſ	ß
%	ß	³	³	%	Q	R	³	%	»
ſ	ß	µ	R	ſ	¾	»	%	µ	%
%	»	%	%	%	ß	µ	ß	³	R
¾	R	³	ß	µ	ß	»	%	ß	Q
R	µ	»	¾	R	Q	ß	ſ	%	»
µ	µ	µ	ß	³	%	ſ	R	¾	µ

15) Il numero di µ più il numero di » è uguale a:
A. 11
B. 13
C. 26
D. 25
E. 10

16) Il numero di % meno il numero di f è uguale a:
A. 14
B. 9
C. 8
D. 5
E. 3

17) Il numero di ³ meno il numero di ¾ è uguale a:
A. 10
B. 5

C. 11
D. 13
E. 6

18) Il numero di » più il numero di Q è uguale a:
A. 17
B. 16
C. 15
D. 7
E. 5

Facendo riferimento alla tabella, rispondere ai quesiti 19-21.

¾	G	Q	•	•	Q	Ω	*f*	¾	^{3}
f	©	#	*f*	G	¾	#	Ω	#	#
#	¾	Q	#	•	•	#	*f*	¾	©
Q	©	G	¾	Ω	G	•	¾	#	•
G	Ω	•	©	#	¾	©	Q	*f*	*f*
¾	^{3}	Q	G	•	Q	#	©	G	#
¾	*f*	*f*	#	¾	#	•	¾	©	¾
G	©	Q	•	#	¾	Ω	#	Q	¾
•	Ω	G	#	*f*	Q	^{3}	©	©	*f*
Q	¾	Ω	Q	G	^{3}	¾	¾	Ω	Q

19) Il numero di Ω meno il numero di Q è uguale a:
A. –4
B. 4
C. 6
D. –5
E. 5

20) Il numero di # meno il numero di • è uguale a:
A. 3
B. 4
C. 5
D. 7
E. 6

21) Il numero di ¾ più il numero di ^{3} è uguale a:
A. 23
B. 24
C. 20
D. 22
E. 21

Facendo riferimento alla figura, rispondere ai quesiti 22-24.
Nella figura sono rappresentate tre figure geometriche: un quadrato, un triangolo e un cerchio che contengono dei pallini neri e bianchi.

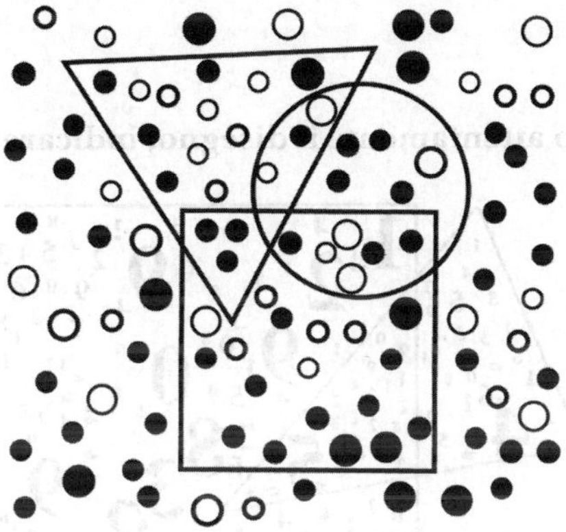

22) Quanti pallini neri sono contenuti nel cerchio, escludendo l'area in comune con il quadrato?
A. 4
B. 10
C. 3
D. 5
E. 6

23) Quanti pallini neri sono contenuti complessivamente nel cerchio e nel quadrato?
A. 24
B. 25
C. 29
D. 22
E. 23

24) Quanti pallini neri sono contenuti nel triangolo, escludendo l'area in comune con il cerchio?
A. 5
B. 9
C. 7
D. 8
E. 6

25) Quanti monitor con antenne sono raffigurati nell'immagine?

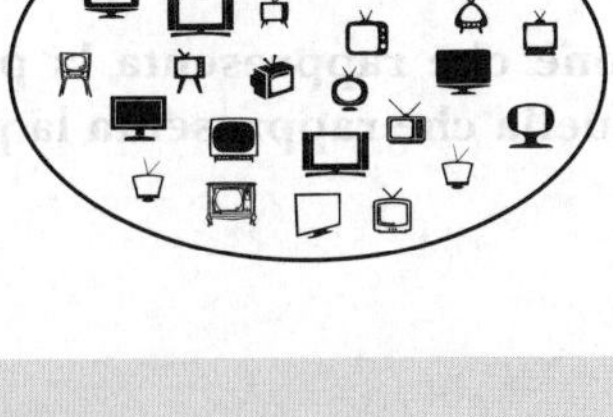

A. 14
B. 12
C. 11
D. 15
E. 9

26) Dopo aver osservato attentamente il disegno, indicare quale affermazione non è corretta.

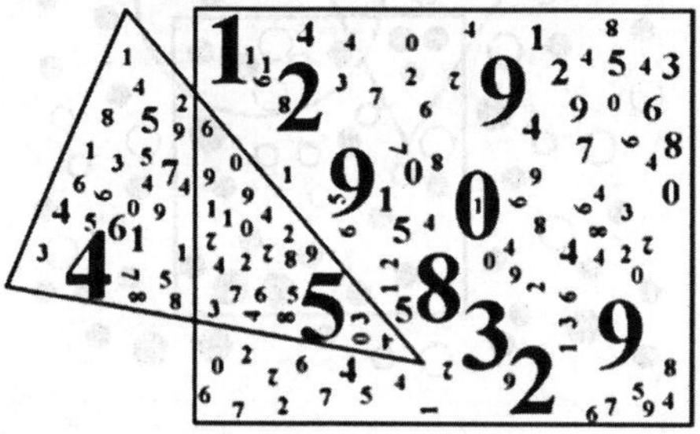

A. I numeri contenuti nel rettangolo sono 115
B. I numeri contenuti solo nel rettangolo sono più di quelli contenuti solo nel triangolo
C. I numeri contenuti solo nel rettangolo sono la metà di quelli contenuti solo nel triangolo
D. I numeri contenuti nel triangolo sono 52
E. I numeri contenuti nel triangolo sono meno di quelli contenuti nel rettangolo

Osservare le figure e rispondere ai quesiti 27-28.

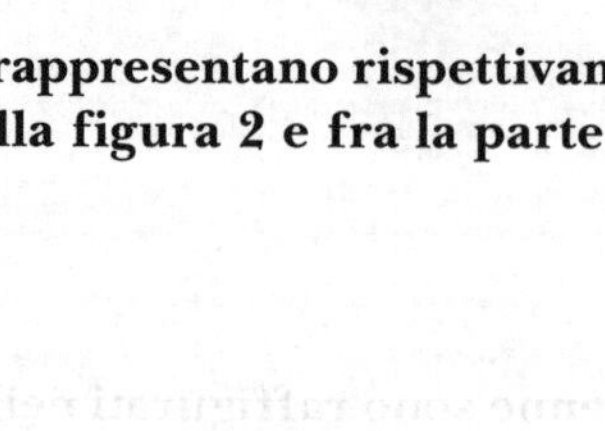

27) Indicare le frazioni che rappresentano rispettivamente il rapporto fra la parte bianca e l'area totale della figura 2 e fra la parte bianca e la parte nera della figura 1.
A. 8/5; 8/3
B. 5/3; 8/5
C. 5/8; 5/3
D. 3/5; 3/8
E. 3/8; 3/5

28) Il rapporto tra la frazione che rappresenta la parte bianca rispetto all'area totale della figura 1 e quella che rappresenta la parte bianca rispetto all'area totale della figura 2 è:
A. 2/3

B. 1
C. 3/4
D. 3/2
E. 2/5

29) Qual è il rapporto tra la parte nera e la parte bianca nella figura 1?

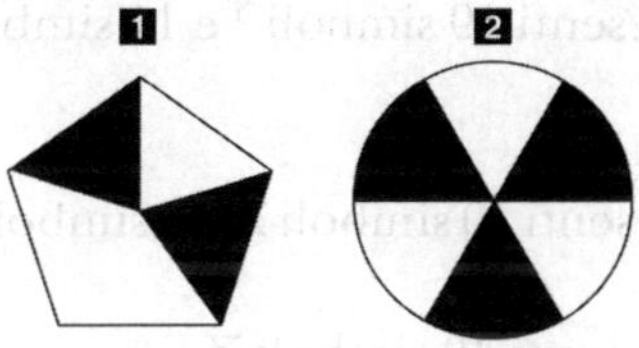

A. 2/5
B. 3/5
C. 2/3
D. 1/3
E. 3/2

30) Tutte le figure seguenti, tranne una, sono immagini di uno stesso dado. Quale di queste cinque figure NON si riferisce allo stesso dado?

A. La Figura 4
B. La Figura 1
C. La Figura 2
D. La Figura 3
E. La Figura 5

Risposte commentate
Abilità visiva con immagini

1) B. Nello schema sono presenti 19 simboli ^{3} e 11 simboli **R**, di conseguenza 19 – 11 = 8.

2) A. Nello schema sono presenti 10 simboli **X** e 5 simboli **#**, di conseguenza 10 – 5 = 5.

3) D. Nello schema sono presenti 10 simboli **X**.

4) A. Nello schema sono presenti 10 simboli **<**.

5) A. Nello schema sono presenti 14 simboli **»** e 12 simboli **&**. Di conseguenza 14 + 12 = 26.

6) D. Nello schema sono presenti 12 simboli **&** e 4 simboli **¥**. Di conseguenza 12 + 4 = 16.

7) A. In tabella sono presenti 8 simboli **£**, dunque nessuna delle alternative proposte è corretta.

8) A. In tabella sono presenti 10 simboli **@** e 4 simboli **©**, per un totale di **@** + **©** = 10 + 4 = 14.

9) C. In tabella sono presenti 13 simboli **ç** e 10 simboli **#**, per una differenza **ç** – **#** = 13 – 10 = 3.

10) C. In tabella sono presenti 13 simboli **ç** e 10 simboli **|**, per una somma di **ç** + **|** = 13 + 10 = 23.

11) A. Per risolvere questo quesito basta contare nello schema il numero di ç, il numero di Δ e sommarli. Poiché i ç sono 10 (3 nella prima riga dall'alto, 2 nella terza, 1 nella quarta, 1 nella quinta, 1 nella sesta, 1 nella nona e 1 nella decima) e i Δ sono 13 (2 nella seconda riga dall'alto, 1 nella terza, 3 nella quarta, 2 nella settima, 3 nell'ottava e 2 nella nona), la loro somma è pari a:

$$10 + 13 = 23$$

12) C. Per risolvere questo quesito basta contare nello schema il numero di ¥. Si vede facilmente che i ¥ sono 10 (2 nella prima riga dall'alto, 1 nella seconda, 1 nella quinta, 2 nella settima, 1 nella nona e 3 nella decima), quindi nessuna delle alternative proposte è corretta.

13) D. Per risolvere questo quesito basta contare nello schema il numero di S, il numero di I e sottrarli. Poiché le S sono 7 (1 nella seconda riga dall'alto, 1 nella terza, 1 nella quarta, 2 nella quinta, 1 nella sesta e 1 nella decima) e le I sono 10 (1 nella prima riga dall'alto, 1 nella seconda, 1 nella terza, 2 nella quarta, 3 nella sesta e 2 nella nona), la loro differenza è pari a:

$$7 - 10 = -3$$

14) C. Per risolvere questo quesito basta contare nello schema il numero di >. Si vede facilmente che i > sono 9 (1 nella prima riga dall'alto, 1 nella seconda, 2 nella quinta, 2 nella settima, 1 nell'ottava e 2 nella decima).

15) C. Per risolvere questo quesito basta contare nello schema il numero di µ, il numero di » e sommarli. Poiché i µ sono 14 (2 nella prima riga dall'alto, 1 nella seconda, 1 nella terza, 1 nella quarta, 2 nella sesta, 1 nella settima, 1 nell'ottava, 1 nella nona e 4 nella decima) e i » sono 12 (4 nella prima riga dall'alto, 2 nella terza, 1 nella quinta, 1 nella sesta, 1 nella settima, 1 nell'ottava e 2 nella nona), la somma è pari a:

$$14 + 12 = 26$$

16) C. Per risolvere questo quesito basta contare nello schema il numero di %, il numero di *f* e sottrarli. Poiché le % sono 19 (3 nella seconda riga dall'alto, 3 nella terza, 1 nella quarta, 3 nella quinta, 2 nella sesta, 4 nella settima, 1 nell'ottava, 1 nella nona e 1 nella decima) e le *f* sono 11 (3 nella prima riga dall'alto, 1 nella terza, 3 nella quarta, 2 nella sesta, 1 nella nona e 1 nella decima), la loro differenza è pari a:

$$19 - 11 = 8$$

17) B. Per risolvere questo quesito basta contare nello schema il numero di ^{3}, il numero di ¾ e sottrarli. Poiché i ^{3} sono 10 (1 nella prima riga dall'alto, 1 nella seconda, 1 nella terza, 1 nella quarta, 3 nella quinta, 1 nella settima, 1 nell'ottava e 1 nella decima) e i ¾ sono 5 (1 nella terza riga dall'alto, 1 nella sesta, 1 nell'ottava, 1 nella nona e 1 nella decima), la loro differenza è pari a:

$$10 - 5 = 5$$

18) B. Per risolvere questo quesito basta contare nello schema il numero di », il numero di Q e sommarli. Poiché i » sono 12 (4 nella prima riga dall'alto, 2 nella terza, 1 nella quinta, 1 nella sesta, 1 nella settima, 1 nell'ottava e 2 nella nona) e i Q sono 4 (1 nella seconda riga dall'alto, 1 nella quinta, 1 nell'ottava e 1 nella nona), la loro somma è pari a:

$$12 + 4 = 16$$

19) D. Per risolvere questo quesito basta contare nello schema il numero di Ω, il numero di Q e sottrarli. Poiché le Ω sono 8 (1 nella prima riga dall'alto, 1 nella seconda, 1 nella quarta, 1 nella quinta, 1 nell'ottava, 1 nella nona e 2 nella decima) e le Q sono 13 (2 nella prima riga dall'alto, 1 nella terza, 1 nella quarta, 1 nella quinta, 2 nella sesta, 2 nell'ottava, 1 nella nona e 3 nella decima), la loro differenza è pari a:

$$8 - 13 = -5$$

20) C. Per risolvere questo quesito basta contare nello schema il numero di #, il numero di • e sottrarli. Poiché i # sono 16 (4 nella seconda riga dall'alto, 3 nella terza, 1 nella quarta, 1 nella quinta, 2 nella sesta, 2 nella settima, 2 nell'ottava e 1 nella nona) e i • sono 11 (2 nella prima riga dall'alto, 2 nella terza, 2 nella quarta, 1 nella quinta, 1 nella sesta, 1 nella settima, 1 nell'ottava e 1 nella nona), la loro differenza è pari a:

$$16 - 11 = 5$$

21) D. Per risolvere questo quesito basta contare nello schema il numero di ¾, il numero di ^{3} e sommarli. Poiché i ¾ sono 18 (2 nella prima riga dall'alto, 1 nella seconda, 2 nella terza, 2 nella quarta, 1 nella quinta, 1 nella sesta, 4 nella settima, 2 nell'ottava e 3 nella decima) e i ^{3} sono 4 (1 nella prima riga dall'alto, 1 nella sesta, 1 nella nona e 1 nella decima), la loro somma è pari a:

$$18 + 4 = 22$$

22) D. Per sapere quanti pallini neri sono contenuti nel cerchio, escludendo l'area comune con il quadrato, ma comprendendo quindi l'area comune con il triangolo, basta contarli con attenzione e si trova che sono 5.

23) E. Per sapere quanti pallini neri sono contenuti nel cerchio e nel quadrato, basta contarli tutti con attenzione, comprendendo anche le aree in comune tra essi e con il triangolo, e si trova che sono 23.

24) D. Per sapere quanti pallini neri sono contenuti nel triangolo, escludendo l'area comune con il cerchio, ma comprendendo quindi l'area comune con il quadrato, basta contarli con attenzione e si trova che sono 8.

25) A. Il quesito richiede semplicemente di contare i monitor con le antenne. In totale, sono 14.

26) C. Per risolvere il quesito in modo corretto e veloce, occorre conteggiare i numeri disposti all'interno del triangolo e del quadrato con accuratezza e tempestività. Per pervenire a questo risultato, si può approfittare del fatto che il triangolo è già suddiviso in due parti, mentre il rettangolo può essere suddiviso in più parti. In tal modo, i numeri da conteggiare in ciascuna delle parti sono pochi e possono essere annotati di fianco a ciascuna delle parti, come mostrato in figura.

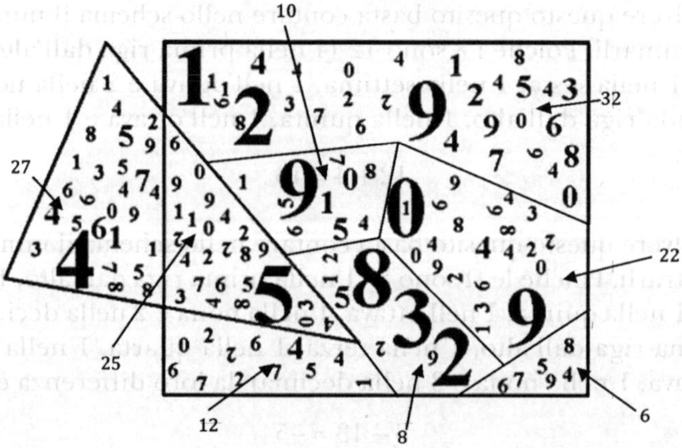

Dal conteggio dei numeri si ottiene che quelli contenuti nel triangolo sono 27 + 25 = 52, mentre quelli contenuti nel rettangolo sono 25 + 32 + 10 + 22 + 12 + 8 + 6 = 115. I numeri in comune tra rettangolo e triangolo sono 25. I numeri contenuti solo nel rettangolo sono 115 – 25 = 90, mentre i numeri contenuti solo nel triangolo sono 52 – 25 = 27. Alla luce di queste osservazioni si può affermare che:

- i numeri nel rettangolo sono 115;
- i numeri contenuti solo nel rettangolo (90) sono più di quelli contenuti solo nel triangolo (27);
- 52 sono i numeri nel triangolo;
- i numeri contenuti nel triangolo (52) sono meno di quelli contenuti nel rettangolo (115).

L'affermazione falsa è quella secondo cui "i numeri contenuti solo nel rettangolo sono la metà di quelli contenuti solo nel triangolo". Infatti, i numeri contenuti solo nel rettangolo sono 90, mentre i numeri contenuti solo nel triangolo sono 27; ma 90 non è la metà di 27.

27) C. La figura 2 può essere suddivisa in 8 settori circolari come mostrato di seguito:

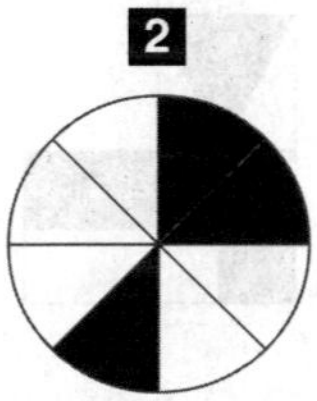

In questo modo risulta evidente che il rapporto tra la parte bianca e l'area totale del cerchio è di $\frac{5}{8}$ (su 8 settori, infatti, 5 sono bianchi).

Suddividiamo ora la figura 1 in quattro quadrati (a, b, c, d).

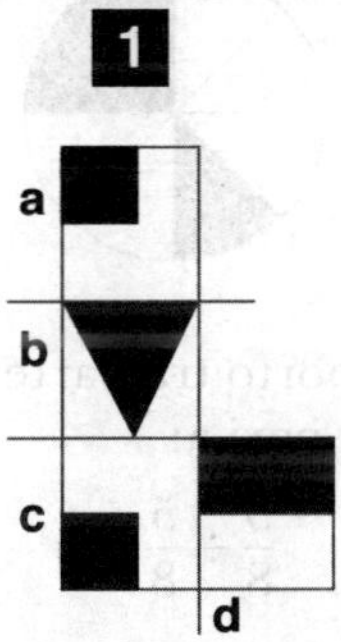

Il quadrato a è diviso in 4 parti: una è nera (1/4) e tre sono bianche (3/4).
Il quadrato b è diviso in 2 triangoli uguali: uno è nero (1/2) e l'altro è composto dalle due parti bianche unite (1/2).
Il quadrato c diviso è in 4 parti: una è nera (1/4) e tre sono bianche (3/4).
Il quadrato d è diviso in due parti: una è bianca (1/2) e l'altra è nera (1/2).

Pertanto, nella figura 1:

- la parte nera è pari a $\frac{1}{4}+\frac{1}{2}+\frac{1}{4}+\frac{1}{2}=\frac{3}{2}$
- la parte bianca è pari a $\frac{3}{4}+\frac{1}{2}+\frac{3}{4}+\frac{1}{2}=\frac{5}{2}$

Il loro rapporto sarà pari a:

$$\frac{5}{2}\div\frac{3}{2}=\frac{5}{2}\times\frac{2}{3}=\frac{10}{6}=\frac{5}{3}$$

La risposta corretta è: $\frac{5}{8};\frac{5}{3}$.

28) B. È possibile immaginare la figura 1 divisa in 8 rettangoli come si vede di seguito:

1

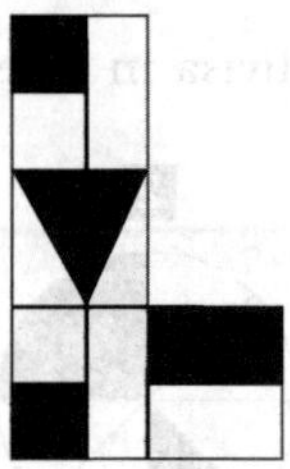

per cui il rapporto tra parte bianca e area totale è di $\frac{5}{8}$.
Analogamente, la figura 2 può essere vista come suddivisa in 8 settori circolari:

2

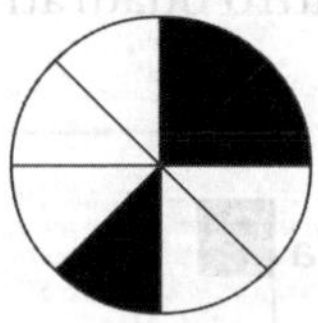

per cui anche in questo caso il rapporto tra parte bianca e area totale è di $\frac{5}{8}$.
Il rapporto tra le 2 frazioni è allora pari a:

$$\frac{5}{8}\div\frac{5}{8}=1$$

29) C. La figura 1 è un pentagono, che si può immaginare diviso in 5 triangoli, 2 neri e 3 bianchi, per cui la parte nera costituisce i $\frac{2}{5}$ del totale e la parte bianca i $\frac{3}{5}$. Il loro rapporto è, dunque, pari a:

$$\frac{2}{5}\div\frac{3}{5}=\frac{2}{5}\times\frac{5}{3}=\frac{2}{3}$$

30) A. Nelle quattro rappresentazioni planari dello stesso dado mostrate nelle figure 1, 2, 3 e 5 sono messe in evidenza le tre facce esibite dal dado nelle corrispondenti figure prospettiche presentate nella domanda. Quindi tutte queste figure si riferiscono allo stesso dado ruotato e visto semplicemente da angolazioni diverse.

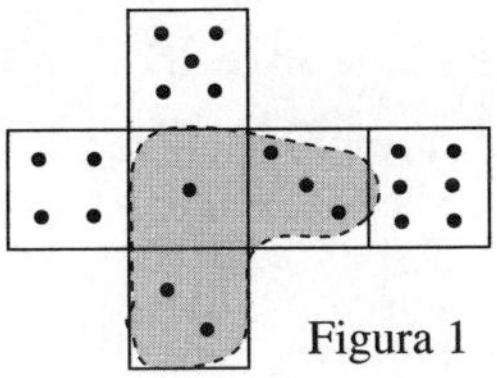
Figura 1

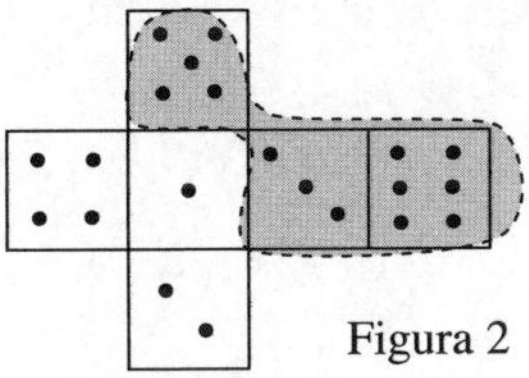
Figura 2

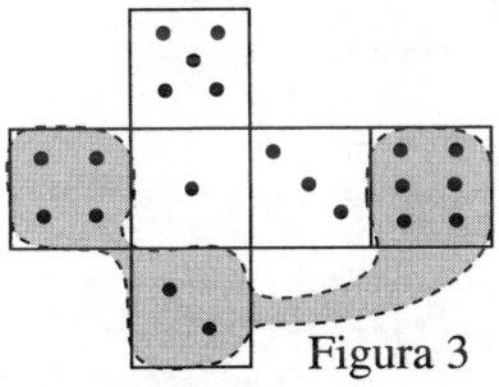
Figura 3

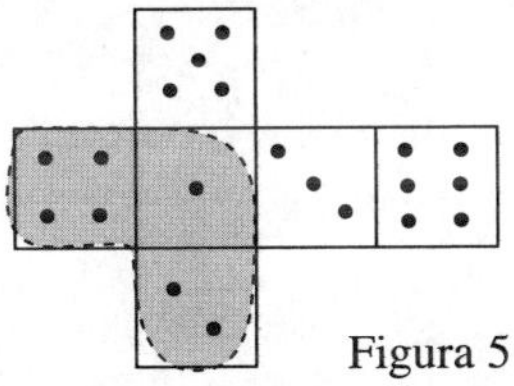
Figura 5

Il dado in figura 4 ha invece una conformazione diversa dove, ad esempio, le facce 5 e 6 sono scambiate.

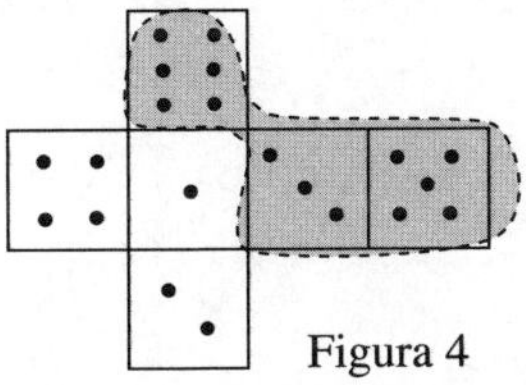
Figura 4

Parte Seconda

Normativa scolastica

SOMMARIO

Questionario 1
Il sistema educativo di istruzione e formazione

1) L'affermazione: "*È compito della Repubblica rimuovere gli ostacoli di ordine economico e sociale, che, limitando di fatto la libertà e l'eguaglianza dei cittadini, impediscono il pieno sviluppo della persona umana e l'effettiva partecipazione di tutti i lavoratori all'organizzazione politica, economica e sociale del Paese*", è contenuta:

A. nella L. 59/1997 sull'autonomia delle istituzioni scolastiche
B. nella L. 53/2003 di riforma del sistema scolastico
C. nella L. 104/1992 sull'integrazione degli alunni con handicap
D. nella Costituzione

2) Il diritto allo studio è:

A. un interesse legittimo
B. un interesse legittimo, protetto in modo indiretto in quanto aspettativa alla legittimità dell'azione amministrativa
C. un diritto soggettivo, riconosciuto dalla legge in modo diretto
D. in rapporto sinallagmatico con il dovere dello studio

3) Chi, secondo la Costituzione, ha il compito primario di istruire ed educare?

A. La scuola
B. La scuola e la famiglia
C. La Repubblica
D. La famiglia

4) Le provvidenze economiche individuali hanno fondamento costituzionale?

A. Sì, nell'art. 3 e nell'art. 34
B. Sì, nell'art. 34
C. Sì, nell'art. 117, comma 3
D. No, esse rientrano nelle competenze di autonomia delle Regioni, sia a statuto ordinario che a statuto speciale

5) L'obbligo scolastico:

A. è previsto dall'art. 34, comma 2, della Costituzione, che rende l'istruzione inferiore obbligatoria e gratuita per otto anni
B. si assolve frequentando sia i percorsi di istruzione che quelli di istruzione e formazione professionale
C. è oggi di nove anni a seguito dell'entrata in vigore della L. 9/1999
D. è oggi di dodici anni a seguito dell'entrata in vigore della L. 53/2003

6) Il sistema nazionale di istruzione è stato definito:
A. dalla L. 62 del 10 marzo 2000
B. dalla L. 53 del 28 marzo 2003
C. dalla L. 148 del 5 giugno 1990
D. dal R.D. 1054 del 6 maggio 1923

7) Il diritto-dovere all'istruzione e alla formazione per almeno 12 anni è stato sancito dalla:
A. L. 62/2000
B. L. 53/2003
C. L. 40/2007
D. L. 296/2006

8) La L. 62/2000 sulla parità scolastica è frutto:
A. della riforma del Titolo V della Costituzione
B. della L. 59/1997 sul decentramento amministrativo
C. dell'attuazione dell'art. 33 della Costituzione e dell'adozione del principio di sussidiarietà
D. dell'attuazione dell'art. 7 della Costituzione

9) Il diritto allo studio è garantito dalla Costituzione. Esso fa capo anzitutto:
A. ai genitori
B. alle scuole statali di ogni ordine e grado
C. alle scuole del sistema nazionale dell'istruzione, statali e paritarie
D. al sistema scolastico e formativo gestito dallo Stato, dalle Regioni, dai privati delle scuole paritarie

10) Con l'attuazione della L. 1859/1962 l'obbligo scolastico di otto anni (art. 34 Cost.) si intese assolto con:
A. il conseguimento della licenza elementare e la frequenza di un corso successivo della durata di almeno tre anni
B. la frequenza scolastica di almeno otto anni
C. il compimento del quindicesimo anno d'età
D. il doppio requisito del compimento del quindicesimo anno d'età e della frequenza scolastica di almeno otto anni

11) Le borse di studio per gli studenti, come disciplinate dal D.Lgs. 63/2017:
A. sono erogate dagli enti locali in collaborazione con le istituzioni scolastiche
B. sono erogate tramite il sistema voucher associato alla Carta dello Studente
C. sono erogate nei limiti degli importi definiti ogni triennio con decreto del Ministero dell'Istruzione, dell'Università e della Ricerca, adottato previa intesa in sede di Conferenza Unificata
D. sono erogate nei limiti degli importi definiti ogni biennio con decreto del Ministero dell'Istruzione, dell'Università e della Ricerca, adottato previa intesa in sede di Conferenza Stato-Regioni

12) Nella fornitura di quali servizi si sostanziano gli interventi dello Stato, delle Regioni e degli enti locali, nell'ambito delle rispettive competenze, per il sostegno del diritto allo studio ai sensi del D.Lgs. 63/2017?

A. Servizio mensa nelle scuole del primo ciclo dell'istruzione che assicurano il tempo pieno; fornitura del materiale scolastico richiesto dall'indirizzo di studio
B. Servizio mensa nelle scuole del primo ciclo dell'istruzione che assicurano il tempo pieno
C. Trasporto e forme di agevolazione della mobilità; servizi di mensa; fornitura dei libri di testo e degli strumenti didattici indispensabili; servizi di istruzione domiciliare, negli ospedali e nelle case di cura
D. Servizio mensa nelle scuole del primo ciclo dell'istruzione che assicurano il tempo pieno; istruzione domiciliare, negli ospedali e nelle case di cura in caso di comprovata impossibilità oggettiva di movimento a causa di gravi problemi di salute, debitamente certificati

13) Dopo il compimento dell'obbligo scolastico di dieci anni, lo studente:

A. non è vincolato ad alcun obbligo formativo successivo
B. è obbligato al conseguimento di una qualifica professionale di durata almeno triennale
C. è obbligato a stipulare un contratto di apprendistato entro il compimento del diciottesimo anno di età
D. non è vincolato ad alcun obbligo formativo successivo solo nel caso di rilascio della certificazione delle competenze

14) Quale affermazione tra le seguenti riferita ai Centri d'istruzione per gli adulti (CPIA) non è corretta?

A. Sono istituzioni scolastiche autonome
B. Prevedono consigli di classe dei quali, oltre ai docenti, fanno parte tre rappresentanti degli studenti
C. Sono finalizzati al conseguimento di titoli di studio corrispondenti al primo ciclo e al compimento dell'obbligo scolastico
D. Sono finalizzati al conseguimento di titoli di studio corrispondenti al primo ciclo, al compimento dell'obbligo scolastico, al conseguimento del diploma conclusivo dell'istruzione tecnica, professionale e liceale-artistica

15) Ai CPIA possono iscriversi (individuare l'affermazione errata):

A. gli adulti, anche stranieri, che non hanno assolto l'obbligo di istruzione o non sono in possesso del titolo di studio conclusivo del primo ciclo di istruzione
B. gli adulti stranieri che vogliono iscriversi ai percorsi di alfabetizzazione e di apprendimento della lingua italiana
C. studenti minorenni non in possesso del titolo di studio conclusivo del primo ciclo di istruzione, purché abbiano compiuto il sedicesimo anno di età
D. studenti minori di 15 anni non in possesso del titolo di studio conclusivo del primo ciclo di istruzione

16) Nei CPIA i percorsi di primo livello finalizzati al conseguimento del diploma conclusivo del primo ciclo dell'istruzione hanno la durata di:

A. 150 ore
B. 400 ore
C. 400 ore in due annualità consecutive
D. il 70% dell'orario del corrispondente percorso scolastico in orario diurno

17) La L. 128/2013 prevede che a decorrere dall'anno scolastico 2014-2015 gli istituti scolastici possano elaborare materiale didattico digitale per specifiche discipline, da utilizzare come libri di testo, a condizione che:

A. sui contenuti e sulla metodologia di ricerca vi sia la delibera di approvazione del collegio dei docenti
B. il dirigente scolastico, nella sua qualità di rappresentante legale, verifichi il rispetto degli altrui diritti di *copyright*
C. l'opera didattica sia registrata con licenza che consenta la condivisione e la distribuzione gratuite
D. l'opera didattica sia approvata dalla Commissione per l'*Editoria Digitale Scolastica*

18) La materia della formazione delle classi è regolata dal:

A. D.P.R. 87/2010
B. D.P.R. 89/2009
C. D.P.R. 122/2009
D. D.P.R. 81/2009

19) L'iscrizione on line alle scuole è prevista a seguito dell'emanazione:

A. della L. 135/2012, recante *Disposizioni urgenti per la razionalizzazione della spesa pubblica*
B. della Circ. Min. 17 dicembre 2012, n. 96
C. della L. 69/2009 recante *Disposizioni per lo sviluppo economico, la semplificazione, la competitività*
D. delle Linee guida per la scuola digitale del 2012

20) La costituzione delle classi iniziali di ciclo:

A. è oggetto di contrattazione con la RSU d'istituto
B. è riferita al numero complessivo degli alunni iscritti
C. compete al dirigente dell'ufficio scolastico regionale
D. recepisce le opzioni indicate dalle famiglie al momento dell'iscrizione

21) Nelle classi iniziali della scuola dell'infanzia il numero degli alunni deve essere compreso tra:

A. un minimo di 8 e un massimo di 18
B. un minimo di 18 e un massimo di 26
C. un minimo di 15 e un massimo di 26, elevabile a 27 qualora residuino resti
D. un minimo di 27 e un massimo di 30

22) Nelle classi iniziali della scuola primaria il numero degli alunni deve essere compreso tra:
A. un minimo di 8 e un massimo di 18
B. un minimo di 18 e un massimo di 26
C. un minimo di 27 e un massimo di 30
D. un minimo di 15 e un massimo di 26

23) Nella scuola secondaria di primo grado le classi iniziali sono costituite di norma:
A. con non meno di 18 alunni e non più di 27, elevabili fino a 28 qualora residuino eventuali resti
B. con non meno di 18 alunni e non più di 27, elevabili fino a 30 qualora residuino eventuali resti
C. con non meno di 15 alunni e non più di 27, elevabili fino a 28 qualora residuino eventuali resti
D. con non meno di 18 alunni e non più di 28, elevabili fino a 30 qualora residuino eventuali resti

24) Nella scuola secondaria di primo grado le classi seconde e terze:
A. sono la prosecuzione delle prime e seconde di provenienza
B. sono la prosecuzione delle prime e seconde di provenienza, a condizione che il numero medio di alunni per classe sia pari o superiore a 20
C. sono la prosecuzione delle prime e seconde di provenienza, a condizione che il numero medio di alunni per classe sia pari o superiore a 18
D. sono la prosecuzione delle prime e seconde di provenienza, a condizione che il numero medio di alunni per classe sia pari o superiore a 15

25) Nelle classi iniziali della scuola secondaria di secondo grado, il numero degli alunni deve essere compreso tra:
A. un minimo di 18 e un massimo di 30
B. un minimo di 18 e un massimo di 32
C. un minimo di 27 e un massimo di 30
D. un minimo di 20 e un massimo di 27

26) Con le risorse assegnate per l'organico dell'autonomia il dirigente scolastico può ridurre il numero di alunni per classe rispetto ai parametri di legge:
A. purché lo scostamento del numero delle classi non superi il 10% dell'organico di diritto assegnato
B. a seguito di conforme delibera del collegio dei docenti e del consiglio d'istituto
C. su autorizzazione del dirigente dell'ufficio scolastico regionale
D. allo scopo di migliorare la qualità didattica anche in rapporto alle esigenze formative degli alunni con disabilità

27) Docenti abilitati dell'istruzione secondaria, facenti parte dell'organico potenziato dell'autonomia, possono impartire nella scuola primaria i seguenti insegnamenti:
A. lingua inglese

B. musica ed educazione motoria
C. lingua inglese, musica ed educazione motoria
D. nessuno degli insegnamenti previsti nella scuola primaria in quanto sprovvisti della specifica abilitazione per la scuola primaria

28) Le classi iniziali con alunni disabili sono costituite con:
A. non più di 20 alunni per classe iniziale
B. non più di 25 alunni per classe iniziale
C. non più di 20 alunni per classe iniziale, purché sia motivata la necessità di tale consistenza numerica
D. è stato abolito il limite per il numero degli alunni nelle classi iniziali con alunni disabili

29) L'opzione dell'insegnamento della religione cattolica o delle attività alternative è esercitata:
A. dai genitori degli alunni
B. dagli studenti nella scuola secondaria
C. dagli studenti se maggiorenni
D. dagli studenti nella scuola secondaria di secondo grado

30) L'iscrizione a scuola degli alunni minori rientra nel "dovere e diritto" dei genitori di cui all'art. 30 della Costituzione ed è operata:
A. da entrambi i genitori purché regolarmente conviventi
B. dal genitore presso il quale il minore soggiorna abitualmente (nel caso di genitori separati legalmente o divorziati)
C. dal giudice tutelare nel caso di genitori separati legalmente o divorziati
D. da entrambi i genitori di comune accordo

31) I bacini d'utenza:
A. non vincolano la libertà dei genitori nella scelta della scuola per i propri figli
B. servono come riferimento solo per delimitare le aree entro le quali gli enti locali sono tenuti ad erogare i servizi di trasporto
C. limitano la libertà dei genitori di scegliere la scuola per i propri figli nel caso di superamento dei limiti di capienza dell'istituto prescelto
D. vincolano il dirigente scolastico nell'accettazione dei trasferimenti degli alunni

32) In merito al pagamento delle tasse scolastiche nella scuola secondaria del secondo ciclo, il D.Lgs. 13 aprile 2017, n. 63, sul diritto allo studio, dispone:
A. l'esonero dal pagamento delle tasse scolastiche per l'intero percorso quinquennale degli studi
B. l'esonero dal pagamento delle tasse scolastiche negli ultimi tre anni del percorso quinquennale degli studi
C. l'esonero dal pagamento delle tasse scolastiche negli ultimi due anni del percorso quinquennale degli studi

D. l'esonero dal pagamento delle tasse scolastiche negli ultimi due anni del percorso quinquennale degli studi in considerazione di fasce ISEE determinate con decreto del MIUR

33) A norma del D.M. 83/2008, l'istanza di riconoscimento della parità scolastica deve essere inoltrata al competente Ufficio Scolastico Regionale:
A. entro il 31 marzo dell'anno scolastico precedente quello da cui decorrono gli effetti della parità
B. entro il 28 febbraio dell'anno scolastico precedente quello da cui decorrono gli effetti della parità
C. entro il 30 giugno dell'anno scolastico precedente quello da cui decorrono gli effetti della parità
D. entro il 31 agosto dell'anno scolastico precedente quello da cui decorrono gli effetti della parità

34) A norma del D.Lgs. 63/2017, gli interventi relativi ai servizi di mensa per gli alunni:
A. sono programmati dagli enti locali nei limiti delle effettive disponibilità finanziarie, umane e strumentali disponibili a legislazione vigente
B. sono di competenza delle singole istituzioni scolastiche che attuano il tempo pieno
C. sono programmati dalle Regioni e da esse delegati ai Comuni nei limiti delle effettive disponibilità finanziarie, umane e strumentali disponibili a legislazione vigente
D. sono programmati dallo Stato, dalle Regioni e dagli enti locali, nei limiti delle effettive disponibilità finanziarie, umane e strumentali disponibili a legislazione vigente

35) A norma del D.M. 83/2008, alle scuole paritarie si applica:
A. il calendario scolastico definito dall'Ufficio scolastico regionale
B. il calendario scolastico definito da ogni Regione
C. il calendario scolastico nazionale che individua il giorno conclusivo delle lezioni
D. il calendario scolastico nazionale che individua il giorno di avvio delle lezioni

Risposte commentate
Il sistema educativo di istruzione e formazione

1) D. Costituzione, art. 3: "*Tutti i cittadini hanno pari dignità sociale e sono eguali davanti alla legge, senza distinzione di sesso, di razza, di lingua, di religione, di opinioni politiche, di condizioni personali e sociali.*
È compito della Repubblica rimuovere gli ostacoli di ordine economico e sociale, che, limitando di fatto la libertà e l'eguaglianza dei cittadini, impediscono il pieno sviluppo della persona umana e l'effettiva partecipazione di tutti i lavoratori all'organizzazione politica, economica e sociale del Paese".

2) C. Il diritto allo studio è un diritto soggettivo e, in quanto tale, è protetto in modo diretto e immediato, dato che la Repubblica è tenuta a garantire ai cittadini che ne sono destinatari i cosiddetti livelli essenziali di prestazione attraverso le scuole del sistema nazionale dell'istruzione, statali e paritarie. Il D.Lgs. 63/2017 è rubricato: "Effettività del diritto allo studio attraverso la definizione delle prestazioni, in relazione ai servizi alla persona, con particolare riferimento alle condizioni di disagio e ai servizi strumentali, nonché potenziamento della carta dello studente (…)".

3) D. L'art. 30 della Costituzione recita: "*È dovere e diritto dei genitori mantenere, istruire ed educare i figli, anche se nati fuori del matrimonio*". In ciò i genitori non sono lasciati da soli; infatti, l'art. 34 della Costituzione stabilisce che: "*La scuola è aperta a tutti. L'istruzione inferiore, impartita per almeno otto anni, è obbligatoria e gratuita. I capaci e meritevoli, anche se privi di mezzi, hanno diritto di raggiungere i gradi più alti degli studi. La Repubblica rende effettivo questo diritto con borse di studio, assegni alle famiglie ed altre provvidenze, che devono essere attribuite per concorso*".

4) A. La Costituzione così recita all'art. 3, c. 2: "*È compito della Repubblica rimuovere gli ostacoli di ordine economico e sociale, che, limitando di fatto la libertà e l'uguaglianza dei cittadini, impediscono il pieno sviluppo della persona umana e l'effettiva partecipazione di tutti i lavoratori all'organizzazione politica, economica e sociale del Paese*". Poiché il sistema scolastico-formativo costituisce uno dei luoghi sociali principalmente dedicato a favorire "*il pieno sviluppo della persona umana*" (nella forma dell'istruzione e della formazione professionale), è evidente che in tale articolo della Costituzione sta la radice prima del diritto allo studio. Inoltre, all'art. 34 si legge: "(…) *La Repubblica rende effettivo questo diritto con borse di studio, assegni alle famiglie ed altre provvidenze, che devono essere attribuite per concorso*".

5) B. Attualmente si trovano compresenti nell'ordinamento sia il diritto-dovere di istruzione e formazione fino a 18 anni previsto dalla L. 53/2003, sia il "nuovo" obbligo scolastico fino a 16 anni introdotto dalla L. 622/2006, art. 1, comma 622, che ha innalzato l'obbligo di istruzione a dieci anni. Si è definitivamente accolto il principio (insito nella L. 53/2003) per il quale l'obbligo di istruzione si assolve sia frequentando i percorsi di istruzione che quelli di istruzione e formazione professionale. Infatti, l'art. 64, c. 4-*bis*, della L. 133/2008 consente di assolvere l'obbligo di istruzione, oltre che nei percorsi scolastici, anche nei percorsi di IeFP di cui al Capo III del D.Lgs. 17 ottobre 2005 n. 226, e – fino alla completa attuazione di questo decreto – anche nei percorsi sperimentali, avviati in base all'Accordo Stato-Regioni del 19 giugno 2003, realizzati da strutture formative accreditate ai sensi del D.M. 29 novembre 2007, n. 267.

6) A. Legge 62/2000, art. 1: "*Il sistema nazionale di istruzione, fermo restando quanto previsto dall'articolo 33, secondo comma, della Costituzione, è costituito dalle scuole statali e dalle scuole paritarie private e degli enti locali*".

7) B. Legge 53/2003, art. 2, comma 1: "*I decreti di cui all'articolo 1 definiscono il sistema educativo di istruzione e di formazione, con l'osservanza dei seguenti princìpi e criteri direttivi: (...) c) è assicurato a tutti il diritto all'istruzione e alla formazione per almeno dodici anni o, comunque, sino al conseguimento di una qualifica entro il diciottesimo anno di età; l'attuazione di tale diritto si realizza nel sistema di istruzione e in quello di istruzione e formazione professionale, secondo livelli essenziali di prestazione definiti su base nazionale a norma dell'articolo 117, secondo comma, lettera m), della Costituzione (...)*".

8) C. L'art. 33, co. 3, della Costituzione, afferma che: "*La legge, nel fissare i diritti e gli obblighi delle scuole non statali che chiedono la parità, deve assicurare ad esse piena libertà e ai loro alunni un trattamento scolastico equipollente a quello degli alunni di scuole statali*". Inoltre, l'adesione dell'Italia al Trattato dell'Unione europea (Trattato di Maastricht, 1992) ha comportato la ricezione nell'ordinamento del nostro paese del principio di sussidiarietà, entrato successivamente nella Costituzione a seguito della riforma del 2001. Ne deriva il criterio generale che l'erogazione dei servizi pubblici non è monopolio dello Stato ma vede il concorso dell'"*autonoma iniziativa dei cittadini, singoli e associati*" all'interno di un quadro nazionale che definisce i livelli delle prestazioni da erogare ai cittadini.

9) A. L'art. 30 della Costituzione indica a chi spetta il dovere primario di realizzare il diritto allo studio: "*È dovere e diritto dei genitori mantenere, istruire ed educare i figli, anche se nati fuori del matrimonio*". Ma in ciò i genitori non sono lasciati a se stessi, soprattutto "*se privi di mezzi*", in forza dell'art. 34 Cost., ove si afferma il diritto dei capaci e meritevoli, anche se privi di mezzi, di raggiungere i gradi più alti degli studi. Lo stesso art. 34 prosegue poi: "*La Repubblica rende effettivo questo diritto con borse di studio, assegni alle famiglie ed altre provvidenze, che devono essere attribuite per concorso*".

10) D. Legge. 1859/1962, art. 8, comma 2: "*Ha adempiuto all'obbligo scolastico l'alunno che abbia conseguito il diploma di licenza della scuola media; chi non l'abbia conseguito è prosciolto dall'obbligo se, al compimento del quindicesimo anno di età, dimostri di avere osservato per almeno otto anni le norme sull'obbligo scolastico*".

11) B. D.Lgs. 63/2017, art. 7, comma 3: "*I contributi di cui al comma 1 [Borse di studio a favore degli studenti iscritti alle istituzioni scolastiche secondarie di secondo grado] (...) sono erogati per il tramite del sistema di voucher di cui all'articolo 10, comma 5, associato alla Carta dello Studente di cui all'articolo 10*".

12) C. D.Lgs. 63/2017, art. 2, comma 1: "*Lo Stato, le regioni e gli enti locali, nell'ambito delle rispettive competenze e nei limiti delle effettive disponibilità finanziarie, umane e strumentali disponibili a legislazione vigente, programmano gli interventi per il sostegno al diritto allo studio delle alunne e degli alunni, delle studentesse e degli studenti al fine di fornire, su tutto il territorio nazionale, i seguenti servizi:*
a) servizi di trasporto e forme di agevolazione della mobilità;
b) servizi di mensa;
c) fornitura dei libri di testo e degli strumenti didattici indispensabili negli specifici corsi di studi;
d) servizi per le alunne e gli alunni, le studentesse e gli studenti ricoverati in ospedale, in case di cura e riabilitazione, nonché per l'istruzione domiciliare".

13) B. Le norme oggi vigenti in materia di diritto-dovere all'istruzione e formazione affermano:
1. "*l'istruzione impartita per almeno dieci anni è obbligatoria ed è finalizzata a consentire il conseguimento di un titolo di studio di scuola secondaria superiore o di una qualifica professionale di durata almeno triennale entro il diciottesimo anno di età*" (legge 27 dicembre 2006, n. 296, c. 622);
2. dopo il compimento del sedicesimo anno di età, sussiste ancora l'obbligo formativo, definito dall'art. 1 del D.Lgs. 15 aprile 2005, n.76, "*diritto-dovere all'istruzione e alla formazione sino al conseguimento di una qualifica di durata almeno triennale entro il diciottesimo anno di età*".
In altre parole: "*nessun giovane può interrompere il proprio percorso formativo senza aver conseguito un titolo di studio o almeno una qualifica professionale entro il 18° anno di età*" (Linee Guida inerenti l'obbligo di istruzione, 21 dicembre 2007, allegate al D.M. 139/2007).

14) C. D.P.R. 263/2012, art. 4, comma 1: "*I percorsi di istruzione degli adulti sono riorganizzati in:*
a) percorsi di primo livello: i percorsi di istruzione di primo livello realizzati dai Centri di cui all'articolo 2, sono finalizzati al conseguimento del titolo di studio conclusivo del primo ciclo di istruzione e della certificazione attestante l'acquisizione delle competenze di base connesse all'obbligo di istruzione (...);
b) percorsi di secondo livello: i percorsi di istruzione di secondo livello, realizzati dalle istituzioni scolastiche di cui al comma 6, sono finalizzati al conseguimento del diploma di istruzione tecnica, professionale e artistica;
c) percorsi di alfabetizzazione e di apprendimento della lingua italiana: (...) destinati agli adulti stranieri di cui all'articolo 3, nei limiti dell'organico assegnato, sono finalizzati al conseguimento di un titolo attestante il raggiungimento di un livello di conoscenza della lingua italiana non inferiore al livello A2 del Quadro comune europeo di riferimento per le lingue elaborato dal Consiglio d'Europa".

15) D. D.P.R. 263/2012, art. 3, commi 1-2-3:
"*1. Ai Centri possono iscriversi gli adulti anche stranieri che non hanno assolto l'obbligo di istruzione o che non sono in possesso del titolo di studio conclusivo del primo ciclo di istruzione. (...)*
2. Ai Centri possono iscriversi anche coloro che hanno compiuto il sedicesimo anno di età e che non sono in possesso del titolo di studio conclusivo del primo ciclo di istruzione, ferma restando la possibilità, a seguito di accordi specifici tra regioni e uffici scolastici regionali, di iscrivere, nei limiti dell'organico assegnato e in presenza di particolari e motivate esigenze, coloro che hanno compiuto il quindicesimo anno di età.

3. Alle istituzioni scolastiche di cui all'articolo 4, comma 6, possono iscriversi, per frequentare i percorsi di secondo livello di cui all'articolo 4, comma 1, lettera b), gli adulti, anche stranieri, che sono in possesso del titolo di studio conclusivo del primo ciclo istruzione, nonché coloro che hanno compiuto il sedicesimo anno di età e che, già in possesso del titolo di studio conclusivo del primo ciclo di istruzione, dimostrano di non poter frequentare il corso diurno".

16) B. D.P.R. 263/2012, art. 4, comma 4: "*I percorsi di primo livello relativi al primo periodo didattico di cui al comma 2, lettera a), hanno un orario complessivo di 400 ore, articolato secondo le indicazioni contenute nelle linee guida di cui all'articolo 11, comma 10, destinato allo svolgimento di attività e insegnamenti obbligatori relativi ai saperi e alle competenze attesi in esito ai percorsi della scuola secondaria di primo grado*".

17) C. Legge 128/2013, art. 6, comma 2: "*(...) gli istituti scolastici possono elaborare il materiale didattico digitale per specifiche discipline da utilizzare come libri di testo e strumenti didattici per la disciplina di riferimento; (...). L'opera didattica è registrata con licenza che consenta la condivisione e la distribuzione gratuite e successivamente inviata, entro la fine dell'anno scolastico, al Ministero dell'istruzione, dell'università e della ricerca e resa disponibile a tutte le scuole statali (...)*".

18) D. Il D.P.R. 81/2009 detta le *Norme per la riorganizzazione della rete scolastica e il razionale ed efficace utilizzo delle risorse umane della scuola.*

19) A. Art. 7, comma 28 D.L. 95/2012 conv. in Legge 135/2012: "*A decorrere dall'anno scolastico 2012-2013, le iscrizioni alle istituzioni scolastiche statali di ogni ordine e grado per gli anni scolastici successivi avvengono esclusivamente in modalità on line attraverso un apposito applicativo che il Ministero dell'istruzione, dell'università e della ricerca mette a disposizione delle scuole e delle famiglie*".

20) B. D.P.R. 81/2009, art. 3, comma 1: "*Le classi iniziali di ciclo delle scuole ed istituti di ogni ordine e grado e le sezioni di scuola dell'infanzia sono costituite con riferimento al numero complessivo degli alunni iscritti*".

21) B. D.P.R. 81/2009, art. 9, comma 2: "*Le sezioni di scuola dell'infanzia sono costituite, di norma, (...) con un numero di bambini non inferiore a 18 e non superiore a 26*".

22) D. D.P.R. 81/2009, art. 10, comma 1: "*(...) le classi di scuola primaria sono di norma costituite con un numero di alunni non inferiore a 15 e non superiore a 26, elevabile fino a 27 qualora residuino resti*".

23) A. D.P.R. 81/2009, art. 11, comma 1: "*Le classi prime delle scuole secondarie di I grado e delle relative sezioni staccate sono costituite, di norma, con non meno di 18 e non più di 27 alunni, elevabili fino a 28 qualora residuino eventuali resti. Si procede alla formazione di un'unica prima classe quando il numero degli alunni iscritti non supera le 30 unità*".

24) B. D.P.R. 81/2009, art. 11, comma 2: "*Si costituisce un numero di classi seconde e terze pari a quello delle prime e seconde di provenienza, sempreché il numero medio di alunni per classe sia pari o superiore a 20 unità. In caso contrario, si procede alla ricomposizione delle classi, secondo i criteri indicati nel comma 1*".

25) C. D.P.R. 81/2009, art. 16, commi 1 e 2:
"*1 Le classi del primo anno di corso degli istituti e scuole di istruzione secondaria di II grado sono costituite, di norma, con non meno di 27 allievi. (...)*
2 Gli eventuali resti della costituzione di classi con 27 alunni sono distribuiti tra le classi dello stesso istituto, sede coordinata e sezione staccata o aggregata, qualora non sia possibile trasferire in istituti viciniori dello stesso ordine e tipo le domande eccedenti, e senza superare, comunque, il numero di 30 studenti per classe; si costituisce una sola classe quando le iscrizioni non superano le 30 unità".

26) D. L. 107/2015, art. 1, c. 84: "*Il dirigente scolastico, nell'ambito dell'organico dell'autonomia assegnato e delle risorse, anche logistiche, disponibili, riduce il numero di alunni e di studenti per classe rispetto a quanto previsto dal regolamento di cui al decreto del Presidente della Repubblica 20 marzo 2009, n. 81, allo scopo di migliorare la qualità didattica anche in rapporto alle esigenze formative degli alunni con disabilità*".

27) C. L. 107/2015, art. 1, c. 20: "*Per l'insegnamento della lingua inglese, della musica e dell'educazione motoria nella scuola primaria sono utilizzati, nell'ambito delle risorse di organico disponibili, docenti abilitati all'insegnamento per la scuola primaria in possesso di competenze certificate, nonché docenti abilitati all'insegnamento anche per altri gradi di istruzione in qualità di specialisti, ai quali è assicurata una specifica formazione nell'ambito del Piano nazionale di cui al comma 124*".

28) C. D.P.R. 81/2009, art. 5, comma 2: "*Le classi iniziali delle scuole ed istituti di ogni ordine e grado, ivi comprese le sezioni di scuola dell'infanzia, che accolgono alunni con disabilità sono costituite, di norma, con non più di 20 alunni, purché sia esplicitata e motivata la necessità di tale consistenza numerica, in rapporto alle esigenze formative degli alunni disabili, e purché il progetto articolato di integrazione definisca espressamente le strategie e le metodologie adottate dai docenti della classe, dall'insegnante di sostegno, o da altro personale operante nella scuola*".

29) D. Nell'art. 310 del D.Lgs. 297/1994, *Approvazione del testo unico delle disposizioni legislative vigenti in materia di istruzione, relative alle scuole di ogni ordine e grado*, viene specificato che "*è garantito a ciascuno, nelle scuole di ogni ordine e grado, il diritto di scegliere se avvalersi o non avvalersi dell'insegnamento della religione cattolica*". Tale diritto nella scuola materna, elementare e media viene esercitato dai genitori o da chi esercita la patria potestà nell'adempimento della responsabilità educativa come previsto dall'art. 147 del codice civile, per ogni anno scolastico, all'atto dell'iscrizione non d'ufficio; nella scuola secondaria superiore è invece esercitato personalmente dagli studenti all'atto dell'iscrizione per ogni anno scolastico.

30) D. L'iscrizione dei figli a scuola rientra nel "dovere e diritto" dei genitori di cui all'art. 30 della Costituzione. A tal proposito, l'art. 337 ter (c. 3) cod. civ. stabilisce che: "*La responsabilità genitoriale è esercitata da entrambi i genitori. Le decisioni di maggiore interesse per i figli relative all'istruzione, all'educazione e alla salute sono assunte di comune accordo tenendo conto delle capacità, dell'inclinazione naturale e delle aspirazioni dei figli. In caso di disaccordo la decisione è rimessa al giudice. Limitatamente alle decisioni su questioni di ordinaria amministrazione, il giudice può stabilire che i genitori esercitino la potestà separatamente*".

31) C. La prima liberalizzazione dei bacini d'utenza avvenne con l'emanazione della C.M. n. 367 del 20 dicembre 1985, la quale, modificando le disposizioni permanenti sulle

iscrizioni contenute nella precedente C.M. n. 382/1984, stabiliva che "*possono essere accolte domande di preiscrizione a scuole situate in località diverse da quella di appartenenza purché non comportino aumento di classi*". La Circolare del 1985 accoglieva quindi il principio della libertà di scelta della scuola da parte delle famiglie, pur subordinandolo al criterio amministrativo del controllo dei costi.
Rimaneva lo scoglio della discrezionalità della concessione del nulla osta al trasferimento per chi aveva già operato l'iscrizione. Anche questo vincolo fu attenuato con la disposizione, contenuta nella C.M. n. 96 del 7 dicembre 2012, la quale (punto 3.B) stabilisce che "*qualora gli interessati chiedano, ad iscrizione avvenuta e comunque prima dell'inizio delle lezioni, di optare per altro istituto e/o indirizzo di studi, la relativa motivata richiesta deve essere presentata sia al dirigente scolastico della scuola di iscrizione che a quello della scuola di destinazione. Dopo l'accoglimento della domanda di trasferimento da parte del dirigente della scuola di destinazione, il dirigente della scuola di iscrizione dovrà rilasciare all'interessato e alla scuola di destinazione il nulla osta*". Ovviamente, come sempre, autorizzazioni del genere non possono comportare l'attivazione di nuove classi con maggiori oneri a carico del bilancio dello Stato.

32) D. D.Lgs. 13 aprile 2017, n. 63, art. 4, c. 1: "*Le studentesse e gli studenti del quarto e del quinto anno dell'istruzione secondaria di secondo grado sono esonerati dal pagamento delle tasse scolastiche in considerazione di fasce ISEE determinate con decreto del Ministero dell'istruzione*".

33) A. D.M. 83/2008, punto 3.4: "*Con l'istanza di riconoscimento, da inoltrare entro il 31 marzo dell'anno scolastico precedente quello da cui decorrono gli effetti della parità, il gestore o il rappresentante legale della gestione deve dichiarare, sotto la propria responsabilità: (...)*".

34) D. D.Lgs. 63/2017, art. 2, comma 1: "*Lo Stato, le regioni e gli enti locali, nell'ambito delle rispettive competenze e nei limiti delle effettive disponibilità finanziarie, umane e strumentali disponibili a legislazione vigente, programmano gli interventi per il sostegno al diritto allo studio delle alunne e degli alunni, delle studentesse e degli studenti al fine di fornire, su tutto il territorio nazionale, i seguenti servizi: (...)*
b) servizi di mensa; (...)".

35) B. D.M. 83/2008, punto 7.2: "*Anche alle scuole paritarie si applica il calendario scolastico definito da ogni Regione nel rispetto delle date fissate dal Ministero per gli esami di Stato a conclusione del secondo ciclo e per le prove standardizzate presenti nell'esame di Stato a conclusione del primo ciclo e del numero minimo di giorni di lezione*".

Questionario 2
Le scuole del primo e del secondo ciclo di istruzione: parte generale

1) Secondo il D.Lgs. 59/2004, il primo ciclo dell'istruzione è costituito:

A. dall'asilo nido, dalla scuola dell'infanzia e dalla scuola primaria
B. dalla scuola primaria e dalla secondaria di I grado, per la durata di 8 anni
C. dalla scuola dell'infanzia e dalla scuola primaria
D. dalla scuola dell'obbligo di 10 anni, comprendente la primaria, la secondaria di I grado, il primo biennio della scuola del II ciclo

2) Il Sistema integrato di educazione e di istruzione è costituito da:

A. servizi educativi per l'infanzia e scuole dell'infanzia statali e paritarie
B. sezioni primavera (dai 24 ai 36 mesi) e scuole dell'infanzia statali e paritarie
C. nidi e micronidi nonché sezioni primavera (dai 24 ai 36 mesi)
D. servizi integrativi che concorrono all'educazione dei bambini e soddisfano i bisogni delle famiglie in modo flessibile e diversificato

3) A norma del D.Lgs. 65/2017, tra i servizi educativi per l'infanzia vi sono:

A. le sezioni primavera che accolgono bambine e bambini tra diciotto e trentasei mesi di età
B. le sezioni primavera che accolgono bambine e bambini tra diciotto e ventiquattro mesi di età
C. i nidi e micronidi che accolgono le bambine e i bambini tra tre e trentasei mesi di età
D. i nidi e micronidi che accolgono le bambine e i bambini tra sei e trentasei mesi di età

4) A norma del D.Lgs. 62/2017, la valutazione delle attività alternative alla religione cattolica nel primo ciclo di istruzione, per gli alunni che se ne avvalgono:

A. è effettuata iscrivendo a verbale il parere del docente incaricato di tale insegnamento
B. è espressa con voto in decimi riportato sul documento di valutazione
C. è espressa con giudizio sintetico riportato sul documento di valutazione
D. è resa su una nota distinta con giudizio sintetico sull'interesse manifestato e i livelli di apprendimento conseguiti

5) A norma del D.Lgs. 62/2017, per favorire i rapporti scuola-famiglia le istituzioni scolastiche adottano:

A. un modello nazionale di documento di valutazione degli apprendimenti emanato per ogni ordine di scuola

B. modalità di comunicazione efficaci e trasparenti in merito alla valutazione degli alunni e degli studenti
C. un modello personalizzato di certificazione delle competenze al termine del primo ciclo di istruzione
D. un modello personalizzato di certificazione delle competenze al termine dell'obbligo di istruzione

6) **A norma del D.M. 742/2017, la certificazione delle competenze al termine del primo ciclo di istruzione viene consegnata:**
A. alla famiglia dell'alunno e, in copia, all'istituzione scolastica o formativa del ciclo successivo
B. alla famiglia dell'alunno
C. all'istituzione scolastica o formativa del secondo ciclo
D. alla famiglia dell'alunno e all'istituzione scolastica o formativa del secondo ciclo nel rispetto della normativa sulla privacy

7) **Nel D.P.R. 89/2009 l'orario di base della scuola secondaria di primo grado è stato indicato in:**
A. 27 ore
B. 32 ore
C. 30 ore
D. orario determinato dall'autonomia scolastica sulla base dell'organico funzionale d'istituto e del piano dell'offerta formativa

8) **L'art. 2 del D.Lgs. 62/2017, prevede che la valutazione periodica e finale degli apprendimenti nel primo ciclo di istruzione è espressa con votazioni in decimi:**
A. per ciascuna delle discipline di studio previste dalle Indicazioni nazionali per il curricolo
B. per ciascuna delle discipline di studio previste dalle Indicazioni per il curricolo del 2007, escluso l'insegnamento della religione cattolica
C. per ciascuna delle discipline previste dalle Indicazioni nazionali del 2007, compresi attività e insegnamenti dell'arricchimento dell'offerta formativa
D. per ciascuna delle tre aree disciplinari individuate dalle Indicazioni nazionali per il curricolo

9) **A norma del D.Lgs. 62/2017, nel caso di votazione inferiore a sei decimi in una disciplina o in un gruppo di discipline, in sede di scrutinio finale il consiglio di classe delle scuole del secondo ciclo:**
A. può deliberare, con adeguata motivazione, l'ammissione dello studente all'esame conclusivo del secondo ciclo
B. delibera la non ammissione dello studente all'esame conclusivo del secondo ciclo
C. può deliberare, all'unanimità, l'ammissione dello studente all'esame conclusivo del secondo ciclo
D. delibera l'ammissione dello studente all'esame conclusivo del secondo ciclo, con riserva di verificare l'esito delle prove d'esame in sede dello scrutinio finale dell'esame conclusivo del secondo ciclo

10) A norma del D.P.R. 89/2010, l'insegnamento in lingua straniera di una disciplina non linguistica dal primo anno del secondo biennio è previsto per il:

A. liceo scientifico
B. liceo delle scienze umane
C. liceo delle scienze umane, opzione economico-sociale
D. liceo linguistico

11) Con decreto del Ministro dell'istruzione 28/2020 sono state individuate:

A. le discipline oggetto di colloquio nell'ambito dell'esame di Stato conclusivo del secondo ciclo di istruzione
B. le discipline oggetto di seconda prova scritta nell'ambito dell'esame di Stato conclusivo del secondo ciclo di istruzione
C. le discipline oggetto di prima prova scritta nell'ambito dell'esame di Stato conclusivo del secondo ciclo di istruzione
D. le discipline oggetto di prove scritte nell'ambito dell'esame di Stato conclusivo del primo ciclo di istruzione

12) Secondo l'art. 5 del D.P.R. 89/2009, le classi di tempo prolungato nella scuola secondaria di primo grado:

A. sono attivate in presenza di almeno 25 iscrizioni per classe
B. comportano un orario settimanale di 36 ore organizzate secondo il Piano dell'offerta formativa dell'istituto
C. sono ricondotte all'orario normale in mancanza di servizi e strutture idonei a consentire lo svolgimento obbligatorio di attività in fasce orarie pomeridiane
D. si avvalgono della dotazione di organico prevista dal D.P.R. 782 del 14 maggio 1982

13) La dotazione aggiuntiva di ore di insegnamento per passare, nella scuola secondaria di primo grado, dall'orario del tempo normale a quello del tempo prolungato deriva:

A. dalla progettazione d'istituto che adegua il modello nazionale alla specifica realtà del territorio ai sensi dell'art. 1 del D.P.R. 275/1999
B. dall'assegnazione di un organico aggiuntivo determinato in base alle classi di concorso con esubero su base provinciale
C. dall'incremento delle ore di lettere e di matematica/scienze
D. dall'incremento delle ore di lettere e dall'adozione dell'orario dell'inglese potenziato (5 ore settimanali) come previsto dal c. 10 dell'art. 5 del D.P.R. 89/2009

14) Quali sono le condizioni previste dal D.P.R. 89/2009 affinché nella scuola secondaria di I grado sia autorizzato il tempo prolungato a 40 ore?

A. La presenza di strutture idonee a garantire il funzionamento delle attività pomeridiane e l'organizzazione di un intero corso a tempo prolungato
B. La richiesta maggioritaria delle famiglie, la presenza di strutture idonee a garantire il funzionamento delle attività pomeridiane

C. La richiesta maggioritaria delle famiglie, la presenza di strutture idonee a garantire il funzionamento delle attività pomeridiane, la presenza di un intero corso a tempo prolungato
D. La richiesta avanzata dal Collegio dei docenti e la disponibilità di alcuni docenti a svolgere attività di insegnamento nelle ore pomeridiane

15) In quali spazi dell'orario è previsto l'insegnamento dell'inglese potenziato, secondo il D.P.R. 89/2009?
A. Nella riduzione del monte orario di una disciplina individuata dal Collegio dei docenti
B. Nel tempo prolungato, laddove sono previste da una a due ore settimanali per approfondimenti opzionali
C. Nelle due ore previste per l'insegnamento della seconda lingua comunitaria
D. Nelle due ore previste per l'insegnamento della seconda lingua comunitaria o nei margini di autonomia previsti dal D.P.R. 275/1999

16) Per gli alunni stranieri non in possesso delle competenze minime di lingua italiana:
A. è previsto l'esonero dallo studio della seconda lingua comunitaria
B. sono previste da una a due ore settimanali nelle classi a tempo prolungato per approfondimenti opzionali, da utilizzare per il recupero delle competenze di italiano
C. le due ore previste per l'insegnamento della seconda lingua comunitaria possono essere utilizzate per il potenziamento dell'italiano
D. la scuola organizza corsi di alfabetizzazione utilizzando i finanziamenti per l'autonomia scolastica

17) Le Indicazioni nazionali per il curricolo della scuola dell'infanzia e del primo ciclo d'istruzione sono entrate in vigore con:
A. L. 128/2013
B. decreto 16 novembre 2012, n. 254
C. L. 58/2014
D. L. 121/2012

18) Le prime Indicazioni nazionali per le scuole del primo ciclo furono emanate quali allegati a:
A. D.Lgs. 286/2004
B. D.Lgs. 76/2004
C. D.Lgs. 77/2004
D. D.Lgs. 59/2004

19) Le vigenti Indicazioni nazionali per il curricolo della scuola dell'infanzia e del primo ciclo dell'istruzione sono state emanate con decreto firmato dal ministro:
A. Giuseppe Fioroni
B. Francesco Profumo
C. Maria Chiara Carrozza
D. Mariastella Gelmini

20) Le norme sulla valutazione degli alunni delle scuole del primo ciclo dell'istruzione sono contenute:
A. nel D.Lgs. 13 aprile 2017, n. 62
B. nell'art. 1, c. 181, della L. 107/2015
C. negli articoli 2 e 3 del decreto legge 1° settembre 2008, n. 13, convertito nella L. 169/2008
D. nel D.P.R. 22 giugno 2009, n. 122

21) La valutazione degli alunni (individuare la risposta sbagliata):
A. ha per oggetto il processo formativo e i risultati di apprendimento
B. è espressione coerente della libertà di insegnamento
C. è effettuata dai docenti nell'esercizio della propria autonomia professionale, in conformità con i criteri e le modalità definiti dal collegio dei docenti
D. è effettuata secondo criteri e modalità inseriti nel Piano triennale dell'offerta formativa

22) A chi compete la valutazione periodica e finale degli alunni della scuola primaria?
A. Al consiglio di interclasse, riunito con la sola presenza dei docenti
B. Al consiglio di interclasse, presieduto dal dirigente scolastico e riunito con la sola presenza dei docenti
C. All'équipe dei docenti contitolari della classe, presieduta dal dirigente scolastico
D. Ai docenti responsabili delle attività educative e didattiche che operano nella classe dell'alunno

23) Nelle scuole del primo ciclo, la certificazione delle competenze viene rilasciata:
A. al termine della scuola primaria e del primo ciclo dell'istruzione
B. al termine del primo ciclo dell'istruzione
C. al termine del terzo e del quinto anno della scuola primaria nonché al termine della scuola secondaria di primo grado
D. al termine dell'esame di Stato conclusivo del primo ciclo dell'istruzione

24) Quando si riunisce in sede di valutazione periodica e finale, l'organo collegiale:
A. delibera solo in presenza di tutti i componenti
B. ricorre allo scrutinio segreto in caso di parità
C. ammette l'astensione in sede di votazione
D. nel caso di assenza di uno o più componenti è tenuto a verbalizzare i nomi degli assenti

25) Secondo il D.Lgs. 62/2017, nel caso in cui le valutazioni periodiche o finali degli alunni della scuola primaria indichino livelli di apprendimento in via di prima acquisizione, l'istituzione scolastica:
A. attiva specifiche strategie per il miglioramento dei livelli di apprendimento
B. ammette alla classe successiva segnalando alle famiglie le carenze da recuperare
C. predispone un Piano didattico personalizzato, individuale o di gruppo
D. adotta le soluzioni più idonee nell'interesse dell'alunno

26) Secondo il D.Lgs. 62/2017, nella scuola secondaria di primo grado la valutazione del comportamento degli alunni viene espressa tramite:

A. un voto espresso in decimi
B. criteri e modalità deliberati dal collegio dei docenti nell'ambito dell'autonomia scolastica
C. un giudizio sintetico
D. il profilo finale dell'alunno, redatto in coerenza con il "Profilo educativo, culturale e professionale dello studente al termine del primo ciclo di istruzione"

27) Per la validità dell'anno scolastico è richiesta la frequenza di almeno tre quarti dell'orario annuale personalizzato:

A. solo nella scuola secondaria di primo grado
B. nella scuola secondaria di primo e secondo grado
C. solo nel secondo ciclo di istruzione
D. in tutti gli ordini di scuola del sistema nazionale dell'istruzione

28) Il giudizio di ammissione all'esame di Stato conclusivo del primo ciclo dell'istruzione è espresso:

A. con il giudizio globale sul livello complessivo di maturazione, riportato sul documento di valutazione
B. con la valutazione del triennio, che tiene conto degli obiettivi individuati dal "Profilo educativo, culturale e professionale dello studente al termine del primo ciclo di istruzione"
C. con la certificazione delle competenze
D. con un voto espresso in decimi, considerando il percorso scolastico compiuto

29) A seguito dell'entrata in vigore del D.Lgs. 13 aprile 2017, n. 62, le rilevazioni nazionali sugli apprendimenti nella scuola primaria:

A. sono state abolite
B. si svolgono nelle classi seconda e quinta
C. si svolgono esclusivamente nella classe quinta
D. hanno come oggetto gli apprendimenti di italiano e di matematica

30) In sede di valutazione periodica e finale i docenti di sostegno partecipano alla valutazione:

A. dei soli alunni con certificazione di disabilità
B. degli alunni con certificazione di disabilità e del gruppo inclusivo col quale sono state svolte attività di individualizzazione
C. del gruppo di alunni loro affidati in sede di programmazione educativo-didattica deliberata dai docenti contitolari della classe ovvero dal consiglio di classe
D. di tutti gli alunni della classe

31) Con quali modalità viene attribuito il voto finale dell'esame di Stato conclusivo del primo ciclo?

A. Calcolando la media, arrotondata all'unità superiore per frazione pari o superiore a 0,5, tra i voti in decimi ottenuti nelle prove scritte e orali

B. Tramite un giudizio sintetico che esprime gli esiti del giudizio di idoneità e delle prove d'esame, scritte ed orali
C. Calcolando la media, arrotondata all'unità superiore per frazioni pari o superiori a 0,5, tra il voto di ammissione e la media dei voti delle prove scritte ed orali
D. Calcolando la media, arrotondata all'unità superiore per frazioni pari o superiori a 0,5, tra il voto di comportamento, il voto di ammissione e la media dei voti delle prove scritte ed orali

32) A seguito dell'entrata in vigore del D.Lgs. 13 aprile 2017, n. 62, le rilevazioni nazionali sugli apprendimenti nella scuola secondaria di primo grado:
A. si svolgono entro il mese di aprile nella classe terza
B. rientrano tra le prove scritte dell'esame di Stato conclusivo del primo ciclo
C. si svolgono nelle classi prima e terza
D. hanno come oggetto gli apprendimenti di italiano, matematica, inglese e della seconda lingua comunitaria

33) I docenti che svolgono attività e insegnamenti finalizzati all'ampliamento e all'arricchimento dell'offerta formativa:
A. partecipano alle operazioni di valutazione in sede di scrutinio intermedio e finale
B. forniscono elementi conoscitivi sull'interesse manifestato e sul profitto conseguito da ciascun alunno
C. forniscono parere obbligatorio non vincolante sull'ammissione alla classe successiva o all'esame di Stato conclusivo del ciclo
D. redigono una scheda a parte da consegnare alle famiglie insieme col documento di valutazione

34) Ai sensi del D.P.R. 202/1990, nel caso in cui si debba deliberare a maggioranza nello scrutinio finale e il voto dell'insegnante di IRC sia determinante:
A. il dirigente scolastico chiede all'insegnante di religione cattolica di motivare la sua posizione con nota iscritta a verbale
B. l'insegnante di religione cattolica ha l'obbligo di astensione
C. non viene computato il voto espresso dall'insegnante di religione cattolica
D. il voto espresso dall'insegnante di religione cattolica diviene un giudizio motivato iscritto a verbale

35) La valutazione del comportamento degli alunni nelle scuole del primo ciclo è riferita:
A. agli obiettivi individuati nel Patto educativo di corresponsabilità
B. al Profilo delle competenze al termine del primo ciclo di istruzione
C. agli obiettivi educativi declinati nella Programmazione d'istituto
D. allo sviluppo delle competenze di cittadinanza

36) Nelle istituzioni scolastiche paritarie del primo ciclo dell'istruzione le funzioni di Presidente della commissione d'esame sono svolte:

A. dal dirigente scolastico dell'istituto delegato alla vigilanza della scuola paritaria stessa
B. dal coordinatore delle attività educative e didattiche della scuola paritaria stessa
C. dal dirigente scolastico della scuola paritaria stessa
D. da un dirigente scolastico delegato dal competente ufficio scolastico regionale

37) Le attività svolte nell'ambito di «Cittadinanza e Costituzione»:
A. sono valutate nell'ambito del giudizio sul comportamento degli alunni
B. non sono espressamente oggetto di valutazione
C. sono valutate nella parte del documento di valutazione relativa alla descrizione del livello globale di sviluppo degli apprendimenti raggiunto dall'alunno
D. sono valutate nell'ambito delle aree storico-geografica

38) Sul diploma rilasciato agli alunni con certificazione di handicap che hanno sostenuto e superato le prove previste dagli esami di Stato conclusivi del primo ciclo dell'istruzione:
A. è riportata la menzione che il titolo è stato conseguito anche tramite prove differenziate
B. è riportato il voto finale in decimi
C. è riportato il livello risultante dal certificato delle competenze
D. è riportato un giudizio sintetico comprovante l'ammissione al sistema del II ciclo

39) La riforma della scuola del secondo ciclo è stata attuata con:
A. i Regolamenti per il riordino degli istituti professionali, degli istituti tecnici e per la revisione dell'assetto dei licei emanati in data 15 marzo 2010
B. i tre decreti legislativi attuativi dell'art. 64, co. 4, del decreto legge 25 giugno 2008, n. 112, convertito dalla legge 6 agosto 2008, n. 133, emanati in data 15 marzo 2010
C. il D.Lgs. 17 ottobre 2005, n. 226, *Norme generali e livelli essenziali delle prestazioni relativi al secondo ciclo del sistema educativo di istruzione e formazione, a norma dell'articolo 2 della legge 28 marzo 2003, n. 53*
D. il D.P.R. n. 81 del 20 marzo 2009, *Norme per la riorganizzazione della rete scolastica e il razionale ed efficace utilizzo delle risorse umane della scuola superiore, ai sensi dell'articolo 64, comma 4, del decreto legge 25 giugno 2008, n. 112, convertito, con modificazioni, dalla legge 6 agosto 2008, n. 133*

40) Nello scrutinio finale delle classi della scuola secondaria di secondo grado il consiglio di classe:
A. ammette alla classe successiva gli studenti che, nelle varie discipline, hanno riportato una votazione media di sei decimi
B. attribuisce il voto al comportamento, che tuttavia non concorre alla determinazione dei crediti scolastici e dei punteggi utili per beneficiare delle provvidenze in materia di diritto allo studio

C. sospende il giudizio degli alunni che non hanno conseguito la sufficienza in una o più discipline, senza riportare immediatamente un giudizio di non promozione
D. recepisce i voti proposti dai singoli docenti e procede alla compilazione del documento di valutazione

41) Quale norma ha istituito l'alternanza scuola-lavoro (percorso per le competenze trasversali e per l'orientamento, dopo la L. 145/2018)?
A. Legge 24 giugno 1997, n. 196
B. Legge 28 marzo 2003, n. 53
C. Decreto legislativo 17 ottobre 2005, n. 226
D. Decreto legislativo 15 aprile 2005, n. 77

42) La L. 145/2018 dispone che i percorsi per le competenze trasversali e per l'orientamento (già percorsi di alternanza scuola-lavoro) siano attuati:
A. utilizzando la quota di autonomia del 20% dei curricoli
B. a seguito di delibera favorevole del collegio docenti e del consiglio d'istituto
C. esclusivamente durante la sospensione delle attività didattiche
D. per la durata complessiva di 210 ore negli ultimi tre anni degli istituti professionali, di 150 ore nei tecnici e di 90 ore nei licei

43) Le classi terminali degli istituti di istruzione del secondo ciclo:
A. sono costituite in numero pari a quello delle corrispondenti penultime classi funzionanti nell'anno scolastico precedente
B. sono costituite in numero pari a quello delle corrispondenti penultime classi funzionanti nell'anno scolastico precedente, purché siano formate con un numero medio di alunni non inferiore a 22
C. sono costituite ricomponendo le corrispondenti penultime classi funzionanti nell'anno scolastico precedente, purché siano formate con un numero medio di alunni non inferiore a 15
D. sono costituite in numero pari a quello delle corrispondenti penultime classi funzionanti nell'anno scolastico in corso, purché vi siano iscritti almeno 10 alunni

44) Negli istituti di istruzione del secondo ciclo, le cattedre di educazione fisica sono costituite:
A. per squadre distinte per sesso
B. in relazione al numero delle classi
C. tenendo conto della dotazione organica deliberata dal collegio dei docenti sulla base delle classi o sulla base delle squadre
D. tenendo conto della dotazione organica determinata dal dirigente scolastico sulla base delle classi o sulla base delle squadre

45) Le attività svolte nell'ambito di «Cittadinanza e Costituzione»:
A. sono valutate nell'ambito del giudizio sul comportamento degli alunni
B. non sono espressamente oggetto di valutazione

C. sono valutate nella parte del documento di valutazione relativa alla descrizione del livello globale di sviluppo degli apprendimenti raggiunto dall'alunno
D. sono valutate nell'ambito delle discipline dell'area storico-geografica

46) L'acronimo inglese CLIL significa:
A. Apprendimento integrato di lingua e contenuto
B. Insegnamento disciplinare in lingua inglese
C. Sperimentazione di apprendimento in lingua straniera
D. Apprendimento integrato di lingua e disciplina non linguistica

47) L'insegnamento di una disciplina non linguistica in lingua straniera è previsto:
A. solo nei licei linguistici
B. nei licei
C. nei licei, negli istituti tecnici e negli istituti professionali
D. nei licei e negli istituti tecnici

48) Sulla base del D.P.R. 88/2010, il CLIL è attuato:
A. in lingua inglese per una disciplina non linguistica compresa nell'area di indirizzo del quinto anno
B. in una delle lingue straniere previste negli insegnamenti obbligatori per una disciplina non linguistica compresa nell'area di indirizzo del quinto anno
C. nell'ultimo anno, a condizione che siano presenti specifiche competenze nell'organico del consiglio di classe
D. in lingua inglese per una disciplina non linguistica del quinto anno

49) Il Quadro comune europeo di riferimento per la conoscenza delle lingue (QCER) è stato messo a punto:
A. dal Consiglio europeo
B. dal Consiglio d'Europa
C. dalla Commissione europea
D. dal Consiglio dell'Unione europea

50) Per l'insegnamento della religione cattolica:
A. dopo i provvedimenti di riordino dell'istruzione secondaria di secondo grado non sono state emanate nuove Indicazioni nazionali in quanto l'IRC continua ad essere regolata dal D.P.R. 16 dicembre 1985, n. 751
B. sono state emanate le nuove Indicazioni nazionali, denominate Indicazioni didattiche
C. sono state emanate Indicazioni nazionali sperimentali in attesa della versione definitiva
D. sono state emanate le Indicazioni nazionali per il secondo ciclo di istruzione e si è in attesa dell'emanazione delle Indicazioni nazionali per i percorsi di istruzione e formazione professionale

51) Gli istituti di istruzione superiore sono:
A. gli istituti di istruzione secondaria di secondo grado in cui sono presenti ordini di studio diversi

B. gli istituti tecnici superiori
C. gli istituti di istruzione e formazione tecnica superiore
D. gli istituti autorizzati allo svolgimento dei corsi triennali di cui al D.M. 22 ottobre 2004, n. 270

52) Nel caso della presenza nell'organico della scuola di spezzoni orario di non più di sei ore settimanali, il dirigente scolastico:
A. li attribuisce d'ufficio a docenti della medesima classe di concorso in servizio nell'istituto
B. li attribuisce ai docenti della medesima classe di concorso in servizio nell'istituto acquisendo il loro consenso
C. li attribuisce a docenti della medesima classe di concorso in servizio anche presso istituti viciniori purché ne facciano richiesta
D. procede alla convocazione di aspiranti supplenti utilizzando le graduatorie d'istituto

53) La competenza nella valutazione periodica e finale spetta al consiglio di classe presieduto dal dirigente scolastico o dal suo delegato. Tale delegato è:
A. il primo collaboratore del dirigente scolastico (docente vicario)
B. uno dei due collaboratori del dirigente scolastico
C. un docente di fiducia del dirigente scolastico
D. un docente membro del consiglio di classe stesso

54) In merito all'obbligo di frequenza di almeno tre quarti dell'orario annuale personalizzato, il collegio dei docenti può deliberare "*motivate deroghe in casi eccezionali*". A tal proposito, la C.M. 4 marzo 2011, n. 20, fornisce una casistica della quale non fa parte una delle risposte in elenco, quale?
A. Gravi motivi di salute adeguatamente documentati
B. Terapie e/o cure programmate
C. Partecipazione a programmi di mobilità studentesca nell'ambito delle azioni di Comenius
D. Partecipazione ad attività sportive e agonistiche organizzate da federazioni riconosciute dal C.O.N.I.

55) In sede di scrutinio il voto in pagella di ogni disciplina:
A. è di responsabilità esclusiva del docente della disciplina stessa
B. è deliberato a maggioranza dal consiglio di classe, su proposta vincolante del docente della singola disciplina
C. è deliberato all'unanimità dal consiglio di classe, su proposta, non vincolante, del docente della singola disciplina
D. è deliberato a maggioranza dal consiglio di classe, su proposta, non vincolante, del docente della singola disciplina

56) Se nel corso di una votazione del consiglio di classe in sede di scrutinio si verifica la parità nel numero dei voti favorevoli e contrari:
A. prevale il voto del presidente del consiglio di classe
B. il voto del presidente del consiglio di classe si computa doppio

C. si ripete la votazione
D. si riconvoca lo scrutinio

57) Il credito scolastico è attribuito dal consiglio di classe nello scrutinio finale:
A. di ciascuno degli anni di frequenza della scuola secondaria di secondo grado
B. di ciascuno degli ultimi tre anni di frequenza della scuola secondaria di secondo grado
C. di ciascuno degli ultimi due anni di frequenza della scuola secondaria di secondo grado
D. dell'ultimo anno di frequenza della scuola secondaria di secondo grado

58) Il punteggio massimo di credito scolastico attribuibile nello scrutinio finale dell'ultimo anno assomma a:
A. 20 punti
B. 25 punti
C. 30 punti
D. 40 punti

59) La partecipazione degli studenti alle Prove nazionali INVALSI somministrate nell'ultimo anno dei percorsi quinquennali del secondo ciclo è:
A. valutata dal consiglio di classe nell'attribuzione del voto di italiano, inglese e matematica in sede di scrutinio di ammissione all'esame di Stato conclusivo del secondo ciclo
B. valutata dalla commissione dell'esame di Stato nell'attribuzione del voto finale dell'esame di Stato conclusivo del secondo ciclo
C. condizione preliminare per l'ammissione all'esame di Stato conclusivo del secondo ciclo a partire dall'a.s. 2018/19
D. condizione preliminare per l'ammissione all'esame di Stato conclusivo del secondo ciclo a partire dall'a.s. 2019/20

60) La commissione per l'esame di Stato conclusivo del II ciclo dell'istruzione è composta:
A. da un presidente esterno all'istituzione scolastica e da tre membri esterni e, per ciascuna delle due classi, da tre membri interni
B. da un presidente esterno all'istituto e da non più di sei componenti, dei quali il 50 per cento interni e il restante 50 per cento esterni all'istituto
C. dal dirigente scolastico e da sei componenti, dei quali il 50 per cento interni e il restante 50 per cento esterni all'istituto
D. da un presidente esterno all'istituto nonché da sei docenti interni all'istituto

61) L'esame di Stato conclusivo del II ciclo:
A. comprende tre prove scritte, inviate dal ministero, ed un colloquio inerente argomenti di interesse multidisciplinare attinenti ai programmi e al lavoro didattico dell'ultimo anno di corso
B. prevede, tra le tre prove scritte, la prova nazionale predisposta dall'INVALSI

C. prevede che due prove scritte siano inviate dal ministero e che la terza prova sia sorteggiata dalla commissione fra le discipline non interessate dalle prime due prove
D. comprende due prove a carattere nazionale e un colloquio

62) Per la valutazione delle prove scritte e del colloquio la commissione può attribuire un massimo di:
A. 30 punti, ripartiti in parti uguali tra le prove
B. 45 punti, ripartiti in parti uguali tra le prove
C. 60 punti, ripartiti in parti uguali tra le prove
D. 75 punti, ripartiti in parti uguali tra le prove

63) L'applicazione delle norme sull'esame di Stato nelle scuole del secondo ciclo, contenute nel D.Lgs. 62/2017, decorre:
A. dalla data di emanazione del decreto ministeriale applicativo
B. dall'a.s. 2017/18
C. dall'a.s. 2018/19
D. dall'a.s. 2019/20

64) Tra i requisiti previsti dal D.Lgs. 62/2017 per l'ammissione dei candidati interni all'esame di Stato nelle scuole del secondo ciclo non risulta uno dei seguenti:
A. frequenza per almeno tre quarti del monte ore annuale personalizzato
B. esito positivo nell'espletamento delle prove predisposte dall'INVALSI durante l'ultimo anno di corso
C. svolgimento dell'attività di alternanza scuola-lavoro secondo quanto previsto dall'indirizzo di studio nel secondo biennio e nell'ultimo anno di corso
D. voto di comportamento non inferiore a sei decimi

65) A norma del D.Lgs. 62/2017, i candidati esterni all'esame di Stato nelle scuole del secondo ciclo:
A. devono partecipare alla prova a carattere nazionale predisposta dall'INVALSI presso l'istituzione scolastica in cui sosterranno l'esame di Stato
B. sono esonerati dalle attività di alternanza scuola-lavoro
C. devono aver cessato la frequenza dell'ultimo anno di corso prima del 15 febbraio
D. devono presentare domanda di ammissione agli esami di Stato presso l'istituzione scolastica territorialmente competente

66) A norma del D.Lgs. 62/2017, il punteggio massimo di credito scolastico attribuibile per il quinto anno ai candidati all'esame di Stato nelle scuole del secondo ciclo ammonta a:
A. 10 punti
B. 15 punti
C. 20 punti
D. 25 punti

67) A norma del D.Lgs. 62/2017:
A. il colloquio conclusivo dell'esame di Stato ha inizio con un argomento o con la presentazione di esperienze di ricerca e di progetto, anche in forma multimediale, scelti dal candidato
B. all'avvio del colloquio conclusivo dell'esame di Stato la commissione invita il candidato ad indicare l'area disciplinare da cui prenda spunto la prova orale
C. il colloquio conclusivo dell'esame di Stato prende avvio, mediante una relazione e/o un elaborato multimediale, dall'esposizione da parte del candidato dell'esperienza di alternanza scuola-lavoro svolta nel percorso di studi
D. in sede di colloquio conclusivo dell'esame di Stato la commissione propone al candidato di analizzare testi, documenti, esperienze, progetti, problemi

68) A norma del D.Lgs. 62/2017, a conclusione dell'esame di Stato la commissione assegna a ciascun candidato un punteggio finale complessivo in centesimi, che è il risultato della somma dei punti così attribuiti:
A. massimo di 15 punti per la valutazione di ciascuna delle prove scritte, massimo di 30 punti per la valutazione del colloquio - massimo di 40 punti di credito scolastico
B. massimo di 25 punti per la valutazione di ciascuna delle prove scritte e del colloquio, massimo di 25 punti di credito scolastico
C. massimo di 20 punti per la valutazione di ciascuna delle prove scritte, massimo di 30 punti per la valutazione del colloquio - massimo di 30 punti di credito scolastico
D. massimo di 20 punti per la valutazione di ciascuna delle prove scritte e del colloquio, massimo di 40 punti di credito scolastico

69) A norma del D.Lgs. 62/2017, i livelli di apprendimento conseguiti nelle prove INVALSI del quinto anno:
A. sono riportati nel curriculum della studentessa e dello studente
B. sono riportati nel diploma finale rilasciato in esito al superamento dell'esame
C. sono riportati nel certificato delle competenze
D. non sono riportati nel curriculum della studentessa e dello studente

70) Il curriculum dello studente è adottato dalle istituzioni scolastiche:
A. A decorrere dall'a.s. 2017-2018, obbligatoriamente
B. A decorrere dall'a.s. 2018-2019, obbligatoriamente
C. A decorrere dall'a.s. 2019-2020, obbligatoriamente
D. A decorrere dal primo settembre 2019-2020, su base sperimentale e facoltativa

Risposte commentate
Le scuole del primo e del secondo ciclo di istruzione: parte generale

1) B. L'art. 4, c. 1, del D.Lgs. 59/2004 afferma: "*Il primo ciclo d'istruzione è costituito dalla scuola primaria e dalla scuola secondaria di primo grado, ciascuna caratterizzata dalla sua specificità. Esso ha la durata di otto anni e costituisce il primo segmento in cui si realizza il diritto-dovere all'istruzione e formazione*".

2) A. Il D.Lgs. aprile 2017, n. 65, "*Istituzione del sistema integrato di educazione e di istruzione dalla nascita sino a sei anni*" dichiara che esso è costituito da (art. 2):
a) servizi educativi per l'infanzia, articolati in: nidi e micronidi (dai 3 ai 36 mesi), sezioni primavera (dai 24 ai 36 mesi), servizi integrativi che concorrono all'educazione dei bambini e soddisfano i bisogni delle famiglie in modo flessibile e diversificato;
b) scuole dell'infanzia statali e paritarie.

3) C. D.Lgs. 65/2017, art. 2, comma 3: "*I servizi educativi per l'infanzia sono articolati in:*
a) nidi e micronidi che accolgono le bambine e i bambini tra tre e trentasei mesi di età (...);
b) sezioni primavera (...), che accolgono bambine e bambini tra ventiquattro e trentasei mesi di età (...)".

4) D. D.Lgs. 62/2017, art. 2, comma 7: "*(...) la valutazione delle attività alternative, per le alunne e gli alunni che se ne avvalgono, è resa su una nota distinta con giudizio sintetico sull'interesse manifestato e i livelli di apprendimento conseguiti*".

5) B. D.Lgs. n. 62/2017, art. 1, comma 5: "*Per favorire i rapporti scuola-famiglia, le istituzioni scolastiche adottano modalità di comunicazione efficaci e trasparenti in merito alla valutazione del percorso scolastico delle alunne e degli alunni, delle studentesse e degli studenti*".

6) A. D.M. 742/2017, art. 2, comma 2: "*Il documento, redatto durante lo scrutinio finale dai docenti di classe per la scuola primaria e dal consiglio di classe per la scuola secondaria di primo grado, è consegnato alla famiglia dell'alunna e dell'alunno e, in copia, all'istituzione scolastica o formativa del ciclo successivo*".

7) C. Il D.P.R. 89/2009 (art. 5, c. 5) ha ricondotto l'orario nella scuola secondaria di primo grado (scuola media) alle 30 ore settimanali, riducendo di un'ora ciascuno gli insegnamenti di lettere e di tecnologia.

8) A. D.Lgs. 62/2017, art. 2, comma 1: "*La valutazione periodica e finale degli apprendimenti delle alunne e degli alunni nel primo ciclo, ivi compresa la valutazione dell'esame di Stato,* *per ciascuna delle discipline di studio previste dalle Indicazioni Nazionali per il curricolo, è espressa con votazioni in decimi che indicano differenti livelli di apprendimento*".

9) A. D.Lgs. 62/2017, art. 13, comma 2, lett. d, secondo periodo: "*Nel caso di votazione inferiore a sei decimi in una disciplina o in un gruppo di discipline, il consiglio di classe può deliberare, con adeguata motivazione, l'ammissione all'esame conclusivo del secondo ciclo*".

10) D. D.P.R. 89/2010, art. 6, comma 2: "*Dal primo anno del secondo biennio è impartito l'insegnamento in lingua straniera di una disciplina non linguistica, prevista nell'area delle attività e degli insegnamenti obbligatori per tutti gli studenti o nell'area degli insegnamenti attivabili dalle istituzioni scolastiche nei limiti del contingente di organico ad esse assegnato e tenuto conto delle richieste degli studenti e delle loro famiglie*".

11) B. D.M. 28/2020, art. 1, comma 1: "*Per l'esame di Stato conclusivo del secondo ciclo di istruzione dell'anno scolastico 2019/2020, nelle tabelle allegate, che costituiscono parte integrante del presente decreto, sono indicate:*
- le discipline oggetto della seconda prova scritta dell'esame di Stato conclusivo dei percorsi di studio ordinari e sperimentali di istruzione secondaria di secondo grado; (...)".

12) C. Il D.P.R. 89/2009, all'art. 5, c. 4, afferma: "*Le classi funzionanti a «tempo prolungato» sono ricondotte all'orario normale in mancanza di servizi e strutture idonei a consentire lo svolgimento obbligatorio di attività in fasce orarie pomeridiane e nella impossibilità di garantire il funzionamento di un corso intero a tempo prolungato*".

13) C. Nelle classi a tempo prolungato le ore aggiuntive per arrivare a 36 o 40, comprese quelle per la mensa, provengono esclusivamente dall'incremento delle ore di lettere (15 ore per classe anziché 9 + 1) e di matematica e scienze (9 ore per classe anziché 6) (D.P.R. 89/2009, art. 5, c. 8).

14) C. L'art. 5, c. 3, del D.P.R. 89/2009 afferma: "(...) *In via eccezionale, può essere autorizzato un orario settimanale fino ad un massimo di 40 ore solo in presenza di una richiesta maggioritaria delle famiglie e in base a quanto previsto al comma 4*".
Il comma 4 del medesimo articolo afferma: "*Le classi funzionanti a «tempo prolungato» sono ricondotte all'orario normale in mancanza di servizi e strutture idonei a consentire lo svolgimento obbligatorio di attività in fasce orarie pomeridiane e nella impossibilità di garantire il funzionamento di un corso intero a tempo prolungato*".

15) D. L'art. 5, c. 10, del D.P.R. 89/2009 afferma: "*A decorrere dall'anno scolastico 2009/2010, a richiesta delle famiglie e compatibilmente con le disponibilità di organico e l'assenza di esubero dei docenti della seconda lingua comunitaria, è introdotto l'insegnamento dell'inglese potenziato anche utilizzando le 2 ore di insegnamento della seconda lingua comunitaria o i margini di autonomia previsti dai commi 5 e 8*".

16) C. L'art. 5, c. 10, del D.P.R. 89/2009 afferma: "*(...) Le predette ore [della seconda lingua comunitaria] sono utilizzate anche per potenziare l'insegnamento della lingua italiana per gli alunni stranieri non in possesso delle necessarie conoscenze e competenze nella medesima lingua italiana nel rispetto dell'autonomia delle scuole*".

17) B. Con decreto 16 novembre 2012, 254, il Ministro Profumo licenziò il *Regolamento recante Indicazioni nazionali per il curricolo della scuola dell'infanzia e del primo ciclo d'istruzione, a norma dell'articolo 1, comma 4, del decreto del Presidente della Repubblica 20 marzo 2009, n. 89.* Abrogate definitivamente le Indicazioni nazionali del 2004, nonché le Indicazioni per il curricolo del 2007, il nuovo testo fu mandato nelle scuole del primo ciclo con l'indicazione di darne graduale applicazione a partire dallo stesso a.s. 2012/13.

18) D. Al D.Lgs. 59/2004, attuativo della L. 53/2003, furono allegati: *Allegato A* – Indicazioni Nazionali per i Piani personalizzati delle Attività Educative nelle Scuole dell'Infanzia; *Allegato B* – Indicazioni Nazionali per i Piani di studio personalizzati nella Scuola Primaria; *Allegato C* – Indicazioni nazionali per i Piani di studio personalizzati nella Scuola Secondaria di 1° grado; *Allegato D* – Profilo educativo, culturale e professionale dello studente alla fine del primo ciclo di istruzione (PECUP).

19) B. Le Indicazioni nazionali per il curricolo della scuola dell'infanzia e del primo ciclo dell'istruzione sono state emanate con Decreto 16 novembre 2012, n. 254 firmato dal Ministro Francesco Profumo.

20) A. Il D.Lgs. 13 aprile 2017, n. 62, è rubricato "*Norme in materia di valutazione e certificazione delle competenze nel primo ciclo ed esami di Stato, a norma dell'articolo 1, commi 180 e 181, lettera i), della legge 13 luglio 2015, n. 107*".

21) B. La valutazione ha per oggetto il processo formativo e i risultati di apprendimento degli alunni; è coerente con l'offerta formativa delle istituzioni scolastiche, con la personalizzazione dei percorsi e con le Indicazioni Nazionali; è effettuata dai docenti nell'esercizio della propria autonomia professionale, in conformità con i criteri e le modalità definiti dal collegio dei docenti e inseriti nel Piano triennale dell'offerta formativa (D.Lgs. 62/2017, art. 1).

22) C. La valutazione periodica e finale degli apprendimenti degli alunni è effettuata collegialmente dai docenti contitolari della classe. Le operazioni di scrutinio sono presiedute dal dirigente scolastico o da suo delegato (D.Lgs. 62/2017, art. 2).

23) A. La certificazione delle competenze nel primo ciclo è rilasciata al termine della scuola primaria e del primo ciclo di istruzione (D.Lgs. 62/2017, art. 9).

24) A. L'organo collegiale di valutazione (team dei docenti nella primaria, consiglio di classe nella secondaria), in sede di scrutinio, assume la forma di organo collegiale perfetto e quindi: può deliberare solo in presenza di tutti i componenti; non è ammesso lo scrutinio segreto; non è ammessa l'astensione in sede di votazione, dalla quale deriverebbe un difetto di collegialità (v. sentenza n. 31634 del TAR del Lazio in data 25 agosto 2010).

25) A. Gli alunni della scuola primaria sono ammessi alla classe successiva e alla prima classe di scuola secondaria di primo grado anche in presenza di livelli di apprendimento parzialmente raggiunti o in via di prima acquisizione. In tali casi, l'istituzione scolastica, nell'ambito dell'autonomia didattica e organizzativa, attiva specifiche strategie per il miglioramento dei livelli di apprendimento (D.Lgs. 62/2017, art. 3).

26) C. D.Lgs. 62/2017, art. 2, c. 5. "*La valutazione del comportamento dell'alunna e dell'alunno viene espressa collegialmente dai docenti attraverso un giudizio sintetico riportato nel documento di valutazione (...)*".

27) B. Per la scuola secondaria di primo grado il riferimento normativo è costituito dal D.Lgs. 62/2017, che all'art. 5 ("*Validità dell'anno scolastico nella scuola secondaria di primo grado*") così dispone al comma 1: "*Ai fini della validità dell'anno scolastico, per la valutazione finale delle alunne e degli alunni è richiesta la frequenza di almeno tre quarti del monte ore annuale personalizzato, definito dall'ordinamento della scuola secondaria di primo grado, da comunicare alle famiglie all'inizio di ciascun anno. Rientrano nel monte ore personalizzato di ciascun alunno tutte le attività oggetto di valutazione periodica e finale da parte del consiglio di classe*". Per la scuola secondaria di secondo grado il D.Lgs. 62/2017, art. 13, c. 2, lett. *a*) per l'ammissione all'esame di Stato richiede, fra gli altri requisiti, la "*frequenza per almeno tre quarti del monte ore annuale personalizzato, fermo restando quanto previsto dall'articolo 14, comma 7, del decreto del Presidente della Repubblica del 22 giugno 2009, n. 122*". Tale ultima disposizione richiede , per procedere alla valutazione finale di ciascuno studente, la frequenza di almeno tre quarti dell'orario annuale personalizzato.

28) D. Il D.Lgs. 62/2017, all'art. 6, c. 5 dispone: "*Il voto di ammissione all'esame conclusivo del primo ciclo è espresso dal consiglio di classe in decimi, considerando il percorso scolastico compiuto dall'alunna o dall'alunno*".

29) B. Nella scuola primaria l'INVALSI effettua rilevazioni nazionali sugli apprendimenti in italiano, matematica e inglese in coerenza con le Indicazioni Nazionali per il curricolo. Tali rilevazioni sono svolte nelle classi seconda e quinta, ad eccezione della rilevazione di inglese effettuata esclusivamente nella classe quinta (D.Lgs. 62/2017, art. 4).

30) D. Il D.Lgs. 62/2017, art. 2, c. 6 recita: "*I docenti di sostegno partecipano alla valutazione di tutte le alunne e gli alunni della classe; nel caso in cui a più docenti di sostegno sia affidato, nel corso dell'anno scolastico, la stessa alunna o lo stesso alunno con disabilità, la valutazione è espressa congiuntamente*".

31) C. Il D.Lgs. 62/2017, art. 8, c. 7, prevede che: "*La commissione d'esame delibera, su proposta della sottocommissione, la valutazione finale complessiva espressa con votazione in decimi, derivante dalla media, arrotondata all'unità superiore per frazioni pari o superiori a 0,5, tra il voto di ammissione e la media dei voti delle prove e del colloquio (...)*".

32) A. Nella scuola secondaria di primo grado l'INVALSI effettua rilevazioni nazionali sugli apprendimenti in italiano, matematica e inglese in coerenza con le Indicazioni Nazionali per il curricolo. Tali rilevazioni sono effettuate nella classe terza, entro il mese di aprile, e la relativa partecipazione rappresenta requisito di ammissione all'esame conclusivo del primo ciclo di istruzione (D.Lgs. 62/2017, art. 7).

33) B. D.Lgs. 62/2017, art. 2, c. 3: "*(...) I docenti, anche di altro grado scolastico, che svolgono attività e insegnamenti (...) finalizzati all'ampliamento e all'arricchimento dell'offerta formativa, forniscono elementi conoscitivi sull'interesse manifestato e sul profitto conseguito da ciascun alunno*".

34) D. Il D.P.R. 202/1990, al punto 2.7, recita: "*Nello scrutinio finale, nel caso in cui la normativa statale richieda una deliberazione da adottarsi a maggioranza, il voto espresso dall'insegnante di religione cattolica, se determinante, diviene un giudizio motivato iscritto a verbale*".

35) D. Secondo il D.Lgs. 62/2017, art. 1, c. 3: "*La valutazione del comportamento si riferisce allo sviluppo delle competenze di cittadinanza. Lo Statuto delle studentesse e degli studenti, il Patto educativo di corresponsabilità e i regolamenti approvati dalle istituzioni scolastiche ne costituiscono i riferimenti essenziali*".

36) B. L'art. 8, c. 2, ultimo periodo del D.Lgs. 62/2017 prevede che "*Per ogni istituzione scolastica paritaria svolge le funzioni di Presidente il coordinatore delle attività educative e didattiche*".

37) D. Per il D.Lgs. 62/2017, art. 2, c. 4 sono oggetto di valutazione "*le attività svolte nell'ambito di «Cittadinanza e Costituzione», fermo quanto previsto all'articolo 1 del decreto-legge 1° settembre 2008, n. 137, convertito, con modificazioni, dalla legge 30 ottobre 2008 n. 169*". Tale ultima norma dispone che "*A decorrere dall'inizio dell'anno scolastico 2008/2009, oltre ad una sperimentazione nazionale, ai sensi dell'articolo 11 del regolamento di cui al decreto del Presidente della Repubblica 8 marzo 1999, n. 275, sono attivate azioni di sensibilizzazione e di formazione del personale finalizzate all'acquisizione nel primo e nel secondo ciclo di istruzione delle conoscenze e delle competenze relative a «Cittadinanza e Costituzione», nell'ambito delle aree storico-geografica e storico-sociale e del monte ore complessivo previsto per le stesse. Iniziative analoghe sono avviate nella scuola dell'infanzia*".

38) B. Il D.Lgs. 62/2017 (art. 11, c. 7) prevede che per gli alunni con disabilità l'esito finale dell'esame sia determinato sulla base dei criteri generali individuati nell'art. 8, e cioè con "*valutazione finale complessiva espressa con votazione in decimi*".

39) A. La riforma della scuola secondaria di secondo grado è stata attuata con i Regolamenti emanati nel 2010 e adottati con D.P.R. 15 marzo 2010, n. 87, D.P.R. 15 marzo 2010, n. 88 e D.P.R. 15 marzo 2010, n. 89, relativi, rispettivamente, agli istituti professionali, agli istituti tecnici e ai licei.

40) C. Nel D.P.R. 122/2009, all'art. 4, c. 6, si legge: "*Nello scrutinio finale il consiglio di classe sospende il giudizio degli alunni che non hanno conseguito la sufficienza in una o più discipline, senza riportare immediatamente un giudizio di non promozione. A conclusione dello scrutinio, l'esito relativo a tutte le discipline è comunicato alle famiglie. A conclusione degli interventi didattici programmati per il recupero delle carenze rilevate, il consiglio di classe, in sede di integrazione dello scrutinio finale, previo accertamento del recupero delle carenze formative da effettuarsi entro la fine del medesimo anno scolastico e comunque non oltre la data di inizio delle lezioni dell'anno scolastico successivo, procede alla verifica dei risultati conseguiti dall'alunno e* *alla formulazione del giudizio finale che, in caso di esito positivo, comporta l'ammissione alla frequenza della classe successiva e l'attribuzione del credito scolastico*".

41) B. La legge 28 marzo 2003, n. 53, all'art. 2, c. 1, lett. g), ha stabilito che "*dal compimento del quindicesimo anno di età i diplomi e le qualifiche si possono conseguire in alternanza scuola-lavoro*". La L. 145/2018 (art. 1, co. 784) ha poi ridenominato tali percorsi come "*percorsi per le competenze trasversali e l'orientamento*".

42) D. L. 107/2015, art. 1, c. 33: "*Al fine di incrementare le opportunità di lavoro e le capacità di orientamento degli studenti, i percorsi di alternanza scuola-lavoro di cui al decreto legislativo 15 aprile 2005, n. 77, sono attuati, negli istituti tecnici e professionali, per una durata complessiva, nel secondo biennio e nell'ultimo anno del percorso di studi, di almeno 400 ore e, nei licei, per una durata complessiva di almeno 200 ore nel triennio*".
Successivamente, la legge di bilancio 2019 (art. 1, comma 784 L. 145/2018) oltre a ridenominare "percorsi per le competenze trasversali e per l'orientamento" i percorsi in alternanza scuola-lavoro di cui al D.Lgs. 77/2005, ha anche disposto che, a decorrere dall'anno scolastico 2018/2019, tali percorsi sono attuati per una durata complessiva:
a) non inferiore a 210 ore nel triennio terminale del percorso di studi degli istituti professionali;
b) non inferiore a 150 ore nel secondo biennio e nell'ultimo anno del percorso di studi degli istituti tecnici;
c) non inferiore a 90 ore nel secondo biennio e nel quinto anno dei licei.

43) D. Il D.P.R. 81/2009, all'art. 17, c. 2, stabilisce che "*le classi terminali sono costituite in numero pari a quello delle corrispondenti penultime classi funzionanti nell'anno scolastico in corso al fine di garantire la necessaria continuità didattica nella fase finale del corso di studi, purché comprendano almeno 10 alunni*".

44) B. Il D.P.R. 81/2009, all'art. 18, recita: "*Le cattedre di educazione fisica negli istituti di II grado sono costituite in relazione al numero delle classi anziché per squadre distinte per sesso. Queste ultime possono essere attivate, su deliberazione del collegio dei docenti, sulla base delle proposte formulate dai docenti di educazione fisica, valutate le attitudini e le esigenze degli alunni, qualora non comportino incrementi di ore o di cattedre*".

45) D. Per il D.Lgs. 62/2017, art. 2, c. 4 sono oggetto di valutazione "le attività svolte nell'ambito di «Cittadinanza e Costituzione», fermo quanto previsto all'articolo 1 del decreto- legge 1° settembre 2008, n. 137, convertito, con modificazioni, dalla legge 30 ottobre 2008 n. 169". Tale ultima norma dispone che "*A decorrere dall'inizio dell'anno scolastico 2008/2009, oltre ad una sperimentazione nazionale, ai sensi dell'articolo 11 del regolamento di cui al decreto del Presidente della Repubblica 8 marzo 1999, n. 275, sono attivate azioni di sensibilizzazione e di formazione del personale finalizzate all'acquisizione nel primo e nel secondo ciclo di istruzione delle conoscenze e delle competenze relative a «Cittadinanza e Costituzione», nell'ambito delle aree storico-geografica e storico-sociale e del monte ore complessivo previsto per le stesse. Iniziative analoghe sono avviate nella scuola dell'infanzia*".
A partire dall'anno scolastico 2020/2021, la legge 20 agosto 2019, n. 92 ha introdotto l'insegnamento dell'educazione civica. Come si legge nell'art. 1 della norma, l'educa-

zione civica "*contribuisce a formare cittadini responsabili e attivi e a promuovere la partecipazione piena e consapevole alla vita civica, culturale e sociale delle comunità, nel rispetto delle regole, dei diritti e dei doveri*"; essa, inoltre "*sviluppa nelle istituzioni scolastiche la conoscenza della Costituzione italiana e delle istituzioni dell'Unione europea per sostanziare, in particolare, la condivisione e la promozione dei principi di legalità, cittadinanza attiva e digitale, sostenibilità ambientale e diritto alla salute e al benessere della persona*".
Per il solo a.s. 2019/2020, nelle scuole di ogni ordine e grado continua ad essere impartito l'insegnamento di "Cittadinanza e Costituzione", e continuano ad essere applicati l'articolo 2, comma 4, del decreto legislativo 13 aprile 2017, n. 62, relativo alla valutazione di tale insegnamento, e il successivo articolo 17, comma 10, concernente il colloquio nell'ambito dell'esame di Stato conclusivo del secondo ciclo di istruzione.

46) A. Il CLIL, "Apprendimento Integrato di Lingua e Contenuto" (*Content and language integrated learning*), è una metodologia didattica centrata su due obiettivi in cui una seconda lingua viene usata per insegnare e imparare sia lingua che contenuti e offre ai discenti concrete opportunità di "*mettere subito in pratica le nuove competenze linguistiche acquisite, anziché dedicarsi prima all'apprendimento e poi passare alla pratica*", stimolando la fiducia dei giovani e di coloro che non avevano ottenuto "*buoni risultati linguistici nell'apprendimento formale organizzato nell'ambito del sistema generale*" (in *Promuovere l'apprendimento delle lingue e la diversità linguistica: Piano d'azione 2004 – 2006* – COM 449 del 24 luglio 2003).

47) D. In base ai Regolamenti emanati con i D.P.R. n. 88 e n. 89 del 15 marzo 2010, l'insegnamento di una disciplina non linguistica in lingua straniera è previsto nei licei e negli istituti tecnici.

48) A. Nel D.P.R. 88/2010, all'art. 8, c. 2, si legge: "*Con successivi decreti del Ministro dell'istruzione, dell'università e della ricerca, di concerto con il Ministro dell'economia e delle finanze, sono definiti: (...) b) i criteri generali per l'insegnamento, in lingua inglese, di una disciplina non linguistica compresa nell'area di indirizzo del quinto anno, da attivare in ogni caso nei limiti degli organici determinati a legislazione vigente*".

49) B. Il Quadro comune europeo di riferimento per la conoscenza delle lingue (QCER), dall'inglese *Common European Framework of Reference for Languages* (CEFR), è il sistema che qualifica il livello di abilità conseguito da chi studia una lingua europea. È stato messo a punto dal Consiglio d'Europa come parte principale del progetto *Language Learning for European Citizenship* (apprendimento delle lingue per la cittadinanza europea) tra il 1989 e il 1996.

50) B. A seguito del riordino dei licei, degli istituti tecnici e degli istituti professionali, la Conferenza episcopale italiana aveva fatto pervenire al Ministero, nel giugno 2010, una proposta di Indicazioni didattiche sperimentali per l'insegnamento della religione cattolica nelle scuole secondarie superiori. In data 28 giugno 2012 sono state emanate le definitive *Indicazioni didattiche per l'Insegnamento della religione cattolica nelle scuole del secondo ciclo di istruzione e nei percorsi di istruzione e formazione professionale.*

51) A. Così prevede il D.P.R. 2 marzo 1998, n. 157, Regolamento di attuazione dell'art. 1 della L. 549/1995, in materia di aggregazione di istituti scolastici.

52) B. Per quanto riguarda gli spezzoni orario di non più di sei ore settimanali, essi devono essere prioritariamente attribuiti ai docenti già in servizio nell'istituzione scolastica stessa fino a un massimo di 24 ore settimanali, purché (ovviamente) accettino l'incarico. In caso contrario, il dirigente ricorre alla nomina di supplenti esterni (art. 22, c. 4, della L. 448/2001).

53) D. Ai sensi dell'art. 5, c. 8, del D.Lgs. 297/1994, il docente delegato dal dirigente scolastico a presiedere il consiglio di classe deve essere "*membro*" del consiglio stesso.

54) C. "*Ad ogni buon conto, a mero titolo indicativo e fatta salva l'autonomia delle istituzioni scolastiche, si ritiene che rientrino fra le casistiche apprezzabili ai fini delle deroghe previste, le assenze dovute a:*
– *gravi motivi di salute adeguatamente documentati;*
– *terapie e/o cure programmate;*
– *donazioni di sangue;*
– *partecipazione ad attività sportive e agonistiche organizzate da federazioni riconosciute dal C.O.N.I.;*
– *adesione a confessioni religiose per le quali esistono specifiche intese che considerano il sabato come giorno di riposo*" (C.M. 4 marzo 2011, n. 20).

55) D. La nota ministeriale prot. 6051 dell'8 giugno 2009 afferma: "*La normativa in questione prevede, dunque, che i voti relativi allo scrutinio finale per l'ammissione alla classe successiva o all'esame di Stato siano sempre deliberati a maggioranza dal consiglio di classe, su proposta, non vincolante, del docente della singola disciplina*".

56) A. L'art. 79 del R.D. 653/1925 afferma: "*Se non siavi dissenso, i voti in tal modo proposti s'intendono approvati; altrimenti le deliberazioni sono adottate a maggioranza, e, in caso di parità, prevale il voto del presidente*".

57) B. D.Lgs. 62/2017, art. 15 Attribuzione del credito scolastico, c. 1: "*In sede di scrutinio finale il consiglio di classe attribuisce il punteggio per il credito scolastico maturato nel secondo biennio e nell'ultimo anno (...)*".

58) D. D.Lgs. 62/2017, art. 15: "*In sede di scrutinio finale il consiglio di classe attribuisce il punteggio per il credito scolastico maturato nel secondo biennio e nell'ultimo anno fino ad un massimo di quaranta punti, di cui dodici per il terzo anno, tredici per il quarto anno e quindici per il quinto anno*".

59) D. L. 108/2018, art. 6, c. 3-*septies*: "*Il termine di entrata in vigore dell'articolo 13, comma 2, lettera b), e dell'articolo 14, comma 3, sesto periodo, limitatamente al sostenimento della prova a carattere nazionale predisposta dall'INVALSI, del decreto legislativo 13 aprile 2017, n. 62, è differito dal 1° settembre 2018 al 1° settembre 2019*".

60) A. D.Lgs. 62/2017, art. 16, c. 4: "*Presso le istituzioni scolastiche statali e paritarie sede di esami sono costituite commissioni d'esame, una ogni due classi, presiedute da un presidente esterno all'istituzione scolastica e composte da tre membri esterni e per ciascuna delle due classi da tre membri interni*".

61) D. D.Lgs. 62/2017, art. 17, c. 2: "*L'esame di Stato comprende due prove a carattere nazionale e un colloquio*".

62) C. D.Lgs. 62/2017, art. 18, c. 2: "*La commissione d'esame dispone di un massimo venti punti per la valutazione di ciascuna delle prove di cui ai commi 3 e 4 dell'articolo 17, e di un massimo di venti punti per la valutazione del colloquio*".

63) C. L'art. 26, c. 1 del D.Lgs. 62/2017 prevede che: "*Le disposizioni di cui al Capo III del presente decreto* [norme relative all'esame di Stato nel secondo ciclo di istruzione], *l'articolo 22, nonché gli articoli 24 e 25 con riferimento alla disciplina del secondo ciclo di istruzione si applicano a decorrere dal 1° settembre 2018*".

64) B. Tra i requisiti previsti dal D.Lgs. 62/2017 per l'ammissione dei candidati interni all'esame di Stato nelle scuole del secondo ciclo, l'art. 13, c. 2, lett. *b* elenca la "*partecipazione, durante l'ultimo anno di corso, alle prove predisposte dall'INVALSI*". La condizione per l'ammissione all'esame è, quindi, riferita alla "partecipazione" e non all'*esito positivo* delle prove. Il D.L. 91/2018 (art. 6, co. 3-*septies* e 3-*octies*) ha rinviato al 1° settembre 2019 l'applicazione di tale prerequisito per l'ammissione all'esame di Stato.

65) A. D.Lgs. 62/2017, art. 14, c. 3: "*(...) L'ammissione all'esame di Stato è altresì subordinata alla partecipazione presso l'istituzione scolastica in cui lo sosterranno alla prova a carattere nazionale predisposta dall'INVALSI nonché allo svolgimento di attività assimilabili all'alternanza scuola-lavoro*". Il D.L. 91/2018 (art. 6, co. 3-*septies* e 3-*octies*) ha rinviato al 1° settembre 2019 l'applicazione di tale prerequisito per l'ammissione all'esame di Stato.

66) B. D.Lgs. 62/2017, art. 15, c. 1: "*In sede di scrutinio finale il consiglio di classe attribuisce il punteggio per il credito scolastico maturato nel secondo biennio e nell'ultimo anno fino ad un massimo di (...) quindici per il quinto anno.*"

67) D. D.Lgs. 62/2017, art. 17, c. 9: "*Il colloquio ha la finalità di accertare il conseguimento del profilo culturale, educativo e professionale della studentessa o dello studente. A tal fine la commissione (...) propone al candidato di analizzare testi, documenti, esperienze, progetti, problemi per verificare l'acquisizione dei contenuti e dei metodi propri delle singole discipline, la capacità di utilizzare le conoscenze acquisite e di collegarle per argomentare in maniera critica e personale anche utilizzando la lingua straniera. Nell'ambito del colloquio il candidato espone, mediante una breve relazione e/o un elaborato multimediale, l'esperienza di alternanza scuola-lavoro svolta nel percorso di studi*".

68) D. D.Lgs. 62/2017, art. 18, c. 1 e 2:
"*1. A conclusione dell'esame di Stato è assegnato a ciascun candidato un punteggio finale complessivo in centesimi, che è il risultato della somma dei punti attribuiti dalla commissione d'esa-*

me alle prove e al colloquio di cui all'articolo 17 e dei punti acquisiti per il credito scolastico da ciascun candidato per un massimo di quaranta punti.
2. La commissione d'esame dispone di un massimo venti punti per la valutazione di ciascuna delle prove di cui ai commi 3 e 4 dell'articolo 17, e di un massimo di venti punti per la valutazione del colloquio".

69) A. Il D.Lgs. 62/2017, all'art. 21, c. 2 così disponeva: "*Al diploma è allegato il curriculum della studentessa e dello studente (...). In una specifica sezione sono indicati, in forma descrittiva, i livelli di apprendimento conseguiti nelle prove scritte a carattere nazionale di cui all'articolo 19, distintamente per ciascuna delle discipline oggetto di rilevazione e la certificazione sulle abilità di comprensione e uso della lingua inglese*". Il D.L. 162/2019 (art 6, comma 5-quater introdotto dalla legge di conversione 28 febbraio 2020, n. 8) ha però soppresso il riferimento a tale specifica sezione dedicata ai risultati delle prove INVALSI e alla certificazione sulle abilità di comprensione e uso della lingua inglese.

70) D. Il D.L. 162/2019 (art 6, comma 5-*quinquies* introdotto dalla legge di conversione 28 febbraio 2020, n. 8), dopo la proroga disposta dall'Om 205/2019 (art. 25, comma 6) ha disposto che, per l'anno scolastico 2019/2020, le istituzioni scolastiche applicano l'articolo 21, comma 2, del decreto legislativo 13 aprile 2017, n. 62, relativo al cosiddetto curriculum dello studente, su base sperimentale e facoltativa.

Questionario 3
La scuola secondaria di secondo grado: gli istituti professionali, gli istituti tecnici, i licei. L'istruzione e formazione tecnica superiore

1) Secondo il D.P.R. 87/2010, gli istituti professionali:
- A. fanno parte dell'istruzione secondaria superiore
- B. fanno parte del sistema dell'istruzione e formazione professionale
- C. passano alle Regioni in forza dell'art. 117 Cost., come novellato dalla legge cost. n. 3 del 18 ottobre 2001
- D. sono in attesa di definizione, con l'attuazione della delega di cui alla L. 133/2008

2) Secondo il D.P.R. 15 marzo 2010, n. 87, l'identità degli istituti professionali si caratterizza per:
- A. una solida base di istruzione generale e tecnico-professionale, che consente agli studenti di sviluppare, in una dimensione operativa, saperi e competenze necessari per rispondere alle esigenze formative del settore produttivo di riferimento, considerato nella sua dimensione sistemica
- B. una solida base culturale di carattere scientifico e tecnologico in linea con le indicazioni dell'Unione europea, che consente agli studenti un rapido inserimento nel mondo del lavoro
- C. una solida base di cultura generale collegata ai settori e alle filiere produttive fondamentali per lo sviluppo economico e sociale del Paese, per consentire agli studenti l'esercizio delle professioni tecniche regolamentate
- D. una solida base culturale e professionale per facilitare agli studenti l'accesso all'università e agli istituti tecnici superiori

3) Secondo il D.P.R. 15 marzo 2010, n. 87, agli istituti professionali si riferiscono gli istituti tecnici superiori con l'obiettivo prioritario di:
- A. valorizzare il ruolo dell'alternanza scuola-lavoro per raccordare la formazione scolastica con esperienze operative realizzate all'interno di contesti professionali
- B. sviluppare conoscenze, abilità e competenze adeguate al proseguimento degli studi e all'inserimento nella vita sociale e nel mondo del lavoro
- C. rafforzare le competenze di base indispensabili per operare efficacemente nei processi produttivi e inserirsi rapidamente nel mondo del lavoro e delle professioni
- D. sostenere lo sviluppo delle professioni tecniche a livello terziario, mediante le specializzazioni richieste dal mondo del lavoro con particolare riferimento alle piccole e medie imprese

4) **Secondo il D.P.R. 15 marzo 2010, n. 87, negli istituti professionali l'ufficio tecnico:**
   A. sostiene l'organizzazione e la funzionalità dei laboratori sia per i fini didattici sia per la sicurezza delle persone e dell'ambiente
   B. è previsto sia nel settore dei Servizi sia nel settore Industria e artigianato
   C. svolge servizi di consulenza agli studenti nelle fasi di alternanza scuola-lavoro e di orientamento post-scolastico
   D. svolge servizi di consulenza agli insegnanti di laboratorio, inclusi gli insegnanti tecnico-pratici

5) **Circa i percorsi di alternanza scuola-lavoro, la L. 107/2015 (prima della L. 145/2018) aveva disposto che:**
   A. essi siano attuati, negli istituti tecnici e professionali, per una durata complessiva, nel corso del quinquennio, di almeno 400 ore
   B. essi siano attuati, negli istituti tecnici e professionali, per una durata complessiva, negli ultimi due anni del percorso di studi, di almeno 200 ore
   C. essi siano attuati, negli istituti tecnici e professionali, per una durata complessiva, nel secondo biennio e nell'ultimo anno del percorso di studi, di almeno 200 ore
   D. essi siano attuati, negli istituti tecnici e professionali, per una durata complessiva, nel secondo biennio e nell'ultimo anno del percorso di studi, di almeno 400 ore

6) **A seguito dell'entrata in vigore del D.Lgs. 13 aprile 2017, n. 61, "Revisione dei percorsi dell'istruzione professionale (...)":**
   A. i percorsi di istruzione professionale sono ridefiniti a partire dalle classi prime e seconde funzionanti nell'a.s. 2019/2020
   B. i percorsi di istruzione professionale sono ridefiniti a partire dalle classi prime funzionanti nell'a.s. 2018/2019
   C. il D.P.R. 87/2010 continuerà ad essere vigente per quanto compatibile con le nuove disposizioni
   D. il D.P.R. 87/2010 sarà abrogato a decorrere dall'a.s. 2023/24

7) **A seguito dell'entrata in vigore del D.Lgs. 61/2017, i nuovi percorsi di istruzione professionale:**
   A. sono ripartiti su due settori
   B. hanno nel triennio opzioni su due settori, con eventuale prosecuzione nel biennio conclusivo
   C. offrono 11 indirizzi di studio di durata quinquennale
   D. offrono 11 indirizzi di studio, con triennio obbligatorio e biennio opzionale

8) **A seguito dell'entrata in vigore del D.Lgs. 61/2017, i nuovi percorsi di istruzione professionale sono articolati in:**
   A. un biennio e un successivo triennio
   B. un quadriennio seguito dal monoennio conclusivo
   C. un triennio e un biennio conclusivo
   D. primo biennio, secondo biennio, monoennio conclusivo

9) Il Progetto formativo individuale, previsto dal D.Lgs. 61/2017 (individuare la risposta sbagliata):
A. viene redatto dal consiglio di classe entro il 31 gennaio del primo anno di frequenza e aggiornato durante l'intero percorso scolastico
B. si basa su un bilancio personale che evidenzia i saperi e le competenze acquisiti al fine di motivare ed orientare
C. prevede l'individuazione, all'interno del consiglio di classe, di docenti che assumono la funzione di tutor per gli studenti
D. è inserito nel Portfolio personale dello studente

10) A seguito dell'entrata in vigore del D.Lgs. 61/2017, nell'istruzione professionale i percorsi per le competenze trasversali e per l'orientamento (già percorsi di alternanza scuola-lavoro) sono attivabili:
A. in alternativa ai percorsi di istruzione
B. dalla prima classe
C. dalla seconda classe
D. nel triennio conclusivo

11) In merito ai passaggi tra i percorsi di istruzione professionale e i percorsi di istruzione e formazione professionale, il D.Lgs. 61/2017 ne individua modalità e condizioni. Fra di esse non figura una delle quattro sotto elencate:
A. il passaggio avviene nei limiti delle disponibilità di posti nelle classi di riferimento delle istituzioni scolastiche e formative
B. il passaggio tiene conto della valutazione del comportamento dello studente nell'anno antecedente il passaggio stesso
C. il passaggio tiene conto dei risultati di apprendimento e dello specifico profilo di uscita dell'indirizzo
D. la determinazione dell'annualità di inserimento tiene conto delle effettive potenzialità di prosecuzione del percorso da parte dello studente

12) La nuova struttura dell'istruzione tecnica prevede un numero contenuto di percorsi formativi. Quanti sono?
A. 11
B. 10
C. 7
D. 9

13) Il D.P.R. 15 marzo 2010, n. 88, stabilisce che gli istituti tecnici possono utilizzare la seguente quota di autonomia dei curricoli:
A. 25% del monte ore complessivo nel primo biennio, 30% nel secondo biennio e 35% nel quinto anno
B. fino al 20% dell'orario complessivo delle lezioni previsto per il primo biennio e per il complessivo triennio
C. fino al 30% del monte ore complessivo dell'area di istruzione generale e fino al 20% complessivo dell'area di indirizzo
D. 20% del monte ore complessivo nel primo biennio, 30% nel secondo biennio e 20% nel quinto anno

14) Secondo il D.P.R. 15 marzo 2010, n. 88, l'identità degli istituti tecnici si caratterizza per:

A. una solida base culturale di carattere scientifico e tecnologico in linea con le indicazioni dell'Unione europea, che consente agli studenti un rapido inserimento nel mondo del lavoro
B. una solida base di istruzione generale e tecnico-professionale, che consente agli studenti di sviluppare, in una dimensione operativa, saperi e competenze necessari per rispondere alle esigenze formative del settore produttivo di riferimento, considerato nella sua dimensione sistemica
C. una solida base di cultura generale collegata ai settori e alle filiere produttive fondamentali per lo sviluppo economico e sociale del Paese, per consentire agli studenti l'esercizio delle professioni tecniche
D. una solida base culturale e professionale per facilitare agli studenti l'accesso all'università e agli istituti tecnici superiori

15) Il D.P.R. 15 marzo 2010, n. 88, stabilisce che i percorsi degli istituti tecnici sono suddivisi in:

A. sei settori e sei indirizzi
B. tre settori e nove indirizzi
C. due settori e undici indirizzi
D. due settori e sei indirizzi

16) Qual è l'istituzione di riferimento degli Istituti Tecnici Superiori (ITS)?

A. Un istituto di istruzione secondaria superiore, statale o paritario, che appartenga all'ordine tecnico o professionale
B. Un Dipartimento universitario
C. Una struttura formativa accreditata dalla Regione per l'alta formazione
D. La Provincia

17) Qual è la durata dei corsi promossi dagli Istituti Tecnici Superiori (ITS)?

A. 2000 ore
B. 4 semestri per un totale di 1800/2400 ore
C. 800/1000 ore per un totale di 2 semestri
D. 3 semestri

18) A chi è consentito l'accesso ai percorsi IFTS? (individuare la risposta sbagliata)

A. Giovani e adulti in possesso dell'ammissione al quinto anno dei percorsi liceali
B. Giovani e adulti non in possesso del diploma di istruzione secondaria superiore previo accreditamento delle competenze acquisite in precedenti percorsi di istruzione, formazione e lavoro successivi all'assolvimento dell'obbligo di istruzione
C. Giovani e adulti in possesso di diploma professionale di tecnico di cui al D.Lgs. 17 ottobre 2005, n. 226, art. 20, C. 1, lett. c)
D. Giovani e adulti in possesso di diploma di istruzione secondaria superiore purché di indirizzo tecnico o professionale coerente con il profilo dell'area tecnologica di cui all'art. 7 del D.P.C.M. 25 ottobre 2008

19) I percorsi IFTS sono finalizzati al conseguimento di:
A. certificato di specializzazione tecnica superiore
B. diploma di specializzazione
C. qualifica professionale superiore
D. laurea triennale

20) Il D.P.R. 15 marzo 2010, n. 88, stabilisce che i percorsi degli istituti tecnici hanno la seguente struttura:
A. due bienni e un quinto anno
B. un primo biennio, un monoennio e un secondo biennio
C. un monoennio e due bienni
D. un biennio e un triennio

21) Il D.P.R. 15 marzo 2010, n. 88, stabilisce che gli istituti tecnici possono stipulare contratti d'opera con esperti del mondo del lavoro e delle professioni:
A. ai fini di svolgere la funzione di tutor, per rafforzare il collegamento tra scuola e mondo del lavoro in sede di orientamento post diploma
B. ai fini dell'arricchimento dell'offerta formativa e per competenze specialistiche non presenti nell'istituto
C. ai fini di acquisire le competenze disciplinari dell'area di indirizzo in relazione al profilo di riferimento del percorso formativo
D. ai fini dell'arricchimento dell'offerta formativa, per la didattica laboratoriale e la funzione tutoriale negli stage d'azienda

22) Gli ITS realizzano percorsi finalizzati al conseguimento di diplomi di tecnico superiore in riferimento alle seguenti aree tecnologiche (individuare la risposta sbagliata):
A. efficienza energetica
B. mobilità sostenibile
C. tecnologie innovative per i beni e le attività culturali
D. tecnologie della produzione agro-alimentare

23) Qual è la struttura dei percorsi liceali?
A. Cinque monoenni
B. Biennio iniziale e triennio conclusivo
C. Triennio iniziale e biennio conclusivo
D. Due bienni e un quinto anno conclusivo

24) Nell'ambito dei percorsi liceali:
A. possono essere attivati, a partire dal quinto anno, percorsi di alternanza scuola-lavoro
B. non possono essere attivati percorsi di alternanza scuola-lavoro, ma solo stage presso aziende
C. possono essere attivati, esclusivamente per alunni maggiorenni, percorsi di alternanza scuola-lavoro
D. possono essere attivati, a partire dal secondo biennio, percorsi di alternanza scuola-lavoro

25) Il sistema dei licei comprende:

A. i licei artistico, classico, linguistico, musicale e coreutico, scientifico e delle scienze umane
B. i licei artistico, classico, linguistico, musicale e coreutico, scientifico e delle scienze umane, percorsi di liceo sportivo e della comunicazione attivabili dalle istituzioni scolastiche, purché gli indirizzi siano previsti nel Piano regionale
C. i licei artistico, classico, della comunicazione, linguistico, musicale e coreutico, scientifico, sportivo e delle scienze umane
D. i licei artistico, classico, linguistico, musicale e coreutico, scientifico e delle scienze umane, oltre alle opzioni interne previste per ciascun indirizzo

26) Il percorso del liceo classico:

A. prevede che la lingua straniera sia studiata solo nel primo biennio
B. è finalizzato allo studio della civiltà classica e della cultura umanistica, ma riserva attenzione anche alle scienze matematiche, fisiche e naturali
C. prevede lo studio della lingua inglese dal primo al terzo anno
D. è finalizzato esclusivamente allo studio della civiltà classica e della cultura umanistica

27) Il percorso del liceo linguistico:

A. mira all'acquisizione delle competenze comunicative in tre lingue, oltre all'italiano
B. mira all'acquisizione delle competenze comunicative in due lingue, oltre all'italiano
C. prevede lo studio di tre lingue comunitarie, oltre all'italiano
D. prevede lo studio di due lingue straniere nel primo biennio, cui si aggiunge una terza lingua straniera a partire dal secondo biennio

28) Il percorso del liceo musicale e coreutico:

A. prevede che l'iscrizione sia riservata, per la sezione musicale, agli studenti che abbiano frequentato la scuola secondaria di I grado a indirizzo musicale
B. prevede che l'iscrizione sia subordinata al superamento di una prova volta a verificare il possesso di specifiche competenze musicali o coreutiche
C. prevede che l'iscrizione sia subordinata al superamento di una prova attitudinale
D. prevede che l'iscrizione sia riservata, per la sezione musicale, agli studenti che abbiano frequentato una scuola secondaria di I grado a indirizzo musicale, mentre occorre una prova attitudinale per accedere alla sezione coreutica

29) Il percorso del liceo scientifico:

A. è volto all'approfondimento delle abilità e delle competenze necessarie per seguire lo sviluppo della ricerca scientifica e tecnologica e per riconoscere le interazioni tra le diverse forme del sapere, garantendo la padronanza dei linguaggi, delle tecniche e delle metodologie relative, anche attraverso la pratica di laboratorio

B. prevede la distinzione tra pratica laboratoriale e didattica laboratoriale, la prima di esclusiva competenza degli insegnanti tecnico pratici, la seconda dei docenti dell'area scientifica
C. guida lo studente ad approfondire e a sviluppare le conoscenze e le abilità e a maturare le competenze necessarie per seguire lo sviluppo della ricerca scientifica e tecnologica e per individuare le interazioni tra le diverse forme del sapere, assicurando la padronanza dei linguaggi, delle tecniche e delle metodologie relative attraverso la didattica laboratoriale, mentre la pratica laboratoriale è riservata all'opzione "scienze applicate"
D. esclude la pratica laboratoriale, data l'assenza di insegnanti tecnico-pratici dall'organico del liceo scientifico

30) Il percorso del liceo scientifico e il percorso della relativa opzione "scienze applicate":
A. prevedono un'area comune e un'area differenziata in base ai rispettivi indirizzi
B. prevedono un primo biennio comune e una successiva differenziazione a partire dal terzo anno
C. sono differenziati sin dal primo biennio
D. si differenziano solo per la presenza o l'assenza del latino

31) Il percorso del liceo delle scienze umane:
A. può essere attivato esclusivamente presso gli ex istituti magistrali
B. guida lo studente ad approfondire e a sviluppare le conoscenze e le abilità e a maturare le competenze necessarie per l'insegnamento nella scuola primaria
C. guida lo studente ad approfondire e a sviluppare le conoscenze e le abilità e a maturare le competenze necessarie per cogliere la complessità e la specificità dei processi formativi nell'infanzia
D. nessuna delle alternative è corretta

32) Il percorso del liceo delle scienze umane e il percorso della relativa opzione "economico-sociale":
A. si differenziano solo per la presenza o l'assenza del latino
B. prevedono un primo biennio comune e una successiva differenziazione a partire dal terzo anno
C. prevedono un'area comune e un'area differenziata in base alle rispettive opzioni
D. sono differenziati sin dal primo biennio

33) Il liceo sportivo:
A. è stato istituito, alla stregua degli altri percorsi liceali, con D.P.R. 89/2010
B. è un'opzione del liceo delle scienze umane
C. è stato istituito nel 2013
D. è una sperimentazione nazionale finora autorizzata solo presso le strutture del CONI

34) La "Rete nazionale delle scuole professionali", prevista dal D.Lgs. 61/2017, è costituita:
A. dalle istituzioni scolastiche statali che offrono percorsi di istruzione professionale e dagli Istituti Tecnici Superiori (ITS)
B. dalle istituzioni scolastiche statali che offrono percorsi di istruzione professionale
C. dalle istituzioni scolastiche statali o paritarie che offrono percorsi di istruzione professionale e dalle istituzioni formative accreditate
D. dalle istituzioni formative accreditate e dalle istituzioni professionali iscritte negli albi regionali

35) L'art. 10 del D.P.R. 89/2010 prevede che i licei possano dotarsi di un comitato scientifico con funzioni:
A. consultive
B. deliberative
C. gestionali
D. valutative

36) A norma della legge 107/2015, nell'ambito dell'esame di Stato conclusivo dei percorsi di istruzione secondaria di secondo grado, nello svolgimento del colloquio la commissione d'esame tiene conto:
A. della valutazione comparativa degli studenti
B. del documento del consiglio di classe
C. del voto di ammissione all'esame di Stato
D. del curriculum dello studente

37) Ai sensi della legge 107/2015, l'ammontare dei crediti formativi universitari riconosciuti allo studente a conclusione dei percorsi realizzati dagli istituti tecnici superiori non può essere inferiore:
A. a cinquanta per i percorsi della durata di quattro semestri e a settancinque per i percorsi della durata di sei semestri
B. a sessanta per i percorsi della durata di quattro semestri e a novanta per i percorsi della durata di sei semestri
C. a settanta per i percorsi della durata di quattro semestri e a cento per i percorsi della durata di sei semestri
D. a cento per i percorsi della durata di quattro semestri e a centocinquanta per i percorsi della durata di sei semestri

38) Le Linee guida per il passaggio al nuovo ordinamento negli istituti tecnici e professionali sono state emanate:
A. nel 2012 tramite Decreto ministeriale
B. nel 2010 tramite Direttiva
C. nel 2010 tramite Decreto del Presidente della Repubblica
D. nel 2012 tramite Ordinanza ministeriale

39) I profili di uscita degli indirizzi di studio dei nuovi percorsi di istruzione professionale di cui al D.Lgs. 61/2017:

A. non sono mai stati adottati
B. non sono previsti
C. sono stati adottati con decreto ministeriale
D. sono stati adottati con decreto del Presidente della Repubblica

40) Riguardo gli obiettivi specifici di apprendimento dei licei:

A. è stato emanato un Decreto interministeriale contenente il testo unitario delle Indicazioni nazionali, con sei articolazioni interne relative ai sei percorsi liceali
B. è stata emanata un'unica Direttiva ministeriale, con sei articolazioni interne relative ai sei percorsi liceali
C. sono state emanate sei Direttive ministeriali, corrispondenti alle sei principali articolazioni dei percorsi liceali, oltre ad una nota introduttiva comune
D. sono state emanate sei Indicazioni nazionali, corrispondenti alle sei principali articolazioni dei percorsi liceali, oltre ad una nota introduttiva comune

Risposte commentate
La scuola secondaria di secondo grado: gli istituti professionali, gli istituti tecnici, i licei. L'istruzione e formazione tecnica superiore

1) A. Nel D.P.R. 87/2010, all'art. 1, si afferma: "*Gli istituti professionali (...) fanno parte dell'istruzione secondaria superiore quale articolazione del secondo ciclo del sistema di istruzione e formazione (...); sono riorganizzati a partire dalle classi prime funzionanti nell'anno scolastico 2010/2011, secondo le norme contenute nel presente regolamento, con riferimento al profilo educativo, culturale e professionale dello studente a conclusione dei percorsi del secondo ciclo di istruzione e formazione di cui all'allegato A del decreto legislativo 17 ottobre 2005, n. 226*".

2) A. L'art. 2, c. 1, del D.P.R. 87/2010, sottolinea: "*L'identità degli istituti professionali si caratterizza per una solida base di istruzione generale e tecnico-professionale, che consente agli studenti di sviluppare, in una dimensione operativa, saperi e competenze necessari per rispondere alle esigenze formative del settore produttivo di riferimento, considerato nella sua dimensione sistemica per un rapido inserimento nel mondo del lavoro e per l'accesso all'università e all'istruzione e formazione tecnica superiore*".

3) D. Nel D.P.R. 15 marzo 2010, n. 87, all'art. 2, c. 4, si legge: "*Agli istituti professionali si riferiscono gli istituti tecnici superiori secondo quanto previsto dal decreto del Presidente del Consiglio dei Ministri 25 gennaio 2008, pubblicato nella Gazzetta Ufficiale n. 86 dell'11 aprile 2008, con l'obiettivo prioritario di sostenere lo sviluppo delle professioni tecniche a livello terziario, mediante le specializzazioni richieste dal mondo del lavoro, con particolare riferimento alle piccole e medie imprese*".

4) A. L'art. 4, c. 3, del D.P.R. 15 marzo 2010, n. 87, recita: "*Gli istituti professionali per il settore industria ed artigianato sono dotati di un ufficio tecnico con il compito di sostenere la migliore organizzazione e funzionalità dei laboratori a fini didattici e il loro adeguamento in relazione alle esigenze poste dall'innovazione tecnologica nonché per la sicurezza delle persone e dell'ambiente*".

5) D. La L. 107/2015, all'art. 1, c. 33 ha disposto, al fine di incrementare le opportunità di lavoro e le capacità di orientamento degli studenti, che "*i percorsi di alternanza scuola-lavoro di cui al decreto legislativo 15 aprile 2005, n. 77, sono attuati, negli istituti tecnici e professionali, per una durata complessiva, nel secondo biennio e nell'ultimo anno del percorso di studi, di almeno 400 ore (...).*" Successivamente, la legge di bilancio 2019 (art. 1, comma 784 L. 145/2018) oltre a ridenominare "percorsi per le competenze trasversali e per l'orientamento" i percorsi in alternanza scuola-lavoro di cui al D.Lgs. 77/2005,

ha anche disposto che, a decorrere dall'anno scolastico 2018/2019, tali percorsi sono attuati per una durata complessiva:
a) non inferiore a 210 ore nel triennio terminale del percorso di studi degli istituti professionali;
b) non inferiore a 150 ore nel secondo biennio e nell'ultimo anno del percorso di studi degli istituti tecnici;
c) non inferiore a 90 ore nel secondo biennio e nel quinto anno dei licei.

6) B. Il D.Lgs. 13 aprile 2017, 61, art. 13, c. 1 prevede la seguente tempistica : "*A decorrere dall'anno scolastico 2022/2023 il decreto del Presidente della Repubblica 15 marzo 2010, n. 87, e successive modificazioni, è abrogato*". La stessa norma, all'art. 14, c. 1 così dispone: "*Il decreto del Presidente della Repubblica 15 marzo 2010, n. 87, e successive modificazioni, continua ad applicarsi esclusivamente:*
a) per l'anno scolastico 2018/2019, per le classi dalla seconda alla quinta;
b) per l'anno scolastico 2019/2020, per le classi dalla terza alla quinta;
c) per l'anno scolastico 2020/2021, per le classi dalla quarta alla quinta;
d) per l'anno scolastico 2021/2022, per le sole classi quinte".

7) C. Per il D.Lgs. 61/2017 (art. 4, c. 1), "*l'istruzione professionale è caratterizzata da una struttura quinquennale dei percorsi (...)*"; in base all'art. 3, c. 1 dello stesso decreto, "*gli indirizzi di studio dei percorsi di istruzione professionale sono i seguenti:*
a) Agricoltura, sviluppo rurale, valorizzazione dei prodotti del territorio e gestione delle risorse forestali e montane;
b) Pesca commerciale e produzioni ittiche;
c) Industria e artigianato per il Made in Italy;
d) Manutenzione e assistenza tecnica;
e) Gestione delle acque e risanamento ambientale;
f) Servizi commerciali;
g) Enogastronomia e ospitalità alberghiera;
h) Servizi culturali e dello spettacolo;
i) Servizi per la sanità e l'assistenza sociale;
l) Arti ausiliarie delle professioni sanitarie: odontotecnico;
m) Arti ausiliarie delle professioni sanitarie: ottico".

8) A. D.Lgs. 61/2017, art. 4, c. 1: "*L'istruzione professionale è caratterizzata da una struttura quinquennale dei percorsi, secondo quanto previsto dai quadri orari di cui all'Allegato B, che sono articolati in un biennio e in un successivo triennio*".

9) D. D.Lgs. 61/2017, art. 5, c. 1: "*L'assetto didattico dell'istruzione professionale è caratterizzato:*
a) dalla personalizzazione del percorso di apprendimento (...) e dal Progetto formativo individuale che viene redatto dal consiglio di classe entro il 31 gennaio del primo anno di frequenza e aggiornato durante l'intero percorso scolastico. Il Progetto formativo individuale si basa su un bilancio personale che evidenzia i saperi e le competenze acquisiti da ciascuna studentessa e da ciascuno studente, anche in modo non formale e informale ed è idoneo a rilevare le potenzialità e le carenze riscontrate, al fine di motivare ed orientare nella progressiva costruzione del percorso formativo e lavorativo. Il dirigente scolastico, sentito il consiglio di classe, individua, all'interno

di quest'ultimo, i docenti che assumono la funzione di tutor per sostenere le studentesse e gli studenti nell'attuazione e nello sviluppo del Progetto formativo individuale".

10) C. L'art. 5, c. 1, lett. e del D.Lgs. 61/2017 prevede la "*possibilità di attivare percorsi di alternanza scuola-lavoro, già dalla seconda classe del biennio (...)*".

11) B. D.Lgs. 61/2017, art. 8, c. 4 e 5: "*4. Il passaggio è effettuato (...) nei limiti delle disponibilità di posti nelle classi di riferimento delle istituzioni scolastiche e formative.*
5. Il passaggio tiene conto dei diversi risultati di apprendimento e dello specifico profilo di uscita dell'ordine di studi e dell'indirizzo, riferiti al percorso al quale si chiede di accedere (...). La determinazione dell'annualità di inserimento è basata sul riconoscimento dei crediti posseduti, sulla comparazione tra il percorso di provenienza e quello cui la studentessa e lo studente chiede di accedere, nonché sulle sue effettive potenzialità di prosecuzione del percorso".

12) A. I settori di riferimento della nuova struttura dell'istruzione tecnica sono due: l'economico e il tecnologico, di cui il primo ha due indirizzi e il secondo nove (D.P.R. 88/2010, artt. 3 e 4).

13) B. Ai sensi dell'art. 5, c. 3, del D.P.R. 88/2010: "*(...) gli istituti tecnici: a) possono utilizzare la quota di autonomia del 20% dei curricoli, nell'ambito degli indirizzi definiti dalle regioni e in coerenza con il profilo di cui all'allegato A), sia per potenziare gli insegnamenti obbligatori per tutti gli studenti, con particolare riferimento alle attività di laboratorio, sia per attivare ulteriori insegnamenti, finalizzati al raggiungimento degli obiettivi previsti dal piano dell'offerta formativa*".

14) A. Il D.P.R. 87/2010 afferma, all'art. 2, c. 1: "*L'identità degli istituti tecnici si caratterizza per una solida base culturale di carattere scientifico e tecnologico in linea con le indicazioni dell'Unione europea, costruita attraverso lo studio, l'approfondimento e l'applicazione di linguaggi e metodologie di carattere generale e specifico ed è espressa da un limitato numero di ampi indirizzi, correlati a settori fondamentali per lo sviluppo economico e produttivo del Paese, con l'obiettivo di far acquisire agli studenti, in relazione all'esercizio di professioni tecniche, saperi e competenze necessari per un rapido inserimento nel mondo del lavoro e per l'accesso all'università e all'istruzione e formazione tecnica superiore*".

15) C. Ai sensi dell'art. 3, c. 1, del D.P.R. 87/2010: "*I percorsi degli istituti tecnici del settore economico (...) si riferiscono (...) ai seguenti indirizzi: a. amministrazione, finanza e marketing (B1); b. turismo (B2)*".
Ai sensi dell'art. 4, c. 1: "*I percorsi degli istituti tecnici per il settore tecnologico (...) si riferiscono (...) agli indirizzi: a. meccanica, meccatronica ed energia (C1); b. trasporti e logistica (C2); c. elettronica ed elettrotecnica (C3); d. informatica e telecomunicazioni (C4); e. grafica e comunicazione (C5); f. chimica, materiali e biotecnologie (C6); g. sistema moda (C7); h. agraria, agroalimentare e agroindustria (C8); i. costruzioni, ambiente e territorio (C9)*".

16) A. Sia ai sensi dell'art. 2, c. 4, del D.P.R. 87/2010, sia ai sensi dell'art. 2, c. 4, del D.P.R. 88/2010, "*agli istituti professionali si riferiscono gli istituti tecnici superiori (...) con l'obiettivo prioritario di sostenere lo sviluppo delle professioni tecniche a livello terziario*".

17) C. Il D.P.C.M. 25 ottobre 2008, all'art. 9, c. 1, afferma: "*I percorsi IFTS hanno, di regola, la durata di due semestri, per un totale di 800/1000 ore e sono finalizzati al conseguimento di un certificato di specializzazione tecnica superiore*".

18) D. Il D.P.C.M. 25 ottobre 2008, all'art. 10, recita: "*1. I giovani e gli adulti accedono ai percorsi di istruzione e formazione tecnica superiore, con il possesso di uno dei seguenti titoli: diploma di istruzione secondaria superiore; diploma professionale di tecnico di cui al decreto legislativo 17 ottobre 2005, n. 226, art. 20, comma 1, lettera c).*
2. L'accesso ai percorsi IFTS è consentito anche a coloro che sono in possesso dell'ammissione al quinto anno dei percorsi liceali, ai sensi del decreto legislativo 17 ottobre 2005, n. 226, art. 2, comma 5, nonché a coloro che non sono in possesso del diploma di istruzione secondaria superiore, previo accreditamento delle competenze acquisite in precedenti percorsi di istruzione, formazione e lavoro successivi all'assolvimento dell'obbligo di istruzione di cui al regolamento adottato con decreto del ministro della pubblica istruzione 22 agosto 2007, n. 139".

19) A. Il D.P.C.M. 25 ottobre 2008, all'art. 4, c. 3, recita: "*Con decreto adottato ai sensi dell'art. 69, comma 1, della legge n. 144/1999 sono determinati i diplomi di tecnico superiore di cui all'art. 7, comma 1, e i certificati di specializzazione tecnica superiore di cui all'art. 9, comma 1, con l'indicazione delle figure che costituiscono il riferimento a livello nazionale dei percorsi di cui al comma 1 e dei relativi standard delle competenze di cui al comma 2, lettera c), da considerare anche ai fini di quanto previsto dall'art. 52 del decreto legislativo 10 settembre 2003, n. 276*".

20) A. Secondo quanto stabilisce l'art. 5, c. 2, del D.P.R. 88/2010, i percorsi degli istituti tecnici hanno: un primo biennio articolato, per ciascun anno, in 660 ore di attività e insegnamenti di istruzione generale e in 396 ore di attività e insegnamenti obbligatori di indirizzo; un secondo biennio articolato, per ciascun anno, in 495 ore di attività e insegnamenti di istruzione generale e in 561 ore di attività e insegnamenti obbligatori di indirizzo; un quinto anno articolato in 495 ore di attività e insegnamenti di istruzione generale e in 561 ore di attività e insegnamenti obbligatori di indirizzo.

21) B. Secondo quanto stabilisce l'art. 5, c. 3, lett. e), del D.P.R. 88/2010, gli istituti tecnici "*possono stipulare contratti d'opera con esperti del mondo del lavoro e delle professioni con una specifica e documentata esperienza professionale maturata nel settore di riferimento, ai fini dell'arricchimento dell'offerta formativa e per competenze specialistiche non presenti nell'istituto, nei limiti degli spazi di flessibilità di cui alla lettera a) e delle risorse iscritte nel programma annuale di ciascuna istituzione scolastica*".

22) D. Il D.P.C.M. 25 gennaio 2008, all'art. 7, c. 1, afferma: "*Gli ITS realizzano percorsi finalizzati al conseguimento di diplomi di tecnico superiore relativi alle figure adottate con il decreto di cui all'art. 4, comma 3, allo scopo di rispondere a fabbisogni formativi diffusi sul territorio nazionale, con riferimento alle seguenti aree tecnologiche: 1. efficienza energetica; 2. mobilità sostenibile; 3. nuove tecnologie della vita; 4. nuove tecnologie per il made in Italy; 5. Tecnologie innovative per i beni e le attività culturali; 6. tecnologie dell'informazione e della comunicazione*".

23) D. Nel D.P.R. 89/2010, all'art. 2, c. 3, si afferma che: "*I percorsi liceali hanno durata quinquennale. Si sviluppano in due periodi biennali e in un quinto anno che completa il percorso disciplinare*".

24) D. Nel D.P.R. 89/2010, all'art. 2, c. 7, si afferma che l'approfondimento delle conoscenze può avvenire anche nell'ambito dei percorsi di alternanza scuola-lavoro e tramite l'attivazione di moduli e iniziative di studio-lavoro per progetti, e di esperienze pratiche e di tirocinio.

25) A. Il sistema dei licei, come stabilito dal D.P.R. 89/2010, art. 3, c. 1, comprende i licei artistico, classico, linguistico, musicale e coreutico, scientifico e delle scienze umane.

26) B. Secondo quanto stabilito dall'art. 5, c. 1, del D.P.R. 89/2010, "*il percorso del liceo classico è indirizzato allo studio della civiltà classica e della cultura umanistica*" favorendo "*l'acquisizione dei metodi propri degli studi classici e umanistici, all'interno di un quadro culturale che, riservando attenzione anche alle scienze matematiche, fisiche e naturali, consente di cogliere le intersezioni tra i saperi e di elaborare una visione critica della realtà*".

27) A. Il D.P.R. 89/2010, all'art. 6, c. 1, recita: "*Il percorso del liceo linguistico è indirizzato allo studio di più sistemi linguistici e culturali. Guida lo studente ad approfondire e a sviluppare le conoscenze e le abilità, a maturare le competenze necessarie per acquisire la padronanza comunicativa di tre lingue, oltre l'italiano*".

28) B. Nel D.P.R. 89/2010, all'art. 7, c. 2, si legge: "*L'iscrizione al percorso del liceo musicale e coreutico è subordinata al superamento di una prova preordinata alla verifica del possesso di specifiche competenze musicali o coreutiche*".

29) A. Nel D.P.R. 89/2010, art. 8, c. 1, si afferma che: "*Il percorso del liceo scientifico è indirizzato allo studio del nesso tra cultura scientifica e tradizione umanistica (...). Guida lo studente ad approfondire ed a sviluppare le conoscenze e le abilità ed a maturare le competenze necessarie per seguire lo sviluppo della ricerca scientifica e tecnologica e per individuare le interazioni tra le diverse forme del sapere, assicurando la padronanza dei linguaggi, delle tecniche e delle metodologie relative, anche attraverso la pratica laboratoriale*".

30) C. L'indirizzo tradizionale e l'opzione scienze applicate del liceo scientifico presentano sin dal primo anno piani di studio differenti, definiti nell'Allegato F al D.P.R. 89/2010.

31) D. Ai sensi dell'art. 9, c. 1, del D.P.R. 89/2010: "*Il percorso del liceo delle scienze umane è indirizzato allo studio delle teorie esplicative dei fenomeni collegati alla costruzione dell'identità personale e delle relazioni umane e sociali. Guida lo studente ad approfondire ed a sviluppare le conoscenze e le abilità ed a maturare le competenze necessarie per cogliere la complessità e la specificità dei processi formativi. Assicura la padronanza dei linguaggi, delle metodologie e delle tecniche di indagine nel campo delle scienze umane*".

32) D. Il piano degli studi del liceo delle scienze umane e quello della relativa opzione “scienze applicate” sono differenti sin dal primo anno; essi sono definiti nell’Allegato G al D.P.R. 89/2010.

33) C. Il liceo sportivo è stato istituito dal D.P.R. 5 marzo 2013, n. 52, Regolamento di organizzazione dei percorsi della sezione ad indirizzo sportivo del sistema dei licei, a norma dell’articolo 3, comma 2, del decreto del Presidente della Repubblica 15 marzo 2010, n. 89.

34) C. D.Lgs. 61/2017, art. 7, c. 3: “*(...) è istituita la «Rete nazionale delle scuole professionali», di seguito denominata Rete, di cui fanno parte, nel rispetto della loro diversa identità e pari dignità, le istituzioni scolastiche statali o paritarie che offrono percorsi di istruzione professionale e le istituzioni formative accreditate sulla base dei livelli essenziali delle prestazioni di cui al Capo III del decreto legislativo 17 ottobre 2005, n. 226*”.

35) A. D.P.R. 89/2010, art. 10, comma 2, lett. b: “*(...) possono dotarsi, senza nuovi o maggiori oneri per la finanza pubblica, di un comitato scientifico composto di docenti e di esperti del mondo del lavoro, delle professioni, della ricerca scientifica e tecnologica, delle università e delle istituzioni di alta formazione artistica, musicale e coreutica, con funzioni consultive e di proposta per l’organizzazione e l’utilizzazione degli spazi di autonomia e flessibilità...*”.

36) D. Legge 107/2015, art. 1, comma 30: “*Nell’ambito dell’esame di Stato conclusivo dei percorsi di istruzione secondaria di secondo grado, nello svolgimento dei colloqui la commissione d’esame tiene conto del curriculum dello studente*”.

37) D. Legge 107/2015, art. 1, comma 51: “*L’ammontare dei crediti formativi universitari riconosciuti non può essere comunque inferiore a cento per i percorsi della durata di quattro semestri e a centocinquanta per i percorsi della durata di sei semestri*”.

38) B. Per gli istituti professionali è stata emanata la Direttiva 28 luglio 2010, n. 65, Linee guida per il passaggio al nuovo ordinamento, come previsto all’art. 8, comma 6, del D.P.R. 15 marzo 2010, n. 87; per gli istituti tecnici è stata emanata la Direttiva 15 luglio 2010, n. 57, Linee guida per il passaggio al nuovo ordinamento, come previsto all’art. 8, comma 3, del D.P.R. 15 marzo 2010, n. 88. Con decreto 766 del 23 agosto 2019, infine, sono state adottate le Linee guida per favorire e sostenere l’adozione del nuovo assetto didattico di percorsi di istruzione professionale di cui al D.Lgs. 61/2017.

39) C. Il nuovo ordinamento degli istituti professionali ha cominciato a trovare applicazione a partire dalle classi prime funzionanti nell’a.s. 2018/2019. Con il decreto n. 92 del 24 maggio 2018 (“*Revisione dei percorsi dell’istruzione professionale nel rispetto dell’articolo 117 della Costituzione, nonché raccordo con i percorsi dell’istruzione e formazione professionale, a norma dell’articolo 1, commi 180 e 181, lettera d), della legge 13 luglio 2015, n. 107*, emanato in attuazione dell’art. 3, commi 3 e 4 del D.Lgs. 61/2017 sono stati definiti:
- i profili di uscita degli indirizzi di studio di area generale (Allegato 1);
- i profili di uscita degli 11 indirizzi di studio (Allegato 2) e i relativi risultati di apprendimento, declinati in termini di competenze, abilità e conoscenze;

- la correlazione degli indirizzi di studio alle attività economiche referenziate ai codici delle attività economiche (ATECO) adottati dall'ISTAT ed esplicitati sino a livello di sezione e di correlate divisioni;
- la correlazione dei profili in uscita degli indirizzi di studio ai settori economico-professionali previsti dal decreto del Ministro del lavoro del 30 giugno 2015 (così come richiesto dall'art. 3, comma 4 del D.Lgs. 61/2017)
- l'articolazione dei quadri orari di ciascuno degli 11 indirizzi di studio (Allegato 3);
- le correlazioni tra le qualifiche e i diplomi professionali conseguiti nell'ambito dei percorsi di istruzione e formazione professionale e gli indirizzi dei percorsi quinquennali dell'istruzione professionale anche al fine di facilitare il sistema dei passaggi tra i sistemi formativi (Allegato 4).

40) D. Le Indicazioni nazionali riguardanti gli obiettivi specifici di apprendimento concernenti le attività e gli insegnamenti compresi nei piani degli studi previsti per i percorsi liceali sono state emanate con Decreto interministeriale n. 211 del 7 ottobre 2010, che reca sette allegati:

Allegato A, Nota introduttiva alle Indicazioni nazionali riguardanti gli obiettivi specifici di apprendimento;

– Allegato B, Indicazioni nazionali riguardanti gli obiettivi specifici di apprendimento in relazione alle attività e agli insegnamenti compresi nel piano degli studi relative al liceo artistico e relativi indirizzi;

– Allegato C, Indicazioni nazionali riguardanti gli obiettivi specifici di apprendimento in relazione alle attività e agli insegnamenti compresi nel piano degli studi previsto per il liceo classico;

– Allegato D, Indicazioni nazionali riguardanti gli obiettivi specifici di apprendimento in relazione alle attività e agli insegnamenti compresi nel piano degli studi previsto per il liceo linguistico;

– Allegato E, Indicazioni nazionali riguardanti gli obiettivi specifici di apprendimento in relazione alle attività e agli insegnamenti compresi nel piano degli studi previsto per il liceo musicale e coreutico;

– Allegato F, Indicazioni nazionali riguardanti gli obiettivi specifici di apprendimento in relazione alle attività e agli insegnamenti compresi nei piani degli studi previsti per il liceo scientifico e la sua opzione delle «scienze applicate»;

– Allegato G, Indicazioni nazionali riguardanti gli obiettivi specifici di apprendimento in relazione alle attività e agli insegnamenti compresi nei piani degli studi previsti per il liceo delle Scienze umane e la sua opzione «economico-sociale».

Questionario 4
Tutela normativa dei bisogni educativi speciali

1) Il termine "disabilità" è stato introdotto nella normativa scolastica:

A. dalla legge n. 104/1992
B. dalla legge n. 517/1977
C. dalle Linee guida del 4 agosto 2009
D. dal D.Lgs. 26 marzo 2001, n. 151

2) Qual è la corretta definizione di "persona handicappata" nella legge n. 104 del 1992?

A. È persona handicappata colui che presenta una minorazione fisica, psichica o sensoriale, stabilizzata o progressiva, che è causa di difficoltà di apprendimento, di relazione o di integrazione lavorativa e tale da determinare un processo di svantaggio sociale o di emarginazione
B. È persona handicappata colui che presenta una minorazione fisica o di integrazione sociale, stabilizzata o progressiva, che è causa di difficoltà di apprendimento, di relazione o di lavoro e tale da determinare un processo di svantaggio sociale o di emarginazione
C. È persona handicappata colui che presenta una minorazione fisica o di integrazione sociale, stabilizzata o progressiva, che è causa di difficoltà di apprendimento, di relazione o di lavoro e tale da determinare un processo di svantaggio sociale o di emarginazione
D. È persona handicappata colui che presenta una minorazione fisica, psichica o sensoriale, stabilizzata o progressiva, che è causa di disturbi di apprendimento, di relazione o di lavoro e tale da determinare un processo di svantaggio sociale o di emarginazione

3) Secondo la L. 104/1992, la certificazione dell'*handicap* compete:

A. al collegio medico istituito presso la sede territoriale dell'INPS
B. all'Azienda ospedaliera competente per territorio
C. all'Azienda sanitaria locale
D. alle commissioni mediche istituite presso le unità sanitarie locali

4) Nella rubrica del D.Lgs. n. 66/2017 e ss.mm.ii. viene utilizzato il termine:

A. handicap
B. disabilità
C. diversa abilità
D. minorazione

5) Il D.Lgs. 13 aprile 2017, n. 66, sull'inclusione scolastica è stato successivamente modificato a seguito dell'entrata in vigore:

A. del D.Lgs. 118/2017

B. della legge n. 108/2018
C. della legge n. 92/2019
D. del D.Lgs. n. 96/2019

6) A chi compete l'assistenza igienica dell'alunno disabile all'interno delle strutture scolastiche?
A. Al docente di sostegno
B. Al collaboratore scolastico
C. Al docente in servizio nella classe
D. Al personale fornito dall'ente locale come previsto dall'art. 138 del D.Lgs. n. 112/1998

7) Secondo le Linee guida del 2009, l'ICF (*International Classification of Functioning, Disability and Health*):
A. recepisce il modello sociale della disabilità
B. considera la persona dal punto di vista sanitario
C. considera la condizione di salute come variabile indipendente
D. non considera le potenzialità complessive del soggetto disabile

8) A norma della legge 104/1992, come modificata dal D.Lgs. 96/2019, l'accertamento di handicap è effettuato:
A. dall'unità di neuropsichiatria infantile (NPI)
B. dalle unità sanitarie locali mediante le commissioni mediche
C. dall'INPS
D. dall'INAIL

9) A norma della legge 104/1992, come modificata dal D.Lgs. 96/2019, qualora l'accertamento di handicap riguardi persone in età evolutiva, la Commissione medica è composta da:
A. un medico legale, che assume le funzioni di presidente, e da due medici, di cui uno specialista in pediatria o in neuropsichiatria infantile e l'altro specialista nella patologia che connota la condizione di salute del soggetto
B. un medico dell'INPS, che assume le funzioni di presidente, e da due medici, di cui uno specialista in pediatria e l'altro specialista in neuropsichiatria infantile
C. un collegio medico-legale, composto da tre specialisti in neuropsichiatria infantile
D. un collegio medico-legale, di cui uno specialista in neuropsichiatria infantile, uno specialista in pediatria e il terzo specialista nella patologia che connota la condizione di salute del soggetto

10) A norma della legge 104/1992, come modificata dal D.Lgs. 96/2019, l'accertamento di handicap è propedeutico alla redazione di:
A. Piano Educativo Individualizzato
B. Diagnosi funzionale
C. Profilo di funzionamento
D. Progetto individuale

11) A norma del D.Lgs. 66/2017, come modificato dal D.Lgs. 96/2019, il Profilo di funzionamento (individuare la risposta ERRATA):
A. è di competenza della Commissione medica nell'ambito del SSN
B. è redatto in collaborazione con i genitori o con chi esercita la responsabilità genitoriale
C. è redatto con la partecipazione del dirigente scolastico ovvero di un docente specializzato sul sostegno didattico
D. rispetta nella massima misura possibile il diritto di autodeterminazione dello studente con disabilità

12) Fra i requisiti per il riconoscimento della parità delle scuole non statali, c'è l'applicazione delle norme vigenti in materia di inserimento di studenti con handicap o in condizioni di svantaggio. In quale documento è contenuta tale prescrizione?
A. D.P.C.M. n. 185 del 2006
B. Legge 5 febbraio 1992, n. 104
C. Legge 10 marzo 2000, n. 62
D. Legge 28 marzo 2003, n. 53

13) Con la legge n. 18 del 3 marzo 2009, il Parlamento italiano ha ratificato:
A. la Convenzione ONU per i diritti dell'infanzia
B. la Dichiarazione ONU dei diritti del bambino
C. la Dichiarazione ONU dei diritti dei rifugiati
D. la Convenzione ONU per i diritti delle persone con disabilità

14) L'*International Classification of Functioning, Disability and Health* (ICF) è stata approvata:
A. dall'Assemblea Mondiale della Sanità nel 2001
B. dall'Assemblea Mondiale della Sanità nel 2006
C. dall'Organizzazione delle Nazioni Unite nel 2006
D. dall'Organizzazione delle Nazioni Unite nel 2001

15) A norma del D.Lgs. 66/2017, come modificato dal D.Lgs. 96/2019, il Profilo di funzionamento è aggiornato:
A. all'inizio di ogni anno scolastico
B. al passaggio di ogni grado di istruzione, a partire dalla scuola dell'infanzia
C. su richiesta dei genitori o di chi esercita la responsabilità genitoriale
D. su richiesta della scuola

16) In quale documento, redatto a norma del D.Lgs. 66/2017, come modificato dal D.Lgs. 96/2019, sono esplicitate le modalità di sostegno didattico, compresa la proposta del numero di ore di sostegno alla classe?
A. Certificazione di disabilità
B. Profilo di funzionamento
C. Progetto individuale
D. Piano educativo individualizzato

17) I disturbi specifici di apprendimento riconosciuti dalla legislazione scolastica sono:
A. tre: dislessia, discalculia e ADHD
B. tre: dislessia, disgrafia e disortografia
C. quattro: dislessia, disgrafia, disortografia e discalculia
D. cinque: dislessia, disgrafia, disortografia, discalculia e ADHD

18) Ai sensi della legge n. 170/2010, i genitori degli alunni con certificazione di DSA:
A. hanno diritto a tre giorni di permesso retribuito mensile
B. hanno diritto di usufruire di orari di lavoro flessibili
C. non hanno diritti specifici sul luogo di lavoro
D. hanno diritto a 4 ore di permesso retribuito mensile

19) Ai sensi della legge n. 170/2010, gli alunni con certificazione di DSA hanno diritto:
A. a provvedimenti dispensativi e compensativi di flessibilità didattica
B. a criteri di valutazione differenziati
C. a prove differenziate negli esami di Stato e nei test di accesso all'università
D. a tempi adeguati nell'effettuazione di prove scritte

20) Fra gli strumenti compensativi che possono essere adottati per gli alunni con DSA non rientra:
A. la sintesi vocale
B. i programmi di video scrittura con correttore ortografico
C. il registratore
D. maggior tempo per lo svolgimento di una prova

21) Fra le misure dispensative che possono essere adottate per gli alunni con DSA non rientra:
A. usufruire di maggior tempo per lo svolgimento di una prova
B. svolgere la stessa su un contenuto comunque disciplinarmente significativo ma ridotto
C. usare la calcolatrice
D. ridurre il materiale di lavoro

22) Secondo le *Linee guida per il diritto allo studio degli alunni e degli studenti con disturbi specifici di apprendimento*, il tempo aggiuntivo per lo svolgimento di una prova è dell'ordine del:
A. 10%
B. 20%
C. 30%
D. 50%

23) Ai sensi della legge n. 170/2010, nei confronti di alunni che manifestano difficoltà di apprendimento, le scuole hanno il compito iniziale di:

A. attivare, previa comunicazione alle famiglie, interventi tempestivi, idonei ad individuare i casi sospetti di DSA degli studenti
B. segnalare all'ASL di competenza, previa comunicazione alle famiglie, i casi sospetti di DSA degli studenti
C. sottoporre gli alunni a test diagnostici dei DSA, previa comunicazione alle famiglie
D. inviare al dirigente scolastico gli esiti dei test diagnostici per le comunicazioni alle famiglie di competenza della scuola

24) A norma della legge 107/2015, l'insegnamento delle materie scolastiche agli studenti con disabilità è assicurato anche attraverso:
A. un fondo di spesa a destinazione vincolata nel bilancio d'istituto
B. il riconoscimento delle differenti modalità di comunicazione
C. l'assunzione di un assistente linguistico nel caso di gravi difficoltà nella comunicazione verbale
D. forme di raccordo con gli enti locali

25) Secondo le Linee guida per l'accoglienza e l'integrazione degli alunni stranieri, emanate nel 2014, per gli alunni stranieri neo-arrivati un intervento efficace dovrebbe prevedere:
A. circa 8-10 ore settimanali dedicate all'italiano L2 (circa 2 ore al giorno) per una durata di 3-4 mesi
B. l'iscrizione, per il primo anno, ad una classe inferiore di un anno rispetto all'età anagrafica al fine di favorire l'alfabetizzazione iniziale nella lingua italiana
C. la sostituzione delle ore di insegnamento dedicate alla lingua straniera o alle lingue straniere con altrettante ore di alfabetizzazione iniziale nella lingua italiana
D. l'intervento di un mediatore linguistico fornito dall'amministrazione comunale nell'ambito della convenzione per l'attuazione del diritto allo studio

26) Secondo la lege n. 91/1992, i figli di genitori stranieri, che nascono in Italia, ottengono la cittadinanza italiana:
A. se ne fanno richiesta entro un anno dal compimento del diciottesimo anno di età, dimostrando di aver risieduto legalmente in Italia senza interruzioni
B. dopo dieci anni di residenza in Italia, dimostrando di aver risieduto legalmente in Italia senza interruzioni
C. con il completamento dell'obbligo scolastico decennale
D. alla nascita, indipendentemente dalla nazionalità dei genitori

27) In relazione ai minori stranieri presenti sul territorio nazionale, quale tra le affermazioni di seguito riportate è estranea alla legislazione italiana?
A. Sono soggetti all'obbligo scolastico
B. Se privi di documentazione anagrafica, non possono essere iscritti alla scuola
C. Hanno diritto all'istruzione indipendentemente dalla regolarità della posizione in ordine al loro soggiorno
D. Possono iscriversi alla scuola in qualunque periodo dell'anno scolastico

28) È possibile iscrivere un alunno straniero di nuova immigrazione in una classe diversa rispetto a quella corrispondente all'età anagrafica?

A. No, ma il direttore dell'Ufficio scolastico provinciale può autorizzare, su adeguata motivazione, l'inserimento in classi inferiori rispetto all'età anagrafica
B. Sì, il collegio dei docenti può deliberare di inserire l'alunno in una classe diversa
C. No, gli alunni stranieri vanno sempre iscritti per età anagrafica, poiché a loro si applicano le stesse norme degli alunni italiani
D. Sì, gli alunni stranieri di nuova immigrazione vanno iscritti in una classe inferiore di uno o più anni, salvo che dimostrino un'adeguata conoscenza della lingua italiana

29) La C.M. n. 2/2010 ha stabilito il criterio generale del tetto del 30% per classe degli alunni stranieri ponendo delle condizioni, fra le quali non risulta:

A. il numero degli alunni con cittadinanza non italiana presenti in ciascuna classe non può superare il 30% del totale degli iscritti
B. il limite del 30% può essere innalzato, con determinazione del direttore dell'USR, a fronte della presenza di alunni stranieri in possesso di adeguate competenze linguistiche
C. il limite del 30% può venire ridotto, con determinazione del direttore dell'USR, a fronte di particolari e documentate complessità
D. il collegio dei docenti determina le condizioni per il superamento o la riduzione del tetto del 30% per classe degli alunni stranieri

30) Gli alunni stranieri che frequentano la scuola secondaria di primo grado possono essere dispensati dallo studio della seconda lingua comunitaria?

A. No, essendo essi soggetti agli stessi obblighi degli studenti di nazionalità italiana
B. Sì, tuttavia in tal caso essi non potranno essere ammessi all'esame di Stato conclusivo del primo ciclo dell'istruzione
C. Sì, utilizzando per il potenziamento dell'italiano le due ore settimanali destinate all'insegnamento della seconda lingua comunitaria
D. Sì, iscrivendosi alle classi che prevedono il potenziamento dell'inglese a 5 ore settimanali

31) Secondo le Linee guida del 2006, all'atto dell'iscrizione dell'alunno straniero vanno richiesti i seguenti documenti (individuare la risposta sbagliata):

A. il permesso di soggiorno e i documenti anagrafici
B. i documenti sanitari comprovanti le vaccinazioni prescritte
C. i documenti scolastici comprovanti la frequenza scolastica pregressa
D. non vanno richiesti documenti ma solo le corrispondenti autocertificazioni

32) Il permesso di soggiorno viene rilasciato:

A. all'alunno straniero che abbia compiuto il 18° anno d'età
B. all'alunno straniero che abbia compiuto il 14° anno d'età
C. a uno dei genitori nel caso in cui il figlio sia minore di 16 anni
D. a uno dei genitori nel caso in cui il figlio sia minore di 18 anni

33) Nel caso di minori non accompagnati (privi di genitori o tutori legalmente responsabili), il dirigente scolastico:

A. accetta l'iscrizione in ragione del prioritario diritto all'istruzione dei minori
B. segnala la situazione all'autorità pubblica competente per le procedure di accoglienza e affido, ovvero di rimpatrio assistito
C. segnala ai servizi sociali del Comune la condizione di soggiorno irregolare degli alunni
D. segnala al direttore dell'USR l'iscrizione avvenuta con riserva di regolarizzazione della situazione

34) Circa la documentazione sanitaria comprovante le vaccinazioni obbligatorie dei minori stranieri in età dell'obbligo, il dirigente scolastico:

A. in mancanza della documentazione sanitaria, accetta l'iscrizione ma sospende la frequenza scolastica fino a regolarizzazione avvenuta
B. è tenuto a richiedere la presentazione della documentazione comprovante l'effettuazione delle vaccinazioni obbligatorie
C. assicura la frequenza scolastica e, contestualmente, invita la famiglia a presentarsi ai servizi sanitari perché rilevino la situazione vaccinale dell'alunno ed eseguano l'intervento sanitario necessario
D. se la famiglia rifiuta le vaccinazioni, segnala la circostanza al Tribunale per i minorenni

35) La dizione *Bisogni educativi speciali (BES)* risale a:

A. legge n. 270/2010
B. nota MIUR del 4 agosto 2009 – *Linee guida sull'integrazione degli alunni con disabilità*
C. legge n. 328/2000
D. direttiva MIUR del 27 dicembre 2012

36) Il disturbo dell'attenzione e dell'iperattività (ADHD):

A. di norma viene diagnosticato e certificato ai sensi della legge n. 104/1992
B. di norma viene diagnosticato e certificato ai sensi della legge n. 170/2010
C. di norma non rientra né nell'area dell'handicap né fra i disturbi specifici di apprendimento
D. di norma non rientra nell'area dell'handicap ma, nei casi più gravi, può essere certificato come disturbo specifico di apprendimento

37) La Direttiva sui BES del 27 dicembre 2012 chiede che siano prese in carico dai consigli di classe situazioni di difficoltà che, di norma, non sono certificabili sulla base delle leggi n. 104/1992 e n. 170/2010. Fra di esse non risulta la seguente difficoltà:

A. disturbo specifico del linguaggio
B. discalculia
C. disturbo dello spettro autistico lieve
D. disprassia

38) In presenza di alunni con BES, il consiglio di classe:
A. redige il Piano didattico personalizzato (PDP)
B. convoca i genitori e concorda interventi coordinati scuola-famiglia
C. invia una relazione al dirigente scolastico segnalando la particolare situazione dell'alunno
D. previa informazione alla famiglia, invia una relazione all'unità di neuropsichiatria infantile segnalando la particolare situazione dell'alunno

39) Per gli alunni in situazione di svantaggio socioeconomico, linguistico e culturale, il consiglio di classe è legittimato a deliberare il PDP alle seguenti condizioni (individuare la risposta sbagliata):
A. il BES deve essere individuato sulla base di elementi oggettivi ovvero di fondate considerazioni psicopedagogiche e didattiche
B. le azioni previste nel PDP devono avere una durata temporale definita
C. il PDP può prevedere dispense da una o più prove in sede di esami di Stato
D. il PDP può prevedere strumenti compensativi e misure dispensative

40) A norma del D.Lgs. 66/2017, come modificato dal D.Lgs. 96/2019, quali sono, le funzioni del Gruppo di lavoro per l'inclusione (individuare la risposta ERRATA)?
A. Redigere il Piano annuale per l'inclusione
B. Supportare il collegio dei docenti nella definizione e realizzazione del Piano per l'inclusione
C. Supportare i consigli di classe nell'attuazione dei PEI
D. Supportare i docenti contitolari nell'attuazione dei PEI

41) Il Servizio Nazionale di Valutazione dell'Invalsi prevede la partecipazione degli alunni con DSA alle prove standardizzate?
A. No
B. Sì, fornendo modelli differenziati
C. Sì, con facoltà del consiglio di classe di disporre strumenti compensativi coerenti con il PDP
D. Sì, con facoltà del consiglio di classe di disporre misure dispensative coerenti con il PDP

42) Secondo la legge n. 62/2000, per l'accoglienza e l'iscrizione di alunni con nazionalità straniera, le scuole paritarie gestite da religiosi hanno gli stessi obblighi di quelle statali?
A. Sì, ma possono rifiutare le iscrizioni sulla base dell'adesione degli alunni stranieri a principi religiosi diversi
B. Sì, ma solo per gli alunni che devono adempiere all'obbligo scolastico
C. Sì, perché sono scuole pubbliche a tutti gli effetti
D. No: essendo organismi privati, possono decidere di rifiutare le iscrizioni

43) Gli alunni con certificazione di handicap, ammessi all'esame conclusivo del primo ciclo:

A. se necessario, sostengono prove di esame differenziate, comprensive della prova a carattere nazionale, corrispondenti agli insegnamenti impartiti
B. se necessario, sostengono, all'interno delle prove scritte, solo quelle che risultano idonee a valutare il progresso dell'alunno in rapporto alle sue potenzialità e ai livelli di apprendimento iniziali
C. se necessario, sostengono le prove differenziate predisposte dalla sottocommissione
D. sono esonerati dalle procedure d'esame e ricevono al termine dell'anno un attestato di credito formativo che costituisce titolo per l'iscrizione e per la frequenza del secondo ciclo dell'istruzione obbligatoria

44) Secondo il D.Lgs. n. 66/2017, il Gruppo di lavoro per l'inclusione (GLI) a livello di istituzione scolastica:
A. è eletto dal collegio dei docenti
B. è proposto dal collegio dei docenti e ratificato dal consiglio d'istituto
C. è nominato dal dirigente scolastico
D. è nominato dal dirigente scolastico su proposta del consiglio d'istituto

45) I DSA riguardano:
A. soggetti con disturbi di tipo oppositivo-provocatorio della condotta, in comorbilità con difficoltà di apprendimento
B. soggetti con intelligenza nella norma che presentano difetti di funzionamento scolastico in determinate aree
C. soggetti con una minorazione psichica, che è causa di difficoltà di apprendimento e tale da determinare un processo di svantaggio scolastico e sociale
D. nessuno dei soggetti citati

46) Gli alunni con DSA certificate sostengono le prove d'esame:
A. con possibilità di esonero dalle prove scritte di alcune discipline e loro sostituzione con prove orali equipollenti in sede di colloquio d'esame
B. con possibilità di accesso a misure compensative e dispensative nell'effettuazione delle prove scritte, che sono tenuti a sostenere integralmente
C. con possibilità di accesso a misure compensative e dispensative purché siano menzionate nella certificazione delle competenze rilasciata al termine della sessione d'esami
D. senza alcuna differenziazione

47) Ai sensi della legge n. 104/1992, gli insegnanti di sostegno:
A. assumono la contitolarità delle sezioni e delle classi in cui operano
B. assumono la contitolarità delle classi in cui operano, previa delibera in merito del collegio dei docenti
C. sono responsabili dei soli alunni in situazione di handicap
D. assumono la contitolarità delle classi in cui operano, previa delibera in merito del Consiglio di istituto

48) A norma del CCNL del comparto "Scuola", a chi compete l'assistenza igienica dell'alunno disabile all'interno delle strutture scolastiche?
A. Al docente di sostegno della classe
B. Al collaboratore scolastico di supporto alla classe
C. Al docente in servizio nella classe
D. Al personale fornito dall'ente locale come previsto dall'art. 138 del D.Lgs. n. 112/1998

49) Qual è il primo compito previsto dalla legge n. 170/2010 per tutte le scuole di ogni ordine e grado nei confronti degli alunni con DSA?
A. Favorire l'intervento del Servizio sanitario nazionale per la definizione della diagnosi di DSA
B. Attivare, previa apposita comunicazione alle famiglie interessate, interventi tempestivi, idonei ad individuare i casi sospetti di DSA degli studenti
C. Organizzare attività di formazione in servizio per i docenti al fine di renderli capaci di individuare le difficoltà di apprendimento degli alunni
D. Attivare la famiglia dell'alunno che presenta una situazione sospetta di DSA affinché richieda una diagnosi funzionale

50) La legge n. 107/2015 assicura agli studenti con disabilità il diritto all'insegnamento delle materie scolastiche anche attraverso:
A. il riconoscimento delle differenti modalità di comunicazione
B. l'istruzione domiciliare
C. l'assegnazione gratuita di strumenti informatici adeguati al tipo di disabilità certificata
D. l'adeguamento del numero delle ore settimanali di insegnamento al tipo di disabilità certificata

51) Secondo la "Convenzione delle Nazioni Unite sui diritti delle persone con disabilità", l'accomodamento ragionevole consiste:
A. nella progettazione di prodotti, strutture, programmi e servizi utilizzabili da tutte le persone con disabilità nella misura più estesa possibile escludendo oneri sproporzionati per i fornitori di beni o di servizi
B. nelle modifiche e negli adattamenti necessari ed appropriati, che non impongano un onere sproporzionato o eccessivo, adottati per garantire alle persone con disabilità il godimento e l'esercizio di tutti i diritti umani e delle libertà fondamentali
C. nell'adozione di misure adeguate a garantire alle persone con disabilità, su base di uguaglianza con gli altri, l'accesso all'ambiente fisico, ai trasporti, all'informazione e alla comunicazione e ad altre attrezzature e servizi aperti o forniti al pubblico
D. nell'aggiustamento di una posizione lavorativa tale da rendere possibile ad un lavoratore con disabilità, qualificato per quella mansione, di neutralizzare in maniera effettiva lo svantaggio derivante dalla menomazione di cui soffre

52) Nel D.Lgs. 66/2017, come modificato dal D.Lgs. 96/2019, si trovano enunciazioni che fanno riferimento al principio dell'accomodamento ragionevole?

A. L'obiettivo di garantire le prestazioni per l'inclusione scolastica tiene conto del principio di accomodamento ragionevole
B. La quantificazione delle ore di sostegno per la classe in cui è inserito l'alunno con disabilità certificata tiene conto del principio di accomodamento ragionevole
C. Gli interventi programmati nel PEI tengono conto del principio di accomodamento ragionevole
D. Gli interventi del SSN per il recupero delle disabilità psicofisiche tengono conto del principio di accomodamento ragionevole

53) La legge 112/2016, detta "Dopo di noi", disciplina le "Disposizioni in materia di assistenza in favore delle persone con disabilità grave prive del sostegno familiare". Fra i quattro enunciati di seguito esposti, uno NON appartiene all'articolato della legge.
A. Con la legge "Dopo di noi" si intende tutelare il periodo di vita delle persone con disabilità severa successivo alla scomparsa dei genitori o dei familiari più prossimi
B. Sono previste misure di assistenza delle persone con disabilità grave determinata dal naturale invecchiamento o da patologie connesse alla senilità
C. Spetta alle Regioni supportare la domiciliarità in abitazioni o gruppi-appartamento che riproducano le condizioni abitative e relazionali della casa familiare
D. Viene istituito il Fondo per l'assistenza alle persone con disabilità grave prive del sostegno familiare

54) Il Profilo di funzionamento istituito dal D.Lgs. 66/2017, come modificato dal D.Lgs. 96/2019:
A. sostituisce la diagnosi funzionale
B. sostituisce il profilo dinamico-funzionale
C. ricomprende la diagnosi funzionale e il profilo dinamico-funzionale
D. si aggiunge alla diagnosi funzionale e al profilo dinamico-funzionale

55) A norma del D.Lgs. 66/2017, come modificato dal D.Lgs. 96/2019, la trasmissione alla scuola del Profilo di funzionamento compete:
A. alla commissione medica che certifica la disabilità
B. all'unità di valutazione multidisciplinare di cui al D.P.R. 24 febbraio 1994
C. all'ufficio organici dell'ambito territoriale di competenza
D. ai genitori dell'alunno disabile

56) Il Progetto individuale, previsto dal D.Lgs. 66/2017 come modificato dal D.Lgs. 96/2019, è redatto:
A. dalla commissione medica che certifica la disabilità
B. dall'unità di valutazione multidisciplinare di cui al D.P.R. 24 febbraio 1994
C. dal consiglio di classe
D. dal competente Ente locale d'intesa con l'ASL

57) Il Gruppo per l'inclusione territoriale (GIT), istituito dal D.Lgs. 66/2017 come modificato dal D.Lgs. 96/2019 (individuare la risposta ERRATA):
A. è composto dai dirigenti scolastici preposti alle istituzioni scolastiche dell'ambito territoriale di riferimento
B. è presieduto da un dirigente tecnico o scolastico
C. conferma la richiesta inviata dal dirigente scolastico all'USR relativa al fabbisogno delle misure di sostegno ovvero può esprimere su tale richiesta un parere difforme
D. è integrato dalle associazioni rappresentative delle persone con disabilità nel campo dell'inclusione scolastica nonché dagli Enti locali e dalle Aziende sanitarie locali

58) Qualora l'alunno con disabilità certificata necessiti di ulteriori supporti a carico degli Enti locali, il dirigente scolastico, a norma del D.Lgs. 66/2017 come modificato dal D.Lgs. 96/2019, invia la relativa richiesta all'Ente competente:
A. entro il 30 giugno antecedente l'inizio dell'anno scolastico successivo
B. all'inizio dell'anno scolastico
C. entro un mese dall'inizio dell'anno scolastico
D. in tempo utile per l'ordinario avvio dell'anno scolastico

59) Il D.Lgs. 66/2017, come modificato dal D.Lgs. 96/2019, assicura la continuità del progetto educativo e didattico a favore dei soggetti con disabilità:
A. istituendo il vincolo triennale di permanenza su posto di sostegno nella medesima istituzione scolastica
B. istituendo il vincolo quinquennale di permanenza su posto di sostegno nella medesima istituzione scolastica
C. tramite il personale della scuola, il Piano per l'inclusione e il PEI
D. nel caso di docenti di sostegno con contratto a tempo determinato, assicurando la proroga del contratto fino al termine del ciclo didattico frequentato dal soggetto con disabilità

60) Il Decreto del Presidente del Consiglio dei Ministri 4 Marzo 2020 in attuazione del decreto-legge 23 febbraio 2020, n. 6, recante misure urgenti in materia di contenimento e gestione dell'emergenza epidemiologica da COVID-19, ha disposto la sospensione delle attività didattiche nelle scuole di ogni ordine e grado. I dirigenti scolastici sono stati incaricati di attivare modalità di didattica a distanza:
A. per garantire agli studenti con disabilità il diritto a all'istruzione anche in fase di emergenza
B. avuto anche riguardo alle specifiche esigenze degli studenti con disabilità
C. per garantire agli studenti ricoverati in ospedale il diritto all'istruzione
D. nessuna delle opzioni è corretta

Risposte commentate
Tutela normativa dei bisogni educativi speciali

1) C. Il termine *handicap* è normalmente adottato dalla legislazione italiana (ad es.: legge 5 febbraio 1992, n. 104; legge 8 marzo 2000, n. 53; D.Lgs. 26 marzo 2001, n. 151; D.Lgs. 18 luglio 2011, n. 119).
Il termine *disabilità* è usato a partire dalle *Linee guida sull'integrazione scolastica degli alunni con disabilità* (MIUR, Nota 4 agosto 2009, prot. n. 4274).

2) A. La legge n. 104/1992 afferma all'art. 3: "*È persona handicappata colui che presenta una minorazione fisica, psichica o sensoriale, stabilizzata o progressiva, che è causa di difficoltà di apprendimento, di relazione o di integrazione lavorativa e tale da determinare un processo di svantaggio sociale o di emarginazione*".

3) D. Legge n. 104/1992, art. 4, c. 1: "*Gli accertamenti relativi alla minorazione, alle difficoltà, alla necessità dell'intervento assistenziale permanente e alla capacità complessiva individuale residua, di cui all'articolo 3, sono effettuati dalle unità sanitarie locali mediante le commissioni mediche di cui all'articolo 1 della legge 15 ottobre 1990, n. 295, che sono integrate da un operatore sociale e da un esperto nei casi da esaminare, in servizio presso le unità sanitarie locali*".

4) B. D.Lgs. 13 aprile 2017, n. 66, "Norme per la promozione dell'inclusione scolastica degli studenti con disabilità, a norma dell'articolo 1, commi 180 e 181, lettera c), della legge 13 luglio 2015, n. 107".

5) D. D.Lgs. 7 agosto 2019, n. 96, "Disposizioni integrative e correttive al decreto legislativo 13 aprile 2017, n. 66, recante: «Norme per la promozione dell'inclusione scolastica degli studenti con disabilità, a norma dell'articolo 1, commi 180 e 181, lettera c) , della legge 13 luglio 2015, n. 107»".

6) B. Il CCNL, nel definire il profilo professionale dell'Area A (collaboratori scolastici), assegna al personale ausiliario compiti peculiari nei confronti degli alunni disabili: "*Presta ausilio materiale agli alunni portatori di handicap nell'accesso dalle aree esterne alle strutture scolastiche, all'interno e nell'uscita da esse, nonché nell'uso dei servizi igienici e nella cura dell'igiene personale anche con riferimento alle attività previste dall'art. 47*".

7) A. Nella parte prima, punto 3, delle *Linee guida per l'integrazione scolastica degli alunni con disabilità*, si afferma: "*L'ICF recepisce pienamente il modello sociale della disabilità, considerando la persona non soltanto dal punto di vista "sanitario", ma promuovendone un approccio globale, attento alle potenzialità complessive, alle varie risorse del soggetto, tenendo ben presente che il contesto, personale, naturale, sociale e culturale, incide decisamente nella possibilità che tali risorse hanno di esprimersi*".

8) B. Legge 104/1992, art. 4, comma 1: "*Gli accertamenti relativi alla minorazione, alle difficoltà, alla necessità dell'intervento assistenziale permanente e alla capacità complessiva individuale residua, di cui all'articolo 3, sono effettuati dalle unità sanitarie locali mediante le commissioni mediche (...)*".

9) A. Legge 104/1992, art. 4, comma 1: "*Nel caso in cui gli accertamenti di cui al comma 1 riguardino persone in età evolutiva, le commissioni mediche di cui alla legge 15 ottobre 1990, n. 295, sono composte da un medico legale, che assume le funzioni di presidente, e da due medici, di cui uno specialista in pediatria o in neuropsichiatria infantile e l'altro specialista nella patologia che connota la condizione di salute del soggetto*".

10) C. Legge 104/1992, art. 12, comma 5: "*Tale accertamento è propedeutico alla redazione del profilo di funzionamento, predisposto secondo i criteri del modello bio-psico-sociale della Classificazione internazionale del funzionamento, della disabilità e della salute (ICF) dell'Organizzazione mondiale della sanità (OMS), ai fini della formulazione del Piano educativo individualizzato (PEI) facente parte del progetto individuale di cui all'articolo 14 della legge 8 novembre 2000, n. 328*".

11) A. D.Lgs. 66/2017, art. 5, comma 3: "*Il Profilo di funzionamento (...) è redatto da una unità di valutazione multidisciplinare, nell'ambito del SSN, (...) con la collaborazione dei genitori o di chi esercita la responsabilità genitoriale (...) nonché nel rispetto del diritto di autodeterminazione nella massima misura possibile, della studentessa o dello studente con disabilità, con la partecipazione del dirigente scolastico ovvero di un docente specializzato sul sostegno didattico (...)*".

12) C. Nella legge 10 marzo 2000, n. 62, all'art. 1, c. 3, si legge: "*Alle scuole paritarie private è assicurata piena libertà per quanto concerne l'orientamento culturale e l'indirizzo pedagogico-didattico. Tenuto conto del progetto educativo della scuola, l'insegnamento è improntato ai princìpi di libertà stabiliti dalla Costituzione. Le scuole paritarie, svolgendo un servizio pubblico, accolgono chiunque, accettandone il progetto educativo, richieda di iscriversi, compresi gli alunni e gli studenti con handicap*".

13) D. Con la legge 3 marzo 2009, n. 18, recante *Ratifica ed esecuzione della Convenzione delle Nazioni Unite sui diritti delle persone con disabilità, con Protocollo opzionale, fatta a New York il 13 dicembre 2006 e istituzione dell'Osservatorio nazionale sulla condizione delle persone con disabilità*, il Parlamento italiano ha ratificato la Convenzione ONU per i diritti delle persone con disabilità.

14) A. Il 22 maggio 2001 l'Organizzazione Mondiale della Sanità ha approvato la *Classificazione Internazionale del Funzionamento, della Disabilità e della Salute*, in sigla ICF. A differenza delle precedenti classificazioni (ICD e ICIDH), in cui si dava ampio spazio alla descrizione delle patologie, ricorrendo a termini quali malattia, menomazione e handicap, nella classificazione ICF l'OMS utilizza termini che fanno riferimento alla salute individuale in chiave positiva (funzionamento e salute).
L'ICF analizza lo stato di salute degli individui ponendo la correlazione fra salute e ambiente e pervenendo alla definizione di disabilità, intesa come una condizione di salute in un ambiente sfavorevole.

15) B. D.Lgs. 66/2017, art. 5, comma 4, lett. d: "*Il Profilo di funzionamento è aggiornato al passaggio di ogni grado di istruzione, a partire dalla scuola dell'infanzia, nonché in presenza di nuove e sopravvenute condizioni di funzionamento della persona*".

16) D. D.Lgs. 66/2017, art. 5, comma 2, lett. d: "*Il PEI esplicita le modalità di sostegno didattico, compresa la proposta del numero di ore di sostegno alla classe, le modalità di verifica, i criteri di valutazione, gli interventi di inclusione svolti dal personale docente nell'ambito della classe e in progetti specifici, la valutazione in relazione alla programmazione individualizzata, nonché gli interventi di assistenza igienica e di base (...)*".

17) C. La legge 8 ottobre 2010, n. 170, recante *Nuove norme in materia di disturbi specifici di apprendimento in ambito scolastico*, riconosce all'art. 1, c. 1, "*la dislessia, la disgrafia, la disortografia e la discalculia quali disturbi specifici di apprendimento, (...) che si manifestano in presenza di capacità cognitive adeguate, in assenza di patologie neurologiche e di deficit sensoriali, ma possono costituire una limitazione importante per alcune attività della vita quotidiana*".

18) B. Secondo quanto stabilito dall'art. 6, c. 1, della L. n. 170/2010: "*I familiari fino al primo grado di studenti del primo ciclo dell'istruzione con DSA impegnati nell'assistenza alle attività scolastiche a casa hanno diritto di usufruire di orari di lavoro flessibili*".

19) A. L'art. 5, c. 1, della legge n. 170/2010 stabilisce che "*gli studenti con diagnosi di DSA hanno diritto a fruire di appositi provvedimenti dispensativi e compensativi di flessibilità didattica nel corso dei cicli di istruzione e formazione e negli studi universitari*".

20) D. Le *Linee guida per il diritto allo studio degli alunni e degli studenti con disturbi specifici di apprendimento*, allegate al decreto ministeriale 12 luglio 2011, affermano quanto segue al punto 3: "*Gli strumenti compensativi sono strumenti didattici e tecnologici che sostituiscono o facilitano la prestazione richiesta nell'abilità deficitaria. Fra i più noti indichiamo:*
– la sintesi vocale, che trasforma un compito di lettura in un compito di ascolto;
– il registratore, che consente all'alunno o allo studente di non scrivere gli appunti della lezione;
– i programmi di video scrittura con correttore ortografico, che permettono la produzione di testi sufficientemente corretti senza l'affaticamento della rilettura e della contestuale correzione degli errori (...)".

21) C. Le *Linee guida per il diritto allo studio degli alunni e degli studenti con disturbi specifici di apprendimento*, allegate al decreto ministeriale 12 luglio 2011, affermano al punto 3: "*Le misure dispensative sono invece interventi che consentono all'alunno o allo studente di non svolgere alcune prestazioni che, a causa del disturbo, risultano particolarmente difficoltose e che non migliorano l'apprendimento. (...) Consentire all'alunno o allo studente con DSA di usufruire di maggior tempo per lo svolgimento di una prova, o di poter svolgere la stessa su un contenuto comunque disciplinarmente significativo ma ridotto, trova la sua ragion d'essere nel fatto che il disturbo li impegna per più tempo dei propri compagni nella fase di decodifica degli items della prova. A questo riguardo, gli studi disponibili in materia consigliano di stimare, tenendo conto degli indici di prestazione dell'allievo, in che misura la specifica difficoltà lo penalizzi di fronte ai compagni e di calibrare di conseguenza un tempo aggiuntivo o la riduzione del materiale di lavoro*".

22) C. Le *Linee guida per il diritto allo studio degli alunni e degli studenti con disturbi specifici di apprendimento*, allegate al decreto ministeriale 12 luglio 2011, al punto 3 stabiliscono che "*in assenza di indici più precisi, una quota del 30% in più appare un ragionevole tempo aggiuntivo*".

23) A. Ai sensi dell'art. 3, c. 3, della legge n. 170/2010: "*È compito delle scuole di ogni ordine e grado, comprese le scuole dell'infanzia, attivare, previa apposita comunicazione alle famiglie interessate, interventi tempestivi, idonei ad individuare i casi sospetti di DSA degli studenti, sulla base dei protocolli regionali di cui all'articolo 7, comma 1. L'esito di tali attività non costituisce, comunque, una diagnosi di DSA*".

24) B. Legge 107/2015, art. 1, comma 24: "*L'insegnamento delle materie scolastiche agli studenti con disabilità è assicurato anche attraverso il riconoscimento delle differenti modalità di comunicazione, senza nuovi o maggiori oneri a carico della finanza pubblica*".

25) A. Il punto 6.1 "Attività per gli alunni neo-arrivati" delle Linee guida per l'accoglienza e l'integrazione degli alunni stranieri, emanate nel 2014, afferma che "*per rispondere ai bisogni linguistici degli alunni stranieri non italofoni l'esperienza consolidata ci dice che sono necessari tempi, strumenti, risorse di qualità. In particolare, nella prima fase, un intervento efficace dovrebbe prevedere circa 8-10 ore settimanali dedicate all'italiano L2 (circa 2 ore al giorno) per una durata di 3-4 mesi*".

26) A. La legge n. 91/1992 stabilisce, all'art. 4, c. 2, che "*lo straniero nato in Italia, che vi abbia risieduto legalmente senza interruzioni fino al raggiungimento della maggiore età, diviene cittadino se dichiara di voler acquistare la cittadinanza italiana entro un anno dalla suddetta data*".

27) B. Il D.P.R. 31 agosto 1999, n. 394, afferma, all'art. 45, c. 1: "*I minori stranieri presenti sul territorio nazionale hanno diritto all'istruzione indipendentemente dalla regolarità della posizione in ordine al loro soggiorno, nelle forme e nei modi previsti per i cittadini italiani. Essi sono soggetti all'obbligo scolastico secondo le disposizioni vigenti in materia. L'iscrizione dei minori stranieri nelle scuole italiane di ogni ordine e grado avviene nei modi e alle condizioni previsti per i minori italiani. Essa può essere richiesta in qualunque periodo dell'anno scolastico. I minori stranieri privi di documentazione anagrafica ovvero in possesso di documentazione irregolare o incompleta sono iscritti con riserva*".

28) B. Ai sensi del D.P.R. 31 agosto 1999, n. 394, art. 45, c. 2: "*(…) I minori stranieri soggetti all'obbligo scolastico vengono iscritti alla classe corrispondente all'età anagrafica, salvo che il collegio dei docenti deliberi l'iscrizione ad una classe diversa (…)*".

29) D. La C.M. n. 2 dell'8 gennaio 2010 recita al punto 3: "*1 – il numero degli alunni con cittadinanza non italiana presenti in ciascuna classe non potrà superare di norma il 30% del totale degli iscritti, quale esito di una equilibrata distribuzione degli allievi con cittadinanza non italiana tra istituti che insistono sullo stesso territorio.*
2 – Il limite del 30% entra in vigore dall'anno scolastico 2010-2011 in modo graduale: viene infatti introdotto a partire dal primo anno della scuola dell'infanzia e dalle classi prime sia della scuola primaria, sia della scuola secondaria di I e di II grado.

3 – Il limite del 30% può essere innalzato – con determinazione del Direttore generale dell'Ufficio Scolastico Regionale – a fronte della presenza di alunni stranieri (come può frequentemente accadere nel caso di quelli nati in Italia) già in possesso delle adeguate competenze linguistiche.
4 – Il limite del 30% può di contro venire ridotto, sempre con determinazione del Direttore generale dell'Ufficio Scolastico Regionale, a fronte della presenza di alunni stranieri per i quali risulti all'atto dell'iscrizione una padronanza della lingua italiana ancora inadeguata a una compiuta partecipazione all'attività didattica e comunque a fronte di particolari e documentate complessità".

30) C. Il D.P.R. 20 marzo 2009, n. 89, art. 5, c. 10, prevede che le due ore settimanali destinate all'insegnamento della seconda lingua comunitaria nella scuola secondaria di primo grado possono essere "*utilizzate anche per potenziare l'insegnamento della lingua italiana per gli alunni stranieri non in possesso delle necessarie conoscenze e competenze nella medesima lingua italiana*".

31) D. Secondo le *Linee guida per l'accoglienza e l'integrazione degli alunni stranieri*, allegate alla C.M. n. 24 del 1° marzo 2006, all'atto dell'iscrizione vanno richiesti il permesso di soggiorno e i documenti anagrafici, i documenti sanitari comprovanti le vaccinazioni prescritte, i documenti scolastici comprovanti la frequenza scolastica pregressa.

32) B. Ai sensi delle *Linee guida per l'accoglienza e l'integrazione degli alunni stranieri* (parte II, punto 2), allegate alla C.M. n. 24 del 1° marzo 2006: "*Il permesso di soggiorno viene rilasciato direttamente all'alunno straniero che abbia compiuto il 14° anno d'età, in caso contrario ad uno dei due genitori*".

33) B. Le *Linee guida per l'accoglienza e l'integrazione degli alunni stranieri* (parte II, punto 2), allegate alla C.M. n. 24 del 1° marzo 2006, stabiliscono che "*qualora la scuola riscontri il caso di minori stranieri* "*non accompagnati*" *(ossia che risultino abbandonati o privi di genitori o di altri adulti legalmente responsabili della loro tutela) deve darne subito segnalazione all'autorità pubblica competente per le procedure di accoglienza e affido, ovvero di rimpatrio assistito (art. 32 del D.Lgs. n. 286/1998)*". A sua volta, la legge n. 47/2017 (art. 5, c. 3) dispone che "*l'identità di un minore straniero non accompagnato è accertata dalle autorità di pubblica sicurezza (...)*".

34) B. Con l'entrata in vigore della legge n. 119/2017 (di conversione del D.L. 73/2017), all'atto dell'iscrizione del minore di età compresa tra zero e sedici anni e del minore straniero non accompagnato, i dirigenti scolastici sono tenuti a richiedere ai genitori esercenti la responsabilità genitoriale, ai tutori e ai soggetti affidatari:
a) la presentazione della documentazione comprovante l'effettuazione delle vaccinazioni obbligatorie previste dalla legge n. 119 in base all'età (copia del libretto delle vaccinazioni vidimato dalla ASL);
(ovvero)
b) l'esonero, l'omissione o il differimento delle vaccinazioni obbligatorie presentando la documentazione medica prevista dalla Circolare Ministero Salute 16 agosto 2017 (punto 6);
(ovvero)

c) la presentazione di formale richiesta di vaccinazione alla ASL territorialmente competente.

35) D. Con la Direttiva del 27 dicembre 2012 – *Strumenti d'intervento per alunni con bisogni educativi speciali e organizzazione territoriale per l'inclusione scolastica* – il Ministero ha recepito dalla pedagogia anglosassone il più generale profilo dei Bisogni Educativi Speciali (in inglese *Special Educational Needs*).

36) C. La direttiva del 27 dicembre 2012, al punto 1.3, così recita: "*(...) In alcuni casi il quadro clinico particolarmente grave – anche per la comorbilità con altre patologie – richiede l'assegnazione dell'insegnante di sostegno, come previsto dalla legge 104/92. Tuttavia, vi sono moltissimi ragazzi con ADHD che, in ragione della minor gravità del disturbo, non ottengono la certificazione di disabilità, ma hanno pari diritto a veder tutelato il loro successo formativo*".

37) B. La direttiva del 27 dicembre 2012 afferma, al punto 1.2: "*(...) Si tratta, in particolare, dei disturbi con specifiche problematiche nell'area del linguaggio (disturbi specifici del linguaggio o – più in generale – presenza di bassa intelligenza verbale associata ad alta intelligenza non verbale) o, al contrario, nelle aree non verbali (come nel caso del disturbo della coordinazione motoria, della disprassia, del disturbo non-verbale o – più in generale – di bassa intelligenza non verbale associata ad alta intelligenza verbale, qualora però queste condizioni compromettano sostanzialmente la realizzazione delle potenzialità dell'alunno) o di altre problematiche severe che possono compromettere il percorso scolastico (come per esempio un disturbo dello spettro autistico lieve, qualora non rientri nelle casistiche previste dalla legge 104)*".

38) A. Al punto 1.5 della direttiva del 27 dicembre 2012 si legge: "*(...) Dalle considerazioni sopra esposte si evidenzia, in particolare, la necessità di elaborare un percorso individualizzato e personalizzato per alunni e studenti con bisogni educativi speciali, anche attraverso la redazione di un Piano Didattico Personalizzato, individuale o anche riferito a tutti i bambini della classe con BES, ma articolato, che serva come strumento di lavoro in itinere per gli insegnanti ed abbia la funzione di documentare alle famiglie le strategie di intervento programmate*".

39) C. La C.M. n. 8 del 6 marzo 2013 afferma: "*Si vuole inoltre richiamare ulteriormente l'attenzione su quell'area dei BES che interessa lo svantaggio socioeconomico, linguistico, culturale. La Direttiva, a tale proposito, ricorda che* "*ogni alunno, con continuità o per determinati periodi, può manifestare Bisogni Educativi Speciali: o per motivi fisici, biologici, fisiologici o anche per motivi psicologici, sociali, rispetto ai quali è necessario che le scuole offrano adeguata e personalizzata risposta*".
Tali tipologie di BES dovranno essere individuate sulla base di elementi oggettivi (come ad es. una segnalazione degli operatori dei servizi sociali), ovvero di ben fondate considerazioni psicopedagogiche e didattiche.
Per questi alunni (...) è parimenti possibile attivare percorsi individualizzati e personalizzati, oltre che adottare strumenti compensativi e misure dispensative (ad esempio la dispensa dalla lettura ad alta voce e le attività ove la lettura è valutata, la scrittura veloce sotto dettatura, ecc.), con le stesse modalità sopra indicate.
In tal caso si avrà cura di monitorare l'efficacia degli interventi affinché siano messi in atto per il tempo strettamente necessario. (...) In ogni caso, non si potrà accedere alla dispensa dalle

prove scritte di lingua straniera se non in presenza di uno specifico disturbo clinicamente diagnosticato (...)".

40) A. D.Lgs. 66/2017 e s.m.i. art. 9, comma 8: "*(...) Il GLI (...) ha il compito di supportare il collegio dei docenti nella definizione e realizzazione del Piano per l'inclusione nonché i docenti contitolari e i consigli di classe nell'attuazione dei PEI*".

41) C. D.Lgs. n. 62/2017, art. 11, c. 14: "*Le alunne e gli alunni con DSA partecipano alle prove standardizzate di cui all'articolo 4 e 7. Per lo svolgimento delle suddette prove il consiglio di classe può disporre adeguati strumenti compensativi coerenti con il piano didattico personalizzato. Le alunne e gli alunni con DSA dispensati dalla prova scritta di lingua straniera o esonerati dall'insegnamento della lingua straniera non sostengono la prova nazionale di lingua inglese di cui all'articolo 7*".

42) C. Ai sensi dell'art. 1, c. 3, della legge n. 62/2000: "*Tenuto conto del progetto educativo della scuola, l'insegnamento è improntato ai princìpi di libertà stabiliti dalla Costituzione. Le scuole paritarie, svolgendo un servizio pubblico, accolgono chiunque, accettandone il progetto educativo, richieda di iscriversi, compresi gli alunni e gli studenti con handicap. Il progetto educativo indica l'eventuale ispirazione di carattere culturale o religioso. Non sono comunque obbligatorie per gli alunni le attività extra-curriculari che presuppongono o esigono l'adesione ad una determinata ideologia o confessione religiosa*".

43) C. Il D.Lgs. n. 62/2017, all'art. 11, c. 6 prevede che, "*per lo svolgimento dell'esame di Stato conclusivo del primo ciclo di istruzione, la sottocommissione, sulla base del piano educativo individualizzato, relativo alle attività svolte, alle valutazioni effettuate e all'assistenza eventualmente prevista per l'autonomia e la comunicazione, predispone, se necessario, utilizzando le risorse finanziarie disponibili a legislazione vigente, prove differenziate idonee a valutare il progresso dell'alunna o dell'alunno in rapporto alle sue potenzialità e ai livelli di apprendimento iniziali. Le prove differenziate hanno valore equivalente ai fini del superamento dell'esame e del conseguimento del diploma finale*".

44) C. D.Lgs. n. 66/2017, art. 9, c. 8: "*Presso ciascuna istituzione scolastica è istituito il Gruppo di lavoro per l'inclusione (GLI).(...). Il gruppo è nominato e presieduto dal dirigente scolastico ed ha il compito di supportare il collegio dei docenti nella definizione e realizzazione del Piano per l'inclusione nonché i docenti contitolari e i consigli di classe nell'attuazione dei PEI*".

45) B. Le *Linee guida per il diritto allo studio degli alunni e degli studenti con disturbi specifici di apprendimento*, allegate al decreto ministeriale 12 luglio 2011, affermano, nella parte I: "*I Disturbi Specifici di Apprendimento interessano alcune specifiche abilità dell'apprendimento scolastico, in un contesto di funzionamento intellettivo adeguato all'età anagrafica*".

46) B. Per la valutazione degli alunni con DSA si fa riferimento al D.P.R. n. 122/2009, art. 10, c. 1, che recita testualmente: "*Per gli alunni con difficoltà specifiche di apprendimento (DSA) adeguatamente certificate, la valutazione e la verifica degli apprendimenti, comprese quelle effettuate in sede di esame conclusivo dei cicli, devono tenere conto delle specifiche situazioni soggettive di tali alunni; a tali fini, nello svolgimento dell'attività didattica e delle*

prove di esame, sono adottati, nell'ambito delle risorse finanziarie disponibili a legislazione vigente, gli strumenti metodologico-didattici compensativi e dispensativi ritenuti più idonei".
Il comma 2 del medesimo art. 10 prevede che non si faccia menzione delle modalità di svolgimento e della differenziazione delle prove nel diploma rilasciato al termine degli esami.

47) A. La Legge n. 104/1992 stabilisce, all'art. 13, c. 6, che "*gli insegnanti di sostegno assumono la contitolarità delle sezioni e delle classi in cui operano, partecipano alla programmazione educativa e didattica e alla elaborazione e verifica delle attività di competenza dei consigli di interclasse, dei consigli di classe e dei collegi dei docenti*".

48) B. CCNL comparto "Scuola" 2006-2009, Tabella A, profilo professionale dell'Area A (collaboratori scolastici): "*Presta ausilio materiale agli alunni portatori di handicap nell'accesso dalle aree esterne alle strutture scolastiche, all'interno e nell'uscita da esse, nonché nell'uso dei servizi igienici e nella cura dell'igiene personale anche con riferimento alle attività previste dall'art. 47*".

49) B. Secondo quanto stabilito dall'art. 3, c. 3, della legge n. 170/2010: "*È compito delle scuole di ogni ordine e grado, comprese le scuole dell'infanzia, attivare, previa apposita comunicazione alle famiglie interessate, interventi tempestivi, idonei ad individuare i casi sospetti di DSA degli studenti, sulla base dei protocolli regionali di cui all'articolo 7, comma 1. L'esito di tali attività non costituisce, comunque, una diagnosi di DSA*".

50) D. Legge n. 107/2015, art. 1, c. 24: "*L'insegnamento delle materie scolastiche agli studenti con disabilità è assicurato anche attraverso il riconoscimento delle differenti modalità di comunicazione, senza nuovi o maggiori oneri a carico della finanza pubblica*".

51) B. Convenzione delle Nazioni Unite sui diritti delle persone con disabilità del 13 dicembre 2006, recepita con legge n. 18/2009, art. 2, punto 4: "*per «accomodamento ragionevole» si intendono le modifiche e gli adattamenti necessari ed appropriati che non impongano un onere sproporzionato o eccessivo adottati, ove ve ne sia necessità in casi particolari, per garantire alle persone con disabilità il godimento e l'esercizio, su base di uguaglianza con gli altri, di tutti i diritti umani e delle libertà fondamentali*".

52) A. Nel D. Lgs. 66/2017 si ritrovano due riferimenti al principio di accomodamento ragionevole:
– nell'art. 3, comma 1: "*Lo Stato, le Regioni e gli Enti locali, nel rispetto della normativa vigente, perseguono l'obiettivo di garantire le prestazioni per l'inclusione scolastica delle bambine e dei bambini, delle alunne e degli alunni, delle studentesse e degli studenti di cui all'articolo 2, comma 1, tenuto conto del principio di accomodamento ragionevole così come definito dall'articolo 2 della Convenzione delle Nazioni Unite sui diritti delle persone con disabilità, ratificata ai sensi della legge 3 marzo 2009, n. 18*";
– nell'art. 8, comma 1: "*Ciascuna istituzione scolastica, nell'ambito della definizione del Piano triennale dell'offerta formativa, predispone il Piano per l'inclusione che definisce le modalità per l'utilizzo coordinato delle risorse, compreso l'utilizzo complessivo delle misure di sostegno sulla base dei singoli PEI di ogni bambina e bambino, alunna o alunno, studentessa o studente, e, nel rispetto del principio di accomodamento ragionevole, per il superamento delle*

barriere e l'individuazione dei facilitatori del contesto di riferimento nonché per progettare e programmare gli interventi di miglioramento della qualità dell'inclusione scolastica".

53) B. Legge 112/2016, art. 1, comma 2: "*La presente legge disciplina misure di assistenza, cura e protezione nel superiore interesse delle persone con disabilità grave, non determinata dal naturale invecchiamento o da patologie connesse alla senilità (…)*".

54) C. D.Lgs. 66/2017, art. 5, c. 3: "*Il Profilo di funzionamento di cui all'articolo 12, comma 5, della legge 5 febbraio 1992, n. 104, che ricomprende la diagnosi funzionale e il profilo dinamico-funzionale, come modificato dal presente decreto, è redatto dall'unità di valutazione multidisciplinare, nell'ambito del SSN (…)*".

55) D. D.Lgs. 66/2017, art. 5, c. 5: "*I genitori o chi ne esercita la responsabilità genitoriale trasmettono il profilo di funzionamento di cui al comma 4 all'istituzione scolastica (…)*".

56) D. D.Lgs. 66/2017, art. 6, comma 1: "*Il Progetto individuale di cui all'articolo 14, comma 2, della legge 8 novembre 2000, n. 328, è redatto dal competente Ente locale d'intesa con la competente Azienda sanitaria locale sulla base del Profilo di funzionamento, su richiesta e con la collaborazione dei genitori o di chi ne esercita la responsabilità*".

57) A. D.Lgs. 66/2017, art. 9, c. 4-6: "*4. Per ciascun ambito territoriale provinciale, ovvero a livello delle città metropolitane, è costituito il Gruppo per l'Inclusione Territoriale (GIT). Il GIT è composto da personale docente esperto nell'ambito dell'inclusione, anche con riferimento alla prospettiva bio-psico-sociale, e nelle metodologie didattiche inclusive e innovative. Il GIT è nominato con decreto del direttore generale dell'ufficio scolastico regionale ed è coordinato da un dirigente tecnico o da un dirigente scolastico che lo presiede.*
Il GIT conferma la richiesta inviata dal dirigente scolastico all'ufficio scolastico regionale relativa al fabbisogno delle misure di sostegno ovvero può esprimere su tale richiesta un parere difforme. Agli oneri relativi al personale docente di cui al presente comma, si provvede ai sensi dell'articolo 20, comma 4.
5. Il GIT, che agisce in coordinamento con l'ufficio scolastico regionale, supporta le istituzioni scolastiche nella definizione dei PEI secondo la prospettiva bio-psico-sociale alla base della classificazione ICF, nell'uso ottimale dei molteplici sostegni disponibili, previsti nel Piano per l'Inclusione della singola istituzione scolastica, nel potenziamento della corresponsabilità educativa e delle attività di didattica inclusiva.
6. Per lo svolgimento di ulteriori compiti di consultazione e programmazione delle attività nonché per il coordinamento degli interventi di competenza dei diversi livelli istituzionali sul territorio, il GIT è integrato:
a) dalle associazioni maggiormente rappresentative delle persone con disabilità nell'inclusione scolastica;
b) dagli enti locali e dalle aziende sanitarie locali".

58) C. D.Lgs. 66/2017, art. 10, c. 3: "*Il dirigente scolastico, in tempo utile per l'ordinario avvio dell'anno scolastico, trasmette, sulla base dei PEI, di cui all'articolo 7, comma 2, la richiesta complessiva delle misure di sostegno ulteriori rispetto a quelle didattiche agli enti preposti (…)*".

59) C. D.Lgs. 66/2017, art. 14, c. 1: "*La continuità educativa e didattica per le bambine e i bambini, le alunne e gli alunni, le studentesse e gli studenti con accertata condizione di disabilità ai fini dell'inclusione scolastica è garantita dal personale della scuola, dal Piano per l'inclusione e dal PEI*".

60) B. Il Decreto del Presidente del Consiglio dei Ministri 4 Marzo 2020 in attuazione del decreto-legge 23 febbraio 2020, n. 6, recante misure urgenti in materia di contenimento e gestione dell'emergenza epidemiologica da COVID-19, ha disposto la sospensione delle attività didattiche nelle scuole di ogni ordine e grado. I dirigenti scolastici sono stati incaricati di attivare per tutta la durata della sospensione delle attività didattiche nelle scuole, "*modalità di didattica a distanza avuto anche riguardo alle specifiche esigenze degli studenti con disabilità*".

Questionario 5
Autonomia scolastica e dirigenza

1) La legge che ha conferito alle scuole l'autonomia scolastica è:
A. la legge 24 giugno 1997, n. 196
B. la legge 18 dicembre 1997, n. 440
C. la legge 15 marzo 1997, n. 59
D. il decreto legislativo 31 marzo 1998, n. 112

2) L'autonomia didattica consiste nel:
A. concretizzare gli obiettivi nazionali in percorsi formativi funzionali alla realizzazione del diritto ad apprendere
B. organizzare in nodo flessibile l'orario complessivo del curricolo e quello destinato alle singole discipline
C. definire gli obiettivi generali del processo formativo
D. definire gli indirizzi generali circa la valutazione degli alunni, il riconoscimento dei crediti e dei debiti formativi

3) L'esercizio della libertà di insegnamento (individuare l'affermazione sbagliata):
A. si qualifica come diritto assoluto di rango costituzionale
B. è diretto a promuovere, attraverso un confronto aperto di posizioni culturali, la piena formazione della personalità degli alunni
C. garantisce l'autonomia professionale nello svolgimento dell'attività didattica, scientifica e di ricerca
D. si attua nel rispetto degli ordinamenti della scuola

4) La flessibilità del gruppo classe allo scopo di realizzare interventi individualizzati è stata inizialmente prevista:
A. dal D.P.R. 275/1999
B. dalla L. 1859/1962
C. dalla L. 53/2003
D. dalla L. 517/1977

5) La delibera del collegio dei docenti di articolazione delle lezioni su fasi temporali non coincidenti con l'ora:
A. è illegittima in quanto assunta in violazione dell'art. 28 comma 5 del vigente CCNL del comparto scuola, che regolamenta su base oraria le prestazioni lavorative dei docenti
B. deve prevedere le modalità di recupero da parte dei docenti delle frazioni orarie residue
C. riguardando l'organizzazione didattica, è di competenza esclusiva del collegio stesso

D. va sottoposta all'approvazione della RSU in quanto materia di contrattazione integrativa d'istituto

6) Le competenze dello Stato in materia di istruzione, indicate nell'art. 117 della Costituzione, consistono:
A. nell'impartire le norme generali sull'istruzione
B. nel fissare diritti e obblighi delle scuole non statali che chiedono la parità
C. nell'istituire scuole statali per tutti gli ordini e gradi dell'istruzione
D. nel rendere effettivo il diritto allo studio per i capaci e i meritevoli anche se privi di mezzi

7) L'autonomia scolastica ha ottenuto riconoscimento costituzionale:
A. con l'art. 33 Cost.
B. con l'art. 34 Cost.
C. con l'art. 117 Cost.
D. non è prevista nella Costituzione ma è entrata nell'ordinamento giuridico con apposita legge nonché con il Regolamento di applicazione emanato con D.P.R. 275/1999

8) Per la verifica del raggiungimento degli obiettivi di apprendimento e degli standard di qualità del servizio il MIUR fissa:
A. modalità e criteri di valutazione degli alunni
B. metodi e scadenze per rilevazioni periodiche
C. i criteri per il riconoscimento dei crediti e il recupero dei debiti scolastici
D. le norme per lo svolgimento degli esami di Stato conclusivi del primo e del secondo ciclo dell'istruzione

9) A chi spetta l'approvazione del Piano triennale dell'offerta formativa?
A. Collegio dei docenti
B. Consiglio d'istituto
C. Dirigente scolastico su proposta del collegio dei docenti
D. Assemblea generale dei genitori

10) In relazione al Piano triennale dell'offerta formativa, qual è la competenza del collegio dei docenti?
A. L'elaborazione del Piano sulla base degli indirizzi generali per le attività della scuola e delle scelte generali di gestione e di amministrazione definiti dal consiglio di istituto
B. L'elaborazione del Piano sulla base degli indirizzi per le attività della scuola e delle scelte di gestione e di amministrazione definiti dal dirigente scolastico
C. Deliberare il fabbisogno dei posti comuni e di sostegno dell'organico dell'autonomia nonché il fabbisogno dei posti del personale ATA
D. L'individuazione del personale docente da assegnare ai posti dell'organico potenziato dell'autonomia

11) Il Piano dell'offerta formativa previsto dal D.P.R. 275/1999:

A. con l'avvento dell'autonomia scolastica, ha sostituito la programmazione educativa e didattica prevista dalla L. 517/1977
B. contiene le scelte educative ed organizzative delle risorse e costituisce un impegno per l'intera comunità scolastica; integrato dal regolamento d'istituto, definisce, in modo razionale e produttivo, il piano organizzativo in funzione delle proposte culturali, delle scelte educative e degli obiettivi formativi elaborati dai competenti organi della scuola
C. è il documento fondamentale costitutivo dell'identità culturale e progettuale delle istituzioni scolastiche
D. costituisce la base del Patto educativo di corresponsabilità che le famiglie sono tenute a sottoscrivere all'atto dell'iscrizione

12) In quale documento si individua l'organo responsabile della gestione delle risorse della rete?

A. Nella delibera del consiglio di istituto
B. Nel Piano dell'offerta formativa
C. Nella delibera del collegio dei docenti
D. Nell'accordo di rete

13) L'obiettivo fondamentale di una rete di scuole è quello di:

A. uniformare gli interventi didattici per migliorare i risultati di apprendimento
B. ridurre le spese per realizzare progetti
C. raggiungere le proprie finalità istituzionali
D. ottimizzare le proprie risorse finanziarie

14) L'accordo di rete deve essere depositato:

A. presso l'Ufficio scolastico regionale
B. presso l'Ufficio scolastico provinciale di riferimento
C. presso lo studio legale che ha provveduto a registrare l'atto
D. presso le segreterie delle scuole

15) Secondo il D.P.R. 275/1999 le istituzioni scolastiche possono aderire a consorzi pubblici o privati:

A. per potenziare il proprio potere negoziale nell'acquisire beni o servizi
B. per finanziare progetti particolarmente onerosi previsti dal POF
C. per acquisire beni o servizi che facilitino l'assolvimento di compiti istituzionali
D. per la riorganizzazione dei servizi e dei beni esclusivi

16) Se l'accordo di rete prevede attività didattiche o di ricerca deve essere approvato:

A. dai consigli delle classi interessate
B. con delibera assunta in riunione plenaria di collegio dei docenti e consiglio d'istituto
C. dal collegio dei docenti

D. dal consiglio d'istituto

17) Il D.P.R. 275/1999, all'art. 4, affida alle istituzioni scolastiche autonome il compito di individuare:

A. i modelli per la certificazione delle conoscenze, delle competenze e delle capacità acquisite dagli alunni
B. gli standard relativi alla qualità del servizio
C. le innovazioni riguardanti gli ordinamenti degli studi, la loro articolazione e durata, i processi di continuità e di orientamento
D. le modalità e i criteri per la valutazione periodica dei risultati conseguiti rispetto agli obiettivi prefissati

18) Il Piano triennale dell'offerta formativa:

A. può essere rivisto annualmente entro il mese di ottobre
B. essendo correlato agli incarichi triennali dei docenti dell'organico potenziato, va mantenuto stabilmente per il triennio successivo alla sua approvazione
C. va predisposto entro il mese di giugno dell'anno scolastico precedente al triennio di riferimento
D. diviene esecutivo a seguito di approvazione da parte dell'USR

19) Secondo il Regolamento dell'autonomia del 1999, il Piano dell'offerta formativa deve essere consegnato agli alunni e alle famiglie:

A. all'inizio dell'anno scolastico
B. nella prima riunione del consiglio di classe
C. all'atto dell'iscrizione
D. in occasione delle elezioni dei rappresentanti negli organi collegiali

20) Tra le competenze attribuite alle istituzioni scolastiche autonome non figurano:

A. gli adempimenti relativi alla carriera scolastica degli alunni
B. gli adempimenti relativi alla ricostruzione di carriera del personale assegnato
C. i riconoscimenti degli studi compiuti dai propri alunni in Italia e all'estero
D. i comandi, le utilizzazioni e i collocamenti del personale

21) Nel disciplinare l'autonomia delle istituzioni scolastiche l'art. 15 del D.P.R. 275/1999 elenca una serie di competenze escluse dalla stessa. Fra queste non figura:

A. il reclutamento del personale docente e non docente con rapporto di lavoro a tempo indeterminato
B. la gestione del patrimonio
C. i provvedimenti di utilizzazione del personale eccedente l'organico d'istituto
D. la mobilità esterna alle istituzioni scolastiche

22) L'art. 11 del D.P.R. 275/1999 stabilisce le regole per i progetti dell'autonomia scolastica, fra le quali non risulta una delle seguenti:

A. i progetti devono avere una durata predefinita
B. i progetti devono indicare con chiarezza gli obiettivi

C. i progetti devono essere depositati presso l'Ufficio scolastico della Regione di appartenenza
D. i progetti devono essere sottoposti a valutazione dei risultati

23) La collaborazione della scuola e degli insegnanti nelle rilevazioni nazionali degli apprendimenti degli studenti, gestite dall'INVALSI, rientra:
A. nelle attività funzionali all'insegnamento di cui all'art. 29 CCNL
B. nell'attività ordinaria d'istituto
C. nell'esercizio del potere di organizzazione della Pubblica Amministrazione
D. nelle materie di contrattazione integrativa di cui all'art. 6 del CCNL

24) Le Prove nazionali sugli apprendimenti previste nella scuola primaria sono:
A. italiano e matematica nella classe seconda; italiano, inglese e matematica nella classe quinta
B. italiano, inglese e matematica nelle classi seconda e quinta
C. italiano e matematica nelle classi seconda e quinta
D. italiano, inglese e matematica nella classe quinta

25) A norma del D.P.R. 80/2013 il coordinamento funzionale del Servizio nazionale di valutazione è assicurato:
A. dalla preposta Direzione generale del Ministero dell'Istruzione
B. dal Coordinatore nazionale del Corpo ispettivo
C. dall'INVALSI
D. dall'INDIRE

26) Il Piano triennale dell'offerta formativa chiede alle istituzioni scolastiche di costruire i necessari rapporti con gli enti locali, con le diverse realtà operanti nel territorio nonché con le associazioni dei genitori e, nelle scuole secondarie di secondo grado, degli studenti. A chi spetta farsi carico di tale compito?
A. Al dirigente scolastico
B. Al dirigente scolastico sulla base degli indirizzi deliberati dal consiglio d'istituto
C. Al dirigente scolastico sulla base degli indirizzi proposti dal collegio dei docenti e deliberati dal consiglio d'istituto
D. Ad apposita commissione del collegio dei docenti presieduta dal docente a ciò delegato

27) Ai sensi del "Regolamento sul Sistema nazionale di valutazione in materia di istruzione e formazione", emanato con D.P.R. 28 marzo 2013, n. 80, l'S.N.V. è costituito dai seguenti soggetti (individuare l'elemento sbagliato):
A. dirigenti degli Uffici scolastici regionali
B. Invalsi
C. Indire
D. contingente ispettivo

28) Ai sensi della "Carta dei servizi scolastici" (D.P.C.M. 7 giugno 1995), entro quanti giorni dal termine delle operazioni di scrutinio i documenti di valutazione degli alunni sono consegnati dal Capo d'Istituto o dai docenti incaricati?

A. Entro una settimana dal termine delle operazioni di scrutinio
B. Entro otto giorni dal termine delle operazioni di scrutinio
C. Entro cinque giorni dal termine delle operazioni di scrutinio
D. Entro dieci giorni dal termine delle operazioni di scrutinio

29) Ai sensi della "Carta dei servizi scolastici", il Capo di Istituto risponde ai reclami, sempre in forma scritta, entro il termine di:

A. non oltre 10 giorni
B. non oltre 15 giorni
C. non oltre 20 giorni
D. non oltre un mese

30) Secondo la "Carta dei servizi scolastici" i reclami anonimi sono presi in considerazione?

A. Sono presi in considerazione solo se pervengono alla scuola in forma scritta
B. I reclami anonimi non sono presi in considerazione, ma di essi deve restare traccia agli atti della scuola
C. I reclami anonimi non sono mai presi in considerazione
D. I reclami anonimi non sono presi in considerazione, se non circostanziati

31) Ai sensi della "Carta dei servizi scolastici", come deve essere l'ambiente scolastico?

A. Pulito, salubre, accogliente, sicuro
B. Agibile, pulito, sicuro
C. Pulito, accogliente, sicuro
D. Pulito, salubre, sicuro

32) Prima del primo settembre 2000:

A. nessuno degli istituti statali di istruzione era dotato di personalità giuridica
B. erano dotati di personalità giuridica solo gli istituti scolastici delle cinque Regioni a Statuto speciale in forza delle condizioni particolari di autonomia loro conferite dall'art. 116 Cost.
C. solo istituti tecnici, istituti professionali e istituti d'arte erano dotati di personalità giuridica
D. gli istituti statali di istruzione erano già dotati di personalità giuridica in forza della capacità negoziale loro attribuita dalla L. 477/1973 e dal Regolamento di attuazione emanato con D.P.R. 416/1974

33) Qual è l'esatta formulazione del comma 7 dell'art. 14 del D.P.R. 275/1999?

A. I provvedimenti adottati dalle istituzioni scolastiche, fatte salve le specifiche disposizioni in materia di disciplina del personale e degli studenti, divengono definitivi il quindicesimo giorno dalla data della loro pubblicazione nell'albo della scuola

B. I provvedimenti adottati dalle istituzioni scolastiche divengono definitivi il trentesimo giorno dalla data della loro pubblicazione nell'albo della scuola
C. I provvedimenti adottati dalle istituzioni scolastiche divengono definitivi il quindicesimo giorno dalla data della loro pubblicazione nell'albo della scuola
D. I provvedimenti adottati dalle istituzioni scolastiche divengono definitivi il decimo giorno dalla data della loro pubblicazione nell'albo della scuola

34) La gestione dello stato giuridico ed economico del personale è passata alle scuole a seguito dell'entrata in vigore di:
A. CCNL 26/5/1999 del comparto scuola
B. L. 53/2003
C. D.Lgs. 165/2001
D. D.P.R. 275/1999

35) Il coordinamento delle competenze dell'autonomia scolastica è assicurato dall'art. 16 del D.P.R. 275/1999, il quale delinea i criteri per:
A. la partecipazione dei genitori agli organi scolastici
B. la gestione dei rapporti fra organi monocratici e organi collegiali della scuola
C. il passaggio di funzioni dall'Amministrazione centrale alle istituzioni scolastiche dotate di autonomia
D. l'individuazione delle materie oggetto dell'autonomia scolastica e delle materie escluse

36) Il riconoscimento degli studi compiuti in Italia e all'estero dagli studenti che chiedono l'iscrizione al sistema nazionale dell'istruzione compete a:
A. le istituzioni scolastiche
B. i provveditorati agli studi
C. le direzioni scolastiche regionali
D. il Ministero dell'istruzione, dell'università e della ricerca

37) Le Prove nazionali sugli apprendimenti previste nella scuola secondaria di primo grado sono:
A. italiano e matematica nelle classi prime e terze
B. italiano, matematica e inglese nelle classi prime e terze
C. italiano, matematica e inglese nelle classi terze
D. italiano, matematica e inglese nelle classi terze svolte come prove scritte nell'esame di Stato conclusivo del primo ciclo

38) Le Prove nazionali sugli apprendimenti previste nella scuola secondaria di secondo grado sono:
A. italiano, matematica e inglese nelle classi seconde e quinte
B. italiano e matematica nelle classi seconde e quinte
C. italiano e matematica nelle classi seconde; italiano, matematica e inglese nelle classi quinte

D. italiano, matematica e inglese svolte come prove scritte nell'esame di Stato conclusivo del secondo ciclo

39) Tra i criteri di ammissione dei candidati interni ed esterni all'Esame di Stato conclusivo del secondo ciclo di istruzione risulta:
A. la partecipazione, durante l'ultimo anno di corso, alle prove predisposte dall'INVALSI a partire dall'a.s. 2018/19
B. la partecipazione, durante l'ultimo anno di corso, alle prove predisposte dall'INVALSI a partire dall'a.s. 2019/20
C. la media complessiva non inferiore ai sei decimi nelle discipline del curricolo obbligatorio
D. frequenza delle lezioni con un monte ore di assenze annue non superiore ai 50 giorni

40) A norma del D.P.R. 275/1999 come modificato dalla legge 107/2015, il Piano Triennale dell'Offerta Formativa:
A. è coerente con gli obiettivi generali ed educativi dei diversi tipi e indirizzi di studi e riflette le esigenze del contesto culturale, sociale ed economico della realtà locale, tenendo conto della programmazione territoriale dell'offerta formativa
B. è coerente con le linee guida emanate dal Ministero dell'Istruzione, dell'Università e della Ricerca, tenendo conto della programmazione territoriale dell'offerta formativa
C. è coerente con le esigenze del contesto culturale, sociale ed economico della realtà locale
D. è coerente con i principi cardine della Carta Costituzionale e riflette le necessità del territorio in cui è inserita l'istituzione scolastica

41) A norma del decreto interministeriale 129/2018, chi è responsabile della tenuta della contabilità, delle necessarie registrazioni e degli adempimenti fiscali inerenti la gestione finanziaria dell'istituzione scolastica?
A. Il responsabile amministrativo
B. Il coordinatore amministrativo
C. Il DSGA
D. Il Dirigente Scolastico

42) In base al decreto interministeriale 129/2018, chi è preposto ad assicurare la gestione unitaria dell'istituzione scolastica?
A. Il Direttore dell'Ufficio scolastico regionale
B. Il Dirigente scolastico
C. Il Direttore dei servizi generali e amministrativi
D. Il Presidente del consiglio di istituto

43) Ai sensi della legge 107/2015, qual è la quota massima di docenti, individuati dal Dirigente scolastico, che lo coadiuvano in attività di supporto organizzativo e didattico dell'istituzione scolastica?
A. Fino al 5 per cento

B. Fino al 10 per cento
C. Fino al 15 per cento
D. Fino al 20 per cento

44) Ai sensi della legge 107/2015, il Dirigente scolastico, nell'ambito dell'organico dell'autonomia assegnato e delle risorse disponibili, allo scopo di migliorare la qualità didattica anche in rapporto alle esigenze formative degli alunni con disabilità, può:
A. richiedere l'incremento dell'organico di potenziamento
B. ridistribuire fra le classi parallele gli alunni ai quali è stata certificata una disabilità successivamente all'inizio del ciclo scolastico
C. ottimizzare le risorse di sostegno assegnate a ciascuna classe
D. ridurre il numero di alunni e di studenti per classe rispetto a quanto previsto dal regolamento per la riorganizzazione della rete scolastica

45) A norma della legge 107/2015, il Piano Triennale dell'Offerta Formativa, oltre alla programmazione dell'attività didattica, contiene:
A. le modalità per l'effettuazione dell'esame di Stato conclusivo dei percorsi di istruzione
B. la programmazione delle attività formative rivolte al personale docente e amministrativo, tecnico e ausiliario
C. il monitoraggio delle attività di ampliamento dell'offerta formativa svolte nel precedente anno scolastico
D. l'indicazione del fabbisogno di infrastrutture

46) Quale, tra le deleghe legislative previste dalla legge 107/2015, NON è stata esercitata nel termine previsto di 18 mesi dall'entrata in vigore della legge medesima?
A. Sistema di formazione iniziale e di accesso nei ruoli di docente nella scuola secondaria
B. Promozione dell'inclusione scolastica degli studenti con disabilità
C. Riordino delle disposizioni normative in materia di sistema nazionale di istruzione e formazione
D. Istituzione del sistema integrato di educazione e di istruzione dalla nascita sino a sei anni

47) Il D.Lgs. 165/2001 impone al Dirigente scolastico l'obbligo di presentare periodicamente una relazione sulla direzione e sull'attività formativa, organizzativa e amministrativa:
A. al collegio dei docenti
B. al consiglio di circolo o al consiglio di istituto
C. al consiglio scolastico provinciale
D. all'ufficio scolastico regionale

48) A norma del D.Lgs. 165/2001, è ammesso che, nello svolgimento delle sue funzioni organizzative e amministrative, il Dirigente Scolastico possa delegare specifici compiti ad altre figure dell'organico della scuola?

A. Sì
B. Sì, purché siano docenti
C. Sì, le funzioni organizzative al docente vicario
D. Sì, le funzioni amministrative al DSGA

49) Ai sensi della legge 107/2015, l'organizzazione delle istituzioni scolastiche è orientata:
A. alla massima flessibilità, diversificazione, efficienza ed efficacia del servizio scolastico
B. alla massima flessibilità, diversificazione e partecipazione alla gestione del servizio scolastico
C. alla massima efficacia ed efficienza, nonché al buon andamento del servizio scolastico
D. alla massima inclusività, partecipazione e diversificazione del servizio scolastico

50) A norma della Direttiva ministeriale 36/2016, il nucleo di valutazione dei dirigenti scolastici è costituito da:
A. un dirigente tecnico, amministrativo o scolastico con funzioni di coordinatore e due esperti con specifiche competenze di legislazione scolastica
B. un dirigente tecnico con funzioni di coordinatore, un dirigente amministrativo o scolastico, un esperto esterno in possesso di specifiche e documentate esperienze in materia di organizzazione del lavoro
C. un dirigente tecnico, amministrativo o scolastico con funzioni di coordinatore, un esperto in possesso di specifiche e documentate esperienze in materia di gestione scolastica e un revisore dei conti
D. un dirigente tecnico, amministrativo o scolastico con funzioni di coordinatore e due esperti in possesso di specifiche e documentate esperienze in materia di organizzazione e valutazione

51) In materia di tutela della salute e della sicurezza nei luoghi di lavoro, a norma del D.Lgs. 81/2008, il datore di lavoro può delegare la valutazione dei rischi e l'elaborazione del documento conseguente?
A. No, mai
B. Solo al responsabile del servizio di prevenzione e protezione dai rischi
C. Solo al soggetto specificamente e previamente individuato di concerto con le rappresentanze sindacali dei lavoratori
D. Sì, sempre

52) A norma del D.Lgs. 81/2008, i preposti hanno l'obbligo di:
A. individuare e sanzionare i lavoratori che non fanno uso dei dispositivi di protezione individuale messi a loro disposizione
B. assistere i lavoratori che operano in situazione di lavoro in cui persiste un pericolo grave ed immediato
C. sovrintendere e vigilare sulla osservanza da parte dei singoli lavoratori dei loro obblighi di legge, nonché delle disposizioni aziendali in materia di sa-

lute e sicurezza sul lavoro e di uso dei mezzi di protezione collettivi e dei dispositivi di protezione individuale

D. segnalare al Servizio ispettivo l'INAIL l'inosservanza delle disposizioni aziendali in materia di salute e sicurezza sul lavoro e di uso dei mezzi di protezione collettivi e dei dispositivi di protezione individuale

53) A norma del D.Lgs. 81/2008, il datore di lavoro effettua la valutazione ed elabora il documento di valutazione dei rischi:

A. sotto la supervisione del responsabile del servizio di prevenzione e protezione
B. in collaborazione con il responsabile del servizio di prevenzione e protezione e il medico competente, nei casi previsti dal suddetto decreto
C. autonomamente, sulla base della sua responsabilità di datore di lavoro
D. in collaborazione con il competente Ufficio territoriale dell'INAIL

54) Nel caso in cui la realizzazione di un progetto previsto dal PTOF richieda l'impiego di risorse eccedenti, il Dirigente scolastico, a norma del decreto interministeriale 129/2018, può ordinare la spesa eccedente:

A. nel limite massimo del cinque per cento della dotazione originaria del progetto
B. nel limite massimo del dieci per cento della dotazione originaria del progetto
C. nel limite massimo stabilito dal Consiglio d'istituto
D. con apposita delibera del Consiglio d'istituto

55) A norma della legge 107/2015, nel caso in cui soggetti esterni usufruiscano dell'edificio scolastico per effettuare attività didattiche e culturali, chi è responsabile della sicurezza e del mantenimento del decoro degli spazi?

A. Gli stessi soggetti esterni
B. Il Dirigente scolastico
C. Il DSGA
D. Il Dirigente scolastico e il DSGA, ciascuno per le proprie competenze

56) A norma del D.Lgs. 81/2008, il datore ha l'obbligo di comunicare all'INAIL le informazioni relative agli infortuni sul lavoro che comportino l'assenza dal lavoro:

A. di almeno un giorno, escluso quello dell'evento
B. di più di un giorno, escluso quello dell'evento
C. di almeno tre giorni
D. superiore a tre giorni

57) In base al D.Lgs. 81/2008, la competenza in materia di prevenzione incendi spetta:

A. al datore di lavoro
B. alle Regioni
C. allo Stato
D. al Corpo nazionale dei Vigili del fuoco

58) In base al D.Lgs. 81/2008, qual è la definizione di "formazione"?

A. Il complesso delle attività dirette a fornire ai lavoratori competenze utili all'identificazione, riduzione e gestione dei rischi in ambiente di lavoro
B. Il complesso delle attività dirette a far apprendere ai lavoratori l'uso corretto di attrezzature, macchine, impianti, sostanze, dispositivi di protezione
C. Il processo educativo attraverso il quale trasferire ai lavoratori le conoscenze utili all'acquisizione di competenze per lo svolgimento in sicurezza dei rispettivi compiti in azienda e alla gestione dei rischi
D. La comunicazione del modello organizzativo e gestionale adottato per l'attuazione della politica aziendale di salute e sicurezza sul luogo di lavoro

59) Ai sensi del D.Lgs. 81/2008, la delega di funzioni relative alla tutela della salute e della sicurezza dei lavoratori nei luoghi di lavoro, da parte del datore di lavoro, ove non espressamente esclusa dalla legge:

A. è valida dal momento in cui viene portata a conoscenza dei lavoratori
B. è ammessa se accettata dal delegato per iscritto
C. non necessita di accettazione espressa da parte del delegato essendo prevalente l'interesse collettivo alla salute e alla sicurezza sui luoghi di lavoro
D. può essere rifiutata purché ne siano comunicate le ragioni oggettivamente ostative e tali ragioni siano accettate dal datore di lavoro

60) Ai sensi del D.Lgs. 81/2008, quale delle seguenti attribuzioni NON è propria del rappresentante dei lavoratori per la sicurezza?

A. Prendere i provvedimenti necessari alla tutela dei lavoratori in caso di emergenza
B. Essere consultato sulla designazione del responsabile e degli addetti al servizio di prevenzione
C. Ricevere le informazioni provenienti dai servizi di vigilanza
D. Fare proposte in merito all'attività di prevenzione

61) Ai sensi della legge 107/2015, al fine di garantire il regolare avvio delle lezioni, il Dirigente Scolastico può:

A. utilizzare i docenti in classi di concorso diverse da quelle per le quali sono abilitati, purché in possesso di titoli di studio validi per l'insegnamento della disciplina e percorsi formativi e competenze professionali coerenti con gli insegnamenti da impartire
B. richiedere all'Ufficio scolastico regionale un'ulteriore integrazione dell'organico dell'autonomia per il numero minimo di posti e di ore sufficienti a garantire la copertura delle classi e delle sezioni
C. avvalersi di docenti di ruolo già in dotazione all'organico dell'istituto e in possesso di titoli di studio validi per l'insegnamento della disciplina da impartire, incrementandone l'orario di insegnamento entro il limite delle 24 ore settimanali
D. utilizzare i docenti a disposizione, anche se non in possesso dei titoli di studio validi per l'insegnamento della disciplina da impartire

62) Secondo il Codice di procedura civile, una istituzione scolastica autonoma chiamata in giudizio di primo grado, ad esempio in caso di contenzioso davanti al giudice del lavoro, da chi può essere rappresentata?
A. Dall'Avvocatura dello Stato
B. Dal Dirigente scolastico
C. Da un avvocato del libero foro scelto dal dirigente scolastico
D. Dal Dirigente dell'Ufficio scolastico regionale

63) A norma del D.Lgs. 81/2008, a chi spetta l'individuazione dei fattori di rischio e delle misure per la sicurezza e la salubrità degli ambienti di lavoro, sulla base della specifica conoscenza dell'organizzazione aziendale?
A. Al datore di lavoro
B. Al servizio di prevenzione e protezione dai rischi professionali
D. Al rappresentante dei lavoratori per la sicurezza
C. All'INAIL

64) A norma del D.Lgs. 81/2008, la vigilanza sull'applicazione della legislazione in materia di salute e sicurezza nelle istituzioni scolastiche di ogni ordine e grado è svolta:
A. dal medico competente di cui all'art. 25
B. dal Dirigente scolastico in collaborazione con il medico competente di cui all'art. 25
C. dall'Ufficio territoriale dell'Ispettorato del lavoro
D. dalla Azienda sanitaria locale competente per territorio e, per quanto di specifica competenza, dal Corpo nazionale dei vigili del fuoco

65) A norma del D.P.R. 445/2000 "Testo unico delle disposizioni legislative e regolamentari in materia di documentazione amministrativa", per l'esercizio del diritto di accesso ai documenti amministrativi da parte di soggetti non appartenenti alla Pubblica Amministrazione:
A. è ammesso l'accesso presso qualunque ufficio dell'amministrazione interessata
B. le informazioni e i documenti sono messi a disposizione esclusivamente in via telematica
C. è ammesso l'accesso solo a seguito di autorizzazione dell'amministrazione interessata
D. è ammessa la funzione di ricerca e di visualizzazione delle informazioni e dei documenti messe a disposizione, anche per via telematica, presso gli uffici relazioni con il pubblico

66) A norma del decreto interministeriale 129/2018, qual è l'ammontare massimo consentito per il fondo di riserva previsto nel programma annuale di gestione finanziaria dell'istituzione scolastica?
A. Il tre per cento della dotazione finanziaria ordinaria
B. Il cinque per cento della dotazione finanziaria ordinaria
C. Il dieci per cento della dotazione finanziaria ordinaria
D. Il dodici per cento della dotazione finanziaria ordinaria

67) A norma della legge 107/2015, qual è la composizione dell'organico dell'autonomia?

A. L'organico di diritto e l'organico di fatto, incrementabile con i posti in deroga per le attività di sostegno, per l'insegnamento della religione cattolica e della materia alternativa
B. L'organico di diritto, incluso il fabbisogno per i progetti e le convenzioni di particolare rilevanza didattica e culturale
C. L'organico di diritto e i posti per il potenziamento, l'organizzazione, la progettazione e il coordinamento, incluso il fabbisogno per i progetti e le convenzioni di particolare rilevanza didattica e culturale
D. L'organico di diritto, nel limite dei posti assegnati dal Direttore generale dell'Ufficio Scolastico Regionale

68) A norma della legge 107/2015, il riparto tra le regioni della dotazione organica del personale docente è effettuato:

A. sulla base del numero delle classi per i posti comuni e sulla base del numero degli alunni per i posti del potenziamento
B. sulla base del numero delle classi sia per i posti comuni sia per i posti del potenziamento
C. sulla base del numero degli alunni sia per i posti comuni sia per i posti del potenziamento
D. sulla base della media ponderata delle iscrizioni nell'ultimo triennio a livello di regione

69) Quale ruolo è assegnato ai dirigenti tecnici nel Sistema nazionale di valutazione, ai sensi del D.P.R. 80/2013?

A. Controllo successivo sulle attività dei nuclei di valutazione esterna regionali
B. Controllo preventivo sulle attività dei nuclei di valutazione esterna regionali
C. Partecipazione ai nuclei di valutazione esterna
D. Consulenza tecnico-giuridica per i componenti dei nuclei di valutazione esterna

70) A norma del D.Lgs. 66/2017 come aggiornato dal D.Lgs. 96/2019, da chi vengono definiti gli indicatori per la valutazione della qualità dell'inclusione scolastica?

A. Dal consiglio di circolo o d'istituto su proposta del collegio dei docenti
B. Dall'Istituto nazionale per la valutazione del sistema educativo di istruzione e di formazione (INVALSI)
C. Dal Dirigente scolastico su proposta del collegio dei docenti
D. Dal Ministero dell'istruzione

71) Entro il 15 marzo dell'esercizio finanziario successivo a quello cui si riferisce, viene predisposto il conto consuntivo a cura del:

A. DSGA
B. Dirigente scolastico
C. Presidente del consiglio di istituto
D. consiglio di istituto

72) A norma dell'art. 26 della legge 448/1998, docenti e dirigenti scolastici possono prestare servizio per compiti connessi con l'attuazione dell'autonomia scolastica:
A. presso l'istituzione scolastica capofila di ambito territoriale
B. presso l'Ufficio scolastico della regione in cui ha sede la scuola di servizio
C. presso l'Amministrazione centrale o periferica del Ministero
D. presso il Consiglio superiore della pubblica istruzione

73) A norma del decreto interministeriale 129/2018, il DSGA sovrintende:
A. ai servizi amministrativi dell'istituzione scolastica
B. ai servizi generali dell'istituzione scolastica
C. ai servizi amministrativi e ai servizi generali dell'istituzione scolastica con autonomia operativa e nell'ambito delle direttive di massima impartite e degli obiettivi assegnati dal Dirigente scolastico
D. ai servizi amministrativi e ai servizi generali dell'istituzione scolastica, coordinando il personale ATA sulla base dei criteri stabiliti in sede di contrattazione integrativa d'istituto

74) A norma della legge 107/2015, la verifica che il Piano Triennale dell'Offerta Formativa rispetti il limite dell'organico assegnato a ciascuna istituzione scolastica compete:
A. al Ministero dell'economia e delle finanze
B. ai Revisori dei conti
C. all'Ufficio scolastico regionale
D. alla competente Direzione generale del Ministero dell'istruzione

75) A norma del decreto interministeriale 129/2018, la gestione del fondo economale per le minute spese spetta:
A. al Responsabile amministrativo
B. alla Giunta esecutiva
C. al Dirigente Scolastico
D. al Direttore dei servizi generali e amministrativi

76) Di quale documento contabile, a norma del decreto interministeriale 129/2018, fa parte il conto del patrimonio?
A. Conto finanziario
B. Bilancio
C. Programma annuale
D. Conto consuntivo

77) A norma del D.P.R. 80/2013, quale organismo assicura la rappresentanza dell'Italia alle indagini internazionali e alle altre iniziative in materia di valutazione?
A. INVALSI
B. INDIRE
C. Direzione generale per gli ordinamenti scolastici e la valutazione del sistema nazionale di istruzione del Ministero dell'istruzione

D. Direzione Generale per le risorse e l'innovazione del Ministero affari esteri

78) A seguito dell'emanazione del D.Lgs. 258/1999, la Biblioteca di documentazione pedagogica è stata trasformata:
A. in Istituto Nazionale per la Valutazione del Sistema dell'Istruzione (INVALSI)
B. in Istituto Nazionale di Documentazione per l'Innovazione e la Ricerca Educativa (INDIRE)
C. in Istituto Regionale di Ricerca Educativa (IRRE)
D. in Istituto per lo Sviluppo della Formazione professionale dei Lavoratori (ISFOL)

79) Ai sensi dell'art. 7 del D.L. 95/2012, convertito con legge 135/2012, quale delle seguenti affermazioni sulla pagella elettronica è ERRATA?
A. La pagella elettronica è resa disponibile alle famiglie tramite sito web
B. La pagella elettronica ha la medesima validità legale del documento cartaceo
C. La pagella elettronica è resa disponibile alle famiglie tramite posta elettronica
D. Resta il diritto dell'interessato di ottenere su richiesta copia cartacea previo pagamento dei diritti di segreteria

80) Secondo quanto previsto dal D.P.R. 80/2013 e ss.mm.ii., le rilevazioni degli apprendimenti a cura di INVALSI sono effettuate su base:
A. nazionale
B. volontaria
C. censuaria
D. campionaria

81) A norma del decreto interministeriale 129/2018, il programma annuale della gestione finanziaria dell'istituzione scolastica viene predisposto:
A. dal Dirigente scolastico con la collaborazione del DSGA per la parte economico-finanziaria
B. dal DSGA, sentito il Dirigente scolastico in merito alla programmazione delle attività previste dal PTOF
C. dal consiglio d'istituto, sentite le proposte del collegio dei docenti
D. dalla giunta esecutiva su proposta del DSGA

82) A norma del decreto interministeriale 129/2018, il consiglio di istituto delibera l'approvazione del programma annuale della gestione finanziaria dell'istituzione scolastica:
A. entro il 31 dicembre dell'anno precedente a quello di riferimento
B. entro il 15 dicembre dell'anno precedente a quello di riferimento
C. entro il 30 novembre dell'anno precedente a quello di riferimento
D. entro il 31 ottobre dell'anno precedente a quello di riferimento

83) A norma della legge 107/2015, il fondo di funzionamento viene erogato a ciascuna istituzione scolastica, in relazione alla quota corrispondente al periodo compreso tra il mese di settembre e il mese di dicembre dell'anno scolastico di riferimento:

A. dal Ministero dell'istruzione, dell'università e della ricerca
B. dal Ministero dell'economia e delle finanze
C. dall'Ufficio scolastico regionale competente
D. dall'Ufficio scolastico regionale competente, sulla base della ripartizione indicata dal
Ministero dell'istruzione, dell'università e della ricerca

84) A norma del decreto interministeriale 129/2018, in caso di mancata approvazione del programma annuale di gestione finanziaria dell'istituzione scolastica, entro quanto tempo l'Ufficio scolastico regionale competente deve nominare un commissario ad acta per l'approvazione dello stesso?

A. Entro sette giorni dalla comunicazione di mancata approvazione da parte del Dirigente scolastico
B. Entro dieci giorni dalla comunicazione di mancata approvazione da parte del Dirigente scolastico
C. Entro venti giorni dalla comunicazione di mancata approvazione da parte del Dirigente scolastico
D. Entro trenta giorni dalla comunicazione di mancata approvazione da parte del Dirigente scolastico

85) La partecipazione dei revisori dei conti alla procedura di approvazione del programma annuale dell'istituzione scolastica autonoma consiste, a norma del decreto interministeriale n. 129/2018:

A. nella certificazione della contabilità dell'anno finanziario precedente
B. nel visto preventivo al programma annuale e alla relazione illustrativa predisposti dalla giunta esecutiva
C. inviando al consiglio d'istituto relazione di approvazione degli atti di bilancio predisposti dalla giunta esecutiva
D. nel parere di regolarità contabile espresso sul programma annuale e sulla relazione illustrativa predisposti dalla giunta esecutiva

86) La partecipazione dei revisori dei conti alla procedura di approvazione del conto consuntivo dell'istituzione scolastica autonoma consiste, a norma del decreto interministeriale n. 129/2018:

A. nella verifica della contabilità dell'anno finanziario di riferimento
B. nell'apposizione del visto di regolarità contabile
C. nella relazione all'ufficio territoriale del Ministero delle finanze attestante la regolarità di gestione del trascorso esercizio finanziario
D. nel parere espresso con apposita relazione da allegare al conto consuntivo inviato all'approvazione del consiglio d'istituto

87) A norma del decreto interministeriale 129/2018, l'unità temporale della gestione finanziaria delle istituzioni scolastiche comincia il:

A. 1° settembre e termina il 31 agosto dell'anno successivo
B. 1° settembre e termina il 31 luglio dell'anno successivo
C. 1° gennaio e termina il 31 dicembre dello stesso anno
D. 1° gennaio e termina il 31 gennaio dell'anno successivo

88) Ai sensi del D.Lgs. 165/2001, gli "autonomi poteri di direzione, di coordinamento e di valorizzazione delle risorse umane" del dirigente scolastico incontrano il limite:
A. del rispetto delle competenze degli organi collegiali
B. dei poteri del consiglio d'istituto
C. dell'esercizio delle competenze attribuite al collegio dei docenti
D. della contrattazione decentrata a livello di istituto

89) Circa il "potere di organizzazione" di cui all'art. 5 del D.Lgs. 165/2001, individuare l'affermazione che NON trova riscontro nel testo legislativo.
A. Il potere di organizzazione dei pubblici uffici è soggetto al bilanciamento con gli interessi dei dipendenti, ai sensi della legge n. 300/1970 "Statuto dei lavoratori"
B. Le amministrazioni pubbliche assumono ogni determinazione organizzativa al fine di assicurare la rispondenza al pubblico interesse dell'azione amministrativa
C. Le determinazioni per l'organizzazione degli uffici e le misure inerenti alla gestione dei rapporti di lavoro sono assunte in via esclusiva dagli organi preposti alla gestione con la capacità e i poteri del privato datore di lavoro
D. È fatta salva la sola informazione ai sindacati ovvero le ulteriori forme di partecipazione, ove previsti nei contratti

90) Il Decreto del Presidente del Consiglio dei Ministri 4 Marzo 2020 in attuazione del decreto-legge 23 febbraio 2020, n. 6, recante misure urgenti in materia di contenimento e gestione dell'emergenza epidemiologica da COVID-19, ha disposto la sospensione delle attività didattiche nelle scuole di ogni ordine e grado. L'attivazione di modalità di didattica a distanza compete:
A. al collegio dei docenti
B. al dirigente scolastico
C. al dirigente scolastico previo parere del collegio dei docenti
D. al consiglio di istituto

Risposte commentate
Autonomia scolastica e dirigenza

1) C. Il c. 7 dell'art. 21 della L. 59/1997 recita: "*Le Istituzioni scolastiche (…) hanno autonomia organizzativa e didattica nel rispetto degli obiettivi del sistema nazionale di istruzione e degli standard di livello nazionale*".

2) A. La modalità di esercizio dell'autonomia didattica si svolge principalmente nel concretizzare gli "*obiettivi nazionali*" in percorsi formativi "*funzionali alla realizzazione del diritto ad apprendere e alla crescita educativa di tutti gli alunni*", riconoscendo e valorizzando le diversità e le potenzialità di ciascuno, per raggiungere il successo formativo con "*tutte le iniziative utili*" (D.P.R. 275/1999, art. 4, c. 1).

3) A. Il D.Lgs. 297/1994, all'art. 1 recita: "*Formazione della personalità degli alunni e libertà di insegnamento.*
1. Nel rispetto delle norme costituzionali e degli ordinamenti della scuola stabiliti dal presente testo unico, ai docenti è garantita la libertà di insegnamento intesa come autonomia didattica e come libera espressione culturale del docente.
2. L'esercizio di tale libertà è diretto a promuovere, attraverso un confronto aperto di posizioni culturali, la piena formazione della personalità degli alunni.
3. È garantita l'autonomia professionale nello svolgimento dell'attività didattica, scientifica e di ricerca".

4) D. L'art. 2 della L. 517/1977, relativo alla scuola elementare, al c. 1 recita: "*Ferma restando l'unità di ciascuna classe, al fine di agevolare l'attuazione del diritto allo studio e la promozione della piena formazione della personalità degli alunni, la programmazione educativa può comprendere attività scolastiche integrative organizzate per gruppi di alunni della classe oppure di classi diverse anche allo scopo di realizzare interventi individualizzati in relazione alle esigenze dei singoli alunni*".
Al c. 1 dell'art. 7, relativo alla scuola media, si trova quasi la stessa formulazione: "*Al fine di agevolare l'attuazione del diritto allo studio e la piena formazione della personalità degli alunni, la programmazione educativa può comprendere attività scolastiche di integrazione anche a carattere interdisciplinare, organizzate per gruppi di alunni della stessa classe o di classi diverse, ed iniziative di sostegno, anche allo scopo di realizzare interventi individualizzati in relazione alle esigenze dei singoli alunni*".

5) B. Nell'esercizio dell'autonomia didattica di cui all'art. 4, c. 2, lett. b), del D.P.R. 275/1999, le scuole possono definire "*unità di insegnamento non coincidenti con l'unità oraria della lezione e l'utilizzazione, nell'ambito del curricolo obbligatorio di cui all'articolo 8, degli spazi orari residui*".
Il CCNL, a sua volta, stabilisce che "*qualunque riduzione della durata dell'unità oraria di lezione ne comporta il recupero nell'ambito delle attività didattiche programmate dall'istituzione scolastica*" (art. 28, c. 7).

6) A. Per quanto riguarda le materie dell'istruzione nonché dell'istruzione e formazione professionale, sono assegnate alla legislazione esclusiva dello Stato (art. 117, c. 2): "*m) la determinazione dei livelli essenziali delle prestazioni concernenti i diritti civili e sociali che devono essere garantiti su tutto il territorio nazionale;*
n) le norme generali sull'istruzione".

7) C. Ai sensi dell'art. 117 Cost., comma 3: "*Sono materie di legislazione concorrente quelle relative a: (omissis) istruzione, salva l'autonomia delle istituzioni scolastiche e con esclusione della istruzione e della formazione professionale*". L'inciso "*salva l'autonomia delle istituzioni scolastiche*" costituisce il riconoscimento costituzionale dell'autonomia delle scuole nei settori delegati alle loro competenze ex D.P.R. 275/1999.

8) B. Il Regolamento dell'autonomia scolastica (D.P.R. 275/1999), all'art. 10, afferma: "*Per la verifica del raggiungimento degli obiettivi di apprendimento e degli standard di qualità del servizio il Ministero della pubblica istruzione fissa metodi e scadenze per rilevazioni periodiche*".

9) B. Ai sensi dell'art. 3 del D.P.R. 275/1999, come novellato dall'art. 1, comma 14, punto 4, della L. 107/2015, il Piano è elaborato dal collegio dei docenti sulla base degli indirizzi per le attività della scuola e delle scelte di gestione e di amministrazione definiti dal dirigente scolastico ed è approvato dal consiglio d'istituto.

10) B. L. 107/2015, art. 1, c. 14: "*4. Il piano è elaborato dal collegio dei docenti sulla base degli indirizzi per le attività della scuola e delle scelte di gestione e di amministrazione definiti dal dirigente scolastico*".

11) C. Ogni istituzione scolastica deve predisporre il *Piano dell'offerta formativa* (art. 3 del D.P.R. 275/1999) con la partecipazione di tutte le sue componenti: "*Il Piano è il documento fondamentale costitutivo dell'identità culturale e progettuale delle istituzioni scolastiche ed esplicita la progettazione curricolare, extracurricolare, educativa ed organizzativa che le singole scuole adottano nell'ambito della loro autonomia*".

12) D. Il D.P.R. 275/1999, all'art. 7, c. 4, così recita: "*L'accordo individua l'organo responsabile della gestione delle risorse e del raggiungimento delle finalità del progetto, la sua durata, le sue competenze e i suoi poteri, nonché le risorse professionali e finanziarie messe a disposizione della rete dalle singole istituzioni*".

13) C. Ai sensi del D.P.R. 275/1999, art. 7, c. 1: "*Le istituzioni scolastiche possono promuovere accordi di rete o aderire ad essi per il raggiungimento delle proprie finalità istituzionali*".

14) D. In base al D.P.R. 275/1999, art. 7, c. 4: "*(...) l'accordo è depositato presso le segreterie delle scuole, ove gli interessati possono prenderne visione ed estrarne copia*".

15) C. Secondo quanto previsto dal D.P.R. 275/1999, art. 7, c. 10: "*Le istituzioni scolastiche possono costituire o aderire a consorzi pubblici e privati per assolvere compiti istituzionali coerenti col Piano dell'offerta formativa di cui all'articolo 3 e per l'acquisizione di servizi e beni che facilitino lo svolgimento dei compiti di carattere formativo*".

16) C. Come stabilito dal D.P.R. 275/1999, art. 7, c. 2: "*(...) se l'accordo prevede attività didattiche o di ricerca, sperimentazione e sviluppo, di formazione e aggiornamento, è approvato, oltre che dal consiglio di circolo o di istituto, anche dal collegio dei docenti delle singole scuole interessate per la parte di propria competenza*".

17) D. Il D.P.R. 275/1999, all'art. 4, c. 4, così dispone: "[Le istituzioni scolastiche] *individuano inoltre le modalità e i criteri di valutazione degli alunni nel rispetto della normativa nazionale ed i criteri per la valutazione periodica dei risultati conseguiti dalle istituzioni scolastiche rispetto agli obiettivi prefissati*".

18) A. L. 107/2015, art. 1, c. 12. "*Le istituzioni scolastiche predispongono, entro il mese di ottobre dell'anno scolastico precedente al triennio di riferimento, il piano triennale dell'offerta formativa. (...) Il piano può essere rivisto annualmente entro il mese di ottobre*".
Ibid., c. 13: "*L'ufficio scolastico regionale verifica che il piano triennale dell'offerta formativa rispetti il limite dell'organico assegnato a ciascuna istituzione scolastica e trasmette al Ministero dell'istruzione, dell'università e della ricerca gli esiti della verifica*".

19) C. Ai sensi del D.P.R. 275/1999, art. 3, c. 5: "*Il Piano dell'offerta formativa è reso pubblico e consegnato agli alunni e alle famiglie all'atto dell'iscrizione*".

20) D. Il D.P.R. 275/1999, all'art. 15, c. 1 esclude dall'attribuzione alle istituzioni scolastiche le seguenti funzioni in materia di personale, il cui esercizio è legato ad un ambito territoriale più ampio di quello di competenza della singola istituzione, ovvero richiede garanzie particolari in relazione alla tutela della libertà di insegnamento:
a) formazione delle graduatorie permanenti riferite ad ambiti territoriali più vasti di quelli della singola istituzione scolastica;
b) reclutamento del personale docente, amministrativo, tecnico e ausiliario con rapporto di lavoro a tempo indeterminato;
c) mobilità esterna alle istituzioni scolastiche e utilizzazione del personale eccedente l'organico funzionale di istituto;
d) autorizzazioni per utilizzazioni ed esoneri per i quali sia previsto un contingente nazionale; comandi, utilizzazioni e collocamenti fuori ruolo;
e) riconoscimento di titoli di studio esteri.

21) B. Fra le attribuzioni per le quali il D.P.R. 275/1999 (art. 15) esclude la competenza delle istituzioni scolastiche, non rientra la gestione del patrimonio. Tale ultima competenza, infatti, è stata attribuita alle istituzioni scolastiche (a decorrere dal 1° settembre 2000) dall'art. 14, c. 1.

22) C. In base al D.P.R. 275/1999, art. 11, c. 2: "*I progetti devono avere una durata predefinita e devono indicare con chiarezza gli obiettivi; quelli attuati devono essere sottoposti a valutazione dei risultati (...)*".

23) B. A seguito del D.L. 9 febbraio 2012, n. 5, convertito nella legge 4 aprile 2012, n. 35 (art. 51, c. 2), la "*partecipazione delle istituzioni scolastiche alle rilevazioni nazionali degli apprendimenti degli studenti*" è divenuta "*attività ordinaria d'istituto*".

24) A. D.Lgs. 62/2017, art. 4, c. 1: "*1. L'Istituto nazionale per la valutazione del sistema educativo di istruzione e formazione (...) effettua rilevazioni nazionali sugli apprendimenti delle alunne e degli alunni in italiano, matematica e inglese in coerenza con le Indicazioni Nazionali per il curricolo. Tali rilevazioni sono svolte nelle classi seconda e quinta di scuola primaria (...) ad eccezione della rilevazione di inglese effettuata esclusivamente nella classe quinta*".

25) C. D.P.R. 80/2013, art. 3, comma 1: "(...) l'Invalsi, nell'ambito dell'S.N.V., in particolare: a) assicura il coordinamento funzionale dell'S.N.V.; (...)".

26) A. La L. 107/2015, art. 1, c. 14, ha sostituito l'art. 3 del D.P.R. 275/1999, il cui comma 5 ora così recita: "*5. Ai fini della predisposizione del piano, il dirigente scolastico promuove i necessari rapporti con gli enti locali e con le diverse realtà istituzionali, culturali, sociali ed economiche operanti nel territorio; tiene altresì conto delle proposte e dei pareri formulati dagli organismi e dalle associazioni dei genitori e, per le scuole secondarie di secondo grado, degli studenti*".

27) A. Secondo quanto stabilito dal D.P.R. 28 marzo 2013, n. 80, art. 2, c. 2: "*L'S.N.V. è costituito dai seguenti soggetti:*
a) Invalsi: Istituto nazionale per la valutazione del sistema di istruzione e formazione, di cui al decreto legislativo 19 novembre 2004, n. 286;
b) Indire: Istituto nazionale di documentazione, innovazione e ricerca educativa, di cui all'articolo 19, comma 1, del decreto legge 6 luglio 2011, n. 98, convertito, con modificazioni, dalla legge 15 luglio 2011, n. 111;
c) contingente ispettivo: contingente di dirigenti di seconda fascia con funzione tecnico-ispettiva, appartenenti alla dotazione organica dirigenziale del Ministero, che svolgono l'attività di valutazione nei nuclei di cui all'articolo 6 del presente decreto".

28) C. In base allo schema generale di riferimento della "Carta dei servizi scolastici", di cui al D.P.C.M. 7 giugno 1995, punto 8.7, "*I documenti di valutazione degli alunni sono consegnati dal Capo di Istituto o dai docenti incaricati entro cinque giorni dal termine delle operazioni generali di scrutinio*".

29) B. Secondo lo schema generale di riferimento della "Carta dei servizi scolastici", di cui al D.P.C.M. 7 giugno 1995, punto 10.1: "*Procedura dei reclami (...). Il Capo di Istituto, dopo avere esperito ogni possibile indagine in merito, risponde, sempre in forma scritta, con celerità e, comunque, non oltre 15 giorni, attivandosi per rimuovere le cause che hanno provocato il reclamo*".

30) D. Ai sensi dello schema generale di riferimento della "Carta dei servizi scolastici", di cui al D.P.C.M. 7 giugno 1995, punto 10.1: "*Procedura dei reclami (...). I reclami anonimi non sono presi in considerazione, se non circostanziati*".

31) C. Lo schema generale di riferimento della "Carta dei servizi scolastici", di cui al D.P.C.M. 7 giugno 1995, stabilisce al punto 9.1: "*L'ambiente scolastico deve essere pulito, accogliente, sicuro. Le condizioni di igiene e sicurezza dei locali e dei servizi devono garantire una permanenza a scuola confortevole per gli alunni e per il personale*".

32) C. La L. 59/1997, all'art. 21, c. 1, dispone: "(...) *Ai fini della realizzazione della autonomia delle istituzioni scolastiche le funzioni dell'Amministrazione centrale e periferica della pubblica istruzione in materia di gestione del servizio di istruzione, (...) sono progressivamente attribuite alle istituzioni scolastiche, attuando a tal fine anche l'estensione ai circoli didattici, alle scuole medie, alle scuole e agli istituti di istruzione secondaria, della personalità giuridica degli istituti tecnici e professionali e degli istituti d'arte ed ampliando l'autonomia per tutte le tipologie degli istituti di istruzione, anche in deroga alle norme vigenti in materia di contabilità dello Stato*".

33) A. Ai sensi del D.P.R. 275/1999, art. 14: "*I provvedimenti adottati dalle istituzioni scolastiche, fatte salve le specifiche disposizioni in materia di disciplina del personale e degli studenti, divengono definitivi il quindicesimo giorno dalla data della loro pubblicazione nell'albo della scuola. Entro tale termine, chiunque abbia interesse può proporre reclamo all'organo che ha adottato l'atto, che deve pronunciarsi sul reclamo stesso nel termine di trenta giorni, decorso il quale l'atto diviene definitivo. Gli atti divengono altresì definitivi a seguito della decisione sul reclamo*".

34) D. L'art. 14 del D.P.R. 275/1999 ha previsto che, a decorrere dal primo settembre 2000, alle istituzioni scolastiche fossero attribuite le funzioni, già di competenza dell'Amministrazione centrale e periferica, relative a (...): "*gestione dello stato giuridico ed economico del personale (con esclusione delle materie riservate, in base all'articolo 15 o ad altre specifiche disposizioni, all'Amministrazione centrale e periferica*)".

35) B. In base al D.P.R. 275/1999, art. 16: "*1. Gli organi collegiali della scuola garantiscono l'efficacia dell'autonomia delle istituzioni scolastiche nel quadro delle norme che ne definiscono competenze e composizione.*
2. Il dirigente scolastico esercita le funzioni di cui al decreto legislativo 6 marzo 1998, n. 59, nel rispetto delle competenze degli organi collegiali.
3. I docenti hanno il compito e la responsabilità della progettazione e dell'attuazione del processo di insegnamento e di apprendimento.
4. Il responsabile amministrativo assume funzioni di direzione dei servizi di segreteria nel quadro dell'unità di conduzione affidata al dirigente scolastico.
5. Il personale della scuola, i genitori e gli studenti partecipano al processo di attuazione e sviluppo dell'autonomia assumendo le rispettive responsabilità".

36) A. L'art. 14 del D.P.R. 275/1999 prevede che, a decorrere dal primo settembre 2000, alle istituzioni scolastiche siano attribuite le funzioni, già di competenza dell'Amministrazione centrale e periferica, relative a: "(...) *carriera scolastica degli alunni: le iscrizioni, le frequenze, le certificazioni, la documentazione, la valutazione, il riconoscimento degli studi compiuti in Italia e all'estero (...)*".

37) C. L'art. 7 del D.Lgs. 62/2017 prevede che nella scuola secondaria di primo grado le Prove nazionali, di italiano, matematica e inglese sono effettuate nella classe terza, entro il mese di aprile; prevede altresì che "la relativa partecipazione rappresenta requisito di ammissione all'esame conclusivo del primo ciclo di istruzione".

38) A. D.Lgs. 62/2017, art. 19, c. 1: "*Le studentesse e gli studenti iscritti all'ultimo anno di scuola secondaria di secondo grado sostengono prove a carattere nazionale, computer based, predisposte dall'INVALSI, volte a verificare i livelli di apprendimento conseguiti in italiano, matematica e inglese, ferme restando le rilevazioni già effettuate nella classe seconda, di cui all'articolo 6, comma 3, del decreto del Presidente della Repubblica 28 marzo 2013 n. 80*".

39) B. A seguito dell'entrata in vigore della L. 108 del 21 settembre 2018 (cd. decreto milleproroghe - art. 6, c. 3-*septies*), è stato disposto il rinvio all' a.s. 2019/20 della misura che prevede che le prove INVALSI costituiscono condizione preliminare per l'ammissione all'esame di Stato.

40) A. D.P.R. 275/1999, art. 3, come modificato dall'art. 1, comma 14 della legge 107/2015: "*Il piano è coerente con gli obiettivi generali ed educativi dei diversi tipi e indirizzi di studi, determinati a livello nazionale a norma dell'articolo 8, e riflette le esigenze del contesto culturale, sociale ed economico della realtà locale, tenendo conto della programmazione territoriale dell'offerta formativa*".

41) C. D.I. 129/2018, art. 40. comma 4: "*Della tenuta della contabilità, delle necessarie registrazioni e degli adempimenti fiscali è responsabile il DSGA*".

42) B. D.I. 129/2018, art. 3, comma 1 "*(...) il dirigente scolastico assicura la gestione unitaria dell'istituzione scolastica, ne ha la legale rappresentanza e, nel rispetto delle competenze degli organi collegiali, svolge compiti di direzione, gestione, organizzazione, coordinamento e valorizzazione delle risorse umane*".

43) B. Legge 107/2015, art. 1, comma 83: "*Il dirigente scolastico può individuare nell'ambito dell'organico dell'autonomia fino al 10 per cento di docenti che lo coadiuvano in attività di supporto organizzativo e didattico dell'istituzione scolastica*".

44) D. Legge 107/2015, art. 1, comma 84: "*Il dirigente scolastico, nell'ambito dell'organico dell'autonomia assegnato e delle risorse, anche logistiche, disponibili, riduce il numero di alunni e di studenti per classe rispetto a quanto previsto dal regolamento di cui al decreto del Presidente della Repubblica 20 marzo 2009, n. 81, allo scopo di migliorare la qualità didattica anche in rapporto alle esigenze formative degli alunni con disabilità*".

45) B. Legge 107/2015, art. 1, comma 12, secondo periodo: "*(...) Il predetto piano contiene anche la programmazione delle attività formative rivolte al personale docente e amministrativo, tecnico e ausiliario, nonché la definizione delle risorse occorrenti in base alla quantificazione disposta per le istituzioni scolastiche*".

46) C. Tra le deleghe legislative di cui all'art. 1, comma 180 sg., della legge 107/2015 non è stata attuata la delega relativa al "riordino delle disposizioni normative in materia di sistema nazionale di istruzione e formazione" (delega che prevedeva la redazione di un nuovo Testo unico della scuola).
Ecco l'elenco degli otto decreti legislativi entrati in vigore:
- D.Lgs. 13 aprile 2017, n. 59, "Riordino, adeguamento e semplificazione del sistema di formazione iniziale e di accesso nei ruoli di docente nella scuola secondaria

per renderlo funzionale alla valorizzazione sociale e culturale della professione, a norma dell'articolo 1, commi 180 e 181, lettera b), della legge 13 luglio 2015, n. 107";
- D.Lgs. 13 aprile 2017, n. 60, "Norme sulla promozione della cultura umanistica, sulla valorizzazione del patrimonio e delle produzioni culturali e sul sostegno della creatività, a norma dell'articolo 1, commi 180 e 181, lettera g), della legge 13 luglio 2015, n. 107";
- D.Lgs. 13 aprile 2017, n. 61, "Revisione dei percorsi dell'istruzione professionale nel rispetto dell'articolo 117 della Costituzione, nonché raccordo con i percorsi dell'istruzione e formazione professionale, a norma dell'articolo 1, commi 180 e 181, lettera d), della legge 13 luglio 2015, n. 107";
- D.Lgs. 13 aprile 2017, n. 62, "Norme in materia di valutazione e certificazione delle competenze nel primo ciclo ed esami di Stato, a norma dell'articolo 1, commi 180 e 181, lettera i), della legge 13 luglio 2015, n. 107";
- D.Lgs. 13 aprile 2017, n. 63, "Effettività del diritto allo studio attraverso la definizione delle prestazioni, in relazione ai servizi alla persona, con particolare riferimento alle condizioni di disagio e ai servizi strumentali, nonché potenziamento della carta dello studente, a norma dell'articolo 1, commi 180 e 181, lettera f), della legge 13 luglio 2015, n. 107";
- D.Lgs. 13 aprile 2017, n. 64, "Disciplina della scuola italiana all'estero, a norma dell'articolo 1, commi 180 e 181, lettera h), della legge 13 luglio 2015, n. 107";
- D.Lgs. 13 aprile 2017, n. 65, "Istituzione del sistema integrato di educazione e di istruzione dalla nascita sino a sei anni, a norma dell'articolo 1, commi 180 e 181, lettera e), della legge 13 luglio 2015, n. 107";
- D.Lgs. 13 aprile 2017, n. 66, "Norme per la promozione dell'inclusione scolastica degli studenti con disabilità, a norma dell'articolo 1, commi 180 e 181, lettera c), della legge 13 luglio 2015, n. 107".

Circa quest'ultimo, va segnalato che in data 7 agosto 2019 è stato emanato il D.Lgs. n. 96 "Disposizioni integrative e correttive al decreto legislativo 13 aprile 2017, n. 66, recante: «Norme per la promozione dell'inclusione scolastica degli studenti con disabilità, a norma dell'articolo 1, commi 180 e 181, lettera c), della legge 13 luglio 2015, n. 107»".

47) B. D.Lgs. 165/2001, art. 25, comma 6: "*Il dirigente presenta periodicamente al consiglio di circolo o al consiglio di istituto motivata relazione sulla direzione e il coordinamento dell'attività formativa, organizzativa e amministrativa al fine di garantire la più ampia informazione e un efficace raccordo per l'esercizio delle competenze degli organi della istituzione scolastica*".

48) B. D.Lgs. 165/2001, art. 25, comma 5: "*Nello svolgimento delle proprie funzioni organizzative e amministrative il dirigente può avvalersi di docenti da lui individuati, ai quali possono essere delegati specifici compiti*".

49) A. Legge 107/2015, art. 1, comma 2: "*(...) le istituzioni scolastiche garantiscono la partecipazione alle decisioni degli organi collegiali e la loro organizzazione è orientata alla massima flessibilità, diversificazione, efficienza ed efficacia del servizio scolastico, nonché all'integrazione e al miglior utilizzo delle risorse e delle strutture, all'introduzione di tecnologie innovative e al coordinamento con il contesto territoriale*".

50) D. Direttiva ministeriale 36/2016, art. 9, comma 4: "*Ciascun Nucleo è costituito da un dirigente tecnico, amministrativo o scolastico in funzione di coordinatore, e da due esperti in possesso di specifiche e documentate esperienze in materia di organizzazione e valutazione. Un Nucleo deve sempre avere la presenza di almeno un dirigente scolastico*".

51) A. D.Lgs. 81/2008, art. 17: "*Il datore di lavoro non può delegare le seguenti attività:*
a) la valutazione di tutti i rischi con la conseguente elaborazione del documento previsto dall'articolo 28;
b) la designazione del responsabile del servizio di prevenzione e protezione dai rischi".

52) C. D.Lgs. 81/2008, art. 19, c. 1: "*(...) i preposti, secondo le loro attribuzioni e competenze, devono:*
a) sovrintendere e vigilare sulla osservanza da parte dei singoli lavoratori dei loro obblighi di legge, nonché delle disposizioni aziendali in materia di salute e sicurezza sul lavoro e di uso dei mezzi di protezione collettivi e dei dispositivi di protezione individuale messi a loro disposizione e, in caso di persistenza della inosservanza, informare i loro superiori diretti; (...)".

53) B. D.Lgs. 81/2008, art. 19, c. 1: "*Il datore di lavoro effettua la valutazione ed elabora il documento di cui all'articolo 17, comma 1, lettera a), in collaborazione con il responsabile del servizio di prevenzione e protezione e il medico competente, nei casi di cui all'articolo 41*".

54) A. D.I. 129/2018, art. 11, c. 3: "*Nel caso in cui la realizzazione di un progetto richieda l'impiego di risorse eccedenti la relativa dotazione finanziaria, il dirigente scolastico può ordinare la spesa eccedente, nel limite massimo del dieci per cento della dotazione originaria del progetto, mediante l'utilizzo del fondo di riserva, ai sensi dell'articolo 8*".

55) A. Legge 107/2015, art. 1, comma 61: "*I soggetti esterni che usufruiscono dell'edificio scolastico per effettuare attività didattiche e culturali sono responsabili della sicurezza e del mantenimento del decoro degli spazi*".

56) D. D.Lgs. 81/2008, art. 18, comma 1: "*Il datore di lavoro, che esercita le attività di cui all'articolo 3, e i dirigenti, che organizzano e dirigono le stesse attività secondo le attribuzioni e competenze ad essi conferite, devono: (...)*
r) comunicare all'INAIL, o all'IPSEMA, in relazione alle rispettive competenze, a fini statistici e informativi, i dati relativi agli infortuni sul lavoro che comportino un'assenza dal lavoro di almeno un giorno, escluso quello dell'evento e, a fini assicurativi, le informazioni relative agli infortuni sul lavoro che comportino un'assenza dal lavoro superiore a tre giorni; (...)".

57) B. D.Lgs. 81/2008, art. 46, comma 1: "*La prevenzione incendi è la funzione di preminente interesse pubblico, di esclusiva competenza statuale, diretta a conseguire, secondo criteri applicativi uniformi sul territorio nazionale, gli obiettivi di sicurezza della vita umana, di incolumità delle persone e di tutela dei beni e dell'ambiente*".

58) C. D.Lgs. 81/2008, art. 2, comma 1, lett. aa): "*«formazione»: processo educativo attraverso il quale trasferire ai lavoratori ed agli altri soggetti del sistema di prevenzione e protezione aziendale conoscenze e procedure utili alla acquisizione di competenze per lo svolgimento in sicu-*

rezza dei rispettivi compiti in azienda e alla identificazione, alla riduzione e alla gestione dei rischi; (...)".

59) B. D.Lgs. 81/2008, art. 16, comma 1: "*La delega di funzioni da parte del datore di lavoro, ove non espressamente esclusa, è ammessa con i seguenti limiti e condizioni: (...)*
e) che la delega sia accettata dal delegato per iscritto."

60) A. D.Lgs. 81/2008, art. 50, comma 1: "*Fatto salvo quanto stabilito in sede di contrattazione collettiva, il rappresentante dei lavoratori per la sicurezza:*
a) accede ai luoghi di lavoro in cui si svolgono le lavorazioni;
b) è consultato preventivamente e tempestivamente in ordine alla valutazione dei rischi, alla individuazione, programmazione, realizzazione e verifica della prevenzione nella azienda o unità produttiva;
c) è consultato sulla designazione del responsabile e degli addetti al servizio di prevenzione, alla attività di prevenzione incendi, al primo soccorso, alla evacuazione dei luoghi di lavoro e del medico competente;
d) è consultato in merito all'organizzazione della formazione di cui all'articolo 37;
e) riceve le informazioni e la documentazione aziendale inerente alla valutazione dei rischi e le misure di prevenzione relative, nonché quelle inerenti alle sostanze ed ai preparati pericolosi, alle macchine, agli impianti, alla organizzazione e agli ambienti di lavoro, agli infortuni ed alle malattie professionali;
f) riceve le informazioni provenienti dai servizi di vigilanza;
g) riceve una formazione adeguata e, comunque, non inferiore a quella prevista dall'articolo 37;
h) promuove l'elaborazione, l'individuazione e l'attuazione delle misure di prevenzione idonee a tutelare la salute e l'integrità fisica dei lavoratori;
i) formula osservazioni in occasione di visite e verifiche effettuate dalle autorità competenti, dalle quali è, di norma, sentito;
l) partecipa alla riunione periodica di cui all'articolo 35;
m) fa proposte in merito alla attività di prevenzione;
n) avverte il responsabile della azienda dei rischi individuati nel corso della sua attività;
o) può fare ricorso alle autorità competenti qualora ritenga che le misure di prevenzione e protezione dai rischi adottate dal datore di lavoro o dai dirigenti e i mezzi impiegati per attuarle non siano idonei a garantire la sicurezza e la salute durante il lavoro".

61) A. Legge 107/2015, art. 1, comma 79: "*Il dirigente scolastico può utilizzare i docenti in classi di concorso diverse da quelle per le quali sono abilitati, purché posseggano titoli di studio validi per l'insegnamento della disciplina e percorsi formativi e competenze professionali coerenti con gli insegnamenti da impartire e purché non siano disponibili nell'ambito territoriale docenti abilitati in quelle classi di concorso*".

62) B. Codice di procedura civile, art. 417-bis, comma 1: "*Nelle controversie relative ai rapporti di lavoro dei dipendenti delle pubbliche amministrazioni di cui al quinto comma dell'articolo 413, limitatamente al giudizio di primo grado le amministrazioni stesse possono stare in giudizio avvalendosi direttamente di propri dipendenti*".

63) B. D.Lgs. 81/2008, art. 33, comma 1: "*Il servizio di prevenzione e protezione dai rischi professionali provvede:*
a) all'individuazione dei fattori di rischio, alla valutazione dei rischi e all'individuazione delle misure per la sicurezza e la salubrità degli ambienti di lavoro, nel rispetto della normativa vigente sulla base della specifica conoscenza dell'organizzazione aziendale; (...)".

64) D. D.Lgs. 81/2008, art. 13, comma 1: "*La vigilanza sull'applicazione della legislazione in materia di salute e sicurezza nei luoghi di lavoro è svolta dalla azienda sanitaria locale competente per territorio e, per quanto di specifica competenza, dal Corpo nazionale dei vigili del fuoco*".

65) D. D.P.R. 445/2000, art. 59, comma 4: "*Nel caso di accesso effettuato da soggetti non appartenenti alla pubblica amministrazione possono utilizzarsi le funzioni di ricerca e di visualizzazione delle informazioni e dei documenti messe a disposizione, anche per via telematica, attraverso gli uffici relazioni col pubblico*".

66) C. D.I. 129/2018, art. 8, comma 1: "*Nel programma annuale deve essere iscritto, tra le spese, un fondo di riserva, da determinarsi in misura non superiore al dieci per cento della dotazione finanziaria ordinaria*".

67) C. Legge 107/2015, art. 1, comma 68, secondo periodo: "*L'organico dell'autonomia comprende l'organico di diritto e i posti per il potenziamento, l'organizzazione, la progettazione e il coordinamento, incluso il fabbisogno per i progetti e le convenzioni di cui al quarto periodo del comma 65*".

68) A. Legge 107/2015, art. 1, comma 65: "*Il riparto della dotazione organica tra le regioni è effettuato sulla base del numero delle classi, per i posti comuni, e sulla base del numero degli alunni, per i posti del potenziamento, senza ulteriori oneri rispetto alla dotazione organica assegnata*".

69) C. D.P.R. 80/2013, art. 5, comma 1: "*Il contingente ispettivo concorre a realizzare gli obiettivi dell'S.N.V. partecipando ai nuclei di valutazione di cui all'articolo 6, comma 2*".

70) B. D.Lgs. 66/2017, art. 4, comma 2: "*L'Istituto nazionale per la valutazione del sistema educativo di istruzione e di formazione (INVALSI), in fase di predisposizione dei protocolli di valutazione e dei quadri di riferimento dei rapporti di autovalutazione, sentito l'Osservatorio permanente per l'inclusione scolastica di cui all'articolo 15 del presente decreto, definisce gli indicatori per la valutazione della qualità dell'inclusione scolastica*".

71) A. Secondo l'art. 23 c. 1 del decreto n. 129/2018: "*Il conto consuntivo è predisposto dal D.S.G.A. entro il 15 marzo dell'esercizio finanziario successivo a quello cui si riferisce (...)*".

72) C. Legge 448/1998, art. 26, comma 8: "*L'amministrazione scolastica centrale e periferica può avvalersi, per i compiti connessi con l'attuazione dell'autonomia scolastica, dell'opera di docenti e dirigenti scolastici, forniti di adeguati titoli culturali, scientifici e professionali, nei limiti di un contingente non superiore a cinquecento unità, determinato con decreto del Ministro* *della pubblica istruzione, di concerto con il Ministro del tesoro, del bilancio e della programmazione economica*".

73) C. D.I. 129/2018, art. 3, comma 2: "*Il direttore dei servizi generali e amministrativi, di seguito denominato DSGA, ai sensi dell'articolo 25, comma 5, del decreto legislativo n. 165 del 2001, sovrintende con autonomia operativa e nell'ambito delle direttive di massima impartite e degli obiettivi assegnati dal dirigente scolastico, ai servizi amministrativi ed ai servizi generali dell'istituzione scolastica, coordinando il personale assegnato*".

74) C. Legge 107/2015, art. 1, comma 13: "*L'ufficio scolastico regionale verifica che il piano triennale dell'offerta formativa rispetti il limite dell'organico assegnato a ciascuna istituzione scolastica e trasmette al Ministero dell'istruzione, dell'università e della ricerca gli esiti della verifica*".

75) D. D.I. 129/2018, art. 21, comma 4: "*La gestione del fondo economale per le minute spese spetta al D.S.G.A. che, a tal fine, contabilizza cronologicamente tutte le operazioni di cassa da lui eseguite nell'apposito registro informatizzato (…)*".

76) D. D.I. 129/2018, art. 22 c. 1: "*Il conto consuntivo si compone del conto finanziario e del conto del patrimonio (…)*".

77) A. D.P.R. 80/2013, art. 3, comma 1: "*(…) l'INVALSI, nell'ambito dell'S.N.V., in particolare: (…)*
h) partecipa alle indagini internazionali e alle altre iniziative in materia di valutazione, in rappresentanza dell'Italia".

78) B. D.Lgs. 258/1999, art. 2, comma 1: "*La biblioteca di documentazione pedagogica, di cui all'articolo 292 del decreto legislativo 16 aprile 1994, n. 297, è trasformata in Istituto nazionale di documentazione per l'innovazione e la ricerca educativa*".

79) D. Legge 135/2012, art. 7, comma 30: "*La pagella elettronica ha la medesima validità legale del documento cartaceo ed è resa disponibile per le famiglie sul web o tramite posta elettronica o altra modalità digitale. Resta comunque fermo il diritto dell'interessato di ottenere su richiesta gratuitamente copia cartacea del documento redatto in formato elettronico*".

80) C. D.P.R. 80/2013, art. 6, comma 3, ultimo periodo: "*Tali rilevazioni sono effettuate su base censuaria nella classi seconda e quinta della scuola primaria, terza della scuola secondaria di primo grado, seconda e ultima della scuola secondaria di secondo grado (…)*".

81) A. D.I. 129/2018, art. 5, comma 8: "*Il programma annuale è predisposto dal dirigente scolastico con la collaborazione del DSGA per la parte economico-finanziaria*".

82) A. D.I. 129/2018, art. 5, comma 9: "*La delibera di approvazione del programma annuale è adottata dal Consiglio d'istituto entro il 31 dicembre dell'anno precedente a quello di riferimento (…)*".

83) A. Legge 107/2015, art. 1, comma 11: "*A decorrere dall'anno scolastico 2015/2016, il Ministero dell'istruzione, dell'università e della ricerca provvede, entro il mese di settembre, alla tempestiva erogazione a ciascuna istituzione scolastica autonoma del fondo di funzionamento in relazione alla quota corrispondente al periodo compreso tra il mese di settembre e il mese di dicembre dell'anno scolastico di riferimento*".

84) B. D.I. 129/2018, art. 6, comma 2, secondo periodo: "*L'Ufficio scolastico regionale nomina, entro i dieci giorni successivi alla ricezione della comunicazione, un commissario ad acta che provvede all'approvazione del programma entro 15 giorni dalla nomina*".

85) D. D.I. 129/2018, art. 5, comma 8, secondo periodo: "*Entro la stessa data del 30 novembre dell'anno precedente a quello di riferimento, il programma annuale e la relazione illustrativa sono sottoposti ai revisori dei conti per il parere di regolarità contabile*".

86) D. D.I. 129/2018, art. 23, comma 2: "*Il conto consuntivo è sottoposto dal dirigente scolastico, entro la stessa data del 15 marzo, all'esame dei revisori dei conti che esprimono il proprio parere con apposita relazione entro il successivo 15 aprile. Il conto consuntivo, corredato della relazione dei revisori dei conti, è quindi trasmesso al Consiglio d'istituto (…)*".

87) C. D.I. 129/2018, art. 4, comma 3: "*L'unità temporale della gestione è l'anno finanziario che comincia il 1° gennaio e termina il 31 dicembre dello stesso anno; (…)*".

88) A. D.Lgs. 165/2001, art. 25, c. 2: "*Nel rispetto delle competenze degli organi collegiali scolastici, spettano al dirigente scolastico autonomi poteri di direzione, di coordinamento e di valorizzazione delle risorse umane*".

89) A. D.Lgs. 165/2001, art. 5, commi 1 e 2: "*1. Le amministrazioni pubbliche assumono ogni determinazione organizzativa al fine di assicurare l'attuazione dei principi di cui all'articolo 2, comma 1, e la rispondenza al pubblico interesse dell'azione amministrativa.*
2. Nell'ambito delle leggi e degli atti organizzativi di cui all'articolo 2, comma 1, le determinazioni per l'organizzazione degli uffici e le misure inerenti alla gestione dei rapporti di lavoro, nel rispetto del principio di pari opportunità, e in particolare la direzione e l'organizzazione del lavoro nell'ambito degli uffici sono assunte in via esclusiva dagli organi preposti alla gestione con la capacità e i poteri del privato datore di lavoro, fatte salve la sola informazione ai sindacati ovvero le ulteriori forme di partecipazione, ove previsti nei contratti di cui all'articolo 9".

90) B. Il Decreto del Presidente del Consiglio dei Ministri 4 Marzo 2020 in attuazione del decreto-legge 23 febbraio 2020, n. 6, recante misure urgenti in materia di contenimento e gestione dell'emergenza epidemiologica da COVID-19, ha disposto la sospensione delle attività didattiche nelle scuole di ogni ordine e grado. L'Art. 1, comma 1 lett. g) del provvedimento incarica i dirigenti scolastici sono stati incaricati di attivare "*per tutta la durata della sospensione delle attività didattiche nelle scuole, modalità di didattica a distanza avuto anche riguardo alle specifiche esigenze degli studenti con disabilità*".

Questionario 6
La comunità scolastica come luogo della partecipazione: gli organi collegiali d'istituto

1) Oltre ai docenti, fanno parte del consiglio di classe (individuare la risposta sbagliata):

A. quattro rappresentanti eletti dai genitori degli alunni nella secondaria di primo grado
B. nella scuola secondaria superiore, due rappresentanti eletti dai genitori degli alunni
C. nei corsi serali per lavoratori studenti, due rappresentanti degli studenti, eletti dagli studenti della classe
D. nei corsi serali per lavoratori studenti, tre rappresentanti degli studenti della classe, eletti dagli studenti

2) Le funzioni di segretario del consiglio di classe sono svolte:

A. a turno da un componente il consiglio di classe
B. a turno da un docente del consiglio di classe
C. da un docente a ciò incaricato dal presidente del consiglio stesso
D. da un componente il consiglio di classe a ciò incaricato dal presidente del consiglio stesso

3) Le funzioni di presidente del consiglio di classe sono svolte (individuare la risposta sbagliata):

A. dal dirigente scolastico
B. dal docente vicario su delega del dirigente scolastico
C. da un docente del consiglio di classe a ciò delegato dal dirigente scolastico
D. dal docente che insegna in un numero minore di classi, a ciò delegato dal dirigente scolastico

4) Su quale delle seguenti materie non si esercita la facoltà propositiva del collegio dei docenti?

A. Proposte per il calendario scolastico annuale
B. Proposte per la formulazione dell'orario delle lezioni
C. Proposte per lo svolgimento delle attività scolastiche
D. Proposte per la formazione delle classi

5) Su quale delle seguenti materie non si esercita il potere deliberante del collegio dei docenti?

A. Il funzionamento didattico dell'istituto
B. La programmazione educativa e didattica

C. L'adozione dei libri di testo
D. L'elezione dei collaboratori del dirigente scolastico

6) Il collegio dei docenti si riunisce (individuare la risposta sbagliata):
A. all'inizio di ciascun anno scolastico
B. almeno una volta per ogni trimestre o quadrimestre
C. quando ne fa richiesta almeno la metà dei suoi componenti
D. ogni qualvolta il dirigente scolastico ne ravvisi la necessità

7) Negli istituti comprensivi con popolazione scolastica superiore a 500 alunni il consiglio d'istituto è costituito da:
A. 14 componenti, di cui 6 rappresentanti del personale docente, uno del personale ATA, 6 dei genitori degli alunni, il dirigente scolastico
B. 19 componenti, di cui 8 rappresentanti del personale docente, due del personale ATA, 8 dei genitori degli alunni, il dirigente scolastico
C. 20 componenti, di cui 8 rappresentanti del personale docente, due del personale ATA, 8 dei genitori degli alunni, il dirigente scolastico, il direttore s.g.a.
D. 18 componenti, di cui 8 rappresentanti del personale docente, due del personale ATA, 8 dei genitori degli alunni; il dirigente scolastico ne fa parte di diritto ma senza diritto di voto

8) Nel consiglio d'istituto delle scuole di istruzione secondaria di secondo grado con popolazione scolastica superiore a 500 alunni (individuare la risposta sbagliata):
A. i rappresentanti dei genitori sono quattro
B. sono chiamati a far parte del consiglio quattro rappresentanti eletti dagli studenti
C. le votazioni per l'elezione dei rappresentanti degli studenti si svolgono ogni due anni
D. gli studenti, qualora minorenni, non hanno diritto di voto in materia finanziaria

9) Su quale delle seguenti materie non si esercita il potere deliberante del consiglio d'istituto?
A. Criteri generali per la programmazione educativa
B. Criteri generali relativi all'assegnazione dei docenti alle classi
C. Le iniziative dirette alla educazione della salute e alla prevenzione delle tossicodipendenze
D. Suddivisione dell'anno scolastico in due o tre periodi ai fini della valutazione

10) In un istituto comprensivo, la giunta esecutiva del consiglio d'istituto è composta da:
A. sei membri, di cui quattro eletti dal consiglio d'istituto al proprio interno (un docente, un rappresentante ATA, due genitori) e due membri di diritto (il dirigente scolastico e il direttore s.g.a.)

B. cinque membri, di cui tre eletti dal consiglio d'istituto al proprio interno (un docente, un rappresentante ATA, un genitore) e due membri di diritto (il dirigente scolastico e il direttore s.g.a.)
C. sei membri, di cui tre eletti dal consiglio d'istituto al proprio interno (un docente, un rappresentante ATA, un genitore) e tre membri di diritto (il dirigente scolastico, il direttore s.g.a., il presidente del collegio dei revisori dei conti)
D. il regolamento d'istituto determina la composizione della giunta esecutiva del consiglio d'istituto

11) La giunta esecutiva del consiglio d'istituto ha le seguenti competenze (individuare la risposta sbagliata):
A. predisporre il bilancio preventivo e il conto consuntivo
B. nelle scuole secondarie, adottare i provvedimenti disciplinari che comportano l'allontanamento degli alunni per periodi superiori ai 15 giorni
C. preparare i lavori del consiglio
D. curare l'esecuzione delle delibere del consiglio

12) In merito al calendario scolastico, l'art. 74 del D.Lgs. 297/1994 stabilisce che (individuare la risposta sbagliata):
A. le attività didattiche si svolgono nel periodo compreso tra il primo settembre ed il 30 giugno, con eventuale conclusione nel mese di luglio degli esami di Stato del secondo ciclo
B. l'anno scolastico ha inizio il primo settembre e termina il 30 giugno
C. l'anno scolastico è suddiviso, ai fini della valutazione degli alunni, in due o tre periodi su deliberazione del collegio dei docenti
D. allo svolgimento delle lezioni sono assegnati almeno 200 giorni

13) Per esercitare i diritti elettorali per la rappresentanza negli organi collegiali, i genitori devono essere in possesso di:
A. cittadinanza italiana
B. cittadinanza europea, in quanto cittadini di uno Stato membro dell'Unione europea
C. residenza nel comune sede dell'istituto
D. non è richiesto il possesso della cittadinanza italiana

14) A norma del D.Lgs. 297/1994, qual è la composizione del collegio docenti?
A. Personale docente di ruolo e non di ruolo in servizio nell'istituto
B. Personale docente di ruolo in servizio nel circolo o nell'istituto; Dirigente Scolastico
C. Personale docente di ruolo e non di ruolo in servizio nel circolo o nell'istituto; docenti di sostegno contitolari di classi nel circolo o istituto; Dirigente Scolastico
D. Personale non di ruolo in servizio nel circolo o nell'istituto; docenti di sostegno contitolari di classi nel circolo o istituto; un rappresentante del personale ATA; Dirigente Scolastico

15) Non hanno diritto di elettorato attivo e passivo nell'elezione del consiglio d'istituto e del comitato di valutazione del servizio i docenti:
A. di ruolo
B. supplenti annuali
C. supplenti temporanei
D. con assegnazione provvisoria

16) Per l'elezione delle rappresentanze dei genitori nei consigli di classe, di interclasse e di intersezione (individuare la risposta sbagliata):
A. il dirigente scolastico, entro il 31 novembre di ogni anno, convoca l'assemblea dei genitori
B. il dirigente scolastico, entro il 31 ottobre di ogni anno, convoca l'assemblea dei genitori per ciascuna classe (sezione nelle scuole dell'infanzia)
C. all'assemblea partecipano tutti i docenti della classe
D. in ciascuna classe va costituito un seggio elettorale per le operazioni di voto, di scrutinio e di proclamazione degli eletti

17) Per l'elezione del consiglio di circolo e di istituto occorre preliminarmente costituire la commissione elettorale che funziona con le seguenti regole (individuare la risposta sbagliata):
A. è composta di cinque membri designati dal consiglio d'istituto
B. è presieduta dal dirigente scolastico
C. le decisioni sono prese a maggioranza
D. dura in carica due anni

18) La prima convocazione del consiglio d'istituto, successiva alla sua elezione:
A. è disposta dal dirigente scolastico non oltre il decimo giorno dalla data di proclamazione degli eletti
B. è presieduta dal dirigente scolastico
C. è presieduta dal dirigente scolastico fino all'elezione del presidente, espresso dalla componente genitori
D. ratifica i risultati elettorali

19) Nel caso di decadenza, per dimissioni o perdita dei requisiti, di un componente elettivo del consiglio d'istituto (individuare la risposta sbagliata):
A. si procede alla surroga
B. in caso di esaurimento della rispettiva lista, si procede ad elezioni suppletive
C. nelle elezioni suppletive non è data facoltà di presentazione di più liste
D. in caso di esaurimento di una o più liste, il rinnovo è previsto alla scadenza triennale

20) Una delle regole sotto riportate per l'assemblea degli studenti non è prevista dal D.Lgs. 297/1994:
A. è consentito lo svolgimento di una assemblea di istituto e di una di classe al mese
B. l'assemblea di istituto è convocata su richiesta della maggioranza del comitato studentesco di istituto o su richiesta del 10% degli studenti

C. alle assemblee d'istituto possono essere invitati esperti autorizzati dal consiglio d'istituto
D. alle assemblee di classe possono assistere i docenti della classe mentre a quelle d'istituto può assistere solo il dirigente scolastico od un suo delegato

21) A chi spetta la delibera di adozione dei libri di testo?
A. Al consiglio d'istituto su proposta del collegio dei docenti
B. Al collegio dei docenti
C. Ai consigli di classe con la sola presenza dei docenti
D. Ai consigli di classe allargati ai genitori/agli studenti rappresentanti

22) A norma del D.Lgs. 297/1994, così come novellato dalla legge 107/2015, il componente esterno del Comitato per la valutazione dei docenti è individuato:
A. dal consiglio d'istituto all'interno delle associazioni professionali e culturali del territorio
B. dal dirigente scolastico su proposta del collegio dei docenti
C. dall'Ufficio scolastico regionale
D. dall'INVALSI

23) Un docente con più anni di servizio di ruolo può essere valutato dal comitato di valutazione?
A. No, perché è ormai confermato in ruolo
B. No, perché non è previsto dalla normativa
C. Sì, se lo richiede
D. Sì, quando la valutazione è richiesta per la partecipazione a concorsi

24) Nelle scuole secondarie di secondo grado, in occasione delle votazioni per l'elezione dei rappresentanti degli studenti nel Consiglio d'istituto, gli studenti sono chiamati ad eleggere altresì due loro rappresentanti:
A. nel consiglio d'istituto
B. nella consulta provinciale degli studenti
C. nel consiglio scolastico distrettuale
D. nel Forum nazionale delle associazioni studentesche

25) La componente dei docenti facenti parte del comitato per la valutazione dei docenti è costituita da:
A. due docenti effettivi e un supplente, eletti dal collegio dei docenti
B. quattro docenti effettivi e due supplenti, eletti dal collegio dei docenti
C. tre docenti scelti dal collegio dei docenti
D. tre docenti, di cui due scelti dal collegio dei docenti e uno dal consiglio di istituto

26) Nella procedura per l'assegnazione del bonus ai docenti meritevoli, il comitato per la valutazione dei docenti, così come riformato dalla L. 107/2015:
A. esprime parere obbligatorio ma non vincolante sul merito dei docenti individuati dal dirigente scolastico quali destinatari del bonus
B. individua i criteri per la valorizzazione dei docenti

C. individua i docenti destinatari del bonus
D. propone al dirigente scolastico i nominativi dei docenti ritenuti meritevoli

27) A seguito della sottoscrizione del CCNL del comparto Istruzione e ricerca 2018, alla contrattazione d'istituto è stata assegnata una qualche competenza in materia di valorizzazione del merito?
A. No, essendo la materia riserva di legge ai sensi dell'art. 97 Cost.
B. Sono state derogate le competenze del comitato per la valutazione dei docenti in materia di assegnazione del bonus ai docenti meritevoli a favore della contrattazione integrativa d'istituto
C. Alla contrattazione integrativa d'istituto è stata assegnata la competenza dell'individuazione dei criteri generali per la valorizzazione del merito mentre al comitato per la valutazione dei docenti è stata assegnata la competenza dell'individuazione dei docenti meritevoli
D. Alla contrattazione integrativa d'istituto è stata assegnata la competenza dell'individuazione dei criteri generali per la determinazione dei compensi finalizzati alla valorizzazione del personale, ivi compresi quelli riconosciuti al personale docente (bonus)

28) Del comitato per la valutazione dei docenti fanno parte anche due rappresentanti dei genitori oppure, nelle scuole del secondo ciclo, un rappresentante degli studenti e un rappresentante dei genitori, scelti dal consiglio di istituto. Quale funzione non possono esercitare tra quelle sotto elencate?
A. Valutazione dei docenti in anno di prova/formazione
B. Valutazione dei docenti su richiesta degli interessati
C. Riabilitazione del personale docente decorsi due anni dalla data della sanzione disciplinare
D. Individuazione dei criteri con cui il dirigente scolastico assegna annualmente il bonus al personale docente

29) Quale fra i seguenti organi della scuola non ha rilevanza esterna?
A. Il collegio dei docenti
B. Il consiglio di classe
C. Il consiglio d'istituto
D. Il dirigente scolastico

30) A norma del D.Lgs. 297/1994, è possibile che alle sedute del consiglio di istituto assistano soggetti che non ne fanno parte?
A. Alle sedute del consiglio di istituto possono assistere tutti gli elettori delle componenti rappresentate; per gli studenti vale il requisito della maggiore età
B. Alle sedute del consiglio di istituto possono assistere tutti gli elettori delle componenti rappresentate
C. Alle sedute del consiglio di istituto può assistere chiunque sia interessato
D. Il consiglio di istituto può deliberare che le sedute siano aperte a soggetti esterni

31) A norma del D.Lgs. 297/1994, la funzione di segretario della giunta esecutiva del consiglio di istituto è svolto da:

A. un membro a ciò delegato dal presidente
B. il docente a ciò delegato dal presidente
C. il DSGA in quanto capo dei servizi di segreteria
D. il Dirigente scolastico

32) Ai sensi del decreto interministeriale 129/2018, a chi spetta l'emanazione del Regolamento per la gestione del patrimonio e degli inventari dell'istituzione scolastica?

A. Al Ministero dell'Istruzione
B. Alla Ragioneria generale dello Stato
C. Al Dirigente Scolastico, sentito il Consiglio di istituto
D. Al Consiglio d'istituto

33) A norma del D.Lgs. 297/1994, chi delibera la suddivisione dell'anno scolastico in due o tre periodi, ai fini della valutazione degli alunni?

A. Il collegio docenti
B. Il consiglio di istituto
C. Il Dirigente Scolastico, sentito il parere del collegio docenti
D. Il consiglio di istituto, sentito il parere del collegio docenti

34) A norma della legge 107/2015, da chi è composto il Comitato per la valutazione dei docenti di un istituto del secondo ciclo dell'istruzione?

A. Dirigente scolastico, tre docenti, due rappresentanti dei genitori, un componente esterno individuato dall'Ufficio scolastico regionale
B. Dirigente scolastico, cinque docenti, due rappresentanti dei genitori, un componente esterno individuato dal Ministero dell'istruzione, dell'università e della ricerca
C. Dirigente scolastico, tre docenti di cui uno di altra istituzione scolastica del medesimo ambito territoriale, un componente esterno individuato dall'Ufficio scolastico regionale
D. Dirigente scolastico, tre docenti, un rappresentante degli studenti, un rappresentante dei genitori, un componente esterno individuato dall'Ufficio scolastico regionale

Risposte commentate
La comunità scolastica come luogo della partecipazione: gli organi collegiali d'istituto

1) C. Ai sensi del D.Lgs. 297/1994, art. 5, c. 2: "*Fanno parte, altresì, del consiglio di intersezione, di interclasse o di classe (...):*
b) nella scuola media, quattro rappresentanti eletti dai genitori degli alunni iscritti alla classe;
c) nella scuola secondaria superiore, due rappresentanti eletti dai genitori degli alunni iscritti alla classe, nonché due rappresentanti degli studenti, eletti dagli studenti della classe;
d) nei corsi serali per lavoratori studenti, tre rappresentanti degli studenti della classe, eletti dagli studenti della classe".

2) C. In base al D.Lgs. 297/1994, art. 5, c. 2: "*Le funzioni di segretario del consiglio sono attribuite dal direttore didattico o dal preside a uno dei docenti membro del consiglio stesso*".

3) B. Stando al D.Lgs. 297/1994, art. 5, c. 8: "*I consigli di intersezione, di interclasse e di classe sono presieduti rispettivamente dal direttore didattico e dal preside oppure da un docente, membro del consiglio, loro delegato*".

4) A. Secondo quanto disposto dal D.Lgs. 297/1994, art. 7, c. 2, lett. b): "[Il collegio dei docenti] *formula proposte al direttore didattico o al preside per la formazione, la composizione delle classi e l'assegnazione ad esse dei docenti, per la formulazione dell'orario delle lezioni e per lo svolgimento delle altre attività scolastiche, tenuto conto dei criteri generali indicati dal consiglio di circolo o d'istituto*".

5) D. Secondo quanto disposto dal D.Lgs. 165/2001, art. 25, c. 5: "*Nello svolgimento delle proprie funzioni organizzative e amministrative il dirigente può avvalersi di docenti da lui individuati, ai quali possono essere delegati specifici compiti*".

6) C. Il D.Lgs. 297/1994, all'art. 7, c. 4, così dispone: "*Il collegio dei docenti si insedia all'inizio di ciascun anno scolastico e si riunisce ogni qualvolta il direttore didattico o il preside ne ravvisi la necessità oppure quando almeno un terzo dei suoi componenti ne faccia richiesta; comunque, almeno una volta per ogni trimestre o quadrimestre*".

7) B. Come stabilito dal D.Lgs. 297/1994, art. 8, c. 1: "*Il consiglio di circolo o di istituto (...), nelle scuole con popolazione scolastica superiore a 500 alunni è costituito da 19 componenti, di cui 8 rappresentanti del personale docente, 2 rappresentanti del personale amministrativo, tecnico e ausiliario e 8 rappresentanti dei genitori degli alunni, il direttore didattico o il preside*".

8) C. Come recita il D.Lgs. 297/1994, art. 8, c. 10: "*(...) La rappresentanza studentesca viene rinnovata annualmente*".

9) D. In base al D.Lgs. 297/1994, art. 7, c. 2, lett. c): "*Il collegio dei docenti: (...) c) delibera, ai fini della valutazione degli alunni e unitamente per tutte le classi, la suddivisione dell'anno scolastico in due o tre periodi*".

10) A. Ai sensi del D.Lgs. 297/1994, art. 8, c. 7: "*Il consiglio di circolo o di istituto elegge nel suo seno una giunta esecutiva, composta di un docente, di un impiegato amministrativo o tecnico o ausiliario e di due genitori. Della giunta fanno parte di diritto il direttore didattico o il preside, che la presiede ed ha la rappresentanza del circolo o dell'istituto, ed il capo dei servizi di segreteria che svolge anche funzioni di segretario della giunta stessa*".

11) B. La competenza all'irrogazione delle sanzioni disciplinari più gravi agli studenti della scuola secondaria, già della giunta esecutiva ai sensi dell'art. 10, c. 11, del D.Lgs. 297/1994, è passata al consiglio d'istituto (D.P.R. 235/2007).

12) B. Ai sensi del D.Lgs. 297/1994, art. 74, c. 1: "*Nella scuola materna, elementare, media e negli istituti di istruzione secondaria superiore, l'anno scolastico ha inizio il primo settembre e termina il 31 agosto*".

13) D. L'Ordinanza Ministeriale 15 luglio 1991 n. 215, esplicitamente esclude che il possesso della cittadinanza italiana sia un requisito per l'esercizio, da parte dei genitori, dei diritti elettorali per la rappresentanza negli organi collegiali; infatti, l'art. 3, comma 2, così si esprime: "*Non è richiesto il possesso della cittadinanza italiana*".

14) C. D.Lgs. 297/1994, art. 7, comma 1: "*Il collegio dei docenti è composto dal personale docente di ruolo e non di ruolo in servizio nel circolo o nell'istituto, ed è presieduto dal direttore didattico o dal preside. Fanno altresì parte del collegio dei docenti i docenti di sostegno che ai sensi del successivo articolo 315, comma 5, assumono la contitolarità di classi del circolo o istituto*".

15) C. Secondo quanto stabilito dall'O.M. 15 luglio 1991 n. 215, art. 10, c. 5: "*I docenti non di ruolo supplenti temporanei non hanno diritto all'elettorato attivo e passivo*".

16) A. Secondo l'O.M. 15 luglio 1991 n. 215, art. 21, comma 1: "*Entro il 31 ottobre di ogni anno il direttore didattico o preside convoca per ciascuna classe - o per ciascuna sezione (scuole materne) - l'assemblea dei genitori e nelle scuole secondarie di secondo grado e artistiche, separatamente quella degli studenti. A tali assemblee debbono partecipare, possibilmente, tutti i docenti della classe (...)*".
Art. 22, comma 4: "*In ciascuna classe, subito dopo la conclusione dell'assemblea, deve essere costituito un seggio elettorale onde facilitare e rendere rapide le operazioni di voto, quelle di scrutinio e di proclamazione degli eletti*".

17) B. Come previsto dall'O.M. 15 luglio 1991 n. 215, art. 24, c. 4: "[La commissione elettorale di circolo o di istituto] è *presieduta da uno dei suoi membri, eletto a maggioranza dai suoi componenti*".

18) C. L'O.M. 15 luglio 1991 n. 215 prevede, all'art. 48, quanto segue: "*1. La prima convocazione del consiglio di circolo o di istituto è disposta dal Direttore didattico o Preside.*

2. Detta convocazione ha luogo dopo la decisione dei ricorsi eventualmente presentati e, comunque, non oltre il 20° giorno dalla data in cui sono stati proclamati gli eletti.
3. Nella prima seduta il consiglio, presieduto dal direttore didattico o dal preside, elegge tra i rappresentanti dei genitori, membri del consiglio stesso, il proprio presidente".

19) C. L'O.M. 15 luglio 1991 n. 215, art. 53, afferma: "*1. I membri dei consigli di circolo o di istituto, cessati dalla carica per qualsiasi causa, devono essere sostituiti con il procedimento della surrogazione. Un membro dimissionario o decaduto, regolarmente surrogato, viene depennato definitivamente dalla lista.*
In caso di impossibilità di procedere alla surrogazione suddetta per esaurimento delle rispettive liste non si può ricorrere ad altre liste, ma i posti vacanti devono essere ricoperti mediante elezioni suppletive.
(...) 3. Anche per le elezioni suppletive, vale la facoltà di presentazione di liste contrapposte.
4. Le elezioni suppletive, per motivi di opportunità, debbono essere indette, di norma, all'inizio dell'anno scolastico successivo all'esaurimento delle liste, contestualmente alle elezioni annuali".

20) D. Ai sensi del D.Lgs. 297/1994, art. 13, c. 8: "*(...) All'assemblea di classe o di istituto possono assistere, oltre al preside od un suo delegato, i docenti che lo desiderino*".

21) B. Secondo quanto dispone il D.Lgs. 297/1994, art. 7, c. 2, lett. e): "[Il collegio dei docenti] *provvede all'adozione dei libri di testo, sentiti i consigli di interclasse o di classe e, nei limiti delle disponibilità finanziarie indicate dal consiglio di circolo o di istituto, alla scelta dei sussidi didattici*".

22) C. D.Lgs. 297/1994: "*Il comitato ha durata di tre anni scolastici, è presieduto dal dirigente scolastico ed è costituito dai seguenti componenti: (...)*
c) un componente esterno individuato dall'ufficio scolastico regionale tra docenti, dirigenti scolastici e dirigenti tecnici".

23) C. D.Lgs. 297/1994, art. 448, c. 1: "*Il personale docente può chiedere la valutazione del servizio prestato per un periodo non superiore all'ultimo triennio*". Sul punto è ora intervenuta anche la L. 107/2015, art. 1, c. 129, che ha modificato il comma 5 dell'art. 11 D.Lgs. 297/1994: "*5. Il comitato valuta il servizio di cui all'articolo 448 su richiesta dell'interessato, previa relazione del dirigente scolastico*".

24) B. Stando al D.P.R. 268/2007, art. 1, lett. a): "*Due rappresentanti degli studenti per ciascun istituto o scuola di istruzione secondaria superiore si riuniscono in consulta provinciale (...). La durata in carica dei predetti rappresentanti è di due anni. L'elezione di tali rappresentanti avviene entro il 31 ottobre dell'anno di scadenza dell'organismo con le stesse modalità della elezione dei rappresentanti degli studenti nel consiglio di istituto*".

25) D. L'art. 11 (c. 2, lett. a) del T.U., come novellato dall'art. 1, c. 129, della L. 107/2015, stabilisce che la componente dei docenti nel comitato per la valutazione dei docenti è costituita da "*tre docenti dell'istituzione scolastica, di cui due scelti dal collegio dei docenti e uno dal consiglio di istituto*".

26) B. Legge 13 luglio 2015, n. 107, art. 1, comma 129, novella dell'art. 11 T.U., comma 3: "*3. Il comitato individua i criteri per la valorizzazione dei docenti sulla base: (...)*".

27) D. CCNL del comparto Istruzione e ricerca 2018, art. 22, c. 4, lett. c4: "*i criteri generali per la determinazione dei compensi finalizzati alla valorizzazione del personale, ivi compresi quelli riconosciuti al personale docente ai sensi dell'art. 1, comma 127, della legge n. 107/2015;*".

28) A. L'art. 11 (c. 4) del T.U., come novellato dall'art. 1, c. 129, della L. 107/2015, stabilisce che il parere sul superamento del periodo di formazione e di prova per il personale docente ed educativo è espresso dal comitato nella composizione ristretta al dirigente scolastico e ai tre docenti.

29) A. Nella scuola gli organi che hanno rilevanza esterna sono:
– il dirigente scolastico in quanto rappresentante legale dell'istituzione scolastica autonoma;
– il consiglio d'istituto;
– il consiglio di classe per la valutazione degli apprendimenti, l'ammissione alla classe successiva o agli esami finali, i provvedimenti disciplinari a carico degli alunni di sua competenza.
Il collegio dei docenti è organo interno di natura tecnico-didattica.

30) B. D.Lgs. 297/1994, art. 42, comma 1: "*Alle sedute del consiglio di circolo e di istituto possono assistere gli elettori delle componenti rappresentate nel consiglio*".

31) C. D.Lgs. 297/1994, art. 8, comma 7: "*Il consiglio di circolo o di istituto elegge nel suo seno una giunta esecutiva, composta di un docente, di un impiegato amministrativo o tecnico o ausiliario e di due genitori. Della giunta fanno parte di diritto il direttore didattico o il preside, che la presiede ed ha la rappresentanza del circolo o dell'istituto, ed il capo dei servizi di segreteria che svolge anche funzioni di segretario della giunta stessa*".

32) D. D.I. 129/2018, art. 29, comma 3: "*Ciascuna istituzione scolastica approva, con delibera del Consiglio d'istituto, il proprio regolamento per la gestione del patrimonio e degli inventari, nel rispetto di quanto previsto dal presente regolamento e dalle altre norme generali vigenti in materia*".

33) A. D.Lgs. 297/1994, art. 7, comma 2, lettera c): "*Il collegio dei docenti: (...)*
c) delibera, ai fini della valutazione degli alunni e unitamente per tutte le classi, la suddivisione dell'anno scolastico in due o tre periodi; (...)".

34) D. Legge 107/2015, art. 1, comma 129, che ha novellato l'art. 11 del D.Lgs. 297/1994: "*Il comitato ha durata di tre anni scolastici, è presieduto dal dirigente scolastico ed è costituito dai seguenti componenti:*
a) tre docenti dell'istituzione scolastica, di cui due scelti dal collegio dei docenti e uno dal consiglio di istituto;
b) due rappresentanti dei genitori, per la scuola dell'infanzia e per il primo ciclo di istruzione; un rappresentante degli studenti e un rappresentante dei genitori, per il secondo ciclo di istruzione, scelti dal consiglio di istituto;
c) un componente esterno individuato dall'ufficio scolastico regionale tra docenti, dirigenti scolastici e dirigenti tecnici".

Questionario 7
La regolamentazione della vita scolastica

1) **Fra i seguenti diritti degli studenti, quale non figura nello "Statuto delle studentesse e degli studenti"?**
   A. Il diritto a servizi di sostegno e promozione della salute e di assistenza psicologica
   B. Il diritto a offerte formative aggiuntive e integrative a carico del bilancio della scuola
   C. Il diritto di scelta tra le attività curricolari integrative e tra le attività aggiuntive facoltative
   D. Il diritto ad essere consultato su decisioni che influiscono in modo rilevante sull'organizzazione scolastica

2) **Fra i seguenti doveri degli studenti, quale non figura nello "Statuto delle studentesse e degli studenti"?**
   A. Dovere di assolvere assiduamente agli impegni di studio
   B. Dovere di riconoscere il ruolo preminente degli insegnanti e del capo d'istituto
   C. Dovere di osservare le disposizioni organizzative e di sicurezza
   D. Dovere di non arrecare danni al patrimonio della scuola

3) **Secondo lo "Statuto delle studentesse e degli studenti", una sanzione disciplinare connessa al comportamento:**
   A. non può incidere sulla valutazione del profitto
   B. influisce sulla valutazione del profitto se la disposizione è contenuta nella sanzione stessa
   C. influisce sempre sulla valutazione del profitto
   D. influisce sulla valutazione del profitto in relazione alla valutazione del consiglio di classe in sede di scrutinio intermedio e finale

4) **Sulla base di quale norma il comportamento degli studenti valutato insufficiente diventa causa di non ammissione alla classe successiva e agli esami di Stato?**
   A. D.P.R. n. 249 del 24 giugno 1998
   B. D.P.R. n. 275 dell'8 marzo 1999
   C. Legge n. 169 del 30 ottobre 2008
   D. D.P.R. n. 249 del 24 giugno 2008

5) **Il "Patto educativo di corresponsabilità" è finalizzato a:**
   A. responsabilizzare studenti e famiglie sugli obiettivi educativi declinati nel POF
   B. definire diritti e doveri che intercorrono tra istituzione scolastica, studenti e famiglie
   C. definire diritti e doveri che intercorrono tra istituzione scolastica e famiglie

D. sancire l'applicazione del regolamento di disciplina con un contratto educativo

6) **Quali sono le sanzioni più gravi introdotte nello "Statuto delle studentesse e degli studenti" dal D.P.R. 235/2007? (individuare la risposta sbagliata)**
A. Esclusione dallo scrutinio finale
B. Non ammissione all'esame di Stato conclusivo del corso di studi
C. Allontanamento dalla comunità scolastica fino a 15 giorni
D. Allontanamento dalla comunità scolastica superiore a quindici giorni

7) **La sanzione della non ammissione all'esame di Stato conclusivo del corso di studi rientra nella competenza:**
A. del consiglio di classe
B. del consiglio d'istituto
C. della giunta esecutiva del consiglio d'istituto
D. del collegio dei docenti

8) **Le sanzioni disciplinari inflitte agli studenti (individuare la risposta sbagliata):**
A. sono ispirate al principio della gradualità
B. sono ispirate al principio del risarcimento del danno
C. sanciscono la responsabilità personale dello studente con esclusione del risarcimento del danno
D. offrono la possibilità di essere convertite in attività in favore della comunità scolastica

9) **Contro le sanzioni disciplinari agli studenti è ammesso ricorso da parte di chiunque vi abbia interesse (genitori, studenti), entro quindici giorni dalla comunicazione:**
A. al dirigente scolastico
B. ad un apposito organo di garanzia interno alla scuola
C. all'organo di garanzia regionale, presieduto dal Direttore dell'USR
D. al coordinatore del consiglio di classe che ha irrogato il provvedimento disciplinare

10) **La composizione dell'organo di garanzia interno alla scuola è rimessa all'autonomia dell'istituto, purché ne faccia parte (individuare la risposta sbagliata):**
A. il dirigente scolastico
B. un docente del consiglio della classe frequentata dall'alunno sanzionato
C. un rappresentante eletto dagli studenti nella scuola secondaria superiore
D. un rappresentante eletto dai genitori nella scuola secondaria superiore

11) **La responsabilità disciplinare degli studenti è:**
A. oggettiva
B. limitata ai casi di dolo e colpa grave
C. limitata dalla minore età
D. personale

12) **A chi spetta la competenza ad irrogare sanzioni disciplinari a carico degli studenti durante le sessioni d'esame?**
A. Alla commissione d'esame
B. Al dirigente scolastico in quanto responsabile legale dell'istituto
C. Al consiglio di classe
D. Al presidente della commissione d'esame

13) **Il "Patto educativo di corresponsabilità" è previsto da:**
A. legge n. 169/2008
B. D.P.R. n. 275/1999
C. D.P.R. n. 249/1998
D. D.P.R. n. 235/2007

14) **La legge n. 92/2019 ha introdotto l'insegnamento dell'educazione civica. Delle quattro affermazioni che seguono, una è ESTRANEA all'articolato della legge.**
A. L'orario dell'insegnamento trasversale dell'educazione civica non può essere inferiore a 33 ore annue
B. L'organico dei docenti viene incrementato di un'ora per classe
C. L'insegnamento dell'educazione civica è oggetto delle valutazioni periodiche e finali
D. Nelle scuole del secondo ciclo, l'insegnamento è affidato ai docenti abilitati all'insegnamento delle discipline giuridiche ed economiche

15) **La definizione della scuola come "comunità di dialogo, di ricerca, di esperienza sociale" la ritroviamo:**
A. nel documento governativo "La buona scuola" del 3 settembre 2014
B. nei decreti delegati (D.P.R. n. 416/1974)
C. nel Testo unico della scuola (D.Lgs. n. 297/1994)
D. nello Statuto degli studenti e delle studentesse (D.P.R. n. 249/1998)

16) **Secondo la Direttiva ministeriale del 15 marzo 2007, l'utilizzo del telefono cellulare durante le ore di lezione costituisce (individuare la risposta sbagliata):**
A. un elemento di distrazione sia per chi lo usa che per i compagni
B. una grave mancanza di rispetto per il docente
C. un uso proprio della libertà individuale
D. un'infrazione disciplinare sanzionabile

17) **Ai sensi del *Regolamento tipo per il funzionamento degli organi collegiali*, di cui alla Circolare ministeriale n. 105/1975, entro quale termine massimo avviene l'affissione all'albo del testo delle delibere del consiglio di istituto?**
A. Entro dieci giorni dalla relativa seduta del consiglio
B. Entro quindici giorni dalla relativa seduta del consiglio
C. Entro otto giorni dalla relativa seduta del consiglio
D. Entro cinque giorni dalla relativa seduta del consiglio

18) Ai sensi del *Regolamento tipo per il funzionamento degli organi collegiali*, di cui alla Circ. Min. n. 105/1975, quali sono, di norma, i tempi di preavviso necessari per la convocazione degli organi collegiali?

A. Una settimana
B. Non meno di 5 giorni
C. Non meno di 10 giorni
D. Non meno di 3 giorni

19) Le modalità di esercizio della responsabilità della vigilanza sugli alunni ai sensi dell'art. 2048 cod. civ:

A. sono fissate dal vigente CCNL del comparto scuola
B. sono determinate dal dirigente scolastico in quanto responsabile legale dell'istituto e in quanto datore di lavoro ai fini degli adempimenti per la sicurezza ai sensi del D.Lgs. n. 81/2008
C. sono regolate dall'art. 61 della legge n. 312/1980 che ha limitato la responsabilità civile e patrimoniale del personale della scuola in materia di vigilanza sugli alunni
D. costituiscono materia regolamentare di competenza del consiglio d'istituto

20) L'art. 2048 del cod. civ. stabilisce che:

A. gli insegnanti sono responsabili del danno cagionato dal fatto illecito dei loro allievi nel tempo in cui sono sotto la loro vigilanza
B. la responsabilità patrimoniale del personale della scuola per danni arrecati direttamente all'Amministrazione in connessione a comportamenti degli alunni è limitata ai soli casi di dolo o colpa grave nell'esercizio della vigilanza sugli alunni stessi
C. salvo rivalsa nei casi di dolo o colpa grave, l'Amministrazione si surroga al personale medesimo nelle responsabilità civili derivanti da azioni giudiziarie promosse da terzi
D. i docenti sono oggettivamente responsabili del danno cagionato dai loro allievi nel tempo in cui essi sono sotto la loro vigilanza

21) L'individuazione dei comportamenti che configurano mancanze disciplinari da parte degli studenti deriva:

A. dal Testo unico della scuola emanato con D.Lgs. n. 297/1994
B. dal Regolamento di disciplina deliberato dal consiglio d'istituto
C. dallo Statuto delle studentesse e degli studenti emanato con D.P.R. n. 249/1998
D. dal D.P.R. n. 122/2009, "Regolamento recante coordinamento delle norme vigenti per la valutazione degli alunni"

22) Nella scuola primaria, le infrazioni disciplinari commesse dagli alunni sono sanzionate:

A. applicando l'art. 412 del R.D. n. 1297/1928
B. applicando l'art. 4 del D.P.R. n. 249/1998
C. applicando il Regolamento di disciplina della scuola primaria
D. nella scuola primaria non è applicabile alcun codice disciplinare

23) Il consiglio di classe, convocato per l'irrogazione di sanzioni disciplinari agli studenti:

A. è riservato ai soli docenti
B. opera nella composizione allargata a tutte le componenti, ivi compresi i genitori e, nella secondaria di secondo grado, gli studenti
C. opera nella composizione comprendente docenti e genitori
D. è riservato ai soli docenti in ragione della tutela della riservatezza (D.Lgs. n. 196/2003)

24) Il procedimento per l'irrogazione di una sanzione disciplinare a uno studente comporta per l'organo collegiale competente (individuare la risposta sbagliata):

A. la facoltà di sentire lo studente incolpato o di valutarne la memoria difensiva
B. l'obbligo di sentire lo studente incolpato o di valutarne la memoria difensiva
C. l'obbligo di contestargli per iscritto gli addebiti
D. la facoltà di valutare la recidiva nel comportamento sanzionato

25) Quando la sanzione disciplinare comporta l'allontanamento dalla comunità scolastica:

A. lo studente ottempera alle prescrizioni contenute nella sanzione stessa
B. l'organo collegiale competente può convertire la sanzione in attività in favore della comunità scolastica
C. lo studente ha il diritto di chiedere che la sanzione sia convertita in attività in favore della comunità scolastica
D. al dirigente scolastico compete l'applicazione della sanzione deliberata, salva la facoltà di commutare la sanzione in attività in favore della comunità scolastica

26) Delle affermazioni che seguono, una è ESTRANEA alla finalità della legge 92/2019:

A. introduce nuove fattispecie di illeciti da sanzionare sul piano disciplinare
B. promuove l'educazione alla cittadinanza digitale così che gli studenti conoscano i comportamenti da osservare nell'ambito dell'utilizzo delle tecnologie digitali e dell'interazione in ambienti digitali
C. rafforza la collaborazione con le famiglie, anche integrando il Patto educativo di corresponsabilità
D. incentiva l'adozione di iniziative per lo studio degli statuti delle regioni ad autonomia ordinaria e speciale

Risposte commentate
La regolamentazione della vita scolastica

1) B. Nel D.P.R. 24 giugno 1998, n. 249, *Regolamento recante lo Statuto delle studentesse e degli studenti della scuola secondaria*, all'art. 2, c. 8, lett. b), si legge: "*La scuola si impegna a porre progressivamente in essere le condizioni per assicurare: (...)*
b) offerte formative aggiuntive e integrative, anche mediante il sostegno di iniziative liberamente assunte dagli studenti e dalle loro associazioni".

2) B. L'art. 3, c. 2, del D.P.R. 24 giugno 1998, n. 249, recita: "*Gli studenti sono tenuti ad avere nei confronti del capo d'istituto, dei docenti, del personale tutto della scuola e dei loro compagni lo stesso rispetto, anche formale, che chiedono per se stessi*".

3) A. L'art. 4, c. 3, del D.P.R. 24 giugno 1998, n. 249, stabilisce che "*Nessuna infrazione disciplinare connessa al comportamento può influire sulla valutazione del profitto*".

4) C. Ai sensi della legge n. 169 del 30 ottobre 2008, art. 2, c. 3: "*La votazione sul comportamento degli studenti, attribuita collegialmente dal consiglio di classe, concorre alla valutazione complessiva dello studente e determina, se inferiore a sei decimi, la non ammissione al successivo anno di corso e all'esame conclusivo del ciclo*".

5) B. Secondo quanto stabilito dall'art. 3 del D.P.R. n. 235/2007, *Regolamento recante modifiche ed integrazioni al decreto del Presidente della Repubblica 24 giugno 1998, n. 249, concernente lo statuto delle studentesse e degli studenti della scuola secondaria*, "*contestualmente all'iscrizione alla singola istituzione scolastica, è richiesta la sottoscrizione da parte dei genitori e degli studenti di un Patto educativo di corresponsabilità, finalizzato a definire in maniera dettagliata e condivisa diritti e doveri nel rapporto tra istituzione scolastica autonoma, studenti e famiglie*".

6) C. La sanzione disciplinare dell'allontanamento dalla comunità scolastica fino a quindici giorni era stata prevista dall'art. 4, c. 7, del D.P.R. 24 giugno 1998, n. 249: "*Il temporaneo allontanamento dello studente dalla comunità scolastica può essere disposto solo in caso di gravi o reiterate infrazioni disciplinari, per periodi non superiori ai quindici giorni*".

7) B. All'art. 1 del D.P.R. n. 235 del 21 novembre 2007, si legge: "*L'articolo 4 del decreto del Presidente della Repubblica 24 giugno 1998, n. 249, è sostituito dal seguente art. 4 (Disciplina): (...) 6 – Le sanzioni e i provvedimenti che comportano allontanamento dalla comunità scolastica sono adottati dal consiglio di classe. Le sanzioni che comportano l'allontanamento superiore a quindici giorni e quelle che implicano l'esclusione dallo scrutinio finale o la non ammissione all'esame di Stato conclusivo del corso di studi sono adottate dal consiglio di istituto*".

8) C. L'art. 1 del D.P.R. 235/2007 stabilisce: "*L'articolo 4 del decreto del Presidente della Repubblica 24 giugno 1998, n. 249, è sostituito dal seguente art. 4 (Disciplina): (...) 5 – Le* *sanzioni sono sempre temporanee, proporzionate alla infrazione disciplinare e ispirate al principio di gradualità nonché, per quanto possibile, al principio della riparazione del danno. Esse tengono conto della situazione personale dello studente, della gravità del comportamento e delle conseguenze che da esso derivano. Allo studente è sempre offerta la possibilità di convertirle in attività in favore della comunità scolastica*".

9) B. Secondo quanto stabilito dall'art. 2 del D.P.R. n. 235 del 21 novembre 2007: "*L'articolo 5 del decreto del Presidente della Repubblica 24 giugno 1998, n. 249, è sostituito dal seguente art. 5 (Impugnazioni): "1. Contro le sanzioni disciplinari è ammesso ricorso, da parte di chiunque vi abbia interesse, entro quindici giorni dalla comunicazione della loro irrogazione, ad un apposito organo di garanzia interno alla scuola, istituito e disciplinato dai regolamenti delle singole istituzioni scolastiche (...)*".

10) B. Così dispone lo Statuto delle studentesse e degli studenti (art. 5 – Impugnazioni): "*1. Contro le sanzioni disciplinari è ammesso ricorso, da parte di chiunque vi abbia interesse, entro quindici giorni dalla comunicazione della loro irrogazione, ad un apposito organo di garanzia interno alla scuola, istituito e disciplinato dai regolamenti delle singole istituzioni scolastiche, del quale fa parte almeno un rappresentante eletto dagli studenti nella scuola secondaria superiore e dai genitori nella scuola media, che decide nel termine di dieci giorni. Tale organo, di norma, è composto da un docente designato dal consiglio di istituto e, nella scuola secondaria superiore, da un rappresentante eletto dagli studenti e da un rappresentante eletto dai genitori, ovvero, nella scuola secondaria di primo grado da due rappresentanti eletti dai genitori, ed è presieduto dal dirigente scolastico*".

11) D. Nel D.P.R. 24 giugno 1998, n. 249, art. 4, c. 3, si legge che la responsabilità disciplinare è personale.

12) A. L'art. 5, c. 11, del D.P.R. 24 giugno 1998, n. 249, sancisce: "*Le sanzioni per le mancanze disciplinari commesse durante le sessioni d'esame sono inflitte dalla commissione di esame e sono applicabili anche ai candidati esterni*".

13) D. Nel D.P.R. n. 235/2007, all'art. 3, si legge: "*Dopo l'articolo 5 del decreto del Presidente della Repubblica 24 giugno 1998, n. 249, è inserito il seguente:*
Art. 5-bis (Patto educativo di corresponsabilità) 1. Contestualmente all'iscrizione alla singola istituzione scolastica, è richiesta la sottoscrizione da parte dei genitori e degli studenti di un Patto educativo di corresponsabilità (...)".

14) B. Legge 92/2019, art. 2, comma 4, secondo periodo: "Le istituzioni scolastiche utilizzano le risorse dell'organico dell'autonomia".

15) D. L'art. 1, c. 2, del D.P.R. n. 249/1998, recita: "*La scuola è una comunità di dialogo, di ricerca, di esperienza sociale, informata ai valori democratici e volta alla crescita della persona in tutte le sue dimensioni*".

16) C. La Direttiva MPI, prot. n. 30, 15 marzo 2007, stabilisce che "*l'uso del cellulare e di altri dispositivi elettronici rappresenta un elemento di distrazione sia per chi lo usa che per i compagni, oltre che una grave mancanza di rispetto per il docente configurando, pertanto, un'infrazione* *disciplinare sanzionabile attraverso provvedimenti orientati non solo a prevenire e scoraggiare tali comportamenti ma anche, secondo una logica educativa propria dell'istituzione scolastica, a stimolare nello studente la consapevolezza del disvalore dei medesimi*".

17) C. La Circolare Ministeriale 16 aprile 1975, n. 105, che ha per oggetto l'*Applicazione del regolamento tipo nelle more dell'adozione del regolamento interno*, stabilisce all'art. 13 che "*L'affissione all'albo avviene entro il termine massimo di otto giorni dalla relativa seduta del consiglio. La copia della deliberazione deve rimanere esposta per un periodo di 10 giorni*".

18) B. La Circ. Min. 16 aprile 1975, n. 105, all'art. 1, recita: "*La convocazione degli organi collegiali deve essere disposta con un congruo preavviso – di massima non inferiore ai 5 giorni – rispetto alla data delle riunioni*".

19) D. Il D.Lgs 297/1994, recante il *Testo Unico delle disposizioni legislative in materia di istruzione*, stabilisce all'art. 10, c. 3: "*Il consiglio di circolo o di istituto, fatte salve le competenze del collegio dei docenti e dei consigli di intersezione, di interclasse, e di classe, ha potere deliberante, su proposta della giunta, per quanto concerne l'organizzazione e la programmazione della vita e dell'attività della scuola, nei limiti delle disponibilità di bilancio, nelle seguenti materie: a) adozione del regolamento interno del circolo o dell'istituto che deve fra l'altro, stabilire le modalità per (...) la vigilanza degli alunni durante l'ingresso e la permanenza nella scuola nonché durante l'uscita dalla medesima (...)*".

20) A. Ai sensi dell'art. 2048 c.c.: "*(...) I precettori e coloro che insegnano un mestiere o un'arte sono responsabili del danno cagionato dal fatto illecito dei loro allievi e apprendisti nel tempo in cui sono sotto la loro vigilanza. Le persone indicate dai commi precedenti sono liberate dalla responsabilità soltanto se provano di non aver potuto impedire il fatto*".

21) B. Il D.P.R. 249/1998, all'art. 4, c. 1, recita: "*I regolamenti delle singole istituzioni scolastiche individuano i comportamenti che configurano mancanze disciplinari con riferimento ai doveri elencati nell'articolo 3, al corretto svolgimento dei rapporti all'interno della comunità scolastica e alle situazioni specifiche di ogni singola scuola, le relative sanzioni, gli organi competenti ad irrogarle e il relativo procedimento (...)*".

22) C. Per quanto riguarda la scuola primaria, l'emanazione di un Regolamento di disciplina discende dalla valutazione del consiglio d'istituto su proposta del collegio dei docenti (art. 10, c. 3, lett. a, del D.Lgs. 297/1994), nell'ambito dell'autonomia scolastica. L'art. 412 del R.D. 1297/1928, che prevedeva le sanzioni disciplinari per gli alunni della scuola elementare, è stato abrogato dalla legge 92/1919 (v. art. 7, comma 1, ultimo periodo).

23) B. Circa la composizione del consiglio di classe, si tenga presente che l'organo collegiale, quando esercita la competenza in materia disciplinare, deve operare nella composizione allargata a tutte le componenti, ivi compresi i genitori e, nella secondaria di secondo grado, gli studenti, fatto salvo il dovere di astensione qualora del consiglio faccia parte lo studente incolpato o il genitore di questi (v. C.M. 4 luglio 2008, prot n. 3602/P0, e circ. USR Piemonte n. 138 dell'8 marzo 2012, prot. n. 2344/U/C27b).

24) A. L'art. 4, c. 3, del D.P.R. 249/1998, recita: "*(...) Nessuno può essere sottoposto a sanzioni disciplinri senza essere stato prima invitato ad esporre le proprie ragioni*".

25) C. Nel D.P.R. 249/1998, all'art. 4, c. 5, si legge: "*(...) Allo studente è sempre offerta la possibilità di convertirle [le sanzioni] in attività in favore della comunità scolastica*".

26) A. Legge 92/2019, art. 3, comma 2: "*Nell'ambito dell'insegnamento trasversale dell'educazione civica sono altresì promosse l'educazione stradale, l'educazione alla salute e al benessere, l'educazione al volontariato e alla cittadinanza attiva. Tutte le azioni sono finalizzate ad alimentare e rafforzare il rispetto nei confronti delle persone, degli animali e della natura*".

Questionario 8
L'insegnante: stato giuridico e profilo contrattuale

1) **Tra i decreti delegati emanati il 31 maggio 1974, il n. 417 è rubricato:**
   A. Istituzione e riordinamento di organi collegiali della scuola materna, elementare, secondaria ed artistica
   B. Norme sullo stato giuridico del personale docente, direttivo ed ispettivo della scuola materna, elementare, secondaria ed artistica dello Stato
   C. Sperimentazione e ricerca educativa, aggiornamento culturale e professionale ed istituzione dei relativi istituti
   D. Norme sullo stato giuridico del personale non insegnante statale delle scuole materne, elementari, secondarie ed artistiche

2) **Nel D.P.R. 417/1974, l'art. 1 "libertà di insegnamento" afferma che essa (individuare la risposta sbagliata):**
   A. è intesa a promuovere, attraverso un confronto aperto di posizioni culturali, la piena formazione della personalità degli alunni
   B. si attua nel rispetto delle norme costituzionali e degli ordinamenti della scuola stabiliti dalle leggi dello Stato
   C. è attuata nel rispetto della coscienza morale e civile degli alunni
   D. comporta la libera espressione culturale dell'insegnante

3) **L'art. 33 della Costituzione afferma:**
   A. la scienza è libera e libero ne è l'insegnamento
   B. tutti hanno diritto di manifestare liberamente il proprio pensiero; l'insegnamento è libero
   C. l'arte e la scienza sono libere e libero ne è l'insegnamento
   D. l'insegnamento è libero, come libera è la manifestazione del proprio pensiero

4) **L'art. 30 della Costituzione, al primo comma, afferma:**
   A. è dovere e diritto dei genitori mantenere, istruire ed educare i figli, anche se nati fuori dal matrimonio
   B. è diritto e dovere dei genitori mantenere, istruire ed educare i figli, solo se nati nell'ambito del matrimonio
   C. è dovere e diritto dei genitori mantenere ed educare i figli, finché non abbiano raggiunto la maggiore età
   D. nessuna delle precedenti

5) **L'art. 33, comma 4, della Costituzione afferma che la legge:**
A. nel fissare i diritti e gli obblighi delle scuole non statali che chiedono il legale riconoscimento, deve assicurare ai loro alunni un trattamento scolastico equipollente a quello degli alunni di scuole statali
B. nel fissare i diritti e gli obblighi delle scuole non statali che chiedono la parità, deve assicurare ad esse piena libertà e ai loro alunni un trattamento scolastico equipollente a quello degli alunni di scuole statali
C. nel fissare i diritti e gli obblighi delle scuole non statali che chiedono la parità, deve assicurare ad esse piena libertà
D. nel fissare i diritti e gli obblighi delle scuole non statali che chiedono il legale riconoscimento, deve assicurare ad esse piena libertà

6) **La scuola è tenuta ad assicurare i diritti, costituzionalmente tutelati, della libertà di insegnamento, di esercizio della libertà di scelta educativa delle famiglie, di apprendimento da parte degli alunni. A quale organo della scuola compete la tutela di tali diritti?**
A. Al collegio dei docenti
B. Al consiglio d'istituto
C. Al dirigente scolastico
D. Al dirigente scolastico in quanto presidente del collegio dei docenti

7) **Secondo l'art. 26 del CCNL 29 novembre 2007 dedicato alla "Funzione docente", essa (individuare la risposta sbagliata):**
A. si fonda sull'autonomia culturale e professionale dei docenti
B. si esplica nelle attività individuali e collegiali
C. si esplica nella partecipazione alle attività di aggiornamento e formazione in servizio
D. comporta la partecipazione ai lavori delle commissioni di esame e di concorso di cui i docenti siano stati nominati componenti

8) **In base al D.M. 850/2015, il parere espresso dal Comitato per la valutazione dei docenti per la conferma in ruolo di un docente neo-assunto è, per il Dirigente Scolastico:**
A. obbligatorio e vincolante
B. facoltativo e non vincolante
C. obbligatorio e vincolante solo in caso di mancata conferma in ruolo
D. obbligatorio, ma non vincolante

9) **Il dirigente scolastico, al fine di assicurare lo svolgimento delle attività alternative all'IRC per gli alunni che non se ne avvalgono, affida tali attività (individuare la risposta sbagliata):**
A. a docenti a disposizione della scuola (in questo caso l'insegnamento non comporta oneri aggiuntivi)
B. a docenti, di ruolo e non di ruolo, che si sono dichiarati disponibili a effettuare ore eccedenti rispetto all'orario d'obbligo (da liquidare come ore eccedenti)

C. a docenti supplenti già titolari di altro contratto con il quale viene stipulato apposito contratto a completamento dell'orario di cattedra
D. a supplenti appositamente assunti, individuati nelle graduatorie di discipline storico-letterarie

10) In merito al periodo di prova dei docenti:
A. esso ha la durata di un anno scolastico a condizione che il neodocente presti servizio per almeno 180 giorni
B. esso ha la durata di un anno scolastico a condizione che il neodocente presti servizio per almeno 180 giorni, dei quali almeno 120 per le attività didattiche
C. esso ha la durata di sei mesi a condizione che il neodocente presti servizio per almeno 120 giorni
D. nel computo dei 180 giorni obbligatori di servizio rientrano i periodi infrannuali di sospensione delle lezioni

11) In sede di valutazione dell'anno di prova dei neodocenti, il Comitato per la valutazione:
A. è composto da tre docenti scelti dal collegio ed è presieduto dal dirigente scolastico
B. è composto da due docenti scelti dal collegio, un docente scelto dal consiglio d'istituto ed è presieduto dal dirigente scolastico
C. è composto da quattro docenti eletti dal collegio ed è presieduto dal dirigente scolastico
D. è composto da due docenti scelti dal collegio, un docente scelto dal consiglio d'istituto, il docente a cui sono affidate le funzioni di tutor; è presieduto dal dirigente scolastico

12) La valutazione dell'anno di prova del neodocente compete:
A. al dirigente scolastico
B. al dirigente scolastico, sentito il comitato per la valutazione
C. al docente al quale sono affidate dal dirigente scolastico le funzioni di tutor, sentito il comitato per la valutazione
D. al dirigente scolastico, sentito il comitato per la valutazione, sulla base dell'istruttoria del docente al quale sono affidate dal dirigente scolastico le funzioni di tutor

13) Gli insegnanti tecnico-pratici (I.T.P.):
A. svolgono attività di laboratorio sempre in compresenza con il docente titolare della disciplina
B. fanno parte del consiglio di classe con funzione consultiva
C. non fanno parte del consiglio di classe svolgendo funzioni di assistenza tecnica
D. fanno parte del consiglio di classe a pieno titolo

14) In merito agli insegnanti con funzioni strumentali al POF, il CCNL 2006-2009 dispone che:

A. le aree di intervento e il numero delle funzioni assegnate all'istituto sono regolate da apposita Tabella allegata al CCNL
B. sono identificati con delibera del collegio dei docenti
C. nel caso di più richieste per la medesima funzione, il collegio dei docenti procede con votazione a scrutinio segreto
D. nel caso di più richieste per la medesima funzione, il collegio ricorre alla graduatoria interna d'istituto per l'individuazione dell'avente diritto

15) Le funzioni strumentali al POF, sulla base di quanto previsto dall'art. 33 del CCNL 2006-2009, sono finalizzate:
A. alla definizione del piano dell'offerta formativa approvato dal collegio dei docenti in coerenza con gli indirizzi generali stabiliti dal consiglio di circolo o d'istituto
B. alla realizzazione di attività e progetti di ampliamento dell'offerta formativa, strutturati in quattro aree di intervento
C. alla realizzazione e alla gestione del piano dell'offerta formativa dell'istituto ed alla realizzazione di progetti formativi d'intesa con enti ed istituzioni esterni alla scuola
D. alla progettazione e alla realizzazione dei progetti dell'offerta formativa in collaborazione con enti ed istituzioni territoriali

16) Il compenso da assegnare alle singole funzioni strumentali:
A. è stabilito in euro 1.549,37
B. è definito nella contrattazione integrativa d'istituto
C. è stabilito ordinariamente in euro 1.549,37, fatta salva la possibilità di suddivisione di una funzione fra più unità di personale
D. è proposto dal collegio dei docenti e definito in sede di contrattazione integrativa

17) L'incarico di funzione strumentale:
A. non può comportare l'esonero totale dall'insegnamento
B. può comportare l'esonero parziale o totale dall'insegnamento qualora la scuola sperimenti l'organico funzionale
C. non può comportare esonero né parziale né totale dall'insegnamento
D. può comportare l'esonero totale dall'insegnamento nelle scuole con più di 55 classi

18) Secondo l'art. 508 del D.Lgs. 297/1994, nel caso in cui un docente voglia impartire lezioni private:
A. deve chiedere autorizzazione al dirigente scolastico per impartire lezioni private ad alunni del proprio istituto
B. l'autorizzazione gli viene data dal dirigente scolastico su parere conforme del collegio dei docenti, a seguito di verifica che l'attività non sia di pregiudizio all'assolvimento di tutte le attività inerenti alla funzione docente
C. ha il divieto di impartire lezioni private ad alunni del proprio istituto
D. qualora l'attività sia stata autorizzata, il dirigente scolastico non può interdirne la continuazione nel corso dell'anno scolastico

19) Secondo l'art. 508 del D.Lgs. 297/1994, al docente è consentito:
A. accettare cariche in società costituite a fine di lucro
B. assumere impieghi alle dipendenze di privati
C. accettare cariche in società cooperative
D. esercitare attività commerciale, industriale e professionale

20) Secondo l'art. 508 del D.Lgs. 297/1994, al docente è consentito l'esercizio di libere professioni a condizione che:
A. richieda autorizzazione al dirigente scolastico
B. richieda autorizzazione al dirigente dell'ufficio scolastico provinciale
C. opti per il regime di part-time non superiore al 50%
D. l'esercizio della libera professione sia autorizzato dall'ufficio scolastico regionale

21) Le collaborazioni plurime, di cui all'art. 35 del CCNL 2006-2009, consistono nel:
A. prestare la propria collaborazione in altre scuole statali per attività di formazione rivolte agli insegnanti
B. prestare la propria collaborazione in altre scuole statali che, per la realizzazione di specifici progetti, abbiano necessità di disporre di competenze non presenti o non disponibili nel corpo docente dell'istituzione stessa
C. prestare la propria collaborazione in altre pubbliche amministrazioni che, per la realizzazione di specifici progetti, abbiano necessità di disporre di competenze non presenti o non disponibili nell'istituzione stessa
D. prestare la propria collaborazione in altre amministrazioni pubbliche o private che, per la realizzazione di specifici progetti, abbiano necessità di disporre di competenze non presenti o non disponibili

22) Il docente con orario settimanale completo può accettare insegnamenti aggiuntivi su spezzoni orari fino a 6 ore settimanali?
A. No, salvo nel caso di esaurimento delle graduatorie d'istituto per le supplenze
B. Sì, in istituti sia statali che paritari, purché con l'autorizzazione del dirigente scolastico
C. Sì, a condizione che le ore aggiuntive siano nell'organico di istituti scolastici statali e l'incarico proposto sia autorizzato dal proprio dirigente scolastico
D. Sì, a condizione che le ore aggiuntive siano nell'organico del proprio istituto

23) L'assunzione di un insegnante a tempo indeterminato:
A. avviene con rapporto di lavoro esclusivamente a tempo pieno, con successiva possibilità, superato l'anno di prova, di passare al part-time
B. può avvenire da subito con rapporto di lavoro a tempo parziale
C. avviene con rapporto di lavoro a tempo parziale qualora nell'istituzione scolastica di assegnazione siano in organico spezzoni orari privi di titolare
D. la possibilità di assunzione con rapporto di lavoro a tempo parziale è riservata ai contratti di lavoro a tempo determinato

24) Il CCNL 2006-2009 articola le attività del docente in:
A. attività di insegnamento, attività funzionali alla prestazione di insegnamento, atti dovuti quali la preparazione della lezione e la correzione degli elaborati
B. attività di insegnamento ed attività aggiuntive
C. attività di insegnamento ed attività funzionali alla prestazione di insegnamento
D. attività di insegnamento, attività aggiuntive, atti dovuti quali la partecipazione alle commissioni d'esame

25) Definire modalità e criteri per lo svolgimento dei rapporti degli insegnanti con le famiglie e gli studenti è compito:
A. del dirigente scolastico
B. del collegio dei docenti
C. di ciascun insegnante
D. del consiglio d'istituto sulla base delle proposte del collegio dei docenti

26) A decorrere dall'anno scolastico 2016/2017, con decreto del MIUR di concerto con il MEF, l'organico dell'autonomia viene ripartito fra le Regioni con cadenza triennale. Qual è il criterio di base per tale ripartizione?
A. Il numero delle classi in organico di diritto
B. Il numero delle classi in organico di fatto
C. Il numero delle classi, per i posti comuni, e degli alunni, per i posti del potenziamento
D. Il numero totale degli alunni

27) Ai sensi della L. 107/2015, a decorrere dall'anno scolastico 2016/2017 i ruoli del personale docente erano:
A. regionali, articolati in ambiti territoriali
B. regionali
C. di ambito territoriale
D. d'istituto

28) Gli ambiti territoriali previsti dalla legge n. 107/2015:
A. corrispondono alla provincia/città metropolitana
B. sono di ampiezza inferiore alla provincia/città metropolitana
C. corrispondono ai distretti scolastici
D. corrispondono ai Comuni purché con popolazione superiore ai 50.000 abitanti

29) La definizione della responsabilità disciplinare per il personale docente ed educativo:
A. è contenuta nel CCNL 2007
B. è contenuta nel CCNL del comparto Istruzione e ricerca 2018
C. è rinviata ad una specifica sessione negoziale a livello nazionale
D. è contenuta nel D.Lgs. 165/2001

30) La L. 107/2015 ha affidato al comitato per la valutazione il compito di individuare i criteri per la valorizzazione dei docenti. Tra quelli di seguito esposti uno è estraneo alla legge.
A. Successo formativo e scolastico degli studenti
B. Responsabilità assunte nel coordinamento organizzativo e didattico
C. Risultati nelle prove Invalsi superiori alla media dell'istituto
D. Contributo al miglioramento dell'istituzione scolastica

31) Successivamente alla determinazione dei criteri per la valorizzazione dei docenti da parte del comitato per la valutazione, a chi spetta individuare annualmente i docenti destinatari del bonus?
A. Al dirigente scolastico
B. Al dirigente scolastico, su parere conforme del comitato per la valutazione e sulla base dei criteri generali concordati in sede di contrattazione d'istituto
C. Al dirigente scolastico, su parere conforme del collegio dei docenti
D. Al dirigente scolastico, su parere conforme del consiglio d'istituto

32) Il D.Lgs. 13 aprile 2017, n. 59, è rubricato:
A. riordino, adeguamento e semplificazione del sistema di formazione iniziale e di accesso nei ruoli di docente nella scuola primaria
B. riordino, adeguamento e semplificazione del sistema di formazione iniziale e di accesso nei ruoli di docente nella scuola secondaria
C. riordino, adeguamento e semplificazione del sistema di formazione iniziale e di accesso nei ruoli di docente di sostegno
D. riordino, adeguamento e semplificazione del sistema di formazione iniziale e di accesso nei ruoli di docente nella scuole di ogni ordine e grado

33) A norma della legge 107/2015, l'accesso ai ruoli a tempo indeterminato del personale docente ed educativo avviene mediante concorsi pubblici nazionali su base regionale per titoli ed esami. La rinuncia all'assunzione nonché la mancata accettazione in assenza di una valida e motivata giustificazione comportano:
A. l'inserimento in coda alla graduatoria di merito
B. la sospensione dalla graduatoria per il biennio successivo
C. la cancellazione dalla graduatoria di merito
D. l'annullamento del risultato del concorso

34) Ai sensi del D.Lgs. 59/2017 (dopo le modifiche della L. 145/2018), al termine del percorso annuale di formazione iniziale e prova, i docenti:
A. sono automaticamente inseriti nella funzione docente
B. possono effettuare supplenze brevi e saltuarie non superiori a 15 giorni
C. in caso di valutazione finale positiva, sono confermati in ruolo presso l'istituzione scolastica ove hanno svolto il periodo di prova
D. in caso di valutazione finale positiva, sono confermati in ruolo in una delle istituzioni scolastiche dell'ambito territoriale

35) In base al D.Lgs. 59/2017, come modificato dalla legge 145/2018, l'accesso ai ruoli di docente di scuola secondaria di primo e di secondo grado:
A. prevede un concorso pubblico su base regionale e un successivo percorso annuale di formazione iniziale e prova
B. prevede un concorso pubblico nazionale e un successivo percorso annuale di formazione iniziale e prova
C. prevede un concorso pubblico nazionale e un successivo percorso triennale di formazione iniziale e prova
D. prevede un concorso pubblico nazionale e un successivo percorso biennale di formazione iniziale

36) In base al D.M. 850/2015, a fronte dell'attività del tutor del docente neo-assunto, viene corrisposto:
A. un compenso economico nell'ambito delle risorse assegnate all'istituzione scolastica per il funzionamento ordinario
B. un compenso economico nell'ambito delle risorse assegnate all'istituzione scolastica per il miglioramento dell'offerta formativa
C. un compenso economico definito in sede di contrattazione integrativa nazionale
D. un compenso economico in sede di contrattazione integrativa d'istituto

37) A norma del CCNL comparto Scuola 2006/2009, per il personale insegnante assegnato alla vigilanza e all'assistenza degli alunni durante il servizio di mensa o durante il periodo della ricreazione, il tempo impiegato nelle predette attività:
A. rientra nell'orario settimanale di insegnamento
B. rientra nelle attività aggiuntive di insegnamento
C. rientra nelle attività funzionali all'insegnamento
D. rientra nell'orario eccedente d'insegnamento

38) Ai sensi del D.Lgs. 165/2001, la comunicazione di contestazione dell'addebito al pubblico dipendente nell'ambito del procedimento disciplinare è effettuata:
A. unicamente tramite posta elettronica certificata
B. tramite consegna a mano o raccomandata postale con ricevuta di ritorno
C. tramite posta elettronica certificata o consegna a mano o raccomandata postale con ricevuta di ritorno
D. in forma idonea a provare la ricevuta della comunicazione

39) Cosa stabilisce il CCNL comparto "Istruzione e Ricerca" 2018 in materia di infrazioni disciplinari e sanzioni per il personale docente ed educativo delle istituzioni scolastiche?
A. Il rinvio della loro definizione ad una specifica sessione negoziale a livello nazionale
B. Il rinvio della loro definizione alla modifica del Testo unico della scuola (D.Lgs. 297/1994)
C. Il rinvio della loro definizione alla modifica del Testo unico del pubblico impiego (D.Lgs. 165/2001)

D. Il rinvio della loro definizione ad una specifica legge che modifichi lo stato giuridico del personale docente ed educativo

40) Ai sensi del D.Lgs. 297/1994, NON possono far parte delle commissioni giudicatrici di concorso per il reclutamento del personale docente coloro:
A. che abbiano relazioni di parentela o affinità entro il quarto grado con uno o più concorrenti
B. che abbiano rapporti di parentela o affinità entro il secondo grado con uno o più concorrenti, ovvero siano tutori o curatori di uno o più concorrenti
C. il cui coniuge sia concorrente, ovvero siano in relazione di parentela o affinità entro il terzo grado con uno o più concorrenti
D. che abbiano una causa giudiziale pendente, grave inimicizia o rapporti di credito o debito con uno o più concorrenti

41) A norma del CCNL Comparto "Istruzione e Ricerca" 2018, la lavoratrice, inserita nei percorsi di protezione relativi alla violenza di genere ha diritto ad astenersi dal lavoro, per motivi connessi a tali percorsi:
A. per un periodo massimo di congedo di 90 giorni lavorativi, da fruire nell'arco temporale di due anni, decorrenti dalla data di inizio del percorso di protezione certificato
B. per un periodo massimo di congedo di 90 giorni lavorativi, da fruire nell'arco temporale di tre anni, decorrenti dalla data di inizio del percorso di protezione certificato
C. per un periodo massimo di congedo di 120 giorni lavorativi, da fruire nell'arco temporale di due anni, decorrenti dalla data di inizio del percorso di protezione certificato
D. per un periodo massimo di congedo di 120 giorni lavorativi, da fruire nell'arco temporale di tre anni, decorrenti dalla data di inizio del percorso di protezione certificato

42) A norma del D.Lgs. 59/2017, la prova orale per i candidati ai posti comuni del concorso di accesso nei ruoli di docente nella scuola secondaria ha anche l'obiettivo di verificare la conoscenza:
A. dell'inglese
B. dell'inglese, del francese o del tedesco
C. di una lingua straniera europea
D. di una qualsiasi lingua straniera

43) A norma del D.Lgs. 59/2017, come modificato dalla legge 145/2018, le graduatorie dei concorsi:
A. hanno validità biennale a decorrere dall'anno scolastico successivo a quello di approvazione delle stesse
B. hanno validità triennale a decorrere dall'anno scolastico successivo a quello di approvazione delle stesse
C. hanno validità annuale a decorrere dall'anno scolastico successivo a quello di approvazione delle stesse
D. hanno validità triennale a decorrere dall'anno scolastico di approvazione

44) Il CCNL Comparto "Scuola" 2006/2009 afferma che il profilo professionale docente:

A. è inteso come esplicazione essenziale dell'attività educativa e didattica, volta a formare personalità critiche e consapevoli negli studenti
B. è inteso come esplicazione essenziale dell'attività di elaborazione e trasmissione della cultura, per la formazione personalità critiche e consapevoli negli studenti
C. è costituito dalla trasmissione di competenze disciplinari, interdisciplinari e metodologiche, finalizzate alla formazione di personalità critiche e consapevoli negli studenti
D. è costituito da competenze disciplinari, psicopedagogiche, metodologico-didattiche, organizzativo-relazionali e di ricerca, documentazione e valutazione tra loro correlate ed interagenti

45) Secondo quanto previsto dal D.M. 850/2015, quali sono i compiti principali dell'INDIRE in relazione al periodo di formazione e prova del personale docente neo-assunto?

A. Progettare e gestire le iniziative formative a livello territoriale, assicurandone la rispondenza ai bisogni formativi dei docenti
B. Organizzare le attività di accoglienza, formazione, tutoraggio e supervisione professionale, avvalendosi della collaborazione dei docenti tutor
C. Assicurare la predisposizione e la gestione delle risorse digitali e dei supporti telematici per la realizzazione della formazione online
D. Assegnare le risorse necessarie per lo svolgimento del periodo di formazione e prova, sulla base di standard di costo determinati a livello nazionale

46) A norma della legge 107/2015, l'istruttoria relativa al periodo di formazione e di prova del personale docente viene compiuta da:

A. coordinatore del consiglio di classe
B. Dirigente scolastico
C. comitato per la valutazione
D. docente tutor

47) Ai sensi del CCNL del Comparto "Istruzione e Ricerca" 2018, le eventuali ore dei docenti della scuola primaria e secondaria, non programmate nel PTOF e a disposizione dell'istituto, sono destinate alle supplenze sino a:

A. cinque giorni
B. otto giorni
C. dieci giorni
D. dodici giorni

48) A norma del D.M. 850/2015, la decisione di conferma in ruolo del docente ovvero di ripetizione del periodo al termine del periodo di formazione e prova compete:

A. al Comitato di valutazione presieduto dal Dirigente scolastico
B. al Direttore generale dell'Ufficio Scolastico Regionale su proposta del Dirigente scolastico

C. al Dirigente scolastico su parere conforme del Dirigente tecnico
D. al Dirigente scolastico

49) A norma del D.M. 850/2015, quante ore vanno riserva alle attività di osservazione in classe svolte dal docente neo-assunto e dal tutor?
A. Almeno 10 ore
B. Almeno 12 ore
C. Almeno 15 ore
D. Almeno 20 ore

50) Ai sensi della legge 107/2015, le domande per il riconoscimento dei servizi agli effetti della carriera del personale scolastico sono presentate:
A. all'Ufficio scolastico regionale
B. all'Ufficio di Ambito territoriale
C. al Dirigente scolastico
D. alla Direzione provinciale del Tesoro

51) A norma del D.M. 850/2015, a chi spetta visitare le classi dei docenti neo-assunti almeno una volta nel corso del periodo di formazione e di prova?
A. Al Dirigente scolastico
B. Al Dirigente tecnico incaricato di visita ispettiva
C. Al docente tutor
D. Ad un rappresentante del Comitato di valutazione designato dal Comitato stesso

52) Quale, tra le seguenti, NON è causa di sospensione dall'insegnamento o dall'ufficio fino a un mese, secondo quanto previsto dal D.Lgs. 297/1994?
A. aver richiesto o accettato compensi o benefici in relazione ad atti dovuti
B. aver violato il segreto d'ufficio inerente ad atti o attività non soggetti a pubblicità
C. aver omesso di compiere gli atti dovuti in relazione ai doveri di vigilanza
D. per gravi negligenze in servizio

53) Le disposizioni del Titolo III del CCNL Comparto "Istruzione e Ricerca" 2018, relative alla responsabilità disciplinare, si applicano:
A. a tutto il personale docente, educativo e non docente delle istituzioni scolastiche
B. al personale non docente delle istituzioni scolastiche (ATA)
C. al personale educativo ed ATA delle istituzioni scolastiche
D. al personale docente ed educativo delle istituzioni scolastiche

54) In base a quanto disposto dal CCNL comparto "Scuola" 2006/2009, per "tempo parziale orizzontale" si intende:
A. l'articolazione della prestazione di servizio ridotta in alcuni giorni della settimana o del mese definiti in sede di contratto
B. l'articolazione della prestazione di servizio ridotta in tutti i giorni lavorativi

C. l'articolazione della prestazione di servizio ridotta in due o tre giorni lavorativi definiti in sede di contratto
D. l'articolazione della prestazione di servizio ridotta in determinati periodi dell'anno definiti in sede di contratto

55) A norma del CCNL Comparto "Scuola" 2006/2009, il personale a tempo indeterminato ha diritto ad usufruire di 32 giorni di ferie per anno:
A. dopo aver superato il periodo di prova
B. dopo il primo anno di servizio
C. dopo due anni di servizio a qualunque titolo prestato
D. dopo tre anni di servizio a qualunque titolo prestato

56) A norma del D.Lgs. 59/2017, la seconda prova scritta per i candidati ai posti comuni del concorso di accesso nei ruoli di docente nella scuola secondaria, ha l'obiettivo di valutare il grado delle conoscenze e competenze del candidato in ambito:
A. afferente alla classe di concorso
B. delle competenze psicopedagogiche
C. della legislazione scolastica e dei contratti collettivi di lavoro
D. delle discipline antropo-psico-pedagogiche

57) A norma del D.P.R. 3/1957, il pubblico impiegato può accettare cariche in società costituite a fine di lucro?
A. No, mai
B. No, salvo motivata autorizzazione dell'Amministrazione di appartenenza
C. Sì, se si tratta di cariche per le quali la nomina è riservata allo Stato e agli Enti pubblici territoriali
D. Sì, se si tratta di cariche per le quali la nomina è riservata allo Stato e se è intervenuta

58) Ai sensi della legge 107/2015, il superamento del periodo di formazione e di prova è subordinato:
A. allo svolgimento integrale del servizio annuale
B. allo svolgimento del servizio per almeno trecento giorni, dei quali almeno centocinquanta per le attività didattiche
C. allo svolgimento del servizio effettivamente prestato per almeno centottanta giorni, dei quali almeno centoventi per le attività didattiche
D. allo svolgimento del servizio per almeno centottanta giorni l'autorizzazione del ministro competente

59) Ai sensi del D.Lgs. 165/2001, è possibile il passaggio diretto di personale tra amministrazioni diverse?
A. Sì, purché il personale appartenga a qualifica corrispondente a quella richiesta dall'Amministrazione di destinazione
B. Sì, purché il personale appartenga a qualifica corrispondente presso altre amministrazioni, faccia domanda di trasferimento, vi sia l'assenso dell'amministrazione di appartenenza

C. Sì, purché vi siano accordi, recepiti in sede di contrattazione collettiva, tra l'Amministrazione cedente e quella subentrante
D. No, in quanto le assunzioni nelle pubbliche amministrazioni sono subordinate al superamento delle procedure concorsuali

60) A norma del D.Lgs. 165/2001, il procedimento disciplinare che abbia a oggetto, in tutto o in parte, fatti in relazione ai quali procede l'autorità giudiziaria:
A. è proseguito e concluso anche in pendenza del procedimento penale
B. è sospeso sino alla definizione del procedimento penale
C. può essere sospeso a seguito di autonoma valutazione dell'Amministrazione di appartenenza
D. si estingue, ferma restando la possibilità per l'Amministrazione di appartenenza di intervenire nel processo penale a tutela del pubblico interesse

61) A norma del CCNL relativo al personale del Comparto "Scuola" 2006/2009, la partecipazione a iniziative di formazione e di aggiornamento del personale docente delle istituzioni scolastiche rientra:
A. nelle attività di potenziamento dell'autonomia scolastica
B. nelle attività educative
C. nelle attività funzionali all'insegnamento
D. nelle attività aggiuntive

62) A norma del D.M. 850/2015, ciascun docente tutor può essere assegnato:
A. ad un solo docente neo-assunto
B. a non più di due docenti neo-assunti
C. a non più di tre docenti neo-assunti
D. a docenti neo-assunti nei limiti individuati in sede di contrattazione integrativa d'istituto

63) A norma del CCNL Comparto "Scuola" 2006/2009, il personale docente può fruire delle ferie al di fuori dei periodi di sospensione delle attività di didattiche per non più di:
A. tre giorni
B. sei giorni
C. otto giorni
D. dieci giorni

64) A norma della legge 107/2015, l'importo della Carta elettronica per l'aggiornamento e la formazione del docente di ruolo costituisce retribuzione accessoria e reddito imponibile?
A. No, né l'una né l'altro
B. Sì, li costituisce
C. Solo retribuzione accessoria
D. Solo reddito imponibile

65) Nelle more della sessione negoziale prevista dall'articolo 29 del CCNL Comparto "Istruzione e Ricerca" 2018, la sanzione della destituzione del personale docente di cui al D.Lgs. 297/1994 opera anche nel caso di:

A. alterchi con vie di fatto negli ambienti di lavoro, sia con il personale della scuola che con gli utenti
B. atti e comportamenti o molestie a carattere sessuale che riguardino gli studenti affidati alla vigilanza del personale, anche ove non sussista la gravità o la reiterazione
C. atti non conformi alle responsabilità, ai doveri e alla correttezza inerenti alla funzione docente o per gravi negligenze durante il servizio
D. inosservanza degli obblighi in materia di prevenzione degli infortuni e di sicurezza sul lavoro ove non ne sia derivato danno o pregiudizio al servizio

66) Secondo quanto previsto dal CCNL del Comparto "Istruzione e Ricerca" 2018, il contratto collettivo integrativo ha la durata di:

A. un anno
B. due anni
C. tre anni
D. due anni per gli effetti economici e quattro anni per gli effetti normativi

67) Ai sensi del CCNL Comparto "Istruzione e Ricerca" 2018, la relazione sindacale della partecipazione è finalizzata a instaurare forme costruttive di dialogo tra le parti e si articola, a sua volta, in:

A. informazione e contrattazione
B. informazione, confronto e organismi paritetici di partecipazione
C. confronto e informazione
D. informazione preventiva e successiva

68) A norma del CCNL Comparto "Istruzione e Ricerca" 2018, la contrattazione integrativa è finalizzata:

A. alla negoziazione su materie non previste nei CCNL
B. alla stipulazione di contratti inerenti il trattamento economico del personale dei singoli comparti
C. alla negoziazione di istituti contrattuali che i CCNL hanno rinviato ad ulteriori accordi attuativi
D. alla stipulazione di contratti che obbligano reciprocamente le parti

69) Ai sensi del CCNL del Comparto "Istruzione e Ricerca" 2018, entro quale data deve essere avviata la sessione negoziale di contrattazione integrativa a livello di istituto?

A. 1 settembre
B. 15 settembre
C. 1 ottobre
D. 15 ottobre

70) Ai sensi del D.Lgs. 165/2001, in caso di mancato raggiungimento dell'accordo per la stipula del contratto collettivo integrativo:

A. l'amministrazione interessata non può disciplinare le materie oggetto di mancato accordo
B. l'amministrazione interessata può provvedere, in via provvisoria, sulle materie oggetto del mancato accordo qualora il protrarsi delle trattative sia di pregiudizio alla funzionalità dell'azione amministrativa
C. l'amministrazione interessata può provvedere, con autonoma potestà, sulle materie oggetto del mancato accordo, qualora il protrarsi delle trattative sia di pregiudizio alla funzionalità dell'azione amministrativa
D. le parti rimettono la questione all'ARAN che provvede in via sostitutiva

71) A norma del CCNL Comparto "Istruzione e Ricerca" 2018, sono oggetto di contrattazione integrativa a livello nazionale:
A. le linee di indirizzo per la tutela della salute nell'ambiente di lavoro
B. i criteri per l'attribuzione di compensi accessori al personale docente, educativo ed ATA
C. i criteri per l'individuazione di fasce temporali di flessibilità oraria in entrata e in uscita per il personale ATA
D. le procedure e i criteri generali per la mobilità professionale e territoriale fatte salve le disposizioni di legge

72) Ai sensi del CCNL del Comparto "Istruzione e Ricerca" 2018, al fine di garantire i servizi essenziali relativi alla vigilanza agli ingressi alla scuola e altre attività indifferibili coincidenti con l'assemblea sindacale indetta dal personale ATA, se la partecipazione è totale:
A. il Dirigente scolastico stabilisce la quota e i nominativi del personale tenuto ad assicurare detti servizi
B. il Dirigente scolastico può differire lo svolgimento dell'assemblea indetta dal personale ATA
C. il Dirigente scolastico sospende le attività didattiche per le quali non può assicurare detti servizi
D. il Dirigente scolastico stabilisce, con la contrattazione di istituto, la quota e i nominativi del personale tenuto ad assicurare detti servizi

73) Ai sensi del CCNL del Comparto "Istruzione e Ricerca" 2018, quali materie sono oggetto di informazione sindacale?
A. Le materie per le quali è prevista la sola contrattazione integrativa
B. Le materie per le quali è previsto il solo confronto
C. Le materie per le quali sono previsti il confronto o la contrattazione integrativa
D. Le materie inerenti la formazione delle classi

74) A norma del CCNL Comparto "Istruzione e Ricerca" 2018, per compensare le funzioni strumentali al piano dell'offerta formativa la contrattazione integrativa d'istituto attinge:
A. al fondo per il miglioramento dell'offerta formativa
B. al fondo per il funzionamento
C. alla dotazione finanziaria a ciò destinata
D. alla dotazione finanziaria per la valorizzazione dei docenti

75) Ai sensi del D.Lgs. 165/2001, i diritti e le prerogative sindacali nei luoghi di lavoro sono quelli previsti:
A. dai contratti collettivi nazionali quadro (CCNQ)
B. dai contratti collettivi nazionali di lavoro (CCNL)
C. dalle disposizioni contenute nella legge 300/1970 e ss.mmi.ii.
D. dal codice civile, Libro V "Del lavoro"

76) Nell'ambito delle relazioni sindacali di cui al CCNL Comparto "Istruzione e Ricerca" del 2018, la modalità del confronto:
A. consente ai soggetti sindacali di esprimere valutazioni e di partecipare costruttivamente alla definizione delle misure che l'amministrazione intende adottare
B. permette all'Amministrazione e ai soggetti sindacali di concordare le misure di gestione dell'istituzione scolastica
C. impegna l'Amministrazione ad informare le organizzazioni sindacali sulle misure di gestione dell'istituzione scolastica che intende adottare
D. permette ai soggetti sindacali di concordare le previsioni relative all'organico dell'autonomia

77) A norma del CCNL del Comparto "Scuola" 2006/2009, chi effettua l'attribuzione degli incarichi specifici del personale ATA?
A. Il Dirigente scolastico, sentito il personale ATA
B. Il DSGA, sentito il personale ATA
C. Il Dirigente scolastico
D. Il DSGA

78) In base all'articolo 24 del CCNL Comparto "Istruzione e Ricerca" 2018, appartengono alla comunità educante:
A. Dirigente scolastico, personale docente ed educativo, famiglie e studenti
B. Dirigente scolastico, personale docente ed educativo, famiglie
C. Dirigente scolastico, personale docente ed educativo, DSGA, personale amministrativo, tecnico e ausiliario, famiglie, alunni e studenti, enti e associazioni del territorio che affiancano l'istituzione scolastica nella sua missione educativa
D. Dirigente scolastico, personale docente ed educativo, DSGA, personale amministrativo, tecnico e ausiliario, famiglie, alunni e studenti

79) A norma del D.M. 347/2017, le istituzioni scolastiche interpellano gli aspiranti a supplenze e ne riscontrano la disponibilità ad accettare la proposta di assunzione mediante:
A. telefono o fax
B. raccomandata con avviso di ricevimento
C. posta elettronica certificata (PEC) o posta elettronica tradizionale istituzionale o privata (PEL)
D. Short Message Service (SMS)

80) A norma del D.M. 347/2017, è possibile impugnare le graduatorie definitive di seconda e terza fascia innanzi:
A. al Dirigente scolastico della scuola capofila dell'ambito territoriale

B. all'Ufficio scolastico regionale
C. al Tribunale amministrativo regionale
D. al Giudice ordinario, in funzione di giudice di lavoro

81) A norma del CCNL Comparto "Istruzione e Ricerca" 2018, la contrattazione integrativa per il settore scuola si svolge:
A. a livello nazionale, regionale e di istituzione scolastica
B. a livello nazionale, regionale e per reti di scuole
C. a livello nazionale, regionale e di ambito territoriale
D. a livello regionale, territoriale e di istituzione scolastica

82) Quali finalità generali sono affidate alla contrattazione collettiva integrativa ai sensi del CCNL del Comparto "Istruzione e Ricerca" 2018?
A. L'incremento della qualità dell'offerta formativa, il sostegno dei processi di innovazione, la valorizzazione delle professionalità
B. Il riconoscimento delle professionalità coinvolte nel processo educativo e nell'organizzazione dei servizi scolastici
C. Il sostegno dei processi di innovazione, la valorizzazione dei rapporti sindacali, il miglioramento delle condizioni lavorative del personale
D. La tutela dei diritti degli utenti del servizio di istruzione e formazione

83) Ai sensi del CCNL Comparto "Istruzione e Ricerca" 2018, il sistema delle relazioni sindacali è improntato a principi di:
A. correttezza, buona fede, trasparenza efficienza ed efficacia
B. responsabilità, correttezza, buona fede e trasparenza dei comportamenti ed è orientato alla prevenzione dei conflitti
C. buon andamento, buona fede e trasparenza dei comportamenti ed è orientato alla conclusione di accordi di lavoro
D. buona fede, correttezza, efficienza ed efficacia ed è orientato alla prevenzione dei conflitti

84) A norma del D.Lgs. 165/2001, ai soggetti che negli ultimi due anni abbiano avuto cariche in partiti politici o in organizzazioni sindacali non possono essere conferiti:
A. incarichi di direzione di strutture deputate alla gestione del personale
B. incarichi di direzione in enti pubblici economici
C. incarichi di direzione in enti territoriali
D. incarichi di direzione in organi di rilevanza costituzionale

85) Ai sensi del D.P.R. 445/2000, la definizione "ogni rappresentazione, comunque formata, del contenuto di atti, anche interni, delle pubbliche amministrazioni o, comunque, utilizzati ai fini dell'attività amministrativa" è riferita a:
A. documento informatico
B. documento amministrativo
C. sistema di gestione documentale
D. certificato

86) Ai sensi del D.P.R. 445/2000, la definizione "documento rilasciato da una amministrazione pubblica avente funzione di ricognizione, riproduzione o partecipazione a terzi di stati, qualità personali e fatti contenuti in albi, elenchi o registri pubblici o comunque accertati da soggetti titolari di funzioni pubbliche" è riferita a:

A. atto di notorietà
B. documento di riconoscimento
C. certificato
D. dichiarazione sostitutiva

87) A norma del D.P.R. 445/2000, chi rilascia dichiarazioni mendaci:

A. risponde verso la P.A. e verso i terzi eventualmente danneggiati ai sensi dell'art. 2043 del codice civile
B. è punito ai sensi del codice penale se l'atto è viziato da dolo
C. è punito ai sensi del codice penale se dal fatto consegue un danno ad un soggetto determinato o determinabile
D. è punito ai sensi del codice penale e delle leggi speciali in materia

88) Individuare la risposta ERRATA tra le affermazioni che seguono, in merito alle norme in materia di responsabilità dei pubblici dipendenti di cui al D.Lgs. 165/2001 (dall'art. 55 fino all'art. 55-octies).

A. Le disposizioni dall'art. 55 fino all'art. 55-octies del D.Lgs. 165/2001 costituiscono norme imperative
B. La loro violazione, dolosa o colposa, da parte dei dipendenti preposti alla loro applicazione costituisce illecito disciplinare
C. La loro violazione da parte dei dipendenti preposti alla loro applicazione costituisce illecito penale
D. Ferma la disciplina in materia di responsabilità civile, amministrativa, penale e contabile, ai rapporti di lavoro nel pubblico impiego si applica l'articolo 2106 del codice civile

89) Quale regolamento è stato emanato con il D.P.R. 62/2013?

A. Codice di comportamento del personale docente, educativo ed ATA
B. Codice di comportamento dei dipendenti delle università e delle aziende ospedaliero-universitarie
C. Codice di comportamento dei dipendenti del Ministero dell'istruzione, dell'università e della ricerca
D. Codice di comportamento dei dipendenti pubblici

90) A norma del D.P.R. 445/2000 e ss.mm.ii., le dichiarazioni sostitutive sono considerate come:

A. dichiarazioni fatte a pubblico ufficiale
B. dichiarazioni giurate
C. atti di notorietà
D. autocertificazioni

91) A norma del D.P.R. 445/2000 e ss.mm.ii., le certificazioni rilasciate dalla pubblica amministrazione in ordine a stati, qualità personali e fatti:
A. sono valide e utilizzabili solo nei rapporti tra privati
B. sono valide e utilizzabili solo nei rapporti con gli organi della Pubblica Amministrazione
C. sono valide e utilizzabili solo nei rapporti con i gestori di pubblici servizi
D. sono valide e utilizzabili sia nei rapporti tra privati, sia nei rapporti con la Pubblica Amministrazione

92) A norma del D.P.R. 445/2000 e ss.mm.ii., la mancata accettazione da parte del dipendente della P.A. delle dichiarazioni sostitutive di certificazione o di atto di notorietà, rese a norma delle disposizioni dello stesso D.P.R. 445/2000, viene definita:
A. illecito disciplinare
B. illecito amministrativo
C. violazione dei doveri d'ufficio
D. illecito penale

93) A norma del D.Lgs. 165/2001, la rappresentanza negoziale della parte pubblica nella contrattazione collettiva è affidata:
A. al Ministero da cui dipende il comparto
B. alla Presidenza del Consiglio dei Ministri
C. al Ministero dell'Economia e delle Finanze
D. all'Agenzia per la rappresentanza negoziale delle pubbliche amministrazioni

94) A norma del D.Lgs. 165/2001, sono ammesse alla contrattazione collettiva le organizzazioni sindacali che abbiano nel comparto una rappresentatività:
A. non inferiore al 4%
B. non inferiore al 5%
C. non inferiore al 7%
D. non inferiore al 10%

95) A norma del D.Lgs. 165/2001, la rappresentanza sindacale unitaria (RSU) delle istituzioni scolastiche autonome è eletta:
A. a voto segreto dal personale in servizio con contratto di lavoro a tempo indeterminato o determinato purché di durata annuale
B. a voto segreto dagli iscritti alle organizzazioni sindacali che abbiano nel comparto o nell'area una rappresentatività non inferiore al 3%
C. a voto segreto dal personale in servizio con contratto di lavoro a tempo indeterminato
D. ogni due anni

96) A norma del CCNL Comparto "Istruzione e Ricerca" 2018, chi rappresenta la controparte del dirigente scolastico nella contrattazione integrativa di istituto?
A. I delegati dell'Assemblea sindacale d'istituto
B. I dirigenti provinciali delle organizzazioni sindacali firmatarie del contratto nazionale

C. La RSU e i rappresentanti territoriali delle organizzazioni sindacali di categoria firmatarie del contratto nazionale
D. I dirigenti a livello regionale dalle organizzazioni sindacali firmatarie del contratto nazionale

97) In applicazione del CCNL 29 maggio 1999, quando è indetto uno sciopero da parte di una o più organizzazioni sindacali:
A. è compito del Dirigente scolastico formulare per il giorno dello sciopero un orario sostitutivo sulla base delle dichiarazioni volontarie rese dai docenti
B. è compito dei docenti comunicare direttamente alle famiglie la loro presenza o non presenza in servizio nel giorno dello sciopero almeno cinque giorni prima dell'effettuazione dello stesso
C. il Dirigente scolastico sospende precauzionalmente le lezioni in tutte le classi non potendo garantire l'assunzione delle responsabilità di vigilanza sugli alunni minori previste dall'art. 2048 c.c.
D. il diritto di sciopero è costituzionalmente garantito e pertanto si esercita con le modalità stabilite dalla legge di registrazione dei sindacati ammessi alla contrattazione collettiva, legge che non prevede alcun obbligo in capo ai lavoratori in sciopero

98) A norma del CCNL del comparto "Scuola" 2006-2009, i "rapporti individuali con le famiglie":
A. rientrano nel monte ore massimo annuale delle attività funzionali all'insegnamento
B. rientrano negli adempimenti individuali
C. si svolgono in orari stabiliti dal dirigente scolastico
D. sono materia regolamentare di competenza del collegio dei docenti

99) A norma del CCNL del comparto "Scuola" 2006-2009, per la partecipazione a corsi di formazione gli insegnanti:
A. hanno diritto alla fruizione di tre giorni con esonero dal servizio nel corso dell'anno
B. possono partecipare a corsi di formazione, compatibilmente con le esigenze di servizio
C. hanno diritto alla fruizione di cinque giorni con esonero dal servizio nel corso dell'anno a condizione che non vi sia onere di supplenze per l'istituzione scolastica
D. hanno diritto alla fruizione di cinque giorni con esonero dal servizio nel corso dell'anno e sostituzione a carico della scuola

100) A norma del CCNL del comparto "Scuola" 2006-2009, la riduzione dell'ora di insegnamento per cause di forza maggiore:
A. comporta l'obbligo di recupero della frazione oraria decurtata
B. è deliberata dal collegio dei docenti
C. è regolata dalla C.M. n. 243 del 22 settembre 1979 alla quale rinvia il CCNL del comparto "Scuola" 2006-2009

D. è legittima solo quando l'orario obbligatorio giornaliero della lezione supera le 5 ore

101) A norma del CCNL del comparto "Scuola" 2006-2009, il personale docente con rapporto di lavoro a tempo parziale (individuare la risposta ERRATA):

A. può assumere incarichi di insegnamento aggiuntivo di durata annuale entro il limite di 6 ore settimanali
B. può accettare ore saltuarie di supplenza per sostituire colleghi assenti
C. può accettare di svolgere corsi di recupero
D. può accettare di svolgere corsi facenti parte dell'ampliamento dell'offerta formativa purché di durata determinata

102) A norma del CCNL del comparto "Scuola" 2006-2009, il piano annuale delle attività del personale docente:

A. è predisposto sulla base degli accordi raggiunti in sede di contrattazione integrativa d'istituto e deliberato dal collegio dei docenti
B. è predisposto da apposita commissione del collegio dei docenti e sottoposto all'approvazione finale dell'organo collegiale stesso
C. è predisposto dal dirigente scolastico e sottoposto all'approvazione del collegio dei docenti
D. è proposto e deliberato dal collegio dei docenti

Risposte commentate
L'insegnante: stato giuridico e profilo contrattuale

1) B. Il D.P.R. 31 maggio 1974, n. 417 (di attuazione della legge 30 luglio 1973, n. 477) reca "*Norme sullo stato giuridico del personale docente, direttivo ed ispettivo della scuola materna, elementare, secondaria ed artistica dello Stato*".

2) D. Ai sensi del D.P.R. n. 417/1974, art. 1: "*Nel rispetto delle norme costituzionali e degli ordinamenti della scuola stabiliti dalle leggi dello Stato, ai docenti è garantita la libertà di insegnamento. L'esercizio di tale libertà è inteso a promuovere attraverso un confronto aperto di posizioni culturali la piena formazione della personalità degli alunni.*
Tale azione di promozione è attuata nel rispetto della coscienza morale e civile degli alunni stessi".

3) C. L'art. 33 Cost. afferma: "*L'arte e la scienza sono libere e libero ne è l'insegnamento*".

4) A. L'art. 30 Cost. recita al primo comma: "*È dovere e diritto dei genitori mantenere, istruire ed educare i figli, anche se nati fuori dal matrimonio*".

5) B. L'art. 33 della Costituzione riconosce (comma 3) ad enti e privati il diritto di istituire scuole ed istituti di educazione, senza oneri per lo Stato. Il successivo comma 4 dispone che: "*La legge, nel fissare i diritti e gli obblighi delle scuole non statali che chiedono la parità, deve assicurare ad esse piena libertà e ai loro alunni un trattamento scolastico equipollente a quello degli alunni di scuole statali*".

6) C. L'art. 25 del D.Lgs. n. 165/2001 stabilisce che "*il dirigente scolastico promuove gli interventi (...) per l'esercizio della libertà di insegnamento, intesa anche come libertà di ricerca e innovazione metodologica e didattica, per l'esercizio della libertà di scelta educativa delle famiglie e per l'attuazione del diritto all'apprendimento da parte degli alunni*".

7) D. Secondo il CCNL 2006-2009, art. 26 "Funzione docente": "*La funzione docente realizza il processo di insegnamento/apprendimento volto a promuovere lo sviluppo umano, culturale, civile e professionale degli alunni, sulla base delle finalità e degli obiettivi previsti dagli ordinamenti scolastici definiti per i vari ordini e gradi dell'istruzione.*
La funzione docente si fonda sull'autonomia culturale e professionale dei docenti; essa si esplica nelle attività individuali e collegiali e nella partecipazione alle attività di aggiornamento e formazione in servizio (...)".

8) D. D.M. 850/2015, art. 13, comma 4: "Il parere del Comitato è obbligatorio, ma non vincolante per il dirigente scolastico, che può discostarsene con atto motivato".

9) D. La nota del MEF n. 26482 del 7 marzo 2011 dà le seguenti indicazioni, in rapporto alle diverse tipologie di personale a ciò chiamato dal dirigente scolastico:
"*1) personale interamente o parzialmente a disposizione della scuola;*
2) docenti dichiaratisi disponibili a effettuare ore eccedenti rispetto all'orario d'obbligo;
3) personale supplente già titolare di altro contratto con il quale viene stipulato apposito contratto a completamento dell'orario d'obbligo;
4) personale supplente appositamente assunto, non potendo ricorrere ad una delle ipotesi sopra specificate".

10) B. L. 107/2015, art. 1, c. 116: "*Il superamento del periodo di formazione e di prova è subordinato allo svolgimento del servizio effettivamente prestato per almeno centottanta giorni, dei quali almeno centoventi per le attività didattiche*".

11) D. La L. 107/2015, art. 1, c. 129, ha sostituito l'art. 11 del D.Lgs. 297/1994 il cui comma 4 ora così recita: "*4. Il comitato esprime altresì il proprio parere sul superamento del periodo di formazione e di prova per il personale docente ed educativo. A tal fine il comitato è composto dal dirigente scolastico, che lo presiede, dai docenti di cui al comma 2, lettera a), ed è integrato dal docente a cui sono affidate le funzioni di tutor*".

12) D. L. 107/2015, art. 1, c. 117: "*Il personale docente ed educativo in periodo di formazione e di prova è sottoposto a valutazione da parte del dirigente scolastico, sentito il comitato per la valutazione istituito ai sensi dell'articolo 11 del testo unico di cui al decreto legislativo 16 aprile 1994, n. 297, come sostituito dal comma 129 del presente articolo, sulla base dell'istruttoria di un docente al quale sono affidate dal dirigente scolastico le funzioni di tutor*".

13) D. Ai sensi della L. 124/1999, art. 5: "*Gli insegnanti tecnico-pratici, anche quando il loro insegnamento si svolge in compresenza, fanno parte, a pieno titolo e con pienezza di voto deliberativo, del consiglio di classe*".

14) B. Secondo l'art. 33 del CCNL 2006-2009, le funzioni strumentali "*sono identificate con delibera del collegio dei docenti in coerenza con il POF che, contestualmente, ne definisce criteri di attribuzione, numero e destinatari*".

15) C. Il CCNL 2006-2009, all'art. 33, c. 1, afferma: "*Per la realizzazione delle finalità istituzionali della scuola in regime di autonomia, la risorsa fondamentale è costituita dal patrimonio professionale dei docenti, da valorizzare per la realizzazione e la gestione del piano dell'offerta formativa dell'istituto e per la realizzazione di progetti formativi d'intesa con enti ed istituzioni esterni alla scuola*".

16) B. L'art. 40, c. 1 lett. c). del CCNL Istruzione e ricerca 2018 affida alla contrattazione d'istituto la determinazione del compenso delle funzioni strumentali.

17) A. In base al CCNL 2006-2009, art. 33, c. 2: "*(...) Le stesse [funzioni strumentali] non possono comportare esoneri totali dall'insegnamento (...)*".

18) C. Il D.Lgs. 297/1994, all'art. 508, così recita:
"*1 – Al personale docente non è consentito impartire lezioni private ad alunni del proprio istituto.*
2 – Il personale docente, ove assuma lezioni private, è tenuto ad informare il direttore didattico o il preside, al quale deve altresì comunicare il nome degli alunni e la loro provenienza".

19) C. Secondo quanto stabilito dal D.Lgs. 297/1994, art. 508: "*c. 10 – Il personale di cui al presente titolo non può esercitare attività commerciale, industriale e professionale, né può assumere o mantenere impieghi alle dipendenze di privati o accettare cariche in società costituite a fine di lucro, tranne che si tratti di cariche in società od enti per i quali la nomina è riservata allo Stato e sia intervenuta l'autorizzazione del Ministero della pubblica istruzione.*
c. 11 – Il divieto, di cui al comma 10, non si applica nei casi di società cooperative".

20) A. In base al D.Lgs. 297/1994, art. 508: "*c. 15. Al personale docente è consentito, previa autorizzazione del direttore didattico o del preside, l'esercizio di libere professioni che non siano di pregiudizio all'assolvimento di tutte le attività inerenti alla funzione docente e siano compatibili con l'orario di insegnamento e di servizio*".

21) B. Ai sensi del CCNL 2006-2009, art. 35: "*I docenti possono prestare la propria collaborazione ad altre scuole statali che, per la realizzazione di specifici progetti deliberati dai competenti organi, abbiano necessità di disporre di particolari competenze professionali non presenti o non disponibili nel corpo docente della istituzione scolastica (...)*".

22) D. L'art. 22, c. 4, della L. 448/2001, così recita: "*Nel rispetto dell'orario di lavoro definito dai contratti collettivi vigenti, i dirigenti scolastici attribuiscono ai docenti in servizio nell'istituzione scolastica, prioritariamente e con il loro consenso, le frazioni inferiori a quelle stabilite contrattualmente come ore aggiuntive di insegnamento oltre l'orario d'obbligo fino ad un massimo di 24 ore settimanali*".

23) B. Stando al CCNL 2006-2009, art. 25, c. 6: "*L'assunzione a tempo determinato e a tempo indeterminato può avvenire con rapporto di lavoro a tempo pieno o a tempo parziale. In quest'ultimo caso, il contratto individuale di cui al comma 4 indica anche l'articolazione dell'orario di lavoro*".

24) C. Il CCNL 2006-2009, all'art. 28, c. 4, (confermato dall'art. 28, c. 1 del CNNL Istruzione e ricerca) afferma quanto segue: "*Gli obblighi di lavoro del personale docente sono articolati in attività di insegnamento ed in attività funzionali alla prestazione di insegnamento (...)*".

25) D. Secondo quanto previsto dal CCNL 2006-2009, art. 29, c. 4: "*Per assicurare un rapporto efficace con le famiglie e gli studenti, in relazione alle diverse modalità organizzative del servizio, il consiglio d'istituto sulla base delle proposte del collegio dei docenti definisce le modalità e i criteri per lo svolgimento dei rapporti con le famiglie e gli studenti, assicurando la concreta accessibilità al servizio, pur compatibilmente con le esigenze di funzionamento dell'istituto e prevedendo idonei strumenti di comunicazione tra istituto e famiglie*".

26) C. L. 107/2015, art. 1, c. 65: "*Il riparto della dotazione organica tra le regioni è effettuato sulla base del numero delle classi, per i posti comuni, e sulla base del numero degli alunni, per i posti del potenziamento, senza ulteriori oneri rispetto alla dotazione organica assegnata*".

27) A. L. 107/2015, art. 1, c. 66: "*A decorrere dall'anno scolastico 2016/2017 i ruoli del personale docente sono regionali, articolati in ambiti territoriali, suddivisi in sezioni separate per gradi di istruzione, classi di concorso e tipologie di posto*".
La legge di bilancio 2019 (L. 145/2018, art. 1, c. 796) ha però disposto l'abolizione degli ambiti territoriali ("A decorrere dell'a.s. 2019/2020, le procedure di reclutamento del personale docente e quelle di mobilità territoriale e professionale del medesimo personale non possono comportare che ai docenti sia attribuita la titolarità su ambito territoriale").

28) B. L. 107/2015, art. 1, c. 66: "*Entro il 30 giugno 2016 gli uffici scolastici regionali, su indicazione del Ministero dell'istruzione, dell'università e della ricerca, sentiti le regioni e gli enti locali, definiscono l'ampiezza degli ambiti territoriali, inferiore alla provincia o alla città metropolitana, considerando:*
a) la popolazione scolastica;
b) la prossimità delle istituzioni scolastiche;
c) le caratteristiche del territorio, tenendo anche conto delle specificità delle aree interne, montane e delle piccole isole, della presenza di scuole nelle carceri, nonché di ulteriori situazioni o esperienze territoriali già in atto".

29) B. Il CCNL del 19 aprile 2018 (art. 29) ha rinviato ad una specifica sessione negoziale a livello nazionale la definizione, per il personale docente ed educativo, della tipologia delle infrazioni disciplinari e delle relative sanzioni, nonché l'individuazione di una procedura di conciliazione non obbligatoria.

30) C. L. 107/2015, art. 1, c. 129: "*3. Il comitato individua i criteri per la valorizzazione dei docenti sulla base:*
a) della qualità dell'insegnamento e del contributo al miglioramento dell'istituzione scolastica, nonché del successo formativo e scolastico degli studenti;
b) dei risultati ottenuti dal docente o dal gruppo di docenti in relazione al potenziamento delle competenze degli alunni e dell'innovazione didattica e metodologica, nonché della collaborazione alla ricerca didattica, alla documentazione e alla diffusione di buone pratiche didattiche;
c) delle responsabilità assunte nel coordinamento organizzativo e didattico e nella formazione del personale".

31) A. L. 107/2015, art. 1, c. 127: "*Il dirigente scolastico, sulla base dei criteri individuati dal comitato per la valutazione dei docenti, istituito ai sensi dell'articolo 11 del testo unico di cui al decreto legislativo 16 aprile 1994, n. 297, come sostituito dal comma 129 del presente articolo, assegna annualmente al personale docente una somma del fondo di cui al comma 126 sulla base di motivata valutazione*". Successivamente il CCNL Istruzione e ricerca 2018 (art. 22, c. 4 lett. c) ha disposto che spetti alla contrattazione integrativa d'istituto la determinazione dei criteri generali per la determinazione dei compensi finalizzati alla valorizzazione del personale.

32) B. Il D.Lgs. 13 aprile 2017, n. 59 è rubricato *Riordino, adeguamento e semplificazione del sistema di formazione iniziale e di accesso nei ruoli di docente nella scuola secondaria per renderlo funzionale alla valorizzazione sociale e culturale della professione, a norma dell'articolo 1, commi 180 e 181, lettera b), della legge 13 luglio 2015, n. 107.*

33) C. Legge 107/2015, art. 1, comma 109, lett. a, terzo periodo: "*La rinuncia all'assunzione nonché la mancata accettazione in assenza di una valida e motivata giustificazione comportano la cancellazione dalla graduatoria di merito*".

34) C. L'art. 13 del D.Lgs. 59/2017 (dopo le modifiche di cui alla L. 145/2018, art. 1, co. 792) così recita: "*1. Il percorso annuale di formazione iniziale e prova è finalizzato specificamente a verificare la padronanza degli standard professionali da parte dei docenti e si conclude con una valutazione finale. .... 3. ... In caso di valutazione finale positiva, il docente è cancellato da ogni altra graduatoria, di merito, di istituto o a esaurimento, nella quale sia iscritto ed è confermato in ruolo presso l'istituzione scolastica ove ha svolto il periodo di prova....*".

35) B. D.Lgs. 59/2017, come modificato dalla legge 145/2018, art. 1, comma 2: "*(...) è introdotto il sistema unitario e coordinato di formazione iniziale e accesso ai ruoli dei docenti, compresi quelli degli insegnanti tecnico-pratici, nella scuola secondaria di primo e secondo grado, sia su posti comuni sia di sostegno, per selezionarli sulla base di un concorso pubblico nazionale e di un successivo percorso annuale di formazione iniziale e prova*".

36) B. D.M. 850/2015, art. 12: "*All'attività del tutor è riconosciuto un compenso economico nell'ambito delle risorse assegnate all'istituzione scolastica per il Miglioramento dell'Offerta formativa; (...)*".

37) A. CCNL 2006/2009, art. 28, comma 10: "*Per il personale insegnante che opera per la vigilanza e l'assistenza degli alunni durante il servizio di mensa o durante il periodo della ricreazione il tempo impiegato nelle predette attività rientra a tutti gli effetti nell'orario di attività didattica*".

38) C. D.Lgs. 165/2001, art. 55-bis, comma 5: "*La comunicazione di contestazione dell'addebito al dipendente, nell'ambito del procedimento disciplinare, è effettuata tramite posta elettronica certificata, nel caso in cui il dipendente dispone di idonea casella di posta, ovvero tramite consegna a mano. In alternativa all'uso della posta elettronica certificata o della consegna a mano, le comunicazioni sono effettuate tramite raccomandata postale con ricevuta di ritorno*".

39) A. CCNL comparto "Istruzione e Ricerca" 2018, art. 29, comma 1: "*Le parti convengono sulla opportunità di rinviare ad una specifica sessione negoziale a livello nazionale la definizione, per il personale docente ed educativo delle istituzioni scolastiche, della tipologia delle infrazioni disciplinari e delle relative sanzioni, nonché l'individuazione di una procedura di conciliazione non obbligatoria (...)*".

40) A. D.Lgs. 297/1994, art. 433: "*Non possono far parte delle commissioni giudicatrici di concorso coloro che abbiano relazioni di parentela o affinità entro il quarto grado con uno o più concorrenti*".

41) B. CCNL comparto "*Istruzione e Ricerca" 2018, art. 29, comma 1: "La lavoratrice, inserita nei percorsi di protezione relativi alla violenza di genere, debitamente certificati, ai sensi dell'art. 24 del d. lgs. n. 80/2015, ha diritto ad astenersi dal lavoro, per motivi connessi a tali percorsi, per un periodo massimo di congedo di 90 giorni lavorativi, da fruire nell'arco temporale di tre anni, decorrenti dalla data di inizio del percorso di protezione certificato*".

42) C. D.Lgs. 59/2017, art. 6, comma 4: "*La prova orale consiste in un colloquio che ha l'obiettivo di valutare il grado delle conoscenze e competenze del candidato nelle discipline facenti parte della classe di concorso e di verificare la conoscenza di una lingua straniera europea almeno al livello B2 del quadro comune europeo (…)*".

43) A. D.Lgs. 59/2017, art. 7, comma 1, terzo periodo: "*Le graduatorie hanno validità biennale a decorrere dall'anno scolastico successivo a quello di approvazione delle stesse e perdono efficacia con la pubblicazione delle graduatorie del concorso successivo e comunque alla scadenza del predetto biennio (…)*".

44) D. CCNL Comparto "Scuola" 2006/2009, art. 27: "*Il profilo professionale dei docenti è costituito da competenze disciplinari, psicopedagogiche, metodologico-didattiche, organizzativo-relazionali e di ricerca, documentazione e valutazione tra loro correlate ed interagenti, che si sviluppano col maturare dell'esperienza didattica, l'attività di studio e di sistematizzazione della pratica didattica*".

45) C. D.M. 850/2015, art. 15, comma 3: "*L'INDIRE assicura, all'avvio di ciascun anno scolastico, la predisposizione e la gestione delle risorse digitali e dei supporti telematici per la realizzazione della formazione on line dei docenti neo-assunti*".

46) D. Legge 107/2015, art. 1, comma 117: "*Il personale docente ed educativo in periodo di formazione e di prova è sottoposto a valutazione da parte del dirigente scolastico, sentito il comitato per la valutazione istituito ai sensi dell'articolo 11 del testo unico di cui al decreto legislativo 16 aprile 1994, n. 297, come sostituito dal comma 129 del presente articolo, sulla base dell'istruttoria di un docente al quale sono affidate dal dirigente scolastico le funzioni di tutor*".

47) C. CCNL del Comparto "Istruzione e Ricerca" 2018, art. 28, comma 1, secondo periodo: "*Le eventuali ore non programmate nel PTOF dei docenti della scuola primaria e secondaria sono destinate alle supplenze sino a dieci giorni*".

48) D. D.M. 850/2015, art. 14: "*Il dirigente scolastico procede alla valutazione del personale docente in periodo di formazione e di prova sulla base dell'istruttoria compiuta, con particolare riferimento a quanto disposto agli articoli 4 e 5, e al parere di cui all'articolo 13*".

49) B. D.M. 850/2015, art. 9, comma 2, secondo periodo: "*Le sequenze di osservazione sono oggetto di progettazione preventiva e di successivo confronto e rielaborazione con il docente tutor e sono oggetto di specifica relazione del docente neo-assunto. Alle attività di osservazione sono dedicate almeno 12 ore*".

50) C. Legge 107/2015, art. 1, comma 209: "*Le domande per il riconoscimento dei servizi agli effetti della carriera del personale scolastico sono presentate al dirigente scolastico nel periodo* *compreso tra il 1 settembre e il 31 dicembre di ciascun anno, ferma restando la disciplina vigente per l'esercizio del diritto al riconoscimento dei servizi agli effetti della carriera*".

51) A. D.M. 850/2015, art. 15, comma 5: "*I dirigenti scolastici delle istituzioni in cui prestano servizio i docenti neo-assunti organizzano le attività di accoglienza, formazione, tutoraggio, supervisione professionale, avvalendosi della collaborazione dei docenti tutor e svolgono le attività per la valutazione del periodo di prova, secondo le procedure di cui al presente decreto, oltre a visitare le classi dei docenti neo-assunti almeno una volta nel corso del periodo di formazione e di prova*".

52) A. D.Lgs. 297/1994, art. 497, comma 1, secondo periodo: "*La sospensione dall'insegnamento o dall'ufficio fino a un mese viene inflitta:*
a) per atti non conformi alle responsabilità, ai doveri e alla correttezza inerenti alla funzione o per gravi negligenze in servizio;
b) per violazione del segreto d'ufficio inerente ad atti o attività non soggetti a pubblicità;
c) per avere omesso di compiere gli atti dovuti in relazione ai doveri di vigilanza".

53) B. CCNL Comparto "Istruzione e Ricerca" 2018, art. 12: "*Le disposizioni in materia di responsabilità disciplinare di cui al presente Titolo si applicano al personale ausiliario tecnico e amministrativo delle istituzioni scolastiche ed educative*".

54) B. CCNL comparto "Scuola" 2006/2009, art. 58, comma 7: "*Il tempo parziale può essere realizzato:*
a) con articolazione della prestazione di servizio ridotta in tutti i giorni lavorativi (tempo parziale orizzontale); (...)".

55) A. CCNL Comparto "Scuola" 2006/2009, art. 13, commi 1-3:
"*1. Il dipendente con contratto di lavoro a tempo indeterminato ha diritto, per ogni anno di servizio, ad un periodo di ferie retribuito. Durante tale periodo al dipendente spetta la normale retribuzione, escluse le indennità previste per prestazioni di lavoro aggiuntivo o straordinario e quelle che non siano corrisposte per dodici mensilità.*
2. La durata delle ferie è di 32 giorni lavorativi comprensivi delle due giornate previste dall'art. 1, comma 1, lett. a), della legge 23 dicembre 1977, n. 937.
3. I dipendenti neo-assunti nella scuola hanno diritto a 30 giorni lavorativi di ferie comprensivi delle due giornate previste dal comma 2".

56) D. D.Lgs. 59/2017, art. 6, comma 3: "*La seconda prova scritta per i candidati a posti comuni ha l'obiettivo di valutare il grado delle conoscenze e competenze del candidato sulle discipline antropo-psico-pedagogiche e sulle metodologie e tecnologie didattiche*".

57) D. D.P.R. 3/1957, art. 60: "*L'impiegato non può esercitare il commercio, l'industria, né alcuna professione o assumere impieghi alle dipendenze di privati o accettare cariche in società costituite a fine di lucro, tranne che si tratti di cariche in società o enti per le quali la nomina è riservata allo Stato e sia all'uopo intervenuta l'autorizzazione del ministro competente*".

58) C. Legge 107/2015, art. 1, comma 116: "*Il superamento del periodo di formazione e di prova è subordinato allo svolgimento del servizio effettivamente prestato per almeno centottanta giorni, dei quali almeno centoventi per le attività didattiche*".

59) B. D.Lgs. 165/2001, art. 30, comma 1: "*Le amministrazioni possono ricoprire posti vacanti in organico mediante passaggio diretto di dipendenti di cui all'articolo 2, comma 2, appartenenti a una qualifica corrispondente e in servizio presso altre amministrazioni, che facciano domanda di trasferimento, previo assenso dell'amministrazione di appartenenza*".

60) A. D.Lgs. 165/2001, art. 55-ter, comma1: "*Il procedimento disciplinare, che abbia ad oggetto, in tutto o in parte, fatti in relazione ai quali procede l'autorità giudiziaria, è proseguito e concluso anche in pendenza del procedimento penale*".

61) C. CCNL del Comparto "Scuola" 2006/2009, art. 129: "*L'attività funzionale all'insegnamento è costituita da ogni impegno inerente alla funzione docente previsto dai diversi ordinamenti scolastici. Essa comprende tutte le attività, anche a carattere collegiale, di programmazione, progettazione, ricerca, valutazione, documentazione, aggiornamento e formazione (...)*".

62) C. D.M. 850/2015, art. 12, comma 1, secondo periodo: "*Salvo motivata impossibilità nel reperimento di risorse professionali, un docente tutor segue al massimo tre docenti neo-assunti*".

63) B. CCNL Comparto "Scuola" 2006/2009, art. 13, comma 9: "*Le ferie devono essere fruite dal personale docente durante i periodi di sospensione delle attività didattiche; durante la rimanente parte dell'anno, la fruizione delle ferie è consentita al personale docente per un periodo non superiore a sei giornate lavorative. Per il personale docente la fruibilità dei predetti sei giorni è subordinata alla possibilità di sostituire il personale che se ne avvale con altro personale in servizio nella stessa sede e, comunque, alla condizione che non vengano a determinarsi oneri aggiuntivi anche per l'eventuale corresponsione di compensi per ore eccedenti, salvo quanto previsto dall'art. 15, comma 2*".

64) A. Legge 107/2015, art. 1 comma 124: "*La somma di cui alla Carta non costituisce retribuzione accessoria né reddito imponibile*".

65) B. CCNL Comparto "Istruzione e Ricerca" 2018, art. 29, comma 3: "*Nelle more della sessione negoziale di cui al comma 1, rimane fermo quanto stabilito dal Capo IV Disciplina, Sezione I Sanzioni Disciplinari del d.lgs. n. 297 del 1994, con le seguenti modificazioni ed integrazioni all'articolo 498 comma 1 cui sono aggiunte le seguenti lettere:*
"g) per atti e comportamenti o molestie a carattere sessuale che riguardino gli studenti affidati alla vigilanza del personale, anche ove non sussista la gravità o la reiterazione; (...)".

66) C. CCNL del Comparto "Istruzione e Ricerca" 2018, art. 7, comma 3: "*Il contratto collettivo integrativo ha durata triennale e si riferisce a tutte le materie indicate nelle specifiche sezioni.*"

67) B. CCNL Comparto "Istruzione e Ricerca" 2018, art. 4, comma 4: "*La partecipazione è finalizzata ad instaurare forme costruttive di dialogo tra le parti, su atti e decisioni di valenza*

generale delle amministrazioni, in materia di organizzazione o aventi riflessi sul rapporto di lavoro ovvero a garantire adeguati diritti di informazione sugli stessi; si articola, a sua volta, in:
a) informazione;
b) confronto;
c) organismi paritetici di partecipazione".

68) D. CCNL Comparto "Istruzione e Ricerca" 2018, art. 7, comma 4: "*La contrattazione integrativa è finalizzata alla stipulazione di contratti che obbligano reciprocamente le parti*".

69) B. CCNL del personale del Comparto "Istruzione e Ricerca" 2018, art. 22, comma 7: "*Fermi restando i termini di cui all'art. 7 (contrattazione integrativa), commi 6 e 7, la sessione negoziale di contrattazione integrativa è avviata entro il 15 settembre e la durata della stessa, ai sensi dei citati commi 6 o 7, non può comunque protrarsi oltre il 30 novembre*".

70) B. D.Lgs. 165/2001, art. 40, comma 3 ter: "*Nel caso in cui non si raggiunga l'accordo per la stipulazione di un contratto collettivo integrativo, qualora il protrarsi delle trattative determini un pregiudizio alla funzionalità dell'azione amministrativa, nel rispetto dei principi di correttezza e buona fede fra le parti, l'amministrazione interessata può provvedere, in via provvisoria, sulle materie oggetto del mancato accordo fino alla successiva sottoscrizione e prosegue le trattative al fine di pervenire in tempi celeri alla conclusione dell'accordo*".

71) D. CCNL Comparto "Istruzione e Ricerca" 2018, art. 22, comma 4: "*Sono oggetto di contrattazione integrativa:*
a) a livello nazionale:
a1) le procedure e i criteri generali per la mobilità professionale e territoriale fatte salve le disposizioni di legge (...)".

72) D. CCNL del personale del Comparto "Istruzione e Ricerca" 2018, art. 23, comma 9, lett. b: "*per le assemblee in cui è coinvolto anche il personale ATA, se la partecipazione è totale, stabilirà, con la contrattazione d'istituto, la quota e i nominativi del personale tenuto ad assicurare i servizi essenziali relativi alla vigilanza agli ingressi alla scuola, e ad altre attività indifferibili coincidenti con l'assemblea sindacale*".

73) C. CCNL del personale del Comparto "Istruzione e Ricerca" 2018, art. 5. comma 4: "*Sono oggetto di informazione tutte le materie per le quali i successivi articoli prevedano il confronto o la contrattazione integrativa, costituendo presupposto per la loro attivazione*".

74) A. CCNL Comparto "Istruzione e Ricerca" 2018, art. 40. comma 4 lett. c: "*Il fondo per il miglioramento dell'offerta formativa di cui ai commi 1, 2 e 3 resta finalizzato a remunerare il personale per le seguenti finalità: (...)*
c) le funzioni strumentali al piano dell'offerta formativa; (...)".

75) C. D.Lgs. 165/2001, art. 42, comma 1: "*Nelle pubbliche amministrazioni la libertà e l'attività sindacale sono tutelate nelle forme previste dalle disposizioni della legge 20 maggio 1970, n. 300, e successive modificazioni ed integrazioni*".

76) A. CCNL Comparto "Istruzione e Ricerca" del 2018, art. 6, comma 1: "*Il confronto è la modalità attraverso la quale si instaura un dialogo approfondito sulle materie rimesse a tale livello di relazione, al fine di consentire ai soggetti sindacali di esprimere valutazioni esaustive e di partecipare costruttivamente alla definizione delle misure che l'amministrazione intende adottare*".

77) C. CCNL Comparto "Scuola" 2006/2009, art. 47 comma 3, come modificato dalla Sequenza contrattuale 25 luglio 2008: "*L'attribuzione degli incarichi di cui al precedente comma 1, lett. b) è effettuata dal dirigente scolastico, secondo le modalità, i criteri ed i compensi definiti dalla contrattazione di istituto nell'ambito del piano delle attività*".

78) D. CCNL Comparto "Istruzione e Ricerca" 2018, art. 24, comma 2: "*Appartengono alla comunità educante il dirigente scolastico, il personale docente ed educativo, il DSGA e il personale amministrativo, tecnico e ausiliario, nonché le famiglie, gli alunni e gli studenti che partecipano alla comunità nell'ambito degli organi collegiali previsti dal D.Lgs. n. 297/1994*".

79) C. D.M. 347/2017, art. 12, comma 1: "*Le scuole, previo ricorso alla procedura di cui al precedente art. l l, interpellano gli aspiranti a supplenze e ne riscontrano la disponibilità o meno ad accettare la proposta di assunzione mediante messaggio di posta elettronica con tutte le informazioni riguardanti la supplenza offerta. Tale messaggio con avviso di ricezione è effettuato con la posta elettronica certificata (PEC) o, in assenza di questa, con la posta elettronica tradizionale istituzionale o privata (PEL)*".

80) D. D.M. 347/2017, art. 10, comma 3: "*Scaduti i termini per la presentazione e la decisione sui reclami, le graduatorie assumono carattere definitivo e avverso le graduatorie medesime è esperibile impugnativa innanzi al giudice ordinario, in funzione di giudice di lavoro, ai sensi e per gli effetti dell'art. 63 del decreto legislativo 30 marzo 2001 n. 165*".

81) C. A norma dell'art. 22, comma 4, del CCNL Comparto "Istruzione e Ricerca" 2018, le materie oggetto di contrattazione integrativa sono individuate su tre livelli:
- lett. a: livello nazionale;
- lett. b: livello regionale;
- lett. c: livello di istituzione scolastica ed educativa.

82) A. CCNL Comparto "Istruzione e Ricerca" 2018, art. 22, comma 1: "*La contrattazione collettiva integrativa di cui al presente articolo è finalizzata ad incrementare la qualità dell'offerta formativa, sostenendo i processi di innovazione in atto, anche mediante la valorizzazione delle professionalità coinvolte*".

83) B. CCNL Comparto "Istruzione e Ricerca" 2018, art. 8, comma 1: "*Il sistema delle relazioni sindacali è improntato a principi di responsabilità, correttezza, buona fede e trasparenza dei comportamenti ed è orientato alla prevenzione dei conflitti*".

84) A. D.Lgs. 165/2001, art. 53, comma 1-bis: "*Non possono essere conferiti incarichi di direzione di strutture deputate alla gestione del personale a soggetti che rivestano o abbiano rivestito negli ultimi due anni cariche in partiti politici o in organizzazioni sindacali o che abbiano* *avuto negli ultimi due anni rapporti continuativi di collaborazione o di consulenza con le predette organizzazioni*".

85) B. D.P.R. 445/2000, art. 1, comma 1: "*Ai fini del presente testo unico si intende per: a) documento amministrativo: ogni rappresentazione, comunque formata, del contenuto di atti, anche interni, delle pubbliche amministrazioni o, comunque, utilizzati ai fini dell'attività amministrativa*".

86) C. D.P.R. 445/2000, art. 1, comma 1: "*Ai fini del presente testo unico si intende per: (...) f) certificato: il documento rilasciato da una amministrazione pubblica avente funzione di ricognizione, riproduzione o partecipazione a terzi di stati, qualità personali e fatti contenuti in albi, elenchi o registri pubblici o comunque accertati da soggetti titolari di funzioni pubbliche*".

87) D. D.P.R. 445/2000, art. 76, comma 1: "*Chiunque rilascia dichiarazioni mendaci, forma atti falsi o ne fa uso nei casi previsti dal presente testo unico è punito ai sensi del codice penale e delle leggi speciali in materia*".

88) C. D.Lgs. 165/2001, art. 55, commi 1 e 2:
"*1. Le disposizioni del presente articolo e di quelli seguenti, fino all'articolo 55-octies, costituiscono norme imperative (...). La violazione dolosa o colposa delle suddette disposizioni costituisce illecito disciplinare in capo ai dipendenti preposti alla loro applicazione.*
2. Ferma la disciplina in materia di responsabilità civile, amministrativa, penale e contabile, ai rapporti di lavoro di cui al comma 1 si applica l'articolo 2106 del codice civile".

89) D. D.P.R. 16 aprile 2013, n. 62, "*Regolamento recante codice di comportamento dei dipendenti pubblici, a norma dell'articolo 54 del decreto legislativo 30 marzo 2001, n. 165*".

90) A. D.P.R. 445/2000, art. 76, comma 3: "*Le dichiarazioni sostitutive rese ai sensi degli articoli 46 e 47 e le dichiarazioni rese per conto delle persone indicate nell'articolo 4, comma 2, sono considerate come fatte a pubblico ufficiale*".

91) A. D.P.R. 445/2000, art. 40, comma 1: "*Le certificazioni rilasciate dalla pubblica amministrazione in ordine a stati, qualità personali e fatti sono valide e utilizzabili solo nei rapporti tra privati*".

92) C. D.P.R. 445/2000, art. 74, comma 1: "*Costituisce violazione dei doveri d'ufficio la mancata accettazione delle dichiarazioni sostitutive di certificazione o di atto di notorietà rese a norma delle disposizioni del presente testo unico*".

93) D. D.Lgs. 165/2001, art. 46, c. 1: "*Le pubbliche amministrazioni sono legalmente rappresentate dall'Agenzia per la rappresentanza negoziale delle pubbliche amministrazioni – ARAN, agli effetti della contrattazione collettiva nazionale*".

94) B. D.Lgs. 165/2001, art. 43, c. 1: "*L'ARAN ammette alla contrattazione collettiva nazionale le organizzazioni sindacali che abbiano nel comparto o nell'area una rappresentatività non inferiore al 5 per cento, considerando a tal fine la media tra il dato associativo e il dato elettorale. Il dato associativo è espresso dalla percentuale delle deleghe per il versamento dei contributi* *sindacali rispetto al totale delle deleghe rilasciate nell'ambito considerato. Il dato elettorale è espresso dalla percentuale dei voti ottenuti nelle elezioni delle rappresentanze unitarie del personale, rispetto al totale dei voti espressi nell'ambito considerato*".

95) A. D.Lgs. n. 165/2001, art. 42, c. 4: "*Con appositi accordi o contratti collettivi nazionali, tra l'ARAN e le confederazioni o organizzazioni sindacali rappresentative ai sensi dell'articolo 43, sono definite la composizione dell'organismo di rappresentanza unitaria del personale e le specifiche modalità delle elezioni, prevedendo in ogni caso il voto segreto, il metodo proporzionale e il periodico rinnovo, con esclusione della prorogabilità*".
Circ. ARAN n. 0027487/2011 del 22 dicembre 2011, lett. b), par. 7: "Hanno diritto all'elettorato attivo (diritto di voto): (...) c) nel comparto scuola, i dipendenti a tempo determinato con contratto di incarico o supplenza annuale ovvero con incarico almeno fino al termine delle attività didattiche".

96) C. CCNL Comparto "Istruzione e Ricerca" 2018, art. 22, comma 2: "*La contrattazione integrativa per il settore scuola si svolge: (...)*
c) a livello di istituzione scolastica, tra il dirigente scolastico e la RSU e i rappresentanti delle organizzazioni sindacali firmatarie del presente CCNL, che costituiscono la parte sindacale".

97) A. CCNL 29 maggio 1999, art. 3, c. 3: "*In occasione di ogni sciopero, i dirigenti scolastici inviteranno in forma scritta il personale a rendere comunicazione volontaria circa l'adesione allo sciopero entro il decimo giorno dalla comunicazione della proclamazione dello sciopero oppure entro il quinto, qualora lo sciopero sia proclamato per più comparti. Decorso tale termine, sulla base dei dati conoscitivi disponibili i dirigenti scolastici valuteranno l'entità della riduzione del servizio scolastico e, almeno cinque giorni prima dell'effettuazione dello sciopero, comunicheranno le modalità di funzionamento o la sospensione del servizio alle famiglie, nonché al dirigente dell'ufficio territoriale competente*".

98) B. CCNL 2006-2009, art. 29, c. 2: "*Tra gli adempimenti individuali dovuti rientrano le attività relative: a) alla preparazione delle lezioni e delle esercitazioni; b) alla correzione degli elaborati; c) ai rapporti individuali con le famiglie*".

99) D. CCNL del comparto "Scuola" 2006-2009, art. 64, c. 5: "*Gli insegnanti hanno diritto alla fruizione di cinque giorni nel corso dell'anno scolastico per la partecipazione a iniziative di formazione con l'esonero dal servizio e con sostituzione ai sensi della normativa sulle supplenze brevi*".

100) C. CCNL del comparto "Scuola" 2006-2009, art. 28, comma 8: "*Per quanto attiene la riduzione dell'ora di lezione per cause di forza maggiore determinate da motivi estranei alla didattica, la materia resta regolata dalle circolari ministeriali n. 243 del 22.9.1979 e n.192 del 3.7.1980 nonché dalle ulteriori circolari in materia che le hanno confermate. La relativa delibera è assunta dal consiglio di circolo o d'istituto*".
La C.M. n. 243 (prot. n. 1695) del 22 settembre 1979 dettaglia le circostanze organizzative dalle quali scaturiscono le "cause di forza maggiore" con conseguente esonero per i docenti dall'adempimento integrale dei loro obblighi contrattuali e, per gli studenti, dalla integrale fruizione del loro diritto-dovere al tempo-scuola: "(...)

a) nei giorni della settimana nei quali l'orario delle lezioni è contenuto in quattro ore, è tassativamente vietata qualsiasi riduzione della durata oraria, che dunque resta determinata in sessanta minuti;
b) nei giorni della settimana nei quali l'orario delle lezioni è di cinque ore, le riduzioni suscettibili di autorizzazione devono riferirsi solo alla prima o alla ultima ora; soltanto eccezionalmente possono riferirsi alla prima e alla ultim'ora;
c) nei giorni della settimana nei quali l'orario delle lezioni è di sei ore, l'autorizzazione alla riduzione può riferirsi alla prima e alla ultima ora di lezione ed eccezionalmente anche alla penultima ora;
d) nei giorni della settimana nei quali l'orario delle lezioni è di sette ore, la riduzione può riferirsi alle prime due e alle ultime tre ore.
La riduzione dell'ora di lezione non dovrà in nessun caso superare i dieci minuti; essa dovrà riferirsi solo alle classi in cui sia necessaria senza assumere carattere generalizzato per l'intera scuola o istituto.
Non è configurabile alcun obbligo per i docenti di recuperare le frazioni orarie oggetto di riduzione".

101) A. CCNL del comparto "Scuola" 2006-20092006-2009, art. 39, c. 8: "*Il personale con rapporto di lavoro a tempo parziale è escluso dalle attività aggiuntive di insegnamento aventi carattere continuativo; né può fruire di benefici che comunque comportino riduzioni dell'orario di lavoro, salvo quelle previste dalla legge*".

102) C. CCNL del comparto "Scuola" 2006-2009, art. 28, comma 4, secondo periodo: "*Prima dell'inizio delle lezioni, il dirigente scolastico predispone (...) il piano annuale delle attività e i conseguenti impegni del personale docente (...) che possono prevedere attività aggiuntive. Il piano, comprensivo degli impegni di lavoro, è deliberato dal collegio dei docenti nel quadro della programmazione dell'azione didattico-educativa (...)*".

Parte Terza

Lingua inglese

SOMMARIO

Sezione I
Grammatica

Questionario 1
Il verbo

1) Choose the correct answer to this question. "Hasn't Henry got your e-mail address?".
A. No, he hadn't
B. No, he hasn't
C. No, he hasn't got
D. No, he doesn't

2) Fill in the blank. "Mark and Joe … squash together two or three times a week".
A. play
B. are playing
C. played
D. were playing

3) Fill in the blank. "I'm quite lazy, so I … much at weekends".
A. don't do
B. can't do
C. wasn't doing
D. 'm not doing

4) Choose the correct sentence.
A. Who Katie plays tennis with?
B. Who does play tennis with Katie?
C. Who plays tennis with Katie?
D. Who play tennis with Katie?

5) Choose the correct sentence.
A. Why does she want to stay at home?
B. Why wants she to stay home?
C. Why is she wanting to stay home?
D. Why she wants to stay home?

6) Choose the correct answer to this question. "Does she like her job?".
A. Yes, she likes
B. Yes she does
C. She would like to be a dancer
D. No she don't

7) Choose the correct sentence.
A. Jamie is metting the boss after lunch
B. Jamie meets the boss after lunch
C. Jamie is meeting the boss after lunch
D. Jamie meet the boss after lunch

8) Choose the correct sentence.
A. Why don't you come with me?
B. Why do not come with me?
C. Why you not come with me?
D. Why do you not caming with me?

9) Fill in the blank. "Ben … very cooperative at the moment".
A. isn't
B. isn't being
C. doesn't be
D. not is

10) Fill in the blank. "I wonder who … ; do you know that man?".
A. Beth is talking
B. is talking Beth
C. Beth is talking to
D. is Beth talking to

11) Fill in the blank. "Why … some plants for our flat?".
A. don't we get
B. we don't get
C. don't get we
D. we not get

12) Choose the correct answer to this question. "Is Mark coming to the cinema with us tonight?".
A. I not think so
B. I'm thinking so
C. I don't think so
D. I think yes

13) Fill in the blank. "Sam and Anna … in love when they met at a party".
A. fell
B. fall
C. fallen

D. did fall

14) Fill in the blank. "Mr and Mrs Elnan … to France last week".
A. went
B. leaved
C. have gone
D. arrived

15) Fill in the blank. "Sorry, I … you were here".
A. wasn't realizing
B. didn't realize
C. don't realized
D. not realized

16) Fill in the blank. "I … our hotel room. Can I change it?".
A. don't like
B. 'm not liking it
C. not like
D. didn't like

17) Choose the correct answer to this question. "Has Sarah gone into town?".
A. Yes, she has
B. Yes, she has gone
C. Yes, she has been
D. Yes, she gone

18) Choose the correct sentence.
A. Where you grew up?
B. Where did grow up you?
C. Where did you grow up?
D. Where you did grow up?

19) Fill in the blank. "My sister … with me for a few days".
A. has been
B. came
C. has been being
D. has came

20) Fill in the blank. "The thief … from the police when he ran into the forest".
A. run away
B. got away
C. got on
D. getaway

21) Fill in the blank. " … ready? I'm waiting for him!".
A. Be he
B. Is he

C. Does he
D. Does he is

22) Fill in the blank. "I … stop smoking".
A. go
B. will go to
C. am going to
D. no

23) Fill in the blank. "Do you think it … tomorrow?".
A. rains
B. will rain
C. is raining
D. did rain

24) Fill in the blank. "She is studying now and she … go out".
A. doesn't must
B. cannot
C. doesn't can
D. can

25) Complete the following sentence. "You were born in Italy, … ?".
A. don't you
B. aren't you
C. weren't you
D. did you

26) Fill in the blank. "I … to fly kites when I was young".
A. was used
B. use to
C. used
D. using

27) Fill in the blank. "John is studying at the moment. … disturb him!".
A. You mustn't
B. Doesn't
C. You don't have to
D. You needn't

28) Fill in the blank. "Susie … here on holiday last month".
A. goes
B. has came
C. has come
D. came

29) Fill in the blank. "I … afraid it is too expensive".
A. is

B. have
C. be
D. am

30) Fill in the blank. "The war reporter … injured in an explosion".
A. just has been
B. has just been
C. has been just
D. is just been

31) Fill in the blank. "Sheila … when I entered the room".
A. isn't sleeping
B. slept
C. wasn't sleeping
D. yet sleeping

32) Fill in the blank. "The book I'm reading … Henry Fielding".
A. wrote
B. was written from
C. was wrote by
D. was written by

33) Fill in the blank. "My brother … getting up late in the morning".
A. likes
B. is liking
C. likes to
D. likes going to

34) Fill in the blank. "Two years ago we … leave our job".
A. had to
B. have to
C. musted
D. can't

35) Fill in the blank. "Next week we … finish the job".
A. have been able to
B. no be able
C. will be able to
D. able to

36) Complete the following dialogue. "What time will you get to the airport?". "At 7.30. I'll give you a call when I … ".
A. will arrive
B. arrive
C. arrived
D. am been arriving

37) Fill in the blank. "You … eat more: you look so pale".

A. want to
B. can
C. would
D. should

38) Fill in the blank. "When … you born?".

A. were
B. are
C. was
D. did

39) Fill in the blank. "Look at those dark clouds: we … a storm in a few minutes".

A. are going to have
B. will have
C. are having
D. have

40) Fill in the blank. "I haven't … Mary since I moved away".

A. seen
B. seed
C. saw
D. see

41) Fill in the blank. "I … any photos of my latest holiday".

A. haven't got
B. don't got
C. don't has
D. have got not

42) Fill in the blank. "That house … in 1970".

A. was built
B. was builded
C. had built
D. has been built

43) Complete the following sentence. "If you heat a metal bar it … ".

A. meets
B. grows
C. expands
D. stretches

44) Fill in the blanks. "She's an old friend; I … her … year".

A. 've known; for
B. know; for
C. 've known; since
D. know; since

45) Fill in the blank. "She is … the radio now".
A. listen
B. listening to
C. hear
D. listening

46) Fill in the blank. "We … tonight".
A. are go dancing
B. dance
C. are dance
D. are going dancing

47) Fill in the blank. "I … home at eight last night".
A. was walking
B. had walked
C. walked
D. have walked

48) Fill in the blank. "Sandra … that film".
A. has yet seen
B. have already seen
C. was already seen
D. has already seen

49) Fill in the blank. "When … we'll go out".
A. you'll arrive home
B. you arrive home
C. arrive to home
D. are arrived home

50) Complete the following sentence. "She likes … ".
A. windsurfing
B. windsurf
C. do windsurf
D. play windsurf

51) Fill in the blank. "My parents … at home last night".
A. were
B. was
C. did be
D. had

52) Fill in the blank. "She … cards at Christmas".
A. writes always
B. always writes
C. always writing
D. always is write

53) Fill in the blank. “My aunt … a lot of TV”.
A. watches
B. watch
C. watchs
D. watching

54) Fill in the blank. “You … take care of yourself”.
A. should
B. have
C. not
D. don’t can

55) Complete the following sentence. “As soon as the concert is over, we … ”.
A. leave
B. leaving
C. will leave
D. leaved

56) Fill in the blank. “I do wish the doctor … so rude to the patients”.
A. oughtn’t be
B. didn’t be
C. shouldn’t be
D. wouldn’t be

57) Fill in the blank. “When was the last time you … your brother?”.
A. were seeing
B. saw
C. had seen
D. have seen

58) Fill in the blank. “If she loses her job, she … be able to pay her rent”.
A. didn’t
B. would not
C. won’t
D. can’t

59) Fill in the blank. “I … to your dinner tomorrow night; I’ve got to do some research”.
A. won’t coming
B. have not to come
C. won’t be coming
D. am not go to come

60) Fill in the blank. “By the time I arrive in Paris, my sister … there for two weeks”.
A. is
B. would be
C. will be

D. will have been

61) Complete the following sentence. “The nurse is tired of asking the patient … ”.
A. not to smoke
B. don’t smoke
C. to not smoke
D. not smoking

62) Fill in the blank. “If I … about her earlier I would have told you”.
A. heard
B. would know
C. had known
D. knew

63) Complete the following sentencc. “My old car is always … ”.
A. breaking down
B. broken down
C. break down
D. breaking up

64) Fill in the blank. “James didn’t see Helen at the party, so he … the conclusion she wasn’t there”.
A. reached for
B. decided on
C. decided
D. came to

65) Fill in the blank. “Jack the Ripper is said … the vital organs from some of his victims”.
A. to have extracted
B. to amputate
C. to having removed
D. to extract

66) Replace the words in square brackets with the correct ones. “Yesterday I was alone, because my girlfriend [is been studying for all the afternoon]”.
A. studied for all the afternoon
B. was been studying since all the afternoon
C. has studied for all the afternoon
D. had been studying for all the afternoon

67) Fill in the blank. “How long … been playing the double-bass?”.
A. have you
B. did you
C. can you
D. should you

68) Fill in the blank. "I knocked at the door but nobody answered. John … there".
A. must have been
B. can't have been
C. can be
D. will have been

69) Fill in the blank. "You … write on the walls".
A. mustn't
B. don't have to
C. needn't
D. don't need

70) Fill in the blank. "My father wants my sister … harder".
A. to study
B. study
C. studies
D. studyes

Risposte commentate
Il verbo

1) B. *No, he hasn't.* La forma negativa di *has* è *hasn't.*
Il presente del verbo avere (*to have*) ha due uscite: *has* (alla 3ª persona singolare) e *have* (a tutte le altre):

- forma affermativa: soggetto + verbo avere [*have* alla 1ª e alla 2ª persona singolare; alla 1ª, 2ª e 3ª persona plurale; *has* alla 3ª persona singolare] + *got*;
- forma negativa: soggetto + verbo avere (*have/has*) + *not* + *got*;
- forma interrogativa: verbo avere (*have/has*) + soggetto + *got* + ?;
- forma interro-negativa: verbo avere (*have/has*) + soggetto + *not* + *got* + ?.

Nelle risposte brevi si omette *got* (*Yes, he has/ No, he hasn't*).

2) A. *Mark and Joe play squash together two or three times a week.* Il *present continuous*, usato nella risposta B, viene utilizzato per azioni in corso di svolgimento, temporanee o azioni future precedentemente programmate. Il passato della C e della D non è adatto a questo tipo di frase.
Il *present simple* si costruisce così:

- forma affermativa: soggetto + verbo [alla 3ª persona singolare si aggiunge una -s; si aggiunge -es se il verbo termina per -s, -ss, -sh, -ch, -x, -o, -z; se il verbo termina in -y preceduta da vocale si aggiunge una -s, se termina in -y preceduta da consonante, la -y si trasforma in -i e poi si aggiunge -es];
- forma negativa: soggetto + *do/does* + *not* + verbo (infinito senza *to*);
- forma interrogativa: *do/does* + soggetto + verbo (infinito senza *to*) + ?;
- forma interro-negativa: *do/does* + *not* + soggetto + verbo (infinito senza *to*) + ?.

Il *present simple* viene usato per descrivere un fatto abituale, un'abitudine o un'azione ripetuta con regolarità, per esternare stati d'animo, pareri, opinioni e idee. Viene utilizzato anche per raccontare un film o una storia (presente narrativo).

3) A. *I'm quite lazy, so I don't do much at the weekend.* Si tratta di un'azione o un fatto abituale, quindi la B è sbagliata perché usa il verbo *can* che indica abilità. La C usa il *past continuous* e questa è un'azione presente, non passata. La risposta D è sbagliata perché si tratta di un'azione abituale per cui si deve utilizzare il *present simple*, non il *present continuous*.

4) C. *Who plays tennis with Katie?* Questo è un esempio di interrogativa senza ausiliare. Le altre opzioni sono sbagliate per l'ordine delle parole nella frase interrogativa e, nella B, per la presenza dell'ausiliare. Le interrogative senza l'ausiliare sono possibili quando il pronome interrogativo è soggetto dell'interrogativa stessa.

5) A. *Why does she want to stay at home?* In inglese esistono due forme per ottenere delle interrogative. ASI (ausiliare-soggetto-infinito) e QUASI [*question word* (pronome interrogativo)-ausiliare-soggetto-verbo]. Le risposta B e D ignorano questa regola, la

C usa il presente progressivo per *want* che appartiene a quel gruppo di verbi definiti *state verbs* che non vanno mai nella forma progressiva.

6) B. *Does she like her job? Yes she does.* In inglese, nella risposta cosiddetta breve, non si può rispondere semplicemente "sì" oppure "no", ma è necessario farli seguire dall'ausiliare che deve essere nella stessa forma della domanda.

7) C. *Jamie is meeting the boss after lunch.* Quando si utilizza il futuro programmato, non si usa il presente semplice, ma il presente progressivo.
Il presente progressivo si forma così:
- affermativa: soggetto + verbo essere [*am* alla 1ª persona singolare; *are* alla 2ª persona singolare, alla 1ª, 2ª e 3ª persona plurale; *is* alla 3ª persona singolare (maschile, femminile e neutro)] + verbo in *-ing*;
- negativa: soggetto + verbo essere (*am/are/is*) + *not* + verbo in *-ing*;
- interrogativa: verbo essere (*am/are/is*) + soggetto + verbo in *-ing* + ?;
- interro-negativa: verbo essere (*am/are/is*) + soggetto + *not* + + verbo in *-ing* + ?.

Il presente progressivo viene usato per indicare un'azione in fase di svolgimento (per esempio, *Where are you going? I'm going home,* "Dove stai andando?". "Sto andando a casa"), un'azione che si svolge in un periodo di tempo limitato (per esempio, *She is doing Yoga this month,* "Sta facendo yoga questo mese") e per il cosiddetto futuro programmato (per esempio, *What are you doing after the class? I'm going to the gym,* "Cosa fai dopo la lezione?". "Vado in palestra"). Se si frappone *always* tra il verbo essere e il gerundio, si vuole sottolineare disappunto, da parte di chi parla, verso qualcosa che accade abitualmente (per esempio, *You are always telling lies,* "Mi racconti sempre bugie").

8) A. *Why don't you come with me?* Per ottenere una interro-negativa in inglese è necessario applicare sempre la regola dell'ASI e del QUASI già menzionata nella risposta 5, ma mettendo l'ausiliare nella forma negativa. Le altre risposte sono tutte sbagliate perché non seguono la regola e l'ultima perché usa il *do* seguito dalla forma progressiva.

9) A. *Ben isn't cooperative at the moment.* L'uso di un'espressione di tempo come *at the moment* può indurre ad utilizzare una forma progressiva. Tuttavia, in inglese, esistono alcuni verbi che non vanno mai usati nella forma progressiva e che sono chiamati "verbi di stato" (*state verbs*). Tra questi, oltre al verbo *to be,* ci sono: *to have* (quando significa possesso), *to want* (volere), *to need* (aver bisogno), *to like* (piacere), *to love* (amare), *to hate* (odiare). Gli *state verbs,* in genere, si contrappongono ai *dynamic verbs.* Tuttavia, alcuni verbi possono assumere sia lo stato di *state* sia di *dynamic* a seconda del contesto (e, quindi, trovarsi in forma progressiva).

10) C. *I wonder who Beth is talking to; do you know that man?* Questo è un esempio di interrogativa indiretta, quella, cioè, in cui non è presente un punto interrogativo e, di solito, è introdotta da uno dei seguenti verbi: *to ask, to wonder, to want to know.*

11) A. *Why don't we get some plants for our flat?* La risposta B è sbagliata perché mette prima il soggetto e poi l'ausiliare. La C è sbagliata perché mette il soggetto alla fine. La D è una forma inesistente poiché costruisce una negativa senza l'ausiliare.

12) C. *Is Mark coming to the cinema with us tonight? I don't think so.* Questa forma viene utilizzata per esprimere un parere nei confronti di qualcosa. Tra le espressioni che indicano *agreement* troviamo: *I hope so, it may be, I'm sure he will.* Fra quelle che esprimono *disagreement* invece: *I disagree, I don't think so.*

13) A. *Sam and Anna fell in love when they met at the party.* La B è sbagliata perché utilizza il presente e la D perché la forma passata non si ottiene anteponendo il *did* al verbo nella forma base.
Il *past simple* si costruisce in questo modo:

- forma affermativa: soggetto + verbo al passato;
- forma negativa: soggetto + *did* + *not* + verbo (infinito senza *to*);
- forma interrogativa: *did* + soggetto + verbo (infinito senza *to*) + ?;
- forma interro-negativa: *did* + *not* + soggetto + verbo (infinito senza *to*) + ?.

Non esiste alcuna regola per formare il *simple past* dei verbi irregolari: vanno semplicemente imparati a memoria.
Il *simple past* viene utilizzato per parlare di un evento passato, di un fatto trascorso del tutto e che non ha più nessun rapporto con il presente. Equivale al passato prossimo, all'imperfetto e al passato remoto.

14) A. *Mr and Mrs Elnan went to France last week.* La B è sbagliata perché usa il verbo *to leave* in forma regolare ma il passato di *to leave* è *left.* La C è sbagliata perché usa il *present perfect,* un tempo verbale che indica un'azione che, pur essendosi svolta nel passato, ha ancora qualche rapporto con il presente e il tempo di quando si è svolta l'azione non è espresso (non specifichiamo "quando", contrariamente a qui: *last week*). La D è sbagliata perché il verbo *to arrive* regge le preposizioni *in* oppure *at.*

15) B. *Sorry, I didn't realize you were here.* La A non è corretta perché usa il *past continuous.* Il verbo *to realize* appartiene ai verbi di stato che non possono essere usati nella forma continua. La C è sbagliata perché utilizza un ausiliare al presente con un verbo al passato. L'ultima è completamente sbagliata per l'assenza dell'ausiliare nella forma negativa.

16) A. *I don't like our hotel room. Can I change it?* La B è sbagliata perché usa una forma progressiva con un verbo di stato. La C usa una forma negativa senza l'ausiliare, e la D usa una forma passata non adatta al contesto.

17) A. *Has Sarah gone into town? Yes, she has.* La B è sbagliata perché utilizza anche il verbo principale nella risposta breve, la qual cosa viene ripetuta anche dalla C. La D è del tutto sbagliata.

18) C. *Where did you grow up?* Per formare un'interrogativa è necessario applicare la formula dell'ASI e del QUASI.

19) A. *My sister has been with me for a few days.* La B è sbagliata perché usa il passato per un'azione ancora in corso. La C è sbagliata perché usa un *present perfect continuous* con il verbo essere e ciò non è possibile poiché il verbo essere appartiene ai verbi di stato. La D è sbagliata perché *came* è passato e non participio passato (*come*) che deve essere utilizzato con il *present perfect* (*has/have* + participio passato).

20) B. *The thief got away from the police when he ran into the forest.* La A è sbagliata perché il verbo *run* è al presente o al participio passato e non al passato. La C è sbagliata perché *get on* significa salire. L'ultima è frutto di fantasia.

21) B. *Is he ready? I'm waiting for him! Is* viene utilizzato per la terza persona singolare, il *does* presente nella C e nella D è completamente sbagliato perché con il verbo essere non è necessario utilizzare altri ausiliari.
Il presente del verbo essere (*to be*) consta di 3 uscite: *am* alla 1ª persona singolare, *is* alla 3ª persona singolare, *are* alla 2ª persona singolare, 1ª, 2ª e 3ª persona plurale.

22) C. *I am going to stop smoking.* Il presente usato nella A e il *no* della D sono completamente sbagliati. Il *will* potrebbe essere usato, ma la forma è sbagliata.
Il futuro con *to be going to* si forma così:
- forma affermativa: soggetto + verbo essere [*am* alla 1ª persona singolare; *are* alla 2ª persona singolare e alla 1ª, 2ª e 3ª persona plurale; *is* alla 3ª persona singolare (maschile, femminile e neutro)] + *going to* + verbo (infinito);
- forma negativa: soggetto + verbo essere (*am/are/is*) + *not* + *going to* + verbo (infinito);
- forma interrogativa: verbo essere (*am/are/is*) + soggetto + *going to* + verbo (infinito) + ?;
- forma interro-negativa: verbo essere (*am/are/is*) + soggetto + *not* + *going to* + verbo (infinito) + ?.

23) B. *Do you think it will rain tomorrow?* Si usa *will* per esprimere previsioni non certe per il futuro, di solito introdotte da espressioni verbali come *think, expect, don't know.*
Il futuro con *will* si forma in questo modo:
- forma affermativa: soggetto + *will* + verbo (infinito senza *to*);
- forma negativa: soggetto + *will* + *not* + verbo (infinito senza *to*);
- forma interrogativa: *will* + soggetto + verbo (infinito senza *to*) + ?;
- forma interro-negativa: *will* + soggetto + *not* + verbo (infinito senza *to*) + ?.

Will alla 1ª persona singolare e plurale può essere sostituito con *shall.* Al negativo *will not* può essere contratto in *won't*, e *shall not* in *shan't.*

24) B. *She is studying now and she cannot go out.* Le ipotesi A e C sono grammaticalmente scorrette. La D modificherebbe il significato della frase, rendendo affermativa una frase che, invece, è negativa (ora sta studiando e *non può* uscire).
Le frasi con il verbo modale *can* (che indica "sapere", nel senso di saper fare qualcosa; avere la possibilità di; "potere", quando si chiede il permesso di fare qualcosa o per dire ciò che non è consentito fare; e che, inoltre, si utilizza con i verbi di percezione) si formano così:
- forma affermativa: soggetto + *can* (uguale per tutte le persone);
- forma negativa: soggetto + *can* + *not*;
- forma interrogativa: *can* + soggetto + ?;
- forma interro-negativa: *can* + soggetto + *not* + ?.

25) C. *You were born in Italy, weren't you?* Qui ci troviamo in presenza di una *question tag.* Le *question tags* sono domande brevi poste alla fine di una frase affermativa o negativa e hanno la funzione di rafforzare ciò che si è detto ("vero?", "non è vero?", o per chiedere conferma di un'affermazione). In inglese, se la frase è affermativa - come in questo caso - la *question tag* va messa in forma negativa, e viceversa. Per costruire le *question tags* bisogna ripetere l'ausiliare e il pronome personale corrispondente al soggetto stesso, chiaramente in forma interrogativa o interro-negativa.

26) C. *I used to fly kites when I was young.* La A esprime un'abitudine, non qualcosa che si faceva nel passato e che adesso non si fa più. La B e la D hanno entrambe errori di forma.
Used to è un'espressione che viene utilizzata per indicare un'azione o condizione abituale nel passato, e traduce la frase italiana "ero solito" + infinito (per esempio, *I used to eat a lot of sweets,* "Ero solito mangiare molti dolci"). Se si utilizza la forma soggetto + *be* + *used to* + verbo in *-ing,* si vuole sottolineare l'abitudine di una certa azione, la consuetudine di una data attività.

27) A. *John is studying at the moment. You mustn't disturb him!* Le opzioni C e D indicano un'assenza di necessità non un divieto, come in questo caso.
Must e *have (got) to* indicano entrambi un dovere. *Must* si usa per esprimere un comando diretto, una proibizione, un obbligo, una regola o una deduzione affermativa. Significa, dunque, la necessità o l'obbligo di fare qualcosa. Nella forma negativa - come in questo caso - ha il significato di proibizione. Nella forma affermativa, l'uso di *must* può essere intercambiabile con il presente di *to have to.* Tuttavia, *must* e *to have to,* alla forma negativa, assumono significati totalmente diversi, perché *mustn't* indica proibizione o regola.

28) D. *Susie came here on holiday last month.* Le prime due opzioni sono completamente sbagliate, la terza potrebbe essere usata qualora non ci fosse l'elemento temporale *last month,* che ci obbliga ad usare il *simple past,* trattandosi di un'azione passata finita.

29) D. *I am afraid it is too expensive.* In questa frase vanno sottolineati gli usi particolari del verbo essere. Alcune espressioni che in italiano vengono espresse con il verbo avere, in inglese richiedono il verbo essere. Per esempio, avere caldo (*to be hot*), avere freddo (*to be cold*), *to be afraid* (aver paura, temere).

30) B. *The war reporter has just been injured in an explosion.* Nella A e nella C è sbagliata la posizione dell'avverbio *just* all'interno della frase. L'ultima è completamente sbagliata.
Il *present perfect* si costruisce in questo modo:

- forma affermativa: soggetto + verbo avere (*have* alla 1ª e alla 2ª persona singolare; alla 1ª, 2ª e 3ª persona plurale; *has* alla 3ª persona singolare) + participio passato;
- forma negativa: soggetto + verbo avere (*have/has*) + *not* + participio passato;
- forma interrogativa: verbo avere (*have/has*) + soggetto + participio passato + ?;
- forma interro-negativa: verbo avere (*have/has*) + soggetto + *not* + participio passato + ?.

Si usa il *present perfect* per esprimere azioni capitate di recente (per esempio, *I have just finished,* "Ho appena finito"), un'azione non ancora realizzata (*I haven't done my homework yet,* "Non ho ancora fatto i compiti"), un'azione compiuta in un tempo non ancora terminato (*I have travelled a lot this year,* "Ho viaggiato molto quest'anno"), un'azione rimasta immutata fino al presente (*I have studied Spanish for two years,* "Studio spagnolo da due anni"), un'azione cominciata nel passato e che mantiene ancora qualche tipo di rapporto con il presente (per esempio, *Have you ever been to the UK?*, "Sei mai stato nel Regno Unito?").

31) C. *Sheila wasn't sleeping when I entered the room.* La A è al presente e la frase è al passato. La D è completamente sbagliata.
Il *past continuous* si costruisce in questo modo:
- forma affermativa: soggetto + verbo essere (*was* alla 1ª persona e alla 3ª persona singolare; *were* alla 2ª persona singolare, alla 1ª, 2ª e 3ª persona plurale) + verbo in *-ing*;
- forma negativa: soggetto + verbo essere (*was/were*) + *not* + verbo in *-ing*;
- forma interrogativa: verbo essere (*was/were*) + soggetto + verbo in *-ing* + ?;
- forma interro-negativa: verbo essere (*was/were*) + soggetto + *not* + verbo in *-ing* + ?.

Il *past continuous* viene usato per indicare un'azione in fase di svolgimento in un momento preciso del passato e che è stata interrotta da un'altra azione. In tal caso, viene associato al *simple past*; l'azione lunga è espressa dal *past continuous*, quella breve (che la interrompe) dal *simple past* (così come nella frase succitata).

32) D. *The book I'm reading was written by Henry Fielding.* La A è sbagliata perché usa il passato ma alla forma attiva. Mentre la B e la C sono sbagliate nella forma.
La forma passiva in inglese si forma con il verbo *to be* + il participio passato. Il complemento d'agente viene introdotto da *by*. La forma passiva può essere costruita anche con il verbo *to get*, al posto di *to be*, per mettere in evidenza il passaggio da una condizione a un'altra.

33) A. *My brother likes getting up late in the morning.* La B è sbagliata perché non esiste la forma progressiva per i verbi di stato. La C e la D sono errate anche per la presenza della preposizione *to*.
Esistono in inglese alcuni verbi che non possono essere usati nella forma progressiva e che vengono chiamati "verbi di stato" (*state verbs*). Alcuni di essi sono: *to believe* (credere), *to forget* (dimenticare), *to think* (pensare), *to have* (possedere), *to be* (essere), *to know* (conoscere), *to like* (piacere).

34) A. *Two years ago we had to leave our job.* La B e la D sono al presente. Mentre la C usa una forma che non esiste. Il passato di *must* è sempre *had to*. Infatti, *must* è la forma del *simple present* ed è l'unica forma di questo verbo modale. *To have* + infinito è la forma sostitutiva utilizzata per tutti i tempi verbali di cui *must* manca.

35) C. *Next week we will be able to finish the job.* La A usa una forma di tempo verbale che non si accorda con il senso della frase, posta al futuro. La B e la D sono sbagliate nella struttura.
Il presente indicativo e il condizionale del verbo "potere" vengono espressi in inglese con *can* e *could*. Per gli altri tempi, si usa il verbo *to be able to* (sapere, riuscire, essere in grado) + infinito che, tuttavia, può essere usato anche al presente.

36) B. *What time will you get to the airport? At 7.30. I'll give you a call when I arrive.* La A è sbagliata poiché, stando alla regola delle preposizioni temporali, non si utilizza il verbo al futuro dopo le espressioni di tempo; la C è sbagliata perché utilizza il passato. In inglese, le *time clauses* (preposizioni di tempo) sono introdotte da congiunzioni come *after, as soon as, before, until, when, whenever, while* o da espressioni temporali. La frase principale va al futuro mentre quella temporale al presente. Per esempio, *As soon as I arrive I'll have something to eat* ("Appena arrivo mangerò qualcosa").

37) D. *You should eat more: you look so pale.* Qui ci troviamo davanti ad un problema di significato. Le opzioni A, B e C potrebbero, da un punto di vista grammaticale, essere valide, ma non lo sono per il significato che danno alla frase.
Should è un verbo modale, come *could, might,* corrispondenti al condizionale presente dei verbi "potere", "dovere". *Should* è usato, in particolar modo, per dare consigli non incisivi, per i quali è preferito *must.*

38) A. *When were you born?* In inglese, quando si chiede l'anno e il luogo di nascita, si usa il passato del verbo essere. La B è al presente, la C e la D sono al passato, ma la C presenta anche un errore di coniugazione, la D è errata per l'uso del *did.*
Il passato del verbo *to be* si costruisce in questo modo:
- forma affermativa: soggetto + verbo essere (*was* alla 1ª persona e alla 3ª persona singolare; *were* alla 2ª persona singolare, alla 1ª, 2ª e 3ª persona plurale);
- forma negativa: soggetto + verbo essere (*was/were*) + *not*;
- forma interrogativa: verbo essere (*was/were*) + soggetto + ?;
- forma interro-negativa: verbo essere (*was/were*) + soggetto + *not* + ?.

39) A. *Look at those dark clouds: we are going to have a storm in a few minutes.* La B e la C sono al futuro ma non sono utilizzate per previsioni certe basate su fatti. La D usa il presente, che è completamente sbagliato.
Il futuro con *to be going to* si forma così:
- forma affermativa: soggetto + verbo essere [*am* alla 1ª persona singolare; *are* alla 2ª persona singolare, alla 1ª, 2ª e 3ª persona plurale; *is* alla 3ª persona singolare (maschile, femminile e neutro)] + *going to* + verbo (infinito);
- forma negativa: soggetto + verbo essere (*am/are/is*) + *not* + *going to* + verbo (infinito);
- forma interrogativa: verbo essere (*am/are/is*) + soggetto + *going to* + verbo (infinito) + ?;
- forma interro-negativa: verbo essere (*am/are/is*) + soggetto + *not* + *going to* + verbo (infinito) + ?.

Viene utilizzato per un futuro intenzionale, e per esprimere congetture e previsioni (per esempio, *Look! It's going to rain!*, "Guarda! Sta per piovere!").

40) A. *I haven't seen Mary since I moved away.* La B non esiste come forma. La C e la D sono rispettivamente il passato e il presente del verbo vedere mentre, per formare il *present perfect,* è necessario il participio passato.
Il *present perfect* si forma in tal modo:
- forma affermativa: soggetto + verbo avere [*have* alla 1ª e alla 2ª persona singolare; alla 1ª, 2ª e 3ª persona plurale; *has* alla 3ª persona singolare] + participio passato;
- forma negativa: soggetto + verbo avere (*have/has*) + *not* + participio passato;
- forma interrogativa: verbo avere (*have/has*) + soggetto + participio passato + ?;
- forma interro-negativa: verbo avere (*have/has*) + soggetto + *not* + participio passato + ?.

In italiano, nella formazione dei tempi composti attivi, si usano i verbi ausiliari *essere* e *avere*, in inglese solo il verbo *avere*.

41) A. *I haven't got any photos of my latest holiday.* La forma *don't got* è pura fantasia come pure *don't has.* La D è sbagliata a causa della posizione del *got.*

42) A. *That house was built in 1970.* La B è sbagliata perché usa il verbo costruire come se fosse un verbo regolare, la C e D utilizzano tempi sbagliati.

43) C. *If you heat a metal bar it expands.* Le altre ipotesi sono sbagliate per un uso improprio dei termini. Qui ci troviamo davanti ad un esempio di condizionale. Esso si forma utilizzando il presente sia nella principale sia nella secondaria.

44) A. *She's an old friend; I've known her for years.* La A è corretta non solo perché usa il *present perfect* ma perché lo mette in correlazione al *for.* L'uso di *since e for* dipende dall'espressione di tempo che segue. *For* indica tempo continuato; *since* indica tempo determinato.

45) B. *She is listening to the radio now.* La A è scorretta perché in questa frase occorre il *present continuous* per la presenza del *now.* Le altre forme sono inesistenti.

46) D. *We are going dancing tonight.* Il presente semplice (B) può essere usato per il futuro ma solo quando c'è una correlazione con orari e calendari prestabiliti. Parlando di un'azione futura precedentemente programmata, dobbiamo usare il *present continuous.*

47) A. *I was walking home at eight last night.* Nelle varie opzioni ci sono diversi passati ma in questa frase il *past continuous* è il più adatto poiché parliamo di un'azione svoltasi in un momento specifico nel passato.

48) D. *Sandra has already seen that film.* La B è sbagliata perché usa *have* invece di *has.* La C è sbagliata per l'uso del *was* con il *present perfect.* La A è sbagliata a causa dell'avverbio *yet.*

49) B. *When you arrive home we'll go out.* Ci troviamo qui davanti ad un esempio di *time clause,* cioè ad una frase introdotta da una preposizione di tempo. Dunque, il verbo della proposizione principale va al futuro con *will* e quello della subordinata richiede il *simple present.*

50) A. *She likes windsurfing. Like* può essere seguito da un verbo alla forma in *-ing* quando si parla di un'azione in senso generale. La C e la D sono sbagliate perché con *winsurfing* si usa *go.*

51) A. *My parents were at home last night.* La B è sbagliata perché usa il *was* e non il *were.* Le altre sono, rispettivamente, il passato di *to do* e di *to have.*

52) B. *She always writes cards at Christmas.* Qui abbiamo un avverbio di frequenza. Gli avverbi di frequenza sono: *always, usually, often, sometimes, hardly ever, never.* Essi precedono il verbo principale ma se questo è il verbo "essere", lo seguono. Per esempio, *I am often late for school* ("Faccio spesso tardi a scuola").

53) A. *My aunt watches a lot of TV.* La B è sbagliata perché manca la *s* della terza persona singolare, la C è sbagliata perché il verbo, terminando in *ch,* aggiunge *es* non soltanto *s.*

54) A. *You should take care of yourself.* Le altre opzioni sono sbagliate, perché nella frase si intendeva dare un consiglio e *should* è appunto il verbo che in inglese viene usato per formulare consiglio, rimprovero e disapprovazione. Esso è un verbo modale e, quindi, difettivo. Non ha altre forme e non richiede ausiliari.

55) C. *As soon as the concert is over we will leave.* La A è sbagliata perché usa il presente, la B è sbagliata perché usa un participio presente. La frase è al futuro; in inglese, come si è visto, nell'esprimere una subordinata introdotta da una congiunzione come *if, when, until, as soon as,* il verbo della proposizione principale va al futuro con *will,* quello della subordinata va al *simple present.*

56) D. *I do wish the doctor wouldn't be so rude to the patients.* La A e la C sono verbi modali ma non sono adatti per il loro significato. La B è completamente sbagliata perché né *did* né nessun altro ausiliare devono essere usati con il verbo *to be.*
Wish + *past simple/ past perfect, would* + *infinitive.*
Wish + passato esprime il desiderio che una situazione presente sia diversa da com'è in realtà.
Wish + *past perfect* esprime il desiderio che qualcosa del passato fosse andato diversamente.
Would + infinito esprime il desiderio di cambiare una situazione presente.

57) B. *When was the last time you saw your brother?* La A è sbagliata perché viene usato il passato progressivo che prevede che l'azione sia continua nel passato. La C è sbagliata per l'uso del *past perfect,* un tempo che serve ad evidenziare che un'azione è avvenuta prima di un'altra nel passato. La D usa il *present perfect,* tempo che delinea diverse possibilità ma sicuramente non passate. Il tempo da usare in questa frase è il *past simple.*

58) C. *If she loses her job, she won't be able to pay her rent.* La frase ci offre un esempio di come strutturare un primo condizionale. Esso esprime possibilità e viene utilizzato in questo modo. *If* + presente, *will/ might/ may* + infinito.

59) C. *I won't be coming to your dinner tomorrow night; I've got to do some research.* Le altre risposte sono tutte sbagliate sia nella forma sia nei contenuti. La frase introduce il *future continuous.* Esso si forma: *will* + *be* + *verb* in *-ing form.* Questo tempo viene usato per formulare o chiedere previsioni su che cosa si starà facendo in un determinato momento nel futuro: *This time tomorrow you'll be leaving for the USA* ("A quest'ora domani tu starai partendo per gli Stati Uniti"), oppure per dire che un'azione sarà in corso in un determinato momento nel futuro: *At eight we will be having dinner* ("Alle 8 staremo cenando").

60) D. *By the time I arrive in Paris, my sister will have been there for two weeks.* La B è sbagliata perché usa un condizionale, la C potrebbe essere giusta ma non usa la forma di futuro anteriore (*future perfect*) necessaria in questa frase.
Future perfect: will + have + past participle. Si usa per parlare di un'azione che si sarà conclusa entro un determinato momento nel futuro. Spesso lo troviamo insieme alle espressioni *by the time, before, when.*

61) A. *The nurse is tired of asking the patient not to smoke.* La frase introduce la forma negativa dell'infinito che si forma con *not + to* + forma base. La frase B è negativa e sarebbe stata giusta se ci fosse stato un discorso diretto. Nella C c'è un errore nella posizione del *not.* La D è un esempio di gerundio negativo.

62) C. *If I had known about her earlier I would have told you.* Ci troviamo davanti ad una frase di condizionale di terzo tipo. Nessuna delle altre tre opzioni sarebbe adatta. Il *third conditional* si forma così: *if + past perfect* (*had + past participle*), *would have + past participle.*
Si usa questo condizionale per immaginare cosa sarebbe successo in passato se certe condizioni si fossero verificate. Al posto di *would have* possiamo usare *could have* per esprimere capacità e *might have* per esprimere possibilità.

63) A. *My old car is always breaking down.* La lettera A è giusta perché, benché nella frase ci sia un avverbio di frequenza che di solito denota la presenza del presente semplice, in questa tipologia di frase è necessario il presente progressivo. La compresenza di *always* e del presente progressivo indica che l'azione che sta avvenendo continua da molto tempo e che in qualche modo provoca disappunto in chi sta parlando.

64) D. *James didn't see Helen at the party, so he came to the conclusion she wasn't there.* La A è errata perché significa "raggiungere" ma quello che rende l'opzione sbagliata è la presenza del *for.* La B e la C sono sbagliate perché significano "decidere" e non "arrivare ad una conclusione" che è il significato di *come to the conclusion.*

65) A. *Jack the Ripper is said to have extracted the vital organs from some of his victims.* La B, C e D sono sbagliate perché sono rispettivamente: infinito, gerundio passato e infinito. La frase, invece, utilizza un infinito passato che si ottiene con *have* + infinito.

66) D. *Yesterday I was alone, because my girlfriend had been studying all the afternoon.* Questo è un esempio di *past perfect continuous.* La A è un semplice passato, per cui non ci permette di evidenziare la durata dell'azione e il fatto che fosse successa ancora prima dell'altra. La B è grammaticalmente sbagliata. La C sarebbe stata corretta se come opzioni non ci fosse stata offerta la forma di durata che meglio enfatizza il tempo piuttosto che l'azione.
Il *past perfect continuous* si costruisce in questo modo:
- forma affermativa: soggetto + verbo avere (*had*) + *been* + verbo in *-ing*;
- forma negativa: soggetto + verbo avere (*had*) + *not* + *been* + verbo in *-ing*;
- forma interrogativa: verbo avere (*had*) + soggetto + *been* + verbo in *-ing* + ?;
- forma interro-negativa: verbo avere (*had*) + soggetto + *not* + *been* + verbo in *-ing* + ?.

Viene utilizzato per esprimere attività iniziate nel passato e continuate fino ad un momento del passato (per esempio, *How long had he been working*?, "Da quanto tempo stava lavorando?").

67) A. *How long have you been playing the double-bass?* In questa frase è necessario usare il *present perfect continuous* per evidenziare la durata. Le altre forme non sono adatte a questo tipo di struttura grammaticale.
Il *present perfect continuous* si costruisce così:
- forma affermativa: soggetto + verbo avere (*have/ has*) + *been* + verbo in *-ing*;
- forma negativa: soggetto + verbo avere (*have/ has*) + *not* + *been* + verbo in *-ing*;
- forma interrogativa: verbo avere (*have/ has*) + soggetto + *been* + verbo in *-ing* + ?;
- forma interro-negativa: verbo avere (*have/ has*) + soggetto + *not* + *been* + verbo in *-ing* + ?.

Viene utilizzato per attività iniziate nel passato e continuate fino al tempo presente (per esempio, *How long have you been living in Naples?,* "Da quanto tempo vivi a Napoli?").

68) B. *I knocked at the door but nobody answered. John can't have been there.* Ci troviamo davanti ad un esempio di "modali di deduzione" (*modals of deduction*). La A potrebbe essere possibile ma altererebbe il significato. La C e la D sono completamente sbagliate.
Usiamo *must, can't, may, might e could* più l'infinito senza il *to* per esprimere supposizioni. *He must be American* ("Deve essere Americano"); *She can't be French. She is speaking German* ("Non può essere francese. Sta parlando tedesco"); *Susy may/might/could have a new car. I'm not sure* ("Susy potrebbe avere una macchina nuova. Non ne sono sicuro").

69) A. *You mustn't write on the walls.* Questa frase pone l'accento sulla differenza tra *mustn't* e *don't have to.* Il primo viene usato per i divieti assoluti, mentre il secondo per dire ciò che non è necessario fare.

70) A. *My father wants my sister to study harder.* Questa frase riprende la regola del *want someone to do something,* cioè l'accusativo + infinito con il *to.* Segue la stessa regola anche *would like.* Le altre opzioni sono del tutto sbagliate.

Questionario 2
Nomi, articoli, pronomi e aggettivi

1) Fill in the blank. "The police are looking for ... in his twenties".
A. an unemployed man
B. the unemployed
C. a unemployed man
D. an unemployed men

2) Complete the following sentence. "I can't remember the name of the museum we visited in Madrid. Was it ...?".
A. Museum Prado
B. Prado's Museum
C. The Prado Museum
D. Prado

3) Complete the following sentence. "We normally have four lessons ... ".
A. at week
B. the week
C. in the week
D. a week

4) Fill in the blank. "On his birthday Jason invited ... friends to the cinema".
A. all
B. all his
C. some of
D. some his

5) Fill in the blank. "How much of ... she says is true?".
A. what
B. that
C. which
D. things

6) Fill in the blank. "It is surprising how ... little errors of fact are published by journalists".
A. lots
B. much
C. many
D. few

7) Complete the following sentence. "I don't like the green trousers. I prefer ... ".
A. the blue ones

B. the ones blue
C. the blue
D. those blue

8) Complete the following sentence. "I want you to meet … ".
A. this friend of my
B. this my friend
C. this mine friend
D. this friend of mine

9) Fill in the blank. "I'm … university student in Naples".
A. an
B. the
C. a
D. Nessuna delle opzioni è corretta

10) Fill in the blank. "I can't stand people … don't tell the truth".
A. who
B. whom
C. which
D. where

11) Fill in the blanks. "The family … lives above us is always having parties, … is annoying".
A. who; what
B. who; which
C. whom; which
D. that; what

12) Fill in the blank. "Tracy, … husband is a vet, lives on a farm".
A. whose
B. of whom
C. who
D. her

13) Complete the following sentence. "Do you know … ".
A. whose umbrella this is?
B. the umbrella to whom is?
C. the umbrella whose this is?
D. whose umbrella is this?

14) Fill in the blank. "Has … seen my rubber?".
A. anybody
B. somebody
C. everybody
D. nobody

15) Complete the following sentence. "Would you like something … ?".
A. other
B. more
C. else
D. another

16) Fill in the blank. "Does your family sit down together … day to share a meal?".
A. most
B. some
C. all
D. every

17) Fill in the blank. " … one would you like?"
A. What
B. Which
C. Why
D. How

18) Fill in the blank. "Jane and Bob have grown up. Now … are 16".
A. them
B. they
C. we
D. their

19) Complete the following sentence. "This is … ".
A. the car of James's
B. car's James
C. James's car
D. Jame'ss car

20) Complete the following dialogue. A: "Do we need … cheese from the market?". B: "Yes, can you get a piece of parmesan cheese, please?".
A. a
B. the
C. any
D. few

21) Fill in the blank. "James, I told … not to speak to me like that!".
A. he
B. you
C. your
D. him

22) Fill in the blank. "Sean Connery came in … hotel last year".
A. yours
B. ours
C. all
D. our

23) Complete the following sentence. "He doesn't have time for his many ... ".
A. hobbyes
B. hobbies
C. hobbys
D. hobby

24) Fill in the blank. "I am leaving: I am not staying here ... longer".
A. any
B. few
C. none
D. some

25) Fill in the blank. "He thought it was over and he changed ... mind".
A. him
B. his
C. is
D. the

26) Complete the following dialogue. "... is the station from the school?". "Just 1 km".
A. How much
B. How far
C. How many
D. How long

27) Fill in the blank. "Men and ... were outside".
A. womans
B. woman
C. women
D. wimmen

28) Fill in the blank. "Is ... answering?".
A. anyone
B. everyone
C. each one
D. none

29) Fill in the blank. "I have got two sisters but ... brothers".
A. no
B. none
C. any
D. a little

30) Complete the following sentence. "I took a lot of ...".
A. fotos
B. photoes
C. photos
D. photo

31) Fill in the blank. "I don't think … on this website is correct".
A. the information
B. the informations
C. an information
D. information

32) Fill in the blank. "Do you know … who can speak Spanish?".
A. anyone
B. there is someone
C. if someone
D. if anyone

33) Choose the correct sentence.
A. Don't leave children in the kitchen on themselves
B. Don't leave children in the kitchen on theirs own
C. Don't leave children in the kitchen on them own
D. Don't leave children in the kitchen on their own

34) Choose the correct sentence.
A. Good friend respect them other
B. Good friends respect themselves
C. Good friends respect each other
D. Good friends respect them others

35) Choose the correct reply to this sentence. "We've got a dog".
A. So do we
B. So have we
C. So we have
D. So we've got

36) Fill in the blank. "There are … things I like more than staying in bed late on Sunday".
A. a few
B. few
C. some
D. no

37) Fill in the blank. "There isn't … to finish the game now".
A. little time
B. time enough
C. no time
D. enough time

38) Fill in the blank. "This is the shop … I used to work".
A. where
B. that
C. which
D. whose

39) Complete the following dialogue. "Would you like chocolate cake or ice cream?". "I don't mind. … is fine".
A. Each
B. All
C. Both
D. Either

40) Complete the following sentence. "She asked her doctor … ".
A. some advices
B. an advice
C. for some advice
D. advices

41) Fill in the blank. "Would you like … pasta?".
A. a little of
B. no
C. a few
D. some more

42) Complete the following sentence. "That's the flat … last month".
A. at which Christopher stayed at
B. that Christopher stayed
C. where Christopher stayed
D. which Christopher stayed

43) Fill in the blank. "Obesity can be caused by eating … when you're a child".
A. too much
B. food
C. too many
D. too

44) Choose the alternative which means the same as this sentence. "I didn't see anything strange in the street".
A. It was strange not to see anything in the street
B. The street was not strange
C. There was no stranger in the street
D. I saw nothing strange in the street

45) Fill in the blank. "Alex and Jane are friendly, but … of them likes talking to strangers".
A. neither
B. none
C. either
D. both

46) Fill in the blank. "The test was a disaster because I answered … of the questions".
A. most
B. some

C. a few
D. none

47) Fill in the blank. "Yesterday it was so sunny that we sunbathed … afternoon".
A. every
B. whole
C. all
D. each

48) Complete the following sentence. "Many people are scared by … ".
A. large spiders
B. the large spiders
C. large spider
D. the big spider

49) Fill in the blank. "English children start going … when they're five".
A. to the school
B. to school
C. school
D. to some school

50) Fill in the blank. "School children don't wear … uniform in Italy".
A. an
B. some
C. a
D. the

51) Fill in the blank. "They got … late".
A. to the school
B. to school
C. to a school
D. school

52) Complete the following dialogue. A: "I think class 3 B has some very promising pupils". B: " … ".
A. So they have
B. Neither do I
C. So do I
D. Neither are they

53) Fill in the blank. "Keynes warned in the 1930s that ageing societies with high levels of saving, and not … investment opportunities, face a deflationary nightmare".
A. lots
B. much
C. too much
D. many

54) Fill in the blank. "Does ... agree with the principal's suggestions?".
A. everyone
B. all of you
C. any people
D. all persons

55) Fill in the blank. "My parents gave me ... pocket money when I was a child".
A. very
B. few
C. little
D. too many

56) Fill in the blank. "She doesn't look like ... her father or her mother".
A. either
B. neither
C. or
D. both

57) Fill in the blank. "This jumper is ... big for me".
A. too many
B. too much
C. too
D. much

58) Fill in the blank. "Ann and Peter phone ... every day".
A. them
B. themselves
C. themself
D. each other

59) Fill in the blank. "He has got ... money".
A. much
B. many
C. a lot of
D. very

60) Fill in the blank. "He was wearing ... riding boots".
A. red old Spanish leather
B. old leather red Spanish
C. old red Spanish leather
D. Spanish red old leather

61) Fill in the blanks. "Everyone is hungry. ... all want to have ... breakfast".
A. She; her
B. They; their
C. We; our
D. He; him

62) **Fill in the blank. "It's … … I told the news".**
A. his; whose
B. he; whom
C. him; who
D. he; whose

63) **Complete the following sentence. "If you are not in the sun, you are …"**
A. on the moon
B. in the shade
C. in the shadow
D. at sea

64) **Fill in the blank. "The first thing we need to do is to find … location".**
A. a right
B. a fitful
C. a suitable
D. an adapted

65) **Fill in the blanks. "We have … time but not …"**
A. much; a lot
B. some; much
C. any; a lot
D. a lot; much

66) **Fill in the blank. "… do you like your job?"**
A. What
B. Who
C. Where
D. Why

67) **Fill in the blank. "Angela told me … was said at the meeting".**
A. what
B. which
C. that which
D. that what

68) **Fill in the blank. "My friend Catherine is a journalist. … job is very interesting".**
A. Their
B. His
C. She's
D. Her

69) **Fill in the blanks. "She felt … when she first arrived because she had … to talk to".**
A. lone; no one
B. alone; somebody
C. lonely; anybody
D. lonely; nobody

70) Fill in the blank. "A flashlight is a battery-powered light ... you can carry around with you".

A. an order
B. that
C. so that
D. what

Risposte commentate
Nomi, articoli, pronomi e aggettivi

1) A. *The police are looking for an unemployed man in his twenties.* La B è sbagliata perché usa un articolo determinativo invece di uno indeterminativo. La C è sbagliata perché usa l'articolo *a* anziché *an.* La regola dice che l'articolo *a* viene posto davanti alle parole inizianti per consonante e *an* davanti a quelle inizianti per vocale. Per quanto riguarda la risposta D viene usato un plurale di *man* che è *men* per cui non può essere usato l'articolo singolare.

2) D. *I can't remember the name of the museum we visited in Madrid. Was it Prado?* In inglese, l'uso dell'articolo determinativo *the* segue regole diverse dall'italiano e non sempre viene menzionato all'interno di una frase. La regola prevede che venga utilizzato solo quando si vuole specificare esattamente di cosa si sta parlando facendo riferimento a qualcosa o qualcuno citato in precedenza. Esso traduce il, lo, la, i, gli, le e non ha né genere né numero. Prevede eccezioni e applicazioni particolari a seconda del contesto.

3) D. *We normally have four lessons a week.* Gli avverbi di frequenza rispondono alla domanda *how often*? (Ogni quanto? Con quale frequenza?). Ma a questa domanda rispondono anche le locuzioni iterative. Esse sono: *once* (una volta), *twice* (due volte), *three times* (tre volte), e la parola *every* o avverbi derivati da *hour/day/ month/year.* Per cui, applicando la regola che prevede una locuzione + *a* + *day/week/month/year,* le altre opzioni sono del tutto sbagliate. Infatti, l'articolo *a* in inglese traduce l'italiano "al, allo" con il significato di "ogni": per esempio, *four lessons a week.*

4) B. *On his birthday Jason invited all his friends to the cinema.* La A è sbagliata perché usa *all* senza l'aggettivo possessivo. La C è sbagliata per lo stesso motivo. La D è sbagliata perché manca *of. All* è un quantificatore e viene usato come *every.* Ma mentre e*very* è seguito da un sostantivo singolare, *all* viene seguito da un sostantivo plurale. *All* + un sostantivo singolare cambia significato, per esempio, *Yesterday I studied all day* ("Ieri ho studiato tutto il giorno"). La risposta giusta è la B perché spiega che Jason ha invitato *tutti* i suoi amici al cinema e questa frase necessita dell'aggettivo possessivo.

5) A. *How much of what she says is true?* La B è sbagliata perché introduce il pronome relativo *that* e la stessa cosa fa la C con il pronome relativo *which,* che non possono assumere il significato di cosa e quindi fungere da complemento. La D è sbagliata completamente. Nella frase, *what* sostituisce un sostantivo e acquisisce il valore di complemento. Le funzioni di *what* sono tantissime e di solito esso viene usato nella forma interrogativa.

6) C. *It is surprising how many little errors of fact are published by journalists. Many* è la forma esatta poiché ci troviamo davanti ad un sostantivo plurale numerabile. *Much* sarebbe stato corretto qualora ci fossimo trovati davanti ad un sostantivo non numerabile.

7) A. *I don't like the green trousers. I prefer the blue ones.* Usiamo i dimostrativi *one/ones* per non ripetere un sostantivo singolare o plurale. Di solito non è necessario ripetere *one/ones* dopo *these* e *those* (questi, quelli).

8) D. *I want you to meet this friend of mine.* La B è sbagliata perché usa un aggettivo possessivo. In questa struttura occorre usare invece il pronome possessivo. Essi, per definizione, sottintendono il nome e quindi vengono usati da soli, per esempio, *I haven't got a red pen. Could you lend me yours?* ("Non ho la penna rossa. Potresti prestarmi la tua?"). I pronomi possessivi sono invariabili e non sono mai preceduti dall'articolo.

9) C. *I'm a university student in Naples.* La regola generale prevederebbe che, essendo la *u* una vocale, l'articolo giusto dovrebbe essere *an*. Tuttavia, in inglese, si usa *a* anche quando la parola che segue inizia per il suono "iu" [ju], dato dal dittongo "u" o "eu". Per esempio, *university, European, euro.*

10) A. *I can't stand people who don't tell the truth. Whom* è usato come complemento oggetto, *which* si usa per indicare cosa o cose e animali, *where* per luogo o luoghi. *Who* è invece usato per persona o persone come pronome relativo.

11) B. *The family who lives above us is always having parties, which is annoying.* Le frasi relative determinative forniscono informazioni che sono indispensabili per definire i nomi a cui si riferiscono. In questo tipo di frase *that* è meno frequente. I pronomi relativi soggetto sono: *who, which, that.* I pronomi relativi complemento sono: se riferito a persona *who/whom* (abbastanza raro) / *that*; altrimenti *that* oppure *which.*

12) A. *Tracy, whose husband is a vet, lives on a farm.* Il pronome relativo *whose* (il cui, la cui ecc.) sostituisce *his, her, their.* Si usa per persone o organizzazioni ma non per le cose, per esempio, *This is the band. Their album is in the chart/This is the band whose album is in the chart* ("Questa è la band il cui album è in classifica").

13) D. *Do you know whose umbrella is this? Whose,* oltre ad essere un pronome relativo, viene anche usato come pronome interrogativo e significa "di chi?". Esso può avere due costruzioni: *whose* + oggetto + verbo + pronome dimostrativo, per esempio, *Whose car is this?* ("Di chi è questa macchina?"), oppure *whose* + verbo + pronome dimostrativo + oggetto, per esempio, *Whose is this car?* ("Di chi è questa macchina?").

14) A. *Has anybody seen my rubber?* Nella B viene proposto *somebody* che viene usato nelle affermative. Nella C, *everybody* che significa "tutti". Nella D, *nobody* che è usato nelle negative quando non c'è la negazione nel verbo. In questa frase si intende se vi sia "qualcuno" che abbia visto "qualcosa" (la mia gomma per cancellare) e si deve inserire *anybody,* pronome utilizzato nelle frasi interrogative.

15) C. *Would you like something else?* Dopo i composti di *some, any, no* ed *every* viene usato *else* per esprimere il significato di "qualcun altro", "nient'altro", "ogni altra cosa". L'opzione B indica "di più", la A e la D significano "un'altra" e "altro", ma non vanno usate con queste espressioni.

16) D. *Does your family sit down together every day to share a meal?* Le espressioni *every* e *each* corrispondono a ogni/ciascuno (aggettivo) e spesso possono essere usate sia l'una sia l'altra. *Every* viene spesso utilizzato anche come espressione di frequenza insieme ad espressioni di tempo come *minute/hour/day* ecc.

17) B. *Which one would you like? What* e *which*, rispettivamente, significano "cosa" e "quale", ma il loro uso è abbastanza confuso tanto che talvolta si ha difficoltà a scegliere quello più adatto. *What* di norma si usa quando ci sono diverse risposte possibili, per esempio, *What colour do you like?* ("Che colore ti piace?"); si usa invece *which* quando c'è un numero limitato di risposte, per esempio, *There is a coke and an orange juice. Which one do you want?* ("C'è la coca-cola e l'aranciata. Quale vuoi?").

18) B. *Bob and Jane have grown up. Now they are 16. Them* e *their* sono, rispettivamente, pronome e aggettivo possessivo. *We* è completamente sbagliato rispetto a Bob e Jane.

19) C. *This is James's car.* La prima è sbagliata perché usa una forma che si utilizzerebbe se ci fossero due oggetti, la B e la D sono pura fantasia.
Il genitivo sassone è la forma possessiva del nome: il genitivo, infatti, indica in latino il complemento di specificazione. Il genitivo sassone è una costruzione che serve per esprimere un rapporto di appartenenza, generalmente quando il possessore è una persona o un animale. Si costruisce facilmente apostrofando il possessore, seguito da una *s* ed infine la cosa posseduta: *Peter's car* ("La macchina di Peter"). Se il possessore termina in *s* ed è singolare, la regola è la stessa, *James's brother* ("Il fratello di James"). Se il possessore termina con la *s* ma è plurale, si aggiunge solo l'apostofro e non si mette la *s*. Se il possessore è un plurale ma irregolare, come *children*, si mette l'apostofro e la *s: My children's toys* ("I giocattoli dei miei figli").

20) C. *Do we need any cheese from the supermarket? Yes, can you get a piece of parmesan cheese, please? Cheese* è un sostantivo non numerabile e come tale non è mai preceduto da un articolo indeterminativo o da un numerale. *The* non è adatto in questo contesto poiché viene di solito usato quando si fa riferimento a qualcosa menzionato in precedenza. I sostantivi non numerabili (*uncountable nouns*) possono essere preceduti da un indefinito o da un sostantivo che ne specifica la quantità. Per esempio, *a piece of cheese, a litre of wine, a slice of cake* ecc.

21) B. *James, I told you not to speak to me like that! He* è un pronome personale. *Your* è un aggettivo possessivo. *Him* è un pronome complemento. I pronomi complemento vengono usati dopo un verbo oppure dopo una preposizione. A differenza dell'italiano, non è possibile utilizzarli prima del verbo, per esempio, A: *Where's the bag?*. B: *I put it on the table.* ("Dov'è la borsa? L'ho messa sul tavolo"). I pronomi complemento sono: *me, you, him, her, it, us, you, them.*

22) D. *Sean Connery came in our hotel last year.* La A e la B indicano pronomi possessivi. La risposta esatta è invece un aggettivo possessivo, come *our.*
Gli aggettivi possessivi accompagnano i sostantivi e non hanno né genere né numero. Essi sono: *my, your, his, her, its, our, your, their.*

23) B. *He doesn't have time for his many hobbies.* Le parole che terminano con *y* seguono due regole diverse per la formazione del plurale: se la *y* è preceduta da una vocale non c'è alcun cambiamento ortografico, se la *y* è preceduta da consonante essa si trasforma in *i* prima di aggiungere *es.*

24) A. *I am leaving: I am not staying here any longer. Few* significa "alcuni" e si usa davanti ai sostantivi plurali, *none* significa alcuno e si usa per le persone e *some* si usa davanti ai sostantivi plurali oppure non numerabili. *Any* è utilizzato nelle frasi negative e interrogative.

25) B. *He thought it was over and he changed his mind. His,* aggettivo e pronome possessivo, viene qui usato in una tipica costruzione inglese, *to change one's mind* (cambiare idea).

26) B. *How far is the station from the school? Just 1 km. How much* significa "quanto", *how many* significa "quanti", *how long* "per quanto tempo" oppure "da quanto tempo", *how far* "quanto distante".

27) C. *Men and women were outside.* La A è sbagliata perché *woman* ha un plurale irregolare, la forma esatta è *women.* Oltre a *woman,* tra i plurali irregolari più comuni dobbiamo ricordare *child-children* (bambino-bambini), *man-men* (uomo-uomini), *person-people* (persona-gente), *foot-feet* (piede-piedi) ecc.

28) A. *Is anyone answering? Someone* e *anyone* sono composti di *some* e *any* e si comportano allo stesso modo: *some* si utilizza nelle frasi affermative e *any* nelle interrogative e negative.

29) A. *I have got two sisters but no brothers. No,* in questo caso, è la risposta corretta poiché non abbiamo la negazione nel verbo. *No* significa *not any.*

30) C. *I took a lot of photos.* I plurali in inglese seguono diverse regole. Di solito, le parole che terminano per *o* prendono *es* per formare un plurale, per esempio, *tomato-tomatoes* (pomodoro-pomodori). Quando ci troviamo, invece, di fronte a nomi che terminano in *o* ma che sono o di origine straniera o abbreviazioni, essi prendono solo la *s,* per esempio, *disco-discos* (discoteca-discoteche), *piano-pianos* (pianoforte-pianoforti).

31) A. *I don't think the information on this website is correct.* La B è sbagliata perché *information* non ha plurale. La C perché ha usato davanti ad un sostantivo non numerabile l'articolo indeterminativo. La D perché non ha alcun articolo e in questo caso deve esserci, infatti, quando si fa riferimento a qualcosa di specifico (l'informazione di questo specifico sito) si utilizza *the.*

32) A. *Do you know anyone who can speak Spanish?* I composti di *some, any e no* vengono usati per parlare di cose, persone e luoghi indefiniti. Essi si formano con *some, any* oppure *no* + le parole *thing, body/one, where. Any* e i suoi composti si usano nelle frasi interrogative e negative. Si possono utilizzare i composti di *any* in frasi affermative quando il significato è "qualunque cosa/chiunque/da qualsiasi parte", per esempio, *You can order anything you like* ("Puoi ordinare qualunque cosa ti piaccia").

33) D. *Don't leave children in the kitchen on their own.* I pronomi riflessivi si usano quando il soggetto e il complemento oggetto di una frase coincidono; seguono sempre il verbo. In alcuni casi, l'aggettivo *own* (proprio, stesso) può seguire un aggettivo possessivo (*my own, your own*) per sottolineare la proprietà di qualcosa, per indicare che è il soggetto a compiere un'azione personalmente o quando si compie un'azione "da soli": in questo caso, il possessivo è preceduto dalla preposizione *on.*

34) C. *Good friends respect each other.* Per esprimere un'azione reciproca in inglese si usa *each other.* Non bisogna confondersi con i pronomi riflessivi che si usano quando chi subisce l'azione è lo stesso di chi la compie. Essi sono: *myself, yourself, himself, herself, itself, ourselves, yourselves, themselves.* Per esempio, *We help each other* ("Noi ci aiutiamo a vicenda"); *The teacher introduced herself* ("L'insegnante si presentò").

35) B. *We have got a dog. So have we.* Le espressioni italiane "anch'io", "anche tu", usate per replicare a una frase affermativa, in inglese si rendono con *so* seguito dall'ausiliare della frase a cui si replica. Per rispondere a una frase negativa si usa *neither/ nor* seguito dall'ausiliare della frase a cui si risponde.

36) B. *There are few things I like more than staying in bed late on Sunday.* La A è sbagliata perché la traduzione di *a few* è "alcune" e la frase vuol dire: ci sono *poche* cose (...). *Some* e *no* altererebbero il significato della frase. *Few* e *a few,* rispettivamente, significano "pochi" e "alcuni". Essi vengono usati con i sostantivi numerabili. Per i sostantivi non numerabili vengono usati *little* e *a little* che, rispettivamente, significano "poco" e "un po'".

37) D. *There isn't enought time to finish the game now. Too* e *enough* si usano con aggettivi e avverbi. *Too* significa "troppo" e *enough* "abbastanza". *Enough* viene usato sia per gli aggettivi sia per i sostantivi cambiando la sua posizione. Con i sostantivi *enough* viene posto prima: *There weren't enough people* ("Non c'erano abbastanza persone"), mentre con gli aggettivi viene posto dopo: *This coffee isn't hot enough* ("Questo caffe non è caldo abbastanza").

38) A. *This is the shop where I used to work.* I pronomi relativi sono *who/that* (per persona/persone), *which/that* (cosa o cose), *where* (luogo o luoghi). *Where* viene usato in una frase relativa per indicare il luogo. Al *where* possiamo anche sostituire un *that* oppure *which* ma se accompagnati da una preposizione. Per esempio, *The shop (that) he works in is very elegant.*

39) D. *Would you like chocolate cake or icecream? I don't mind. Either is fine.* La B è sbagliata perché significa "tutto". La C perché significa "entrambe". *Each* è errata perché significa "ogni". *Either,* in questa frase, significa "o l'uno o l'altro".

40) C. *She asked her doctor for some advice.* Ci troviamo davanti ad un sostantivo non numerabile, laddove la B usa l'articolo, la A e la D sono plurali. Gli *uncountable nouns* non prendono l'articolo indeterminativo, richiedono il verbo al singolare, possono usare *some* o *any*. Talvolta, alcuni di essi possono essere resi numerabili con l'aggiunta di *a piece of:* per esempio, *a piece of news* (una notizia), *a piece of advice* (un consiglio).

41) D. *Would you like some more pasta?* Gli aggettivi indefiniti *some* e *any* indicano una quantità indeterminata e corrispondono all'italiano "un po' (di)", "qualche", "alcuni", "ne". Per offrire qualcosa a qualcuno si usano le espressioni *Would you like? Will you have?* Per esempio, *Would you like/Will you have some cheese?*

42) C. *That's the flat where Christopher stayed last month.* I pronomi relativi restrittivi sono essenziali per la comprensione di una frase, poiché forniscono informazioni indispensabili a definire o identificare la persona, l'oggetto, il luogo di cui si parla. Quando vogliamo indicare un luogo relativo a una certa azione, usiamo *where* al posto del pronome relativo.

43) A. *Obesity can be caused by eating too much when you're a child.* La B e la D sono completamente sbagliate. La C potrebbe essere usata qualora *too many* fosse stato seguito da un sostantivo numerabile. Con un sostantivo non numerabile e con un verbo si usa *too much.*

44) D. *I saw nothing strange in the street.* Usiamo i composti di *some, any* e *no* per parlare di cose, persone o luoghi indefiniti. Ci sono due modi per esprimere la negazione: il verbo negativo + il composto di *any,* per esempio, *I didn't go anywhere last night* ("Non sono andato da nessuna parte ieri sera"), oppure con il verbo in affermativo + composto in negativo, per esempio, *She ate nothing* ("Lei non mangiò niente").

45) A. *Alex and Jane are friendly, but neither of them likes talking to strangers.* Usiamo *both, either e neither* per parlare di due cose o persone. Essi si formano così: *both* + sostantivo plurale; *either/ neither* + sostantivo singolare. Esiste anche la costruzione *both/ either/ neither* + *of* + pronome personale complemento; per esempio, *We watched two films last night but neither of them was interesting* ("Abbiamo visto due film ieri sera, ma nessuno dei due era interessante").

46) D. *The test was a disaster because I answered none of the questions. Some e any* si possono usare anche come pronomi, per riferirsi ad un nome menzionato prima. In questo caso, nelle frasi negative si usano *not… any o none*; per esempio, *We need to buy some apples because there aren't any in the fridge;* oppure *We need to by some apples because there are none in the fridge* ("Abbiamo bisogno di comprare delle mele, non ce ne sono in frigo").

47) C. *Yesterday it was so sunny that we sunbathed all afternoon. All* significa "tutto". Tutto in inglese può essere tradotto in diversi modi: *everything,* per esempio, *He told me everything* ("Lui mi disse tutto"); *whole,* che assume il significato di "intero", per esempio, *I studied the whole afternoon yesterday* ("Ieri ho studiato l'intero pomeriggio") e, infine, *all,* che si può usare per parlare di cose e persone in generale, per esempio, *She thinks that all sports are exciting* ("Lei pensa che tutti gli sport siano divertenti"), e si può usare davanti a *morning/afternoon/evening/night* ecc.

48) A. *Many people are scared by large spiders.* In inglese c'è un solo articolo determinativo: *the*. Esso si usa davanti a nomi che sono già stati introdotti nel discorso precedente oppure quando parliamo di cose o persone specifiche facilmente identificabili. Non si usa l'articolo quando si parla di qualcosa in maniera generica, ecco perché la lettera A è l'opzione corretta.

49) B. *English children start going to school when they're five. School* è tra quelle parole che non prendono mai l'articolo quando ci si riferisce all'istituzione e non all'edificio. Le altre più comuni sono: *church, university e hospital.*

50) C. *School children don't wear a uniform in Italy.* La C è corretta poiché la "u" di *university* non è considerata una vocale, ma un suono intervocalico. Per questa ragione l'articolo è *a* non *an*.
Usiamo *a/an* davanti ai sostantivi numerabili. *A/an* si usano, tra l'altro, quando si parla di professioni, per esempio, *a doctor* (un medico). *A* si usa davanti alle parole che iniziano per consonante, davanti all'*h* aspirata, e davanti al suono intervocalico /jù:/. *An* si usa davanti alle parole inizianti per vocale e davanti all'*h* muta. Le parole con *h* muta sono le seguenti: *hour, heiress, heir, honour.*

51) B. *They got to school late.* Le parole *school, church, university, prison, bed, hospital* non prendono alcun articolo se ci si riferisce all'attività che vi si svolge. L'articolo viene usato quando ci riferiamo al luogo fisico o edificio. Per esempio, *The students were visiting the university* ("Gli studenti stavano visitando l'università").

52) C. *A: I think class 3 B has some very promising pupils. B: So do I.* Come già detto, le espressioni italiane "anch'io", "anche tu", in inglese, si rendono con *so* + l'ausiliare della frase a cui si replica.

53) D. *Keynes warned in the 1930s that ageing societies with high levels of saving, and not many investment opportunities, face a deflationary nightmare. Many* è corretto perché è usato per i sostantivi numerabili. *Much* è usato, invece, per i sostantivi non numerabili.

54) A. *Does everyone agree with the principal's suggestions?* La A è corretta poiché *does* si accorda solo con *everyone.* Tutte le altre espressioni avrebbero richiesto il verbo al plurale, e cioè *do.*

55) C. *My parents gave me little pocket money when I was a child. Little* viene usato per le parole non numerabili e significa "poco". *Few* viene usato davanti alle parole numerabili con lo stesso significato. *Little* e *few* corrispondono in italiano a "poco/a" e "pochi/e". Essi si usano così: *little* + sostantivo non numerabile e *few* + sostantivo numerabile. *Little* e *few* esprimono un'idea di scarsità. Le espressioni *a little* e *a few,* invece, corrispondono a "un po' di", "qualche", "alcuni"; per esempio, *We have little money to take a taxi* ("Abbiamo pochi soldi per prendere un taxi"*). I still have a little money left. So I can take a taxi.* ("Mi è rimasto ancora un po' di danaro, così posso prendere un taxi").

56) A. *She doesn't look like either her father or her mother.* La A è corretta perché mette in relazione *either* con *or* che significa "o... o". La B è sbagliata perché *neither* è in correlazione con *nor* e significa "né... né". Ed, infine, la D è sbagliata perche *both* è in relazione con *and* e significa "sia... sia".

57) C. *This jumper is too big for me. Too much, too many, too* significano tutti "troppo" ma si usano in diversi costrutti grammaticali. *Too much* si usa con i sostantivi non numerabili, per esempio, *There is too much sugar in this coffee* ("C'è troppo zucchero in questo caffè"); *too many* si usa con i sostantivi numerabili, per esempio, *I've got too many shoes in my wardrobe* ("Ho troppe scarpe nell'armadio"). *Too* viene, invece, usato con gli aggettivi e gli avverbi.

58) D. *Ann and Peter phone each other every day.* Per esprimere un'azione reciproca si usa *each other* oppure *one another*, per esempio, *They helped each other/one another* ("Si aiutavano l'un l'altro"). Attenzione alla differenza tra *ourselves/yourselves/themelves* e *each other/one another*. I primi definiscono un'azione che ricade su colui che la fa, i secondi definiscono un'azione di reciprocità.

59) C. *He has got a lot of money.* Si usa *much* con i sostantivi non numerabili e *many* con i sostantivi numerabili. Ma *much* e *many* sono più comuni nelle interrogative e negative e dopo *so, as, too* e *very*. Nelle frasi affermative sia per i numerabili sia per i non numerabili si preferisce *a lot of*. *Very* si usa davanti agli aggettivi.

60) C. *He was wearing old red Spanish leather riding boots.* In generale, la regola dice che l'aggettivo precede sempre il sostantivo, ma nel loro susseguirsi essi rispettano un certo ordine. Per primi si mettono gli aggettivi che esprimono opinione (*fantastic, cheap*), poi gli aggettivi che descrivono caratteristiche di fatto (*small, modern*).

61) B. *Everyone is hungry. They all want to have their breakfast.* I composti di *every* (*everything/everybody/everyone/eveywhere*) si usano con il verbo al singolare ma di solito sono plurali i pronomi e gli aggettivi possessivi che li seguono. Spesso, per evitare di specificare il sesso di una persona si usano *their* e *them* anche in riferimento a *someone, anyone* e *no one.*

62) B. La corretta traduzione della frase è: "È lui (quello) a cui ho raccontato la notizia". In inglese le espressioni italiane "è lui", "è lei" si traducono con *it's* seguito dal pronome soggetto e non dal pronome complemento come in italiano, pertanto avremo: *it's he/ it's she.* In tal caso, poi, il pronome relativo da usare è *whom*, usato con valore di complemento (a cui).

63) B. *Shade* non va confuso con *shadow* che, pur avendo lo stesso significato, in questo caso è lessicalmente errato.

64) C. Sinonimi di *suitable* sono *appropriate, right, fitting, fit, suited, acceptable.*

65) B. L'alternativa corretta è *some* (qualche, del) / *much* (molto), che, inseriti al posto dei puntini, danno alla frase il seguente significato: "Abbiamo del tempo ma non molto".

66) D. L'opzione di risposta corretta è *why* e la traduzione è: "Perché ti piace il tuo lavoro?".

67) A. La risposta esatta è *what* nel senso di "quello che" e la traduzione è: "Angela mi raccontò quello che fu detto all'incontro". *What* e *which* sono pronomi sia relativi che interrogativi: *what* indica possibilità di scelta illimitata, mentre *which* riguarda una scelta limitata e definita di alternative.

68) D. Il quesito richiede di completare la frase proposta con la giusta parola. La traduzione della frase è: "La mia amica Caterina è una giornalista. … lavoro è molto interessante". La parola mancante è l'aggettivo possessivo che, poiché è associato a un nome femminile alla terza persona singolare, deve essere *her*.

69) D. L'alternativa corretta è *lonely/ nobody* e la frase si traduce nel seguente modo: "Lei si sentì sola non appena arrivò perché non aveva nessuno con cui parlare". In questo caso nessuno si traduce con *nobody* o *no one*, in quanto non è già presente nella frase l'avverbio di negazione (in tal caso avremmo dovuto utilizzare *anybody*).

70) B. La parola mancante è il pronome relativo, con la funzione di complemento oggetto, *that*. La frase si tradurrà nel seguente modo: "Una torcia è una luce a batteria che si può portare con sé".

Questionario 3
Aggettivi (qualificativi), avverbi e preposizioni

1) **Fill in the blank. "Is there anybody … home?".**
A. at
B. in
C. inside
D. on

2) **Fill in the blank. " … are you leaving for the summer holidays?".**
A. What
B. Where
C. Since
D. When

3) **Choose the alternative which does not change the meaning of the phrase in square brackets in the following sentence. "This car is [cheaper] than that one".**
A. nicer
B. faster
C. less expensive
D. older

4) **Complete the following sentence. "More people live in London … ".**
A. then in Milan
B. that Milan
C. than in Milan
D. which in Milan

5) **Fill in the blank. "That hotel is … town".**
A. the expense in
B. the most expensive in
C. the more expensive in
D. darling

6) **Choose the synonym of the word between square brackets. "John was very [glad] about your success".**
A. happy
B. envious
C. sad
D. sorry

7) **Fill in the blank. "The books are … the shelves".**
A. till
B. up

C. on
D. above

8) **Complete the following sentence. "My sister ... you at tennis".**
A. is better than
B. is best than
C. is as goor
D. is as gooder

9) **Choose the synonym of the word between square brackets. "Henry is very [clever]".**
A. tall
B. nice
C. intelligent
D. kind

10) **Fill in the blank. "He left ... the 3 o'clock train".**
A. by
B. with
C. from
D. towards

11) **Fill in the blank. "He is ... teacher in the school".**
A. goodest
B. the better
C. the best
D. better

12) **Fill in the blank. "I ... go out in the evening: the last time I did was three months ago".**
A. always
B. often
C. seldom
D. never

13) **Complete the following sentence. "We are ... as you are".**
A. so rich not
B. rich
C. not as rich
D. richer

14) **Complete the following sentence. "It has been ... experience of my life".**
A. the worst
B. the most bad
C. the worse
D. worst

15) Complete the following sentence. "She should drive … than usual".
A. most slowly
B. more slower
C. less slower
D. more slowly

16) Fill in the blank. "He got … the car and left!".
A. on
B. into
C. to
D. at

17) Fill in the blanks. "Pietro was born … 11 am … the third of March".
A. at; on
B. on; on
C. at; for
D. at the; on

18) Fill in the blank. "What time does the train arrive … Milan?". "At about 5 o'clock".
A. for
B. from
C. in
D. at

19) Fill in the blank. "I always go to the restaurant … Saturdays".
A. on the
B. at
C. on
D. over

20) Fill in the blank. "At the dinner party, Patricia sat … Peter".
A. over to
B. near to
C. side of
D. next to

21) Fill in the blank. "We're going … Spain for a holiday".
A. to
B. since
C. in
D. of

22) Fill in the blank. "I'm … than you in English".
A. better
B. good
C. well
D. gooder

23) Fill in the blank. "This car is … as yours".
A. as faster
B. faster
C. the fastest
D. as fast

24) Complete the following sentence. "I … to work on Sundays".
A. don't never go
B. never go
C. go never
D. not never go

25) Fill in the blank. "The children were very … last night".
A. tiring
B. tyred
C. tired
D. tiredness

26) Complete the following sentence. "She speaks French better than … ".
A. you
B. you are
C. yours
D. your

27) Fill in the blank. "A scooter is … than a bike".
A. heavy
B. heavier
C. more heavy
D. much heavy

28) Fill in the blank. "Milan is … larger than Florence".
A. very
B. so
C. much
D. more

29) Complete the following sentence. "She works … ".
A. hardly
B. more hard
C. much hard
D. hard

30) Fill in the blank. "I haven't been to London … five years".
A. at
B. in
C. since
D. for

31) Fill in the blank. "He was afraid ... his enemies".
A. of
B. in
C. by
D. on

32) Fill in the blank. "The workers are fed ... with doing overtime".
A. on
B. against
C. out
D. up

33) Fill in the blank. "They washed their swimsuits ... hand".
A. with
B. of
C. in
D. by

34) Fill in the blank. "We have been in London ... three months".
A. during
B. since
C. for
D. on

35) Choose the alternative which does not change the meaning of the phrase in square brackets in the following sentence. "I hope he will be able to do the job [properly]".
A. in the right way
B. quickly
C. alone
D. his own way

36) Complete the following sentence. "The book I read was ... as I expected".
A. so through
B. more touching
C. less touched
D. as touching

37) Complete the following sentence. "Chinese is ... language in the world".
A. the most spoken
B. the least spoked
C. the more spoken
D. not stroke

38) Choose the right synonym of the word between square brackets. "My secretary is very [fast] in doing things".
A. slow
B. quick

C. precise
D. good

39) Choose the right synonym to the word between square brackets. "The show has been very [amusing]".
A. entertaining
B. noisy
C. long
D. crowded

40) Fill in the blank. "I haven't seen Rita ... I was 12".
A. since
B. from
C. when
D. then

41) Fill in the blank. "The teacher explains the lessons ... the students".
A. to
B. at
C. for
D. above

42) Fill in the blank. "A Viennese journalist, writing ... the end of the eighteenth century, observed that these serenades occurred almost every fine summer evening".
A. by
B. adjacent
C. nearby
D. towards

43) Complete the following sentence. "My mother speaks French ... than my teacher".
A. most faster
B. most fluently
C. more fluently
D. much fluenter

44) Fill in the blank. "Robert broke his arm and had to have it put ... plaster".
A. off
B. on
C. away
D. in

45) Fill in the blank. "The scenery was ... beautiful, I had to take a photograph".
A. so
B. such
C. such a
D. suddenly

46) Fill in the blank. “It looks … it is going to rain”.
A. at
B. as
C. like
D. more

47) Complete the following sentence. “Their postcard … ”.
A. has arrived since three weeks
B. arrived three weeks ago
C. arrived since three weeks
D. has arrived for last Monday

48) Fill in the blank. “I am very worried … him”.
A. onto
B. around
C. about
D. at

49) Fill in the blank. “I won’t go out … he telephones me”.
A. unless
B. even then
C. for all
D. if though

50) Fill in the blank. “How did you find out about the date of the elections?”. “I read about it … the newspaper”.
A. on
B. from
C. at
D. in

51) Complete the following sentence. “The traffic in cities is getting … ”.
A. more worse
B. worse and worse
C. always worser
D. the worst

52) Complete the following sentence. “This is a … bike”.
A. fantastic old American
B. old fantastic American
C. American fantastic old
D. old American fantastic

53) Complete the following sentence. “Try to write … ”.
A. less clearler
B. the best clearly
C. a bit more clearly
D. the clearly

54) Complete the following sentence. "I told him to come ... possible".
A. more soon than
B. as soon as
C. the more soon
D. sooner

55) Fill in the blanks. " ... school I am going ... ".
A. After; to home
B. After; home
C. Before; at home
D. Before; to the home

56) Fill in the blanks. "They have put ... the meeting ... next week".
A. on; by
B. up; for
C. ahead; during
D. off; until

57) Fill in the blank. "He's very good ... languages!"
A. in
B. about
C. on
D. at

58) Fill in the blank. "Turn ... the lights when you come in, will you?"
A. at
B. out
C. for
D. In

59) Fill in the blank. "I have lived in Worcester ... ten years".
A. for
B. as
C. since
D. from

60) Fill in the blank. "Mr. Smith doesn't work ... Fridays".
A. by
B. at
C. until
D. on

61) Complete the following sentence. "Choose the best phrase to complete this sentence: Rome is ..."
A. a city very beautiful
B. the city very beautiful
C. a very beautiful city
D. very beautiful city

62) Fill in the blank. "I haven't seen him ... 1989".

A. since when
B. from
C. for
D. since

63) Fill in the blank. "Please, hurry up! I have to call Jim ... 5 o'clock".

A. by
B. from
C. to
D. until

64) Fill in the blank. "The cottage is ... fire".

A. on
B. of
C. at
D. up

65) Fill in the blank. "I have worked here ... 1990".

A. from
B. since
C. for
D. as

66) Fill in the blank. "He's terribly ... He doesn't remember anything you tell him".

A. stable
B. easygoing
C. outgoing
D. forgetful

67) Complete the following sentence. "Tom has just left the office. In other words he's ..."

A. out
B. up
C. in
D. down

68) Fill in the blank. "I work ... Ministry of Agriculture and Forestry".

A. at
B. at the
C. in
D. to the

69) Complete the following sentence. "She can't play the piano! In fact, she's ..."

A. Sly
B. Hopeless
C. Artful
D. Cunning

70) Fill in the blank. "On my first trip abroad, I lived for a month ... a German family".

A. on
B. by
C. with
D. at

Risposte commentate
Aggettivi (qualificativi), avverbi e preposizioni

1) A. *Is there anybody at home?* Le preposizioni di stato in luogo (*in, at*) seguono sempre un verbo di stato (vivere, essere, trovarsi). *At* viene utilizzato per riferimento ad un luogo preciso o in riferimento alla funzione di un luogo, all'attività svolta in quel luogo. *In* quando si vogliono indicare luoghi o spazi circoscritti. Le altre possibilità sono del tutto sbagliate.

2) D. *When are you leaving for the summer holidays? When* appartiene al gruppo dei pronomi interrogativi *(who/what/where/how much* ecc.) che introducono domande specifiche. Essi vanno posti sempre all'inizio dell'interrogativa e seguiti dall'ausiliare, talvolta possono fungere anche da soggetto dell'interrogativa e in questi casi non sono seguiti dall'ausiliare ma direttamente dal verbo principale nel tempo desiderato, per esempio, *Who wrote Hamlet?* ("Chi ha scritto Amleto?").

3) C. *This car is less expensive than that one. Cheap* significa "economico", per cui un sinonimo poteva solo essere "meno costoso". Gli altri due aggettivi avrebbero alterato il significato della frase. Il comparativo di minoranza si forma con *less* + aggettivo al grado positivo. *Less* è usato per gli aggettivi e per i sostantivi singolari, per esempio, *I have got less money than Paul* ("Io ho meno soldi di Paul"), *fewer* per i sostantivi plurali, per esempio, *Milan has fewer parks than London* ("Milano ha meno parchi di Londra").

4) C. *More people live in London than in Milan.* La A è sbagliata perché usa *then* con la "e" che significa "poi", *than* invece vuol dire "di" che è il termine di paragone per i comparativi di maggioranza. Gli altri due sono pronomi relativi.

5) B. *That hotel is the most expensive in town.* Ci troviamo di fronte alla regola degli aggettivi al grado superlativo e, nello specifico, degli aggettivi plurisillabici.
Il superlativo si forma in due modi: 1) aggiungendo *-est* agli aggettivi con una sola sillaba e a quelli che finiscono in "*y*"; oppure con *most* prima degli aggettivi a due o più sillabe.

6) A. *John was very happy about your success.* L'unico aggettivo positivo delle quattro opzioni è contenuto nella lettera A. Gli altri, rispettivamente, significano "invidioso", "triste", "dispiaciuto".

7) C. *The books are on the shelves. On* è una preposizione che significa "sopra con contatto". *Above* anche significa "sopra" ma non implica contatto, per esempio, *The plane is flying above us* ("L'aereo sta volando su di noi"). *Up* ha il significato di "sopra" ma implica movimento e di solito è preceduto da un verbo di movimento, per esempio, *They climbed up the hill* ("Essi si arrampicarono su per la collina"). Infine, *till* è una preposizione di tempo e significa "fino", per esempio, *They worked till night* ("Hanno lavorato fino a notte").

8) A. *My sister is better than you at tennis.* Il comparativo degli aggettivi irregolari si costruisce in maniera del tutto diversa rispetto alla regola. Gli aggettivi *good, bad, far* e *little* formano il comparativo rispettivamente con *better, worse, further/farther, less.*

9) C. *Henry is very intelligent.* L'unica tra le opzioni che significa "intelligente" è la A. Le altre opzioni rispettivamente significano "alto", "simpatico" e "gentile".

10) A. *He left by the 3 o'clock train. By* in inglese viene utilizzato come complemento di mezzo, per esempio, *by car* ("con la macchina"). *With* è complemento di compagnia e come mezzo viene utilizzato solo in una struttura come questa: *I went with my car* ("Sono andato con la mia macchina").

11) C. *He is the best teacher in the school.* In inglese, come in italiano, esistono aggettivi irregolari. Uno di questi è *good* che, al grado comparativo, è *better* e al grado superlativo *the best.* Altri aggettivi irregolari sono: *bad* che, al grado superlativo, diventa *the worst; far,* che diventa *the furthest/farthest, less,* che diventa *the least.*

12) C. *I seldom go out in the evening: the last time I did was three months ago.* Qui ci troviamo di fronte agli avverbi di frequenza. La problematica è qui relativa al loro significato. Il più adatto è *seldom,* che significa "raramente", per non alterare il significato della frase successiva.

13) C. *We are not as rich as you are.* La A è sbagliata per la posizione dell'aggettivo. La D è un comparativo di maggioranza e in questa frase era necessario un comparativo di uguaglianza. Esso si ottiene con *as* + aggettivo + *as.*
La forma negativa si forma con *not as* + aggettivo + *as,* oppure *not so* + aggettivo + *as.*

14) A. *It has been the worst experience of my life.* Anche *bad* come *good* è irregolare sia al grado comparativo sia al grado superlativo. Il comparativo è *worse,* e il superlativo è *the worst.*

15) D. *She should drive more slowly than usual.* Ci troviamo qui davanti ad un esempio di comparativo dell'avverbio. Esso si ottiene con *more* + l'avverbio. Tuttavia, alcuni avverbi ottengono il comparativo come se fossero degli aggettivi, per esempio, *hard* (difficile, sodo) *harder, fast* (velocemente) *faster; well*(bene) *better.*

16) B. *He got into the car and left!.* Il verbo to get è uno dei più utilizzati e può avere molteplici significati. *Get,* come verbo fraseologico, è particolare quando associato ai mezzi di trasporto. Se il mezzo è una macchina si dice *get into* (salire) e *get out o*f (scendere). Se questo mezzo di trasporto è un autobus oppure un treno si usa *get on* (salire) e *get off* (scendere).

17) A. *Pietro was born at 11 am on the third of March.* Le preposizioni di tempo sono *at, in, on. At* si usa con l'ora, davanti a *weekend, night* e i periodi dell'anno, come *Christmas. In* si usa davanti agli anni in cui non c'è il giorno, le stagioni, i mesi e alle parti della giornata, per esempio, *in the morning. On* si usa davanti ai giorni della settimana e alle date in cui è specificato anche il giorno.

18) C. *What time does the train arrive in Milan? At about 5 o'clock.* Il verbo *to arrive* può reggere due preposizioni: *in* quando si arriva in luoghi grandi e *at* quando si arriva in luoghi più circoscritti.

19) C. *I always go to the restaurant on Saturdays.* Le date e i giorni della settimana sono sempre preceduti dalla preposizione *on* con funzione di complemento di tempo. In questa frase, Saturdays è al plurale perché indica "tutti i sabato".

20) D. *At the dinner party, Patricia sat next to Peter.* La A e la C sono completamente sbagliate. La B con *near* potrebbe essere utilizzata qualora non fosse accompagnata dal *to.*

21) A. *We're going to Spain for a holiday.* La B e la D sono completamente sbagliate. In inglese la preposizione che indica moto a luogo è *to.*

22) A. *I'm better than you in English. Good* è un aggettivo irregolare e, come tale, forma il comparativo con *better* e il superlativo con *the best.* La C è l'avverbio di *good.*

23) D. *This car is as fast as yours.* Questa è una forma di comparativo di uguaglianza che si forma con *as... as.* La B è il comparativo di *fast* ma prevedeva come termine di paragone *than.* La C è il suo superlativo.

24) B. *I never go to work on Sundays.* Gli avverbi di frequenza hanno una precisa posizione nella frase. Essi vengono posti prima del verbo principale. Nel caso di *never* la difficoltà è duplice poiché, oltre ad essere un avverbio di frequenza, ha un valore negativo. Quando l'avverbio di frequenza è *never* oppure *hardly ever* ("quasi mai") essi non vanno mai accompagnati dalla negazione (*not*).

25) C. *The children were very tired last night.* In inglese, alcuni aggettivi derivano dai verbi con l'aggiunta di *-ing* o di *-ed.* L'aggettivo in *-ing* si riferisce a ciò (cosa o persona) che provoca una sensazione o un'emozione. L'aggettivo in *-ed* si riferisce a chi prova la sensazione o l'emozione.

26) A. *She speaks French better than you.* Nel comparativo di maggioranza, quando *than* è seguito da un pronome personale, di solito si usa la forma del pronome complemento, per esempio, *My sister is taller than me,* oppure *My sister is taller than I am.*

27) B. *A scooter is heavier than a bike.* In generale, per formare un comparativo abbiamo due modi: aggiungiamo *-er* agli aggettivi con una sola sillaba, per esempio, *old-older,* e mettiamo *more* davanti agli aggettivi con più sillabe. Quando abbiamo invece aggettivi di due sillabe che finiscono in "y" questa si trasforma in "i" e seguono la regola dei monosillabici, per esempio, *happy-happier.*

28) C. *Milan is much larger than Florence.* I comparativi possono essere rafforzati con alcune espressioni che indicano "molto" oppure "un poco". Quando c'è una grande differenza tra le cose che si stanno paragonando, si usa *much* o *a lot*; quando la differenza è minima, si usa *a little* oppure *a bit.*

29) D. *She works hard.* La maggior parte degli avverbi si forma aggiungendo all'aggettivo *-ly*, per esempio, *slow-slowly*. Se l'aggettivo termina in "*y*" si cambia la "y" in "i" prima di aggiungere *-ly*, per esempio, *easy-easily*. Tuttavia, ci sono alcuni avverbi che restano invariati: *hard, fast, early, late.*

30) D. *I haven't been to London for five years.* La A e B sono completamente sbagliate. La scelta potrebbe ricadere sulla C o la D. *Since* e *for* sono usati con il *present perfect* per indicare che un'azione è iniziata nel passato e che è ancora in corso. Sono preposizioni di tempo e vengono usate in modo diverso: *for* indica il periodo di tempo, la durata di un'azione, per esempio, *I've studied English for three years* ("Studio inglese da tre anni"); *since* indica invece l'inizio del periodo, il momento di inizio dell'azione, per esempio, *I've studied English since October* ("Studio inglese da ottobre").

31) A. *He was afraid of his enemies.* In inglese esistono molti aggettivi seguiti da preposizioni. *Afraid of* è uno di questi e quando è seguito da un verbo esso usa la forma in *-ing*, per esempio, *I'm afraid of flying* ("Ho paura di volare").

32) D. *The workers are fed up with doing overtime.* In inglese esistono espressioni come *fed up with* che significa "essere stufo" di una persona oppure di una situazione. Esso viene seguito dalla forma in *-ing* quando c'è un verbo. Per esempio, *She was fed up with doing always the same things* ("Era stanca di fare sempre le stesse cose").

33) D. *They washed their swimsuits by hand.* Usiamo la preposizione *by:* 1) per indicare un mezzo, per esempio, *We are in touch by e-mail* ("Siamo in contatto via mail"), oppure *We go to school by train* ("Noi andiamo a scuola con il treno"); 2) nella frase passiva per indicare chi compie l'azione, per esempio, *The door was opened by the thieves* ("La porta fu aperta dai ladri"); 3) seguito da un verbo, per indicare come si compie un'azione, per esempio, *You can change the recipe by adding some butter* ("Puoi cambiare la ricetta aggiungendo del burro").

34) C. *We have been in London for three months.* Si usa il *present perfect simple* con *since* e *for* per parlare di azioni iniziate nel passato e che sono ancora in corso.

35) A. *I hope he will be able to do the job in the right way.* L'unica opzione possibile è la lettera A. Le altre, rispettivamente, significano: "velocemente", "da solo", "a modo suo".

36) D. *The book I read was as touching as I expected.* La A e la C sono completamente errate. La B sarebbe possibile qualora ci fosse *than* come termine di paragone. L'unica risposta grammaticalmente corretta è *as touching.*

37) A. *Chinese is the most spoken language in the world.* Ci troviamo davanti ad un esempio di superlativo relativo. Esso si forma con *the most* + aggettivo. In questa frase il verbo *spoken* funge da aggettivo e viene perciò usato nella forma di participio passato.

38) B. *My secretary is very quick in doing things.* La lettera B è l'unica soluzione possibile. Le altre, rispettivamente, significano: "lento", "preciso", "buono".

39) A. *The show has been very entertaining. Noisy* significa "rumoroso", *long* significa "lungo", *crowded* significa "affollato".

40) A. *I haven't seen Rita since I was 12.* Abbiamo visto che *since* è usato con il *present perfect* per indicare da quanto tempo dura un'azione. Le altre forme non sono adatte a questo tipo di struttura grammaticale.

41) A. *The teacher explains the lessons to the students. To* appartiene alle preposizioni di moto a luogo e indica la direzione verso la quale si muove qualcosa o qualcuno. Tra le preposizioni di luogo possiamo menzionare: *from* (da, preposizione da moto di luogo e di origine), *into* (preposizione di moto a luogo per indicare entrata in un luogo chiuso o delimitato), *out of* (indica moto verso l'esterno di un luogo), *onto* (indica movimento di salita o discesa da una superficie).

42) D. *A Viennese journalist, writing towards the end of the eighteenth century, observed that these serenades occurred almost every fine summer evening. Towards* appartiene alle preposizioni di movimento e viene qualche volta utilizzato con valore di preposizione di tempo per indicare "verso". Tra le preposizioni di movimento possiamo elencare: *across* (attraverso), *along* (lungo), *over* (al di sopra). Molte di esse sono talvolta usate come espressioni di tempo.

43) C. *My mother speaks French more fluently than my teacher.* Siamo in presenza del comparativo di un avverbio. Esso si ottiene in questo modo: *more* + avverbio regolare. Esistono alcuni avverbi irregolari che nel formare il comparativo seguono la regola degli aggettivi. Ecco i più comuni: *fast (faster), hard (harder), early (earlier).*

44) D. *Robert broke his arm and had to have it put in plaster.* In inglese, si fa grande uso dei verbi composti, formati da un verbo più una preposizione o un avverbio. *Put* è un verbo fraseologico. Le altre opzioni sono tutte corrette ma hanno altri significati non utili alla frase. *Put off* significa "rimandare", *put on* significa "indossare" e *put away,* "riporre".

45) A. *The scenery was so beautiful, I had to take a photograph.* È necessario evidenziare la differenza tra *so* e *such. So* si usa dinanzi agli aggettivi, *such* davanti ai sostantivi accompagnati da un aggettivo.

46) C. *It looks like it is going to rain.* Il verbo *look like* significa "sembrare" ma può significare anche "assomigliare". Viene in particolar modo usato per dare una descrizione fisica delle persone. Alla domanda *What does he/she look like?* si risponde dando una descrizione dell'aspetto fisico. Se invece vogliamo sapere qualcosa del carattere di una persona, chiederemo *What is he/she like?*

47) B. *Their postcard arrived three weeks ago.* Le preposizioni di tempo rispondono alla domanda "quando?" e indicano quando si verifica qualcosa. *Ago* si usa nello stesso modo e nella stessa posizione che ha in italiano: *three weeks ago,* "tre settimane fa".

48) C. *I am very worried about him. Worry,* come aggettivo, viene seguito da una preposizione, così come *afraid of, interested in.* Caratteristica di questi aggettivi è quella di essere seguiti dai verbi nella forma in *-ing.*

49) A. *I won't go out unless he telephones me.* La B e la C non hanno alcun significato. *Unless* in inglese è usato con il valore di "se non", per cui con questo avverbio non viene mai usata la forma negativa.

50) D. *How did you find out about the date of the elections? I read about it in the newspaper. In,* preposizione di stato in luogo, normalmente esprime il concetto di "all'interno di...", per indicare la posizione in uno spazio delimitato e circoscritto, pur senza un preciso confine fisico. Per esempio, *I live in France* ("Vivo in Francia"). Si utilizza anche quando si fa riferimento a un libro o un testo scritto, come in questo caso.

51) B. *The traffic in the city is getting worse and worse.* Questa è un'espressione idiomatica e significa "sempre peggio". Se si volesse dire "sempre meglio", l'espressione sarebbe *better and better.* Per dire "di male in peggio", *from better to worse*

52) A. *This is a fantastic old American bike.* La posizione degli aggettivi in inglese è molto importante. Di solito gli aggettivi che esprimono un'opinione si mettono per primi. Gli aggettivi che descrivono caratteristiche di fatto vengono dopo. In genere, questo è l'ordine: dimensione, età, forma, colore, provenienza materiale.

53) C. *Try to write a bit more clearly. A bit* e *a little* servono per indicare che la differenza tra due cose è minima. Quando invece vogliamo sottolineare una grande differenza, usiamo *much, a lot, far.*

54) B. *I told him to come as soon as possible.* Il comparativo di uguaglianza in inglese si forma con *as* + aggettivo + *as.* La forma negativa con *not as* + aggettivo + *as,* oppure *not so* + aggettivo + *as.* Esistono anche delle espressioni che pur non essendo dei veri comparativi usano le stesse forme. Osserviamo queste espressioni: *as soon as* (non appena), *as far as* (fino a), *as long as* (finché, purché), *as well as* (oltre che).

55) B. *After school I am going home.* Il sostantivo *home* è molto particolare. Esso, quando segue verbi di movimento, non prende alcuna preposizione, per esempio, *I'm coming home* ("Sto tornando a casa"). L'unica preposizione che prende *home* è *at* quando è accompagnata da verbi che non indicano movimento. Poiché il verbo che accompagna *home* in questa frase è *go,* non è necessaria alcuna preposizione.

56) D. Il verbo *to put off* richiede la preposizione *until.* Quindi la risposta esatta richiede di ricostruire la frase in questo modo: *They have put off the meeting until next week.* La traduzione è: "Hanno spostato l'incontro alla settimana prossima".

57) D. L'espressione italiana "essere bravo in qualcosa" si traduce in inglese con *to be good at something.*

58) B. La preposizione da posporre al verbo *to turn* è *out.* Infatti il verbo *to turn out* significa in questo caso "spegnere" e la frase assumerà il seguente significato: "Spegni le luci quando entri, ok?".

59) A. La preposizione corretta in questo caso è *for* e la frase si traduce nel seguente modo: "Ho vissuto a Worcester per dieci anni".

60) D. In inglese il complemento di tempo costruito con i giorni della settimana si rende con la preposizione *on*: *on Friday*, *on Sunday* (di venerdì, di domenica), ecc.

61) C. L'alternativa corretta è *a very beautiful city*, in quanto in inglese gli aggettivi precedono il sostantivo; di conseguenza, le due alternative *the city very beautiful* e *a city very beautiful* sono errate. L'alternativa *very beautiful city*, pur avendo gli aggettivi che precedono il nome, è manchevole dell'articolo, pertanto è anch'essa errata.

62) D. L'azione proposta dal quesito è iniziata nel passato ma continua nel presente e non è ancora finita nel momento in cui si parla. In inglese il verbo viene messo al *present perfect*, mentre l'espressione di tempo è introdotta da *since* quando è espresso il momento di inizio dell'azione: "da quando?". La risposta corretta quindi, è *since* e la traduzione è: "Non lo vedo dal 1989".

63) A. L'unica preposizione che può essere inserita per completare la frase è *by* che si usa per significare "entro": "Per piacere, fai presto! Devo chiamare Jim entro le 5".

64) A. L'espressione *on fire* significa "in fiamme", quindi la frase si traduce: "Il cottage era in fiamme".

65) B. Per indicare da quando ha avuto inizio l'azione del verbo si usa l'espressione temporale *since*, che significa in tal caso "da/dal".

66) D. Leggendo attentamente la frase, ci si rende conto che l'aggettivo mancante è *forgetful*, che significa "smemorato". La frase, pertanto, si traduce nel seguente modo: "Lui è terribilmente smemorato. Non ricorda niente di quello che gli viene detto".

67) A. Se Tom ha appena lasciato l'ufficio, si può dire in altre parole che Tom è fuori (*he's out*).

68) B. L'alternativa corretta per completare la frase è *at the* e la traduzione è: "lavoro al Ministero dell'agricoltura e silvicotura".

69) B. Quanto espresso nella prima parte del testo ("Lei non sa suonare il piano") ci fa capire che tra le alternative di risposta *sly*, "subdolo"; *artful*, "furbo" e *cunning*, "scaltro" sono fuori contesto, mentre la risposta corretta è *hopeless*, "senza speranze".

70) C. La preposizione *with* introduce il complemento di compagnia e di mezzo. Il periodo completo è *On my first trip abroad, I lived for a month with a German family*, che significa: "Durante il mio primo viaggio all'estero, ho vissuto per un mese con una famiglia tedesca".

Sezione II
Comprensione verbale

Questionario 1
Vocabolario e “phrasal verbs”

1) **Fill in the blank. “It’s cold today. You’ll need to wear a … if you go out”.**
   A. gloves
   B. coat
   C. trousers
   D. robe

2) **Choose the synonym of the word in square brackets. “We spent Sundays on the [couch] watching TV”.**
   A. chair
   B. table
   C. carpet
   D. sofa

3) **Fill in the blank. “Britain’s power … enormously in the nineteenth century”.**
   A. broke out
   B. grew
   C. sold
   D. paid

4) **Choose the odd word out.**
   A. Cow
   B. Veal
   C. Beef
   D. Pork

5) **Fill in the blank. “I saw him standing … your door”.**
   A. up
   B. at
   C. to
   D. through

6) **Choose the synonym of the word in square brackets. “Mr Faye designs colourful Christmas [wrapping]”.**

A. carts
B. maps
C. paper
D. presents

7) Fill in the blank. "We did not ... the doorbell because the music was too loud".
A. feel
B. listen
C. talk
D. hear

8) Choose the synonym of the word in square brackets. "He believes everything you [tell] him".
A. show
B. speach
C. say to
D. speak

9) Choose the synonym of the word "beautiful".
A. Shy
B. Lazy
C. Stubborn
D. Handsome

10) Complete the following sentence. "I dropped my bag on the ... just outside the supermarket".
A. pavement
B. floor
C. wall
D. carpet

11) A "library" is:
A. a place where books are kept
B. a store that sells books
C. a shelf to keep books on
D. a piece of furniture for keeping books on

12) Complete the following sentence. "The students got a bad ... ".
A. mark
B. vote
C. point
D. punctuation

13) Fill in the blank. "Can you lend me some money, please?". "Sorry, I've got only a few ... on me"
A. notes
B. tips

C. cheques
D. money

14) Choose the synonym of the word "pedestrian".
A. Horseman
B. Pavement
C. Pedantic
D. Walker

15) Fill in the blank. "Some days she's happy, some days she's sad. What a ... person!".
A. intelligent
B. moody
C. safe
D. generous

16) Fill in the blank. "Before actors start a new show they generally say 'break a ...' for good luck".
A. leg
B. wrist
C. neck
D. teeth

17) Fill in the blank. "The GP wrote a ... for the drug treatment".
A. note
B. prescription
C. recipe
D. receipt

18) Find the opposite of the word "sunny".
A. Snow
B. Sky
C. Cloudy
D. Rain

19) Fill in the blank. "The open source browsers Firefox and Chrome are becoming more and more popular as people want safer and faster ways to ... the Internet".
A. surf
B. sail
C. cross
D. look

20) Choose the synonym of the word in square brackets. "This technique is pretty [outdated]".
A. young
B. modern
C. old-fashioned
D. recent

21) Fill in the blank. "Mrs Brown is being … by Dr. Williams".
A. followed on
B. followed on from
C. followed up
D. followed out

22) Replace the words between square brackets with the correct ones. "You need to [get ready]. They are waiting for us".
A. dress up
B. complete
C. finish
D. prepare yourself

23) Find the opposite of the word "talkative".
A. Ignorant
B. Interesting
C. Hardspeaking
D. Tight-lipped

24) Complete the following sentence. "Bill is very forgetful: you'll have to … or he'll never do all the things you want him to do".
A. keep on him
B. keep after him
C. keep away him
D. keep down him

25) Choose the correct meaning of the phrase in square brackets. "The boy enjoyed the poem so much that he decided to [learn it by heart]".
A. write a song about it
B. translate it into his own language
C. memorize it
D. write a new poem himself

26) Complete the following sentence "The widow was all alone when her husband …".
A. passed by
B. passed for
C. passed away
D. passed off

27) Choose the synonym of the word in square brackets. "How did you [solve] the problem in the end?".
A. sort out
B. stand up for
C. look after
D. find out

28) Replace the words between square brackets with the correct ones. "They [are in debt] to the bank".
A. give money
B. are in credit
C. have money
D. owe money

29) Fill in the blank. "Montessori ... that teachers should be like 'social engineers'".
A. claimed
B. wanted
C. made
D. told

30) Complete the following sentence. "Blackboards are ... . We need to change them all for interactive whiteboards".
A. up to date
B. out of fashion
C. backdated
D. expired

31) "To get the sack" means:
A. to lose your job
B. to do the shopping
C. to put things in order
D. to win a prize

32) If I ask you to "take my word for it", you should:
A. take a message
B. write it down
C. copy what I do
D. believe me

33) Fill in the blank. "If you don't know the meaning of this word ... in a dictionary!".
A. look at
B. look up
C. look into
D. look after

34) Which is the closest English equivalent of the Italian idiomatic expression «tocca ferro!»?
A. Buy iron!
B. Call it luck!
C. Hop it!
D. Touch wood!

35) Fill in the blank. "I have a lot of responsibility. I also have to deal ... all customer complaints at the department store".

A. for
B. to
C. with
D. by

36) Fill in the blank. “This disease has spread … in the past few years”.
A. in
B. out
C. down
D. up

37) Fill in the blank. “It’s about time you made … your mind!”.
A. out.
B. in
C. on.
D. up

38) Fill in the blank. “In the US, shares are also known as …”.
A. securities
B. stocks
C. bonds
D. assets

39) Fill in the blank. “At 5:00 am he was making … the airport”.
A. for
B. to
C. towards
D. at

40) Fill in the blanks. “They have put … the meeting … next week”.
A. on; by
B. up; for
C. ahead; during
D. off; until

Risposte commentate
Vocabolario e "phrasal verbs"

1) B. *It's cold today. You'll need to wear a coat if you go out. Gloves* (guanti) potrebbe essere giusta se non ci fosse l'articolo al singolare; la stessa cosa vale per la risposta C (pantaloni). *Robe* (vestaglia, toga, tonaca) non è adatta al contesto.

2) D. *We spent Sundays on the sofa watching TV.* Il termine *couch* significa divano. È particolarmente usato nell'inglese colloquiale e giovanile. A *couch potato* significa "poltrone, pantofolaio".

3) B. *Britain's power grew enormously in the nineteenth century.* Le altre opzioni sono sbagliate perché significano rispettivamente: "esplodere" (*to break out*), "vendere" (*to sell*), "pagare" (*to pay*), nelle forme al passato.

4) D. Le altre opzioni sono tutte relative alla mucca e alla sua carne. *Cow* significa "mucca", *veal* significa "vitello" e *beef* "carne bovina". *Pork,* invece, significa "carne di maiale" mentre per indicare l'animale si usa *pig.*

5) B. *I saw him standing at your door. Stand at* significa stare fermi, in piedi, davanti a qualcosa. *Stand up* significa solo stare in piedi, ma viene usato anche per invitare qualcuno ad alzarsi, seguito sovente da *please.*

6) C. *Mr Faye designs colourful Christmas paper.* Un sinonimo di *wrapping* (carta da regalo) è *paper; carts* e *maps* si riferiscono alle carte geografiche; invece *present* significa "regalo".

7) D. *We did not hear the doorbell because the music was too loud.* Qui si può evidenziare la differenza tra *hear* e *listen to. To hear* è un atto involontario e significa "sentire, percepire un suono, udire". *To listen to* è un atto volontario e significa "ascoltare".

8) C. *He believes everything you say to him. To say* significa "dire" e, se seguito da un complemento, vuole il *to*; *to tell* ha più il significato di "raccontare" e non viene mai seguito dal *to*; *to speak* traduce "parlare".

9) D. *Handsome* significa "bello", ma viene usato soprattutto per gli uomini. *Beautiful* ha un valore più ampio e generale. *Lazy* significa "pigro", *shy* "timido" e *stubborn* vuol dire "testardo".

10) A. *I dropped my bag on the pavement just outside the supermarket. Pavement* è un *false friend,* cioè una parola che trae in inganno, come quei numerosi termini della lingua inglese di derivazione latina che hanno cambiato il loro significato in maniera indipendente. *Pavement,* infatti, significa "marciapiede".

11) A. *A library is a place where books are kept.* Ci troviamo qui davanti ad un altro *false friend. Library* in inglese significa "biblioteca". La libreria dove si vendono libri si chiama *bookshop,* e quella che noi abbiamo nelle nostre case si chiama *bookcase.*

12) A. *The students got a bad mark. Vote* in inglese è il voto politico, *point* si usa per i numeri decimali (3.4 si legge *three point four*). Infine *punctuation* significa "punteggiatura".

13) A. *Can you lend me some money, please? Sorry, I've got only a few notes on me. Note* significa "banconota". *Tip* significa "mancia". Gli *cheques* sono gli "assegni" e *money* è il termine generico per "soldi".

14) D. *Walker.* Le altre opzioni hanno significati completamente diversi che non hanno niente in comune con "pedone". *Horseman* significa "cavallerizzo", *pedantic,* "pedante" e *pavement,* come già detto, significa "marciapiede".

15) B. *"Some days she's happy, some days she's sad. What a moody person!".* La lettera A significa "intelligente", la C significa "sicuro", un aggettivo adatto ai luoghi o alle cose non certo alle persone, *generous* significa "generoso".

16) A. *Before actors start a new show they generally say "break a leg" for good luck.* Questo modo di dire augurale, ricorrente nel mondo dello spettacolo, significa "buona fortuna", "in bocca al lupo". Le opzioni B, C e D indicano, rispettivamente, "polso", "collo", "denti".

17) B. *The GP wrote a prescription for the drug treatment.* L'unica opzione esatta è la B. La A significa "banconota, bigliettino, appunto, promemoria", la C "ricetta di cucina", la D "ricevuta fiscale".

18) C. *Cloudy.* Le altre opzioni sono tutte relative al tempo meteorologico ma, rispettivamente, significano: "neve", "cielo" e "pioggia".

19) A. *The open source browsers Firefox and Chrome are becoming more and more popular as people want safer and faster ways to surf the Internet.* Il verbo usato per navigare in Internet è *to surf.* Gli altri verbi significano: "navigare a vela", "attraversare", "guardare".

20) C. *This technique is pretty-old fashioned.* Questa espressione significa "fuori moda". Le altre, rispettivamente, indicano: "moderno", "giovane", "recente".

21) C. *Mrs Brown is being followed up by Dr. Williams.* Il verbo *to follow* può assumere significa abbastanza diversi a seconda della preposizione dalla quale è seguito. *Follow on* significa "susseguirsi"; *follow on from* significa "derivare da"; *follow out* significa "portare a conclusione". *To follow up,* in questo caso, significa "essere in cura, seguire con attenzione", naturalmente alla forma passiva.

22) D. *You need to prepare yourself. They're waiting for us. To dress up* significa "indossare qualcosa di elegante"; *complete* significa "completare" e *finish,* "finire".

23) D. *Find the opposite meaning of the word "talkative". Tight-lipped,* letteralmente, significa "dalle labbra serrate" e indica, dunque, una persona reticente nel parlare, riservata, silenziosa e affatto comunicativa. *Ignorant* significa "ignorante", *interesting* vuol dire "interessante", mentre *hardspeaking* è un vocabolo inesistente.

24) A. *Bill is very forgetful: you'll have to keep on him or he'll never do all the things you want him to do. To keep* è un verbo irregolare *(keep-kept-kept)* ma anche fraseologico e, come tale, cambia il suo significato in riferimento alla preposizione che lo segue. *Keep after* significa "rincorrere"; *keep away* significa "tenersi lontano", *keep down* vuol dire "abbassarsi" o "sottomettersi". *Keep on* significa, invece, "continuare, persistere".

25) C. *The boy enjoyed the poem so much that he decided to learn it by heart. To learn by heart* significa "imparare a memoria"; dunque, l'unica risposta possibile è la C ("memorizzare"). Le altre opzioni hanno tutt'altro significato.

26) C. *The widow was all alone when her husband passed away. Pass by* significa "passare accanto", *pass for,* "essere scambiato per qualcun altro". *Pass off,* "spacciarsi per qualcun altro", *pass away,* in questo caso, significa "morire".

27) A. *How did you sort out the problem in the end? To sort out* significa "arrangiare, venire a capo", dunque, in questo caso, "risolvere". *To stand up for* vuol dire "sostenere (qualcuno), battersi (per qualcuno)"; *to look after,* "badare, sorvegliare, aver cura di"; infine, *to find out* significa "scoprire, appurare".

28) D. *They owe money to the bank. Give money* significa "donare dei soldi". *Have money* significa "possedere dei soldi" e *to be in credit* vuol dire "pagare a rate" o "avere credito". *To owe* significa, invece, "essere in debito", "dovere dei soldi (a qualcuno)".

29) A. *Montessori claimed that teachers should be like 'social engineers'.* Il verbo *to claim* significa "sostenere, affermare, dichiarare". *To want* significa "volere". Il verbo *to make* vuol dire "fare" e *to tell,* "dire".

30) B. *Blackboards are out of fashion. We need to change them all for interactive whiteboards.* L'opzione A significa "aggiornato". La C significa "retrodatato". La D vuol dire "scaduto". L'espressione *out of fashion,* invece, significa "passato di moda", dunque, non più attuale.

31) A. *To get the sack* significa "essere licenziato", come anche *to be fired.*

32) D. *To take one's word* significa "credere alle parole di qualcuno". *To write down* significa "scrivere". La frase *copy what I do* significa "copia ciò che faccio" e, infine, *to take a message* vuol dire "prendere un messaggio".

33) B. *If you don't know the meaning of this word look up in a dictionary*! *Look* ha tantissimi significati fraseologici, tra questi i più comuni sono: *look at* che significa "guardare", *look into* che significa "investigare"; *look up* significa, tra l'altro, "consultare (un dizionario)".

34) D. Nella lingua inglese chi è superstizioso tocca il legno (*touch wood*), o bussa sul legno (*knock on wood*) per proteggersi dal male.

35) C. Il verbo appropriato è *to deal with*, che significa "occuparsi di, trattare". Pertanto, la frase si tradurrà nel seguente modo: "Ho molte responsabilità. Devo anche occuparmi dei reclami di tutti i clienti al grande magazzino".

36) B. Il verbo *to spread out* significa "diffondersi, estendersi": "Questa malattia si è diffusa negli ultimi anni".

37) D. L'espressione idiomatica *to make up your mind* significa "decidersi", quindi la risposta esatta è *up* e la traduzione è: "È tempo che tu ti decida".

38) B. Il sostantivo *shares* significa "azioni" (nell'ambito finanziario). Gli americani utilizzano il termine *stocks*.

39) A. Il verbo appropriato a questo contesto è *to make for*, che vuol dire "dirigersi verso": "Alle 5.00 di mattina si stava dirigendo verso l'aeroporto".

40) D. Il verbo *to put off* richiede la preposizione *until*. Quindi la risposta esatta richiede di ricostruire la frase in questo modo: *They have put off the meeting until next week*. La traduzione è: "Hanno spostato l'incontro alla settimana prossima".

Questionario 2
Comprensione di brani

Read through the text below, answer the questions that follow (1-5)

The European Commission yesterday issued a harsh warning to businesses seeking to run cartels by fining eight vitamin producers a total of 855 million Euros (£530 million) for fixing prices for almost a decade. Roche, the Swiss drugs group, was fined 462 million in the highest award to date imposed by the EU on a single company for market abuse. BASF, the German chemical group, was fined 296 million for its part in the cartel, which was known as Vitamins Inc and was exposed in 1999. Both BASF, which described its fine as "inappropriately high", and Roche are considering an appeal. Competition experts said the huge fines underlined the EU's commitment to crackdown on restrictive business practices. Aventis, the French drugs group, escaped fines in connection to two vitamins in return for co-operating with inquiries. Samantha Mobley, EU competition partner at the law firm Baker & McKenzie, said: "It is the first time a company has achieved a 100 per cent reduction in a fine, illustrating the EU's commitment to encourage whistle-blowers".

1) **According to the second paragraph of the passage, *vitamin producers* were:**
   A. asked to sell up
   B. punished
   C. arrested
   D. convicted

2) ***A harsh warning* is:**
   A. a severe warning
   B. a sweet warning
   C. an unfounded warning
   D. a legal warning

3) ***Roche was fined* means:**
   A. Roche lost a market dispute
   B. Roche lost its grip
   C. Roche was made redundant
   D. Roche was penalised

4) **According to BASF, the fine was *inappropriately high*. In other words:**
   A. it was far too high
   B. it was cool
   C. it was right
   D. it was far too soon

5) **A *law firm* deals with:**
   A. legal matters

B. grey matters
C. scientific matters
D. unknown matters

Read through the text below, answer the questions that follow (6-10)
After the subway bombing last summer, the downturn predicted by so many London watchdogs never happened – if anything, it was just the opposite. Stoic Londoners have carried on with the characteristic stiff upper lip. And with that has come a rapid-fire succession of restaurants from some of the city's (and the world's) most closely watched chefs. Dining out is now one of the capital's favourite pastimes, bringing about the inevitable comparisons to New York. Future openings from heavy hitters like Joël Robuchon, who will make his mark on both London and Manhattan this year, draw the parallel even closer. But London is not just a stage for international players. Everyone passes through Borough Market at some point. It's become a Grand Central Station for food lovers, who stop to marvel at the furred and feathered game, to covet Brindisa's Spanish harms, or to graze at the dozens of stalls serving seared scallops, oysters, chorizo buns.

6) **Here, *heavy-hitter* means:**
A. well-known
B. overweight
C. spacious
D. wealthy

7) ***Downturn* means:**
A. demolition
B. refusal
C. decline
D. change

8) **Londoners are described as:**
A. being indifferent to bombings
B. people not easily phased
C. having a sense of superiority
D. people concerned about safety

9) ***A rapid-fire succession of restaurants* are:**
A. a series of restaurants opening quickly
B. a series of restaurants opening near each other
C. a series of restaurants closing quickly
D. a series of restaurants burning down

10) ***Furred and feathered game* refers to:**
A. new recipes
B. wild animals
C. exotic kitchen utensils
D. culinary sport

Read through the text below, answer the questions that follow (11-15)
In 1999 Jack Straw, then Britain's home secretary, was attacked for being rude about an ethnic minority. There were demands for criminal investigations, appeals to various commissions and public agencies, a fevered debate over whether Mr. Straw was racist. On that occasion, he was accused of demeaning gypsies by saying that people who masqueraded as travellers seemed to think they had a right to commit crimes. In the past few weeks Mr. Straw, now leader of the House of Commons, has triggered a similar response by arguing that the Muslim veil (i.e., the full, face-covering niqab) is an unhelpful symbol of separateness. This week he won the backing of this boss, Tony Blair. These episodes are reminders not that Mr. Straw is hostile to minorities (he ins't) but that any debate in Europe about minority rights soon degenerates into a fight between self-proclaimed community leaders, public agencies, the police, courts and the law. It may be hard to reconcile militant Islam with secular Europe.

11) If you *back someone* you:
A. vote for them
B. help them
C. support them
D. show friendship towards them

12) The word *demeaning* means:
A. lowering the dignity
B. defining
C. changing the meaning
D. treating

13) If you *masquerade* you:
A. assume a false appearance
B. behave badly
C. buy strange clothes
D. dress theatrically

14) To *trigger a response* is to:
A. publicise a response
B. repeat a response
C. shoot a response
D. initiate a response

15) It is understood that:
A. Mr. Shaw can't stand minorities
B. the law sides with minorities
C. debates in Europe about minority rights turn into free-for-alls
D. Mr. Shaw has been drawing up a list of minority rights

Read through the text below, answer the questions that follow (16-20)
Japanese expression of regret and atonement are finely tuned to the circumstances. So students of etiquette were quick to note that the apology issued by Sony on Tuesday

October 24th, for manufacturing occasionally inflammable laptop batteries, was less than whole-hearted. In a land where shamed executives are not shy of shedding tears during shows of contrition, the seated shallow bow performed by some of the Japanese electronic giant's bosses was deemed a middling act of corporate obeisance. Sony's apology is part of a growing trend for business leaders to say sorry to consumers (and sometimes to workers and shareholders) for corporate shortcomings. Of late, Steve Jobs was widely praised for taking responsibility for Apple's problems over the backdating of share-options. Mark Hurd, Hewlett-Packard's boss, got a critical reaction to his more equivocal "apology" for a recent scandal that swept the American tech firm. As companies appear to be quicker at accepting the blame for failures, the timing and scope of their apologies are coming under ever-greater scrutiny. The oft-touted example of an exemplary corporate reaction to trouble is that of Johnson & Johnson in the early 1980s after several people died after taking a drug called Tylenol. Though the product had been deliberately poisoned with cyanide while on shop shelves the firm's chief executive apologized repeatedly and profusely, production ceased and over 30m bottles were recalled at a cost of some $100m. Despite huge public disquiet about the drug at the time, sales of Tylenol quickly recovered.

16) In this article, *finely tuned* means:
A. high class
B. low-keyed
C. musically accompanied
D. adjusted specifically to

17) Another word for *whole-hearted* is:
A. warm
B. sincere
C. hypocritical
D. cold

18) *Shortcomings* are:
A. faults
B. low revenues
C. low sales
D. lay-offs

19) The *timing and scope* of their apologies refers to:
A. when they apologize and the reason for their apology
B. at what time of the day they apologize and why they are apologizing
C. how long the apology lasts and where the press conference is held
D. how often they apologize and who they apologize to

20) In this article, *oft-touted* means:
A. very old
B. frequently mentioned
C. rarely told
D. the first

Read through the text below, answer the questions that follow (21-25)

Three nights later old Major died peacefully in his sleep. His body was buried at the foot of the orchard. This was early (1) ________ March. During the next three months there was much secret activity. Major's speech had given to the more intelligent animals on the farm a completely new outlook on life. They did not know when the Rebellion predicted by Major would take place, they had no reason for (2) ________ that it would be within their own lifetime, but they saw clearly that it was their duty to prepare for it. The work of teaching and organising the others fell naturally (3) ________ the pigs, who were generally recognised as being the cleverest of the animals. Pre-eminent among the pigs were two young boars named Snowball and Napoleon, whom Mr Jones (4) ________ up for sale. Napoleon was a large, rather fierce-looking Berkshire boar, the only Berkshire on the farm, not much of a talker but with a reputation for (5) ________ his own way. Snowball was a more vivacious pig than Napoleon, quicker in speech and more inventive, but was not considered to have the same depth of character. All the other male pigs on the farm were porkers. ('Animal Farm' by George Orwell, 1945).

21) Which of the given alternatives correctly fills in the gap (1)?

A. in
B. by
C. at
D. on

22) Which of the given alternatives correctly fills in the gap (2)?

A. to think
B. think
C. thinking
D. to thinking

23) Which of the given alternatives correctly fills in the gap (3)?

A. near
B. in
C. by
D. to

24) Which of the given alternatives correctly fills in the gap (4)?

A. will have been breeding
B. was breeding
C. has been breeding
D. were breeding

25) Which of the given alternatives correctly fills in the gap (5)?

A. getting
B. saying
C. pushing
D. convincing

Read through the text below, answer the questions that follow (26-30)

Think of the City of London and you think of Sir Terence Conran; he already has 11 restaurants in or near the area but there's always (1) __________ for one more when it's as good as Sauterelle. Combining the perfect location and clever design has always been Conran's forte, and his latest wins on both scores. Inside the historic Royal Exchange building, Sauterelle's dining room (2) ______________ the huge central hall from the mezzanine, but this isn't (3) _____________ a "view" restaurant. The menu is full of excellently prepared French classics like rabbit stew and chocolate tarts. While the City area may be hopping, the real action is in London's West End, specifically Mayfair. Not content with one hugely successful branch in the neighbourhood, the Nobu Group recently opened a second on Berkeley Square. But unlike its older sister, Nobu Berkely has taken a beating from many critics. It's not that the food (4) __________ good. What irked these critics (and many diners) when it opened was the strict no-reservation policy that left you waiting in an overpriced bar for an hour or two. Management has wisely changed the policy, but whether the rather ungraceful service has improved remains (5) _____________.

26) Which of the given alternatives correctly fills in the gap (1)?

A. area
B. room
C. seat
D. position

27) Which of the given alternatives correctly fills in the gap (2)?

A. looks over
B. gives out on
C. overlooks
D. oversees

28) Which of the given alternatives correctly fills in the gap (3)?

A. not
B. already
C. yet
D. just

29) Which of the given alternatives correctly fills in the gap (4)?

A. cannot be
B. isn't
C. is
D. be

30) Which of the given alternatives correctly fills in the gap (5)?

A. to be seen
B. seeing
C. seen
D. to see

Read through the text below, answer the questions that follow (31-35)

ITV made its long-awaited debut on digital satellite television last night after an agreement with BSkyB that followed months of negotiations. Until now ITV has been available in digital form only on cable and digital terrestrial TV. But from last night the digital version of ITV1, with its 16 regional variations, was available on Sky Digital. The ITV2 channel will follow in the next few days and will be available for the first time in the 5.5 million homes with digital satellite - an increase of more than 150 per cent on its current audience. The deal between ITV and BSkyB, in which the News Corporation, parent company of The Times, has a 36.3 per cent stake, should give an advertising revenue boost to Granada and Carlton, the two main ITV companies. Advertisers were angered by the fact that ITV was not carried on Sky Digital, the country's most popular digital platform. ITV will pay BSkyB about £13 million a year under the deal. Stuart Prebble, chief executive of ITV, said last night that the deal was "good news for satellite viewers", who will be able to watch ITV1 and ITV2 with digital quality pictures and full programme information.

31) ***Under the deal*** **means:**
A. in compliance with the deal
B. before the deal
C. after the deal
D. prior to the deal

32) Stuart Prebble said that the deal was:
A. a deterrent for viewers
B. a long way off
C. near
D. attractive for satellite viewers

33) Its current audience will ..... by 150%.
A. go on
B. go astray
C. go up
D. go through

34) "Revenue" is another word for:
A. a stock
B. income
C. a bond
D. a share

35) ITV debut on digital satellite television took:
A. quite a while
B. almost a week
C. a couple of weeks
D. a short time

Read through the text below, answer the questions that follow (36-40)

In 1830 baron Bettino Ricasoli, the father of Chianti wine, (1) ____________ to industrialize agriculture in order to increase the rate of productivity. Since then many years have gone by giving way to several important social changes which have transformed the Chianti area and economic crises that have alternated with sudden increases in productivity. Let's start (2) ____________ the beginning: in the 19th century the Chianti landscape was dotted with a few villages and big farmhouses where the noble families (3) ______________ enjoy their holidays. Agriculture was still bound to archaic systems of cultivation. Unlike all other crops that grew here and there and were directly taken by farmers for personal use, wine was sold and exported. The cultivation system on terraces was very complicated but it spurred farmers to (4) _________ higher rates of productivity. More and more land was then brought under crops, new country-houses mushroomed everywhere, special vines were selected and all estates were re-organized according to capitalist principles. This progress (5) _________ place without the marvellous, natural landscape being damaged. ('Chianti' Latest Color Guide – by Carlo Grassetti, 1999).

36) Which of the given alternatives correctly fills in the gap (1)?

A. had decided
B. decided
C. has decided
D. was decided

37) Which of the given alternatives correctly fills in the gap (2)?

A. from
B. by
C. of
D. in

38) Which of the given alternatives correctly fills in the gap (3)?

A. use to
B. were use to
C. used to
D. were used to

39) Which of the given alternatives correctly fills in the gap (4)?

A. reach
B. fry
C. aim
D. goal

40) Which of the given alternatives correctly fills in the gap (5)?

A. taking
B. was taken
C. has taken
D. took

Risposte commentate
Comprensione di brani

1) B. La risposta si trova nel secondo paragrafo del brano: *Roche, the Swiss drugs group, was fined 462 million in the highest award to date imposed by the EU on a single company for market abuse.* Da questa frase si evince che la Roche, il gruppo farmaceutico svizzero, ha ricevuto una multa di 462 milioni per abuso di mercato; esso è stato, quindi, punito (l'alternativa corretta è, dunque, *punished*).

2) A. *Harsh* significa duro, rigido, severo quindi *harsh warning* è un severo avvertimento; in inglese *severe* è un sinonimo di *harsh.* Quindi: *A harsh warning is a severe warning.*

3) D. Il verbo *to fine* significa "multare", "penalizzare"; quindi *penalised* è la risposta più attinente.

4) A. Nel brano è scritto *the fine was inappropriately high,* ossia che la multa era inappropriatamente alta: ciò vuol dire che era davvero molto alta. Pertanto, l'espressione corrispondente è *it was far too high* (era davvero troppo alta).

5) A. Il *law firm* è uno studio legale, nel quale si trattano dunque questioni legali, ossia *legal matters.*

6) A. La parola *heavy-hitter* significa "pezzo grosso, persona importante", per cui il termine che si avvicina maggiormente a questo significato, tra quelli elencati, è *well-known* (famoso, noto).

7) C. Per rispondere correttamente al quesito è necessario individuare tra le alternative di risposta un sinonimo di *downturn.* Tra le opzioni, la risposta corretta è *decline.*

8) B. Nel brano si dice che adesso uno dei passatempi preferiti dei londinesi è mangiare fuori, che Londra non è solo un posto dove si aprono ristoranti di fama internazionale, ma dove tutti, prima o poi, si recano al famoso mercato gastronomico di *Borough Market* ad assaggiare diverse specialità. Da questa descrizione si evince che i londinesi sono persone *not easily phased,* che letteralmente significa "non facilmente sincronizzate". Ciò vuol dire che il modo di vivere di molti londinesi non è più scandito, come accadeva una volta, da ritmi regolari ma si sta avvicinando sempre di più a quello frenetico di altre grandi città, come ad esempio New York.

9) A. La traduzione letterale di *a rapid-fire succession* è "una successione a mitraglietta"; in questo caso si può tradurre "la rapida apertura di una serie di ristoranti", quindi la risposta esatta è *a series of restaurants opening quickly.*

10) B. L'espressione *furred and feathered game* significa "selvaggina di pelo e di penna", quindi si riferisce agli animali selvaggi, ossia ai *wild animals.*

11) C. *To back someone/something* è sinonimo di *to support someone/something,* ossia "sostenere, supportare qualcuno/qualcosa".

12) A. Nel testo del quesito si chiede di identificare il significato della parola *demeaning,* che in italiano è tradotta con "umiliante". Tra le alternative di risposta, quella che definisce il termine è *lowering the dignity,* ossia "calo della dignità".

13) A. Il significato del verbo *to masquerade* è "mascherarsi" e in tal senso si può dire che chi si maschera assume un falso aspetto, assume *a false appearance,* potremmo tradurre "una falsa identità".

14) D. Il verbo *to trigger* ha il significato, in italiano, di "innescare", ma anche, come in questo caso, di "introdurre". Nel brano, *to trigger a response* ha il significato di *to initiate a response.*

15) C. La risposta corretta è *debates in Europe about minority rights turn into free-for-alls,* ossia "i dibattiti in Europa sui diritti delle minoranze si trasformano in bolge". Infatti, nel brano è scritto: *any debate in Europe about minority rights soon degenerates into a fight between self-proclaimed community leaders, public agencies, the police, courts and the law;* ossia: "qualsiasi dibattito in Europa sui diritti delle minoranze degenera presto in una lotta tra sedicenti leader delle comunità, enti pubblici, polizia, tribunali e legge".

16) D. L'espressione *finely tuned* significa "ben sintonizzato", pertanto l'alternativa che ha significato affine è *adjusted specifically to,* che vuol dire "regolato/adattato appositamente a".

17) B. L'aggettivo composto *whole-hearted* significa "sincero, di cuore, appassionato"; quindi ne è sinonimo l'aggettivo *sincere.*

18) A. *Shortcomings* e *faults* sono sinonimi, in quanto entrambi significano "difetti, imperfezioni". I termini elencati nelle altre alternative hanno significato diverso: *layoffs* significa "licenziamenti temporanei", *low revenues* "redditi bassi" e *low sales* "salari bassi".

19) A. Il brano si riferisce alle espressioni giapponesi di rammarico. La risposta fa riferimento al "quando" (*when*) essi chiedono scusa e al "motivo" (*reason why*) delle loro scuse.

20) B. Il termine *oft-touted* è composto dalle due parole *oft* che sta per *often* (spesso) e *touted* che è il participio passato del verbo *to tout,* il cui significato è "pubblicizzare", "menzionare". Pertanto, *oft-touted* significa "spesso menzionato".

21) A. La preposizione mancante è *in*: l'espressione *early in March* significa, infatti, "all'inizio di marzo" o "i primi di marzo".

22) C. Dopo le preposizioni *for, of, in* ecc. (tranne la preposizione *to*) il verbo va al gerundio, pertanto l'alternativa corretta è *thinking*.

23) D. La risposta corretta è *to*. Il periodo può essere tradotto nel modo seguente: "L'opera di propaganda e di organizzazione cadde naturalmente sui maiali, la cui intelligenza superiore era generalmente riconosciuta da tutti gli animali".

24) B. Il *past continuous* si forma con soggetto + verbo essere al passato + verbo in *-ing*. Il verbo *to breed* ha il significato di "allevare". Poiché il soggetto è Mr Jones, terza persona singolare, deve essere usato *was*. Il significato della frase *Pre-eminent among the pigs were two young boars named Snowball and Napoleon, whom Mr Jones was breeding up for sale* è "Preminenti fra i porci erano due giovani verri, chiamati Palla di Neve e Napoleon, che il signor Jones stava allevando per la vendita".

25) A. La risposta corretta è *getting*. Il periodo può essere tradotto nel modo seguente: "Napoleon era un grosso verro del Berkshire dall'aspetto piuttosto feroce, l'unico Berkshire della fattoria, non molto comunicativo, ma in fama di voler sempre fare a modo suo".

26) B. La parola mancante è *room* che in tal caso significa "spazio". La frase contenente il gap (1) si traduce nel modo seguente: "Lui ha già 11 ristoranti in zona ma c'è sempre spazio per uno in più quando è buono come Sauterelle".

27) C. Il verbo to *overlook* significa "tralasciare", "ignorare", ma anche "sovrastare" ed è in questa accezione che può essere usato nella frase indicata nel testo del quesito. Difatti, *look over* significa "controllare", *oversee* "sovraintendere", e *gives out on* non ha un significato specifico.

28) D. La frase in cui va riempito il gap 3 è la seguente: *Inside the historic Royal Exchange building, Sauterelle's dining room and the huge central hall form the mezzanine, but this isn't* (3) ...... *a "view" restaurant.* Essa significa: "All'interno dello storico edificio Royal Exchange, la sala da pranzo di Sauterelle e l'enorme salone centrale formano l'ammezzato, ma questo non è ...... un ristorante panoramico". L'avverbio mancante è *just*, che in tal caso significa "solo" ("ma questo non è solo un ristorante panoramico").

29) B. Per completare la frase indicata l'alternativa è *isn't*. La traduzione, infatti, è: "Non è che il cibo non sia buono".

30) A. L'espressione impersonale "da vedere" si traduce in inglese in forma passiva, pertanto l'alternativa giusta è *to be seen*.

31) A. L'espressione che ha significato affine a *under the deal* è *in compliance with the deal*, che significa "in conformità all'accordo".

32) D. *Good news* significa "una buona notizia/buone notizie", pertanto un suo sinonimo è *attractive*, ossia "piacevole, attraente".

33) C. Nella frase occorre inserire il verbo to go up significa "aumentare", nel senso di "incrementare". La frase completa è *Its current audience will go up by 150%*, che significa "Il suo pubblico aumenterà del 150%".

34) B. Il sostantivo *revenue* ha il significato di "entrata", che in inglese può essere tradotto anche con *income* che, pur avendo il significato di "reddito", "profitto", "utile", può essere utilizzato anche con il significato di "entrata".

35) A. In inglese, l'espressione "un bel po'" (riferito al tempo) è tradotta con *quite a while.*

36) B. Quando, nell'esprimere un'azione nel passato, si specifica il tempo in cui è avvenuta l'azione, si usa il *simple past tense.* Tra le alternative di risposta l'unico *simple past tense* è *decided.*

37) A. La preposizione da usare nella frase è *from.* La frase completa è *Let's start from the beginning,* che significa "Partiamo dal principio".

38) C. Il verbo che riempie correttamente il gap 3 è *used to,* che in quest'accezione si usa solo al passato, seguito da infinito, col significato di "solere, usare, avere l'abitudine di". Pertanto, la frase contenente il gap (3) si traduce nel seguente modo: "nel 19esimo secolo il paesaggio del Chianti fu costellato di alcuni villaggi e di grandi fattorie dove le famiglie nobili erano solite godersi le vacanze".

39) A. Il verbo *to reach* ha il significato di "raggiungere". La traduzione del periodo è la seguente: "Il sistema di coltivazione a terrazze era molto complicato, ma spronò gli agricoltori a raggiungere i più alti tassi di produttività".

40) D. L'unica forma verbale corretta, tra quelle elencate, è *took*: *This progress took place ……* Il verbo *to take place* significa "aver luogo", "avvenire".